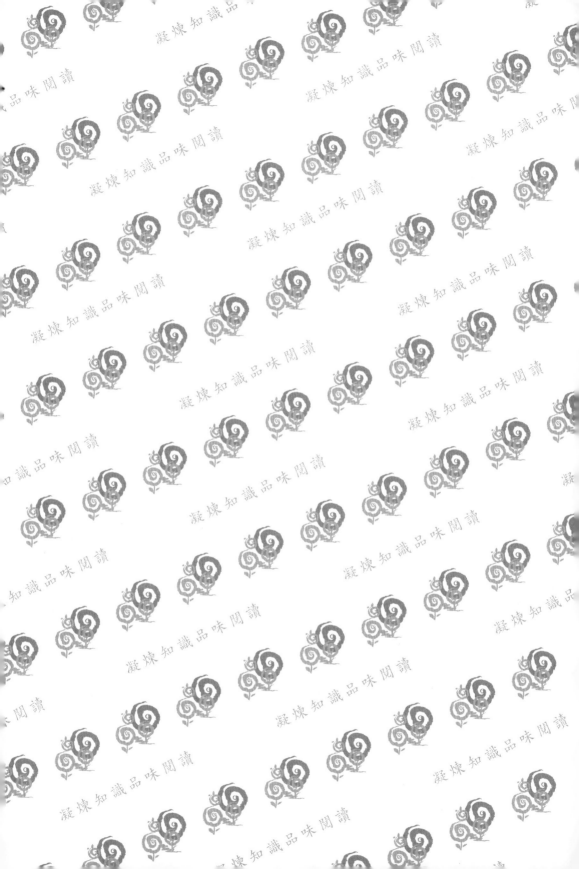

當代國際關係理論

增訂第三版

五南圖書出版公司 印行

倪世雄——著

包宗和——校訂

推薦序一

「國際關係理論是一門既年輕又古老的學科」。本書第一章緒論第一句便引了史丹利‧霍夫曼這句名言——也是大實話。這門與哲學、歷史、經濟學相比還處於孩提時代的學科，在西方，其學說流派之多，卻不遑多論。讀者從本書即可窺其一斑。但大體上說，西方國際關係理論可分為兩大類和兩大塊。

兩大類：一類是論述國際關係內在聯繫和發展規律的。本書評述的理想主義、現實主義、新現實主義和部分新自由主義學說以及某些批判理論，屬於此類。它們各有自己的核心概念和理論框架，都有一定的邏輯和經驗的根據。另一類是技術型的，包括被利斯特譽為「英雄十年」內風靡一時的行為主義學派的多數，以及直接借鑑其他學科，不一定專屬國際關係的，諸如博弈論等。

兩大塊：「主流」和「非主流」。「主流」即美國國際關係理論研究的主流派，不包括尚未融入和不想融入主流的美國學者；「非主流」泛指西方其他國家國際關係理論。本書對後者只簡要介紹了英國、北歐的，自是一大欠缺，據說有人還作過一番「英國學派在中國」的實地考察和分析。英國雖是世界上第一個在大學開設國際關係課程的國家，但這門學科卻在美國發展得最快，以致英國學者也自認英國學派是在美國「主流」之外的「非主流」。實際上，1959年成立的國際政治學理論英國委員會舉辦的許多研討會，若非洛克菲勒基金會的資助，怕也開不起來。本書著重或者說集中評介這個「主流」，也算是基本上反映了西方國際關係理論的現實。然而就核心概念的歸納和理論框架的錘鍊而言，英國學派的「國際體系」、「國際社會」和「世界社會」的哲學基礎、歷史底蘊和分析方法，較之「主流」的現實主義、新現實主義和新自由主義似高出一籌。近年來，西歐學術界提出重振大陸學派，激進的批判理論再度為世人矚目，這也許可擴大我們的視野，使我們對西方國際關係理論有一個更為總體的認識。

不過，從本書集中評介「主流」的幾次論戰，可以看到兩大類國際關係理論實際是相互補充，互相促進提高。力圖論述國際關係內在聯繫和發展規律的這一類理論，在技術型的行為主義挑戰下，經歷了簡單—複雜—再簡單—再複雜的發展過程。威爾遜理想主義和摩根索現實主義歸納出來的概念和框架比較簡要，其不同的哲學思辨和相同的現實政治訴求十分清楚。但在行為主義各種方法論的批判下，這一類理論便被補充得非常精細複雜，連「均勢」也可以行為體數量多寡細分為十餘種。到了沃爾茲的結構現實主義，便乾脆宣稱只要國際社會存在無政府狀態，便一定有均勢，均勢與行為體的數量無關。這又回復到簡單。至於本書所說的目前正在開展的「第四次」或「第五次」論戰，即新自由主義的體制論挑戰結構現實主義或新現實主義，以及以時下新秀為代表的建構主義挑戰新自由主義等，則將「主流」的第一類理論再推上精細複雜的路程。不過，此次新挑戰方強調的，不是上次行為主義的「科學方法」，而是傳統的人文因素，加上社會學的認同、學習乃至移植等。

可見，每經一次論戰，兩類理論相互補充得更加完善。也許再經過一段時期，西方國際關係理論還得從目前的紛繁複雜回歸到簡明扼要，構築起涵蓋面廣、概括性強、時間考驗性長的大理論（grand theory）。對此，「主流派」大多持樂觀態度，認為流派林立、學說紛呈是件好事，只要不固執己見，互補已是事實。於是，嚴謹的學者告誡學子不要輕言理論，多說方法（approches）為好——這也是大實話。因為國際關係的研究物件究竟是哪些，似難說清，迄今未取得共識，而這恰好是國際關係學多學科和跨學科的特徵。

不過，就國際關係本義說的國與國之間的互動關係而言，80多年來，西方國際關係理論在這方面已從實踐中總結了一些相對穩定並高度實用的理論概念和框架，雖說不斷受到各類批判理論的抨擊。愚意這是應該予以梳理、比較和分析的。假以時日，倘能寫出一部如朱光潛先生《西方美學史》（這當然是大師級的了）那樣的西方國際關係學說史，如此，出版社拿到去掉「西方」兩字的國際關係理論的書稿的日子將不會太遠。王逸舟教授在〈中國國際政治理論研究的幾個問題〉一文中提到「我們可能缺少對當代國際政治學經典作品的全面介紹，特別是對1980年代以來國外學者的工作及其重要作品的分析」，這更切實際，而且是可以做到的。

倪世雄教授是國內系統介紹西方國際關係理論的先驅者之一。這次他和他的博士生完成的《當代國際關係理論》是部辭書性的著作，尤其對西方「主

流」學說及其在1980年代以後的發展作了詳盡的評述，一定程度上呼應了王先生，為深入探究國際關係理論提供了有重要價值的參考。

劉同舜

2001年元月於復旦大學世界經濟研究所

推薦序二

　　面對《當代國際關係理論》這部巨著，我頗有望而生畏之感，何況倪世雄教授在國際關係理論研究領域有精深造詣，要由我為其巨著作序，更不免誠惶誠恐，望而卻步。但想到他近20年來在該領域披荊斬棘、奮力耕耘、孜孜以求的精神，我遂鼓起了落筆的勇氣。

　　倪世雄教授是改革開放中的幸運者，當開放大潮剛在祖國大地湧動之時，他就受祖國的囑託赴美國深造，師從約瑟夫・奈伊、史丹利・霍夫曼等美國著名國際關係理論學者，進入一個當時頗具風險卻又完全陌生的領域。當他學成歸國時，用盡自己微薄生活津貼積蓄購回國內的並不是當時稀罕的家用電器，而是教育、研究急需的一箱箱書籍，拳拳報國之心可見一斑。更可貴的是，他立即以極大的理論勇氣，投身於中國國際關係理論學科的建設。從1987年出版《當代美國國際關係理論流派文選》，到今天《當代國際關係理論》的問世，其間不斷地有新論著登上中國國際關係理論學科的殿堂，為該學科建設增輝。它的論著之所以總是那麼令人注目，是因為他奉獻給讀者的，是經過他細細品味的理論、歷史、現狀相結合的精心雕琢過的研究成果，能給人以科學的啟迪；是因為他奉獻給讀者的是實現中國國際關係理論創新所需要的營養物質。

　　中國國際關係理論的創新有三個來源：一個是馬克思主義當代發展的最新科學成果，包括我國對外關係發展實踐在理論上所提供的最新建樹；一個是國際問題研究當代發展的最新科學成果，包括國際關係史、外交史研究的最新科學成果；一個是外國國際關係理論研究的最新科學成果。沒有這三者提供的營養物質，沒有這三者的結合，就談不上中國國際關係理論的創新。倪世雄教授善於運用前兩個來源的最新科學成果研究當代西方國際關係理論，發掘其合理的內核，剝取其精華，這是非常有意義的工作。嚴格地說，只要是科學真理，不用忌諱其究竟來自西方抑或來自東方；關鍵是要鑑別其是否是科學的真理。

應該看到，在西方國家中有一大批專心致志地從事學術研究的學者，著作等身的學者也不在個別，這都是令人欽佩的。在他們的論著中，隱含著很有見識的分析和判斷、高瞻遠矚的真知灼見，需要我們去發掘，去雕琢，以便開拓我們的視野，豐富我們的知識，拓展我們的思路。馬克思主義從其誕生時起，從未放棄過從其他學說中吸納有價值的東西，無論是科學的內核還是合理的外殼都不排斥，因而具有強大的生命力，總是代表世界最先進的生產力發展要求，代表人類最先進的文化發展方向，代表世界最大多數人民的最大利益。中國國際關係理論要發展，要創新，只能堅持馬克思主義這種科學態度。

21世紀是一個國際關係將發生偉大變革的世紀，日新月異的現代科學技術成就不僅將促進生產力和社會財富的巨大增長，而且將孕育國際關係發生偉大變革。客觀地說，現存的國際關係理論是適應國際社會主權國家體系運作的需要而產生的，國家利益理論、權力理論、地緣政治理論、均勢理論以及我國的和平共處五項原則理論、獨立自主理論、國家安全學說等，都是以主權國家體系為背景的。儘管人們在外交決策時無不致力於全域性、戰略性考慮，但核心的主體是主權國家。然而，由20世紀末發端的全球化趨勢所孕育的國際關係的偉大變革，需要人們在主權國家體系與全球化之間找到一個平衡點。在人們可以預期的未來，主權國家體系不可能退出歷史舞臺，尚不可能有一個權威的國際體系來取代主權國家體系，但是必須同時面對全球化發展趨勢所孕育的國際關係偉大變革及因此提出的問題，形成相應的理論，找到應對這些問題的機制。儘管人們所熟悉的主權國家體系理論並不都會過時，但面對全球化趨勢，如何與主權國家體系理論建立平衡點，卻有著大量未知的領域，這都是國際學術界有待研究的課題。

與全球化相關的另一個重要問題是，當今的全球化是在資本主義生產方式基礎上孕育發展起來的，資本主義傳統弊病的存在，即使西方國家學術界也不諱言。這些弊病的存在是國際社會在21世紀發展中所必須解決的問題，否則將會嚴重影響國際社會的穩定，和平與發展都會面臨嚴重挑戰，國際關係就不可能健康發展。所以，如何揭示全球化趨勢中的合理內核，剝離其非理性，都有大量的理論工作要做。

21世紀也是中華民族偉大復興的世紀，中國不僅將繼續堅持獨立自主的發展道路，而且將更深入地融入國際社會，因此可能面對的機遇和風險同樣都是巨大的。中國外交在傳統上主要是與一個個國家打交道，而今要準備加入各種多邊體系，要準備進入一個日益機制化的國際體系，面臨著大量我們未知的、

不熟悉的東西；我們不僅要考慮如何適應，而且要考慮如何有所作為。解決這些問題既是中國發展對外關係的現實需要，也是要讓世界理解中國的崛起是增強國際關係穩定的重要因素。這一切同樣使我們的國際關係理論研究面臨大量的課題。

　　新世紀呼喚著中國國際關係理論的創新。放在我們面前的這部巨著，再一次為新世紀國際關係理論的創新提供了寶貴的營養，我們不能不感謝倪世雄教授為此做出的巨大努力。

金應忠

2001年元月

校訂者序

　　國際關係研究近半個多世紀來有長足的進展，其間包含了早期理想主義與現實主義間的思辨，傳統主義與行為主義間的爭論以及後來針對現實主義的反思。這些爭辯涵括了理論的探討和方法的對立，而方法論的講求也帶動了理論的建構，使國際關係領域從偏重政策取向的研究進入理論取向的思考。

　　當新自由主義崛起，並與新現實主義間展開激烈論戰以來，國際關係理論就逐漸邁入百家爭鳴的時代。由於現實主義被視為主流理論已久，故第三次論戰之後的發展也多半針對現實主義而來，對現實主義的觀點則提出多項批判。批評現實主義的理論包括制度主義、後現代主義、女性主義及建構主義等。這些批判性之論述多在批評現實主義對文化、道義、倫理、規範及制度之忽視，也對古典現實主義和新現實主義過度重視權力因素頗有微詞。我們如果深層觀察這些批判理論的內容，不難發現一些理想主義的影子。換言之，雖然新興的批判理論並不等同於理想主義，但後者的若干觀點的確是以另一種替代方式在國際關係新一波的論戰中顯現出來。

　　制度主義與批判理論的勃興，無疑地使國際關係理論趨於複雜，各種不同之理論名詞應運而生，使有志於國際關係理論研究的莘莘學子不免有困擾迷惑之處。名詞與名詞間的相通之處，也增加了分辨上的困難。復旦大學倪世雄教授當初以三年的時光，完成了《當代國際關係理論》巨著，對釐清多年來各種國際關係理論之內涵，有相當大的幫助。倪教授在這本書中，仔細摘錄整理出各個理論的精髓，並加以系統化彙整，使研究國際關係的學人可以較清楚地分辨出不同理論間的異同。尤其難得的是倪教授在介紹各種理論時，亦羅列出這些理論的代表人物及其相關著作，故具有工具書的特質。

　　倪教授在書中曾提及吾人在檢閱西方國際關係理論之餘，應建構中國國際關係理論的期許。近數十年來，美國國際政治學者中不乏以中國古代分治時期

之國際關係歷史為素材，來檢證或補強西方國際關係理論的嘗試。此種努力固有其值得肯定之處，但也先天上有其不足的地方。最重要的是西方學者多只能以中國歷史作資料庫，再以西方研究方法之操作方式來加以分析，卻無法深入掌握領會中國政治行為的內在思維及其獨有特性。這也是中國學者研究中國國際關係的優勢之處，問題就在於有多少決心來投入這方面的研究。

倪教授這本著作一方面對西方國際關係理論做了很好的整理，一方面也為建構中國或東方國際關係理論奠定了一定程度的基礎。因為西方理論之內涵和思維，多少可作為中國學者創建自己理論時的參考，而西方之訓練方法也可以使中國國際關係理論之建構過程更趨嚴謹。若再配合對中國文化思想，特別是對中國政治文化與政治行為方面的掌握，則創建中國國際關係理論將是有相當願景的嘗試。

在這本新版著作中，倪教授除了對西方國際關係理論加以敘述外，並且作了進一步的分析和解釋，使理論詮釋更趨完整，讀者不僅可以更深入瞭解各類論述，也對理論間的異同和關聯有更多認識與體會，相當難得。

總之，對國際關係理論有興趣者而言，這是一本值得閱讀的好書。而中國大陸學人能開始以更客觀持平的眼光來研究西方國際關係理論，是令人可喜的現象。在這本書中，我們看到的不僅是學術上的價值，也是中國學術界未來的希望。

包宗和
2023年4月於國立臺灣大學社會科學院政治學系

目　錄

第一章　緒論

國際關係理論是一門既年輕又古老的學科。

　　　　　　　　　　　── 史丹利・霍夫曼：《戰爭的狀態》

　　國際關係理論是一門關於人類生存的藝術和科學。如果人類文明在未來30年橫遭扼殺的話，那麼，兇手不是饑荒，也不是瘟疫，而將會是對外政策和國際關係，我們能夠戰勝饑荒和瘟疫，卻無法對付我們自己鑄造的武器威力和我們作為民族國家所表現出來的行為……國際關係太重要了，以致不能忽視它；然而，國際關係又太複雜了，以致難以一下子掌握它。

　　　　　　　　　　　── 卡爾・杜意奇：《國際關係分析》

　　每一個時代的理論思維，從而我們時代的理論思維，都是一種歷史的產物，在不同的時代具有非常不同的形式，並因而具有非常不同的內容。

　　　　　　　　　　　── 恩格斯：《自然辯證法》

第一節　什麼是理論 ── 研究基點

　　研究西方國際關係理論（IRT），首先遇到的一個問題是：什麼是理論？這個問題是研究西方國際關係理論的一個重要出發點。

　　「理論」一詞源於希臘語「$\theta\varepsilon\omega\rho\omega$」，意指「to look at」（看、視為、判斷、思考或審視）。[1]亞里斯多德將「理論」視為「知」（knowing），而非「做」（doing）。休謨曾依此提出三種基本的求「知」手段：演繹推理、實證知理和價值判斷。[2]

　　詹姆斯・多爾蒂和羅伯特・普法茲格拉夫勸告國際關係學領域的學生不應被「理論」一詞所嚇住，他們認為：「理論只是對現象系統的反映，旨在說明這些現象，並顯示它們是如何相互密切聯繫的。」[3]

在西方國際關係理論領域，關於「什麼是理論」有以下幾種常見的表述：

——理論「代表取向」，是「概念框架」，甚至涵蓋「分析技巧」。[4]

——理論是知識系統，是概念和願望的體系，是系統化了的理性認識。[5]

——理論是一種思維的「象徵性構建」，包括「一系列相互關聯的假設、定義、法則、觀點和原理」。[6]

——理論是「組合事實的框架」、「認可和遴選事實的模式」、「加工知識原料的手段」；是對客觀事物的「一種思維抽象」，呈現出「選擇、分類、排列、簡化、推理、歸納、概括或綜合的過程」。[7]

——安納托爾·拉普波特在研究「理論」時，特意指出其四層含義：一、在特定條件下，研究並證實關於現實世界的原理、定理或法則；二、提煉直觀概念，以形成對事物的客觀認識；三、在社會科學領域，應依據歷史政治事件理解人們行為、社會文化和政治制度；四、在規範意義上，政治理論的應用往往傾向於研究「應該如何」（what "ought to be"）。[8]

——肯尼思·沃爾茲在他的名著《國際政治理論》中，專門用了一章的篇幅寫「理與理論」問題，闡述理論的定義、建構和檢驗。沃爾茲強調，法則與理論的關係是研究國際政治的出發點。他據此提出理論的兩個最基本的定義：第一，理論是「一組組關於特殊行為或現象的法則」。[9]

第二，理論不僅是法則，而且還是「說明法則的道理和觀點」。[10]

由此，沃爾茲提出，理論不同於法則，「理論說明法則」。法則是「抽象的事物，理論是說明、解釋法則的思維過程」；法則是靜態的，理論是動態的，理論伴隨著從「是或否」問題（a yes or no question）到「如何和多少」問題（a how and much question）的變化。沃爾茲指出，他個人選取第二個定義。[11]關於如何建構理論，沃爾茲強調，理論是對規律的解釋，「必須從客觀現實中加以抽象提煉，而將人們看到的和經歷的大部分事情放在一邊」。[12]「理論確實可以反映和解析現實，但它不是現實。」理論的構建是「創造性的過程」，其主要特點是：一、分離；二、聯繫；三、抽象；四、理性。[13]沃爾茲認為，第一和第二兩個特點尤為重要。「將一個領域從別的領域分離出來，是構建理論的一個前提」[14]理論意在一些因素比其他因素更重要，並進而反映它們之間的關係，表明「什麼與什麼相關聯，以及這種聯繫是如何建立的」。[15]

沃爾茲以構建國際政治學為例，進一步闡明理論形成的要點：首先，國際政治學研究者應接近國際關係的現實，不斷增加國際問題研究的實證內容；其

次，在整個過程中應視國際政治學為一個分離出來的獨立的研究領域；然後，應努力去發現該領域的原理和規則，並尋找能說明這些已發現的原理和規則的途徑。[16]在關於構建理論的討論中，其他學者也提出了一些有價值的看法。如史丹利‧霍夫曼認為，理論構建的優劣，一方面決定於科學取向的程度，這包括指定性假設、解釋性法則和方法論運用三要素；另一方面與應用目標達到的程度有關，這又包括哲學分析、實證方法和政策取向三要素。[17]科學範式「開先河」者托馬斯‧孔恩提出理論的「使用價值」問題。他認為，要構建理論需要掌握集成和處理資料與事實的科學手段，還需要確定選擇和分析的科學標準。[18]

在討論理論的定義和構建後，需提及的另一問題是理論的功能問題。大衛‧辛格認為，理論是一個內部相互聯繫的、實證概括的分析整體，它擁有描述、解釋和預測的功能。[19]羅伯特‧李伯等也指出理論的這三大功能：[20]

第一，描述。理論必須確切地描述現實世界發生的事件。

第二，解釋。理論應對說明這些事件發生的因果，說明「行為規律」和進行「評估分析」。在一個特定的體系裡，理論解釋事物的「連續性、反復性和規律性」。[21]

第三，預測。理論還應對事件的未來發展做出預測。針對在這個問題上「易產生的誤解」，李伯指出，一般來說，是預測「事物發展和結果發生的模式或總趨勢，是事物的未來的發展，而不是具體事件的發生。如果要求理論能預測所有具體事件的發生，就會造成不可克服的理論上的混亂和困難」。關於對理論的預測作用的這一客觀分析，我們在本書後面還會加以討論。

最後，在討論「什麼是理論」時，自然會引出兩個相關的重要問題：理論與哲學的關係和理論與歷史的關係。

理論與哲學

詹姆斯‧多爾蒂和羅伯特‧普法茲格拉夫在新版的《爭論中的國際關係理論》一書中，指出理論的「科學哲學」問題，[22]強調理論與哲學的密切關係。

哲學一詞源於古希臘文Phileo（愛）和Sophia（智慧），意指「愛智慧」。其德語為Wissenschaft，意指一種特殊的「科學」，[23]它涵蓋自然科學和社會科學。理論的「科學哲學基礎」既源於自然科學中的現象解釋，又源於社會科學的歷史研究，表現為「政治分析、規範研究、科學證實」。理論含有的

「哲學內核」往往表現爲社會科學的理論昇華；同樣地，哲學也爲國際關係理論的產生和發展提供內動力和科學基礎。「理論」甚至被視爲「哲學」的對等詞，理論即是一種意識形態，「一組內部相互聯繫的概念、假設和原理」。[24]在所有的學科中，哲學體現了「最普遍、最基本、最抽象、最原始的道理」，[25]尋求理論、構建理論離不開哲學。「哲理」是哲學和理論的統一，理論也是哲理。哲學是理論化、系統化的世界觀，是研究理論的科學基礎。

西方學者在研究理論時注意到哲學基礎，這是值得稱道的。但馬列主義的哲學思想具有更深刻的洞察力度和分析力度，提供更加科學的研究方法。馬列主義關於哲學與理論關係的論述中，有三點尤爲重要：

第一，與理論一樣，哲學是時代的產物。馬克思說過：「任何眞正的哲學都是自己時代精神的精華……是文明的活的靈魂。哲學已成爲世界的哲學，而世界也成爲哲學的世界。」[26]

第二，科學地把握思維和存在的關係。哲學的基本問題是物質和意識、存在與思維。恩格斯就曾說過：「全部哲學，特別是近代哲學的重大的基本問題，是思維和存在的關係的問題。」[27]這一關係也是理論的重大基本問題。它涉及的具體方面是：人們的思想與客觀世界有何關係？人們的思維是如何形成的？人們關於現實世界的認識（表象、概念、理論）如何反映現實世界？

第三，唯物主義哲學是理論研究的有力武器。馬列主義認爲，人類科學思想的最大成果就是唯物主義哲學。列寧指出：「馬克思加深和發展了哲學唯物主義，使它成爲完備的唯物主義哲學，把唯物主義對自然界的認識推廣到對人類社會的認識。」[28]我們常說的「政治哲學」即爲唯物主義哲學。掌握政治哲學對研究理論，包括研究國際關係理論有著關鍵的意義。

理論與歷史

另一個問題是理論與歷史的關係。歷史與理論有區別，但兩者之關係密不可分。雷蒙‧阿隆說過，歷史是過去的政治，理論的實質是歷史。肯德爾‧麥耶斯指出：「歷史之所以重要，是因爲它提供了研究國際事務最好的框架。沒有歷史，我們在政治上就會陷入茫然。」[29]

1993年，約瑟夫‧奈伊把他在哈佛大學的講稿整理成書，題爲《理解國際衝突》，他加了一個有意思的副標題：「理論與歷史簡論」。約瑟夫‧奈伊認爲，研究國際問題，僅僅理論或者僅僅歷史都是不夠的，需要「理論與歷史」

的互聯和互動。把理論隔離於現實之外，或以抽象的理論取代現實，都是錯誤的；把國際關係史等同於國際關係理論也是片面的。國際關係史不是國際關係理論，但國際關係史爲國際關係研究提供賴以提煉昇華爲理論的原始材料和現實基礎。約瑟夫・奈伊強調：「只有將理論與歷史結合起來，才能避免上述錯誤。」他還建議加強理論與歷史之間的「對話」。[30]應該說，這些都是很有見地的看法。

恩格斯說得好：「每一時代的理論思維，從而我們時代的理論思維，都是一個歷史的產物，在不同的時代具有非常不同的形式，並因而具有非常不同的內容。因此，關於思維的科學，和其他任何科學一樣，是歷史的科學，關於人的思維的歷史發展的科學。而這對於思維的實際應用於經驗領域也是非常重要的。」[31]歷史偉人站在時代高峰所作出的深邃概括，如今讀來仍是鏗鏘有力，入木三分！

習近平指出：「歷史是人類最好的老師。」、「歷史研究是一切社會科學的基礎，承擔著『究天人之際，通古今之變』的使命。」[32]

要處理好理論與歷史的關係，必須把握住三個基本觀點：

第一，理論是歷史的產物，歷史是理論的基礎。

第二，理論是一種思維的科學，其本質是歷史。

第三，檢驗理論的標準是實踐，包括國際關係理論在內的學術理論或社科理論服務於歷史實踐，並接受現實歷史的檢驗。

在長期研究國際關係過程中，不少西方學者以求眞、求實、求知的認眞態度，努力探索科學的理論。羅伯特・李伯就提出「建立科學的國際關係理論」的必要性和可能性問題，他指出：「不言而喻，在探究國際關係時，需要建立科學的大理論體系。」[33]近一個世紀以來，西方學者也曾爲此做過努力。然而，西方學者探索理論的道路是艱辛的，由於在理論與哲學、理論與歷史結合上的偏頗和世界觀、認識論的局限，他們構建科學理論的努力往往暴露出明顯的弱點。本書將依據這一特點，對西方國際關係學者的理論探索和創新進行比較系統客觀的回顧和評述。

第二節　什麼是國際關係理論 —— 定義之辯

什麼是國際關係理論？簡單的回答是，作爲一種學術總稱，國際關係理論

意指研究各種國與國之間關係的科學分析框架和理論體系。

據考證，大約在17世紀中葉，被譽為「國際法之父」的荷蘭學者雨果‧格老秀斯最早使用「國際之法」表示國家之間應遵循的法律和法則。直至那時，作為學科術語的「國際關係」尚未正式出現。法國學者馬塞爾‧穆勒認為，要確切、具體地道出「國際關係」何時正式開始是困難的，甚至是「不可能的」。[34]後人發現，1789年，傑瑞米‧邊沁在《立法原理和道義概論》一書裡使用「國際關係」敘述國際立法方面的問題。可見，國際關係理論的誕生，不僅與國際法直接有關，而且也是確切表達主權國家之間關係的現實需要。不久，「國際關係」一詞就被廣泛地採用、普及開來。然而，國際關係理論作為一門獨立的系統的學科問世於社會科學之林，又歷經了100多年的時間。

查爾斯‧麥克萊蘭在《理論與國際體系》一書裡，提及該學科常見的名稱有國際關係、國際政治、對外關係、國際事務、外交事務、世界事務、世界政治、外交政策、對外區域研究和國際問題研究。但他認為該學科「最好的名稱是國際關係」。[35]使用得很頻繁的另一名稱「國際政治」與「國際關係」的區別在於，國際關係研究世界上基本行為體的跨國的各種相互關係，而國際政治重點研究國家的行為和國家之間的政治關係。[36]兩者並無本質區別，但「國際關係」涵蓋面明顯要寬廣得多。本書因而傾向使用國際關係理論。

關於國際關係的定義，幾10年來，西方學者一直是仁者見仁，智者見智，眾說紛紜，難以一致。這是一個客觀事實，不必強求。史丹利‧霍夫曼曾把這一現象比喻為「購物中心」，各種定義層出不窮，琳琅滿目令人眼花繚亂。

阿諾德‧沃爾弗說，國際關係是一種博弈。

史丹利‧霍夫曼認為，國際關係是棋盤上的政治爭鬥。

歐奈斯特‧萊弗沃視國際關係為歷史舞臺上風雲變幻的戲劇。

卡爾‧杜意奇則指出，國際關係是關於人類生存的藝術和科學。

以上是幾種較為形象的表述。事實上，學者們更多是圍繞著主權國家之間的關係，從不同角度，用較嚴謹的學術語言對國際關係和國際關係理論進行界定。擇其典型表述如下：

一、漢斯‧摩根索提出，國際關係是「處於權力之爭的國家之間的關係，其實質是權力政治」。國際關係理論則是關於「為權力而鬥爭的國家關係的學科」。[37]摩根索和他的學生、著名學者肯尼思‧湯普森強調，國際關係的核心是國際政治，而國際政治的主題是主權國家之間的權力之爭。

二、昆西‧萊特曾列舉過23種不同的國際關係定義，但他認為最貼切的定義

是，國際關係意指民族、國家、政府和人民之間的關係。國際關係理論則是全面敘述、解釋、評價、預測世界上不同政治社會關係的研究項目或學科。[38]國際關係理論是一門充滿活力的「新興學科」。

三、歐奈斯特‧萊弗沃認為，國際關係是關於主權國家之間權力對權力、利益對利益、目標對目標的長期鬥爭。

四、史丹利‧霍夫曼則指出，國際關係的實質是國家之間關係的政治。[39]國際關係理論則是關於影響世界基本單位的對外政策和權力地位的因素和活動的學科。[40]

五、弗利德里克‧鄧在15個定義中選取了：國際關係是指世界體系內各個政治集團或實體之間的複雜關係，其核心是權力問題。國際關係理論則是「關於那些跨國關係的知識總和」。[41]

六、查爾斯‧麥克萊蘭認為，國際關係理論是關於「世界上有組織社會實體互動關係的研究」，包括：對這些互動關係的有關環境的研究。[42]他還指出，國際關係理論與各個社會實體之間的「接觸、來往和互動的利益」密切相關，目的是「尋求這些接觸、來往和互動關係的學科體系」，探究這些關係的事件程序、環境演變及其歷史經驗。[43]國際關係不同於對外政策。對外政策表現為單向式的一國與其他國家的關係（見對外政策的基本模式圖），而國際關係則表現為雙向式的國家或實體之間的互動關係（見國際關係的基本互動模式圖）。

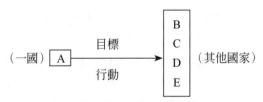

對外政策的基本模式圖

國際關係的基本互動模式圖

七、卡爾・杜意奇另闢蹊徑，指出民族國家擁有控制境內事件的能力，但卻難以控制發生在境外的事件，包括民族國家自己的行動。因此，國際關係理論應研究民族國家之間不可避免的相互依存和民族國家缺少控制能力的問題。[44]

八、卡爾・杜意奇的學生、南加州大學教授海沃德・阿爾克尤為推薦的定義是：國際關係包含人類的活動和各個國家人民的相互交往；國際關係是關於世界上基本單位之間衝突和合作的相互關係。

九、特萊弗・泰勒認為，國際關係理論是解釋跨越國境的各國政治活動的學科，如今它已發展為主要研究國家的官方代表——政府之間的政治關係。[45]

十、尼古拉斯・斯皮克曼是較早對國際關係理論提出嚴格定義的學者，先用「國家之間關係」（interstate relations），後用「國際關係」（international relations）。他認為，國際關係是關於不同國家的人與人之間的關係。[46]

十一、馬丁・懷特則很早就指出，國際關係不單是指國家之間的關係，而且還指組成國家的個人和集團之間的跨國關係。[47]

十二、多爾蒂和普法茲格拉夫從同樣角度把國際關係理論界定為，研究一國或其他國際行為者是如何用某種方式影響別國或別的國際行為者。[48]

十三、約翰・伯頓提出國際關係理論應「說明和預測國家間關係和世界大體系的運作及其過程」。[49]

十四、羅伯特・李伯認為，政治學是「社會科學的首席學科」，國際關係理論是該學科的核心組成部分，它是「關於有組織的大群體和國家之間的關係的研究」。與政治學相比，國際關係理論重點涉及三要素（無政府狀態、秩序和限制）和三關係（無政府與秩序、衝突與合作、限制與發展）。[50]

十五、弗爾・威廉斯指出，國際關係理論應研究「國際體系中的和平與戰爭、衝突與合作、獨立與相互依存、秩序與無序、無政府狀態與社會、主權與干預、權力與階級等重大問題」，而「研究這些問題具有廣泛性、深刻性和普世性」的特點。[51]

上述定義各有不同的側重：有的強調國家之間的權力之爭；有的突出國際關係的行為者；有的著重提及國際關係的大範圍——主權國家所處的世界體系；有的則說明國際關係的內涵——國家間合作與衝突的相互關係。它們涉及國際關係行為者（個人、群體、國家、國際體系）的互動關係，也涉及國際

關係中的權力與利益、衝突與合作、無序與有序等重要關係，其不同側重與不同理論淵源、不同學派觀點、不同研究方法有關。如果把這些典型的表達綜合起來，我們即可大致上勾勒出西方學者關於國際關係的基本定義：國際關係是指處於世界體系內各主權國家和其他獨立實體之間的多層次關係──集團、國家、跨國公司、區域共同體、國際組織等之間的關係和多維性關係──政治、經濟、軍事、外交、文化等方面的關係，國際關係理論則是描述、解釋、研究、評估和預測這些關係的現狀與發展的理論。

　　那麼，什麼是國際關係理論的研究物件和內容呢？

　　在討論這個問題之前，有必要提及國際關係理論與政治學的關係。史丹利‧霍夫曼說：「政治學是國際關係理論的養育之母。」國際關係理論是從政治學的母體中孕育生長起來的。漢斯‧摩根索在《政治學的困境》中有這樣一句概述性的話：「國際政治學的任務就是把政治學的一般原則運用到國際關係領域中，並根據國際政治的獨特性質對這些原則重新加以表述、修正和規定。」這說明國際關係理論的研究物件與政治學的發展密切有關，是將政治學關於國家學說的一般原理擴充和延伸到由國家組成的國際社會範疇。國際關係理論的研究對象也自然就是國家和國際社會及其之間的關係了。

　　早在1935年，英國學者阿爾弗雷德‧齊默恩就指出，國際關係研究的內容從自然科學伸展到道義哲學，涉及歷史、政治、經濟、地理、人口、外交、國際法、倫理學、宗教和科技等領域。[52]弗利德里克‧鄧列舉了五方面研究內容：國際政治、國際經濟、國際組織、外交史和地緣政治。查爾斯‧麥克萊蘭則強調國際關係理論是跨學科的，它不受拘束地從政治學、經濟學、社會學、歷史學、心理學等其他學科領域吸收原始材料。

　　關於國際關係理論的具體研究內容，較為全面的闡述當推昆西‧萊特的16個核心內容和卡爾‧杜意奇的12個基本問題。

　　昆西‧萊特在《國際關係研究》中提出的國際關係理論的四大類16個核心內容表列如下：

	理　論	應　用
抽象	科學： 　　心理學 　　社會學 　　倫理學	哲學： 　　政治 　　殖民政治 　　組織 　　法律 　　經濟 　　通訊 　　教育
具體	歷史： 　　地緣學 　　人口學 　　技術學	技藝： 　　戰爭藝術 　　外交藝術 　　對外關係行為

　　萊特認為，國際關係心理學和地緣學應擺在中心地位，因為國際關係理論是研究人（心理學）和有形世界（地緣學）的科學。英國學者史蒂夫・史密斯在評論昆西・萊特提出的核心內容時說：「1955年萊特在《國際關係研究》中列舉了十幾個方面實際的和理論的國際關係研究領域。最近，其他有關分支學科，如比較政治學、區域研究、福利、社會選擇、博弈理論等，也先後進入了國際關係理論的研究範疇。」[53]

　　卡爾・杜意奇在《國際關係分析》中提出的12個基本問題是：國家與世界、跨國過程與國際相互依存、戰爭與和平、力量與弱點、國際政治與國際社會、世界人口與糧食、資源以及環境、繁榮與貧困、自由與壓迫、感覺與錯覺、活力與淡漠、革命與穩定、同一性與變革性。[54]值得注意的是，在該書1968年的版本中杜意奇只列舉了10個問題，上述的「跨國過程與國際相互依存」和「世界人口與糧食、資源以及環境」兩個問題是該書1978年版本所增加的，這反映國際關係研究視野的擴大——從單一的國家行為者到多元的國際行為者，從國家問題到全球問題，標誌國際關係理論開始在更廣闊的範圍內研究國際關係發展的新內容。

　　在《爭論中的國際關係理論》中，多爾蒂和普法茲格拉夫指出，國際關係理論歷來存在兩大分類：一是全面的總體理論，或宏觀取向理論，它涉及的國際關係現象範圍廣泛，如從摩根索到季辛吉的現實主義權力理論，從沃爾茲到金德曼的新結構現實主義，從卡普頓到羅斯克蘭斯的體系理論，從沃勒斯坦到克里斯多夫・鄧的資本主義世界體系理論和新馬克思主義理論等。二是局

部的或微觀取向理論，它涉及局部範圍的現象和問題，如斯皮克曼的邊緣環境理論，杜意奇的溝通理論，大衛‧米特拉尼、恩斯特‧哈斯和約瑟夫‧奈伊的功能主義／一體化理論，伯納德‧布羅迪和羅伯特‧傑維斯的理性威懾理論，湯瑪斯‧謝林和阿納托爾‧拉普波特的理性選擇理論，理查‧斯奈德和格雷厄姆‧艾列森的決策論等。[55]如此兩大分類自然會引起爭論。有的學者對第一大類有興趣，有的則傾向於第二大類；有的處於兩者之間，有的甚至對這兩大分類持反對態度。在這過程中，有兩種思路值得注意：一些學者（如霍夫曼等）主張先著手構建整體理論框架，然後局部或微觀理論便可從總框架裡分離出來。另外一些學者（如大衛‧辛格等）則提出應先檢驗、強化局部或微觀理論，然後再提到更高層次，構建抽象的整體理論。有爭論未必是壞事，爭論催生新的理論思考。無論是先總體後局部，還是先局部後整體，雙方均能找到理論的匯合點，爲國際關係理論發展注入新內容，增添新方法。

縱觀西方國際關係理論的發展，我們可以將其研究物件和內容概括爲10個方面：國際政治、國際經濟、國際法、國際組織、國際軍事戰略、外交政策、國際倫理、國際教育、國際關係社會學和國際關係心理學。其中最重要的是國際政治和國際經濟，前者是國際關係中最核心的因素，後者是最活躍的因素，而其餘的則從屬於或衍生於這兩個最重要的因素。

卡爾‧杜意奇曾說過：「國際關係理論是一門關於人類生存的藝術和科學。如果人類文明在未來30年橫遭扼殺的話，那麼，兇手不是饑荒，也不是瘟疫，而將是對外政策和國際關係。我們能夠戰勝饑荒和瘟疫，卻無法對付我們自己鑄造的武器的威力和我們作爲民族國家所表現出來的行爲……國際關係太重要了，以致不能疏忽它；然而，國際關係又太複雜了，以致難以一下子掌握它。」[56]關於國際關係理論研究的重要性，恐怕沒有任何其他學者像杜意奇闡述得如此言簡意賅，如此富有啓迪！

第三節　「國際關係理論之父」──理論淵源

史丹利‧霍夫曼在談到西方國際關係理論的發展時說：「國際關係理論是一門既年輕又古老的學科。」[57]說「年輕」，是指國際關係作爲一門獨立的學科，是在第一次世界大戰以後才逐步形成的，至今只有幾十年的歷史；說「古老」，因爲國際關係理論源遠流長，可以追溯到2000多年前古希臘時代修昔

底德、柏拉圖、亞里斯多德等人的歷史學、政治學、哲學和國家學說。有人還提出，第一個系統敘述國際關係的是西元前4世紀一位印度政論家考底耶，他的《政府與政治的藝術》一書用歷史實證方法最早闡述關於國家和均勢的理論。[58]在以後歷史的長河中，一些主要學科領域，如政治學、歷史學、哲學、國際法學、地理學等又在不同程度上對國際關係學的形成產生過重大的影響。特別是到15、16世紀，隨著資本主義的產生、歐洲文藝復興時代的到來、民族國家的出現、中世紀神權一統天下局面的崩潰和生產領域的國際關係的形成，古代的國家間的關係被近代的以主權國家爲基本行爲者的具有有機整體聯繫的國際關係所取代。理論是時代的產物，時代需要新的理論。國際關係理論的雛形便在這些領域中逐步地形成起來。

1994年，漢斯·摩根索的學生、著名國際關係理論學者肯尼思·湯普森出版《國際思想之父──政治理論的遺產》一書，該書全面系統地展現了當代國際關係理論的淵源。湯普森在前言裡寫道：「這是一本關於偉大思想家的書。」[59]該書介紹的16位國際思想理論家爲：柏拉圖（427-347 B.C.）、亞里斯多德（384-322 B.C.）、奧古斯丁（354-430）、阿奎那（1225-1274）、馬基維利（1469-1527）、格老秀斯（1583-1645）、霍布斯（1588-1679）、洛克（1632-1704）、亞當·斯密（1723-1790）、大衛·休謨（1711-1776）、孟德斯鳩（1689-1755）、盧梭（1712-1778）、艾德蒙·伯克（1729-1797）、康德（1724-1804）、黑格爾（1770-1831）和馬克思（1818-1883）。湯普森強調，該書並不意在提出關於這些偉大的政治思想家的全面權威的分析，而是重點介紹他們的思想對當代國際政治和國際關係的影響，回顧這些思想理論先驅者如何爲後來者留下了「關於人、政治、社會」的理論基礎，如何爲當今的國際理論大師們提供「支撐的堅實的肩膀」。英國歷史學家和政治理論家湯因比就曾說過，任何歷史學家或思想家都需要「站在前人的肩膀上」。[60]

國際關係理論的繼承性是明顯的。萊因霍爾德·尼布爾的思想源於奧古斯丁，約翰·穆雷的靈感來自阿奎那，阿諾德·沃弗斯的思想與霍布斯和洛克的理論一脈相承，馬基維利、格老秀斯和康德的學說對馬丁·懷特產生過決定性影響，摩根索曾多年講授古典政治理論，他從亞里斯多德、韋伯和霍布斯的思想吸取了現實主義的理論營養。在《當代美國國際關係理論流派文選》的代後記裡，兩位作者從政治學領域、哲學領域、地理學領域、世界史領域和國際法領域五個方面分別闡述了柏拉圖、馬基維利、格老秀斯、霍布斯、洛克、休謨、康德、黑格爾、馬漢和麥金德的思想理論對當代國際關係理論的影響。[61]

王逸舟在《西方國際政治學：歷史與理論》裡列舉了10個方面：中世紀晚期對修昔底德的重新發現、馬基維利的《君主論》及其思想影響、博丹的現代主權理論、霍布斯的「自然狀態」說、盧梭的啓示、康德的「永久和平論」、克勞塞維茨的國際衝突思想、黑格爾的歷史及國家理論、馬克思的批判理論、霍布森的帝國主義理論。[62]他提及古希臘歷史學家修昔底德及其歷史經典巨著《伯羅奔尼薩斯戰爭史》，是對《國際思想之父》的重要補遺。王逸舟的10點評述更全面地勾勒了國際關係理論從古代到現代的演變軌跡，把這些偉大先驅者的思想理論對國際關係理論的形成和發展所起的歷史作用展現在讀者面前。這一節就不再對這些內容加以贅述了。

這裡，僅就國際關係理論淵源的兩個重要關係，即傳統政治理論與國際關係理論的關係和古典哲學與國際關係理論的關係作一介評。

傳統政治理論是國際關係理論的母體。柏拉圖的「三篇」（《國家篇》、《政治家篇》和《法律篇》）、亞里斯多德的《政治學》、奧古斯丁的《上帝之城》、阿奎那的《論眞理》、馬基維利的《君主論》和《對話》、格老秀斯的《戰爭與和平法》、霍布斯的《利維坦》、洛克的《政府論》、孟德斯鳩的《論法的精神》、盧梭的《社會契約論》、邊沁的《道德與立法原則總論》、康德的《政治權利原理》、馬克思的《資本論》等政治理論經典著作均對國際關係理論和流派形成和發展產生過重大影響。肯尼思‧湯普森在書中提出三個觀點：傳統政治理論與國家概念密切相關，傳統政治理論與國際思想之間存在區別，政治理論涉及的權威、自由、秩序、正義、政治團結等反映在多元政治制度裡的問題也出現在國際關係研究領域中。

從以上觀點引出了若干重要問題：

一、是否存在「國際理論」。英國倫敦經濟學院的著名國際關係教授馬丁‧懷特於1966年寫了一篇論文：〈爲什麼不存在國際理論？〉。起初，論文題目是〈爲什麼不存在國際理論的體系？〉，因此，其本意是指國際關係理論研究太分散，太凌亂，找不到現存的、完整的探索國家間關係的國際理論。另外，國際關係理論的局限大於政治理論，存在著更多的「未知數」。當然，沒有理由認爲懷特是在否定國際關係理論的存在，他只是以更嚴格的界定來審視國際關係理論。懷特強調國際政治與政治理論不是同屬一個範疇，但他並沒有否認傳統政治學與當代國際關係理論形成和發展有著密切關係。然而，這篇論文卻引起了不小的爭議和持久的論辯。

爭議和論辯給了國際關係領域發展以推動。懷特的這篇論文引發的這

場爭議幫助不少學者開拓了思路。有人就說，「應是關係國際化，而不是理論國際化」（It's the relations that are international; it is not theory that is international.），所以說不存在國際理論，要研究的是國際關係的理論（theory of international relations），而不是國際理論（international theory）。[63]這恐怕也道出了國際關係理論這一學術名稱產生的一部分背景。

二、國際關係理論的最初研究內容。懷特認為，古典政治學家是政治哲學家，而傳統國際關係學家則是一批「游離不定的」思想家，他們提出的國際關係理論，最初的研究內容包括六個方面：國際法，特別是18世紀公共法；國際關係新概念和成立國際政府的革新思想；關於現實主義的理性主張；政治哲學和歷史哲學思想；政治家和外交家的回憶錄、演講稿和公函；以修昔底德為代表的古典歷史學。這些內容後來均成為當代國際關係理論的重要立論依據。

三、傳統政治理論和傳統國際思想的區別。研究兩者區別，對認識當代國際關係理論的發展，也是十分重要的。傳統政治理論強調國家發展，目標是「過上好日子」；認為革命是極端表現，是例外情況；主張社會契約、政治秩序、國家權威，政治理論研究的是相對穩定的有序的國際體系；重視政治經驗的作用；指出政治理論應貼近現實，特別是與政治活動有直接關係。傳統國際思想則強調國際行為者的目標是生存；認為武力、暴力和革命是常見的現象，是一種規律；主張國家應學會與紛爭、衝突共處，認為國家之間無社會契約，只有無政府狀態，國際關係理論是研究無序的無政府狀態下的國際體系；重視國際法對國際政治的反作用；指出理念先於事實，如世界政府是必須的，因此也是可能的。

四、傳統政治理論與國際關係理論學派的形成。1950年代懷特在倫敦經濟學院講授國際關係時，曾提出現實主義、理性主義和革新主義三個傳統，又稱「三R」（realism, rationalism, revolutionism）。現實主義的理論主張是：讚賞冷血、不道德的人，國際政治處於「自然狀態」，現實世界充斥著「暴力、罪惡和苦難」，國際關係的法則是強權政治。理性主義推崇法律、秩序、守信的人，認為國際關係的唯一法則是理性法則，國際政治意指國際交往、權力均勢、大國協調、國際合作；革新主義所推崇的是從事傳教、解放、革命的人，認為國際社會的變革經歷了中世紀宗教改革、法國革命和共產主義革命三個階段，國際政治是國際衝突和合作的結合。[64]

懷特提出的這三個國際關係理論傳統與馬基維利、格老秀斯和康德分別代表的政治理論並無二致。

傳統政治理論對後人思想學說的影響是很大的。湯普森認為，關於理性和正義的辯論一直持續至今日。柏拉圖的理念論、阿奎那的理想論、洛克的古典自由主義、康德的和平論等直接影響了本世紀理想主義學派的出現，而現實主義學派則從亞里斯多德、奧古斯丁、霍布斯關於權力與國家的政治現實主義吸取了理論精華。湯普森還認為，從16世紀到19世紀，從馬基維利到馬克思，政治理論家們對當代國際關係理論有著「直接的和持久的影響」，特別是18世紀的亞當‧斯密、休謨、盧梭、孟德斯鳩等建立一個合理的、科學的國際秩序的思想成為後來科學行為主義、新自由主義的理論基礎。

然而，在討論這個問題時，注意不要「一刀切」，要作具體分析。如，馬基維利的《君主論》曾被譽為近代政治現實主義的奠基著作，其人性本惡論、理性政治論、政治道德分離說，對後來的國際關係現實主義理論影響尤深。但是，他的《李維史論》所反映的自由理念和共和制學說則成為後來的國際關係理想主義的理論內容之一。又如，在「自然狀態」的問題上，霍布斯和洛克的觀點就不一樣。霍布斯把自然狀態描述為一種「貧困、匱乏、骯髒和殘酷」的圖景，而洛克則認為自然狀態的特點是「和平、善意、互助和持久」。20世紀上半葉，國際關係理論關於國際政治的辯論可追溯到霍布斯和洛克。「現實主義者吸取了大部分霍布斯的理論，理想主義則從洛克那裡進一步確認了他們關於人和國際社會的理念。」[65]

古典哲學是當代國際關係理論的另一重要淵源。在第一節裡曾提及哲學與理論的關係，哲學透過思維分析的手段，深入探究「觀點、概念、命題和原則」。「沒有哲學，智慧會丟失於知識之中；沒有哲學，知識也會湮沒於資訊之中。」[66]古典哲學對當代國際關係理論的影響是深層次的。從古希臘的自然哲學到歐洲近代理性主義哲學（特別是18世紀法國啟蒙哲學），再到德國古典哲學（特別是康德的批判哲學和黑格爾由法哲學、歷史哲學和政治哲學所組成的思辨哲學），以及馬克思的辯證唯物主義哲學，構成了人類思想史發展的一條主線。摩根索多次強調哲學方法在國際關係理論的重要地位，並把這一關係概括為「國際關係哲學」。他在芝加哥大學的博士畢業論文答辯會又被稱作「國際關係哲學畢業討論會」。可惜的是，他的這篇畢業論文未能出版。他曾建議出版一本專門介紹哲學與國際關係的著作，但也沒有如願。

國際關係哲學涉及權力與道義、權威與秩序、正義與平等，西方當代國際

關係理論學者（除一部分行爲主義和機制主義學者之外）幾乎都從古典哲學吸取營養，這成了威爾遜、卡爾、尼布爾、摩根索等同代人和後繼者的一個共同特點。行爲主義和機制主義忽視國際關係哲學的作用，因此，國際關係哲學就成了傳統主義與行爲主義、新現實主義與新自由主義的一個重要分水嶺。

肯尼思‧湯普森提及托克維爾曾批評美國人缺乏哲學思維。但這一情況已逐步改變，到20世紀，國際關係哲學開始在美國「復甦」。

一方面，第二次世界大戰期間和之後，大批歐洲哲學思想家移民至美國，對國際關係哲學在美國的「復甦」起產生了積極的推動作用。當時新成立的紐約社會研究學院成了這些移民學者的「藝術之家」。事實證明，政治學和國際關係理論比任何其他學科都更多地受益於這一移民學者現象。芝加哥大學是最早接受歐洲學者傳統的政治哲學方法的地方，在那裡誕生了著名的芝加哥學派。當時，在美國還出現了兩個分支學派。一個分支學派爲政治哲學學派，代表人物是盧‧斯特勞斯、哈納‧阿倫特、漢斯‧瓊納斯和艾力克‧沃吉林；另一分支學派叫比較政治學派，代表人物有卡爾‧弗裡德利奇、法朗茲和辛克蒙‧紐曼、奧托‧克奇海默和韋爾德馬‧古裡安。他們大多是從歐洲移民到美國的。

另一方面，隨著國際關係理論的發展，出現了一個奇特現象：哲學與權力論結合。主張權力是永恆的現實的現實主義學者也同時主張政治哲學的概念和方法。尼布爾爲沃弗斯的《爭鬥與合作》一書作序，稱沃弗斯是一位「政治哲學家」，他用哲學思維核對總和評估不同國際關係理論、概念、命題的有效價值。對尼布爾和沃弗斯來說，在國際關係研究的理論化過程中，哲學實現了與政治和權力的結合，使國際關係理論得以深入到當代全球重大問題的核心。

西方國際關係理論學者，特別是美國學者，從自身的經驗來認識國際關係哲學思想的重要性。他們認爲，如果國際關係理論能扎根於古典哲學的土壤，就會得到迅速的成長。湯普森指出，哲學方法的一個優勢是它相對來說，能在不斷變化的現實中，使國際關係理論免於陷入瞬間即逝、曇花一現的時髦理論的誤區，爲國際關係理論提供一個研究權力與道義、和平與秩序、穩定與變革這些重大課題的堅實基礎。因此，哲學方法幫助國際關係理論學者「重新找到了自己的歷史地位」。[67]

第四節　「國際關係理論大師」——歷史沿革

1980年，肯尼思·湯普森出版了反映國際關係理論歷史沿革的專著《國際思想大師：20世紀主要思想家與世界危機》。作者引用著名科學家愛默生的名言：「看一條大魚從水面蹦跳出來要比抓一串小魚精彩得多。」依此，他寫道，這是一本「關於具有宏偉博大思想的大師的書」。[68]

該書向讀者介紹了20世紀18位占有重要學術地位、對國際關係理論發展產生過歷史影響的大師，他們是：赫伯特·巴特菲爾德（1900-1979）、雷茵霍爾德·尼布爾（1892-1971）、約翰·穆雷（1904-1967）、馬丁·懷特（1913-1972）、愛德華·卡爾（1892-1982）、漢斯·摩根索（1904-1980）、尼古拉斯·斯皮克曼（1893-1943）、阿諾德·沃弗斯（1892-1968）、約翰·赫茲（1908-2005）、卡爾·杜意奇（1912-1992）、沃爾特·李普曼（1889-1974）、喬治·凱南（1904-2005）、小路易士·霍爾（1910-1998）、雷蒙·阿隆（1905-1983）、昆西·萊特（1890-1970）、大衛·米特拉尼（1888-1977）、查理斯·維斯切（1884-1973）和阿諾德·湯恩比（1889-1975）。這18位大師都對國際關係理論和方法提出了系統的論述，對國際關係理論做出了積極的貢獻。湯普森說，他是在摩根索的鼓勵下動筆寫作此書的，1980年完稿時，這18位大師中還有7位活著，但到1994年他發表此書的續篇《國際思想之父》時，只剩下約翰·赫茲、喬治·凱南和小路易士·霍爾3人了，卡爾、摩根索、阿隆和杜意奇4位最有影響的國際關係理論大師相繼去世。代表現實主義頂峰的摩根索是在此書出版的當年——1980年與世長辭的，杜意奇則在12年後，即1992年也溘然而逝。湯普森寫到此時，感慨萬千，字裡行間頗為動情。

《國際思想大師》從規範思想、歐美權力與政治概念、冷戰衝突分析和世界秩序理論四個方面，透過18位大師的「水面蹦跳」，系統地評析了國際關係理論和思想，生動地展現了西方國際關係理論從產生到形成、從形成到成熟的歷史沿革。

在《國際思想大師》出版近20年後的1999年，自稱「繼承湯普森開創的事業」的挪威學者伊弗·諾伊曼和丹麥學者奧勒·韋弗爾主編了一本題為《未來國際思想大師》的著作，為正在展現才華的一批國際關係思想人物立傳，書中列舉了12位著名學者和後起之秀：約翰·文森特、肯尼思·沃爾茲、羅伯特·基歐漢、羅伯特·吉爾平、貝特朗·巴弟、約翰·魯傑、海沃德·阿爾克、尼古拉斯·奧魯夫、亞歷山大·溫特、瓊·埃爾絲塔、R. B. J. 沃克和詹姆斯·

德里安，除文森特和沃克是英國人，巴弟是法國人，其餘都是美國人。[69]在成爲一門獨立的社會科學學科之前，國際關係理論散見於歷史學（外交與戰略）、法學（國際法及其實踐）、哲學（人性與正義）和政治學（國家學說、戰爭與和平）。國際關係理論是「學術上的後來者」，[70]它產生於第一次世界大戰之後。

第一次世界大戰標誌著一個新的歷史時代的到來。這一時代的國際關係呈現出比以往任何一個歷史時期都更令人難以把握的複雜性。世界範圍的力量組合和重新組合，在政治、經濟、軍事諸領域的鬥爭以及這些鬥爭的相互交織，戰爭與和平、衝突與合作等多種手段的並用——國際關係中這種前所未有的複雜性爲一門新學科的誕生提供了必要的土壤。

當時的西方學者和政治家們試圖尋找一種能夠解釋變幻莫測的國際風雲並且駕馭紛繁複雜的世界大勢的理論。國際關係理論就這樣應運而生了。聯邦德國學者厄恩斯特—奧托・澤姆比提出1919年5月30日爲國際關係學的誕生日，因爲那一天，出席巴黎和會的英美代表同意在各自國家建立國際關係的學術研究機構，以推動對戰爭與和平的研究。巴黎和會以後最早成立的機構有英國國際事務研究會（英國對外關係委員會的前身）、美國對外關係委員會、耶魯大學國際關係研究所以及哈佛大學國際與地區研究委員會等。同年，英國工業家大衛・戴衛斯（David Davies）資助威爾斯大學建立國際政治系，首先開設了國際關係講座課程，設立了最早的國際關係教授職稱，著名教授C. K. 韋伯斯特獲得此殊榮。不久，以愛丁堡大學希特利的《外交與國際關係研究》爲代表的一批關於國際關係理論的專著相繼問世，爲這一新興學科打下了初步的基礎。至此，西方國際關係學開始從政治學的母體分離出來，成爲一門獨立的學科。1919年至1926年，美國陸續有40所大學建立了國際關係學的系所，到1931年爲止，美國大學裡所開設的國際關係課程累計達3,700門。但是，直到1930年代末以前，西方國際關係理論研究的中心依然在歐洲，占支配地位的學派是理想主義。

第一次世界大戰的災難性後果暴露了歐洲傳統研究的嚴重缺陷和不足，學者們從而轉向追求新的集體安全體系以防止世界大戰的悲劇重演。他們提出和平民主論和法律—道義論，認定戰爭是一種罪惡，應建立有效的防止大戰的國際組織和機制。最初的代表人物是伍德羅・威爾遜和約翰・霍布森，他們的理想主義理論的形成幾乎與國際關係理論誕生同步。到30年代，赫西・蘭特伯奇影響漸隆，他的《國際社會的法律功能》成爲理想主義的經典著作。

然而，這一「理想主義時代」並沒有持續很久。德國納粹主義和日本軍國主義以及其所導致的第二次世界大戰給了理想主義致命的打擊。

1930年代末，一個新的學派——現實主義學派開始向理想主義提出挑戰，形成國際關係學領域裡的「現實主義革命」。就在二次大戰爆發的1939年，英國威爾斯大學的愛德華·卡爾教授發表了《二十年危機（1919-1939）：國際關係研究導論》一書。卡爾從分析1919年至1939年20年間的國際危機出發，在批評當時占優勢地位的理想主義基礎上，提出現實主義學派最早的三個基本觀點：一、權力是政治活動的主要因素；二、道德、民主和正義是相對的，是權力的產物；三、政治不能脫離權力，政治活動是權力和道德的結合。[71]該書是第一部系統地用現實主義觀點闡述國際關係理論的專著，在西方國際關係學發展史上占有不可忽視的地位。

第二次世界大戰之後，美國一躍成為世界強國，與英國「換了崗」。它一手拿美元，一手拿原子彈，憑藉政治、經濟和軍事的實力，走上謀求世界霸權的道路。與美國「頭號強國」的地位和「世界霸權」的目標相適應，以權力政治為核心的現實主義思潮就順理成章地在美國受到青睞，並逐步取代了理想主義的支配地位。加上第二次世界大戰期間和之後，一大批歐洲著名學者由於橫遭希特勒法西斯的迫害而逃亡或移居至美國，在短短的幾年內，就這樣在美國形成了強有力的國際關係學者陣容，西方國際關係理論的研究中心明顯地從歐洲轉移到美國。當談到這一轉移時，史丹利·霍夫曼生動地評述說：「卡爾最初的努力未能在歐洲扎根，反而在美國結果了。」[72]

1940年代，國際關係理論「在美國結果」的最具代表性的著作是：耶魯大學尼古拉斯·斯皮克曼的《世界政治中的美國戰略：美國與權力平衡》（1942）和芝加哥大學漢斯·摩根索的《國家間政治——為權力與和平而鬥爭》（1948）。前者提出，國際關係的基本因素是「合作、協調和衝突」；國家的首要目標應是攫取權力，而不是追求理想；權力之爭是「世界政治的核心內容」。[73]斯皮克曼還強調，現實主義有兩個主要的理論台柱：均勢論和地緣政治學。在書中，他詳盡地闡述了他的「邊緣地帶理論」，提出處於世界心臟地帶的強國一旦控制邊緣地區就將控制世界的論斷。斯皮克曼的「邊緣理論」實際上是麥金德的「地緣政治學」的繼續和發展。摩根索的《國家間政治》被視為西方國際關係理論的奠基之作，這部巨著自問世到1980年作者逝世曾再版5次，聲譽經久不衰。摩根索逝世後，從40年代起就成為他的學生和研究助手的佛吉尼亞大學教授肯尼思·湯普森根據老師的遺願，經過4年的努力，於

1985年修訂出版了該書的第6版。摩根索在這部最重要的代表作裡提出,國際政治就是權力之爭,國家利益只有透過權力才能得以實現;他及時地對第二次世界大戰前後現實主義與理想主義的論戰,做了比卡爾更加全面系統的理論總結,首次提出以「權力」和「國家利益」為核心的現實主義六項原則(參閱本書第二章第三節之「六」關於漢斯·摩根索的內容),把現實主義的權力政治學推向一個新高度。

50年代末60年代初,一些學者提出,現實主義的權力理論概念不精確,且絕對化,他們開始尋求一種新的科學研究方法,以反映「後工業化革命」對國際關係的影響。於是,國際關係研究領域異軍突起,一個新的學派——科學行為主義向現實主義的支配地位提出挑戰,學術界稱之為「行為主義革命」。此間,另一批學者接受挑戰,堅持現實主義的傳統觀點和原則,堅持歷史、哲學、倫理、法律的傳統研究分析方法,主張國際關係理論是研究無政府狀態下主權政治實體之間的各種關係。這一學派被稱為傳統主義學派。兩派之爭在學術界形成一種「現實主義與科學的兩種範式」,[74]使國際關係理論研究的空氣異常活躍起來,其主要特點是:

第一,研究範圍擴大,宏觀分析加強,先後出現了若干研究熱點,如軍事戰略理論(尤其是威懾理論)、體系理論、世界秩序理論、互相依存理論等。

第二,研究重點逐步轉向核時代的外交、國際政治經濟學和新技術革命形勢下的全球問題。於是,從萊特的《國際關係研究》開始,美國國際關係理論一舉衝破僅局限於權力政治、衝突和主權國家問題的單一舊模式,轉向全面研究國際政治與經濟關係、衝突與合作、國家利益與全球問題。

第三,自然科學神速地滲透到國際關係理論的研究中,尤以數學原理、心理分析、電腦運用和模擬分析最為突出。隨之出現了不少反映科學行為主義特徵的新的研究方法,其中影響較大的有博弈論和決策論的新模式、溝通論、影響論、數學模擬法和心理分析法等。這一特點使美國國際關係理論到1970年代發展成為一門跨學科的、具有較強滲透力和吸引力的綜合性社會科學學科。

1970年代末,雖然科學行為主義和傳統主義的爭論仍在繼續,但其激烈程度大減,美國國際關係理論又進入了一個新的發展階段——新現實主義或後行為主義階段。哈佛大學教授約瑟夫·奈伊指出,1980年代國際關係學的新的理論對峙已在新現實主義和新自由主義之間形成。[75]

新現實主義理論始於1979年問世的《國際政治理論》。該書作者肯尼思·沃爾茲是美國加州大學柏克萊分校國際政治學教授,60年代他曾以《人、國家

與戰爭》一書蜚聲西方學術界。沃爾茲在《國際政治理論》中提出新的「結構分析模式」及其結構分析的「三要素」，即國際政治體系的結構取決於構成體系的原則，就國際政治而言，亦即無政府狀態；國際政治體系的結構取決於國際社會不同單位的功能；國際政治體系的結構取決於單位之間實力的分配。沃爾茲教授的結構分析理論因而被稱為「結構現實主義」或「新現實主義」。它最關注的問題是，如何區分國際政治體系及其互動的組成部分——國際政治的基本單位。它立論的核心是，只有結構的變革才能改變國際體系的無政府性質。大衛‧鮑德溫對此給予了很高評價，他認為沃爾茲提出的「體系層次」和「單位層次」是一個突破，奠定了「新現實主義」的基石，就如漢斯‧摩根索在50年代提出的權力與利益理論為現實主義奠定了基礎一樣。[76]詹姆斯‧多爾蒂和小羅伯特‧普法茲格拉夫也指出：「結構現實主義理論強調體系結構和單位結構，從而提供了全面發展國際關係理論的基礎。」[77]

　　秦亞青曾精闢地做了概述：「縱觀現實主義的發展歷程，三個重要理論家起到了重要的作用：卡爾奠定了現實主義的基礎，摩根索建構了現實主義的理論大廈，沃爾茲完善了現實主義的科學體系。」[78]新現實主義是在新的歷史條件下對現實主義的「修補和發展」，對傳統現實主義理論的「深化和開拓」。新現實主義功不可沒。它在新形勢下努力克服以摩根索為代表的傳統現實主義的局限性，將權力與道義、霸權與秩序、衝突與合作、政治與經濟結合起來研究，使國際關係理論研究的深度和廣度都得到了拓展。然而，和第一、二次論戰演變的情況一樣，到1980年代初，隨著新現實主義的發展，對新現實主義的批評也同時出現了。「以沃爾茲為代表的新現實主義理論觸發了一場新論戰，這次論戰從80年代初起一直支配著國際關係理論領域」。[79]批評者認為，新現實主義仍然堅持「以國家為中心」，在以國家為中心的模式中，國際組織的作用極其有限；新現實主義相互依存的作用，其體系結構分析也有所偏頗。批評者主張國際關係理論應超越民族國家，注重國際機制和國際組織，注重經濟、環境和相互依存。

　　從西方國際關係理論的發展來看，80年代起形成的第三次論戰是一個重要里程碑，是對從冷戰結束到冷戰後時期國際關係深刻變化所作的理論探索。麥克爾‧伯恩克斯認為，探求一種更好的理論的過程構成了第三次論戰，這是國際關係領域迄今出現的「最生動、最豐富、最激動人心和最有發展前景的一次論戰」。開始時，爭論的一方是新現實主義，這已不言而喻，但另一方是什麼學派，尚不清楚。1986年，羅伯特‧基歐漢主編了一本書，收錄了沃爾茲《國

際政治理論》的若干章節和新現實主義的贊同者與批評者的文章。基歐漢在書的前言說，希望此書使人們更意識到當代國際關係理論的重要性和生命力。書名為《新現實主義及其批評者》，其中的批評者是什麼學派，仍不得而知。1987年，保羅・維奧蒂和馬克・考比出版《國際關係理論》，取的副標題是「現實主義、多元主義和全球主義」，該書敘述的重點是與現實主義有區別的學派，而沒能明確提出與新現實主義對峙的學派。與此同時，查理斯・克格萊在《倫理學與國際事務》雜誌上發表題為〈新理想主義：一個實際問題〉的論文，批評新現實主義忽視國際關係中的倫理道義因素，提出自由主義——理想主義觀點的重要性。然而，到1988年，約瑟夫・奈伊在《世界政治》雜誌上撰文，首次使用「新現實主義與新自由主義」。至此，第三次論戰的兩個對峙學派的名稱才「塵埃落定」。

進入1990年代後，國際關係理論呈現出活躍的景象。特別是一批北美、西歐、北歐的中青年學者脫穎而出，他們給第三次論戰帶來了新的理論思路。於是，除了新現實主義和新自由主義之外，還出現了相對主義、後實證主義、新馬克思主義、後現代主義或建構主義等非主流學派的研究理論和方法，有人統稱其為「批判理論」，[80]並將其與「自由制度主義理論」相提並論。在對新現實主義和新自由主義兩個主流學派進行評析和批評的過程中，「批判理論」把第三次論戰再次推向深入。可以毫不誇張地說，自1979年沃爾茲提出結構現實主義之後，如果1980年代是第三次論戰的形成期的話，那麼90年代就是第三次論戰的深入發展期。

這期間，由於受到歐洲、北美流行的相對主義（relativism）、後結構主義（post structuralism）、後現代主義（post modernism）、後實證主義（post positivism）和解釋學（hermeneutics）等思潮的影響，在第三次論戰中出現了兩場交鋒：理性主義對反思主義（rationalism vs. reflectivism）和建構主義對解構主義（constructivism vs. deconstructivism）。這兩場交鋒的結果，使建構主義占了上風。筆者1990年代在美訪問期間，見到史丹利・霍夫曼、詹姆斯・羅斯諾和羅伯特・傑維斯時，他們均提及研究第三次論戰，除了新現實主義和新自由主義以外，還應注重建構主義。日本獨協大學的星野昭吉教授也專門提到，從90年代起，新現實主義和新自由主義正逐步相互靠近，而作為一種批判理論，建構主義與其形成了新的三方論戰。該理論思潮的代表人物有尼古拉斯・奧魯夫、亞歷山大・溫特、約翰・魯傑、埃蒙紐爾・艾德萊、邁克爾・巴納特、喬納森・莫塞、瑪莎・費麗莫、彼得・卡贊斯坦和撒母耳・巴爾金等，

而其中影響較大的是耶魯大學的亞歷山大‧溫特。溫特在1992年《國際組織》春季號上發表的關於國際政治的社會建構的論文中，最早提出建構主義的理論主張。他指出，建構主義雖反對新現實主義和新自由制度主義的理性主義核心，但卻認同它們的科學方法。建構主義認為，對社會生活和國際關係最終起作用的不是物質本身，而是物質是怎樣得到表現的。其關注的問題是和諧進化，核心變數是社會環境，解決途徑是改變觀念。新現實主義所說的國際體系的結構最終是由賦予這些結構以實際內容的「具有社會意義的結構」決定的。這種具有社會意義的結構不是某一個人、團體、國家的主觀臆斷，而是舉世公認的一種社會事實。由此，溫特認為，無政府狀態的後果與權力物質基礎的分布無關，倒是與賦予這些基礎以實際內容的主觀建構出來的意義有關。由此，均勢不再有意義，有意義的是威脅均衡（balance of threat），即並不是實際存在的東西阻止政治家發動戰爭，而是政治家認為實際存在的東西起到了這一作用。也就是說，無政府狀態是否導致國家採取自助行為，即安全困境是否使國家間趨向於對抗，要看國家對無政府狀態持何種態度，要看國家間的姿態和意圖怎樣。無政府狀態脫離了國家賦予它的意義就無任何實質內容可言。而強權政治只是國家之間關係的一種可能，它不是無政府狀態的本質屬性，因此原則上轉變強權政治的可能性並未被排除。[81]

目前，新現實主義和新自由主義主流學派的論戰仍在繼續發展，其中重要的表現是新古典現實主義和新古典自由主義的出現和助陣，新古典建構主義也應運而生。這使國際關係理論呈現出活躍的跡象。越來越多的學者開始以更冷靜更客觀的態度來審視這場論戰及其兩個主要學派之間的關係。早些年，爭論雙方的代表人物就強調，雖然新現實主義和新自由主義在一些問題上存在分歧，但是不應將其誇大。多爾蒂和普法茲格拉夫說：「新現實主義和自由制度主義要幫助人們懂得國際關係的話，它們就必須尋求共同之處。」[82]基歐漢認為，兩者可以尋求到匯合點。他承認，他的自由制度主義觀點同樣是從現實主義和自由主義借鑑過來的。約瑟夫‧奈伊則強調，這場論戰「從某種意義上說，是國際關係史上代表傳統理論的兩個主要流派之爭的再現。現實主義一直占有支配地位，自由主義突出國內社會、國際社會、相互依賴和國際制度的影響……然而，現實主義和自由主義理論的分歧被過分強調了。事實上，這兩種理論及方法可以互補」。[83]約瑟夫‧奈伊還指出，新現實主義者強調連續性，新自由主義者則強調變革性。誰對誰錯？雙方既對又錯。21世紀的世界是充滿著繼承和變革的世界，所以國際關係理論的任務應該是使兩者實現互

補和綜合。「這兩派理論對我們理解變化中世界的國際政治都是有用的和必須的」。[84]

50多年前，現實主義學派鼻祖之一，雷茵霍爾德‧尼布爾把理想主義者比爲「光明的孩子」（children of light），把現實主義者比作「黑暗的孩子」（children of darkness）。這兩類「孩子」的「後代」──新現實主義者和新自由主義者，如今在國際關係理論領域裡，各自扮演著不同的角色，起著不同的作用，應該取長補短，爲發展面向新世紀的國際關係理論而努力。

在追溯西方國際關係理論發展的歷史沿革時，我們發現一個非常難得的巧合。西方國際關係理論的發展史恰好經歷了近100年，產生了四個帶「九」的里程碑：1919年國際關係理論誕生，成爲社會科學中一門獨立的學科；1939年愛德華‧卡爾發表《二十年危機（1919-1939）：國際關係研究導論》，標誌西方國際關係理論發展的新階段──現實主義學派的開端；1979年肯尼思‧沃爾茲出版《國際政治理論》，第三次論戰從此揭開了序幕；1999年，西方國際關係理論處在一個重要的世紀之交的歷史發展時期，亞歷山大‧溫特的《國際政治的社會理論》問世，成爲一個重要標誌。100年的歷史可分爲前20年（1919-1939）、中間40年（1939-1979）和後40年（1979-2019）。前20年是形成期，中間40年是成長成熟期，後40年是發展期。湯普森的《國際思想大師》寫至1980年，雖然涵蓋的是1919年至1979年60年西方國際關係理論的歷史沿革，但也爲後40年（1979-2019）的發展提供了有益的研究框架和思路。至此，我們不妨對西方國際關係理論的產生和沿革做以下歸納：一部西方國際關係理論的歷史包含著兩次「革命」（現實主義革命和行爲主義革命），三次論戰（理想主義與現實主義、科學行爲主義與傳統主義、新現實主義與新自由主義）和七個主要學派（理想主義、現實主義、科學行爲主義、傳統主義、新現實主義、新自由主義和建構主義）。本書的以下各章將逐一加以介評。

註釋

1　Theodore Conloumbis and James Wolfe, *Introduction to International Relations--Power and Justice,* Prentice Hall, Inc., 1981, p. 12.

2　James Dougherty and Robert Pfaltzgraff, Jr, *Contending Theories of International Relations,* Longman, 1997, 4th Edi., p. 22.

3　Ibid., p. 15.

4 Robert Lieber, *Theory and World Politics*, Winthrop Publishers, 1972, p. 8.

5 *The Compact Edition of the Oxford English Dictionary,* Oxford University Press, 1971, p. 3284.

6 James Dougherty and Robert Pfaltzgraff, Jr, *Contending Theories of International Relations,* Longman,1997, 4th Edi., p. 21.

7 Charles McClelland, *Theory and the International System,* MacMillan Company, 1966, pp. 6-7, p. 11.

8 Anatol Rapopert, "Various Meanings of Theory", *American Political Review*, No. 12, 1950.

9 Kenneth Waltz, *Theory of International Politics,* McGrow Hill Publishing Company, 1979, p. 2.

10 Ibid., p. 5.

11 Ibid., pp. 5-6.

12 Ibid., p. 68.

13 Ibid., pp. 9-10.

14 Ibid., p. 8.

15 Ibid., p. 14.

16 Ibid., p. 116.

17 Stanley Hoffmann, *The State of War–Essays on the Theory and Practice of International Relations,* Praeger Publishers, 1965, pp. 5-6.

18 Thomas Kuhn, *The Structure of Scientific Revolution,* University of Chicago Press, 1962, p. 15.

19 David Singer, "Inter-nation Influence: A Formal Model" in James Rosenau (ed.), *International Politics and Foreign Policy,* Second Edi., Free Press, 1969, p. 380.

20 Robert Lieber, *Theory and World Politics,* Winthrop Publishers, 1972, pp. 5-6.

21 Kenneth Waltz, *Theory of International Politics,* McGrow Hill Publishing Company, 1979, pp. 68-69.

22 James Dougherty and Robert Pfaltzgraff, Jr, *Contending Theories of International Relations*, Longman, 1997, 4th Edi., p. 21.

23 〔德〕文德爾班：《哲學史教程》（上卷），商務印書館，1996年，第8頁。

24 James Dougherty and Robert Pfaltzgraff, Jr, *Contending Theories of International Relations,* Longman, 1997, 4th Edi., pp. 21-22.

25 林德宏主編：《哲學概論》，南京大學出版社，1997年，第4頁。

26 馬克思：《第179號〈科倫日報〉社論》，《馬克思恩格斯全集》，第1卷，第121頁。

27 恩格斯：《路德維希‧費爾巴哈和德國古典哲學的終結》，《馬克思恩格斯全集》，第21卷，第315頁。

28 列寧：《馬克思主義的三個來源和三個組成部分》，《列寧選集》，第2卷，第441-446頁。

29 美國歷史學家肯德爾‧麥耶斯在上海進行學術演講：〈歷史對於國際問題研究為什麼重要〉，2006年7月2日《解放日報》，第8版。

30 Joseph Nye, *Understanding International Conflicts*–An Introduction to Theory and History, Harper Collins College Publisher, 1993, p. xiiiix.

31 恩格斯：《自然辯證法》，《馬克思恩格斯全集》，第20卷，第382頁。

32 「習近平致第22屆國際歷史科學大會的賀信」，新華社濟南2015年8月23日電。

33 Robert Lieber, *Theory and World Politics,* Winthrop Publishers, 1972, p.4.

34 Marcel Marle, *The Sociology of International Relations,* Translated from French by Dorothy Parkin, Berg Leamington Spa Publishers, 1987, p.15.

35 Charles McClelland, *Theory and the International System,* MacMillan Company, 1996, pp. 6-7, p. 17.

36 Steve Smith, *International Relations–British and American Perspectives,* Basil Blackwell Ltd., 1985, p. 6.

37 Hans Morgenthau, *Politics Among Nations–A Struggle for Power and Peace,* Knopf Publisher, 1978, p. 35.

38 Quincy Wright, "Develpment of a Grand Theory of International Relations", in Horace Harrison (ed.), *The Role of International Relations,* Princeton University Press, 1964, p. 20.

39 Stanley Hoffmann, "An American Social Science: International Relations", Daedalus, Summer 1977.

40 Stanley Hoffmann, *Contemporary Theory in International Relations,* PrenticeHall, Inc., 1960, pp. 4-6.

41 Frederick Dunn, "The Scope of International Relations", *World Politics,* October 1948.

42 Charles McClelland, *Theory and the International System,* MacMillan Company, 1996, p. 18.

43 Ibid., p. 17.

44 Karl Deutsch, *The Analysis of International Relations,* Prentice Hall, Inc., 1978, Preface and Introduction.

45 Trevor Taylor, *Approaches and Theories in International Relations,* Longman, 1978, p. 1.

46 Nicholas Spykman, *Approaches to International Relations,* Washington, DC, 1933, p. 60.

47 Martin Wight, "Preface in International Theory", in Gabriele Wight (ed.), *International Theory,* Leicester University Press, 1991, p. xix.

48 James Dougherty and Robert Pfaltzgraff, Jr, *Contending Theories of International Relations,* Longman, 1997, 4th Edi., p. 18.

49 Steve Smith, *International Relations–British and American Perspectives*, Basil Blackwell Ltd.,1985, p. 5.

50 Robert Lieber, *No Common Power,* Harper Collins College Publisher,1995, pp. 4-5.

51 Phi Williams, Donald Goldstein and Jay Shafritz (ed.), *Classic Readings of International Relations,* Wadsworth, a division of Thomson Learning, 1999, Preface.

52 Sir Alfred Zimmern (ed.), *The Teaching of International Relations in Universities,* Paris Publishers, 1939.

53 Steve Smith, *International Relations–British and American Perspectives,* Basil Blackwell Ltd., 1985, p. 16.

54 Karl Deutsch, *The Analysis of International Relations,* Prentice Hall, Inc., 1978, p. 7.

55 James Dougherty and Robert Pfaltzgraff, Jr, *Contending Theories of International Relations,* Longman, 1997, 4th Edi., pp. 15-16.

56 Karl Deutsch, *The Analysis of International Relations,* Prentice Hall, Inc., 1978, p.7.

57 Stanley Hoffmann, The State of War–Essays on the Theory and Practice of *International Relations,* Praeger Publishers, 1965, p. 5.

58 Theodore Conloumbis and James Wolfe, *Introduction to International Relations–Power and Justice,* Prentice Hall, Inc., 1981,p. 12.

59 Kenneth Thompson, *Fathers of International Thought–The Legacy of Political Theory,* Louisiana State University Press, 1994, p.1.

60 Ibid., Preface.

61 倪世雄、金應忠：《當代美國國際關係理論流派文選》，學林出版社，1987年，第248-252頁。

62 王逸舟：《西方國際政治學：歷史與理論》，上海人民出版社，1998年，第9-29頁。

63 Martin Wight, "Preface in International Theory", in Gabriele Wight (ed.), *International Theory*, Leicester University Press, 1991, p. xxi.

64 Ibid., pp. 14-16.

65 Kenneth Thompson, *Fathers of International Thought–The Legacy of Political Theory,* Louisiana State University Press, 1994, p.82.

66 Ibid., p.2.

67 Ibid., p.8.

68 Kenneth Thompson, *Masters* of *International Thought–Major Twentieth Century Theorists and the World Crisis,* Louisiana State University Press, 1980, p. ix.

69 伊弗‧諾伊曼和奧勒‧韋弗爾主編：《未來國際思想大師》，肖鋒和石泉譯，北京大學出版社，2003年，總序第2-3頁。

70 Kenneth Thompson, *Masters of International Thought–Major Twentieth Century Theorists and the World Crisis,* Louisiana State University Press, 1980, p. ix.

71 E. H. Carr, *Twenty Years Crisis (1919–1939),* Haper & Row, 1964, pp. 21-64, p. 102.

72 Stanley Hoffmann, "An American Social Science: International Relations", *Daedalus,* Summer 1977.

73 Nicholas Spykman, *America's Strategy in World Politics,* Harcourt Brace, 1942, p. 7.

74 Steve Smith, *International Relations–British and American Perspectives,* Basil Blackwell Ltd., 1985, p.11.

75 Joseph Nye, "Neorealism and Neoliberalism", *World Politics,* January 1988.

76 David Baldwin, *Neorealism and Neoliberalism: The Contemporary Debate,* Columbia University Press, 1993, p. 13.

77 James Dougherty and Robert Pfaltzgraff, Jr, *Contending Theories of International Relations,* Longman, 1997, 4th Edi., pp. 87-88.

78 秦亞青：〈現實主義理論的發展及其批判〉，《國際政治科學》，2005年第2期，第138–139頁。

79 同上書，第85頁。

80 John Mearsheimer, "The False Promise of International Institutions", *International Security*, Winter 1994/ 1995.

81 Alexander Wendt, "Anarchy Is What States Make of It: The Social Construction of Power Politics", *International Organization,* Spring 1992; "Collective Identity Formation and the International State", *American Political Science Review*, No. 2, 1994.

82 James Dougherty and Robert Pfaltzgraff, Jr, *Contending Theories of International Relations*, Longman, 1997, 4th Edi., p.62.

83 Joseph Nye, "Neorealism and Neoliberalism", *World Politics,* January 1988.

84 Joseph Nye, *Understanding International Conflicts–An Introduction to Theory and History,* Harper Collins College Publisher, 1993, p. 5, p.195.

第二章　第一次論戰——
理想主義與現實主義

理想和現實構成了政治學的兩個方面。健全的政治思想和健全的政治生活只存在於理想和現實這兩個方面皆有的地方。

E. H. 卡爾：《二十年危機（1919-1939）：國際關係研究導論》

現代政治思想史是關於人、社會和政治的本質的概念上存在根本分歧的兩個學派之間爭辯的歷史。

一個學派（理想主義）相信，從普遍有效的抽象原則獲得的理性和道義的政治秩序此時此地就能夠實現。它假定人類本性善良，並具有無限的適應性……另一個學派（現實主義）則認為，從理性觀點看現實，世界是不完善的，它是人類本性中固有因素發生作用的結果。要改善世界，人們必須利用這些力量，而不是排斥這些力量。在這樣一個存在著利益衝突的世界上，道德原則從來不可能完全得以實現。

漢斯·摩根索：《國家間政治——為權力與和平而鬥爭》

第一節　一場嚴肅但「吵鬧的論戰」

一、論戰背景

史丹利·霍夫曼曾經這樣說過：「33年前，當我作為一名學生來到這個國家的時候，我發現的不僅是一種希望脫離傳統的國際法和外交史研究，一種企圖把國際問題研究變為原則研究的學術努力，而且是一場理想主義和現實主義之間的吵鬧的論戰……這次論戰看起來離現在已經很遠了，而且有些離奇，然而，各方攻擊對方的論點直至今日都仍然是有意義的。」[1]霍夫曼所說的這個國家是美國，直至今天它仍是西方國際關係理論研究最活躍的地方。在國際關係理論史上，至今已經發生過三次論戰，但是第一次論戰無論在它的重要性方

面，還是在它的影響力方面都是其他兩次論戰所無法比擬的。它是一場「既持久又深刻」（prolonged and profound）的論戰。今天的國際關係理論許多都來源於第一次論戰的思想，是第一次論戰的發展和延伸。因此，第一次論戰就成了研究現代西方國際關係理論的一個重要起點。

國際關係理論史上的第一次論戰，開始於第一次世界大戰後至1960年代，與二次世界大戰密切相關。是第一次世界大戰與第二次世界大戰之間的20年危機和第二次世界大戰構成的又一次「30年戰爭」的產物。

第一次世界大戰之前，在國際關係研究領域曾出現過一種短暫的以歐洲百年均勢和平爲背景的現實主義觀點，有人稱之爲「古典的均勢現實主義」。它認爲追求權力是一種自然傾向，主張支持主權國家追求權力並依靠均勢來限制國家間的爭鬥。

然而，第一次世界大戰把維也納會議以來因大國均勢政策，而維持的所謂歐洲百年和平局面打得粉碎。這歷時4年半的大戰給國際社會帶來了空前的災難。先後有30個國家、15億人口捲入戰爭，死傷達3,000餘萬人，物質損失更無法計算。這場戰爭向國際關係研究領域提出一系列關於人類生存的重大問題：如何認識帝國主義的產生及其特徵？帝國主義戰爭是怎麼發生的？怎樣才能防止戰爭，維持和平？於是，不少政治家和國際關係學者把目光轉向當時已成爲哲學社會科學主導思潮的烏托邦主義（或稱理想主義），有的人甚至崇尚18世紀的啓蒙主義和19世紀的理性主義。他們強調透過道義和精神教育來喚醒人類的良知；他們主張恢復國際規範，健全對各國具有約束力的國際法準則；他們呼籲建立起國際性機構和組織，加強國際合作，鞏固戰後穩定的國際社會，以避免世界大戰慘劇的重演。於是，國際關係理論中的理想主義學派就應運而生。它的出現與第一次世界大戰有密切的關係，是對戰爭災難所做的反思的結果。理想主義學派認爲，人性本是善良的或是可以透過教育和環境而變好的。這個道理延伸到國際關係中，說明國家的政治行爲也可以改變，以致放棄強權政治，建立集體安全。理想主義學說譴責追求強權政治以謀求自身利益的國家行爲，主張國家應依據國際法和國際組織的原則行事。

該學派最早最重要的代表人物是美國第28屆總統伍德羅·威爾遜。正如摩根索所說的：「在這一學派中，伍德羅·威爾遜是最雄辯的和最有影響的代言人。」這一學派因而也被稱爲「威爾遜學派」。[2]該學派早期的代表人物除了威爾遜之外，還有英國的阿爾弗雷德·齊默恩、大衛·大衛斯、諾埃爾·貝克、吉伯特·默里、大衛·密特雷尼和美國的約翰·霍布森、雷蒙德·福斯迪

克、尼古拉斯·巴特勒、洛斯·迪金遜和詹姆斯·肖特韋爾等。密特雷尼後來到美國普林斯頓大學工作，成為研究功能主義和世界秩序的著名學者，而肖特韋爾多次訪問歐洲，後在倫敦經濟學院任教，這段佳話開啓了歐美學者間最初的學術交流。

理想主義在很大程度上代表了兩次大戰之間美國國際關係的主要理論傾向和外交實踐。「第一次世界大戰在國際關係領域產生了烏托邦主義的理論，這一理論在兩次大戰之間的時期形成了支配地位。」[3]然而，理想主義理論並沒能抵擋住30年代希特勒德國極權政治和法西斯主義的威脅，席捲西方資本主義經濟總危機和第二次世界大戰宣告了理想主義理論的破產。現實主義學派正是在這樣的背景下形成於30年代，發展於40年代，到50年代和60年代在國際關係研究領域占據統治地位，出現了卡爾、尼布爾、摩根索、阿隆、凱南和季辛吉這樣具有重要影響的代表人物。他們在抨擊理想主義的基礎上提出了政治現實主義的國際關係理論，在西方社會科學領域形成了頗有影響的國際關係理論的第一次論戰。

現實主義學派繼承了自馬基維利、霍布斯和洛克以來的關於「自然狀態」的分析傳統和思想理論，認為國際關係理論同樣受到人的本性和「自然狀態」法則的支配。該學派從這一根本點出發，提出現實主義的四個基本思路：第一，人的私欲和生存意志在政治上表現為「權力的意志」，國家的權力便是這種人的權力意志的擴大；第二，由於國際社會處於無政府狀態，組成國際社會的主權國家毫無例外地都在追求權力，國家間關係實質上是一種特殊的權力關係，國際政治即是權力之爭；第三，各國在對外目標上追求和維護自身的利益，因此衝突與鬥爭是國際關係的最基本特徵，一國在國際上享有的權力越大，所獲得的利益也就越大，反之亦然；第四，權力與利益是影響對外政策的核心因素，在決策過程中權力與利益的重要性超過道義和理想的重要性。

儘管在經歷了兩次世界大戰以後，理想主義學派受到重創，影響開始減弱，儘管在卡爾和摩根索的現實主義理論的攻勢下，理想主義理論顯得黯然失色，但是理想主義作為一種思潮，並沒有完全退卻，「它仍然存在」，它仍然在裁軍、戰爭法、維持和平、全球生態和聯合國等問題上堅守著陣地。

這期間有影響力的理想主義學者有赫西·蘭特帕奇和J. L. 伯里爾利。蘭特帕奇在1933年出版的《國際社會的法律功能》曾被卡爾批判，他寫了對卡爾的批判的批判，但直到他去世後才於1977年出版，題為《國際法》，共四卷本。伯里爾利以三本書蜚聲於世：《國際法觀察》（1944）、《國際法義務之

基礎》（1959）和《國家的法律》（1963）。他們均認爲，國際法優於國際政治，國際法的完善將帶來世界的穩定與公正。60年代後曾出現過理想主義的「回復」，R. A. 福克、M. S. 麥克莫加爾和D. M. 約翰斯通等學者積極地提倡世界秩序、世界政府、法律公正，並努力創建未來學，故有「新理想主義」之稱。[4]

　　但是，理想主義學派的「回復」勢頭乏力，國際關係理論的支配地位仍由現實主義學派掌握。「現實主義處於當代國際政治理論和實踐辯論的核心……現實主義是一種綜合理論，而不是單一的理論。」[5]現實主義學派的以下核心觀點仍在國際關係理論研究領域具有最大的影響：（一）國家是國際政治最重要的行爲者；（二）無政府主義是國際社會的突出特點；（三）國家最大限度地追求其權力或安全；（四）國家通常採取理性的政策；（五）國家有時也會依靠武力威脅或使用武力來實現其目標；（六）國際體制諸方面，特別是國家間的權力分配，是形成國際政治和對外政策基本模式的最重要原因。[6]

二、爭論焦點

　　第二次世界大戰給人類造成了空前的災難。在痛定思痛之餘，人們思考著：爲什麼人類間會出現如此巨大的互相殘殺？人類將用什麼樣的方法來避免戰爭？正是在這兩個問號之下，理想主義和現實主義先後提出了針鋒相對的觀點，他們具有哲學性的思考和給人以啓迪的研究方法引導著後人的國際關係理論研究，並且也影響著後人的國際關係理論的發展方向。

　　理想主義和現實主義在人的本性、戰爭根源、人的理性、國家利益、國家利益和道德之間關係以及維持和平的方法等問題上存在著分歧。

　　從嚴格的意義上講，理想主義並沒有形成一個完整的理論體系。理想主義是在特定的歷史條件下出現的一種運動和一種思潮，是爲了一種共同的目標——和平目標而出現的人類的行爲。

　　以威爾遜學派爲代表的理想主義的理論主要包括以下內容：

（一）人性可以改造。理想主義關於人類的思想主要來源於文藝復興時期的人類完美主義。一派認爲，人類的本性是不確定的，它既可以惡，也可以善，而根本的問題是人所處的環境問題；另一派認爲，人的本性天生就是惡的，但是人性可以透過教育得到改造。正因爲理想主義理論認爲，人可以透過客觀環境的變化而變化，所以他們相信人類總是在不斷進步

和朝好的方向發展。人類在教育和正確思想的驅使下，在好的客觀環境的限制和作用下有能力克服自身的缺點和不足，最終走向文明。

（二）戰爭可以避免。理想主義由此提出了兩個結論：戰爭的根源不能歸罪於人的罪惡；戰爭的出現也不是人類的必然產物。洛斯‧迪金遜曾經這樣說過：「戰爭不是人性註定的產物，它是那種人性放在某種環境下的結果。」[7]可見，理想主義者認爲戰爭的出現與人類的本性無關，而和他所處的環境有關，他們認爲戰爭主要是由於不完善的國內或國際政治體制的缺陷，由於對人類進行教育和開化的困難和人類文明進步的不足所引起的。在此前提下，於是引出了後一個結論，一旦人類的教育程度提高了，再不是感情思維，而是理性思維；再不是用武力去解決問題，而是用協商的辦法解決問題，人類的戰爭最終則可以消除。

從人本性並非是罪惡的觀點出發，理想主義者對人類社會的發展充滿信心。正因爲人類可以透過教育而避免戰爭，所以理想主義又提出了他們另外兩個相應的觀點：

第一，他們認爲人類可以逃脫追求權力的欲望，可以逃脫因安全而必須要增加權力的困境，可以逃脫戰爭的危害，政治並不意味著就要捲入罪惡。

第二，世界各國之間雖然有矛盾和衝突，但是衝突和矛盾不是不可避免的，因爲它們不是來自人類的本性。因此，國家之間的利益可以和諧，而這種利益和諧的最顯著表現，就是避免戰爭和尋求和平。理想主義者們相信，第一次世界大戰後，和平反映了世界各國的共同利益。他們把第一次世界大戰後國際聯盟的出現，看成是國家利益可以和諧的具體表現。他們指出，國際聯盟的建立本身說明了世界各國的國家利益正走向一致，這種一致就是大家認識到了人類應當採取措施，擺脫戰爭，求得生存。

（三）利益可以調和。理想主義強調，在人類社會和國家之間，不存在重大的利益衝突。在理想主義者的眼裡，國家對外政策中強調國家利益是一種眼界狹小的民族主義。這種觀點，在文藝復興的時候就已經被人們所唾棄。理想主義相信，國家利益在國際關係中是可以互相和諧一致的，他們不願意區分國家利益之間的不同，實質上是否定國家利益在國際政治中的重要性。

（四）國際體系可以維持世界和平。國際聯盟是理想主義者的希望，也是他們

對世界和平信仰從理論到實踐的具體體現。他們之所以要積極支持建立國際聯盟，是因為他們相信，只有建立這樣一個國際機構，世界和平才能維持。國際聯盟是基於以下幾個觀點而建立的：

1. 世界處於無政府狀態。洛斯‧迪金遜在他的《國際社會無政府狀態：1904-1919》中是這樣寫的，戰爭的根源以及和平之所以不能出現的原因是，國際社會處於無政府的狀態。為了拯救世界和平，就要建立國際聯盟，在這個機構建立之後使之發展成熟並具有世界政府的性質，它將為了和平的利益控制各國的政策。

2. 用集體安全來代替均勢。理想主義認為，第一次世界大戰爆發的原因是，長期盲目地相信均勢力量的結果。他們指出，國家為了自身的利益之間充滿矛盾，人們以為透過均勢的互相牽制，可以控制矛盾的爆發，但是人們從第一次世界大戰的慘重教訓中知道，依靠均勢來維持世界和平結果往往失敗。洛斯‧迪金遜指出：「所有的歷史表明，均勢都是以戰爭而告終的。」[8]因此，世界和平的維持今後應該透過國際聯盟的集體安全力量來實現，以往傳統的外交方式將被新的維護和平的方法所代替。

3. 和平是世界所有國家的願望，而任何衝突都可以透過某種理性仲介的調和，使各方都受益後而化解。在國際關係的實踐中，這種仲介就是積極創立的國際聯盟。國際聯盟可以在今後的國際關係中，協調各國之間的國家利益並且起到化解矛盾的作用。在吉伯特‧默里的《這一代的苦難》一書中，作者描繪道，在戰爭之後，「我們似乎很清楚地看到了重建世界秩序的途徑。我們已經成立了國際聯盟：在我們發動戰爭之前，我們交換意見，當我們不能得出直接的答案的時候，我們召集專家，讓他們來解決問題。」[9]這就是理想主義者心目中的理性仲介。

由此可見，在理想主義者看來，世界之所以會出現戰爭，是因為國際體系不健全，而要使國際體系由不健全走向健全，主要的問題不是政治性的問題，而是機制性的問題。

（五）國際法和國際公約可以保證世界公正。理想主義者相信，國際法可以規範國家的行為。在國際法和國際公約的規範下，一旦出現了侵略行為，世界各國可以根據國際法和國際公約的規定，對違法的行為進行制裁。例如，對侵略者國家的經濟制裁和政治孤立。透過制裁和其他相應的國

際壓力，可以迫使侵略國家改變它的政策，世界和平就能得到保證。與
此相應的是理想主義者認為，國際道德在國際關係中具有非常重要的地
位。國家只有在國際道德的約束之下，才能在對外關係中不損害其他國
家的利益。因此，一個國家的外交政策的好壞衡量標準，主要是看這個
政策是否符合國際道德。符合國際道德的外交政策，就是好的、正確的
外交政策；不符合國際道德的外交政策，就不是好的外交政策。符合國
際道德的行為自然也符合國際法的標準。因此，道德和外交之間的關係
是簡單的正比關係。

（六）輿論和道義也可以確保世界秩序。正因為理想主義相信，衡量外交政
策的標準主要是看這個政策是不是符合國際道德。所以，長期一直困
擾著政治家們的難題是，如何既保證外交政策的實施，同時又符合道德
標準。理想主義者認為，在國際關係中真正的困難不是外交和道德的關
係，而是在國際道德標準已經確立之後，如何使其貫徹執行。他們相
信，要維護國際道德，主要必須做到兩點：第一，要依靠國際聯盟的力
量，對違反國際聯盟的政府進行制裁和抵制；第二，要靠提高公眾的覺
悟和文化素質，發揮學者和政治活動家的積極性。一旦一個國家的政府
採取了對外侵略政策，在國際上它將受到國際聯盟的制裁和國際輿論的
譴責，這種制裁和譴責可以使這個國家內受過良好教育的公眾醒悟，推
翻侵略政府，最終使世界避免戰爭。

這六個「可以」，是理想主義者所推崇的基本信念。

英國著名學者赫德利·布爾（Hedley Bull）認為，理想主義最明顯的特徵
是，相信導致第一次世界大戰的那種國際體系，能夠被改造成一種和平的和正
義的世界秩序；相信覺醒的民主主義意識將產生巨大影響；相信國際主義會有
越來越多的呼應；相信國聯一定能夠發展和成功；相信進步人士的和平努力和
啟蒙工作能夠奏效；同時也相信，作為國際關係學者，理想主義的職責是消除
愚昧和偏見，揭示通往和平安寧之路。[10]

論戰的另一方，現實主義對理想主義的最初批判始於E. H. 卡爾的《二十
年危機》，在批判過程中，現實主義理論逐步走向完善和成熟。

現實主義主要從三個方面對理想主義進行批判：

第一，批判理想主義不是研究國際關係的現狀怎樣，而是看國際關係應當
怎樣，對國際問題的研究完全憑主觀意志，把自己的理想當成是國際關係中的
事實，而不願意對複雜的國際關係進行耐心細緻的分析。

　　第二，批判理想主義對國際問題的看法過於理想化，理想主義提出，人類是不斷進步的，國家間的利益可以和諧，集體安全是可靠的，實現和諧的國家間關係可以保障世界和平。現實主義在人類不斷地進步的觀點上和理想主義的觀點是一致的，然而現實主義所認為的人類的進步，並不是像理想主義者所認為的那樣是一種直線的上升式的進步，而是在後退和反復挫折中的前進。人類的進步在現實主義者看來，經常是前進一步後退半步的進步。對於國家間的關係，現實主義的理論要比理想主義理論悲觀得多。現實主義認為，國家利益決定了國家之間關係難以協調。正因為國家間的利益經常有矛盾，所以戰爭則是人類生活中經常發生的事實。靠集體安全的力量是不可能維護世界和平的，世界和平的保證不是利益和諧的結果，而是利益牽制的結果。

　　第三，批判理想主義在研究國際問題時忽視權力。在國際關係中，如何看待權力問題是多年來一直爭論的問題。在理想主義者看來，權力是國家之間矛盾的根源。他們對權力嗤之以鼻，他們提出在國際關係中，道德和國際法是和平的保障。但是，現實主義認為，沒有實力的國際關係是空想的國際關係，靠國際法和國際道德來實現國際和平是一種空想的烏托邦。

　　從最早的現實主義理論的含義看，現實主義理論包括三個基本的哲學要素：1.歷史是由一連串的原因和結果構成的，它的過程可以透過智慧去分析和理解，但是不可能想像出來；2.理論不可能產生實踐，但是實踐可以產生理論；3.政治不是道德的功能，而道德是政治的功能。道德也是權力的產物。構建在這三個要素哲學基礎之上的現實主義理論，主要包括以下幾個方面的要素：

　　(1) 人性本惡。現實主義者或是從哲學角度出發，或是從宗教的角度出發，認為人性是惡的。而且，他們認為人透過教育和智慧的增長並不能解決人性惡的問題。由此出發，他們指出人和人之間的關係是一種衝突的關係，這種關係是由人總是為了自己的利益和人是自私的本性決定的。

　　而作為人的集合體，國家同樣會反映出這些特點。尼布爾甚至認為，這種特點表現在集合體中比表現在個人的身上更加明顯。這就決定了衝突和鬥爭是國際關係中的最基本的特徵。

　　(2) 國家是國際體系主要的行為體，其他任何國際行為體都不能代替。現實主義者批評理想主義者建立國際機構的烏托邦想法，強調國家總是追求自己的國家利益，因此以權力界定的利益是研究國家行為的主要尺度。

　　(3) 國際社會處於無政府狀態。在無政府狀態中，國家為了保護自己的生

存權、領土主權和軍事安全總是要追求權力。因此，在某種意義上說，國家之間的關係是一種權力的關係。國際政治是一種權力的鬥爭。而國家在國際關係中的地位，主要是由國家在國際政治中的權力地位來決定的。國家的權力來自國家的實力，國家的實力越大，它在國際社會中的權力就越大，也就越能夠保護自己的國家利益；與此相反，國家的權力越小，它在國際社會中所能夠獲得的利益也就越小。

(4) 國家利益在國際政治中是分析國家行為的路標。現實主義認為國家利益在國際政治中的地位非常重要。作為一個國家來說，在權力界定下的國家利益是決定一個國家外交政策的主要依據；對國際社會來說，以權力界定的國家利益是我們觀察一個國家外交政策是否正確的依據。現實主義認為，一個國家在制定外交政策的時候，一定要以自己的國家利益為標準，而國際道德和國際法是不能作為衡量一個國家外交政策的標準的。

(5) 道德是相對的。現實主義反對把道德、公眾輿論、國際法等置於外交上的重要地位。他們之中的一些人（如摩根索），雖然不否認道德在國際關係中的作用，但是他們認為最好的辦法是有實力和採取正確的外交手段。至於道德，他們認為，國際道德實施要和國家的具體情況相結合，道德是受到國際利益的限制的。現實主義者中還有另外一些學者則認為道德是不重要的，如卡爾，他雖然認為國際政治行為應當是理想和現實的結合，但是在本質上講，他是忽視道德的。

(6) 維持國際和平最好的辦法是依靠均勢。大多數的現實主義者主張透過結盟的辦法實現力量均勢。在均勢的作用下，國際和平就可以有保證。在這裡需要指出的是，在現實主義者看來，結盟和集體安全的概念是不同的。結盟要求參加結盟的各方要對安全承擔義務，但是集體安全的參加各方對於安全，特別是對其他成員的安全不必承擔義務，特別是軍事上的義務。現實主義者對於均勢的崇拜，是和他們所推崇的19世紀的歐洲均勢有關。他們認為在維也納會議之後，歐洲之所以會出現近100年的和平主要的原因是，因為歐洲的均勢在起作用。在他們的外交思想中，只要均勢實現了，國際和平就可以有保證了。

漢斯・摩根索在論述第一次論戰時，曾用犀利的筆觸分析了現實主義與理想主義的主要區別，並提出這一著名的論斷：「一個學派（理想主義）相信，從普遍有效的抽象原則獲得的理性和道義的政治秩序此時此地就能夠實現。它假定人類本性善良，並具有無限的適應性……另一個學派（現實主義）則認為，從理性觀點看現實，世界是不完善的，它是人類本性中固有因素發生作用

的結果。要改善世界，人們必須利用這些力量，而不是排斥這些力量。在這樣一個存在著利益衝突的世界上，道德原則從來不可能完全得以實現。」**11**

　　從立論基點和研究結論來看，現實主義與理想主義的分歧具體表現爲：第一，對人性的看法不同。理想主義認爲人性本善，至少可以透過修養達到善；現實主義認爲人性本惡，人有權欲，本性難改。第二，對國家關係的看法不同。理想主義主張在「道義」和「民主」的基礎上建立「公正的」國際關係；而現實主義則強調世界的競爭性，各國利益不可調和，國際關係只能以「權力」和「利益」爲軸心，理想主義的「道義」和「民主」說教，在現實世界裡是行不通的。第三，對國際法和國際組織的作用看法不同。理想主義強調國際法和國際組織的重要性，視之爲維護國際關係秩序唯一有效的工具，認爲國際法和國際組織秩序代表了全人類的眞正利益；現實主義認爲，法律同政治相比並不更「道德」些，離開權力均勢，國際組織體系也常常名存實亡。第四，對社會和世界的看法不同。理想主義強調研究社會和世界「應該如何」，對客觀世界抱盲目樂觀態度；現實主義信奉實證原則，強調人類應當面對爭鬥的現實，不可陷入和諧的空想。第五，對未來的看法不同。理想主義崇尙「利他主義」，認爲未來的目標是實現普遍裁軍和建立民主的世界政府，但在如何實現這一目標問題上束手無策；現實主義則認爲「利他主義」是一種空想，歷史的悲劇正是來自人的權欲和野心，未來的目標無論如何美好，由於受到這種利己主義的局限，只能部分地得到實現。

第二節　從伍德羅‧威爾遜到約翰‧穆雷 —— 理想主義學派的代表人物

　　第一次論戰有一個顯著的特點，就是它的理論體系呈現出從不完善到完善的過程：不完善的理想主義的理論→不完善的現實主義理論→完善的現實主義理論體系。理想主義始終沒能形成一個完善的理論體系，其主要的原因：一是因爲理想主義理論還處於國際關係理論的初級研究階段；二是因爲有影響的理論家比較少。這裡介紹的伍德羅‧威爾遜、阿爾弗雷德‧齊默恩和約翰‧穆雷，就是少數有影響力的理想主義學派代表中的三位。

一、伍德羅‧威爾遜（1856-1924）

　　伍德羅‧威爾遜是理想主義中最重要的代表人物，被稱爲是理想主義學派「最雄辯的和最有影響的代言人」。他於1856年出生在美國維吉尼亞州。從青年時候起，他就懷有遠大抱負。他訓練自己有雄辯的口才和外表極端冷靜的紳士風度。他在閱讀大量關於歷史傳統和制憲政治的著作過程中，和投入世紀之交的社會實踐中成熟起來。他曾經做過衛斯理大學歷史學和政治學教授、當過普林斯頓大學的法學和政治學教授。1902年他擔任普林斯頓大學校長，1911年當選新澤西州州長，1913年入主白宮，成爲美國第28任總統。

　　威爾遜描述他自己是一個「活躍的保守派」。這個特點不僅表現在他的風度上，同時也充分體現在他的思想上。

　　所謂活躍，是指他的思想充滿了理想主義和自由主義的傾向。這在他的《論國家》書中得到了充分地體現，他要在民主制度下重新恢復美國領導的活力和責任心。1917年，他提出了「沒有勝利的和平」的口號。美國參戰後，他又呼籲「以戰爭拯救世界民主」，爭取實現「光榮而公允的和平」。

　　所謂保守，是威爾遜雖然對人類的命運抱有樂觀的希望，但是，他的這種樂觀的情緒是在承認問題存在之後的樂觀。例如，在人性問題上，他對人性的看法並不樂觀，他認爲人性是惡的，這就是他保守的一面。但是，在承認人性惡之後，在看問題的角度上，他和現實主義者又有明顯的不同。他認爲，人類總是在不斷競爭和鬥爭中追求進步，這充分反映了他所說的「活躍的保守派」的思想。

　　威爾遜在1918年1月8日向國會的演說中，提出了著名的「十四點計畫」，作爲實現戰後「世界的和平綱領」。這「十四點計畫」集中反映了威爾遜的理想主義思想。其中的第十四點是「爲了大小國家都能相互保證政治獨立和領土完整，必須成立一個具有特定盟約的普遍性的國際聯盟」。威爾遜將建立集體安全性組織放在最後一點，以顯示它特別重要。這一思想後來作爲整個「十四點計畫」的特色寫進了《國際聯盟盟約》第10條。「十四點」中，除了8條是涉及具體國家外，有6條皆屬於國際關係的一般原則。除了建立國聯之外，新的國際秩序基礎還有「不搞祕密外交」、公海航行自由、取消貿易壁壘、裁減軍備和「調整」殖民地等，這些原則都與國聯密切相關。威爾遜後來又進一步聲稱，他要把建立國聯視爲維持永久和平的最主要的工具，認爲這是達到永久和平的整個外交結構的基礎。

威爾遜的「十四點計畫」在國際上影響很大。主要有幾點原因：第一，第一次世界大戰後美國的實力和地位令戰後歐洲各國不可小覷，歐洲各國政府對美國的政策不能不予以特別的關注。第二，「十四點計畫」是美國登上國際政治舞臺後第一次為世界和平設計的藍圖，的確對歐洲有很大的吸引力，倍受戰爭蹂躪的歐洲人民將威爾遜的主張，當作一種關於戰爭與和平的「良藥」。第三，威爾遜將民族自治、裁軍和公開外交等政治原則道德化，打出「民主」、「自由」、「自決」的旗號，這在富有理想主義傳統的歐洲自然有很大的市場。

為了推行「十四點計畫」，威爾遜身體力行，前往巴黎參加和會，竭力遊說歐洲國家領導人接受這些原則。他把設立國聯視為此次和會及締結和約的整個程序的關鍵部分。在威爾遜的建議下，1919年1月25日和會的全體會議通過了建立國際聯盟的決議。決議中說，為了世界和平，必須建立國聯「作為總的和平條約不可分割的一部分」。2月14日國際聯盟盟約草案擬定後，威爾遜立即興沖沖地回到國內，要說服美國國會接受盟約草案。然而，「威爾遜的理想征服了歐洲」，卻沒能征服美國。[12]參議院以國聯盟約的某些條款干涉到美國的主權，拒絕批准凡爾賽和約，美國最終沒有參加國際聯盟。

威爾遜主義開創了美國走上國際政治舞臺的時代，它是「美國著眼於世界全域、由美國牽頭、與歐洲列強共同維持世界秩序的一個總框架」，影響是深遠的。[13]雖然如此，美國拒絕了國聯，是對國聯的沉重打擊。美國國內的孤立主義情緒在一戰後充斥朝野，是美國走向世界的一大障礙。對於威爾遜的失敗，有人批評說，這是「威爾遜理想主義和國際主義的失敗」，歷史為美國提供了主導世界的機會，但美國人對世界國家的概念並不理解。英國首相勞合·喬治在倫敦告訴美國大使說，同盟國為美國提供了領導世界的資格，但美國國會將這把領導者的「權杖」扔進了海裡。客觀上來講，威爾遜「集體安全」思想在美國的失敗是「由於美國還不到問鼎世界霸主地位的時機」。[14]用季辛吉的話說，是因為「美國尚未準備好承擔如此全球化的角色」。[15]

通常，在嚴重的戰爭危機中，濃厚的悲觀氣氛和烏托邦思潮就會同時出現。第一次世界大戰爆發後也是如此。卡爾曾說：「1914年後，人們的思想自然在摸索回來的路……尋找新的烏托邦。」[16]威爾遜理想主義正是這種「摸索」和「尋找」的結果。他的基本理論和政策主張，主要反映在兩部論著裡：《論國家》（1889）和《伍德羅·威爾遜文集》（1925-1927，三卷本）。其要點是：

（一）強調建立國際組織和開展國際合作的重要性，對強權政治和大國均勢持
　　　批評態度。

（二）認爲健全國際法和國際公約可確保和平。1928年白里安－凱洛格公約便
　　　是該學派在制定反戰法規方面所做的一次努力，公約規定締約國不得以
　　　戰爭推行國家對外政策的手段。

（三）在戰爭與和平問題上，該學派提出三個重要假設：其一，人的本性是善
　　　良的，戰爭之所以爆發是因爲戰爭的有利可圖使一些人的良知誤入歧
　　　途，一旦喚醒良知，消除誤解，世界便可得到拯救。其二，主權國家之
　　　間的根本利益是和諧的，尤其在和平問題上更應如此。結束祕密外交，
　　　實現外交決策的民主進程，建立作爲各國協商解決分歧的論壇和場所的
　　　國際組織，將有助消除戰爭的起因。其三，國家主權不應是無限的，依
　　　靠狹隘的、極端的、民族主義的均勢體系不能確保和平，因此必須以國
　　　際集體安全體系取而代之。

　　前美國哥倫比亞大學副校長約翰‧克勞特曾把威爾遜理想主義概括爲四個
原則：1.美國無意攫取別國領土；2.美國外交的主要手段是和平談判，而不是
武力；3.美國不承認任何透過暴力而掌權的外國政府；4.美國在國際關係中將
恪守信用，尊重道義。[17]威爾遜認爲，「社會主義、共產主義和無政府主義是
對美國安全的三個潛在威脅」。他竭力想把美國的自由民主制度推廣到全世
界，爲此美國不僅向拉美和歐洲各地派兵，而且在1919年派兵到西伯利亞，妄
圖與其他列強一起扼殺新生的蘇維埃政權。然而，第一次世界大戰期間和之後
的世界歷史進程和美國的所作所爲表明，威爾遜理想主義不過是用自由資本主
義時代的價值觀來處理國際關係，以建立有利於美國的世界秩序罷了。他的理
想主義思想對美國外交政策影響深遠。「無論如何，威爾遜在思想上的勝利比
任何其他的政治成就更根深蒂固，因爲每當美國面臨建立世界新秩序的使命之
際，它總是殊途同歸地回到威爾遜的觀念上。」[18]

二、阿爾弗雷德‧齊默恩（1879-1957）

　　齊默恩是歐洲早期理想主義的代表人物和國聯的積極籌劃者。從1930年至
1944年，齊默恩擔任牛津大學國際關係學教授。他的主要著作有：《希臘共同
體》（1918）、《第三英帝國》（1926）、《民主的前景》（1929）、《中立
與集體安全》（1936）和《國聯與法權》（1936）。

　　一方面，他堅持認為人的本性並沒有什麼善惡之分，也並不是本性好戰，人性所存在的問題主要是由於開化和教育不足，而想要使人類接受道德和改造又是一件非常不容易的事情。他在《中立和集體安全》一書中是這樣寫的，人類之所以會發生戰爭「不是因為人類是惡的，不能被教育好，沒有國際社會的意識，而是因為他們——讓我們誠實地講，並且說『我們』——是保守的並且是智慧有限的人類」。[19]在有關人性的觀點上，齊默恩首先對人類本身做了肯定。他堅決反對和他們同時代的馬克斯・韋伯和尼布爾等人，把戰爭的根源歸結於人的天性、是人性惡的觀點；其次，他認為人的本性中存在著愚昧和無知，正是這種愚昧和無知，往往使人類不能避免戰爭；最後，他堅信人類透過受教育是可以避免戰爭的，但是對人類進行改造是一件非常困難的事情。由於人類的改造非常困難，人類的愚昧和無知的結果，就是戰爭的產生和出現。

　　在這樣的思想指導下，齊默恩甚至提出在國際上建立一個國際借閱圖書館的建議。透過提高人們的素質，在國際社會上形成正確的公眾輿論，而不是讓一些統治者們的輿論宣傳和擺布愚弄公眾。他號召所有的學者都承擔對公眾教育的義務，並參加國際事務的討論。

　　他相信導致第一次世界大戰的那種國際體系能夠被改造成一種完全和平的和正義的世界秩序。而覺醒的民主主義意識將會產生巨大影響，並會使國際主義有越來越多的呼應。總之，他認為公眾的覺醒是改造國際社會，和建立一種正義的國際秩序的基礎，他相信所有為之奮鬥的和平努力和啟蒙工作，最終都會奏效。理想主義者有責任去消除愚昧和偏見，為世界的和平而努力工作。

　　當時在他的影響下，一些社會力量參與了教育民眾的行列中。其中最有名的是，英國工業企業家和自由派議員大衛・戴衛斯。他專門出資在威爾斯大學設立了英國第一個國際關係教授職位，從事法律和政治、道德和經濟以及和國聯相關的問題的研究和教學，齊默恩正是這一以威爾遜命名的第一個教授職位的獲得者。齊默恩在英國影響了許多人，他對於所從事的工作充滿熱情。他說他所強調的世界人民之間的理解和交往，不是一個簡單的人類行為標準問題，而是世界觀問題。政治在這個概念上，也就成了一種「理想事業」。總之，齊默恩認為人類避免戰爭的公式是這樣的：提高廣大人民的教育水準造成具有影響力的公眾輿論壓力，形成一種熱愛和平的國際主義精神人類避免戰爭。而所有這些思想的根源，就是對人性的肯定、希望和信心。

　　另一方面，他強調必須用新的方法來避免戰爭。在《國聯與法權》一書中，齊默恩對過去用均勢避免戰爭的手段進行了批判。他對國際聯盟大加肯

定，認爲以前的世界無政府狀態和產生戰爭的根源，在國際聯盟出現之後就會消失。他相信，今後維護世界和平最有效的方法就是國際聯盟。齊默恩與吉伯特·默里和洛斯·迪金遜一起積極創立了國際聯盟（League of Nations），爲國聯的組建四處奔波。直到1935年日本侵略中國和義大利侵略阿比西尼亞[20]之後，齊默恩仍然相信國際聯盟是世界和平的最大希望，是世界走出無政府狀態的希望。齊默恩堅持認爲：

（一）人類是可以改造的，所以人類總是在不斷進步。國際聯盟是人類進步的表現。如果強國把安全仍然寄託在均勢上面，就會忽視人類的力量。

（二）國際聯盟是人類將要走出無政府狀態的表現，是均勢時代將結束、一個新的時代將要開始的表現。

正因爲如此，齊默恩在他的一生中爲建立國際聯盟做出了不倦的努力。齊默恩的上述思想觀點令人敬慕，但在當時歷史條件下也沒能避免碰壁和失敗的命運。

三、約翰·穆雷（1904-1967）

約翰·穆雷1904年生於美國紐約，父親是位律師，父母信奉天主教。默里年輕的時候曾想將來成爲醫生，但是由於受家庭的影響，他最後選擇了神學職業，成爲美國著名的神學家和政治思想家。默里從中學到大學都是在教會學校上學。1938年，他在羅馬格里大學獲神學博士學位。從那以後，他一直在美國馬里蘭州吾德斯特克大學擔任教授直至逝世。

1940年代以前，默里在宗教界並沒有名氣。到40年代後，他的才華才充分顯現出來。他在他作爲編輯的《神學研究》和《教會觀察》兩本刊物上不斷發表文章，觀點非常激進，以致於羅馬天主教會要取消這兩本雜誌的出版許可證。默里認爲，在美國社會，羅馬天主教和基督新教已經實現合作，他呼籲教皇不應當僅僅承認美國社會多教派存在的事實，同時應當承認這種體系自身的優越性。他還認爲，美國傳統對羅馬天主教傳統是有價值的。默里的觀點受到了羅馬天主教極端保守派的嚴厲批判，面對對他的攻擊，默里聲明，現在不是要羅馬天主教和美國的民主和諧一致，而是要談美國的民主是否能和羅馬天主教和諧一致。然而，不管怎樣，默里具有民主氣息的宗教觀點，在當時保守的羅馬天主教派氛圍中，顯然是進步的。在基督新教中占優勢的美國社會，他受到了普遍的歡迎。

在美國國際關係理論界，對國際關係理論產生影響的神學家有兩人，一人是萊因霍爾德‧尼布爾，另一人便是約翰‧穆雷。然而，他們的思想截然不同。尼布爾是美國現實主義政治思想的代表人物，而默里則是理想主義和自由主義的代表人物。「默里和尼布爾的關係，他們共同的和不同的，他們構成的討論和辯論是美國宗教和政治思想史中最豐富的對話之一。」[21]尼布爾對默里的評價是：「默里之所以偉大是因為他用羅馬天主教的神學思想和美國的民主傳統同時進行思考。」[22]

默里的民主思想和政治理論主義，主要反映在以下幾個方面：

第一，關於權力的觀點。默里認為，道德必須要監督權力的運用，並且權力應在道德的指導下使用。他說，「權力只有在道德原則下使用，或禁止使用，或限制使用，或者更廣泛的意義上說，根據目的來確定也許要使用，或者必須使用。」[23]從默里對權力使用和道德的關係說明中，人們可以看出他在權力和道德之間沒有劃絕對的分界線。他並不像有些理想主義者那樣絕對反對權力，他警告人們處理權力問題用簡單的思維方式是危險的。他認為，道德的法律，從羅馬天主教的思想來說，就是自然的法律。這是他和其他理想主義不同的地方。

第二，關於正義戰爭的問題。默里對人類的文明表現出極大的關注。在核武時代，他企圖用羅馬天主教的教義去研究核時代正義戰爭的問題，研究人類的生死命運問題。默里認為，傳統正義戰爭具有三個功能：（一）聲討戰爭的罪惡；（二）使罪惡受到限制；（三）盡可能地發揚人道主義。默里認為，在核時代，正義戰爭的假設仍然是合理的。防衛的戰爭無論在原則上，還是在事實上都是道德的、正義的。判斷正義戰爭和非正義戰爭的標準有兩條：一是看這場戰爭是不是給人類帶來了更多、更大的災難；二是看權力的使用是不是有限的，是不是為了法律目的。

第三，關於自然法的觀點。默里認為，道德的標準是來自自然法的標準。與其他理想主義者不同的是，他反對用簡單的方法來分析和看待國際關係問題。他既反對過於簡單的和平主義觀點，也反對過於極端的現實主義觀點。在道德問題上，他反對道德模稜兩可主義。他指出，這種模稜兩可主義對思想建議沒有帶來任何好處。他呼籲人們在判斷事物時，不要極端，而要遵循自然法。由此，在戰爭問題上，他反對三種極端的態度，第一種態度是基督教和平主義者的，認為戰爭是災難和完全不道德的；第二種認為，敵人都是可惡的，必須要消除；第三種是，聯合國應當宣布一切戰爭都是非法的。他堅持認為，

即便是核戰爭在道德上也並不一定完全不道德，世界上存在著比致人死亡更罪惡的東西。

總之，默里在戰爭問題上的核心思想是，戰爭與和平在人類生活中沒有絕對區別，國家道德和權力的使用總是交叉在一起的，一切應當自然地進行判斷。

1967年8月的一天，默里突然因心臟病發作，離開了這個他一生爲之祈禱的世界，這位「高大而文靜、彬彬有禮而充滿智慧」的國際政治思想家給人們留下的著作有：《外交政策和自由社會》（1958）、《核武器的道德困境》（1959）、《道德和當代戰爭》（1959）、《我們信奉這些眞理：關於美國主張的天主教思考》（1960）、《上帝的問題：昨天和今天》（1964）、《自由和人類》（1965）、《宗教自由問題》（1965）。

第三節　從韋伯、卡爾到摩根索、季辛吉——現實主義學派的代表人物

在國際關係理論各個學派中，現實主義的代表人物人數最多，陣容最強。湯普森的《國際思想大師》一書所介紹的18位大師，大多數屬於現實主義學派。邁克爾·史密斯則認爲，現實主義學派最重要的代表人物是：馬克斯·韋伯（Max Weber）、愛德華·卡爾（E. H. Carr）、雷茵霍爾德·尼布爾（Reinhold Niebuhr）、漢斯·摩根索（Hans Morgenthau）、喬治·凱南（George Kennan）和亨利·季辛吉（Henry Kissinger），但還可以增加幾位，如格奧爾格·施瓦岑貝格爾（Georg Schwarzenberger）、尼古拉斯·斯皮克曼（Nicholas Spykman）、馬丁·懷特（Martin Wight）、阿諾德·沃弗斯（Arnold Wolfers）、約翰·赫茨（John Herz）和雷蒙·阿隆（Raymond Aron）。[24]這裡，我們選擇10位現實主義學派的主要代表人物逐一進行介評。

一、馬克斯·韋伯（1864-1920）

邁克爾·史密斯在《現實主義思想——從韋伯到基辛格》一書中寫道：「要瞭解當代現實主義學者，最好從韋伯開始。在國際關係學者中，韋伯被意外地忽視了，但在我們提及的學者中，韋伯對社會科學的貢獻是最大的。」[25]

現在就讓我們從韋伯開始，為這位「被意外地忽視」的現實主義鼻祖之一正名。

馬克斯・韋伯是德國著名的社會學家、哲學家、歷史學家和政治評論家。馬克斯・韋伯雖然是以社會學家成名的，但是他對政治非常關注。2009年，東方出版社出版了由英國拉斯曼編的《韋伯政治著作精選》。從韋伯的著作中，人們可以看出他的政治思想涉及權力的理論、關於政治領導的理論、關於國際衝突對國際政治結構影響的理論等。關於國際政治的影響我們可從以下幾個方面來分析：

（一）他對理想主義的理論進行了認真的批判。在韋伯看來，理想主義最大的錯誤就在於它把政治看成是道德的政治。他認為，理想主義者之所以會犯這樣的錯誤，主要的原因是他們不願意去承認和接受政治的現實。韋伯認為，只承認道德，而拒絕研究現實問題的態度是理想主義理論家和國家領導人對於國家不負責任的表現。韋伯不無諷刺地把理想主義者稱為是「知識界的人」（Literati）。他認為這些人的特點是：忽視政治的現實生活，在事實和價值的判斷上、在科學和道德的區分上沒有邏輯的區別。

（二）關於什麼是政治，韋伯定義為分享或影響權力分配的鬥爭，這種鬥爭或是在國家之間或是在一個國家內的集體之間產生的。韋伯明確地指出，所有的政治都離不開權力問題。他認為「所有那些試圖要取消人統治人的想法都是烏托邦」。[26]因此，對理想主義烏托邦的稱呼應當是從韋伯開始的，而不是從卡爾開始。

韋伯在對國家下定義時，同時表達了他對政治的看法。韋伯指出：「國家是一塊人類居住的領土。在這個限定的領土內，國家成功地、合法地、壟斷地行使武力……國家被認為是有使用權力的唯一源泉。因此，『政治』對我們來說意味著力求分享權力和力求在國與國之間或在國家各團體內權力的分配……當一個問題是關於『政治』的問題時，它總是意味著在分配、保存或轉移權力中的利益。這一利益決定著問題的回答和問題的裁決。」[27]在此，韋伯由對國家下定義發展為對政治下定義，他的論述始終圍繞著權力來展開，韋伯對政治所下的定義都離不開為權力而鬥爭的思想。他的這個思想後來一直影響著其他現實主義的理論家。

（三）在對國家和政治下定義之後，韋伯認為國家與國家之間的關係是競爭的

關係，這種競爭的關係是不可避免的。國家總是離不開為其生存而鬥爭這樣一條規律。韋伯認為「和平不過是衝突性質的改變」。[28]

關於國家關係問題，韋伯說：「每一種政治結構自然都願意選擇較弱而不是較強的鄰居。而且當每一個政治團體是一種潛在的威望的追求者時，它同時也就是所有鄰居的潛在威脅者。於是，大的政治團體，便因它大、它強，也會存在潛在的和不斷遇到的危險。最後，由於不可避免的『權力動力』的驅使，不論追求威望的要求在哪裡出現——這種要求通常源於對和平的嚴重政治威脅——它都是對所有其他的威望保有者的挑戰和競爭。」[29]因此，在韋伯看來，國家無論大小都互相擁有安全利益。小的國家怕別國欺負，大的國家怕其他國家對它的挑戰。總之，國家之間的關係是一種不可避免的衝突的關係。

（四）韋伯在他的政治理論中給國家領導人的作用予以充分的重視。他認為，領導人是決定一個國家國際地位的最重要的因素。在強調國家領導人的素質的基礎之上，韋伯提出了道德的問題。他把道德區分為絕對的道德和責任的道德。按照絕對的道德行事的人完全不問結果，只管目的。因此，行為的毅力性在這裡特別的重要。但是，韋伯同時又指出，為了正義的絕對目的，並非不能使用不好的、不正當的手段；目的本身的正義性並不可以證明手段的正義性。他再三強調，在今天的世界上，我們不可能永遠使目的和手段兩全其美地都保持正義，因為我們所生活的世界本身就是一個在道德方面無理智的世界。韋伯認為，責任道德和絕對道德的區別就在於：具有責任道德的領導人能夠看到他的行為的結果，並且他也願意接受他應當負的責任，即便這種責任有時是他不願意接受的。他讚揚這種責任的道德，並且對一戰中德國政府不願意承擔所犯的政策上的錯誤感到不滿。

（五）在政治、權力和道德的關係上，韋伯認為政治從來和暴力及權力緊密相連，政治最根本的和最重要的手段就是暴力。他說：「早期的基督教徒非常清楚世界是由惡魔統治著的，並且他們也知道從事政治的人，換句話說就是把權力和力量作為手段的人，是以權力來締結協議的。他們也非常清楚，對於這樣一個人來講，下面的判斷並非事實，即所謂好的行為結果一定是好的，罪惡的行為結果一定就是罪惡的。事實經常與此相反，任何看不到這一點的人都是政治上的嬰兒。」[30]韋伯這種看問題的方法，對摩根索的國際關係理論中的道德和政治的理論起了重要的作用。

　　韋伯的思想無論對後來歐洲的學者還是對美國的學者，影響都很大。

二、愛德華・卡爾（1892-1982）

　　愛德華・卡爾是英國著名的歷史學家、國際關係理論家。正是從卡爾開始，國際關係理論的研究重點，從理想主義轉向現實主義，是卡爾首先指出了理想主義的弊端，提出了現實主義的國際關係理論。卡爾也因此被譽為國際關係研究領域「政治現實主義的奠基人」[31]。從卡爾開始，國際關係理論研究揭開了新的一頁。

　　卡爾生於1892年6月28日，1911年就讀劍橋大學，1916年進入外交界。1919年作為英國代表團工作人員參加巴黎和會，1920年至1921年在英國駐巴黎大使館任秘書，後調回英國外交部工作，直至1936年，其間曾任英國國聯事務顧問助理，直接參與英國外交決策實踐。1936年卡爾離開外交界，任教於威爾斯大學國際政治學院（1936-1947），50年代後先後執教於牛津大學、劍橋大學和曼徹斯特大學。1956年當選為英國科學院院士。他一生著作甚豐，主要的代表作品有：《和平條約以來的國際關係》（1937）、《二十年危機（1919-1939）：國際關係研究導論》（1939）、《和平的條件》（1942）、《民族主義及其後》（1945）、《蘇聯對西方世界的影響》（1947）、《革命研究》（1950）、《新社會》（1951）、《什麼是歷史》（1961）、《俄國革命：從列寧到史達林》（1979）和1950年至1978年完成的十二卷本的《蘇俄歷史》。1982年去世，享年90歲。

　　卡爾的影響是從他的一本只有244頁的小書《二十年危機（1919-1939）：國際關係研究導論》開始的。1939年9月3日第二次世界大戰爆發，這本書卻正好在1939年9月底出版。人們在又一次戰爭中遭受苦難，人們在苦苦地思索著：人類為什麼又會再次遭受戰爭的苦難？他們不是一直在為避免戰爭而努力嗎？國際聯盟不是一直在為此而工作著嗎？戰爭的根源何在？正是在這樣的背景下，卡爾的書問世了。卡爾寫這本書的主要目的，就是要告訴人們尋求和平的道路，所以在他這本書的第1頁寫道：「獻給即將來到的和平的創造者們。」他的這本書使當時受戰爭之苦的人們有一種猛然驚醒、茅塞頓開的感覺，在那個年代，的確起到了劃時代的作用。

　　卡爾的這本著作在1945年再版。由於它「第一次科學地論述了現代世界政治」，[32]而成為國際關係理論的經典之作，直至今日仍是研究國際關係的必讀

書。這本書代表了卡爾主要的國際關係理論，是我們研究當代西方國際關係理論現實主義理論初級階段最重要的著作之一。卡爾的思想主要包括以下內容：

第一，他對在第一次世界大戰後流行的理想主義思想做了系統的總結和有力的批判。他對理想主義的批判性分析在當年轟動了世界論壇。他提出，現實主義理論是和理想主義理論完全對立的理論，其主要的表現是自由意志對立決定論、理論對立實踐、知識界對立官僚界、左派對立右派、道德對立政治。而所有這一切歸根到底是理想主義對立於現實主義，卡爾把理想主義批判為烏托邦主義。他用國際關係中的事實去一一證明這種烏托邦主義在二、三十年代的失敗。卡爾認為，理想主義患了六方面的弊病：（一）以「should be」（應該如何）替代「to be」（現實如何），有激情無實際；（二）過分地從倫理和道德看世界，將道義絕對化；（三）過分地強調利益和諧，忽視利益衝突；（四）忽視國際政治中權力的作用；（五）過分地強調國際法和國際組織的作用，實際上國際法和國際組織並非萬能；（六）世界政府是世界未來不可實現的一種「烏托邦」。在對理想主義進行認真分析和批判的基礎上，卡爾提出現實主義的兩點最基本、最重要的原則：第一，「權力始終是政治的核心成分」、「政治在一定意義上即是權力政治」；[33]第二，「道義只能是相對的，不是普遍的」[34]、「道義是權力的產物」[35]。

第二，卡爾對國際關係理論研究學科建設提出了自己的看法。在他看來，當時的國際政治理論研究中的問題主要表現在兩個方面：一是學科的幼稚性。卡爾在他主編的《無任所大使叢書》作序的時候是這樣說的，「在國際政治領域，我們幾乎沒有人超過了幼兒階段，在這個階段中任何人可以被指責為『你調皮搗蛋』，而他自己卻不認為是如此……」[36]而幼稚階段最大的特點就是科學的研究往往是同人的主觀需要緊密相連，帶有主觀願望強、細緻性弱的特點。二是這個學科的主觀意志性。他認為所有科學的出現都是和需要緊密相連的，其研究的程序應當是：蒐集資料、對資料分類、分析資料，然後在分析的基礎上得出結論。因此，在正確的研究方法中應當是分析在前，目的在後。然而，人類的思維往往並不是以這樣的程序進行的。事實經常是：人類的目的在前，而分析在後。因為要提高健康，所以才建立了醫學；因為要建築橋梁，所以才有了工程學；因為要治療政治上的疾病，才有了建立政治學的願望。卡爾引用了柏拉圖的話，「希望是思想之父」，認為這句話最準確地描繪出了人類思想的起源。卡爾認為在政治學方面，柏拉圖的這個描寫比其他科學都更加說明問題。

　　正因爲國際政治既是一門非常幼稚的學科，同時又是最容易違反正常科學的研究程序而涉及人類思想的學科，所以它在幼稚階段不可避免地會出現弊病，即人類的良好願望在很大的程度上影響著國際政治的研究。在卡爾看來，理想主義的出現就是這種研究方法上幼稚的表現。

　　卡爾認爲，國際政治的研究應當克服和超越它的幼稚階段，應當對國際事物進行細緻的分析，而不再是用主觀的熱情和主觀的願望代替對國際問題現實的研究。

　　第三，卡爾對國際政治中國家利益提出了獨特的見解。卡爾是從存在決定意識這個科學的唯物主義的角度，對國家利益問題進行分析的。他明確指出，社會的存在決定著社會的意識，而不是相反。

　　卡爾認爲，人類的思想在行動中應當是使自己的思想去適應現實，由此出發，卡爾對理想主義的國家利益和諧論進行了批判。他指出，國家利益和諧論之所以會出現是因爲占有優勢的勢力，由於在社會或社會團體中已經處於支配的地位，要把自己的利益說成是群體的利益。因此，國家利益和諧論是服務於占有優勢的集團的道德觀念，其目的是爲了保護這些人的地位和已經有的利益。國家利益和諧論給予人錯誤的觀念，似乎對這些利益獲得者的批判，就是對整個集團的批判；對這些人的利益分歧，就是對所有團體的分歧。在批判國家利益和諧論的過程中，他舉了兩個典型的例子：一個是19世紀的英國。在19世紀，英國在世界資本主義經濟中占有壓倒優勢的地位。在這樣的背景下，英國提出了經濟自由競爭的口號。英國的資本家對於這個口號推崇備至，認爲自由競爭的經濟政策對世界的經濟政策是有利的。然而，卡爾認爲，說到底，這個政策是爲英國的國家利益服務。另一個是一次世界大戰以後的例子，理想主義提出「戰爭對任何人都沒有利」、「沒有人反對和平」的觀點。卡爾認爲，提出這個觀點的人是既得利益者，他們要維持現狀。在一戰後，各國的心理並不都是反對戰爭的。美國和英國在戰爭中得到了較多的利益，但是德國人認爲他們在戰爭中失去了很多，所以他們要想辦法改變現狀。因此，理想主義所說的人類共同利益根本不存在，而只能說是既得利益者的利益。正是在此基礎上，卡爾認爲不同的國家有不同的國家利益，在研究國際政治時不能忽視對國家利益的研究。

　　第四，卡爾國際關係理論的最大特點是講權力，重視權力。在對理想主義理論進行批判時，卡爾除了提出國家利益的重要性之外，還提出權力在國際關係中的重要地位。儘管卡爾曾經認爲，權力和道德在國際政治中是一對互相聯

繫、同時又互相矛盾的存在物，理想主義和現實主義在這個問題上應該取長補短。但是，卡爾對權力在國際政治中的作用給予了極大的厚愛。首先，卡爾認為，權力在國際政治中無處不有，無處不在。他認為，政治就是權力政治，但是，究竟為什麼政治就是權力政治，他並沒有給予明確的論述。同時，他再三強調權力是國際政治中最主要的因素。其次，他指出，權力可以是手段，也可以是目的。再者，卡爾同意經濟權力是一個國家實力的一部分，但是他反對經濟權力可以和政治權力分開的看法。卡爾認為，經濟和軍事權力都是權力的組成部分。

第五，在道德和權力之間的關係上，卡爾重權力而輕道德。卡爾強調，一個國家在制定外交政策時，應把道德和權力結合起來。他認為，在相當長的一段時間內，人們在權力和道德問題上總是走向兩個極端。現實主義理論認為，只要追求權力，道德就不可能完美；理想主義則認為，在國際關係中道德是理所當然的，並試圖用道德標準去解決權力政治問題。他指出，「政治行為必須建立在道德和權力相互協調的基礎之上」。[37]在權力和道德之間必須要進行妥協。但是，在實際的問題中，在對待道德問題上，卡爾其實是把道德放在了次要的地位。卡爾把對待道德的方式分為三種：一種是哲學家的方式，他們所談的道德很少能實踐，經常是紙上談兵。另一種是普通人的道德觀念，這種道德觀念一般談得很少，但是有時是可以實踐的。還有一種就是普通人的道德行為，這種道德行為和人的道德觀念很相近，而與哲學家的道德觀念無關。卡爾批評哲學家經常空談道德，他宣布自己所關心的是一般人是怎樣認識道德概念的，又是怎樣去實踐的。說到底，他認為道德的應用必須和實際相聯繫，人們不應該被道德觀念所束縛。在道德問題上，卡爾的思想接近一種直覺主義的觀念，這種思想在韋伯的理論中有所反映，儘管並不是那樣地直接。卡爾這種對待道德的靈活性，還表現在他對道德規範和對道德期盼的不一致。他承認，在國際關係中存在著道德的標準。例如，要愛護生命，要避免不必要的人類傷害。但是，在實際行為中，人們對國家的道德標準不可能希望太高。他認為，人們應當區分人類所接受的道德標準和對道德的期盼標準之間的差別。

卡爾對道德的標準的區分，不僅表現在對道德的標準和道德的期盼之間的區別上，而且也表現在人的道德標準和國家的道德標準的區別上。卡爾認為，國家的道德標準是低於個人的道德標準的。首先，關於國家的道德標準問題。因為，個人總是希望國家或者個人團體比個人的行為能夠更加慷慨，但是這種道德的行為往往要根據國家的情況而定，國家的利他行為與國家的富裕等因素

有關。因此，這就決定了國家的行為不是道德約束的結果，而是國家情況的結果。其次，卡爾同意國家的行為會比個人的行為更加無道德的觀點。這個觀點的出發點，是其從個人的行為上看是無道德的行為，在國際的行為中往往是有道德的行為。人的自私自利是無道德的，但是一旦人的自私行為表現為愛國主義的行為，愛自己國家的行為就是道德的行為。再者，卡爾指出，在國際社會中不存在一個權力機構可以評判道德行為，這就是決定了道德在國家的行為中沒有很強的約束力。當一些原則在一些國家看起來是平等和正義的，在其他國家看來又不是平等和正義的。因此，道德價值標準很難確定。

此外，卡爾對於國際政治中的公眾輿論和國際法的作用，也採取一種輕視的態度，他認為權力是最重要的。在論述前者時，卡爾否認公眾輿論在國際政治中的作用。他對於意識形態的看法是，它不過是國家政策的外衣，而且他直截了當地認為，理想主義所提倡的國際主義不過是為了在國際政治中獲取權力的方法。關於國際法的作用，卡爾認為，政治是道德和權力的匯合。在社會生活中，法律有助於社會穩定和延續，但是真正能夠保證社會穩定的力量是權力而不是法律。總之，在道德、公眾輿論、法律和權力之間，卡爾認為，權力是一切政治的基礎。然而，卡爾並沒有完全拋棄理想主義的理念，他試圖在兩者之間尋求一個平衡點。他指出，政治的魅力和悲劇都在於它具有無法相容的兩面性——理想與現實，道德與權力，而健全的政治思想必須建立在理想和現實的結合之上。難怪乎後來有人把他的理念稱為是權力的烏托邦，視卡爾為「烏托邦現實主義者」。

在評論卡爾對國際關係理論的貢獻時，多爾蒂和普法茲格拉夫指出，至今卡爾對理想主義與現實主義之爭所作的辯證分析依然是適時的。有的學者認為，卡爾理論的最大特點就是辯證地提出現實主義與理想主義的關係，他在辯證關係的運用上反映了馬克思思想的巨大影響，有人甚至把卡爾譽為「馬克思主義的現實主義者」。確實，卡爾常常引用馬克思的經典著作，並認為馬克思是「現代現實主義」最早的和最重要的代表人物，他對馬克思主義始終懷有特殊的推崇之情。然而，卡爾不同於「西方馬克思主義者」，如匈牙利的喬治‧盧卡奇（Geory Lukacs）、德國的卡爾‧科爾施（Karl Korsch）、義大利的安托尼奧‧葛蘭西（Antonio Gramsci）和德國的法蘭克福學派。在卡爾與西方馬克思主義之間沒有發現什麼「明顯的聯繫」，這也是為什麼在西方馬克思主義盛行時，卡爾理論中的馬克思主義成分被忽視了。卡爾的特殊之處在於，他把西方馬克思主義者異化的馬克思主義又來了個「西化」。這一過去鮮為人知的

歷史考證爲研究卡爾理論提供了新的線索和思路。

三、萊因霍爾德‧尼布爾（1892-1971）

　　萊因霍爾德‧尼布爾是美國最著名的神學家和基督教現實主義的代表人物。他於1892年1月21日出生在美國密蘇里州芮特城的一個宗教世家。1910年進入密蘇里聖路易斯伊登神學院，1913年轉入耶魯大學神學院，1914年獲神學學士學位，1915年獲耶魯大學碩士學位，1930年獲伊登神學院神學博士學位，同年擔任紐約協和神學院「道奇講座」應用基督教教授。1935年任《激進的宗教》主編，1941年任《基督教與危機》主編並參與創建美國人爭取民主行動協會，1944年任紐約自由黨副主席，1960年從紐約協和神學院退休。萊因霍爾德‧尼布爾的一生是對美國的宗教和政治思想產生巨大影響的一生。喬治‧凱南曾經說過，尼布爾是「我們眾人之父」。[38]在對他的思想進行研究的時候我們不能不對其思想的宏偉和精深感到讚嘆。他是一位多產的學者，在40多年的時間裡，他寫的論文數高達1,500篇，著作20多本，幾乎平均不到兩年出一本專著。他的代表著作包括：《道德的人與不道德的社會》（1932）、《對時代終結的反思》（1934）、《超越悲劇》（1937）、《基督教與強權政治》（1940）、《人性與命運》（1941-1943）、《光明的孩子與黑暗的孩子》（1944）、《信任與歷史》（1949）和《基督教現實主義與政治問題》（1953）等。

　　尼布爾的思想除了宏偉和精深的特點之外，還有一個特點就是在不斷變化和自我完善，因此當研究他的思想的時候，會經常發現尼布爾在反對尼布爾。尼布爾思想變化的過程和美國的歷史以及他個人的經歷密切相關。在第一次世界大戰之前，他是一個充滿樂觀主義和理想主義的年輕人。但是，戰後他變成了一個現實主義者。促使尼布爾從理想主義變爲現實主義的經歷，主要是在1915年到1928年間。此時，他在美國底特律貝瑟爾福音教會任牧師，他在布道中對人們所宣傳的信仰被歐洲的戰爭所破滅，他還親眼目睹了汽車城中的工人失業和遭受壓迫的悲慘情景。這些事件對尼布爾思想的變化產生了巨大的影響。他在自傳中是這樣寫的：「在我的布道過程中，我發現簡單的理想主義和古典的信仰在此昇華，這是一種與個人的生活危機完全脫離的理論，也是和這個工業城市複雜社會情況相脫離的理論。」[39]自此之後，他開始在理論上對宗教中的自由主義理論進行批判，同時提出了他自己的基督教現實主義理論。

按照尼布爾自己的話說，他不能被稱作是神學家，因爲他的許多時間不是在從事純粹的宗教活動，而是用在理論探索上，爲他的思想進行辯護，因此他對神學理論的研究和與此相關哲學和政治學上的研究，是其他人所不能比擬的。他在國際政治理論上的影響是其宗教思想和哲學思想的延續。其影響主要在以下幾個方面：

（一）人的原罪說。在西方有個寓言：在古時，一位國王接到他的大臣的關於豐收的報告，報告說，今年豐收了，但是誰吃了豐收的糧食，誰就會變瘋。結果國王還是決定，既然沒有別的東西可以吃，我們只好吃糧食，但是我們要知道自己都是發瘋了的人。這個故事的內涵就是尼布爾1939年他在著名的英國愛丁堡大學主持的吉福德講座時開頭所說的第一句話：「人一直是他自己最苦惱的問題。人是怎樣看待他自己的呢？」

尼布爾認爲，對人性的解釋可以是各種各樣，如理智的、浪漫的、新興資產階級個人主義的、自然主義、理想主義的。但所有這些對人性的不同解釋都有一個共同點，即沒有看到人總是過高地估價自己，對人是有罪的這一點從來認識不清。尼布爾指出，這是當代在人性看法上的流行病。在研究中，他對自由主義思想進行了批判，他認爲必須堅持用基督教人的原罪說去分析人的問題。他始終強調，只有基督教的理論才能夠眞正解釋人的本性。

尼布爾指出，人具有兩面性：一是他具有超越自我的精神能力；二是他本身具有不可避免的罪惡。人自我超越的精神能力決定了他既是一個有理智的人，同時也是一個無理智的人。正是在此基礎之上，人既可以是善良的創造者，同時也可以是罪孽的製造者。人在這個永恆的宇宙中，一直在尋求自身存在的意義，因此在某種意義上人又成了超越宇宙的人。人生存於宇宙，但是人並不因此認爲自己和宇宙之間的關係就是人從屬於宇宙的關係，因此人最偉大的成就和最壞的罪孽都同出一源：人對於在世界上應有的位置從來不清楚；人生活在宇宙中，但是又超出了宇宙。而事實上，人是自由的，但也是受約束的；人的能力是無限的，但也是有限的。

尼布爾在分析人的罪惡的時候再三強調，人的罪惡不是由於他的無知造成的，而是「源於彼此之間的猜疑和嫉恨。人具有生存的意志，這種意志往往表現爲政治上追求權力的願望，國家權力正是這一願望和意志的延伸」。[40]在人的自我超越和罪惡之間的關係上，人的自我超越的種種

努力並沒有使人能擺脫罪惡，而是使人越陷越深。他把人的罪惡分爲驕傲和縱欲兩種形式。他指出驕傲之罪是萬惡之源。他認爲，人總是盲目地、過高地估計自己的能力，並且爲了自身的安全總是超過自己的自然稟賦極限去擴大自己的權力。一旦人的某些欲望獲得了滿足，人便會產生驕傲的心理。人的驕傲可以有幾種，包括權力的驕傲、知識的驕傲和自我德行的驕傲。對權力的驕傲使人試圖去獲得自我滿足，同時保證自己的安全。由於人的不安全感，既可以來自自然，也可以來自社會，因此權力欲便表現爲人對自然和他人控制的企圖。人的這種尋求安全的欲求是永遠不可能滿足的，因爲權力使人安全，權力越大，安全越牢固；而且，人爲保證安全而獲取的權力越多，就越害怕失去這些權力與安全。在知識上的驕傲是指，人以自己的知識爲終極眞理，並且會表現得藐視一切，恃才傲物。其結果是在人類文化進步的同時，人類出現「新的虛妄」。在道德上的驕傲則是把自己的道德標準當作是絕對的標準，對其他人表現爲妄自菲薄，排斥不同意見。

（二）關於人與集體。在尼布爾的著作裡，他不僅對單一的個人進行研究，而且對集體的人也進行研究。尼布爾說：「社會……僅僅是積累的個人的利己主義，並且是個人的利己主義變形爲集體的利己主義，因此，群體的利己主義擁有加倍的力量。從這個道理上講，沒有一個群體的行動是出於純粹的無私行動，因此，更成熟的目的和傾向是爭奪權力。」[41] 這樣一來，在個人和集體之間就沒有什麼區分了，只是反映爲人的多少程度。個人所有的缺點國家也都會有。於是，個人會驕傲，國家也會驕傲，個人爲了安全會在他所處的社會中追求權力，同樣國家爲了安全，便也會在國際社會中要求有更多的權力。總之，在尼布爾看來，個人和人的群體都充滿了自私和罪惡，由此使人世淪爲一場悲劇。對於人的前途，他持一種悲觀的態度，認爲人是無法自救的，只有信仰基督教，人才能夠得到拯救。

（三）衝突和權力是社會必然存在的產物。人有原罪的觀點決定了社會是衝突的。尼布爾指出，科學智慧和道德教育不能解除社會衝突。企圖不考慮人性，用理性和道德的方法解釋社會問題必然要碰壁。一個有效的政治理論不僅要考慮到人的能力，也要考慮到人的弱點，特別是在集體環境中人的弱點。尼布爾認爲，在人的關係中壓制是社會和諧所必須的基礎。在他看來，人類的愛是一回事，人類的權力是另一回事。而這兩

者是同等重要的。對於這兩個問題，人們最好是用兩點論，而不要用一點論，因為這樣會威脅到人類愛和權力的有效性。[42]在這個問題上，他是這樣批判和平主義者的：「和平主義者不懂人的本質和仁愛之間與人的罪惡之間的矛盾。他們看不出罪惡把衝突帶到世界上，即使是最親密的關係也無法擺脫衝突。他們僅僅斷言『如果』人們互相親善，一切複雜的、有時是可怕的現實政治秩序就可絕處逢生。他們不明白這個『如果』應該是以瞭解人類歷史最根本問題為條件的。因為人是有罪孽的人，所以只有一方面透過某種程度的壓制，另一方面透過對壓制和暴政的反抗，正義才能夠實現。」[43]尼布爾指出，愛是宗教的戰略，而實用主義是社會的戰略。正因為我們是人，不是上帝，所以人的行為中總是有罪惡的，我們沒有什麼能力能夠逃脫自私自利和罪惡。尼布爾認為，由此出發，政治就是在罪惡中進行選擇，在每1分鐘，我們都是在用罪惡去制約罪惡。正因為如此，罪惡決定了政治上的成就是有限的、破碎的和不完善的。對於那種要不然就把一切想像得很理想，要不然就是失敗主義的絕對化的思維方式，尼布爾採取的是批判的態度。

（四）道德和權力政治之間的關係。如果愛是宗教的事情，而政治是現實的事情，那麼，在這個社會中權力政治和道德之間的關係是什麼呢？尼布爾認為，權力政治存在於任何歷史之中。權力衝突是歷史的基本成分。他宣布，「所有的生命都是一種權力的表現」，[44]一切政治活動都和權力有關，一切政治鬥爭都是關於權力的政治鬥爭。這就造成一個結果，人們不得不去尊重和屈從於有權力的人。而在這裡，尼布爾相信美國建國之父和聯邦黨人的觀點：一切有權力的人都不應當信賴，而且權力絕對不會受到有權力的人的自我限制。尼布爾進而提出，權力要受到限制，只有正義和道德才能夠有效。而限制權力的辦法就是均勢。在均勢、道德和權力之間的關係上，尼布爾認為，從根本上講，正義有賴於均勢，一個人或集體或國家掌握了不應有的權力，如果不用可能的批判和抵抗對這種權力加以抑制，它隨時都會無節制地膨脹起來。均勢不同於和諧的仁愛，要略勝一籌。對於人類的罪孽來說，它是正義的基本條件。這種均勢並不排斥仁愛，事實上，沒有仁愛，精神的摩擦和緊張狀態會令人無法忍受，但失去了均勢，即使是最親密的關係也會淪為非正義的關係，而仁愛則會成為非正義的保護傘。

（五）關於對理想主義的批判。肯尼思‧湯普森認為，尼布爾對國際政治最主

要的貢獻是，他大膽地對當時流行的理想主義進行了批判。[45]尼布爾的批判矛頭主要指向當時美國思想界的兩個流派：一是宗教界的社會福音派；二是學術界的杜威實用主義。

尼布爾把理想主義的思想概括爲六個方面：第一，相信社會缺少公正是由於社會的無知，而這種無知會被教育和智慧所改變；第二，相信文明正在逐漸變得越來越道德；第三，個人的性格將會由公正所制約；第四，乞求兄弟友愛和善意最終是會有結果的，如果至今還沒有，只要我們不斷地乞求最終是會有結果的；第五，上帝創造幸福，增長的知識將會克服人的自私；第六，戰爭是愚昧的並且將會屈從於理智。尼布爾指出，理想主義的失敗是由於他們疏忽了人的生命和人的生存之間會不可避免地發生衝突的悲劇。「認爲一個新的社會就能免除民族利己主義和爭權奪利，這是十分不現實的。烏托邦主義始終是處理國家事務的出現混亂的一個根源。」[46]

四、阿諾德‧沃弗斯（1892-1968）

1892年，在西方誕生了三位著名的國際關係理論現實主義大師：卡爾、尼布爾和沃弗斯。這不能不認爲是一個歷史的巧合。

阿諾德‧沃弗斯1892年1月14日出生於瑞士聖加倫市，1912年至1924年先後就讀慕尼黑大學、柏林大學和蘇黎世大學，獲得法律、經濟學和政治學多種學位。1933年移居到美國，1939年加入美國國籍，先在耶魯大學任訪問學者和教授，後轉至羅徹斯特大學和約翰‧霍普金斯大學任教。沃弗斯曾任世界和平基金主席（1953）和約翰‧霍普金斯大學華盛頓外交政策研究中心主任（1957）等職務。

沃弗斯的一生是多產的一生，這表現在兩個方面：一是，他留給後人許多寶貴的著作，他從1940年起，基本上平均每3年出版一本重要學術著作。他的著作有：《兩戰之間的英法：從凡爾賽到第二次世界大戰間衝突的和平戰略》（1940）、《小國與和平的執行》（1943）、《美國對德國政策》（1947）、《盎格魯——美國的外交事務傳統：從湯瑪斯‧莫爾到伍德羅‧威爾遜》（1959）、《冷戰中的盟國政策》（1959）、《爭鬥與合作——國際政治文集》（1962）、《六十年代的對外政策》（1965）和《裁軍世界裡的美國》（1966）。二是，他帶出了許多非常優秀的學生，例如：羅伯特‧古德（Robert C. Good）、羅傑‧赫爾斯曼（Roger Hilsman）和史丹利‧霍夫曼

（Stanley Hoffmann）等人。沃弗斯最輝煌、學術上最有成就的時期是在美國渡過的，但是他一直非常想念他的祖國，逝世之後，他的骨灰葬回了出生地瑞士。

沃弗斯曾評論自己是「一個非常多樣化的學者」。[47]如果把他和其他歐美學者相比，他評價自己的這個特點非常準確。他的多樣化，不僅表現在他的經歷、愛好上，而且還表現在他的學術方法和思想上。我們可以從以下幾個方面看出他這一特點：

第一，沃弗斯的豐富經歷是其他學者不可比的。在成為美國知名學者之前，他曾在瑞士當過律師，在軍隊服役過，做過政治講師。到美國後，他不僅是學者，而且成為美國政府的智囊人物。他研究範圍廣泛，不僅涉及政治學、國際關係學和歷史學，還涉及法律學和經濟學。他在美歐大陸之間來往頻繁，他的閱歷和對美歐文化的透澈理解為他研究國際關係問題打下了堅實的基礎。

第二，沃弗斯和美國其他國際關係理論家的區別還在於他不僅對純學術理論感興趣，而且與外交決策者和政治家保持密切的聯繫。然而，人們對此並沒有非議，相反地認為他的貴族氣質和對社會的責任感，使他一直不只是安心於做學問，而且希望當決策參謀。由此，他不僅同美國的學術界和政界，而且和瑞士和德國學術界的領袖人物們一直保持著頻繁的往來。在二次大戰期間沃弗斯曾擔任過馬歇爾將軍顧問辦公室、戰略服務辦公室、國家戰爭學院、國際分析研究院、陸軍部和美國國防部的顧問。二次大戰之後，他仍然和美國白宮權力中心有經常的聯繫，1960年起還兼任美國國務院顧問。他最大的希望是自己的理論能影響外交決策，在一定程度上可以說，他的目的達到了，特別是在戰後美國對德國政策問題上，可以明顯看出沃弗斯思想的痕跡。

第三，沃弗斯是現實主義的代表人物，但是他的理論觀點並不是特別鮮明。雖然，他對斯皮克曼特別敬仰，稱其為他所尊敬的朋友和同事，然而在權力政治的理論觀點上，他既同意斯皮克曼的權力政治理論，但又不願意在權力問題上表現得那樣赤裸裸和咄咄逼人。

沃弗斯作為學者的多面性不僅表現在他的政治觀點上，而且表現在他的思想方法上。他不僅是一個政治學家，而且是一個哲學家。萊因霍爾德·尼布爾是這樣評價沃弗斯的：「從他細心地評閱、衡量不同理論概念和假設合法性並討論國際關係的模式來看，他是一個哲學家。但是，從某種意義上講，他又是一個好的科學家，在實踐中竭力弄清事實使它成為概念的準確性和假設合法性的最終標準。」[48]

　　第四，歐洲的政治思想和美國的政治思想在沃弗斯身上都留有明顯的烙印，這是他多樣性格的又一表現。在美國，大多數從歐洲來的學者，是將歐洲傳統政治思想去適用於美國的國情，但沃弗斯不是如此。他嘗試著將歐洲思想和美國思想結合起來。他的著作經常反映出歐洲傳統思想和美國傳統思想的爭論和融洽。這使得沃弗斯成為對美國外交政策影響最大的一位現實主義代表人物。

　　沃弗斯的代表作是1962年出版的《爭鬥與合作──國際政治文集》，該書蒐集了16篇文章，分別論述16個問題。尼布爾在為該書寫的序裡稱沃弗斯為「受人尊敬的政治哲學領域的先驅者和帶頭人」，認為書中所討論的問題「絕非純學術性，它們觸及到當代對外關係中一些重要問題的核心」。

　　沃弗斯在以下四方面「創造性地推進了」現實主義的國際關係理論：
第一，關於國際政治角色。

　　沃弗斯認為，研究國際關係，最重要的是認定國際舞臺上的主要角色。按照現實主義理論，民族國家固然是最核心的角色，但不應視為唯一的角色。如果仍堅持國家為唯一的角色，就會忽略作為個體的人的作用。他主張採取一種新的研究視角：個人作為國際政治的角色。這種新的研究視角有兩層含義：一是，將個人置於國際舞臺的中心地位；二是，強調個人的組合角色，特別是跨國公司和國際組織與國家並存。[49]沃弗斯指出：「如果不深入到個人角色的研究，就無法理解任何以國家名義所作出的決定和所採取的行動。」[50]關於國家角色和個人角色的兩種研究方法應該互補。能做到這樣，才算是真正提出一種現實主義的理論，因為它幫助人們理清當代國際政治現實的主要問題。
第二，關於國家目標與國家利益。

　　沃弗斯認為，國家一般擁有三類目標：（一）持有目標和環境目標。持有目標包括國家獨立、生存和領土完整；環境目標指超越國境的外部條件；（二）直接目標和間接目標。前者與國家利益有關，直接服務於國家；後者與作為個體的公民的利益有關，只是間接服務於國家；（三）意識形態目標。旨在向海外擴展政治民主。沃弗斯強調，利益與目標的結合是現實主義的重要原則。
第三，關於對外政策的基本目標。

　　沃弗斯認為一國對外政策基本目標是自延（self extention）、自保（self preservation）和自制（self abnegation）。自延意指要求改變現狀，以獲取更大的權利和更多的價值利益；自保則指維持和維護現有的價值利益分配，即保

持現狀，特別是民族獨立、國家安全和領土完整；自制是指在一定條件下接受國際法、國際和平、集體安全利益的制約。很明顯，現實主義學派更重視「三自」中的自延和自保目標，認為自制是國際政治中烏托邦的表現，亦稱為「理想主義自制」，在現實生活中是難以實現的。

第四，關於均勢問題。

沃弗斯把均勢界定為「對手之間分配的均衡狀態」，與霸權或統治完全不同，是分析世界政治的有用工具。第二次世界大戰後有四個新因素影響均勢的走向：（一）美國占據世界政治的領導地位，為了維護東西方的大國均衡，美國制定遏制與威懾的對外目標；（二）戰後「兩極」體系的出現，對均勢格局形成衝擊；（三）意識形態因素成為世界大國爭鬥的主要內容，均勢也受意識形態和宣傳輿論的影響；（四）核武器的出現導致「恐怖均勢」。

沃弗斯還列舉了四種關於均勢理論，他認為它們在不同程度上影響著世界政治和美國對外政策：第一種理論視均勢為「理想的權力分配」，有利於世界和平；第二種理論認為，均勢是「多種國家體系發展的必然產物」，是「一種固有的規律」，就像古典經濟學中論述市場經濟的「看不見的手」一樣；第三種理論強調均勢的自保性質，追求的只是「權力之間的平衡」；第四種理論則認為，均勢概念已經過時，沒有任何組織（包括聯合國）能使國家間權力保持平衡，因此美國應在世界上建立自己的支配地位。

五、尼古拉斯·斯皮克曼（1893-1943）

尼古拉斯·斯皮克曼出生在荷蘭阿姆斯特丹市，後移居美國。他一生短暫，影響卻遍及美國學術界。他於1920年移居美國，在1921年一年中，就獲得了學士學位和碩士學位。1923年，他在加利福尼亞大學獲得博士學位，此後，在加利福尼亞大學任社會學和政治學講師。1925年，調至耶魯大學任教，10年之後，任耶魯大學國際關係系主任和耶魯大學國際政治研究學院主任，直至1940年。斯皮克曼最初的興趣是在社會學，但隨之將後半生的精力轉到國際關係研究方面。他的主要著作有：《國際政治中的美國戰略》（1942）和《和平地理學》（1944）。

斯皮克曼對國際關係理論界的影響，主要在現實主義思想和方法論兩個方面。

在現實主義思想方面，斯皮克曼強調權力在國際關係中的作用。他認為國

家的首要目標是贏得和維持權力地位。斯皮克曼的批評者說，他的理論是極端的強權政治，而他卻不屑一顧回答：「權力有一個壞名聲，使用權力也經常會受到指責……現在有一種傾向，特別是某些自由主義者或自稱爲理想主義者認爲，在國際社會中應排斥權力的主題，除非在非道德問題上。」但是，「脫離權力的政治觀念和理想幾乎很少能實現其價值。」[51]

對於美國國內存在已久的孤立主義與國際主義的爭論，斯皮克曼認爲，這兩種政治觀點並不是完全對立的。事實相反，這兩種觀點以及它們引出的外交政策從來就是不斷交織在一起的，它們之間不存在絕對的不是黑就是白的關係。爲了說明他的觀點，在《世界政治中的美國戰略》一書中，斯皮克曼舉了孤立主義的例子。他指出，孤立主義既是一種感情，也是一種國家戰略。從感情上講，孤立主義者們希望他們這塊遠離歐洲爭吵和戰爭的大陸，從此能不用再捲入歐洲事務和歐洲煩惱。從戰略上講，美國奉行孤立主義是有它的原則的。在孤立主義政策中，人們往往只看到美國不願意捲入英法爭端、不願意加入國聯。但是，人們並沒有看到，美國戰略意圖是在歐亞保持秩序和均勢，把西半球作爲它的勢力範圍。這是美國最重要的利益所在。斯皮克曼認爲，盲目地堅持孤立主義或者反對孤立主義的人都沒有看到問題的關鍵。

斯皮克曼還認爲，地緣政治和均勢是支撐國際關係理論的兩根支柱，爲此，他提出國際關係「邊緣地帶理論」（rim theory）。學術界稱該理論是在新的歷史條件下，對麥金德地緣政治中「心臟地帶理論」的重要補充和發展。

從這裡，我們自然地引出斯皮克曼研究國際關係的方法論問題，他在研究過程中特別重視地緣因素。他認爲，地緣因素是一個國家在制定外交政策時的一個非常重要的因素。他強調，一國的地理位置，以及這種位置和其他權力中心的關係，決定了這個國家的重要問題。在說明地緣政治這種研究方法的重要性時，他說：「有些學者歪曲地緣政治學。事實上，這是一種分析方法，是一組統計資料得出的合適的名稱，在作出外交政策明智的決定過程中，它是不可缺少的。」[52]正是用地緣政治的研究方法，斯皮克曼對國際問題和國家安全做了透澈的分析，並使他因此在國際關係理論界產生影響。然而，這裡需要指出的是，斯皮克曼認爲他的地緣政治學理論和德國法西斯主義者講的地緣政治完全不同。希特勒用地緣政治爲其侵略政策服務，但斯皮克曼的地緣政治研究目的是爲了國家的安全。

此外，斯皮克曼的歷史研究方法，也給後人留下深刻的印象。他特別重視過去歷史對今天的借鑑意義，以及今天的事件對未來的影響。關於前者，

他認爲，新的世界秩序不管怎樣發生變化，都不會擺脫過去的權力模式；關於後者，他表現出驚人的預見性，在1940年代，他就預測中國將要成爲一個現代化的軍事強國。他還認爲，在第二次世界大戰中，西方盟國對德國開戰，是爲了消滅德國法西斯，但戰後並不會對德國完全解除武裝。他的這一預見最後得到了驗證。儘管他的預見完全是從美國的安全利益出發的，但對他的「先見之明」，人們不得不表示欽佩。

六、漢斯‧摩根索（1904-1980）

漢斯‧摩根索是公認的最著名的國際關係理論家。史丹利‧霍夫曼寫道：「如果我們的學科有奠基之父的話，他就是摩根索。」[53]作爲最優秀、最權威的現實主義學派代表人物，他的理論學說博大精深，他的學術影響深刻廣遠，他成爲西方國際關係理論的「奠基之父」是受之無愧的。

摩根索1904年2月17日生於德國，1923年至1927年先後就讀於柏林大學、法蘭克福大學和慕尼黑大學，主攻法律，1927年通過律師資格考試後，當了幾年律師，1931年至1933年在法蘭克福大學法學院任助理教授，1933年至1935年轉至日內瓦講授政治學，1937年移居美國前曾在西班牙的馬德里小住，教授國際法和國際經濟。到美國後，先在紐約布魯克林學院和密蘇里大學堪薩斯城分校任教，1943年轉到芝加哥大學，當年加入美國籍，並晉升爲政治學系副教授後很快晉升爲教授，從1950年至1968年曾任芝加哥大學美國對外政策研究中心主任。他在芝加哥大學任教的時間最長，從1943年直至他逝世。對摩根索的理論和實踐產生重要影響的經歷，還有從1949年起至1960年代，他先後兼任美國國務院和國防部的顧問。摩根索一生著作甚豐，主要有：《科學人與強權政治》（1946）、《國家間政治——爲權力與和平而鬥爭》（1948）、《國際政治的原則和問題》（1951）、《捍衛國家利益》（1951）、《政治的困境》（1958）、《美國政治的目的》（1960）、《20世紀的政治學》（1962）、《越南與美國》（1965）、《美國的新對外政策》（1969）、《眞理與權力》（1970）和《科學：傭人還是主人》（1972）。

在摩根索之前，國際關係理論領域曾經出現過若干學術高點，但還沒有達到高峰。摩根索的貢獻莫過於最全面、最系統地將國際關係現實主義理論發展至成熟階段，在國際關係理論領域樹立起了一座學術高峰。他的《國家間政治》即是一個學術制高點和里程碑，而他的國際關係哲學思想則提供了堅實的

土壤和基礎。

摩根索的扛鼎之作《國家間政治》是他自1943年起，在芝加哥大學講授國際關係的基礎上寫成的，於1948年正式出版，至1973年出版了5版，1978年第5版修訂本問世，這是摩根索留下的最後一個版本，有極高的學術價值。1985年，摩根索當年的學生、著名國際關係理論教授肯尼思‧湯普森根據老師的遺願，修改出版了該書第6版。該書如今已成為當代國際關係學最重要的經典著作之一，其最核心的內容是摩根索提出的現實主義六原則。這六項原則已被國際學術界公認為最完整、最根本的國際關係原則：

第一，政治現實主義認為，正如一般社會一樣，政治受到根植於人性的客觀法則所支配。現實主義相信政治法則的客觀性。為了使社會不斷完善，首先需要瞭解和掌握社會賴以生存的法則。

第二，以權力界定利益的概念，是政治現實主義研究國際政治的主要標誌性特徵，它使國際政治成為一個獨立的研究領域，而區別於經濟學（以財富界定權力）、倫理學、美學和宗教學。沒有此一概念，政治理論──無論是國際理論還是國內理論──都將成為不可能。

第三，以權力界定利益的核心概念是普遍適用的、客觀存在的，但它不是永遠一成不變的。權力意指人支配人的力量，它涵蓋所有社會關係。權力是政治的目的，利益是政治的實質。利益是判斷和主導政治行動的永恆標準，任何政治均受以權力界定利益的概念所支配，這是區別現實主義區別於與其他流派的根本點。

第四，政治現實主義意識到政治行動的道德意義，個人和國家都必須依據普遍的道德原則（如自由原則）來判斷任何政治行動。但如果不考慮似乎看上去是道德行動帶來的政治後果，就不可能有政治道德。事實上，採取成功的政治行動本身就是基於國家生存的道德原則。

第五，政治現實主義強調，普遍的道德法則與某一特定國家的道德要求，不可混為一談，後者與各國國家利益的差異有關。

第六，政治現實主義強調，權力政治範疇的獨立性，堅持以權力界定利益，因此政治現實主義與其他學派的區別是真實的，是深刻的。[54]

這六項原則比較完整地提出了摩根索政治現實主義，「人性觀」、「利益權力觀」和「道德觀」三環相扣的理論框架。

肯尼思‧湯普森在《國際思想大師》一書中指出，國際關係哲學是摩根索現實主義理論的精髓，其核心是權力的概念，作為國際政治的「鐵律」，權力

不僅是美國對外政策成功的基礎，而且是國際體系穩定與和諧的重要手段。[55]
摩根索國際關係哲學包括以下主要的內容：

（一）人的政治哲學。摩根索一生經歷過兩次世界大戰。由於摩根索青年時的
戰爭經歷，加上他作爲猶太人在德國的不幸遭遇，他一直堅信人的本性
是惡的觀點。他認爲人天生是自私自利的，而且人的這種利己的本性不
能透過教育或人爲的機制得到消除。存在於人自身的罪惡本性使人類不
可能建立一個有理智的和有道德的國際社會。在這樣的環境中，人們經
常會感到自身處境岌岌可危。爲了能夠得到安全，人們必須要自保，而
自保的首要條件就是要有實力。這種實力，在人類的野蠻狀態下是人的
體力，在文明的狀態下則反映爲人的權力。因此，人的政治關係，就是
權力鬥爭的關係。在《科學人與權力政治》一書中，摩根索在探討人類
衝突產生的根源時，就是從關於人的政治哲學的角度來展開闡述的。他
認爲，人類衝突產生的根源，一是因爲一個人的自私自利性必然會和另
一個人的自私自利性相衝突；二是人對權力追求的欲望。人對權力的追
求又出於兩種原因：一是由於人的基本生理需要，人需要吃、穿、住，
人需要有工作、有錢；二是因爲人的政治需要，當人的生理需要得到滿
足的時候，人的自私自利性就受到了限制。然而，人的政治需要是指人
在滿足了生理需要之後，要強調他在人類群體中的位置，而人對這一方
面的需要是無止境的。摩根索認爲，只有當人的控制物件最後是他自己
的時候，人對權力的追求才會停止。

（二）國家行爲哲學。摩根索認爲，個人權力意志的放大就是國家的權力。當
個人組成一個集團或一個國家的時候，個人原來的本性仍然保留著。個
人追求權力的本性擴大至國家的時候，其權力的傾向就會表現得更加突
出，其追求權力的力量也就會變得更大。因此，在國際社會中，國家的
行爲是由對權力的追求驅使的。從這個意義上說，國際政治的動因，就
是對權力的追求。這種對權力的追求，在國際政治中表現在國家與國家
之間的相互關係上，主要呈現爲兩個方面的內容：一是人類進行的戰
爭；二是人類進行的各種外交活動。這種國與國行爲關係的方式，從古
到今都沒有發生過任何的變化，在今後也不大可能會發生任何的變化。
國家之間進行的戰爭和國家之間的外交關係，本質上講不外乎是追求權
力的角逐關係。國家在追求權力時的動機和個人追求權力時的動機是相
類似的，個人是出於自私自利之心，國家是出於國家利益。摩根索認

為，國家利益是研究國家行為的最重要標誌。在不同的形勢下，各國有不同的國家利益，國家利益是歷史的產物，它隨著形勢的變化而變化，這就決定了國家行為的不同。

摩根索認為，在國際關係中，國家的行為是理性化的，在國家決定和執行外交政策的時候尤為突出。目標和手段的邏輯連線性表現為國家會有意識地、竭盡可能地去實現它獲取國家利益的預定目標，突出連續性而不會自相矛盾。摩根索認為，正是因為國家的行為是理性的，這才使得國際政治理論的形成變為可能。摩根索不僅認為，國家行為理性化是理解國家間關係的重要前提條件，同時，他也希望國家行為理性化是國家外交政策的目標。他說：「政治現實主義認為理性的外交政策將是好的外交政策，因為只有理性的外交政策能夠最大限度地減少危險和最大限度地使國家獲利。」[56]

（三）國家道德哲學。摩根索在國家道德行為方面的思想是複雜和矛盾的。首先，他承認國家道德的重要性和道德對國家行為的影響。他說：「政治現實主義意識到政治行為的道德意義，同時也意識到在道德要求和政治成功需要之間不可避免的矛盾。它不願掩飾和抹去這種矛盾，並且也不願意讓十分明顯的政治事實看上去比其本身在道德上令人滿意，道德規範看上去比其本身要不準確得多，不願意用這樣的辦法去模糊道德和政治問題。」[57]因此，從這點上來看，摩根索在研究國家的行為時，第一，他承認道德存在於國際關係之中；第二，他也承認道德在國家的行為中和在國家間的關係中起一定的作用。

與此同時，摩根索強調在國際關係中存在著普遍的道德原則。但是，他在這方面的論述是矛盾的。在《國家間政治》一書裡，摩根索說：「現實主義堅持認為，普遍的道德原則不能作為抽象公式應用到國家的行為當中，它們必須應用到具體的時間和地點的環境之中進行過濾。」[58]摩根索的國家道德哲學在這一點上是讓人感到糊塗的。他一方面提出，世界上存在的普遍道德原則是不能生搬硬套地應用到國家政治行為中的，但是，另一方面，他又認為在國際社會中存在著普遍的道德原則，這種原則各國都必須遵守。那麼，到底普遍的道德因素是否能影響國家的具體政治行為呢？他對此含糊其辭。這大概是由於摩根索覺得，普遍的道德原則本身就太模糊、太模稜兩可，因此，也就不便於明確地判斷它們的指導意義的緣故。

在各個國家的道德和普遍的道德之間的關係上，摩根索提出，政治現實主義拒絕把某一國家的道德願望同具有普遍指導意義的道德規範等同起來。因此，這樣一來，摩根索陷入了一個他一直想回避的矛盾之中：即在道德原則的雙重標準之間首鼠兩端。摩根索的意思就是，每一個國家是有自己的道德標準的。那麼各個國家的道德標準和普遍的道德標準之間的關係究竟怎樣協調？既然各國不能生搬硬套普遍的道德標準，而各國國家又有自己的道德標準，那麼有普遍指導的道德標準的作用，又究竟體現在哪裡？摩根索沒有說明這個問題。總之，摩根索的國家道德行為的哲學，是他的政治理論中最混亂的部分。

（四）國際政治哲學。摩根索的現實主義六原則中最突出的一條，就是宣布國際政治領域是一個具有自主性的、獨立的領域。這是因為：第一，它有本身的價值標準。這正像經濟學和其他學科都有它們自身的價值標準一樣。摩根索說：「經濟學家問：『這樣的政策對社會的福利或其中一部分人的福利有何影響？』法學家問：『這樣的政策符合法律的規律嗎？』道德家問：『這一政策符合道德原則嗎？而政治現實主義者問：『這一政策對國家的權力有何影響？』」[59]第二，國際政治領域和其他的領域一樣，有它自身的客觀規律可循。這個規律就是存在於人本性內的、直至發展到國家意志中的對權力的追求。權力的概念為人們理解國際政治提供了一個「沿波討源」的依據。第三，正因為國際政治有它自身的客觀規律，這些規律又是來自對人類歷史的觀察和總結，加上它在這一領域內的特殊的矛盾，因此與其說國際政治是一門藝術，不如說它更應當是一門科學。

總之，在摩根索的政治哲學中，有一個一以貫之的主要脈絡，那就是權力在國家行為中的作用。摩根索的哲學的首要前提就是，人的本質是利己的；國家本質和人的本質是一樣的，人為了自身的安全要追求權力，國家為了本國的利益也要追求權力；這種各國都為自身利益而追求的結果，就是在國與國之間的關係中產生相互懷疑和互不信任，乃至國際衝突，因為國家在追求權力的過程中，總是希望自己的權力比別國的權力更大。在國際政治領域，試圖從道德的角度去對國家的行為加以解釋，則無異於緣木求魚，唯有從權力去解釋國家行為才是研究國際政治現象的正確途徑。因此，從這個意義上說，是權力決定了國際政治這一領域的特殊性。權力學說是摩根索政治哲學的核心內容。

（五）對外政策哲學。關於對外政策的論述是摩根索國際關係哲學的一個重
　　　要方面，其內容的哲理性值得研究。摩根索認為，成功地爭取均勢和
　　　國際穩定的一個最好途徑是「透過相容實現和平」，而實現的手段就是
　　　外交。摩根索指出，「外交是國家權力的組成部分」。它的任務是：第
　　　一，根據已擁有的潛在的實力確定國家的目標；第二，評估別國的目標
　　　及其為實現這些目標已擁有的和潛在的實力；第三，確定雙方的目標在
　　　何種程度可以相容；第四，決定和實施適合於實現國家目標的手段。[60]
　　　摩根索強調，這四項任務是一國對外政策在任何地方、任何時間都應具
　　　有的基本內容。

　　在紛繁複雜的國際形勢下，為了促進國家利益，一國外交要取得成功就必
須遵循一些重要的準則。摩根索總結的九條準則豐富了他的對外政策哲學：第
一，外交必須擺脫十字軍精神，消除戰爭危險，促進道義一致，以有助發展維
持和平的外交。第二，外交的目標必須以國家利益來界定，必須以足夠的實力
來支持。第三，外交必須從別的國家的觀點來觀察政治形勢。第四，國家必須
願意在所有非重大的問題上做出妥協，然而，只有當雙方的國家利益得到確保
時，這種妥協才是可能的。第五，放棄無價值的權利以獲取真正的實質權益。
第六，永遠不要把你自己置於「退而丟臉」，「進而受損」的境地。第七，
永遠不要讓一個弱的盟國代你做出決定。第八，軍事力量是對外政策的手段，
而不是主宰；同時，軍事力量是戰爭的工具，而對外政策才是和平的手段。第
九，政府是公共輿論的領導者，而不是跟隨者。[61]

七、喬治‧凱南（1904-2005）

　　喬治‧凱南1904年2月16日生於美國威斯康辛一個農民家中。凱南繼承了
典型的農民性格，他性格倔強、崇尚獨立且重視個人的自由。凱南1921年至
1925年就讀於美國普林斯頓大學，大學畢業後，他被美國國務院選為外交官，
經過特殊的語言訓練和專業訓練後，他被派往美國駐外使領館工作。他不僅能
夠講德語，還能講俄語。他先後在漢堡、柏林、日內瓦、波羅的海沿岸三國首
都、維也納、布拉格、里斯本、倫敦、貝爾格勒和莫斯科的美國使領館擔任過
三等秘書、二等秘書、一等秘書、副領事、領事、總領事和大使，期間他還擔
任過美國國家戰爭學院外交事務研究中心副主任和美國國務院政策研究室主
任。之後，凱南退出外交界和政界，在美國普林斯頓大學國際問題高級研究機

構任終身教授，從事國際關係的研究和教學，直至1974年退休。凱南於2005年3月17日因病去世，享年101歲。

　　凱南的一生是外交家兼理論家的一生。他被視爲「美國外交政策的構建者」、「著名的外交歷史學家」，其論著甚豐，多爲外交實踐經驗的總結和闡述，與現實主義外交傳統一脈相承。「像卡爾一樣，凱南透過積極外交對現實主義思想做出了貢獻」[62]。人們還發現，其主要觀點與摩根索並無二致，唯一的區別在於，摩根索的研究基於歐洲的歷史經驗，而凱南卻基於美國早期的外交經驗。凱南的主要著作包括：《美國外交：1900-1950》（1951）、《美國對外政策的現實》（1954）、《俄羅斯告別戰爭：1917-1920》（蘇美關係第一卷，1956）、《俄羅斯、原子彈和西方》（1958）、《列寧、史達林領導下的俄羅斯和西方》（1961）和《回憶錄：1935-1950》（1967）等。

　　西方學術界一直給予凱南的思想理論和外交實踐極大的重視，如幾十位著名學者曾經聚會美國南加州大學國際問題研究機構，舉辦了「喬治‧凱南：冷戰和美國對外政策的未來」學術討論會，約翰‧蓋迪斯、海沃德‧阿爾克、喬爾‧羅森塞爾等在會上提交了14篇論文，包括《凱南政治學：1940-1990》、《凱南與遏制概念》、《作爲外交家的凱南》、《作爲現實主義者和道義主義者的凱南：冷戰時期的道義和對外政策》等。

　　凱南現實主義理論和實踐的最典型表現，莫過於他的「遏制政策」。1947年，作爲美國駐蘇大使館臨時代辦，凱南曾向國內發回一份8,000字電報，並用筆名「X」在《外交季刊》發表，題爲〈蘇聯行動的根源〉。這份電報和這篇文章遂成了美國戰後「遏制政策」的理論依據和戰略框架，在戰後影響美國外交和國際關係長達半個世紀。凱南從美國的實力地位和國家利益出發，強調美蘇對抗不可避免，把共產主義蘇聯視爲「鐵幕」，主張以西方的「遏制」對付蘇聯的「擴張」。他提出兩個「十分明確」：一是「十分明確，任何美國對蘇政策必須是長期的、耐心的，但又是堅定的、警覺的遏制政策，以制約俄國的擴張趨勢」；二是「十分明確，美國不可能在不遠的將來與蘇聯政府建立和睦的關係，美國應該繼續視蘇聯爲政治舞臺上的對手，而不是夥伴」。[63]在《美國外交：1900-1950》的結論部分，凱南對遏制戰略做了理論概括，提出美國應該更加現實，更加注重「國家利益」，因爲「我們自己的國家利益是我們眞正能夠認識和把握的全部眞諦」。[64]

　　凱南現實主義思想還集中反映在他對道義與外交關係的分析上。他認爲，美國舊時外交政策的最嚴重缺陷是不恰當地強調「法律道義因素」，「法律道

義學派忽視了政治問題的國際意義和國際穩定的深層根源。」[65]

1985年，凱南在《外交季刊》上發表題爲〈道義與對外政策〉的論文，自稱它是在新形勢下對35年前出版的《美國外交：1900-1950》小冊子的回應。論文再次指出，道義是相對的，而不是絕對的；是相互關聯的，而不是孤立的。道義的實施與「利益、民主、穩定」三個目標密切有關。凱南認爲，在道義與對外政策的關係上，有三個基本原則必須遵循：（一）外交的行動是政府的責任；（二）政府的道義責任不同於個人的道義責任；（三）雖然美國想以道義原則行事，但並不存在國際社會所接受的道義標準。

凱南有一句名言：「沒有原則的道義，不是眞正的道義。」特別是到了晚年，他尤爲重視「原則」的概念及其運用。他曾說過：「當我思考對外政策時，我並不是依據什麼學說來考量，而是依據原則來考慮。」[66]1995年，他在《外交季刊》上撰文，題爲〈論美國的原則〉。從1947年他的第一篇論文〈蘇聯行動的根源〉算起，他已先後在《外交季刊》上發表了19篇論文。凱南以門羅政府時期約翰·亞當斯國務卿提出的美國孤立主義原則爲例，強調應運用歷史來解釋原則。他把「原則」定義爲「行爲的總規則」，既體現理想，又體現現實；原則的基本功能是「建立可用於規範國家政策和行爲的框架」。他認爲，重要的是要確立包含「干預、責任和期望三方面內容」的「榜樣的力量」，大國幫助小國的最好辦法就是透過「榜樣的力量」。凱南晚年的這一歷史反思說明現實主義權力論和干預論仍有影響。

在研究凱南時，我們發現了一個值得思考的現象。在凱南提出遏制政策後，這一新的戰略思路立即受到美國政府的青睞和推崇，把凱南捧上了天。然而，朝鮮戰爭、越南戰爭及其他冷戰時期的國際事件促使凱南進行反思，他開始看到自己的遏制思想存在的問題。他曾提出，美蘇的敵對是有限度的，經過短暫的遏制階段後就會出現談判與和解；遏制政策只是「對蘇聯政治威脅的政治遏制」，而不是對蘇聯軍事威脅的軍事遏制；對蘇聯的遏制並不像杜魯門政府所做的那樣到處實行遏制政策，而是應對美國地緣政治構成威脅的那些地方實行遏制政策。但是，凱南已無法阻止他的遏制政策在實踐中走向極端。他的遏制政策成了「潘朵拉盒子」。他曾反對越戰，主張恢復和平；他呼籲用外交手段解決爭端，而不要直接對抗，但凱南已難以挽回其遏制政策給戰後世界帶來的嚴重影響。美國政府決策層對他雙管齊下，在接受、肯定和讚賞遏制政策思想的同時，艾奇遜、杜勒斯和臘斯克等人卻對他竭盡攻擊之能事。凱南的外交實踐並不成功，他的理論和實踐的局限是與整個美國外交局限聯繫在一起

的。與其他西方學者一樣，凱南也不可能擺脫這一歷史局限性。

八、雷蒙·阿隆（1905-1983）

雷蒙·阿隆是法國著名的政治社會學家和政治評論家，同時也是法國國際關係理論最有影響的現實主義學派代表人物，被譽爲20世紀法國學術界的泰斗。1905年3月14日生於巴黎，年輕時就讀法國巴黎高等師範學院並獲得哲學學士學位。當時，薩特和他同班，畢業成績他名列第一，薩特第二，後兩人在學術界別樹一幟，成爲法國的兩座學術高峰。1938年，他獲得文學博士學位。先後在德國科隆大學任講師、柏林的法語學院任教員、法國哈佛爾公學任哲學教授、法國圖盧茲大學任社會學教授。第二次世界大戰爆發後，阿隆棄教從戎，投身於戴高樂將軍領導的反法西斯鬥爭，曾任《自由法蘭西》報的編輯，當過自由法蘭西的飛行員，後來還成爲戴高樂將軍的老朋友。第二次世界大戰後，阿隆重回學術界，擔任法蘭西學院社會學教授和法國巴黎文學院教授。阿隆在國際關係理論這片「剛開拓的園地」勤奮耕耘，獲得豐碩成果。他是一位公認的多產學者，幾乎每年出一本書。他的著作主要有：《反對暴君的人》（1946）、《大分裂》（1948）、《全面戰爭的世紀》（1954）、《論戰》（1955）、《戰爭和工業社會》（1958）、《帝國主義和殖民主義》（1959）、《歷史哲學》（1961）、《宇宙歷史的黎明》（1961）、《道德歷史的範圍》（1961）、《世界科技和人類命運》（1963）、《德國社會學》（1964）、《大辯論：戰略理論》（1965）、《權力的無政府秩序》（1968）、《論戰爭》（1968）、《馬克思主義和存在主義》（1969）、《社會學思想的主要流派》（1970）、《和平與戰爭：一種國際關係理論》（1970）、《帝國共和國：美國和世界（1945-1973）》（1974）、《歷史和暴力的辯證：對薩特的理性辯證批判的分析》（1975）和《政治與歷史：雷蒙·阿隆文集》（1978）。

阿隆的《和平與戰爭》一書集中體現了他的現實主義理論。史丹利·霍夫曼稱讚該書爲2,000年來國際關係研究的最偉大的經典之一，[67]具里程碑意義。

這部「代表歐洲思想主流」的專著，「既精深又宏大」，[68]其主要觀點有：

（一）　「自然狀態」是國際關係的最重要和最基本的特徵。「自然狀態」即是「戰爭狀態」，因爲國際政治關係的運行處在戰爭的陰影之中。因此，

重要的是，在國際關係中，國家應把「正義」掌握在自己手裡，學會在霍布斯所描繪的世界中求生存。

（二）國際關係的本質是關於國家之間的衝突和對抗。雖然國際關係的內容遠不止衝突與對抗，但是衝突和對抗始終是最根本的。阿隆強調，國際關係領域與其他領域區別的基本點，是使用武力的合法性。

（三）阿隆認為，國際關係舞臺上最重要、最活躍的角色是外交家和軍人，他稱之為「外交—戰略」的生動戲劇。他特別指出，外交家一定要謹慎行事，做到「理性」和「規範」。而理性要求行為適應國際情勢和國家利益；規範則要求行為符合一定的道德準則和目標。

（四）阿隆主張道德相對觀。他反對抽象的道德標準，贊成具體的實際道德；他否定「信念倫理」，而選擇「責任倫理」。他認為：「國家間道德選擇的首要條件是認可領導人對國家安全應負的責任。」[69]可見，像摩根索一樣，阿隆並沒有放棄道德的倫理，他欲創新思路，韋伯曾稱之為「智慧道德」。

此外，阿隆在《和平與戰爭》中，還以相當的篇幅論述了核時代的威懾概念，對後人的研究有著重大影響。

阿隆是一位具有挑戰性的現實主義學者，他不落俗套，獨樹一幟。他不相信世界的永久和平，但對韋伯的「悲觀現實主義」也持否定態度。他反對像摩根索那樣，把權力絕對化，視之為一切政治的本質；他反對把利益抽象化，主張應有「不成文的準則」來界定國家利益的合法與否。他還指出，國際關係應借助歷史社會學的方法，並重視對經濟問題的研究，使之成為國際關係理論的重要內容。肯尼思·湯普森評論阿隆的學術地位時說：歐洲的歷史社會學主流思想「置阿隆於傳統與科學觀點之間重大辯論的中心」。[70]這句話是對阿隆的現實主義理論及其影響所作的十分中肯的結論。

九、約翰·赫茲（1908-2005）

約翰·赫茲1908年生於德國杜塞道夫，青年時代在科隆大學學習，並獲得公共法律博士學位。他在第二次世界大戰前從瑞士移居美國。先以德國問題專家身分在國務院等部門短期工作過，後在美國霍華德大學和哥倫比亞大學教書。之後，他長期任教於紐約市立大學，講授政治學。在他的教學生涯中，他一直與德國的大學保持著密切的聯繫，曾在德國瑪伯格大學和柏林自由大學做

客座教授，他還以富布賴特教授身分訪問過德國。

與其他國際關係理論大師相比，赫茲一生沒有太多崇拜他的追隨者，也沒有在著名的美國大學裡教書。然而，他思想的獨創性和豐富性，使他在國際關係理論領域占有一定的地位。赫茲於2005年12月25日病故。

赫茲是一位很有特點的國際關係理論家，他的特點表現在三個方面：

第一，赫茲不善交際，喜歡獨處，但思想的火花卻在極少和外界碰撞的情況下甚爲燦爛。赫茲曾說他自己是「一個孤獨的個體思想家」，[71]在他私人的智慧試驗室默默勤奮地工作。赫茲著作甚多，主要有：《國際法中的國家社會主義理論》（1938）、《政治現實主義和政治理想主義：理論和現實的研究》（1951）、《主要國外大國：英國、法國、蘇聯和德國政府》（1952）、《核時代的國際政治》（1959）、《二十世紀的政府和政治》（1961）、《德國政府》（1972）、《民族國家和世界政治危機：關於20世紀國際政治的論文》（1976）。赫茲1950年代的兩本書《政治現實主義和政治理想主義》和《核時代的國際政治》使他蜚聲於世，加入國際政治大師的行列。

第二，赫茲和現實主義理論家以及理想主義理論家觀點不完全相同，他曾自稱是自由現實主義者，在赫茲學術生涯的早期，他曾是一位理想主義者，大部分時間花在對集體安全的研究上。但是，德國納粹勢力的興起，使他對集體安全的幻想完全破滅。在他用筆名寫的第一本書《國際法中的國家社會主義理論》裡，赫茲警告人們說，德國納粹黨有可能發動戰爭。隨著第二次世界大戰的爆發，他對人類命運逐步失望。到晚年，他轉變成了一個現實主義者。然而，他的現實主義是一種和理想主義相融合的現實主義。他希望在無政府社會和世界政府之間尋求一種介於兩者之間的世界體系。他一方面重視權力，另一方面又提出了最低生存倫理學的理論。他指出，最低生存倫理學必須要取代歷史上國際政治中的個人道德標準。他認爲，傳統的道德標準對國際政治是不適用的。總之，赫茲的自由現實主義理論是一種理想主義和現實主義理論的混合物。

第三，雖然像他所說的那樣，自己的活動和範圍非常狹窄，但是赫茲的興趣之廣泛，卻超過了其他國際關係理論家。他很早開始研究國際關係中的國內因素，並把兩者結合起來；他在比較政治學也取得了顯著的研究成果；他提出了許多新的國際關係概念，如「安全權力困境」、「國土不可滲透性」；他研究科學和技術問題，以後又把興趣轉到人口問題和精神問題，環境問題和資源問題上。總之，赫茲的研究興奮點總是隨著形勢和問題的變化而變化。他關於

國際關係理論的研究具有獨創性，充滿智慧和超前意識，給後人留下了寶貴的學術遺產。

十、亨利・季辛吉（1923-）

　　季辛吉是美國著名的外交家、現實主義理論家。1923年5月27日生於德國紐倫堡附近的費爾特市。1938年季辛吉15歲時，爲了逃避納粹法西斯對猶太人的迫害，父親路易・季辛吉帶全家從英國倫敦轉往美國紐約。隨後，季辛吉進入紐約「喬治・華盛頓」高級中學念書。1941年美國向德國宣戰，季辛格應徵入伍，後曾編入美軍第84步兵師，回到歐洲戰場。戰後，季辛吉獲得紐約州政府的獎學金，1947年進入哈佛大學政治系學習，1950年以優異成績畢業。他的畢業論文題爲〈歷史的意義〉，有370多頁，洋洋大觀，廣受好評。畢業後，季辛吉留在哈佛文理學院任助教。1950年轉至哈佛國際事務研究中心，不久即任執行主任。1954年獲博士學位，其博士論文後以《重建的世界》爲題，出版成書。1957年擔任講師，1959年成爲副教授，1962年晉升爲教授。他開設的課程中，「國際政治原理」、「美國外交的政策與政策問題」兩門課充滿「熱情和智慧」，深受學生歡迎。從1951年至1971年，他擔任哈佛大學國際論壇負責人的重任，前後辦了18期，直到他離開哈佛去白宮就職爲止。在哈佛20年的「磨練」，爲季辛吉日後「發跡」打下了堅實的基礎。1969年至1975年任美國總統國家安全事務助理。1973年，他與越南的黎德壽共同獲得諾貝爾和平獎。1973年至1977年，任美國國務卿。季辛吉的奇特經歷給了他若干「第一個」：美國歷史上第一個原籍非美人的國務卿，美國戰後第一個猶太人出身的國務卿，第一個兼任總統國家安全事務助理的國務卿。1977年退出政界後，季辛吉擔任Chase曼哈頓銀行國際委員會主席、洛克菲勒兄弟基金會董事、國際戰略研究中心顧問、對外關係委員會顧問、季辛吉國際諮詢公司總裁等職務，仍以充沛的精力活躍在國際舞臺上。2015年季辛吉訪問復旦大學，在美國研究中心與60多位師生進行座談。當他知道，他的生日5月27日與復旦校慶日是同一天時，他顯得尤爲激動。他當時已92歲高齡，但談笑風生，思路敏捷，就國際形勢、中美關係及國際關係研究談了許多重要的看法。

　　季辛吉關於國際關係的主要論著和回憶錄有：《核武器與對外政策》（1957）、《美國對外政策》（1969）、《選擇的必要：美國外交政策展望》（1961）、《白宮歲月》（1979）、《重建的世界──拿破崙之後的歐

洲：重新評價大西洋聯盟》（1980）、《動盪年代》（1982）、《大外交》（1994）、《論中國》（2011）、《世界秩序》（2014）等。

在現實主義代表人物中，季辛吉和凱南一樣，是以學者和決策者兼於一身為特點的。

季辛吉的現實主義思想與他的家庭經歷有關。第二次世界大戰前，他的家庭遭受到德國納粹的迫害，後來全家不得不移居美國。他和漢斯‧摩根索一樣，個人的悲劇式經歷造就了他們對人性和社會的現實主義認識。在他的大學畢業論文〈歷史的意義：對斯賓格勒、湯恩比和康德的反思〉中，季辛吉對人性提出了自己獨到的見解。他認為，歷史的哲學包含著不僅對自然，而且對人性的神祕性和可能性的深刻的認識。季辛吉對斯賓格勒的直覺觀非常讚嘆。他認為直覺觀理論對於人們認識和理解事物的內在性有很大的價值。他在他的理論中提出了與其他現實主義理論家所不同的觀點，即他否認歷史決定著人的行為和事件的結果。在直覺理論的基礎之上，季辛吉同意人的行為是受到一定限制的觀點。他提出，人的行為和國家的行為的有限性決定了對道德標準的理解。這種人性的受限性，如知識的受限性，決定了人的直覺行動上的自由性。在對人的能力的有限性理論上，季辛吉受到了尼布爾思想的影響。正因為人的能力是有限的，所以，季辛吉提出人在道德上的行為也是有限的，是受到人的能力的限制，並且這些限制是在直覺的影響下作用的。因此，季辛吉對於人性從來就沒有抱持過高的希望。

由於季辛吉對於人性的理解，很大程度來自對人的直覺和人的能力的認識，所以在他的理論中，他是從現實主義的角度對人物在歷史中的作用進行分析。他強調，個人作用下的權力政治具有濃厚的個人和英雄創造國際關係的特點。在季辛吉的博士論文〈重建的世界〉裡，人們會發現他對權力政治，特別是對19世紀梅特涅和俾斯麥所玩弄的權力均勢讚嘆不已。他所寫的著作常常包括三方面內容：歷史、現實主義權力理論和歷史人物分析。

在他的著作中，人們不僅可以清楚地看到他對一個個歷史人物的評判，看出他對權力政治家的欣賞和敬佩；同時，在外交風格上也清楚地顯示出了他強調個人外交和祕密外交的特點。在尼克森執政期間，他很少和美國國會商量，他的穿梭外交雖然給人留下了深刻的印象，但是，也遭到了美國國內的反對。

季辛吉崇尚現實主義權力論，認為必要時，國家應運用權力實現國家目標。但與尼布爾、摩根索和凱南相比，季辛吉更顯「自由主義傾向」。[72]他曾批評艾奇遜的遏制政策，說它在權力置換為政策的過程中，選錯了方向。學術

界一般認為，季辛吉的現實主義思想有三個突出點：重視大國外交、國際因素優於國內因素、政治家對外交倫理困境負有個人責任。這些現實主義的要旨構成了季辛吉的外交思想。

具體來說，季辛吉的現實主義外交思想包含五方面基本內容：

第一，季辛吉外交思想的基礎是他提出的「外交哲學」。1973年9月24日，在他就任國務卿前兩天，季辛吉對其外交哲學做了以下總結：（一）外交的戰略任務是將實力轉為政策，起點和落點都是安全；（二）外交的目標是建立一個合法性占支配地位的世界，確保全面和平的實現；（三）外交的重點是構建和平和秩序的基本結構；（四）外交的核心政策是維持均勢；（五）外交的主要手段是談判。

第二，外交思想不能脫離體系分析。季辛吉指出，過去，國家往往是孤立地開展外交，但戰後國際體系變化了，新的國際格局和科技革命使外交「第一次變得全球化」。[73]同時，國際體系中，「穩定性體系」和「革命性體系」並存，外交既要容納體系的變革，又要維持秩序與穩定。外交成為這兩種體系之間的聯結點，即尋求「普遍接受的合法性」。

第三，國際格局從兩極到多極。季辛吉早在1960年代末就提出，世界正進入「軍事兩極但政治多極」的時代。[74]軍事兩極將仍是使外交陷入僵持的一個主要根源，因為一方的得顯然就是另一方的失。政治多極的好處是可幫助改變這種外交的零和博弈，但是季辛吉也指出，「政治多極也不能必然確保穩定。」應該說，季辛吉是有預見力的，他是最早預測兩極轉向多極的理論家和戰略決策者之一，但他的理論和思想是為實現美國戰略利益和維護美國對世界事務的支配地位服務的。在他預測政治多極出現時，他說，「政治多極使美國（在世界事務中）強加美國藍圖成為不可能」。[75]這一無可奈何的心態正是季辛吉外交思想真實意圖的寫照。

第四，均勢是季辛吉外交思想的核心。季辛吉就任美國國務卿時，美國報刊上曾刊登了一幅圖像，作者巧妙地把季辛吉的腦袋和梅特涅的身子拼湊起來，以喻示兩者之間的思想聯繫，特別是表明1970年代美國國務卿的均勢政策與19世紀初奧地利首相的均勢思想是一脈相承的。

季辛吉認為，傳統的均勢判斷標準是領土，一國只有透過征服別國才能獲得支配地位，因此只要領土擴張被制止，均勢局面就可維繫。如今，情況不一樣了。實力的增長、支配地位的獲得完全可以透過一國內部發展來實現。一國透過掌握核武器擁有的軍事實力比透過征服別國領土所獲得的還要大，也就是

說，均勢的變化如今可在一國領土之內發生，這也是爲什麼迫切需要研究核時代的均勢問題。季辛吉進而認爲，在這樣一個多變的「多極」世界上，美國應該以實力和均勢作爲外交決策的依據，在均勢的基礎上建立和平結構，以均勢來維持國際體系的穩定。穩定總是與均勢聯繫在一起的，沒有均勢就沒有穩定。季辛吉斷定，核時代下的均勢是一種「枝形吊燈」式的均勢。然而，戰後世界動盪不安的事實表明，季辛吉推崇的均勢政策和美國推行的強權政治本質並無二致。美國著名記者喬治‧謝爾曼就曾說過，季辛吉執行的均勢外交政策「是一種強權政治哲學的自然產物」。[76]

第五，透過談判實現「緩和」。季辛吉認爲，緩和是調節緊張關係的手段。在當時的情況下，緩和戰略意在改善與蘇聯的關係。緩和是「全面的」、「互惠的」，包括軍事、政治、經濟、社會、人權等方面。要緩和，蘇聯就得在這些方面讓步。美國發現蘇聯有要求「緩和的傾向」，美國應「加強蘇聯的這種傾向」。見美新社華盛頓1974年7月31日和8月16日電。爲此，季辛吉總結出了若干「緩和原則」：（一）美國決不能把自己的政策純粹建立在蘇聯的善意基礎上；（二）美國必須反對侵略行徑，但不應輕易尋求對抗；（三）在與蘇聯建立新的緩和關係的同時，決不能削弱與西方國家的結盟關係；（四）要使緩和能持久，就必須做到「雙利」；（五）必須保持強有力的國家防禦力量。

第四節　對理想主義與現實主義的評價

一、對理想主義的評價

理想主義與現實主義的論戰，是西方國際關係理論史上的第一次認眞的論戰，持續了差不多半個世紀，影響深遠。對在國際關係理論界仍屬最激烈、最重要的這場論戰給予正確的評價，這對於促進今後國際關係理論研究和發展是必不可少的。

理想主義在國際關係理論領域出現的時間短暫，但是，它留給人們許多思考。

首先，理想主義的失敗是一種特定的理論在外交實踐上的失敗，因爲它失敗了，所以人們對它的批評多，而肯定少。其實，理想主義理論在今天看來有

很多方面還是值得肯定的。

（一）理想主義強調，維護世界和平要靠人民和公眾力量的觀點是正確的。現實主義者中的許多人認為，外交要靠少數的政治家和外交家來決定，民眾是愚昧和無知的，他們往往衝動，其結果是使政府走向戰爭。最典型的例子是摩根索懷念的貴族外交。摩根索認為，第一次世界大戰後，傳統的貴族外交已經失去了它過去的光彩。其主要原因，就是在第一次世界大戰後，威爾遜對外交注入了新的哲學，即外交應當在公眾的輿論監督下進行。在摩根索看來，這樣的外交則意味著是外交的貶值。摩根索認為在這樣的情況之下，今天的「外交喪失了它的活力，它的功能萎縮到了在現代國家體系的歷史上空前的程度」。[77]理想主義代表人物在這個問題上和現實主義觀點完全不同。他們相信，透過對民眾的教育可以提高民眾的素質，以造就正確的國際輿論環境，在國際輿論的壓力下，政府可以避免選擇戰爭的道路。同時，由於人民教育素質的提高，國際主義的出現，各國的利益走向和諧，人類也會避免戰爭。在這裡，理想主義把和平的希望寄託在人民大眾的基礎之上；而現實主義則把和平的希望寄託在少數上層統治者的身上。理想主義認為人民大眾可以教育，人類社會在不斷前進，不斷趨於理性；現實主義則認為，民眾是無知的，不可教育的，人類的命運要靠少數精英來拯救。理想主義對人類歷史發展動力的分析具有唯物主義的思想。它對人類命運是進步和發展的分析建立在對人民大眾的信任之上，由此相信人類的命運將充滿光明，這比現實主義只相信少數人要科學得多。

（二）由於理想主義強調，普通民眾在國際關係中的作用，所以第一次世界大戰後，理想主義者提倡國際問題研究要走到民眾中去，國家的外交決策不能只是少數人的事情，國家與國家之間的關係不能再搞祕密外交。之後，國際問題研究走進大學，學生和教授們對國際問題的研究影響了民眾。理想主義在這方面對國際關係理論的發展功不可沒。

（三）理想主義認為，人是客觀環境造就的產物。這一思想有唯物主義的色彩。他們強調，戰爭的出現是由於人類的愚昧無知；客觀環境造就了人類，如果人類受到良好的教育，在健全的客觀環境中，人類就不會去發動戰爭。理想主義這一觀點帶有唯物主義的色彩，應當說比現實主義在分析戰爭時，認為人有原罪的思想更具有科學性。

（四）理想主義強調，國際關係中道德的重要性是適時的。雖然在研究國際關

係時，要考慮國家利益，要重視國家在實現國家利益時的實力，但是理想主義在其理論中，堅決反對用權力來衡量國際事務，強調要用道德和規範來處理國家之間的關係，這一點至今仍有指導意義。從今天的國際關係實踐來看，單純用武力來解決國家之間爭端往往是失敗的，越南戰爭就是最有力的例證之一。在處理國際關係時完全用道德來解決問題不行，而完全撇開道德也不行。

（五）現實主義認為，各國都有自己的國家利益，國家之間的矛盾不可調和。但是，理想主義認為國家之間的利益是可以調和的。當時最好的例證，就是在第一次世界大戰後各國都不願意看到大戰的悲劇重演。今天，隨著歷史的發展，國家利益在一定條件下，可以調和的情況越來越多。工業生產中的互相合作、商業中的互利互惠、環保中的共同利益、世界維和部隊的出現，這些都說明了隨著世界的進步和發展，人類的共同利益不斷在增多，求同存異的原則越來越為人們所接受。

其次，雖然理想主義的許多思想值得稱讚，但是它在實踐上卻失敗了。其失敗的根本原因，不是因為其理論的「正義性」不強，而是把握國際事務的準確性不強。現實主義批判理想主義最有名的兩句話是：理想主義是「烏托邦主義」；他們只講世界「應當」怎樣，而不研究世界「是」怎樣。現實主義對理想主義批評的第一句話不一定準確，但第二句話是有一定道理的。理想主義對未來世界的設想並不完全是幻想，其許多設想目前已經實現。如聯合國在今天的國際事務中正在發揮著越來越大的作用，而它實質上就是國際聯盟的延伸。建立國際維和部隊的設想，最早也是理想主義者提出的。在第一次世界大戰後，理想主義者大衛斯爵士就一再建議在世界上建立一支維護和平的部隊，他曾經寫了795頁的報告，闡述這支部隊的重要性和必要性，闡述過去維護和平的方法為什麼會失敗以及這支部隊今後應當怎樣發揮作用等問題。他所希望建立的這支維持世界和平的部隊今天不僅已經實現，而且作用不斷加強。再看現實主義對它批判的第二點：即它在研究國際問題時，不問世界當時的情況「是」怎樣。就國家而言，只強調道德，而不重視實力；就世界而言，只重視各國利益和諧的一面，而忽視了利益分歧的一面。對付無政府世界這只猛獸，理想主義所設想的目標正確，但方法簡單，因此在1920至1930年代，面對法西斯的侵略它就顯得無可奈何了。

還應當指出的是，理想主義雖然提倡國際道德和國際法，但是任何一門社會科學都是為一定的階級利益服務的，特別是國際政治這門實用性非常強的社

會科學，就更不能例外。十四點計畫是理想主義最有代表性的思想闡述，就是在這個最顯得正義的理論後面，反映出它是爲一定的國家利益服務的虛僞性。

在第一次世界大戰中，美國不僅把遠征軍派向歐洲，還向歐洲國家提供武器裝備、原料和糧食。在戰爭中，美國的資本家大發橫財。戰後，英法雖然是戰勝國，但是在戰爭中元氣大傷；而戰敗國的損失和賠款使國家的經濟幾乎到了崩潰的邊緣，只有美國的經濟戰後急速膨脹。世界的金融中心從倫敦轉移到了紐約，美國的貿易總額由戰前的3.27%上升到占世界的一半，從原來是債務國變爲擁有132億美元的債權國。因此，威爾遜認爲，在戰爭中，美國支持了世界，在戰後，世界就應當聽美國的指揮。他提出的十四點計畫正是在這樣的歷史背景下爲美國的國家利益服務的。

二、對現實主義的評價

與理想主義相比，現實主義在研究國際問題時，比較注重對客觀國際環境的分析和研究，因此，在一些方面有自己特有的長處：

（一）現實主義在研究國際關係時，把國家利益置於核心地位，認爲區分理想主義和現實主義的主要標誌，不是看口頭上是不是講道德、行動上是不是以實力爲後盾，如果僅僅以這兩個標準作爲區分理想主義和現實主義的標準，就很難區分這兩種理論了。因爲，現實主義在執行政策中並不表現爲反對道德，理想主義在推行政策中也並不是不考慮國家的實力。威爾遜的十四點計畫就是美國在一次大戰後國家實力大增的情況下提出的，因此它也是以美國的國家實力爲後盾的。在理論上區分理想主義和現實主義的根本標準是看在執行外交政策的過程中，是否以國家利益爲決策的核心標準。理解這一點，對於我們今天分析美國的外交政策是很重要的。

（二）現實主義在研究國際問題時，提倡客觀細緻分析在前，理論結論在後。與理想主義相比，現實主義的特點是，所提出的理論不是說教式的，而是對國際事務作赤裸裸的分析；而理想主義的理論特點，則往往表現爲不是細緻的情況分析和推理，而是頤指氣使的理論督導和說教，其結果就是理論缺乏客觀性和實踐性。現實主義者強調，他們對事物的把握客觀而準確，他們比理想主義對國際問題的分析要深刻得多。

（三）現實主義以其理論的現實性爲外交政策提供決策框架，在冷戰時代尤顯

突出。史丹利‧霍夫曼就認為，現實主義不過是冷戰政策的理性化表現。在理論研究和決策性實踐的結合上，現實主義優於理想主義。要是不以現實為依據，任何理想就只能是空想。

　　然而，現實主義理論存在著許多理論缺陷，這種理論缺陷決定了這一理論在很多問題上會受到批判：

（一）現實主義對人性的看法，使人們對人類的命運變得極為悲觀。人性惡是支撐權力政治理論體系的基點。其實，人性的善惡，是在一定社會條件下形成並表現出來的。現實主義理論僅僅從人性惡的一面出發去看待問題，然後再由此推向國家和國家之間的關係，這就使人類的未來變得極為暗淡。現實主義者認為人性惡的本性不可改變，人為了自己的利益總是要追求權力，人與人之間總是在爭權奪利，無信任可言，他們之間的相互利益也很難互補；國家之間關係同樣如此，國家間關係總是鬥爭的關係、衝突的關係。但是，在實際的生活當中，事實並不是如此，在人和人的交往中，不僅有競爭的一面，而且也有友好的一面；在國家之間的關係上，不僅有衝突的一面，而且也有合作的一面。

（二）現實主義者把道德的標準分為不同的層面，是欠妥當的。在現實主義者看來，個人的道德觀念和價值標準必須要嚴格地遵守，但是國家的道德觀念和標準就不一定非要按照個人的道德觀念去要求。他們認為，個人可以為了道德和信仰而不惜犧牲生命，但是政治家為了整個國家的利益，則可以不顧道德，因為政治家不能為了道德而犧牲整個國家。到底是道德重要，還是國家利益重要？這兩者的位置應當怎麼擺？現實主義者在這個問題上，觀點是最不明確的。他們都認識到，道德和國家利益之間存在著矛盾，同時也知道道德在國際政治中的重要性，但是他們在道德問題上的處理是自相矛盾的。愛德華‧卡爾在批判理想主義時提出，最理想的國際關係理論應當是把理想主義和現實主義的成分加以融合，也就是既重視權力的作用，同時也重視道德的作用。然而，他的理論最後給人們的印象是，在國際政治中只有權力才是最重要的。摩根索對卡爾的只強調權力的觀點曾經進行過批評，但是他自己在這個問題上，也沒有闡述清楚。摩根索一方面告誡人們要顧及道德，謹慎行事；另一方面又明確地指出，只有成功的外交政策才是最好的外交政策。其實，說到底現實主義者在道德和國家利益發生矛盾的時候，他們首先選擇的還是國家利益。

（三）幾乎所有的現實主義者都是把和平的希望寄託在領袖人物的身上，而不
　　　是民眾的身上、民主的身上。韋伯曾談到了威瑪共和國領導人的問題，
　　　此外他爲政府和國家所下的定義、他的關於國家關係是爲了權力而鬥爭
　　　的觀點，以及他對德國極端民族主義熱情的分析，無一不在表明一國領
　　　導人素質的重要。摩根索則把國際道德的削弱與民主的發展聯繫起來。
　　　摩根索對當今國際道德的削弱表現了深深的惋惜，他認爲，國際道德削
　　　弱的一個主要的原因，是政治民主化的日益加強。民主化之所以形成對
　　　國際道德的損害，一是因爲，摩根索認爲由清晰可辨的個人管理的政
　　　府——更具體地說，即貴族統治的政府——是形成國際道德體系的前提
　　　條件，但是在民主政治下，不同的道德觀點阻礙了人們的道德問題上的
　　　共同觀點的形成；二是因爲在民主政治下，對政府最根本的要求是對選
　　　民負責，而普通的百姓對國際道德的觀念又非常淡漠，因此在這樣的民
　　　主化的條件下，國際道德便幾乎蕩然無存。可見，摩根索在有關國際道
　　　德的研究上如此悲觀，是他對已成如煙的貴族統治仍有幾分嚮往、幾分
　　　緬懷之情：唯有貴族才會以道德自任，也惟有貴族才會有明確的道德觀
　　　念。但是，歷史證明，在貴族的統治下，所謂的國際道德——即貴族們
　　　對國際問題上的共識——並沒有使戰爭爆發的次數比現在減少。相反，
　　　在貴族外交的情況下，由於祕密外交和外交的透明度不夠，人民對政府
　　　監督的力度明顯削弱，這正是導致有些國家走上窮兵黷武的道路，致使
　　　國家間頻繁爆發戰爭的重要原因之一。

　　理論的意義就在於它對實踐的指導作用，理想主義理論在外交實踐上的失
敗使這一理論不能不最終被現實主義理論所代替。現實主義理論最重要的兩個
特點是既強調國家權力又強調國家利益。客觀地講，現實主義在外交實踐中總
體上強於理想主義。

　　然而，現實主義並非萬能，在外交政策的實施過程中，也有許多弊端。現
實主義者所強調的維護世界和平要以均勢爲主的思想，國際關係史上的許多事
實已經證明並不可靠。在第一次世界大戰後，英國張伯倫政府對德國法西斯的
一再退讓和遷就，在最初是爲了平衡德國和法國之間的力量，結果並沒有避
免第二次世界大戰的爆發。[78]第二次世界大戰後，美國和蘇聯之間形成兩大陣
營，力量基本處於均勢，但是，在美蘇操縱下的世界局部戰爭並沒有減少。因
此，在理論和實踐的結合上，現實主義也存在著種種解決不了的問題。

　　特別值得注意的是，在美國這個世界性超級大國和國際關係理論最發達的

國家中，現實主義理論並沒有對普通的百姓產生很大的思想影響。美國的外交決策者如果要用現實主義去說服和帶領美國人民在國際舞臺上顯示權力、實力和武力，他們的目的經常難以實現。在第一次世界大戰前，要用希歐多爾‧羅斯福的現實主義觀點讓美國人參戰是不可能的，而威爾遜則順利地把美國帶入了第一次世界大戰。在越南戰爭前，如果不是以反對蘇聯和共產主義作爲藉口，美國人是不會同意它的士兵到離美國十萬八千里的地方去打仗的。之所以會出現上面所說的現象，除了和美國這個國家的特點有關外，一個主要的原因是，因爲現實主義的權力政治論和對世界的悲觀看法，難以在民眾心中引起反響。因此，是否可以這樣說，現實主義對理想主義在理論上占上風，而在推行外交政策時理想主義有時對現實主義占上風。

肯尼思‧湯普森提出，爲什麼一些決策人物在判斷國際政治時比其他的決策人物要準確得多？他認爲，首先是他們在分析國際問題時有自己的原則，即有國際關係理論和觀點。其次，還涉及以下幾個方面：

第一，決策者是不是具有豐富的歷史知識和敏感的歷史觀？

第二，能否以人的哲學思想作爲理解國際和國內政治的起點？

第三，人類是如何進步的？

第四，（國際）政治的定義是什麼？[79]

在分析國際問題的準確性上，所有的國際關係理論追其根源都離不開這四個方面的影響。理想主義和現實主義在國際問題上的分歧，也往往表現在這幾個方面。我們今後在對國際關係理論進行分析時，也應該抓住這四個問題。在第一次論戰中，理想主義理論上的失敗和現實主義的勝利，並不能說明它們某一方的觀點是完全正確的。否則，今天就不會出現受理想主義影響的自由主義，也不會有種種新的理論流派接二連三地對現實主義進行批判。

註釋

1　Stanley Hoffmann, *Janus and Minerva–Essays in Theory and Practice of International Politics,* Westview Press, 1987, p. 194.

2　Hans Morgenthau, *Politics Among Nations,* p. 36.

3　Fred Halliday, "The End of the Cold War and IR: Some Analytic and Theoretical Conclusions", in Ken Booth and Steve Smith (eds.), *International Relations Today,* 1995, p. 40.

4 Charles Kegley, Jr, "Neo–idealism: A Practical Matter", *Ethics and International Affairs,* Vol. 2, 1988; 所提及的學者的著作有: R. A. Falk, *The Future of International Legal Order* (1969), *The States of Law in International Society* (1970); M. S. McDougall, *Studies in World Public Order* (1960), *Human Rights, World Public Order* (1961); D. M. Johnstone, *Foundations of Justice in International Law* (1978).

5 Michael Brown, Sean Lynn–Jones and Steven Miller (eds.), *The Perils of Contemporary Realism and International Security,* The MIT Press, 1995, Preface.

6 Ibid., p. ix.

7 Lowes Dickinson, *Causes of International War,* London, 1929, p. 16, 22.

8 Michael Smith, *Realist Thought from Weber to Kissinger,* Louisiana State University Press, 1986, p. 58.

9 Ibid., p. 59.

10 王逸舟：《西方國際政治學：歷史與理論》，上海人民出版社，1998年，第56頁。

11 Hans Morgenthau, *Politics Among Nations,* p. 3.

12 袁明主編：《國際關係史》，北京大學出版社，1994年，第145頁。

13 陳樂民主編：《西方外交思想史》，中國社會科學出版社，1995年，第188頁。

14 同上。

15 季辛吉：《大外交》，中譯本，海南出版社，1997年，第36頁。

16 E.H. Carr, *Twenty Years Crisis,* p. 26.

17 John Krout, *The US Since 1865,* p. 129.

18 季辛吉：《大外交》，第36頁；Francis Gavin, *The Wilsonian Legacy in the 20th Century,* p. 629.

19 Alffed Zimmern, *Neutrality and Collective Security,* p. 8.

20 編者註：衣索比亞的前身。

21 Kenneth Thompson, *Masters of International Thought,* Lousiana State University Press, 1980, p. 38.

22 Ibid..

23 Kenneth Thompson, *Masters of International Thought,* Lousiana State University Press, 1980, p. 36.

24 Michael Smith, *Realist Thought from Weber to Kissinger,* Louisiana State University Press, 1986, p. 2.

25 Ibid., p. 15.

26 Ibid., p. 25.

27 Ibid.

28 Ibid., p. 26.

29 Ibid.

30 Ibid., pp. 46-47.

31 Kenneth Thompson, *Masters of International Thought,* Lousiana State University Press, 1980, p. 69.

32 Stanley Hoffmann, *Janus and Minerva–Essays in Theory and Practice of International Politics,* Westview Press, 1987, p. 5.

33 E. H. Carr, *Twenty Years Crisis,* p. 102.

34 Ibid., p. 16.

35 Ibid., p. 64.

36 Kenneth Thompson, *Political Realism and the Crisis of World Pilitics–An American Approach to Foreign Policy,* Princeton University Press, 1960, p. 25.

37 E. H. Carr, *Twenty Years Crisis,* p. 97.

38 Michael Smith, *Realist Thought from Weber to Kissinger,* Louisiana State University Press, 1986, p. 18.

39 Charles Kegley and Robert Bretall (eds), *Reinhold Niebuhr–His Religion, Social and Political Thought,* Vol. II of the Library of Living Theology, MacMillan Press, 1956, p. 4.

40 Ernest Lefever, *The World Crisis and American Responsibility–Niebuhr's Nine Articles,* pp. 37-38.

41 Michael Smith, *Realist Thought from Weber to Kissinger,* Louisiana State University Press, 1986, p. 107.

42 Charles Kegley and Robert Bretall (eds), *Reinhold Niebuhr–His Religion, Social and Political Thought,* Vol. II of the Library of Living Theology, MacMillan Press, 1956, p.135.

43 倪世雄、金應忠：《當代美國國際關係理論流派文選》，學林出版社，1987年，第26頁。

44 Charles Kegley and Robert Bretall (eds), *Reinhold Niebuhr–His Religion, Social and Political Thought,* Vol. II of the Library of Living Theology, MacMillan Press, 1956, p. 136.

45 Kenneth Thompson: *Political Realism and the Crisis of World Pilitics–An American Approach to Foreign Policy,* Princeton University Press, 1960, p. 24.

46 Ernest Lefever, *The World Crisis and American Responsibility–Niebuhr's Nine Articles,* p. 79.

47 Kenneth Thompson, *Masters of International Thought,* Lousiana State University Press, 1980, p. 98.

48 Ibid., p. 99.

49 Arnald Wolfers, *Discord and Collaboration,* The Johns Hopkins University Press, 1962, p. 4.

50 Ibid., p. 11.

51 Helen Nicholl (eds), *The Geography of Peace,* Harcourt & Brace, 1944, p. 3.

52 Ibid., p. 7.

53 Stanley Hoffmann, *Janus and Minerva–Essays in Theory and Practice of International Politics,* Westview Press, 1987, p. 6.

54 Hans Morgenthau, *Politics Among Nations,* pp. 3-15.

55 Kenneth Thompson, *Masters of International Thought,* Lousiana State University Press, 1980, p. 88.

56 Hans Morgenthau, *Politics Among Nations,* p. 8.

57 Ibid., p.10.

58 Ibid.

59 Ibid., p. 12.

60 Kenneth Thompson, *Masters of International Thought,* Lousiana State University Press, 1980, pp. 529-530.

61 Ibid., pp. 551-556.

62 Michael Smith, *Realist Thought from Weber to Kissinger,* Louisiana State University Press, 1986, p. 165.

63 George Kennan, *American Diplomacy: 1900–1950,* A Mentor Book by The New American Library, 195, p. 89, 104.

64 Ibid., p. 88.

65 Ibid., p. 85.

66 Ibid., p. 166.

67 轉引自王逸舟：《西方國際政治學：歷史與理論》，上海人民出版社，1998年，第37頁。

68 P. Hassuer, "Raymond Aron and the History of the 20th Century", *International Studies Quarterly,* Vol. 29, No. 1, 1985.

69 Kenneth Thompson, *Masters of International Thought,* Lousiana State University Press, 1980, p. 176.

70 Ibid., p. 171.

71 Ibid., p. 113.

72 Michael Smith, *Realist Thought from Weber to Kissinger,* Louisiana State University Press, 1986, p. 205.

73 Henry Kissinger: *American Foreign Policy,* W. W. Nortow and company, 1974, p. 53.

74 Ibid., p. 65, 79.

75 Ibid., p. 56, 58.

76 見美國《明星晚報》，1971年10月17日。

77 漢斯・摩根索：《國家間政治──尋求權力與和平的鬥爭》，徐昕譯，中國人民公安大學出版社，1990年，第658頁。

78 校訂者註：張伯倫對德退讓和遷就是綏靖政策，而非平衡政策。若是平衡，英國應站在弱勢一方，而非站在強勢的德國這一方，且二戰爆發一般被視為理想主義的失敗，而非現實主義的失敗。

79 Kenneth Thompson: *Political Realism and the Crisis of World Politics–An American Approach to Foreign Policy,* Princeton University Press, 1960, p. 6, 13.

第三章 第二次論戰——
科學行爲主義與傳統主義

自50年代以來，國際關係研究經歷了一場論戰，它是在那些主張
「新的科學研究方法」的學者與那些堅持歷史「傳統的」方法的學者
之間所發生的爭辯……這是一場「新的大論戰」，論戰涉及的主要是
研究方法和模式，而不是主題和內容。

　　——克勞斯·諾爾和詹姆斯·羅斯諾：《爭論中的國際政治研究方法》

第二次論戰……涉及的問題比現實主義與理想主義之間的分歧更
帶有根本性。

　　——阿倫·利派特：《國際關係理論：大論戰和小論戰》

第一節　一場激烈但「虛假的戰爭」

從1950年代開始，國際關係理論經歷了「又一場革命」：行爲主義革命。
這場革命觸發主張用新的科學方法研究國際關係的學者，和極力捍衛歷史和傳
統的學者的論戰。論戰的雙方是科學行爲主義學派和傳統主義學派。論戰的重
點是方法論的分歧。關於這次論戰的性質，克勞斯·諾爾和詹姆斯·羅斯諾
指出：「在很大程度上，這場關於傳統和科學的衝突也許只是一場虛假的戰
爭。」[1]

「作爲占支配地位的現實主義學派在50年代中間明顯衰弱，而新的研究方
法正是從別的社會科學和自然科學領域進入國際關係理論研究領域。」[2]代表
新的研究方法的科學行爲主義產生的背景是：一、國際關係格局出現新的變
化，第三世界不斷壯大，原有的兩極體系趨於多極化，相互依賴關係有所加
強，舊時的權力政治學單一模式，已遠遠不足以反映紛繁複雜的新的國際關係
格局；二、科學技術飛速發展，有力地促進了國際關係學方法論的「變革和現
代化」，導致自然科學的若干研究方法對國際關係理論領域的滲透；三、20年

代興起的行為主義思潮（著重研究人的行為，而不是意識，強調行為的規律性、科學性和系統性）被稱為「政治學的新科學」，成為50年代行為主義運動的先兆，在社會科學領域引起一場行為主義方法論的「革命」，這場以「實證方法、技術手段、數量和價值的確定，科學推論和資訊處理」為特徵的行為主義革命，自然也波及到了國際關係理論的研究。

　　著名的政治學家大衛‧伊斯頓認為，「行為主義」是20世紀西方政治學領域出現的「最重大的變革」。他提醒人們說，儘管英文的詞根是相同的，行為學說（behaviorism）和行為主義（behavioralism）則是相異的，兩者不應該混為一談。[3]行為學說是指，關於人類行為的一種心理學理論，創始者是B. 華生和B. F. 斯根納。政治學的行為主義與之不同，其特點是：一、認為人類行為中存在可以認知的統一性；二、這些可以認知的統一性能夠透過實證試驗加以證實；三、主張強化方法論，以獲取和分析資料；四、主張理論的細化和量化，更為證實取向，所推崇的理論包括權力多元化（power pluralism）、博弈理論（game theory）、公共選擇理論（public choice theory）、結構功能理論（structural functional theory）和體系分析（system analysis）；五、主張把價值標準排除在研究過程之外，在研究中注重倫理評估的實證解釋，認為非價值或價值中立的研究是可能的；六、主張建立不同於應用性研究的基本理論或純理論。[4]

　　科學行為主義學派把政治理想主義和政治現實主義稱為：「傳統的」或「古典的」理論，自詡為「科學的」理論，反對現實主義和理想主義的歷史、哲理的規範研究方法，提倡實證的或實驗的研究方法──整體研究（範疇分析和模式分析）、策略研究（博弈分析和決策分析），以及計量研究（統計分析、數學分析和電腦分析）。他們主要從兩個方面對現實主義進行尖銳的批評：一、現實主義過分強調權力的作用，視之為國際關係的核心，忽視了倫理、道德、法律等重要因素；二、現實主義在界定像權力、國家利益、均勢等概念時，缺乏精確性。在批評現實主義的基礎上，他們極力運用新的科學的方法研究國際關係，提出實證理論和行為模式，力求使國際關係研究更加「清晰化」、「精確化」和「科學化」。

　　正當科學行為主義學派在國際關係學領域掀起陣陣理論攻勢時，另一批自稱「捍衛傳統的現實主義理論」的學者則擺出陣容，進行應戰。他們指出，傳統學派的研究方法仍然是有用的、重要的，哲學、歷史學、法學仍然應該是國際關係研究的基礎，現實主義的研究方法細緻、精確且富邏輯性。他們批評，

科學行為主義過分強調實證,而忽視了哲學、歷史、倫理的因素。這一學派因而得到「傳統主義學派」或「非科學學派」之名。[5]

關於這一場爭論,莫頓·卡普蘭有一段重要的概述:在過去10年裡,傳統主義者對科學行為主義的研究方法,進行了嚴肅的批評。大部分的批評以早年卡爾在《二十年危機》中的定論為依據,要點為:政治學的要旨與物理學的要旨不同;科學知識可運用於事實,而理解、智慧和本能只是運用於人類關係的研究;主張科學方法的人往往把方法誤為現實;科學方法要求高度的可測性和精確性,因此難以對付國際政治中的最具變動的成分。[6]卡普蘭說,在瞭解了傳統主義對科學行為主義的批評後,我相信,傳統主義者對這些新科學研究方法宣導者所提出的理論主張和方法技巧,知之甚少。傳統主義者的確是一批有知識智慧的人,但為什麼他們會作出這樣錯誤的判斷呢?這肯定是他們的研究方法出了差錯,傳統主義者只是重複以往的內容,像一台老是在放一張舊唱片的留聲機。

作為科學行為主義代表人物,卡普蘭不免流露出一絲理論偏見,但是他以上精彩的概述,對我們研究第二次論戰是有幫助的。

在考察由科學行為主義學派與傳統主義學派對壘的第二次論戰時,有一個有趣的現象,就是美英研究方法的比較。英國著名學者史蒂夫·史密斯認為,第二次論戰實際上是「美國學者與英國學者之間的對峙」。[7]「浩瀚的大西洋成了劃分國際關係研究的重要分水線」。[8]20世紀初以來,理想主義與現實主義、現實主義與行為主義、行為主義與後行為主義的辯論基本上限於美國學術界,英國學術界幾乎完全孤立於這些辯論之外,而直到卡普蘭和布林關於認識論與方法論之爭出現後,這一情況才有改變。儘管如此,行為主義一時間在美國學術界取得優勢,「行為主義革命造就了新一代美國國際關係學者」;而在英國,行為主義革命還沒等到站穩腳跟就夭折了。[9]這樣,就形成了美國重科學、英國重經典;美國重行為主義、英國重傳統主義的局面。史密斯指出,出現這一局面的原因是:一、美英兩國的政治、經濟、文化背景和經歷不同;二、兩國面臨的國內外政治經濟問題不同;三、兩國培養學者的方式不同,英國較少運用計量方法,仍注重傳統方式;四、兩國學術界的組織結構和運行模式不同;五、政界與學界的聯繫情況不同,美國在這方面比英國密切;六、兩國獲取資訊的環境不同,美國有「資訊自由法案」,英國沒有。[10]

當然,第二次論戰中出現的美英比較這一「兩枝」現象,也不應被絕對化。事實上,在美英的科學行為主義與傳統主義之爭的同時,美國國際關係理

論學者也分成了相應的兩大學派，並產生了各自的代表人物。

第二節　從杜意奇到阿爾克 —— 科學行為主義學派的代表人物

　　行為主義革命造就了新一代美國國際關係學者，其中主要代表人物是卡爾・杜意奇（Karl Deutsch）、莫頓・卡普蘭（Morton Kaplan）、大衛・辛格（David Singer）和海沃德・阿爾克（Hayward Alker）。

一、卡爾・杜意奇（1912-1992）

　　卡爾・杜意奇是美國著名國際政治學教授、科學行為主義學派的主要代表人物。1912年7月21日生於捷克，青年時代在布拉格攻讀法律和政治學，獲博士學位。1948年加入美國國籍，1951年在哈佛大學再次獲博士學位，接著在麻省理工學院、耶魯大學任教。1967年起任哈佛大學政治系教授，曾先後兼任普林斯頓大學、芝加哥大學、史丹佛大學、日內瓦大學、巴黎大學、蘇黎士大學的客座教授。曾任美國藝術科學學院院士、全美政治學學會理事。其主要代表著作有：《民族主義和社會溝通》（1953）、《政治聯合與北大西洋地區》（1957）、《政治的神經》（1963）、《軍備控制與大西洋結盟》（1967）、《國際關係分析》（1968）、《民族主義及其不同選擇》（1969）、《政治學與政府》（1970）、《政治學的數學研究方法》（1973）、《數學政治分析》（1976）和《經濟社會體系和經濟政治學》（1977），此外還撰寫了不少專題論文。《政治的神經》和《國際關係分析》較集中地表述了杜意奇的主要觀點。

　　卡爾・杜意奇的主要理論貢獻，是他從科學行為主義的視角系統地提出了一體化理論（integration theory）、溝通理論（communication theory）和博弈理論（game theory），學術界稱之為「科學行為主義三論」。

　　杜意奇批評，現實主義學派忽視了戰後世界力量結構的變化，過分地強調了均勢的作用。他提出，在複雜紛繁的國際關係中，一體化的安全體系越來越顯示出其重要性。為此，杜意奇於1957年帶領了7位學者，對歷史上10多個多元型和混合型的一體化實例做了周密調查，並發表了題為《政治聯合和北大西

洋地區──從歷史經驗看國際組織》的研究報告；1968年出版的《國際關係分析》，進一步從理論上闡述一體化的性質和內涵，以及一體化與相互依存的關係，在西方學術界產生了一定的影響。

卡爾‧杜意奇認為，一體化的基本特徵是在「一個整體的構成部分中間形成相當程度的相互依存」，[11]是相互依存的單位之間的一種特殊關係。杜意奇用鎖和鑰匙的關係打比方，形象地說明一體化的運作。一把鎖和一把與之相配的鑰匙就可組成一個系統：轉動鑰匙就可打開鎖。通常，作為一個整體，具有任何一個構成部分單獨所不能具有的系統特徵，就好像一個鎖匙系統能用來控制門的開和關，而單一個鎖或鑰匙就做不到一樣。一體化具有四方面要素：區域（domain）、範圍（scope）、幅度（range）和力度（weight）。區域是指一體化所涉及的地域的人口；範圍指一體化關係所涉及的行為的各個方面；幅度指一體化關係賴以維繫的獎勵和懲罰幅度；力度則指一體化內行為者的擁有實力。一體化肩負的目標是在地區或全球層面上的建立一體化、功能性的體系，它們肩負著四方面的任務：維持和平、獲得更大收益、促進社會進步、實現新的自我印象。一體化的主要形式是政治一體化和經濟一體化。

著名學者阿倫‧利派特說，杜意奇的一體化理論實際上是關於一體化的整合理論，它不僅反映杜意奇自己做出重大理論貢獻，而且代表國際關係理論研究至今，所取得的一項最重要的理論成果。[12]

在研究一體化的過程中，杜意奇特別注重運用溝通理論。溝通理論與控制論和資訊理論有密切相關，是關於事物之間資訊傳遞的過程及其規律的科學。隨著戰後全球範圍內相互聯繫、相互依存的趨勢日益明顯，杜意奇把控制論中關於溝通的原理引入對國際一體化的研究，與現實主義的國家利益論對弈。他象徵地把國際關係的溝通比喻作「政治的神經」，他認為現實主義關於「國家是國際社會唯一的行動者」的觀點已經過時，當前國家集團和國際組織所起的作用越來越大，因此在國際關係研究中不能再以國家為中心，而應重視國家之間的相互溝通關係；僅就其使用的方法而言，溝通理論為國際關係的深入研究，開闢了新的途徑。

此外，杜意奇摒棄了現實主義學派關於國際關係理論與其他學科之間，只存在本質上的區別的看法。他認為，隨著各種學科相互滲透現象的發展和一系列邊緣學科的不斷出現，國際關係理論與其他學科的主要區別，已不再是本質上的區別，而是數量上的區別，運用其他學科的某些原理和方法，來研究國際關係是完全必要的和可能的。杜意奇率先運用其他學科的方法和原理，如數

學、統計學、心理學、控制學等來研究國際關係問題。其中影響較大的是，他在《國際關係分析》等書中分析了國際衝突的三種形態：戰爭、博弈和論戰，而其中運用心理學、數學、社會和策略學原理闡述的博弈論，便是突出的一例。在科學行為主義學派裡，杜意奇是最早用淺顯易懂的語言和模型描述博弈論的一位學者，自他以後，「零和博弈」和「非零和博弈」、「小雞博弈規則」和「囚犯困境博弈規則」就不脛而走，廣為接受，成為研究衝突與戰略問題的重要方法和模式。

阿倫‧利派特在評價杜意奇提出的新範式時說，其理論意義在於把國際關係研究從傳統模式的束縛中解脫出來，尤其是衝破以下傳統的桎梏：主權國家是國際舞臺上唯一重要的行為體；國家是單一實體；國家與其他行為體、國際政治與國內政治毫無聯繫；國家的核心特徵是主權，這決定國家之間無本質區別可言。利派特認為，杜意奇的觀點與格老秀斯的思想一脈相承，是格老秀斯範式的繼續，故又稱之為「格老秀斯杜意奇範式」。[13]

這一範式在科學方法論上的特點，又可歸納為五個方面：

（一）追求高度的「精確化」和「實用性」，視之為理論發展的基礎。

（二）任何政治行為都必須經過實證的檢驗。

（三）注重數量分析，不再視國際關係行為體的差異僅僅是品質上的區別。

（四）主張從別的學科吸取有用的概念和方法。

（五）為國際關係中的跨國關係研究「鋪平了道路」，特別是詹姆斯‧羅斯諾在這方面進行的「創造性研究」，正是在「格老秀斯杜意奇範式」影響下進行的。

然而，這一範式在其形成過程中也暴露出了明顯的局限。首先，它否定國際關係無政府狀態的存在，但又未能提出明確的觀點取代之，重複太多，造成許多雷同。再次，雖然在分析過程中注重資料和實證，但仍是主要研究民族國家的行為，與傳統主義一樣忽視非國家行為者的研究。這也是為什麼該模式沒有得到廣泛認可和重視的緣故。

儘管如此，卡爾‧杜意奇仍以他敏銳的觀察、深邃的分析和理論的革新聞名遐邇。他是1950年代出現的科學行為主義革命的「主要帶頭人」和「首席革命家」。[14]

卡爾‧杜意奇1992年因病與世長辭，11月12日，他的親友、同事、朋友和學生為他舉行了簡樸的追悼儀式。杜意奇當年的學生、如今著名國際關係學者海沃德‧阿爾克致悼詞。這篇題為〈卡爾的眼鏡〉的悼文感人至深，催人淚

下。阿爾克說，杜意奇去世使我們所有的人經歷了巨大的失落，阿爾克懷著深情回顧了杜意奇傳奇般的一生，總結了他對國際關係學發展產生的不可磨滅的影響。阿爾克說，如果摩根索的政治現實主義是「人類學習經歷的最偉大的總結」的話，卡爾「對規範的實證理論和重新發現」完全可以被視爲是跨越歐美，同樣偉大的研究成果和「對國際和平做出的永恆貢獻」。阿爾克最後動情地說，卡爾離開了我們，但他卻留給了我們他的眼鏡。他的眼鏡折射出他的學說，他的智慧，他的視野和他的精神，他的眼鏡向人們展示了他觀察、思想、學習、行動的方法。

二、莫頓・卡普蘭（1921-2017）

　　莫頓・卡普蘭是美國著名國際政治學教授，國際系統模式創始人之一。1921年5月9日生於美國費城，1943年在賓夕法尼亞州坦普爾大學獲碩士學位，1951年在哥倫比亞大學獲博士學位，1951年至1956年期間，先後在俄亥俄大學、哈弗福德學院、布魯克林學院任教。1956年起任芝加哥大學教授和國際關係委員會主任，同時還是全美政治學者學會理事、國際政治科學協會和倫敦國際戰略研究所的成員，現爲芝加哥大學榮休教授。卡普蘭是一位勤奮多產、研究領域廣泛的國際關係著作家，從1960年代起，幾乎每年出版兩部著作，同時還發表爲數不少的論文。其主要著作有：《國際政治的系統和過程》（1957）、《國際法的政治基礎》（1961）、《世界政治的革命》（1962）、《國際關係的新研究方法》（1968）、《宏觀政治學：政治學的哲學和科學》（1969）、《國際政治的重大問題》（1970）、《限制戰略武器會談：問題與前景》（1973）、《孤立還是相互依存──明日世界的今日選擇》（1975）、《正義、人性和政治義務》（1976）、《冷戰的興衰》（1976）、《共產主義人物志》（1978）、《實現國際關係理論的專業化──宏觀分析》（1979）和《全球政策》。主要論文有：〈關於國際政治理論〉（1958）、〈國際體系研究的若干問題〉（1966）、〈一場新的大論戰：國際關係學的傳統主義對科學〉（1966）、〈七十年代國際體系中的北大西洋集團〉（1969）、〈策略思想的社會學〉（1971）、〈美國選擇了世界政治〉（1974）、〈是烏托邦還是地獄──什麼是我們的選擇〉（1977）、〈美國兩百年：對外政策的回顧與展望〉（1979）和〈日本的生存戰略〉（1980）等。

　　卡普蘭的理論探索是多方面的：國際法、國際體系、對外政策、社會學、

共產主義運動等，但最有影響的當推「系統理論」（systems theory）。他的代表作《國際政治的系統和過程》曾先後再版3次。作者聲稱，該書「旨在從理論上系統地分析國際政治」。書中，作者把世界比作一個大實驗室，各種國際鬥爭——各種實驗在其中發生、變化，「系統理論」則是研究這一個大實驗室內發生、變化著的國際政治現象的宏觀模式的新方法。這是戰後第一部系統分析各種國際體系的特徵、結構、作用的專著。

卡普蘭認為，國際體系模式是國際政治的「宏觀模式」。他運用大系統的基本原理提出國際體系的六個模式，被稱為「卡普蘭六模式」：

模式（一）、均勢體系（balance of power system）：指的是18世紀至20世紀的均勢格局。特點是：為了增強實力，可以與對手進行談判，反對任何企圖在體系內取得優勢地位的結盟國或霸權國；對在體系內形成威脅的國家行為者進行限制；允許被打敗的國家行為體，重新加入體系。

模式（二）、鬆散的兩極體系（loose bipolar system）：指第二次世界大戰後初期的兩極格局。特點是：運作機制是調解性質的，而不是對抗型的；跨國家行為體參與國際體系的運作；核武器的出現帶來「核恐怖平衡」。

模式（三）、緊張的兩極體系（tight bipolar system）：指50年代到60年代的冷戰格局，是鬆散的兩極體系的繼續和強化，趨勢是「不穩定」，出現高度緊張的態勢。

模式（四）、環球體系（universal system）：指60年代末以後世界格局的多極趨勢，相對穩定是其根本特點。

模式（五）、等級體系（hierarchical system）：指一種民主型或極霸型的體系，特點是穩定性強。

模式（六）、單位否決體系（unit veto system）：基本特點是，聯合國的作用將得到加強；在這種體系內，戰爭可能發生，但是不會使用核武器，戰爭的地域和手段將受到限制；大國外交出現孤立主義的傾向，結盟的作用弱化。[15]

在這六個模式基礎上，卡普蘭又引出若干分支體系：異常鬆散的兩極體系（very loose bipolar System）、緩和體系（detente system）、不穩定的集團體系（unstable bloc system）和不完全的核擴散體系（incomplete nuclear diffusion system）。

此外，卡普蘭還為每個體系模式設計了五方面用於計量測定的內容：基本規則、變換準則、角色變數、實力測量和資訊因素。這些內容為體系理論提供

了最優化的選擇標準和依據。

卡普蘭在探討體系問題時還注意與一體化過程（integrative process）、價值理論（value theory）、策略理論（strategy theory）結合起來進行綜合研究。其中，價值理論是核心。價值理論涉及價值與行為的關係、價值與體系目標的關係。以卡普蘭和杜意奇為代表的科學行為主義學派認為，「價值」可分為八方面的內容：財富、權力、福利、尊重、正直、知識、技能、感情，並表現為安全、自由、完整和民族尊嚴。卡普蘭據此大膽提出：「國家利益包括價值，而非權力。」[16]

卡普蘭和他同輩著名學者杜意奇（溝通理論）、霍爾斯蒂（國際系統模式）、恩斯特·哈斯（新功能主義）、摩根斯坦（博弈論）、莫德爾斯基（長波論）、布魯斯·拉塞特（國際一體化）等，運用科學行為主義所推崇的策略觀念、價值標準和計量方法從結構、成員、職能、行為的環境條件和變化諸方面對體系理論進行了大量的研究和探討，他們的成果已引起西方學術界的重視，被視為是國際關係學領域的「突破性的成果」。

西方學術界對卡普蘭的系統理論褒貶不一，肯定他的人認為其理論有「宣導性和啟發性」，對研究「戰後國際社會的新變化有很大的參考價值」；持批評觀點的則認為卡普蘭提出的模式「粗淺」、「沒有重點」、「建立在假設基礎上」，充其量是「瞭解現實世界的一種工具，還談不上是一種理論」。

三、大衛·辛格（1925-2009）

大衛·辛格是西方國際關係理論著名學者，美國密西根大學政治學教授，早年被譽為「一位年輕的科學行為主義的開拓者」。其主要著作有：《威懾、軍備控制和裁軍》（1962）、《人的行為和國際政治》（1963）、《計量國際政治》（1968），但使他初露頭角的是1961年發表的長篇論文〈國際關係的層次分析問題〉（同時被收入克勞斯·諾爾和西德尼·弗巴合編的《國際體系論文選》和詹姆斯·羅斯諾所編的《國際政治和對外政策》）。

層次分析是1950年代末到60年代初，「在行為主義革命的影響下，進入國際關係研究領域的」，[17]並很快地成為體系理論的一個核心內容，它「直接明晰地深入到了對國際社會中個人、國家和體系不同層面的分析」。[18]其層次可從兩方面來加以界定：從本體論的角度看，體系是指一個結構內相互作用的不同單位的組合，層次即是「不同的分析單位」；從認識論角度看，層次意指解

析一個特定單位的行為的不同變數。[19]

在〈國際關係的層次分析問題〉這篇論文裡，辛格認為，國際關係是一個有機聯繫的整體，參與國際關係的諸行為者和諸種因素的交互作用在不同層次上發揮自己的功能，因此採用層次分析來研究國際關係是無可厚非的。辛格斷言，現實主義的弊病是只講權力政治，把國際政治與對外政策混為一談，而層次分析把國際政治與對外政策加以區分──國際政治是以國際系統作為分析層次，對外政策是以民族國家作為分析層次。他還認為，上述兩個層次有關聯，又有差異，相輔相成，缺一不可，只有運用這一方法才能科學地闡述紛繁多變的國際關係。

著名學者巴里‧布贊認為，辛格的層次分析與肯尼思‧沃爾茲的「行為體三概念」（個人、國家、社會）和「結構三層概念」（原則、功能、實力分配）如出一轍，是兩個學派相互相容的有力例證。故有「沃爾茲辛格研究方法」（Waltz Singer Approach）之稱，其研究重點在體系與結構、單位與層次，研究面涉及個人、集團、國家、區域分體系和國際體系。

鑑於國際關係的傳統研究方法，易使國際系統和對外政策混為一體，辛格能打破傳統，此舉意義不同尋常。西方學術界給予他的層次分析法很高的評價，認為是迄今為止，最有效的國際體系研究方法之一，是「開拓性的成就」、「國際系統研究的催化劑」、「對國際關係研究產生了深遠的影響」。[20]辛格的層次分析法提出後不久，果然出現了研究國際組織和系統模式的新發展趨勢。

此外，辛格還提出一種新的研究方法：影響理論（influence theory）。這是從權力出發，研究「國家之間相互影響、相互作用」的一種理論，實際上是層次分析法的外延和補充。影響理論是辛格在〈國家之間的影響──一種外形模式〉（1963）一文中提出的，作者運用數學公式和圖表列舉了各種影響格局的種類，並強調各種影響格局都是未來取向的，都是雙向的，都可能導致對方行為的修正和變化。[21]

辛格在其著作和文章中大量運用數學公式和圖表，玄妙得很，艱澀難懂。在借用數學、電腦科學、統計學、模型學等手段和方法研究國際關係時，故弄玄虛，越搞越數理化，這恐怕也是科學行為主義的一個共同特點。怪不得有的學者批評說，科學行為主義者正在把國際關係變成「只有少數人才懂得的學術領地」。

四、海沃德·阿爾克（1937-2007）

海沃德·阿爾克是著名國際關係理論學者，美國南加州大學國際關係學院教授。1937年10月3日生於紐約市，1959年畢業於麻省理工學院，獲學士學位，專業為數學，1960年在耶魯大學獲碩士學位。1963年獲政治學博士學位。1963年至1968年留校，晉升為副教授，1968年在密西根大學作訪問教授，1968年起在麻省理工學院任國際關係學教授。1990年代初調到南加州大學，直至去世。阿爾克早年受到羅伯特·達爾的多元主義的影響，後師承卡爾·杜意奇，由於他具有數學專業基礎，又經過國際關係專業薰陶，在科學行為主義學派中顯示出自己的特色，他獨樹一幟地運用數學原理研究國際關係中諸行為的體系、結構和特點。這從他的論著中可見一斑：《數學與政治學》（1965）、《政治與社會指南：世界手冊》（1966）、《聯合國大會與世界政治》（1966）、《國際政治與數學方法》（1973）、《全球相互依存分析》（1974）、《政治的政治分析》（1976）、《囚犯困境解析》（1981）等，他還撰寫了大量的文章，其中最具代表性的是發表在1966年《世界政治》雜誌第23／4號的〈通向國際關係理論的漫長之路〉和被收錄在1976年歐洲出版的《社會科學年鑑（政治學）》的〈研究範式與數學政治學〉。阿爾克曾兼任一些重要的學術刊物的編輯，如《國際組織》和《國際問題研究季刊》。1967年至1968年他曾在史丹佛大學行為科學高級學院從事研究。1992年阿爾克任當年的國際政治學會會長。

阿爾克在1992年3月30日寫的一篇關於歷史學的手稿中說：「雖然我長期對歷史和科學比較分析有興趣，但我並沒有在人文科學、哲學和歷史地理等方面受過良好的教育。」他後來不止一次對人表白，學術上對他影響最大的是三個人：他的老師卡爾·杜意奇，是他接受科學行為主義的指引者；托馬斯·孔恩在其《科學革命的結構》中提出的「範式」（paradigm），對阿爾克產生了極大的影響；恩斯特·哈斯，阿爾克說，正是在哈斯的聯大集體安全體系實證研究的推動下，他才在1968年開始了關於聯大投票模型的實證研究。杜意奇、孔恩和哈斯在不同時期、從不同方面啟發和幫助阿爾克打下了「科學方法論分析的哲學基礎」，[22]在這過程中，阿爾克又形成了「數量研究、框架模式和方法分析」三位一體的研究特點。

阿爾克對科學行為主義方法所做的貢獻，主要表現在他提出的「數學取向的政治學」，即數學政治學（mathematical politics），其基本內容包括：

（一）數學政治學是一種實證性、數學分析的範式組合；（二）數學政治學與模式選擇轉換有關；（三）強調政治分析方法的實踐；（四）認為規範取向的政策科學化有難度，但不是不可能；（五）數學政治學的研究範式可能部分地或全部地根植於政治學以外的領域；（六）數學政治學是國際關係理論中「科學革命」的反映。[23]阿爾克所列舉的有關數學政治學的主要研究範式包括：因果分析、心理邏輯、組織過程、控制論、公共得益論、得益／代價分析、社會溝通、機構功能、博弈論、衝突論、地區一體化、外交決策、事件資料分析和戰略研究等。這些範式涉及了國際關係的眾多研究領域，阿爾克強調，他對範式的研究方法是基於本體論（ontology）、認識論（epistemology）和學科論（disciplinarity）之上的科學方法。羅伯特·基歐漢曾稱，阿爾克對「反映論」（reflectivism）的形成和發展起了重要作用。

阿爾克1992年任國際政治學會會長時曾於當年9月25日發表了一篇會長演講，他動情地說作為一名國際關係的學生，已在「追求真理」的無國號旗幟下開始了一次探險航行，將像500年以前哥倫布發現新大陸一樣去發現學術的「新大陸」。[24]他表示將與同事們一起建立一種模式多元化、研究開放型的國際關係科學體系。

除了以上四位科學行為主義學派代表人物之外，其他有影響的學者還有：詹姆斯·羅斯諾（James Rosenau）、哈樂德·喀茨柯、布魯斯·魯塞特、黛娜·津妮斯、喬治·莫德爾斯基、奧斯卡·摩根斯坦、湯瑪斯·謝林、肯尼恩·鮑丁和安那圖·拉波特等。在此有必要對詹姆斯·羅斯諾做一簡要的介評。

羅斯諾（1924-2011）1948年畢業於巴德學院，1949年在約翰·霍普金斯大學高級國際問題研究學院獲碩士學位，1957年在普林斯頓大學獲博士學位。從1949年至1970年任教於新澤西州羅特斯大學，1976年晉升為教授，1970年至1973年在俄亥俄州大學政治系講授國際政治，1973年調到南加州大學，任跨國問題研究所所長至1992年。1992年羅斯諾離開加州，「東遷」首都，任喬治·華盛頓大學教授，用他的話來說，就是「一個理論家來到了華盛頓」，「從理論世界轉到決策世界」。詹姆斯·羅斯諾1992年10月27日在喬治·華盛頓大學作就職演講，筆者有幸被邀請參加。他還作為訪問教授在哥倫比亞大學、紐約大學、加拿大的麥吉爾大學和卡勒頓大學、印度尼赫魯大學、澳大利亞國立大學、南斯拉夫貝爾格勒大學以及聯合國和平大學講學。羅斯諾從年輕時就一直保持高漲的研究和創作熱情，是一位特別多產的學者，計有專著、編著60多

種，具代表性的著作有：《羅斯福豐富的遺產》（1951）、《國際政治與對外政策》（1961）、《爭論中的國際政治研究方法》（1969，與克勞斯‧諾爾合編）、《國際政治與社會科學》（1973）、《比較對外政策》（1974）、《尋求全球模式》（1976）、《世界政治》（1976，合編）、《科學的對外政策研究》（1971）、《全球相互依存研究》（1980）、《政策適應性研究》（1981）、《世界體系結構：連續性與變革性》（1981，合編）、《世界政治的相互依存和衝突》（1989，合編）、《全球的變革與理論的挑戰》（1989，合編）、《世界政治的動盪：變革性與連續性理論》（1990）、《全球的聲音：國際關係的對話》（1993）和《透澈地思考理論》（1995）等。發表論文數百篇，在200多篇有影響的論文中具代表性的包括：〈先期理論與對外政策理論〉（1966）、〈國家利益〉（1968）、〈國際政治研究的傳統和科學〉（1968）、〈比較對外政策〉（1973）、〈決策方法與理論〉（1978）、〈再評先期理論〉（1984）、〈後國際政治學〉（1988）、〈動盪世界的規範型挑戰〉（1992）、〈新的全球秩序：重點與結果〉（1992）、〈國際理論與政策：走向匯合〉（1993）、〈外交決策的理論與實踐〉（1994，合寫）、〈全球化的動力〉（1996）、〈動盪世界的無序與有序〉（1998）和〈超越後國際主義〉（1998）等。一個鮮為人知的軼事是，羅斯諾在1991年創作了一部二幕劇本Kwangju: An Escalatory Spree，並在洛杉磯的奧得賽劇場公演。作為一個學者，羅斯諾不僅具有高超的理論思維，而且還顯示出非凡的藝術才能。

　　對羅斯諾來說，1966年至1976年的10年是他學術創作的第一個豐收期，當時他提出的「先期理論」（Pre theory）強調，「理論應包括一系列關於行為模式的特有假設」，為國際關係和對外政策的比較研究提供基礎。他認為，傳統的方法缺乏總體理論框架和可供實證檢驗的手段，他的先期理論是一種「社會科學方法」，重點在於對外政策的科學分析，將外交行為的定量分析引入國際關係研究。羅斯諾不喜歡被貼上「科學行為主義」的標籤，但他承認，他的先期理論是「偏向於科學行為主義」的，屬於當時國際關係學術領域的主導潮流。史蒂夫‧史密斯對羅斯諾的先期理論給予很高的評價，稱之為「開拓性研究成果」，認為羅斯諾1966年的論文〈先期理論與對外政策理論〉的發表是「一個重要的事件」，標誌著比較對外政策流派的誕生。查理斯‧凱格利主持的「大學之間比較對外政策專案」（ICFP）、喬納森‧韋爾肯弗爾德等人設計的「國家之間行為分析模式」（IBA）和莫利斯‧伊斯特等人從事的「國家事件比較研究項目」（CREON），正是在羅斯諾的科學行為主義的先期理論

基礎上才開展起來的。[25]後來他轉向新的研究領域，特別是在1980年代末和90年代初，轉爲研究兩枝世界政治，就逐步脫離「主導潮流」，自成一派了。正當人們期待羅斯諾新的學術成果問世時，2011年他卻不幸因病逝世，他的逝世是美國學術界的一大損失。

第三節　從懷特到霍夫曼 —— 傳統主義學派的代表人物

傳統主義學派主要是從政治現實主義流派分化出來的，它既保留了自己理論母體的基本特徵，又從政治理想主義流派中吸取了某些有用的東西。它不像現實主義那樣突出「權力」和「國家利益」，而較爲重視「均勢」和「世界秩序」。該學派的主要代表人物包括：英國的馬丁・懷特（Martin Wight）、美國的英尼斯・克勞德（Inis Claude）、肯尼思・沃爾茲（Kenneth Waltz）和史丹利・霍夫曼（Stanley Hoffmann）。

一、馬丁・懷特（1913-1972）

20世紀中期，在英國國際關係理論領域曾出現過著名的「四人學派」：赫伯特・巴特菲爾德（Herbert Butterfield）、查爾斯・曼寧（Charles Manning）、馬丁・懷特（Martin Wight）和赫德利・布爾（Hedly Bull），史稱「英國國際關係傳統主義學派」。他們之間有著特殊的關係，巴特菲爾德是懷特的老師，而懷特又是布爾的老師，他們承上啓下，共同努力，奠定了傳統主義在英國國際關係研究領域的支配地位。他們中間的懷特被認爲是「英國學術界影響最大的國際關係思想家」。[26]

馬丁・懷特1913年生於英國布林萊頓市，父親是醫生，家境尚可，1935年畢業於牛津大學，專業爲現代歷史。畢業後在皇家國際事務研究所工作至1949年，其間參與了該所《國際事務觀察》的編寫，還在聯合國工作了1年。他33歲時就寫成了《強權政治》，顯示出其學術才華。1949年，他應查爾斯・曼寧的邀請到倫敦經濟學院國際關係系講授國際關係理論，正是在那裡，他運用歷史的哲學的方法提出「三R」分析，即國際關係的「三傳統」理論：現實主義（realism）、理性主義（rationalism）和革新主義（revolutionism）[27]。1961

年，懷特離開倫敦經濟學院回到故鄉布林萊頓，在薩塞克斯大學的歐洲研究學院從事國際關係理論的研究和教學工作，他還爲建立英國國際關係理論委員會傾注了大量的精力。懷特的著作有：《立法委員會的發展：1606-1945》（1946）、《對非洲的態度》（1951，合著）、《英國殖民憲法》（1952）；懷特發表的論文主要有：《歷史與判斷》（1950）、《如何成爲一個好的歷史學家？》（1953）、《戰爭與國際政治》（1953）、《聯合國內部的權力之爭》（1956）、《爲什麼不存在國際理論？》（1960）、《經典著作在新大學裡的地位》（1963）、《西方國際關係的價值標準》（1966）、《國際合法性》（1972）和《均勢與國際秩序》（1973）等。懷特英年早逝，他逝世後，他的學生布爾編輯整理出版了老師的兩部遺著（《國家體系》（1977）和《權力政治》（1978），該書另一編者是卡斯頓·霍爾布拉德。該書在1946年《權力政治》小冊子的基礎上整理出版）。長期以來，這在英國學術界傳爲佳話。

懷特的學術創作可分爲三個階段：（一）戰前，他的研究重點是歷史問題，他是一名和平主義者，他支持成立國聯，但第二次世界大戰使他失望，轉到現實主義一邊，認爲對外政策應是權力世界與道義世界的匯合點；（二）第二次世界大戰後，懷特開始關注第三世界欠發達國家，《立法委員會的發展》、《對非洲的態度》和《英國殖民憲法》便是這階段研究的成果；（三）1949年起，在《權力政治》小冊子的基礎上，懷特用深邃的分析總結了戰後國際政治的基本問題，如權力、國際無政府狀態、國家利益、均勢、緩衝地帶和聯合國等。此時的懷特受到卡爾和摩根索的現實主義理論的影響，認爲現代歷史與中世紀歷史的區別，主要是強調權力大於正義。但懷特比卡爾和摩根索更加悲觀些，他不認爲世界在從權力政治轉向新的國際秩序。

懷特的權力政治是「對國際政治定義和概念的重大貢獻」。[28]他提出，權力政治是指「權力國家之間的關係」，有兩個條件：「存在不接受任何政治支配的獨立單位和它們之間持續的可控的關係。」[29]他認爲，大國地位的得失要靠戰爭的暴力；中等國家的地位則是大國的善意；小國的地位依靠的是中立政策，僅追求有限的利益，在夾縫中求生存。從這個意義上來說，國際政治就是「關於生存的理論」。他強調，在一定程度上，權力以威望爲基礎；反過來，威望也以權力爲後盾，威望也是一種實力的體現。他指出：「均勢是權力政治體系的核心原則。」[30]均勢是多元的，就像是「一座枝形吊燈」，均勢有兩層含義：力量均衡或失衡，歷史學家傾向於衝突雙方力量均衡時才是均勢，而政治家則認爲，一方強於另一方才算是均勢。

　　懷特的另一個理論貢獻是，關於西方國際關係價值標準的論述。在他的論文中，深入地探討了西方價值標準在國際關係中的地位問題。他認為，價值是指一種長期形成的觀念模式，其核心部分是「憲政傳統價值」。國際關係價值主要表現在四個方面：國際社會的規範準則、國際秩序共同標準、反映國家之間相互依存的干涉原則和國際道德觀念。懷特的價值觀爲國際政治學提供了「一個規範基礎」。[31]

　　1950年代，懷特在倫敦經濟學院講授國際關係理論。赫德利‧布爾曾回憶當年他聽課的情景：「是查爾斯‧曼寧教授敦促我去聽馬丁‧懷特上的關於國際理論講座課。這些講座給我、給所有聽課的人都留下了深刻的印象。自那時起，我就感到我一直處於馬丁‧懷特的思想的影響之下。」[32]懷特的理論課程的基本內容是關於「三個傳統的論戰」，即「三R之爭」：（一）現實主義，意指「馬基維利主義」，強調無政府狀態、權力政治、國際衝突，崇尚的是一些推行鐵血政策、不講道德的人（the blood and iron and immorality men）；（二）理性主義，意指「格老秀斯主義」，強調理性原則、國際對話，重視均勢和國際法的作用，認爲國際關係中不僅有衝突，而且還有合作，目標是要造就能「堅持法律和秩序、言行一致的人」（the law and order and keeps your word men）；（三）革新主義，意指「康德主義」，反對現實主義關於國際衝突與合作的看法，注重人的關係，國際社會和「國家大家庭」的作用，希望有一代從事「變革、解放和說教的人」（the subversion and liberation and missionary men）。[33]懷特指出，格老秀斯主義是歐洲傳統思想的「最重要的主流」。他認爲，最理想的情況是「成爲一個格老秀斯主義者，同時又吸取摒棄憤世嫉俗內容的馬基維利主義和不帶狂熱和盲信的康德主義」。[34]

　　懷特在倫敦經濟學院講授國際關係理論的三個傳統流派時，科學行爲主義思潮正在美國湧起。他對此不屑一顧，他對科學行爲主義的那一套是不滿的，他的觀點也不完全與當時美國的現實主義相一致。懷特理論的本質是歐洲政治哲學，不同於科學行爲主義。雖然他不屬於上述三個流派中的任何一個，但他傾向於傳統主義。

二、英尼斯‧克勞德（1922-2013）

　　英尼斯‧克勞德是西方國際關係理論著名學者，生於1922年9月3日，1947年、1949年在哈佛分別獲得碩士、博士學位。1949年至1956年在哈佛大學任助

理教授；1957年至1960年任教於密西根大學，晉升爲副教授；1960年後轉至佛維吉尼亞大學，任終身教授。他還曾經兼任美國國務院顧問（1962-1971），還曾任《國際組織》、《政治學季刊》、《Orbis》和《國際法》等雜誌的編委。其主要著作是《少數民族：一個國際性問題》（1955）、《化劍爲犁──國際組織的問題和進展》（1959）、《權力與國際關係》（1962）、《變化中的聯合國》（1967）、《美國研究世界事務的方法》（1986）和《國家與全球體系》（1988）。

　　1962年克勞德在密西根大學政治系執教時出版的《權力與國際關係》被譽爲傳統現實主義的一部重要代表著作。次年，由於其成功地運用了「傳統和現實相結合的方法」研究國際關係，而獲得全美政治學協會頒發的「一九六三年科學獎」。克勞德在該書中圍繞權力詳細地分析了國際關係中的三個基本概念：均勢、集體安全和世界政府。就權勢集散程度而言，均勢表示權力的分散；集體安全則是權力的部分分散；世界政府代表權力的集中。因此，國際關係中權力的管理，就成了「三概念」的核心。[35]克勞德還認爲，均勢理論是關於「現代國家制度的傳統概念」，是歷史現實的反映；世界政府只是一種理想的目標；集體安全是介於兩者之間。但無論如何，「均勢—集體安全—世界政府」應是國際關係發展的三個重要階段，而「國家主權和國際無政府狀態則爲這三個重要階段提供了分析基礎」。[36]

　　克勞德對均勢的分析被公認有其獨到之處。他強調，均勢是傳統理論中最重要、最有影響的理論。在戰後現實主義和傳統主義學者的努力下，該理論得到了最充分的發展。克勞德認爲：（一）均勢是「一種形勢」，意指處於均衡的格局，國家或國家集團之間的權力關係，基本上是一種對等和均衡狀態；（二）均勢是「一種政策」，意指「建立和維護均衡狀態的政策」，均勢應是一種「謹慎的政策」；（三）均勢是「一種制度」，意指能抑制任何國家占據統治地位的一種穩定的制度；（四）均勢是「一種標誌」，它是可以防止戰爭的標誌，是人們現實願望的一種體現。克勞德從以上四個角度剖析均勢的含義、特點和性質，給人耳目一新之感，有助於人們進一步瞭解西方學者奉爲圭臬的均勢理論的實質及其演變過程。

　　關於第二個概念「集體安全」，克勞德認爲，凡是以現實主義觀點對待權力問題的人都相信均勢；凡是對權力問題抱理想主義態度的人則傾向於相信集體安全。集體安全意指，透過各國的一致行爲爲國際社會提供可靠的安全環境。集體安全體系的特點是：（一）透過建立提供壓倒優勢的力量以對付可能

的侵略者的安全體系；（二）能夠幫助小國和弱國擺脫處於均勢體系中的不利
地位；（三）均勢體系從本質上講是無政府的機制，而集體安全是一種有組織
的機制；（四）均勢體系視衝突爲常見、合作爲少見，集體安全則視衝突爲少
見，合作爲常見。

世界政府是克勞德提出的國際關係第三個重要概念，是三個概念中最新的
概念。均勢始於17世紀國家體系形成後，集體安全始於一次大戰前後，世界政
府則始於二次大戰以後。世界政府概念的產生是基於：（一）認識到世界處於
無政府狀態；（二）避免戰爭成爲國際關係的第一必須；（三）這一目標只有
建立世界政府才能實現；（四）世界政府體系是最終建立世界秩序的必然和可
靠的手段；（五）世界政府是「國際關係中權力管理」的最有發展前途的體
系。

雖然，以上國際關係三概念的分析方法有獨到之處，但內容並無多少新
意。然而，克勞德能對時間上跨度相當大的三個重要概念進行概括和分析，應
該說是做了一件對國際關係理論的發展頗有意義的工作。

1988年問世的《國家與全球體系：政治、法律與組織》是克勞德的又一部
力作。他強調，此書的主題是「關於主權與體系的關係」，[37]書中蒐集其1966
年至1986年的14篇代表性論文，進一步發展了克勞德1962年的《權力與國際關
係》的基本思想。當年，他在書中曾提出「均勢、集體安全、世界政府」三概
念；20年後經過反思，他認爲過去的看法「過於理想化」了。他如今寫道：
「直至有充分證據說明以國家爲中心的全球體系消失之前，我們還須盡力用國
家來維護國家間的秩序，儘管這一任務是困難的。」[38]他提出，全球體系的秩
序應是「有益於國家、限制於國家、受制於國家、實現於國家」。[39]他宣示：
「作爲一位國際政治學專家，我一直相信，我們的首要工作是研究那些構成世
界的重要的政治、法律和行政單位。」[40]他還強調，政治不僅僅是一種追求權
力的鬥爭，而且還是一種關於合法性的角逐。克勞德這些反映傳統理論的關於
國家與世界體系的眞知灼見，已引起了學術界的重視。

三、肯尼思・沃爾茲（1924-2013）

肯尼思・沃爾茲是美國著名國際關係理論家。1924年6月8日生於密西根州
安阿伯，1948年畢業於奧比多林學院，1951年至1952年入伍服兵役。1950年和
1954年在哥倫比亞大學分別獲得政治學碩士和博士學位，1953年至1957年在哥

倫比亞大學任助理教授，1957年至1966年轉至斯沃斯摩爾學院任教，先後晉升
為副教授和正教授，1966年至1971年在布蘭戴斯大學任教並從事研究，1971年
起任加利福尼亞大學柏克萊分校教授。同時兼任美國對外政策委員會委員、全
美政治學學會理事等職，還是頗有影響的理論刊物《世界政治》的編委。1994
年退休，是柏克萊分校政治學系終身榮譽教授，1997年起任哥倫比亞大學兼職
教授。90年代曾在復旦大學和北京大學講授國際關係理論，受到師生的歡迎。
2013年5月13日，沃爾茲不幸病故，享年89歲。其主要著作有：《人、國家與
戰爭》（1959）、《對外政策和民主政治》（1967）、《國際政治的衝突》
（1971）、《國際政治理論》（1979）、《使用武力》（1983）和《核武器的
擴散：一場辯論》（1995）等。沃爾茲還撰寫了許多有影響的論文，如〈政
治哲學與國際關係研究〉（1959）、〈康德、自由主義和戰爭〉（1962）、
〈兩極世界的穩定〉（1964）、〈和平政治學〉（1967）、〈國家相互依存的
神話〉（1970）、〈國際關係理論〉（1975）、〈相互依存的理論與實踐〉
（1979）、〈和平、穩定與均勢〉（1988）、〈現實主義思想與新現實主義理
論〉（1990）、〈新世界秩序〉（1993）、〈國際政治的新結構〉（1993）、
〈國際政治不是對外政策〉（1996）和〈評估理論〉（1997）。但是，集中體
現沃爾茲傳統主義觀點的是《人、國家與戰爭》一書。

　　沃爾茲於1959年出版的《人、國家與戰爭──一種理論分析》是在他的博
士論文〈人、國家與國家系統──關於戰爭根源的理論〉基礎上寫成的，這是
一部關於國際衝突──戰爭的理論性相當強的專著。作者圍繞「戰爭的主要根
源是什麼」這個核心問題，提出了著名的關於戰爭根源的三個概念：人的本性
和行為；國家內部結構問題；國際無政府狀態的存在。沃爾茲進而指出，當今
世界上最迫切的任務，就是「要找出國際衝突──戰爭的根源，然後有的放矢
地加以醫治和防止」。[41]他提出的醫治藥方是：

（一）衝突和戰爭與人的本性密切有關，戰爭源於人的自私、愚蠢和誤導的衝
　　　動。沃爾茲認為，只有改變人的私念、惡性和權欲，才能避免戰爭，所
　　　以「惡是根源，愛是藥方」。[42]

（二）國家的內部結構是瞭解戰爭與和平的關鍵。沃爾茲認為：「國家的弊病
　　　導致了國家之間的戰爭。」他進而指出，為什麼有的國家要打仗？因為
　　　戰爭可以為它們提供增加稅收、維持官僚制度和控制民眾的藉口。他的
　　　結論是：「和平與戰爭分別是好的國家和壞的國家的產物。」[43]因此，
　　　要防止戰爭就必須從改造國家著手，在這方面，他認為馬列主義關於改

造私有制、變革國家制度的思想是可取的。沃爾茲還特地引用了毛澤東和劉少奇的語錄：「只有一個辦法，那就是用戰爭反對戰爭。」（毛澤東）「必須清除壞的國家，好的國家才能生存於和平之中。」（劉少奇）。[44]

（三）人性惡、國家壞，固然會導致戰爭，但還不是問題的全部，即使好的人和國家，有時也會動武。因此，一定還有另一個重要原因：戰爭之所以會發生，是因為沒有可以防止它的東西。至今，世界上尚無一種能防止武力和戰爭的跨國權威組織，這是人類的悲劇。沃爾茲還敏銳地觸及到社會主義國家之間，也會兵戎相見的可能性。他預見到10年以後發生的事情。沃爾茲主張，成立世界政府，而在這一目標實現之前，應盡力維持均勢，因為權勢不均對強國和弱國都是危險的，只有維持均勢，各國的安全才有保障。「無政府狀態是根源，世界政府是藥方」。[45]

　　沃爾茲的上述三個概念各有側重，但緊密相連，這三個概念加在一起，就構成了國際關係的完整圖像。

　　可見，沃爾茲在《人、國家與戰爭》中，基本上還是運用現實主義的觀點，但在分析結論時卻明顯帶有理想主義的色彩。拾起現實主義和理想主義兩派的有用武器，對科學行為主義應戰，這表明了傳統主義的一個顯著特點。當然，由於受到階級立場的局限，儘管沃爾茲崇敬馬列主義，但仍不可能對戰爭的本質和根源（歷史的、階級和社會的）做出客觀的分析，他的基本觀點是歷史唯心主義的。

　　戰後，現實主義學派又經歷了傳統現實主義和新現實主義的發展。當然，傳統現實主義和新現實主義並沒有對現實主義作根本的修正，但是，也沒有因循守舊，而是有所創新的。沃爾茲本人就經歷了從傳統現實主義到新現實主義的轉變。他的早期著作《人、國家與戰爭》是傳統現實主義的最重要的代表作之一，而後期（1970年代末）的《國際政治理論》則是新現實主義的最早的一部代表作。所以，西方學者稱沃爾茲的成就「不同凡響」。這兩部著作至今仍是美國大學裡國際關係專業的最重要的教學參考書。關於沃爾茲在新現實主義時期的學術研究和成果，下一章將做進一步的介評。

四、史丹利・霍夫曼（1928-2015）

　　史丹利・霍夫曼是美國著名國際政治學者，哈佛大學教授。1928年11月27

日生於奧地利首都維也納，1948年畢業於法國巴黎政治研究學院，1952年在哈佛獲得政治學碩士學位，後又取得博士學位，1955年加入美國國籍。從1956年起（除了1966年和1967年在史丹佛大學外）一直在哈佛大學任教，長期任哈佛大學西歐研究中心主任，同時兼任美國對外關係委員會委員、美國政治科學學會理事、美國藝術科學學院院士。霍夫曼治學嚴謹、功底深厚、博學多產，其主要著作有：《當代國際關係理論》（1960）、《戰爭狀態》（1965）、《格利弗麻煩——國際關係與國際體系》（1968）、《國際秩序的條件》（1968）、《衰落，還是復甦》（1974）、《支配地位，還是世界秩序——冷戰以來的美國對外政策》（1978）、《跨越國界的責任》（1981）、《生活在核時代》（與約瑟夫・奈伊等人合著，1983）、《此路不通》（1984）和《兩面神和智慧神：國際政治理論與實踐文論選》（1987）、《羅素論國際關係》（1991，合編）、《冷戰之後：國際制度與歐洲的國家戰略》（1993，合編）、《人道干預的倫理學和政治學》（1996，編著）、《政治思想和政治思想家》（1998，合編）。他還在美國、法國、英國等國報刊上或選集裡發表了大量的國際政治論文和書評，影響較大的有：〈國際組織和國際體系〉（1970）、〈評均勢〉（1973）、〈美國的一門新興的社會科學：國際關係理論〉（1977）、〈不幸的選擇〉（1980）、〈八十年代的西歐與美國的關係〉（1984）、〈雷蒙・阿隆與國際關係理論〉（1985）和〈全球化的衝突〉（2002）。

史丹利・霍夫曼曾是美國現實主義代表人物沃弗斯和法國現實主義大師阿隆的學生，他對阿隆的理論特別推崇，受其很大影響。他曾自稱是阿隆的「忠實信徒」。「理論是通向客觀的必由之路。」霍夫曼經常援引的這句雷蒙・阿隆的警句格言，顯示了作者在理論研究道路上的探索精神和求實態度。

霍夫曼的成名之作是《當代國際關係理論》，這是一部較早系統介紹和評述西方國際關係學的文選，入選內容均為精品佳作，尤其是霍夫曼對西方國際關係學的研究物件、發展、理論和流派所做的精闢總結，使這本書成為傳統主義的代表作，至今仍然有較大的影響。當問及所有他的著作中哪本書寫得最好，他的回答是1978年的《支配地位，還是世界秩序》，因為該書較全面地從傳統的歷史觀分析了世界秩序問題。他還提到1987年的《兩面神和智慧神》，這本書蒐集了霍夫曼自1962年至1987年25年中撰寫的20篇代表性文章，出版前他對這些文章均做了修改，這本文選是霍夫曼25年學術探索的結晶。他運用歷史、政治、哲學的傳統研究方法，對國際問題和國際關係理論的流派及其發展

做了精闢的分析，並在世界秩序、相互依存、國際體系、道義哲學等方面提出了新的見解，用學術大手筆概述了國際關係研究的三組內容：戰爭與和平、衝突與合作、權力與秩序。[46]

　　史丹利・霍夫曼的著作較系統地闡述了傳統主義的基本觀點：

（一）他認為「世界政治中充斥著經常的紛爭和衝突」，由於缺乏制止這種衝突的國際權威機構，訴諸武力的情況時有發生，因此「世界政治的無政府狀態是國際衝突的根本原因」。[47]

（二）國際關係應「面對這一充斥著紛爭和衝突的現實」，尋求克服世界無政府狀態的有效途徑，而迄今為止能找到的最有效途徑是「世界秩序理論」。該理論反對訴諸武力，主張擴大經濟合作，發展多邊關係，目標是建立溫和型國際體系，手段是加強國際組織在維護和平方面的作用。[48]

（三）主張用「歷史」和「現實」的方法分析均勢，認為從過去的五強均勢（英、法、俄、普、奧匈）到今天的五角均勢（美、蘇、中、日、西歐）已發生了很大的變化。過去的均勢法則，局限於歐洲，呈現為簡單均勢；今天的均勢法則是複合均勢，在全球範圍內展開，呈現為相互依存的格局，並帶有核對峙、核威懾的特點。

（四）強調倫理道義在國際政治中的重要性，《超越國界的責任》就是關於倫理問題的專著，他認為倫理道義應以「安全生存」和「相互依存」為原則，以符合「國家利益」為目標，國際關係中的倫理問題與維護人權、世界秩序密切相關，極為重要。

　　霍夫曼上述基本觀點的核心是三個問題：均勢、秩序和倫理。霍夫曼認為，當代的「複合的均勢」，用阿隆的話來說，是一種「戰略外交行為的模式」，呈現為五角枝形吊燈的形態（a pentagonal chandelier），其特點是：1. 由美蘇中日西歐組成五角均勢；2. 均勢不僅在全球範圍展開，而且表現為核競賽和核對峙，亦稱「核恐怖均勢」。而形成多極均勢的條件有：1. 必須同時存在五到六個主要行為者；2. 必須存在一個中心平衡的機制；3. 在主要行動者中，必須有共同的語言和行為的準則可循；4. 必須存在國際等級制。

　　霍夫曼在《支配地位，還是世界秩序》中提出了世界秩序的三個不可分割的定義要素：1. 世界秩序是國家間關係處於和睦狀態的一種理想化的模式；2. 世界秩序是國家間友好共處的重要條件和有規章的程序，它能提供制止暴力、防止動亂的有效手段；3. 世界秩序是指合理解決爭端和衝突、開展國際合

作以求共同發展的一種有序的狀態。霍夫曼強調，世界秩序不同於聯合國體制，它還不是現實，它有一個逐步形成的過程，它需要眾多國際關係角色的長期努力；世界秩序也不同於世界政府，它應是通向世界政府的過渡狀態。霍夫曼認為，尤其重要的是既不要視世界秩序為維持世界現狀，也不要把它與世界革命等同起來，世界秩序是「世界政治深刻的、漸進的，但是有限度的變革過程」。[49]

至於倫理問題，E. H. 卡爾根據霍布斯關於國家的「人格化」概念，曾經引出一段非常精彩的論述：「國家只有在被賦予『人格』的前提下才彼此具有道德上的權利和義務……正是國家的義務和責任構成了國際倫理的主要內容。」[50]可見，國際關係倫理學的核心內容是政治倫理和社會道義的普遍原則（權利、義務、責任、信仰、習慣、準則、規範、價值標準等）在國際關係中的具體運用，在對外關係中尤為強調道德原則應與國內政治所追求的價值標準一致，其目標為自由、平等、正義、友好、合作與和平。霍夫曼的《超越國界的責任》一書正是論述國際關係倫理學的一部重要著作。他強調，國際關係倫理學是手段，不是目的，目的是為了對充斥著邪惡和爭鬥的現實世界進行改造，實現人類的完善和社會的正義。國際關係倫理學是「用道德倫理的手段」克服無政府狀態、反對強權政治的「一種政治藝術」，其基本內容有三：1. 在國與國關係上，對武力實行道義的限制和制止。提倡平等交往、國際禮讓、信守諾言、尊重主權、反對武力，強調「正當的目的，適當的手段和必要的自制」；2. 在對外政策的目標上，突出維護人權的原則；3. 在國際社會裡建立平等公正的世界秩序，以倫理和道義的力量結束世界上的「行為無節制」、「局勢不穩定」的狀態。

在《超越國界的責任》中，霍夫曼有一段十分典型的自述，特錄以備考：「我關注的不僅是『應該如何』，而是『如何才能做到應該如何』。我的朋友和過去的同事邁克爾·沃爾澤在《正義戰爭與非正義戰爭》一書裡說，他的理想主義的思路是以『應該如何』到『現狀如何』，而我的思路恰恰相反，是從『現狀如何』到『應該如何』。我這是在使政治學逐步升級。我希望我們能在中途相遇。我認為，我自己是一個自由主義者……作為一個自由主義者，我主張社會改革。我相信社會必善，但我不是革命者。我的意思並不是說，革命是邪惡的，甚至這種邪惡是不可避免的。革命常常在發生，有時是有益於社會的。然而，我崇尚和追求透過較少受到損害和毀壞的途徑來建立一個更加美好完善的社會。」[51]

　　霍夫曼的理論傾向是鮮明的，他從不人云亦云，盲目附和，即使對摩根索的理論也不全盤接受。例如，他對「國家利益」、「均勢」等概念都做了重要的修正，補充了諸如相互依存等新的內容，這些內容都是新現實主義的重要依據。他對科學行爲主義進行了脣槍舌戰，在指出科學行爲主義確實存在的不足之處的同時，他斷言卡普蘭的「系統理論」是國家關係研究偏離正確方向的「一次失誤」，杜意奇的「溝通理論」是膚淺的量變理論。在吸取理想主義的有益成分和繼承政治現實主義的合理內核的基礎上，霍夫曼進一步闡述了傳統主義的基本思想，不斷開拓新的理論和方法。在西方國際關係理論「現實主義－傳統現實主義對科學行爲主義－新現實主義」的發展過程中，史丹利·霍夫曼起了重要的承上啓下的作用。到晚年，霍夫曼堅毅地與病魔作鬥爭，但仍於2015年9月13日離開了人間。然而，他寶貴的學術財富將永存。

第四節　對科學行爲主義與傳統主義的評價

　　在以上介評的基礎上，可以得出幾點結論：

　　第一，科學行爲主義與傳統主義之間的第二次論戰歷時不長，但影響不小，可用兩個「S」概括：Short和Significant。它在西方國際關係理論史上占有重要地位。據說，這場論戰的「第一槍」是赫德利·布爾打響的，他率先對卡普蘭的體系論提出質疑，形成「布爾－卡普蘭之爭」，從而引發持續10年之久的傳統與科學的論戰。[52]喬治·裡斯卡稱這場論戰的10年（1955-1965）是「英雄的十年」（heroic decade）。[53]諾爾和羅斯諾則稱這場論戰爲「一場新的大論戰」（a new great decade）。[54]

　　英國著名國際關係理論評論家史蒂夫·史密斯認爲，自1920年代以後，西方國際關係理論領域出現過「三次浪潮」：理想主義階段（20-30年代），呈現爲「進步學說」；現實主義傳統（30-40年代），表現爲「保守理論」；行爲主義革命（50-60年代），反映社會科學進步。[55]第二次論戰是推進這「三浪」的巨大衝擊波。

　　第二，傳統主義與科學行爲主義之爭是理想主義與現實主義之間論戰的繼續。但和第一次論戰相比，傳統主義學派與科學行爲主義學派之間，並不像理想主義學派與現實主義學派之間那樣，在立論基點和研究結論方面存在著較大的分歧，兩者之間主要是研究方法和途徑的差異。有的學者因此稱傳統主義學

派與科學行為主義學派的論戰僅僅是「方法之爭」，是一場「虛假的戰爭」。雙方的區別不是「一筐水果與一筐雞蛋的區別」，而只是「一筐蘋果與一筐橘子的區別」。稍作分析可見，這一看法並非沒有道理。

第三，科學行為主義的主要貢獻是，為國際關係理論帶來了「方法論的革命」。科學行為主義學派強調國際關係理論是一種跨學科的研究，主張在研究中不僅運用政治和歷史的傳統方法，而且運用應用性社會科學和自然科學的方法，理念上是科學取向，以「資料、計量、實證、精確」為特徵，不斷開拓研究方法的深度和廣度，使一些新的研究方法（如溝通論、控制論、博弈論、決策論、層次分析、體系分析等）應運而生，「對國際關係理論的研究方法產生了深刻的影響」。[56]它在方法論上的變革推動了西方國際關係學的發展，科學行為主義者的積極宣導和不斷創新，使美國國際關係學在1960年代至1970年代出現了一個研究方法紛繁多樣、百家爭鳴的活躍局面。

然而，科學行為主義理論的缺陷也是顯而易見的，它遠遠沒有達到像現實主義傳統理論那樣的成熟程度。有的學者在借用數學、統計學、電腦科學和模型學等手段和方法時，故弄玄虛，越搞越使國際關係理論數理化，難怪批評者指出，科學行為主義學派要把國際關係理論變成只有少數人才懂得的學術領地。

第四，傳統主義學派與科學行為主義學派之間的分歧主要表現在：首先，科學行為主義注重國際關係的數量變化，把國際關係的一切活動看成是一個個參數和變數的總和，認為國際關係研究正趨於計量化；傳統主義則注重國際關係的品質變化，把國際關係看成是一個歷史進程，堅持傳統的歷史研究方法，反對計量化。其次，在具體方法上，科學行為主義學派強調，資料的蒐集、整理和分析，著重於行為經驗的實證研究；傳統主義學派則強調，歷史事件的起因、經過、結果以及相互內在聯繫的研究，稱之為「事例分析」，著重於歷史與現實的規範研究，認為法律、哲學、歷史、倫理學仍是國際關係理論研究的基礎。傳統主義學派對科學行為主義學派的批評，主要集中在以下三點：1.科學行為主義過於局限實證範圍，未能更好地把握事物本質；2.科學行為主義將理論研究降格為臆造的「模式」，致使所提出的「分析理論」無法最終形成嚴格意義上的理論；3.科學行為主義過分地強調計量化，往往忽視國際關係不同現象之間的本質。

第五，第二次論戰中傳統主義與科學行為主義之爭，在一定程度上反映了一種英美研究方法的比較。史蒂夫·史密斯所作的英美國際關係分析十點比

較，便是一典型的實例：1.英國強調傳統分析，美國強調比較分析；2.英國強調規範方法，美國強調實證方法；3.英國注重歷史分析，美國注重科學分析；4.英國注重國際關係中的獨特性和行爲的個人特點，美國注重國際關係中的普遍性和行爲的一般規律；5.英國認爲「本能」、「直感」和「想像」大於「前提」、「推斷」和「理論」，美國反之；6.英國側重國際關係中的行爲程式，美國並不側重；7.英國重視個人、偉人和精英集團的作用，美國不如英國那樣重視；8.英國不怎麼重視社會科學方法論對國際關係的影響，美國極爲重視；9.英國的政府決策機構與學術研究機構之間的關係不密切，美國的政府決策機構與研究機構和思想庫之間的關係非常密切；10.英國學術界視國際關係和外交政策爲「藝術」，美國學術界視之爲「科學」。[57]近幾年，以上十方面的比較內容已引起人們廣泛的注意。

　　第六，同第一次論戰（現實主義學派取代理想主義學派，並占據支配地位）不同，第二次論戰的任何一方（傳統主義學派或科學行爲主義學派）結果都沒有能夠取代對方，而是獲得了「雙贏」。學術界普遍認爲，不是科學行爲主義贏了傳統主義，也不是傳統主義贏了科學行爲主義。[58]兩派透過各自的努力，均在國際關係理論領域攀登上了一定的學術高地，兩派相互滲透，互爲補充，對西方國際關係理論的發展做出了貢獻。不久以後，在這次論戰的基礎上出現了兩個新的學派——新現實主義和新自由主義。

註釋

1 Klause Knorr and James Rosenau, *Contending Approaches to International Politics,* Princeton University Press, 1969, p. 12.

2 Arend Lijphart, "Karl Deutsch and the New Paradigm in International Relations", *International Security Quarterly,* March 1978.

3 David Easton, "Political Science in the USA–Past and Present", in David Easton and Corinne Schelling (eds.), *Divided Knowledge,* Sage Publications, 1991, p. 41.

4 Ibid., pp. 41-43.

5 Klause Knorr and James Rosenau, *Contending Approaches to International Politics,* Princeton University Press, 1969, p. 14.

6 Morton Kaplan, "Traditionalism and Science in International Relations", in Morton Kaplan (eds.), *New Approaches to International Relations,* 1968.

7　Steve Smith, *International Relations–British and American Perspectives,* Basil Blackwell Ltd.1985, p. 25.

8　Ibid., p. x.

9　Ibid., p. 140.

10 Ibid., pp. xi-xiii.

11 Karl Deutsch, *The Analysis of International Relations,* Prentice Hall, Inc., 1978, p. 198.

12 Arend Lijphart, "Karl Deutsch and the New Paradigm in International Relations", *International Security Quarterly,* March 1978.

13 Ibid.

14 Ibid.

15 Morton Kaplan, *System and Process of International Politics,* John Wiley and Sons, Inc., Publishers, 1957, pp. 21-85.

16 Ibid., p. 149.

17 Barry Bugen, "Level of Analysis", in Ken Booth and Steve Smith (eds.), *International Relations Theory Today,* 1995, p. 199.

18 Ibid., p. 200.

19 W. B. Moul, "The Level of Analysis Revisited", *Canadian Political Science,* 1973, 61(1).

20 Barry Bugen, "Level of Analysis", in Ken Booth and Steve Smith (eds.), *International Relations Theory Today,* 1995, pp. 214-215.

21 David Singer, "Inter nation Influence: A Formal Model", in James Rosenau (eds.), *International Politics and Foreign Policy,* p. 380.

22 Gunter Olzog Verlag Munchen, *Research Paradigm and Mathematical Politics–Social Science Yearbook (Politics) 1976,* p. 44.

23 Ibid., pp. 32-35.

24 Hayhard Alker, "The Humanistic Moment in International Studies", *International Studies Quarterly,* December 1992.

25 Steve Smith, *International Relations—British and American Perspectives,* Basil Blackwell Ltd.1985, pp. 47-48.

26 Gabriele Wight, *International Theory–the Three Traditions,* Leicester University Press, 1991, p. xxiv.

27 Ibid., p. 7.

28 Kenneth Thompson, *Masters of International Thought (1980),* p. 51.

29 Ibid.

30 Ibid., p. 53.

31 Ibid., p. 60.

32 Hedley Bull, "Martin Wight and the Theory of International Relations", in Gabriele Wight, *International Theory–the Three Traditions*, p. ix.

33 Ibid., pp. xi-xii, 7, 13, 15.

34 Ibid., p. xiv.

35 Inis Claude, *Power and International Relations,* Random House, 1962, p. 8.

36 Ibid., p. 8.

37 Inis Claude, *State and Global System: Politics, Law and Organizations,* 1988, p. 2.

38 Ibid., p. 9.

39 Ibid., p. 7.

40 Ibid., p. 13.

41 Kenneth Waltz, Man, the State and War, p. 3.

42 Ibid., p. 26.

43 Ibid., p. 114.

44 Ibid., p. 112.

45 Ibid., p. 238.

46 Stanley Hoffmann, *Janus and Minerva–Essays in the Theory and Practice of International Politics,* Westview Press, 1987, Preface.

47 Stanley Hoffmann, *Gulliver's Troubles–International Relations and International System,* Macgraw Hill Book Company, 1968, Chapter 1.

48 Stanley Hoffmann, *Primacy or World Order–American Foreign Policy Since the Cold war,* McGraw Hall Book Company, 1980, p. 109, 188; "International Organiztion and International System", International Organization, No. 3, 1970.

49 Stanley Hoffmann, *Primacy or World Order–American Foreign Policy Since the Cold War,* McGraw Hall Book Company, 1980, p. 189.

50 E. H. Carr, The Twenty Year's Crisis, *Syracuse University Press,*1981, p. 148, 151.

51 Stanley Hoffmann, *Duties Beyond the Border,* Syracus University Press, 1981, pp. 1-2.

52 Hedley Bull, "International Theory: The case for a classical Approach", *World*

Politics, No. 2, 1966；布爾在1977年出版的《無政府狀態的社會》（*The Anarchical Society*）裡對這場論戰做了進一步的總結。

53 Steve Smith, *International Relations–British and American Perspectives,* Basil Blackwell Ltd.1985, p. 13.

54 Klause Knorr and James Rosenau, *Contending Approaches to International Politics,* Princeton University Press, 1969, p. 12.

55 Ken Booth and Steve Smith (eds.), *International Relations Theory Today,* 1995, p. 14.

56 Klause Knorr and James Rosenau, *Contending Approaches to International Politics,* Princeton University Press, 1969, p. 214.

57 Steve Smith, *International Relations–British and American Perspectives,* Basil Blackwell Ltd. 1985, pp. 45-54.

58 Ibid., p. 17.

第四章 第三次論戰——
新現實主義與新自由主義

現在需要的是尋求一種新的現實主義，它既承認世界處於無政府
主義狀態，又努力透過各方面的合作和集體行動來改變現有的戰略，
以防止大動亂和核戰爭。「為權力而鬥爭」的現實主義已經不夠了，
結合權力鬥爭和世界秩序的新現實主義必定會出現。

　　　　　　　　——史丹利·霍夫曼：《現實主義及其批評者》

國際關係理論領域最近出現的令人欣喜的發展是現實主義的恢
復。70年代初，現實主義學派在支配國際關係理論學科20年之後，開
始敗下陣來。它遭遇到來自各方面的攻擊——行為主義學派、多元主
義學派、全球主義者和激進派。然後，到70年代末，現實主義學派重
整旗鼓，在「新現實主義」的旗號下進行了反擊，並逐步顯示，它正
恢復昔日的支配地位。現實主義的「復興時期」開始了。

　　　　　　——理查·科特爾，引自馬婁特·賴特和A. J. R.格魯姆主編：
　　　　　　　　　　　　　　　　　　　《當代國際關係理論手冊》

以沃爾茲為代表的新現實主義理論觸發了一場新的論戰，這場論
戰從80年代初起一直支配著國際關係理論研究領域。

　　　　　　　　——詹姆斯·多爾蒂和羅伯特·普法茲格拉夫：
　　　　　　　　　　　　　　　　　　　《爭論中的國際關係理論》

第一節　新現實主義的出現

傳統主義學派與科學行為主義學派之間的論戰，到1970年代後期已接近
尾聲。在美國，由於經濟危機的影響、對蘇聯核優勢的喪失、越南戰爭的後
遺症以及阿富汗事件和伊朗人質事件的餘震，卡特政府和雷根政府不得不調整

其對外政策，以「重整國威」。此時，傳統現實主義理論已顯然不適合新形勢的需要，科學行為主義的一些概念過於抽象，多種方法玄而又玄，也解決不了現實政策調整中出現的新問題。不少學者敏銳地看到這一形勢的轉折，認為戰後以來的全球權力結構已經發生了重大變化，權力分散、政治多極和霸權喪落的趨勢日益顯露出來。於是，他們著手對傳統現實主義進行「科學的修正和補救」。此一經過「科學的修正和補救」的現實主義，就稱之為新現實主義。其「新」主要表現在對1970年代以來變化了的形勢，提出新的理論觀點和見解。由於新現實主義還主張傳統主義學派和科學行為主義學派在方法論上的互相滲透、取長補短、融合為一，學術界有時也將新現實主義稱為：後行為主義或後傳統主義或「科學現實主義」。

　　不難看出，新現實主義思潮是國際關係學前次論戰的延伸和演變，反映了西方學者對1970年代以來，變化的形勢的新理論認識和提出的應變對策。

　　正如英國學者理查・利特爾在80年代初指出的：「國際關係理論領域最近出現的令人欣喜的發展是現實主義的恢復。70年代初，現實主義學派在支配國際關係理論學科20年之後，開始敗下陣來。它遭遇到來自行為主義學派、多元主義學派、全球主義者和激進派等各方面的攻擊。然後，到了70年代末，現實主義學派重整旗鼓，在『新現實主義』的旗號下進行了反擊，並逐步顯示，它正恢復昔日的支配地位。現實主義的『復興時期』開始了。」[1]史丹利・霍夫曼在評論漢斯・摩根索的現實主義時，也曾生動地敘述過：「現在需要的是尋求一種新的現實主義，它既承認世界處於無政府主義狀態，又努力透過各方面的合作和集體行動來改變現有的戰略，以防止大動亂和核戰爭。『為權力而鬥爭』的現實主義已經不夠了，結合權力鬥爭和世界秩序的新現實主義必定會出現。」[2]

　　新現實主義學派是前次「論戰」的延伸和演變的產物，它的理論特徵是：在承認國際社會處於無政府狀態以及國際關係仍以國家為中心的現實的同時，強調國際關係的秩序和限制，重視包括東西南北關係的全球系統研究，給國際關係中的經濟因素予以更多的注意。在研究方法上，該學派強調綜合性分析，認為權力政治與體系模式、結構分析與回饋博弈、宏觀與微觀分析應兼收並蓄，互為補充。詹姆斯・多爾蒂和羅伯特・普法茲格拉夫具體提出了以下四個特點：第一，該學派不僅勾勒了國際關係的性質和範疇，而且努力在更堅實的基礎上，建立獨立多樣化的綜合性國際關係理論；第二，該學派主張在基礎理論和應用理論之間，即在國際關係理論和重大國際現實問題之間實現「研究分

工」；第三，該學派認為現實主義的定性分析和科學行為主義的定量分析，對國際關係的發展都是不可缺少的，兩者應該互補，而不應該對立；第四，該學派強調微觀國際關係和宏觀國際關係的綜合分析和交叉研究，使國際關係學成為一門以政治和經濟為兩大槓桿，融合歷史學、政治學、人類學、行政學、社會學、心理學等學科的綜合性理論。[3]

這一新的理論思潮，始於1979年肯尼思・沃爾茲出版的《國際政治理論》。該書提出國際關係的新結構主義理論，為新現實主義的發展開創了先河。沃爾茲的結構分析強調「國家構成結構，結構造就國家」。[4]約瑟夫・奈伊認為，沃爾茲的著作重點並不是在「簡述一個新的理論，而是在使現實主義理論系統化」，沃爾茲「為現實主義提供了一個更有力的理論基礎」。[5]羅伯特・基歐漢披露，「新現實主義」這一稱呼是其批評者之一羅伯特・考克斯第一個提出來的。[6]基歐漢認為：「沃爾茲的過人之處，不在於他提倡了一種新的理論研究或理論思考路線，而在於他努力將政治現實主義體系化，使之成為一種嚴謹的、演繹性的國際政治理論體系。」[7]

這期間先後問世的其他重要著作有：羅伯特・基歐漢和約瑟夫・奈伊的《權力與相互依存──轉變中的世界政治》、羅伯特・吉爾平的《戰爭與世界政治的變化》和《國際關係政治經濟學》、羅伯特・基歐漢的《霸權之後──世界政治經濟中的合作與紛爭》和《新現實主義及其批評者》、理查・范伯格的《動盪不安的地區：第三世界對美國的對外政策的挑戰》以及羅伯特・李伯的《不存在共同的權力──國際關係概論》等。從1980年代開始，新現實主義學派幾乎每年都有幾本重要專著出版。在此階段，國際關係理論又趨於活躍，各種新理論紛紛正式提出，如相互依存論、複合相互依存論、世界體系論、長波新理論、國際機制論、國際政治經濟學、霸權後合作論、宇宙政治經濟學等，這些理論不僅修正了而且發展了傳統的現實主義，主要表現在下面三組關係上：

第一，國際政治與國際經濟關係。這是新現實主義學派以權力為主把國際政治與國際經濟結合起來所做的一種顯著努力。其針對性是：從20世紀初開始，源於15世紀至18世紀重商主義時代，世界政治與世界經濟的密切關係逐漸被人們忽視，經濟關係被人為地孤立於國際關係研究範圍之外。而現實主義學派卻助長了這一分割過程。在摩根索等人的著作裡，經濟關係只是作為極其次要的內容一帶而過，權力鬥爭卻被強調至極端的程度。為了修補摩根索現實主義這一弱點，新現實主義學派的一些著名學者提出了國際政治經濟學理論，強

調只有將政治與經濟關係兩者結合起來，才能較全面地反映國際關係的現實。國際關係理論作為一門綜合性學科，首先應研究國際政治與國際經濟的總和及其相互關係。這方面較有影響的著作，除了基歐漢的《霸權之後──世界政治經濟中的合作與紛爭》和吉爾平的《國際關係政治經濟學》之外，還應提及的有瓊‧斯佩羅的《國際經濟關係的政治學》、鄧尼斯‧皮雷奇斯的《世界經濟政治學──國際關係理論的新內容》和大衛‧鮑德溫的《經濟治國方策》。

第二，國際衝突與國際合作關係。摩根索現實主義強調，世界的無政府狀態和權力衝突，忽視合作（特別是經濟合作），視前者為「高級政治」，後者為「低級政治」。針對這一偏向，新現實主義學派為「低級政治」正名，認為世界雖然處於無政府狀態，但這一情況在改變，現代科技的發展和各國之間相互依賴程度的加強，大大促進了全球範圍內的合作關係。今日之國際關係，不僅存在矛盾和衝突，而且還有溝通和合作，國際關係理論應是一種國際衝突和國際合作研究的結合。正如史丹利‧霍夫曼預見的那樣，強調衝突與合作研究的結合，並以合作理論研究為側重，已成為新現實主義學派又一顯著的特徵。該學派提出的主要的國際合作理論有：查理斯‧金德伯格和羅伯特‧吉爾平的「霸權合作理論」（又稱「霸權穩定理論」）、羅伯特‧基歐漢的「霸權後合作理論」和肯尼斯‧奧伊的「無政府狀態下合作理論」。

第三，國際關係中的東西南北關係。新現實主義學派認為，原先國際關係學中的現實主義理論以研究戰爭、和平、權力、均勢等問題為主，僅僅觸及到國際關係的東西方關係那一部分；而有片面性，國際關係的另一部分，即南北關係，和東西方關係相比就不甚了了，被忽視了。新現實主義學派力圖從國際政治與國際經濟關係結合入手，發展出囊括東西南北關係的理論，以便能全面地反映當前全球的現實，這應該視為國際關係理論研究的一個進步。

同時，關於結構現實主義對傳統現實主義的修正與發展，還可以從六個方面進行分析：一、結構現實主義對傳統現實主義最大的修正是將國際政治視為一個系統，其具有自身內在的結構。其內容由兩方面來界定：國際政治的無政府狀態以及大國之間的權力分配；二、傳統現實主義強調，因果關係的「單向性」，即單向度的從民族國家行為體到國際政治結果；而新現實主義則強調，因果關係的「雙向性」，即國際系統的結構層次與民族國家行為體之間的互動；三、傳統現實主義認為，權力是國家追求的目的；而新現實主義則認為，安全是國家的終極目標，權力只是實現這一目的的手段；四、傳統現實主義的理論假設根植於難以證偽的人性；而新現實主義則轉向國際政治的結構性壓

力；五、傳統現實主義強調，互動單元的作用；而新現實主義則強調，結構對單元行為的影響；六、在研究方法上，傳統現實主義主要遵循的是歸納邏輯；而新現實主義則偏重演繹邏輯。

作為一種理論思潮，新現實主義在80年代發展得很迅速，羅伯特・基歐漢認為它「席捲了國際關係理論領域」。[8]

第二節　新現實主義與現實主義

第三次論戰呈現明顯的階段性：第一階段從1979年至80年代中期，是形成期，主要是現實主義與新現實主義的比較；第二階段從80年代中期到90年代初期，是發展期，主要是新現實主義與新自由主義之爭；第三階段從90年代初至今，是深入期，出現新現實主義、新自由主義與批判理論「三足鼎立」的局面。

新現實主義是對現實主義的修補、深化和發展，有的學者甚至認為新現實主義對現實主義進行了有決定意義的「搶救工作」。從國際關係理論發展的軌跡來看，現實主義和新現實主義代表了過去半個世紀國際關係理論領域的兩個主要理論流派。1980年代初，新現實主義與現實主義的比較研究成為國際關係理論的一個重點和主要內容。

霍夫曼曾經就新現實主義與現實主義的比較提出三點看法：一、現實主義著眼於國家，強調世界處於無政府狀態；新現實主義著眼於體系，認為世界包含著國際政治經濟的相互依存關係；二、現實主義著重研究國家利益和國家權力；新現實主義則著重研究全球國家間的權力分配，主張結構分析；三、現實主義強調國際衝突，淡化國際合作的可能性，忽視國際機構促進合作的使用；新現實主義則主張國際衝突與國際合作的結合，強調國際合作的可能性，重視國際機構促進合作的作用。[9]

關於比較新現實主義與現實主義這兩者，最全面的敘述要算是肯尼思・沃爾茲的論文〈現實主義思想和新現實主義理論〉。沃爾茲曾在文中提及一件往事：1957年，威廉・考克斯主持了一個國際政治理論的討論會，參加者有摩根索、保羅・尼茲和查爾斯・金德伯格，還有當時的青年學者，包括英國的馬丁・懷特、美國的莫頓・卡普蘭和羅伯特・塔克。在討論會論文的基礎上，1959年出版了考克斯主編的《國際關係的理論層面》。沃爾茲說，正是受了這

本書的啟發和影響，他撰寫了〈現實主義思想和新現實主義理論〉一文。

　　沃爾茲的這篇論文追敘了國際關係理論從國際經濟理論（IET）到國際政治理論（IPT）到國際政治經濟理論（IPE）的發展過程，他指出：「現實主義和新現實主義是過去半個世紀以來最具代表性的兩種理論。」[10]沃爾茲在這篇論文裡再次強調了他結構理論的三原理：體系組成排列的原則；不同體系的功能；單位之間實力的分配。很明顯，沃爾茲的結構現實主義在相當的程度上，吸收了金德爾曼為代表的德國慕尼黑新現實主義學派的「群體星座分析」（Constellation Analysis），其內容包括六組關係：體系與決策、認知與現實、利益與權力、規則與法律、結構與相互依存、合作與衝突。[11]沃爾茲新現實主義的核心是，只有變革結構，才能改變國際體系的無政府性質。沃爾茲以自己的「體系結構」對峙摩根索的「權力結構」。他說，摩根索寫《國家間政治》的目的是「提出國際政治理論」，[12]然而沃爾茲認為，摩根索提出的「只是一些理論碎片，並無多大理論」。沃爾茲專門介紹了摩根索生前喜歡引用的一個典故：17世紀法國科學家和哲學家布萊斯·巴斯卡說，如果克麗奧佩脫拉的鼻子短一點的話，世界歷史將完全不是現在這個樣子。

　　克麗奧佩托拉是埃及托勒密王朝末代女皇，凱撒和安東尼奧先後拜倒在她的石榴裙下。巴斯卡的話意指，如果克麗奧佩脫拉的鼻子短一些，她就會失去美麗，像凱撒和安東尼奧這樣偉大的人物就不會為之傾倒，而由她引起的一系列歷史事件就不會發生，世界歷史也許會發生不同的變化。巴斯卡的話隱含著一個道理：歷史進程中往往存在著不少偶然因素，這些不確定因素有可能影響歷史的進程。

　　沃爾茲繼而在論文中從理論角度，提出了五個方面的區別：

一、新現實主義提出了體系結構的新概念，即將國際政治視為一個定義精確的結構體系，「這是新現實主義與傳統現實主義的根本區別」。

二、在國際關係的因果關係上，現實主義強調世界由互動國家組成，「原因」是趨於一個方向，即從互動的國家到由它們的行為和相互關係產生的「結果」。這在摩根索的現實主義「六原則」裡體現得最為明顯。而新現實主義強調，因果關係跟手段與目的的關係一樣，是不同的，「原因」並不只在一個方向上發生，而是在兩個方向上，即國際政治的單位層次和結構層次上，結構影響單位，只有透過區分結構層次和單位層次的因果要素，才能充分地研究和瞭解互動國家。

三、關於對權力的解釋，傳統現實主義認為對權力的追求根植於人性，權力

是國家追求的目的，而新現實主義則強調權力本身不是目的，而是實現國家目標的有用手段；國家追求的最終目標是安全，而不是權力。沃爾茲指出：「這是對現實主義的重要修正。」此外，傳統現實主義還認為，權力首先意指軍事實力，而新現實主義則「將權力的概念視為結構的根本特點」，認為權力應是國家的「綜合實力」。

四、現實主義和新現實主義都認為，不同國家行動方式不同，因而所產生的結果也不同。但是，現實主義強調互動單位的作用，而新現實主義強調結構對互動單位的影響；現實主義強調無政府狀態，但卻否認無政府狀態是一種特徵性的結構，而新現實主義認為，「自助」是在結構層次上無政府狀態的對應物。現實主義者強調了國家的異質性，因為他們相信國家行為和結果的差異直接產生於單位構成的差異，新現實主義者認為這一假設是不可取的，他們則提出一種理論以解釋結構是如何影響行為和結果的。

五、從研究方法來看，傳統現實主義著重歸納綜合方法，而新現實主義則偏重推斷演繹方法。[13]

　　另一部並不十分顯眼，但對新現實主義和現實主義做了頗有見地的比較分析的著作是《動盪不定的地區：第三世界對美國外交政策的挑戰》，作者理查‧范伯格現在是美國加州大學聖地牙哥分校國際關係和太平洋問題研究學院院長。法恩伯格在書中從理論分析和外交實踐的結合上，歸納了新現實主義的六方面的特徵：

一、新現實主義在承認體系作用的同時，認為民族國家仍是世界政治的基本組織單位。

二、新現實主義認為，各國政府對私人企業，特別是跨國公司和銀行的控制越發困難。

三、新現實主義比現實主義更注重國際經濟關係因素。

四、現實主義較多注重歐洲事務，新現實主義更注重第三世界問題。

五、新現實主義反對用全球遏制戰略來追求美國利益，主張透過加強合作和結盟的途徑來實現。

六、新現實主義主張限制對外政策中思想意識的作用，認為對外政策應以理性和實用為準則，對外政策是加強政治經濟聯繫的視窗，而不是反映意識形態的鏡子。[14]

第三節　新現實主義與新自由主義

　　1984年春季號的《國際組織》安排了一個討論新現實主義的專欄，題爲「新現實主義筆會」，發表了代表不同意見的文章：理查‧阿希利的〈新現實主義的貧困〉；羅伯特‧吉爾平的〈政治現實主義的傳統寶庫〉；弗雷德里奇‧格羅托奇韋的〈錯誤也有好的一面〉；布魯斯‧安德魯斯的〈國際目標的國內含義〉。阿希利的文章〈新現實主義的貧困〉對新現實主義進行發難，他說此文是受1978年E. P. 湯姆遜的《理論的貧困》一書的啓發而作的。阿希利指出，新現實主義自稱是站在前兩次論戰（現實主義與理想主義，科學主義與傳統主義）的勝者那一邊，但實際上卻背叛了現實主義傳統，陷入了「理論貧困」，新現實主義並不「名副其實」。他認爲新現實主義主張「國家主義、結構主義、功能主義和實證主義」是犯了「一系列理論錯誤」；他批評新現實主義是「自我封閉式」、「靜態式」、「機械型」和「急功近利型」的理論。羅伯特‧吉爾平的反駁文章則從政治現實主義傳統及其影響，爲新現實主義辯解。吉爾平指出，阿希利的長文是對新現實主義的「偏見和誤解」，是他本人「歷史近視和理論貧困的表現」。吉爾平等人強調說，新現實主義注意國際經濟關係與國際政治關係的結合是形勢的新的需要，只有這樣才能使國際關係理論的研究「扎根於國際關係現實的土壤」。[15]

　　與這場小爭鳴相隔不久，1986年，羅伯特‧基歐漢主編的《新現實主義及其批評》出版。就在1985年9月10日基歐漢寫完前言的最後一稿時，基歐漢的81歲高齡的母親因車禍不幸身亡，基歐漢即以此書作爲永久的紀念。此書收錄了肯尼思‧沃爾茲《國際政治理論》的四個主要章節、對沃爾茲結構現實主義的4篇批評文章（約翰‧魯傑的〈世界政體的連續與變革〉、羅伯特‧基歐漢的〈世界政治理論〉、羅伯特‧考克斯的〈社會力量、國家和世界秩序〉和理查‧阿希利的〈新現實主義的貧困〉）、羅伯特‧吉爾平的辯解文章〈政治現實主義的傳統寶庫〉以及沃爾茲對批評者的答覆。基歐漢認爲，新現實主義的重要作用已是公認的事實，對它有不同看法是不足爲怪的。他的《新現實主義及其批評》涵蓋了三種基本觀點：一、新現實主義爲瞭解當代國際關係提供了有力基礎；二、新現實主義的作用和價值是有限的，但經修正後可以改進；三、新現實主義存在嚴重缺陷，有誤導性，阿希利就代表這一觀點。[16]

　　魯傑認爲，沃爾茲的《國際政治理論》是他繼《人、國家與戰爭》以來，對國際關係理論的最重要的貢獻。但主要不足是未能「動態的說明世

界政治的主要變化」，[17]其體系結構模式常常「發生短路」，[18]「缺乏預測變化的基礎」。[19]此外，沃爾茲曾在《國際政治理論》中提出「四P」問題〔污染（pollution）、貧困（poverty）、人口（population）和擴散（proliferation）〕，但由於新現實主義自身的局限，缺乏全球問題的管理機制，「四P」問題亦成空談。這裡使人想起阿希利批評新現實主義時，提出的另外一組「四P」問題〔過程（process）、實踐（practice）、權力（power）和政治（politics）〕。阿希利指責，新現實主義否認作爲過程的歷史，否認實踐的歷史意義，否認權力的社會基礎和社會局限，否認傳統的政治觀，將國際政治降格爲「一種經濟框架」和「純粹的技術東西」。[20]拉吉在其文章最後說，儘管沃爾茲的新現實主義有著不少缺陷，但「仍是有力的和雄辯的」。[21]

　　基歐漢認爲，沃爾茲不愧是結構現實主義最有影響的代言人，他的結構現實主義「正處於當代國際關係理論的核心地位」，使之更趨「系統化」。[22]然而，沃爾茲理論在解釋「變化方面卻很弱」，基歐漢說，他同意魯傑的觀點，認爲沃爾茲「未能說明世界政治的變化」，忽視了「國家內部因素與國際體系結構的聯繫」。[23]

　　考克斯認爲，國際關係有兩種基本理論：解決問題的理論（problem solving theory）和批判的理論（critical theory），和摩根索一樣，沃爾茲把現實主義變革歸爲前者而不是後者。考克斯是推崇馬克思主義的少數西方學者中的一位，他指出，歷史唯物主義視衝突是結構變化的根源，不是結構重複的結果。沃爾茲正是在這一因果關係上弄顛倒了。考克斯還指出，歷史辯證主義強調生產權力、國家權力和國際關係權力，而新現實主義卻忽視了生產過程的權力。考克斯得出的批評結論是「沃爾茲的理論從根本上來說是非歷史性的」。[24]

　　基歐漢在〈序〉裡寫道，在此書出版之前，沃爾茲沒有機會對批評者的批評作出答覆。因此，此書的目的是給沃爾茲一個回覆的機會，同時讓讀者不僅從批評文章瞭解新現實主義，也從沃爾茲的自我辯護中重新審視他的觀點。基歐漢認爲，沃爾茲的答覆澄清了一些問題，縮小了他與批評者之間的分歧。

　　沃爾茲在答覆中坦誠地介紹了他寫作《國際政治理論》的背景和目的。他說，他的結構現實主義理論在很大程度上、在很多方面受到經濟學、人類學、微觀經濟學和市場理論的影響，受到埃米爾·德克赫姆的啓發。他寫該書的目的是：一、提出比早期現實主義更嚴謹的國際政治理論；二、提出單位層次和體系層次的結構分析；三、提出「自內向外」的思路模式（inside out pattern of thinking）；四、顯示隨著體系結構的改變，國家行為是如何隨之改變的；五、提出一些檢驗理論的方法。[25]沃爾茲還指出，批評者說新現實主義「沒有新東西」，但關鍵是如何看待舊的東西。沃爾茲說，阿希利指責他是從傳統現實主義的「倒退」，而他「發現阿希利很難對付」，「讀他的文章就像進入迷宮」。[26]

　　從以上的敘述可以看出，沃爾茲結構現實主義理論的提出、對沃爾茲結構現實主義的批評，以及沃爾茲對這些批評的回覆，構成了1970年代末至整個80年代西方國際關係理論的主要內容和基調。基歐漢的《新現實主義及其批評》則成了第三次論戰發展期的一個重要標誌，它對新現實主義和對新現實主義的批評觀點作出了最初的總結。雖然，當時批評一方叫什麼學派尚未點明，但雙方爭論的焦點已經顯露：第一，新現實主義主張「以國家為中心」的觀點，即認為，雖然國際社會存在不同的國際關係角色，但國家仍是最中心的角色；新自由主義則主張「以全球相互依存為中心」的觀點，認為國家不再是占中心地位的國際社會角色，世界政治經濟多極趨勢導致眾多的角色活躍在國際舞臺上。第二，國際系統應主要包含結構和過程兩部分，新現實主義所強調的是系統「結構層次」的分析，而新自由主義則注重系統「過程層次」的分析。第三，新現實主義認為，國家仍視權力為目的或手段，僅是形式和重點有所改變，國家的一切行動仍是為了追求政治和經濟權力，國家應根據自身的利益以合理的方式參與國際政治、經濟和軍事活動；新自由主義則認為，權力不再是國家行為的唯一目標，武力不再是國家對外政策的有效手段，指出全球相互依存、經濟技術合作正逐漸占據國際關係的主導地位。

　　最早以新現實主義和新自由主義的理論對峙來概述第三次論戰的是約瑟夫·奈伊在《世界政治》上發表的文章：〈新現實主義和新自由主義〉。奈伊的這篇文章是關於羅伯特·基歐漢的《新現實主義及其批評》和理查德·羅斯克蘭斯的《貿易國的興起》的書評。前者剛作過介紹，後者闡述了傳統自由主義的演變：重商自由主義（強調自由貿易的重要性）—民主自由主義（強調共和政治的重要性）—調節性自由主義（強調國家之間關係之規則和機構的重要性）—社會自由主義（強調跨國利益和聯繫在國際社會中的重要性）。羅斯克蘭斯在這基礎上提出新的自由主義概念，認為它不同於新現實主義，它所強調的是國際關係中的非權力因素、溝通與合作的能力變化，以及全球系統相互依賴過程（而不是結構）的分析。奈伊在這篇頗有影響的書評裡提出，新現實主義和新自由主義在理論觀點和方法上的區別，首先表現在國際關係的角色問題

上。新現實主義強調國家爲中心，國家是最重要的國際關係的角色；而新自由主義在承認國家角色的重要性的同時，更重視其他角色（跨國公司、國際組織等）在國際關係中的作用。其次，在軍事安全問題上，新現實主義認爲，對國家來說，權力、安全和生存是第一位的，因此，軍事實力是國際關係中最重要的因素；而新自由主義則認爲，由於國際關係趨於緩和，軍事威脅可能降至次要地位，軍事實力的作用相對減弱，國際合作領域明顯擴大。再次，雙方都重視經濟因素，但新現實主義強調，國家必須依靠自身的實力，以維持在國際體系中的地位，爲此目的甚至可以付出較高的經濟代價；新自由主義則視經濟利益與國家安全爲同樣重要，不能忽視，更不能隨意放棄或犧牲，並對新現實主義的「自助」主張提出質疑。最後，在研究方法或層次方面，兩者也不一致。新現實主義是一種體系結構（structure）層次上的分析方法，重點在體系角色之間的權力分配上；而新自由主義是一種體系過程（process）層次上的分析方法，強調研究體系角色相互作用的權力模式。[27]

　　奈伊於1988年撰寫的這篇文章再次顯示，「當代國際關係理論最有影響的兩大學派是新現實主義和新自由主義，它們之間的論戰在過去的10年裡支配著大部分的國際關係理論研究領域」。[28]1989年基歐漢也指出：「在過去的幾年內，新現實主義與新自由主義之間的論戰是廣泛的（extensive）和激烈的（intensive）。」[29]雙方的理論觀點和研究方法被視爲「國際體系兩模式」，清單如下：[30]

國際體系兩模式

	（新）現實主義	新自由主義
主要問題	戰爭根源、和平條件	社會、經濟、環境等問題
當前國際體系概念結構	無政府狀態	全球社會、複合相互依存
主要角色	單位（民族國家等）	國家以及非國家角色（國際組織、非政府國際組織、個人）
主要動機	國家利益、安全的權力	人類的需求
體制變革的可能性	低	高
理論、觀點、證實的來源和手段	政治學、歷史學、經濟學	廣義社會科學、自然科學、技術科學

　　1993年，哥倫比亞大學教授大衛・鮑德溫主編的《新現實主義和新自由主義——當前的論戰》一書出版。撰稿者均是活躍在第三次論戰中各流派的代表人物，包括羅伯特・基歐漢、羅伯特・阿克塞洛德、亞瑟・斯坦恩、查理斯・利普森、鄧肯・斯奈特、羅伯特・鮑威爾、約瑟夫・葛裡格、海倫・米爾納、史蒂芬・克拉斯納和麥克爾・馬斯頓多諾等。這本書是迄今爲止關於國際關係理論第三次論戰最有系統、最全面的總結。鮑德溫在該書第一章裡就言明：「在一定意義上，這本書是《新現實主義及其批評》一書的續篇。」**31**

　　大衛・鮑德溫在書中還提及一個頗有意思的「名稱」問題。他說，其實從淵源來看，現實主義與自由主義並不是對立的，自由主義的對立面是保守主義。起先，自由主義只是在討論國內政治時才常被引用，後來逐步用以專指國際關係中的經濟因素分析。如今，新現實主義和新自由主義已廣爲使用，儘管許多學者感到不滿意，但也無奈，只是希望隨著論戰的發展，我們能提出更滿意的學派名稱。

　　鮑德溫在書中擷取六個要點，對新現實主義和新自由主義進行比較分析：

一、關於無政府狀態的性質和結果。鮑德溫認爲新現實主義與新自由主義在某種程度上都承認國際社會處於無政府狀態，但這兩大流派對於無政府狀態的性質、作用和結果有著不同的看法。海倫・米爾納認爲，在表面混亂的無政府狀態中「發現世界政治的有序特徵」，也許是「新現實主義的主要成績」，然而新現實主義卻過分強調「無政府狀態」，而忽視「相互依存」。相比之下，新自由主義並沒有把無政府狀態的程度和結果看得太嚴重。此外，新現實主義比新自由主義更強調，國際體系的無政府狀態對國家行爲有著很大的制約作用。

二、關於國際合作。如前文所講，新現實主義與新自由主義都承認國際合作的可能性，但是在其可行性和可靠性上，雙方存在分歧。約瑟夫・葛裡格指出，新現實主義對國際合作的態度是消極的，新自由主義是積極的，前者認爲國際合作很難成功，即使成功了，也很難維持，因爲合作大都依賴於國家權力。鄧肯・斯奈德說，當兩個國家關心的只是相對利益時，他們之間的關係就是零和博弈型的，或囚犯博弈型的，沒有合作的餘地。而國際合作是新自由主義一個重要的內容，新自由主義者都支持國際合作，認爲在無政府的國際體系中，合作是正常的，也是經常發生和存在的現象。新自由主義認爲現實主義低估了國際合作的可能性，以及國際制度的能力。同傳統自由主義一樣，新自由主義堅信制度能使人與人在一起工作，也能

使國與國成功地合作。基歐漢的國際合作理論基於這樣一個假設：國家是原子行為體（atomistic actors），是理性的自我主義者。理性意指國家行為合乎規則、一致且有秩序，並能權衡將要選擇行為的得與失，以最大化其實際效用。而對於新現實主義來說，國家不是原子行為體，而是地位行為體（positional actors），其特點是，一國關注的是在合作中如何比別國獲取得多。基歐漢和葛裡格認為，歐盟一體化的成功與否是檢驗國際合作的一個重要試金石，理論應有實踐去證明它的正確性。

三、相對收益（relative gains）與絕對收益（absolute gains）。也叫相對利益和絕對利益。當國家之間進行合作以獲取某些得益時，它們關注的是得益如何分配。在這個問題上，新現實主義強調國家在國際關係中獲取相對利益，也就是說計算自己所得是否多於別人所獲，而新自由主義者則認為國家的目的是獲取絕對利益，只考慮在合作中自己是否有所得益，不顧及自己的收益比別人多還是少。葛裡格指出，新自由制度主義者最大限度地追求實際或潛在的絕對收益，而忽視了相對收益的重要性。利普森認為，相對收益在安全問題上比在經濟問題上，顯得更為突出。

正如沃爾茲所說，在合作中感到不安全的國家總關心收益如何分配，他們並不注重參與者兩方是否都得益，而只關心誰多得益。如果收益分配不均，得益的國家總想要削弱對方，以改變自己在利益分配中處於不利的地位，即使利益分配的雙方有獲得絕對收益這種願望，但都害怕對方的實力增強對自己有威脅，所以合作起來也就不能成功。斯奈德認為，相對收益的追求導致「囚徒困境」，但他卻認為新現實主義者所強調的相對收益只適用於兩極關係，也就是合作的參與者只有兩個謀求相對收益的國家，對相對收益的追求使兩個行為者的國際態勢變成要麼是零和遊戲，要麼是更為激烈的衝突，合作是不可能的。如果參與者是兩個以上，行為體數量少量的增加，會減少相對收益的作用對合作的阻礙。另外，斯奈德認為，相對收益與絕對收益的界線不像人們常說得那樣分明，二者之間有時是相互交融的。葛裡格強調，現實的和潛在的絕對收益掩蓋了相對收益的作用，他認為不論在什麼情況下，國家最基本目的是防止其他國家在實力上超越自己。羅伯特‧鮑威爾爭辯道，當軍事效用很高時，相對收益阻礙合作的發展；當軍事效用不高時，相對收益不會對合作造成不利因素。亞瑟‧斯坦恩認為，國家的個人利益就是最大化自己的絕對收益，在謀求絕對收益的同時產生了共同利益。如果國家只追逐相對利益，就無法形成公共利

益。基歐漢贊成國家的目的是獲取絕對利益，但他提出，不能在強調絕對收益時否認相對收益的作用，同時，在強調相對收益時也不能否認絕對益的作用。基歐漢還聲稱，將二者清楚地區分開是十分困難的，因為謀求相對收益的國家與謀求絕對收益的國家的行為特別相似，透過他們的行為很難說明誰在獲取相對收益，誰在獲取絕對收益。

四、關於國家的優先目標。如前文所述，新現實主義者與新自由主義者都認為國家安全與經濟福利是國家的主要目的，但二者的側重點不同，新現實主義強調安全目標，而新自由主義則強調經濟福利。鮑威爾試圖在這二者之間架構一座橋梁，他指出，國家憑藉軍事力量謀求使自己的經濟福利最大化，沒有軍事力量為保證，一國很難取得經濟利益，經濟福利是軍事力量的後盾，而軍事又是經濟利益的保證。葛裡格支持新現實主義的觀點，強調國際無政府狀態要求國家更加關注權力、安全和生存問題，國家應竭盡全力維護權力和自身的安全，並應能適應任何競爭和衝突，這是因為國際社會是無政府的，而無政府是塑造國家動機和行為的主要力量。吉爾平雖主張經濟力量在國際關係中占有很重要地位，但他認為，國家最首要的目的還是爭權力、求安全。追求經濟利益也就是追求權力，有了很強的實力，就能保障國家的安全。支持新自由主義觀點的利普森聲稱，在經濟問題領域裡要比在軍事安全領域裡，更易形成國際合作的局面。他認為，新現實主義主要研究安全問題，而新自由主義則注重政治經濟的研究，所以造成雙方對世界的不同看法，由此推導出不同的結果。新現實主義和新自由主義的國家目標都來源於假設，兩者都不能說明利益的標準。新現實主義是權力利益和安全為主體的思想體系，新自由主義則是以國際合作、相互依存為主體的思想體系，所以它們對國家利益關注亦不同，最終形成了不同的國家目標。

五、關於意圖和實力。鮑德溫指出，新現實主義與新自由主義在意圖和實力的重要性問題上的分歧，已成了當代論戰的一個焦點。新現實主義更為注重國家的實力而不是意圖，認為「實力是國家安全和獨立的基礎」；更為注重國際體系中力量的分配，也就是沃爾茲所說的國家行為體實力的大小，決定它們在國際體系中的排列。而新自由主義則強調國家的意圖，也就是說國家參與國際社會的打算，比如說在合作中是獲取相對的還是絕對的收益等。葛裡格指出，由於一國將來的意圖以及對其他國家利益的不確定性，導致國家領導更注重國家的實際能力，一個國家為自己設定了一定

的目標，但由於自身實力和國際環境的變化，這一目標是未知的，不確定的，同時由於十分不明確的別國利益，所以設計不確定的意圖是無意義的。只有注重國家的實力，才是確切而有目的行為，因為國家實力才是安全與獨立的根本。克萊斯納批判，新自由主義過分強調意圖、利益以及資訊等，而忽視國際社會力量的分布從而輕視國家實力對一國行為的作用。基歐漢辯解道，一些國家對別國追求利益行為的「敏感性」，從根本上來說，是因為受了那些國家意圖的影響和驅動。由於受不同的價值偏好和利益趨向等影響，一國更為擔心的是敵對國，而不是盟國的相對收益。斯坦恩以成員國的偏好趨向解釋國際機制，他認為只有當實力影響國家的偏好和意圖時，它才能算是實力，才能真正起作用。沃爾茲與吉爾平都認為，權力或者實力是現實主義理論最基本概念，儘管對權力的解釋不盡相同，但國家實力在國際體系中起著主導作用。

六、關於制度與機制。機制意指國際關係中的「原則、準則、規則」，制度則是其「載體」。新現實主義與新自由主義者都承認，國際制度與機制在國際關係中的作用，但新現實主義者堅持國際無政府狀態是國際社會的主要特徵，在缺少超國家的權威機構的協調或者強制的手段維持國際秩序情況下，國際制度及機制無法有效地起作用。對於新自由主義者來說，因為國家是理性的，國際機制是解決國際無政府狀態這一問題的有效手段，在無政府的混亂秩序中，國際規則及制度等能實現國家間合作這一目標。新現實主義者批判，新自由主義誇大了國際制度和機制的作用，從而忽視了無政府狀態對國家間合作的限制。如基歐漢指出的那樣，當代論戰的大部分內容集中在國際制度、規則以及機制等是否在國際政治中起著十分重要的作用這一焦點問題上。[32]

當鮑德溫的這本書把關於新現實主義和新自由主義的爭論引向深入時，大西洋彼岸的英國學者也將目光轉到這一論戰上來。肯尼士·布思和史蒂夫·史密斯於1995年出版了《當今的國際關係理論》，他們對這場論戰中雙方的觀點也作了類似的概括：一、新現實主義和新自由主義在無政府狀態問題上存在分歧，新現實主義比新自由主義更強調對國家安全的關切是國家行為的動機；二、新現實主義認為合作難以實現；三、新現實主義強調相對利益，新自由主義則強調絕對利益；四、新現實主義注重國家安全，而新自由主義注重政治經濟；五、新現實主義強調實力，新自由主義則強調意圖；六、新自由主義認為，透過不斷完善制度和機制，人類能克服國際無政府狀態，新現實主義則對

此表示懷疑。[33]

第四節　新現實主義和新自由主義的代表人物

　　西方國際關係理論的第三次論戰爲學派的發展提供了必要的土壤，這一時期研究活躍，學派混雜，要認定代表人物是件頗爲困難的事情。一般認爲，新現實主義的主要代表人物是肯尼思·沃爾茲（Kenneth Waltz）、羅伯特·吉爾平（Robert Gilpin）、大衛·鮑德溫（David Baldwin）和羅伯特·李伯（Robert Lieber）；其他代表人物還有史蒂芬·克拉斯納（Stephen Krasner）、羅伯特·塔克（Robert Tucker）、喬治·莫德爾斯基（George Modeski）和查爾斯·金德伯格（Charles Kindleberger）以及約翰·米爾斯海默（John Mearsheimer）等；新自由主義的主要代表人物是約瑟夫·奈伊（Joseph Nye）、羅伯特·基歐漢（Robert Keohane）和理查德·羅斯克蘭斯（Richard Rosecrance）；其他代表人物還有羅伯特·傑維斯（Robert Jervis）、肯尼斯·奧伊（Kenneth Oye）、查爾斯·利普森（Charles Lipson）和羅伯特·阿克塞爾羅（Robert Axelrod）等。

一、肯尼思·沃爾茲（1924-2013）

　　著名學者保羅·施羅德指出，現實主義思潮在國際關係理論領域仍占支配地位，而沃爾茲爲代表的新現實主義，則被視爲是在摩根索的政治現實主義基礎上取得的最新的重大發展。[34]

　　沃爾茲以新的理論貢獻確定了其在西方國際關係學中作爲新現實主義開拓者的地位。關於他的簡歷，在第三章已作了介紹，這裡不再贅述。沃爾茲於1959年出版的《人、國家與戰爭》雖說還未能突破傳統現實主義理論，但他的分析方法和切入點給國際關係理論研究提供了新的視角。他從三個概念，即人、國家和國際社會三個層次分析人類社會戰爭的緣由。沃爾茲認爲，無論是傳統現實主義者還是自由主義者都從第一、第二概念分析國際關係，忽視了國際體系的作用，他強調只有從第三概念著手分析，才能確切而全面地把握國際政治的眞諦。他否認開放的世界秩序、人權及民主的作用，對他來說，國家權力大於個人權力，所以他的理論應是國家中心論「而非」人中心論，他認爲

自己是第三概念的理論家，實際上他也屬於第一、二概念理論家的行列。[35]

　　20年後，即1979年，他的另一部力作《國際政治理論》補充和推進了傳統現實主義，創立了國際體系結構學說，開創了國際關係理論的另一個流派——結構現實主義或新現實主義。大衛·鮑德溫說：「正如1950年代摩根索的《國家間政治》是現實主義的里程碑一樣，沃爾茲的《國際政治理論》是新現實主義的里程碑。」史丹利·霍夫曼則認為：「沃爾茲的《國際政治理論》是自漢斯·摩根索的《國家間政治》之後最具有影響力的國際關係理論著作，也是新現實主義最早和最重要的代表作。」[36]

　　他對國際政治研究的成果，說明人們更清楚地認識到體系理論的作用以及結構模式對國際政治的解釋力。此外，他的理論也以演繹的方式解釋了均勢輪回重複的根源。對於沃爾茲來說，國際社會包含兩組重要關係：體系與單位、結構與過程。單位之間關係受體系結構的制約和影響。國際關係塑造了國家行為，反過來，國家行為也能影響國際體系的變動，二者相互影響。沃爾茲從結構角度重新確切地表述了現實主義並使其體系化（見下圖所示）。

保羅·施羅德認為，上圖反映了新現實主義的基本理論思路。[37]

　　下面，讓我們順著這一思路對肯尼思·沃爾茲在《國際政治理論》和其他文章裡的理論觀點作簡單的評述。

　　這裡，有必要簡要地介紹一下沃爾茲的《國際政治理論》。對國際政治進行結構功能的研究並非始於沃爾茲，最早從1940年代末的大衛·密特雷尼就開始了。密特雷尼提出的是多元功能主義（pluralist functionalism），主張採取不改變國界、但超越國界的共同措施，在全球範圍的特定領域實現全面合作。到50年代末則有恩斯特·哈斯的結構功能主義（structural functionalism），哈斯認為，結構是關於組織功能的一種概念，用於表示行為者的活動與國際組織的

結構功能之間相互作用和影響。新結構功能主義不單純是一種政治理論，而且是國際關係的一種綜合理論，即是對經濟學、社會學、政治學、心理學、計量學、控制學等基本原理的綜合運用，強調各種國際體系之間的相互依存關係。沃爾茲的新結構現實主義主要論點是：一、體系的結構取決於構成體系的原則，並隨著這些原則的變化而變化；二、體系的結構表現為不同體系功能，如果功能變化，結構也隨之變化；三、體系的結構由各種體系實力的分配情況決定，實力分配的變化必定帶來體系結構的變化。沃爾茲的「新結構主義」的理論貢獻在於，它標誌了國際關係學的另一階段——新現實主義（或稱當代現實主義、結構現實主義）階段的出現，也表明新現實主義與傳統現實主義的主要區別在於：前者已不再重複理想主義關於世界政府的觀點，而代之以轉向國際一體化結構的研究。

（一）理與理論。沃爾茲在《國際政治理論》中開宗明義地闡述了理論在本質上與理（事物的規律）不同。理可透過歸納獲得，而理論則是透過把組成的整體劃為部分的方式，以及把整個知識體系劃分為相互關聯的組成部分的方式來解釋規律。規律不是簡單地基於一種已經發現的關係，而是基於一種被重複發現的關係。沃爾茲認為，只有透過理論的指導，才能在無限的材料中找到解決問題的方法。[38]

沃爾茲從總體上將理論分為兩種：一種是歸納的（reductionism），一種是體系或結構的（systemic or structural）。歸納理論是以部分開始，然後發展到整體；而體系理論正好相反，從整體到部分。歸納式的解釋基於部分的內部特性，體系解釋則基於部分之間的結構以及整體結構，比如歸納理論將聯盟解釋為國家屬性，而體系理論則認為是國際體系結構的屬性。換句話說，歸納理論是透過國家或國家次層面上的因素以及因素的結合解釋國際現象。沃爾茲強調，不論是傳統的還是現代的政治學者都把體系簡化到部分之間的互動上，或者是行為角色的行為，也就是說他們注重民族國家之間以及其他行為體之間的互動關係，只局限於單位，沒有認識到體系因素的作用。對於沃爾茲來說，研究國家的內部組成以及它的外部行為都無法研究國際政治，只有在單位層次上又在體系層次上才能解決問題，才能說明國際體系的行為。[39]傳統現實主義者只強調單位對體系的作用，而忽視了體系對單位的作用，而這一作用正是研究國際政治的基礎。就像市場對於公司有強制作用一樣，體系對於單位同樣有強制作用。研究經濟首先該研究市場的變化，以及市場對市

場參與者的作用；研究國際關係，就得研究國際體系的變化以及其對國家的作用。體系的變化導致單位決策的變化，單位要適應體系結構。

（二）體系結構理論。體系是指諸多功能相同或相似的單位（民族國家）按照一定的秩序和內部聯繫而組合起的一個整體，作為自助單位的民族國家的互動構成了國際體系。沃爾茲認為：「一個體系包括兩個變數，其一是結構，其二是單位。」[40]國際體系的結構指諸多國家行為體以自身實力的大小決定在體系中的排列，也就是說，國際體系中實力分配決定了國際體系的結構。「各部分的排列組合產生了結構，排列的變化導致結構的變化」，[41]換言之，體系是隨著結構的變化而變化的，跟市場一樣，國際體系一旦建立，就具有自身的結構和實力，而這種實力是體系內個體無法控制的。沃爾茲又認為，國家從來都不是國際社會的唯一行為體，然而，結構卻是由主要行為體（民族國家）而非所有行為體界定的。

體系結構有三個要素：1.國際體系是無政府的而非等級的；2.國際體系是由功能相同的國家行為體互動構成的；3.國際體系的變化是由體系內實力分布不同引起的。前兩個要素是一直不變的，一直處在變化狀態中的要素是第三個要素，因為體系內實力的大小總是處於變更狀態之中。自從人類有了國際社會，就一直是無政府的，沒有一個中央權威機構像國家內的中央政府那樣去管理世界事務，目前的聯合國起不了中央政府的作用，所以這一因素是不變因素。國家不論大小，不論是什麼樣的政治制度，它的功能都是一樣的，都想確保自己的生存和絕對主權，所以，不須考慮國家功能對結構的影響，而要研究實力對結構的作用。

一國國內政治是一種明確的等級體系，而國際政治則是一種無政府體系。國內政治屬於權威、行政管理和法制的範疇；國際政治是無政府的，屬於權力、鬥爭和相互調整的範疇。國內政治的特點是縱向的，有中心的，由不同功能的成分組成的，直接和可設計的；國際政治則是橫向的，無中心的，由相同功能的單位（民族國家）組成的，不直接的以及相互適應的。

國際秩序是無政府的，並不只因為沒有一個具有權威性的世界政府，同時也由於國際社會的過程混亂無序。國家作為國際體系的自助單位，由於受結構的制約，具有功能的相似性，但主要行為體之間存在著力量對比，將產生權力的不均衡的分配，這就導致了無政府狀態中微弱的等級

秩序。沒有一種等級社會絕對不存在無政府因素，也沒有一個無政府社會絕對不存在等級因素，只是在無政府體系中，等級只能存在於有限的範圍，不可能改變體系中占統治地位的主流秩序。在國際政治中，等級因素約束了國家主權的有效發揮，但只能在根深蒂固的無政府的大體系中起弱小的作用。

結構看起來是靜態的，因為結構經常持續很長時間。但沃爾茲認為結構是動態的，而不是靜態的。然而即使結構不變化，它也是動態的，因為結構可以改變行為體的行為並且影響他們互動的結果，由於結構具有持久性，這樣就很容易忽視它對行為體的影響。變化的東西固然很重要，可是持續的、經常重複的事態也很重要。結構也可能是突變的，不管它的變化是暴力的還是非暴力的，結構的變化是一種革命，那是因為單位之間的互動導致新的結果，而隨著結構的變化，單位在體系中的位置也發生變化。只有當一種理論與結構變化的結果相一致，並能解釋這些結果如何隨著結構變化而變化時，才是一種成功的理論。

（三）因果關係。沃爾茲認為在國際政治中，因果關係是雙向的，原因並不只是在一個方向上產生結果。若從個人和國家的行為尋找國際政治中各種事態發生的原因，就忽視了結構的動因。事實上，一些國際結果的原因處在單位層次上，另一些則處在體系層次上，在單位和體系層次上的原因與結果具有明顯的雙向關係，部分的互動影響了整體，而整體的變化也影響著部分，比如說，蘇聯的解體這一單位層次上的因，導致體系層次上兩極解體、多極格局的逐步形成這一果；反過來，國際體系對其內部的單位有制約作用，體系的變化也導致單位政策的變化。兩極格局的瓦解迫使各國改變其政策，東歐的劇變正是兩極體系這一因導致的果。存在於單元層次的原因與存於結構層次上的原因是相互作用的，因此，僅從單位層次上解釋國際政治，肯定會陷入困境。單位層次上的原因與結構層次上的原因的互動，才能比較完整地解釋國際政治，只有當理論既涉及單位層次上的原因又涉及結構層次上的原因，才能說明出現在體系裡的變化與延續。

（四）權力、手段與目的。對於傳統現實主義者而言，人的本性是對權力的渴望，對權力的渴望是普世的。跟一個人一樣，國家也同樣具有這種普通的權力欲從而導致衝突與戰爭。對霍布斯而言，導致爭鬥的原因是競爭、不信任及對榮譽的追求。競爭導致為獲取利益的爭鬥，差異導致

為維護既得利益的爭鬥，對榮譽的追求導致為取得名譽的爭鬥。對於摩根索來說，理性的人或國家應獲取更多權力，因為權力就是利益，權力就是目的，一國參與國際社會的目的就是最大限度地獲取權力。然而，沃爾茲則認為對於國家來說，權力具有十分重要的意義，然而，權力本身不是目的，而是一種手段，國家的最終目的是透過權力獲取安全。對一國來說，權力有一個適當的量，太大或太小都危險。權力太小，就會遭受別國的攻擊，權力太大，則會刺激一國冒險擴張，也會刺激別國增加軍備並與其他國家結盟抵制強國，造成國際局勢不穩定。在國際政治中，一國的安全是最為重要的目的，權力只是實現這一目的的手段。

沃爾茲提出了不同於傳統現實主義的權力觀，賦予權力新的概念和功能。他認為，權力在體系中大小排列形成結構，權力的變化引起結構的變化，所以權力在國家間的分配及分配的變化，有助於定義結構和結構的變化。

（五）均勢理論。沃爾茲認為均勢理論是結構現實主義重要組成部分之一，「要是有一個獨特的國際政治理論的話，均勢理論可擔此任」。[42]權力是手段，是實現安全的手段，不是目的。沃爾茲聲稱，國家不是謀求權力最大化，而是尋求權力的平衡分配。均勢理論的實質是主要大國間實力平衡的分配。

從傳統意義上講，完善的均勢需要至少三個大國的參與，例如歐洲就經歷了幾個世紀的多極體系。許多學者提出，緊密的兩極體系中不可能產生出均勢，可是沃爾茲卻反對這一觀點，他認為參與者數量越少的體系越是穩定，而參與者數量越多則不利於穩定，所以對於沃爾茲而言，兩極之間的均勢最穩定。「簡單的兩極關係及其所產生的很大的壓力會使兩個國家變得保守起來，雙方都力圖維持現狀，即使發生戰爭，也是維持均勢的戰爭」，[43]目的在於制止另外一個大國建立霸權。這一鬥爭也給小國帶來有利的一面，因為，對於小國來說，霸權的全球統治並不是他們的利益之所在。沃爾茲對傳統均勢理論作出的這些修正，是新現實主義的理論核心之一。

2000年，沃爾茲發表了題為〈冷戰後的結構現實主義〉的長篇論文。[44]他認為，新時代需要新思路和新理論，如果一種理論所適應的外部條件完全改變了，該理論當然就不再有用了。但問題是什麼樣的變化才能改變原來理論的適用性？沃爾茲的回答是：體系的變化（changes of the system）而不是體系內部的變化（changes in the system）影響理論的適用性。他列舉了冷戰後的五方面變化：國家內部變化、國家互動的變化、國家和別的角色相對重要性的變化、體系構成原則的變化和武器的變化。他認為，這些變化均屬於體制內部的變化，並沒有改變了結構現實主義的適用性，結構現實主義沒有過時，仍體現在民主、相互依存、國際制度、均勢、觀念與規範等五個方面。沃爾茲的結論是：除非發生根本的體系變革，否則，結構現實主義仍然是國際政治的基本理論。

秦亞青對沃爾茲的新現實主義做了非常精彩的評述和概括：沃爾茲的「結構現實主義是國際關係諸多理論中科學化程度最高，也是最為簡約的理論。……其『新』主要在於它的科學化程度。它以理性主義為宏觀理論假定，以國際體系為研究層次，以體系結構為主要引數，以國家行為為主要因變數，以國際體系無政府性為基本體系條件，構建了一個現實主義的科學理論體系」。[45]

二、羅伯特·吉爾平（1930-2018）

羅伯特·吉爾平生於1930年7月2日，1952年和1954年先後在弗蒙特大學和康乃爾大學獲得學士和碩士學位，後就讀加州大學柏克萊分校政治學系，1960年以優異成績獲得博士學位。他在哈佛大學做了兩年博士後，任教於哥倫比亞大學，自1962年起一直在普林斯頓大學講授國際關係，他尤為擅長於國際政治經濟學，以及歐洲和亞洲問題的研究。他曾任國際政治學學會副主席，現為美國藝術和科學學院院士。他的著作中，最具影響的是三部：《美國權力與跨國公司：對外直接投資的政治經濟學》（1975）、《戰爭與世界政治的變革》（1981）和《國際關係政治經濟學》（1987）。其他著作有：《美國科學家和核武器政策》（1962）、《科學家與國家政策制定》（1964，合著）、《處於科學時代的法國》（1968）、《全球資本主義的挑戰：21世紀的世界經濟》（2000）和《全球政治經濟學：解讀國際經濟秩序》（2001）等。

關於吉爾平究竟屬於什麼學派，曾有一段有趣的插曲：吉爾平在回覆阿希利對新現實主義的批評時說，「我回憶不起是什麼時候我視自己是現實主義者。雖然我承認我受到修昔底德、摩根索、卡爾的影響，但我也強烈地受到馬克思和一些自由主義思想家的影響。如果一定要我認定是什麼學派，那麼，我是在現實世界裡的一位自由主義者」。[46]這裡，吉爾平自稱是「一個自由學派

的現實主義者」。他的研究重點是「安全、權力和財富」及其之間的關係，他的主要理論貢獻是提出「三論」：體系變化論（systemic theory of change）、國際政治經濟學（IPE）和霸權衰弱論（theory of hegemonic decline）。

（一）體系變化論。吉爾平認為，有三個因素始終影響著體系的變化：1.基本的變化動力。在行為者層面上，是追求權力和財富；在體系層面上，是市場機制和技術革新。在現代社會，技術與權力已密不可分，但之間會出現國家的、跨國的和國際的競爭與鬥爭；2.國內對競爭與鬥爭的回應及對策。一般來說，各國政府都會重視這一問題；3.關於權力轉移的國際管理。權力轉移的國際管理有其特殊重要性，特別是當大國衰弱時角逐會引發戰爭危險。[47]吉爾平強調，體系變化與權力有關。他的初步結論是「國家間權力分配構成了控制國際體系的基本形式」和「權力的變化會帶來由國家組成的體系的變化」。[48]

（二）國際政治經濟學。西方學術界有一種看法：吉爾平的主要貢獻是以自己的開拓性學術成果「更新和發展了現實主義理論，並重新把國際關係理論的方向轉向IPE」。[49]他的研究也就被稱為是「現實主義的經濟分析方法」、「新傳統經濟理論」或「新重商主義」。[50]

吉爾平提出的國際政治經濟學有兩個重點，其一是雙重經濟，該理論認為每一種經濟無論是國內還是國際的經濟都含有兩種相對獨立又相互衝突的經濟部門──以經濟一體化為特徵的現代經濟部門和以落後的生產方式，封閉式的自給自足為特徵的傳統經濟部門，這一雙重性最終導致經濟技術相互依存與主權國家各自為政的世界政治體系之間的衝突，國際政治經濟學的任務之一，就是研究這一衝突並尋找解決的途徑。其二是現代世界體系，該理論強調世界是一個大體系，體系內的國家有機地聯繫在一起，並依照一定的經濟規律行動。國際政治經濟學的另一任務，就是研究這一體系的政治經濟關係的性質、結構、功能、動力以及規律，重點是研究作為人類行為之決定因素的經濟活動，世界經濟領域的衝突重於國家政治集團的衝突；研究資本主義經濟體系的全球等級制；研究現代世界經濟的內部矛盾和不可避免的危機。

（三）霸權衰弱論。吉爾平在《戰爭與世界政治變革》一書裡運用現實主義的方法，從世界歷史週期變化的視角，對過去2,400多年的西方歷史做了較為詳細的分析。

透過對歷史的研究，吉爾平得出一個結論，認為世界歷史是一個無休止的

系列的週期。「一個霸權戰爭的結束就是另一個霸權週期的成長，擴展以及到最終衰退的開始」，[51]國際政治的這一週期具有五個不同的體系階段：

一、如果沒有一個國家認為試圖改變體系是有利可圖的，這一體系是穩定的（也就是處於均衡狀態）。

二、如果預期的得益大於預期的損失，一國將試圖改變國際體系。

三、一國透過領土、政治、經濟擴張謀求改變國際體系，直到認為進一步改變體系的邊際成本等於或大於邊際收益時才會停止。

四、當進一步改變體系及繼續擴張的成本與收益持平時，維持現狀的經濟成本要比支持現狀的經濟能力增長得快。

五、如果國際體系的不均衡問題沒有得到解決，體系就發生變化，標誌將形成力量重新分配的均衡。[52]

國際體系是從均衡狀態發展到不均衡（失衡）狀態，然後是隨之而來的緊張局面的緩解，最後又回到均衡狀態。歷史將一直在這樣的週期變化中推進，直到人類學會創造一種和平轉變機制為止。均衡不等於均勢，只要沒有任何一國認為改變現狀是有利可圖的，這時的國際體系就是均衡穩定的。吉爾平認為，霸權體系是最穩定的體系。

在第一、第二階段的論述中，吉爾平分析了不同因素對體系變化的作用，如交通、通訊以及經濟和軍事技術等環境因素，國際體系內部的因素及體系內單位的因素。在第三階段的論述中，吉爾平將前帝國週期與現代的霸權週期做了比較。第四階段是霸權開始衰落的階段。當一個社會到達它擴張的極限時，就遇到維持其霸權地位的困難，最終導致霸權實力的衰退。吉爾平的這一觀點與沃爾茲的體系層次分析是一致的，他認為：「一個國際體系中的力量分布在一定時期發生轉變，這種轉變導致國家間關係的巨變，最終導致國際自身性質的變化。」[53]在對第五階段的論述中，吉爾平認為，當新的均衡形成時，衰落停止；然而，在建立新均衡時，需要行為體做出痛苦的選擇：一是，限制對外承諾；二是，進行防禦性戰爭；三是，侵略性擴張以減少成本。在這三項選擇中，只有第一項是和平形式的，其他兩項都是戰爭形式。吉爾平強調從古至今，解決國際體系結構與力量重新分配之間的不均衡的重要手段是戰爭，我們稱它為霸權戰。霸權戰標誌：前一霸權週期的終結和下一個霸權週期的開始。

吉爾平認為，霸權體系是一種等級體系，霸權週期的更替期是混亂的無政府時期。前一個霸權週期結束導致體系的變化，體系內力量重新分配，最後達到新的等級體系的形成。吉爾平認為，僅僅用體系方式解釋國際政治的諸現象

是不夠的，應將體系與行為體、整體與部分有機結合，才能構築一種能充分解釋國際政治的理論。他把自己與沃爾茲做了比較，認為「沃爾茲從國際體系及其結構特徵開始去解釋單個國家的行為，而我的《戰爭與世界政治變化》……從單個國家行為體開始去謀求解釋國際的形成和變化」。[54]

對於1864年以來的歷史，吉爾平與沃爾茲有不同的解釋。沃爾茲強調均勢，認為均勢是這一時期的重要特徵；而吉爾平強調霸權，均勢是霸權體系過渡時期的現象。另外，沃爾茲和吉爾平對單位及體系結構的作用也有不同的解釋，沃爾茲認為戰爭的根源在於體系與結構層面上，無政府國際體系最能說明戰爭的原因；吉爾平認為在於國家本身，戰爭趨向的國家是戰爭體系的組成部分，也就是說，沒有戰爭的國家就沒有戰爭的體系。

和許多現實主義者一樣，吉爾平只強調分析解釋戰爭根源，卻沒有提出如何防止戰爭的辦法，這應是21世紀人類應該研究的一大課題。

三、大衛・鮑德溫（1936-）

大衛・鮑德溫於1958年畢業於印第安那大學，所學專業是經濟學。1958-1959年在密西根大學攻讀政治學，1961年在普林斯頓大學獲得碩士學位，1965年獲得博士學位。之後的教學生涯包括：1965年至1985年在達特茅思學院任教20年，從助教授晉升為教授；1985年起轉至哥倫比亞大學政治系任教授，期間，1987年後還擔任哥倫比亞大學戰爭與和平研究所所長達10多年。2005年退休，現為哥倫比亞大學華拉西榮休教授，兼任普林斯頓大學威爾遜學院資深教授。他發表的著作主要有：《經濟發展和美國對外政策》（1966）、《對外援助和美國對外政策》（1966）、《加拿大─美國關係：相互依存的政治和經濟》（1967，主編）、《相互依存世界中的美國》（1976，主編）、《經濟治國方策》（1985）、《新現實主義和新自由主義──當前的論戰》（1993）、《國際關係理論》（2008，主編）、《權力百科全書》（2011，主編）、《新全球經濟主要概念》（2012）和《權力與國際關係》（2016）等。此外，他還在《世界政治》、《國際問題研究季刊》、《國際組織》、《美國政治學評論》等雜誌上發表了不少有影響力的論文，如〈美國對外政策的制定〉（1968）、〈國際援助和國際政治〉（1969）、〈外援、干預和影響〉（1969）、〈關於威脅〉（1971）、〈權力的代價〉（1971）、〈經濟權力〉（1974）、〈權力與社會變革〉（1978）、〈權力分析與世界政治──新舊趨

勢比較〉（1979）和〈相互依存與權力——一種概念分析〉（1980）等。鮑德
溫還是對外關係委員會、美國政治學學會、國際政治學學會、國際問題研究學
會、英國國際問題研究學會成員，他曾擔任過國際問題研究學會主席等學術職
務，同時還兼任過《國際組織》、《國際事務雜誌》、《國際問題研究季刊》
的編者或編輯部主任。

　　鮑德溫在國際關係領域所作的新現實主義理論探索，主要表現爲權力分析
和經濟分析。

（一）關於權力分析。鮑德溫在1970年代末至80年代初，曾撰寫了不少關於權
　　　力分析的文章，其中最具影響的是《權力分析與世界政治》，此文詳細
　　　地評價了英美各家學派關於權力分析的觀點，包括哈樂德‧拉斯韋爾、
　　　阿伯拉罕‧卡普蘭、赫伯特‧西蒙、詹姆斯‧馬奇、羅伯特‧達爾、傑
　　　克‧內格爾和傑弗雷‧哈特等。鮑德溫特別讚賞哈特關於權力的三概
　　　念：權力是對資源的控制、對行爲者的控制和對事件及其結果的控制。
　　　鮑德溫認爲，傳統現實主義的權力分析有兩個明顯的弱點：一是誇大
　　　了軍事實力的作用，不恰當地視軍事實力爲最重要的衡量標準；二是
　　　過分地強調了衝突的消極面，而忽視合作的積極面。鮑德溫指出，軍事
　　　實力和經濟實力、衝突的消極面和合作的積極面都應兼顧。當然，鮑德
　　　溫的側重是在後者。在這基礎上，鮑德溫提出權力多層面性質（multi
　　　dimensional nature）。同時，他還強調權力與相互依存的關係。他認
　　　爲，相互依存程度越高，現存權力的機會和代價都會隨之增加。他說：
　　　「國際關係理論學者對相互依存感興趣主要是因爲它與權力概念有著密
　　　切關係。」[55]
　　　鮑德溫還相信，長期以來，國際關係理論研究中的權力經濟分析被忽視
　　　了，現在是以新的思路讓「權力研究方法復活的時候了」。他贊同阿爾
　　　克的看法，權力分析並不像一些批評者所說的貧乏、虛弱、行將消失；
　　　相反，它的作用才剛剛開始。鮑德溫頗有信心地指出，「雖然權力分析
　　　可能是世界政治最古老的研究方法，但它仍是今後最有發展前途的研究
　　　方法之一」。

（二）關於經濟分析。鮑德溫說過，他試圖在研究國際關係理論時把經濟與
　　　政治結合起來所做的努力已經有25年了。早在1969年，他就在國際
　　　問題研究學會舉辦的一次研討會上提出「經濟治國方策」（economic
　　　statecraft）的概念。他在1985年出版的《經濟治國方策》則集中反映了

關於經濟分析的新觀點。

經濟治國方策是鮑德溫經濟分析的核心內容。治國方策意指「治理國家事務的藝術」，經濟分析是前提。治國方策（statecraft）包含「二P」〔政策（policy）和權力（power）〕，「二P」是落點。這裡，政策的內涵重點在對外經濟政策，特別是經濟外交。權力概念則強調權力源於不同基礎，表現為不同形式；權力不一定是零和博弈；權力應是一種理性的概念。[56]

鮑德溫認為，經濟治國方策有四個特點：1. 它強調的是手段，而不是目的；2. 它對經濟手段可達到的目標範圍不加限制；3. 它重視政策手段的運用；4. 它有利於區別治國方策中的經濟手段和非經濟手段。[57]鮑德溫特別提出，重商主義只是經濟治國方策的一種形式，「貿易促進和平」，歷來如此。同時，他還提醒人們注意經濟治國方策的道義問題，並提出八方面的衡量標誌：權力、倫理、正義、秩序、技能、啓蒙、友善和福利。

鮑德溫在書中要求研究經濟治國方策的學生重視政治學與經濟學的結合，認為這是國際關係理論未來健康發展的關鍵。鮑德溫把25年以來總結的這一學術經驗傳授給青年學者，這是值得讚賞的。

四、羅伯特·李伯（1941-）

羅伯特·李伯1941年9月29日生於芝加哥，1960年就讀威斯康辛大學政治學系，1964年在芝加哥大學政治學系獲碩士學位，後在哈佛大學師從於著名國際關係理論家摩根索和霍夫曼，1968年以傑出成績獲博士學位。1969年至1970年在英國牛津大學做博士後研究。回國後，他先在加州大學大衛斯分校任教，曾任該校政治學系系主任（1975-1976）。1982年起在喬治城大學政治學系任教授，1990年至1996年擔任系主任。他曾經在英國的牛津大學、法國的大西洋研究所，以及哈佛大學布魯金斯學會、威爾遜國際問題研究中心當過訪問學者。1988年4月至5月還應邀訪問復旦大學，在國際政治系做了國際關係理論的系列講座，受到師生們的歡迎。李伯在學術園地勤奮耕耘，著作頗豐。早期的作品主要有：《英國政治與歐洲聯合》（1970）、《理論與世界政治》（1972）、《石油與中東戰爭》（1976）、《當代政治學：歐洲》（1976，合著）；從70年代末到90年代初，他與肯尼斯·奧伊和唐納德·羅思查爾德合著的關於美國對外政策的四本系列編著：《國鷹處於困境：錯綜複雜的世

界裡的美國對外政策》（1979）、《國鷹重振雄風：80年代的美國對外政策》
（1983）、《國鷹重新展翅：美國對外政策的雷根時代》（1987）和《新世界
的雄鷹：冷戰後時代的美國大戰略》（1992）；1988年，李伯出版了集中反映
他的新現實主義觀點的代表作《不存在共同的權力——國際關係概論》，如今
該書已多次再版，成為國際關係專業學科的一部重要參考書；他後來的兩部關
於美國對外政策的系列著作《國鷹繼續統治？對外政策和21世紀美國的優勢地
位》和《國鷹飄忽不定：世紀末的美國對外政策》（1997）一出版就受到了學
術界的重視。他的近作是《美國未來的實力和意志力》（2012）和《退卻及其
後果：美國對外政策和世界秩序問題》（2016）。至此，李伯累計出版了17本
關於國際關係和美國外交的專著。

　　李伯早年以《理論與世界政治》一書初露頭角。該書對國際關係的一些基
本理論，如權力論、衝突論、一體化論、體系論、博弈論、溝通論等，做了深
入淺出的介評。李伯不人云亦云，有自己的見解。筆者1980年第一次與霍夫曼
見面時，他推薦閱讀的第一本書不是摩根索的《國家間的政治》，也不是他主
編的《當代國際關係理論》，而是李伯的《理論與世界政治》。霍夫曼對筆者
說，這本書是西方國際關係理論的「ABC」，可幫助初學者入門。

　　李伯對新現實主義的理論貢獻表現在兩個方面：

　　一方面，他對摩根索的政治現實主義做了客觀的恰如其分的評價。李伯認
為，以摩根索為代表的現實主義在國際關係理論中雖已不占支配地位，但其影
響猶存，特別是它所闡述的政治、歷史和哲學分析觀點，對我們研究和認識國
際關係仍有不少幫助。然而，隨著時間的推移，摩根索現實主義的缺陷也越來
越突顯了。新現實主義正是在新形勢下對這些缺陷所做的「修補」。

（一）摩根索現實主義忽視了對國際經濟關係的研究。在他的著作裡，經濟關
　　　係原只是極次要的內容，往往一帶而過，如浮雲一般，權力政治被強調
　　　至極端的程度。為了克服這一弱點，一些著名學者（如史丹利·霍夫
　　　曼、約瑟夫·奈伊和羅伯特·基歐漢等）提出兩種重要的現實主義新模
　　　式：一是，安全現實主義，它基本上屬於傳統的觀點，注意國際關係中
　　　武力、秩序和結盟的戰略研究；二是，政治經濟現實主義，即國際政治
　　　經濟學，它已成為與新現實主義有關的一個新研究領域，其主要觀點在
　　　羅伯特·基歐漢、羅伯特·吉爾平和史蒂芬·克拉斯納的著作中有較具
　　　系統的闡述。國際政治經濟學中的一個基本概念是「國際機制」，意指
　　　國家間政治關係和經濟交換的一系列規則和程序，其涉及面較廣，包括

國際政治、國際組織、國際貿易、國際金融、國際能源、人權問題等。
該理論認為，只有將政治經濟關係結合，才能較全面地反映國際關係的
現實。其實，這一觀點在亞當・斯密、馬爾薩斯、馬克思和約翰・米爾
等人的傳統政治經濟學理論中，也可找到，只是到了現代，被人忽視
了。如今，新現實主義重提這一政治與經濟的結合，使國際關係研究出
現了奇特的現象──舊時的傳統理論披上新時代的服裝，復活了。

（二）新現實主義修正了國際關係中衝突和合作的關係。摩根索現實主義強
　　　調，國際體系的無政府狀態和權力衝突，忽視合作，特別是經濟合作，
　　　視前者為「高級政治」，後者為「低級政治」。新現實主義則認為，雖
　　　然世界處於無政府狀態，但也同時存在著全球範圍的合作。國際關係應
　　　包括衝突與合作。現代科學技術的發展促進國際經濟合作趨勢的發展，
　　　單靠爭權奪利、強權政治的手段來實現國家目標的時代已不復存在了。
　　　這裡需要為摩根索正名的是，有人認為，似乎摩根索現實主義就是純粹
　　　地意味權力、衝突和戰爭。其實不盡然，摩根索也強調外交的作用，提
　　　及對權力的限制和謹慎使用武力的問題。他（季辛吉也是如此）在1960
　　　年代反對美國對華的敵視態度即是明證。但問題是摩根索的一些追隨者
　　　和自稱為現實主義者的人，常忘記此一對權力的限制問題。

（三）摩根索現實主義在若干理論概念、定義和方法上也暴露出不少問題，如
　　　權力、利益、均勢的概念和定義比較模糊。權力是目的，還是手段？連
　　　自己也搞不清楚。霍夫曼說，摩根索是「把車子套在馬的前面」，前後
　　　顛倒了。哈斯也撰文指出，在摩根索的著作中可以找到8個不同的關於
　　　權力的定義，而且前後矛盾。

　　　因此，在很大程度上可以說，新現實主義是對摩根索現實主義的修補和
　　　發展，近10年來已逐步地引起了人們的關注。與現實主義相比，它對國
　　　際關係的研究更系統、更精確；開始重視國際政治關係與國際經濟關係
　　　的結合；重視國際衝突與國際合作的結合，其目的是「為美國對外戰略
　　　提供一種新的思維方法」。

　　另一方面，李伯提出了「存在現實主義」（existential realism）的新概
念。這一概念，最早是他在1988年出版的《不存在共同的權力》中提出的；
1993年李伯發表的論文〈冷戰之後的存在現實主義〉，對這一概念做了進一步
闡述。李伯自稱，「存在現實主義」是在冷戰結束後的國際環境下，對摩根索
「權力與利益」的再思考的產物，是對現實主義權力分析的重要充實。

　　李伯的「存在現實主義」主要涉及國際關係研究的三個基本問題：無政府狀態（anarchy）問題、秩序（order）問題和限制（constraint）問題。[58]

（一）無政府狀態問題。國際關係與國內政治截然不同。國內政治是有政府的政治。政府擁有權威，能實施法治，能及時順利地解決內部爭端和衝突。而國際關係是發生在一個不存在超國家權威機構的國際系統內，一旦國家之間出現紛爭和衝突，尚無像國內政府般的世界權威機構（聯合國還不是這樣的機構）來確保有關國家的安全和生存。因此，國際範圍的無政府狀態便構成當代國際關係的一個主要特點。這一無政府狀態的直接結果是，各主權國家處於一種「自助體系」中，它們或是依靠自身實力，或是尋求結盟手段維護國家利益。

在無政府狀態下，國家面臨著「安全困境」：為了克服無政府狀態下的不安全感，國家不得不武裝自己，加強防務，但這樣做，又未必能增強自身的安全感，因為其鄰國和對手也同樣存有戒心，同樣加緊備戰，結果是所有國家都感到更不安全。現代國際關係史證實，不僅超級大國之間關係是這樣，而且第二世界與第三世界之間以及第三世界之間關係也是如此，比如，英阿之間的福克蘭群島戰爭、兩伊戰爭和以阿衝突等便是實例。因此，國際安全實質上是指處於「安全困境」的國家之間的相互依存度，冷戰後的安全重點轉向經濟安全和環境安全。

國際關係研究必須從這一根本問題著手，然後尋求解決衝突、確保安全的有效途徑。

（二）秩序問題。克服無政府狀態以確保安全的現實主義觀點固然重要，但還遠遠不夠，還必須超越這一觀點，即國際關係不僅僅是研究權力、衝突和無政府狀態，權力政治學已不足以提供全面瞭解國際關係和對外政策的理論基礎，國際關係還必須重視世界秩序和合作問題的研究。

世界秩序問題在每次重大衝突或戰爭後都變得越發突出，如第二次世界大戰後，各國採取一系列措施建立國際秩序和合作，以防止另一次戰爭浩劫。結果相對穩定的國際秩序導致了1950年代和60年代的經濟發展，以及貿易和投資的增長。當代世界秩序問題涉及幾個方面：核時代的裁軍、國際合作、經濟一體化、國際組織的作用和危機處理機制等。

（三）限制問題。由於國際社會現代化的影響，國際關係經歷著明顯的變革：從以歐洲為中心的體系發展為全球體系，對國內社會的滲透力增強，國家對外活動的範圍擴大，國際貿易、投資、技術、通訊和文化交流日益

發展。這些變化置國家於一個較爲穩固的相互依存的國際環境裡，國家之間出現了一些自身已無法控制的新的關係。這便是要討論的限制因素問題。

如果說無政府狀態問題和世界秩序問題是屬於國際系統範疇的問題，那麼，第三個問題則是在國家關係範疇內對國家活動的限制問題。這個問題異常重要，因爲它牽涉到國家如何影響和限制各自社會的種種外部因素。

限制問題主要是指國內政策和對外政策的相互滲透、政治與經濟的相互制約。國際因素影響國內政策，國內政策也反過來影響國際環境；政治影響經濟；反之，經濟也影響政治。這一現象極大地制約著國家間的關係。我們更要從這個角度來考察當今的國際關係。

上述基本問題是有機地聯繫在一起的。國際關係應從研究無政府狀態的現實著手，尋求要擴大合作、建立秩序的途徑，而做到這一點，就須不斷調節國家之間的制約關係。李伯認爲，冷戰後時期最突出的發展趨勢是一個廣袤開放的國際經濟體系，正在取代冷戰時期的美蘇全球軍事對抗。但是，經濟相互依存的增長，不只是促進廣泛的合作；無疑地，相互依存可以帶來經濟合作，然而，在一定條件下它也可能會導致衝突。國際範圍和區域層次的經濟合作、競爭和摩擦將成爲冷戰後國際合作的一個重要方面，也將是存在現實主義的一個核心內涵。同時，李伯還指出，存在現實主義將不可避免地遇到國際關係變化帶來的種種挑戰，這些挑戰主要來自經濟全球化、國際機制化、全球民主化、超國家力量分散化和核武器擴散化。[59]

五、約瑟夫・奈伊（1937-）和羅伯特・基歐漢（1941-）

約瑟夫・奈伊生於1937年，1958年在普林斯頓大學獲公共事務學學士學位，1960年獲英國牛津大學哲學政治學經濟學碩士學位，1964年獲哈佛大學政治學博士學位，畢業後留校任教至今。其間曾在日內瓦國際關係高級學院、加拿大卡爾敦大學和倫敦皇家國際事務研究所任客座教授。1977年至1979年任卡特政府負責科技、能源的助理國務卿。1979年回哈佛大學，任國際事務研究中心主任至1993年。1993年至1994年任克林頓政府全國情報委員會主席，1994年9月至1996年底任美國負責國際安全事務的助理國防部長。1997年起回哈佛大學任教，並擔任甘迺迪政治學院院長。奈伊同時還兼任三邊委員會執委會成

員、美國東西安全研究所所長和阿斯彭戰略研究小組組長。其主要著作是：《國際地域主義》（1968）、《跨國關係與世界政治》（1972，與基歐漢合著）、《權力與相互依存──轉變中的世界政治》（1977，與基歐漢合著）、《能源與安全》（1981，與大衛‧迪斯合編）、《生活在核時代》（1983，與史丹利‧霍夫曼等人合著）、《美國的對蘇政策》（1984）、《核倫理學》（1986）、《必定要領導》（1990）、《理解國際衝突》（1993）、《美國權力的悖論》（2002）、《軟實力──世界政治的成功手段》（2004）、《權力博弈》（2004）、《全球資訊時代的權力──從現實主義到全球化》（2004）、《領導力》（2008）、《權力的未來》（2011）和《美國世紀終結了嗎？》（2015）等。此外，還在《外交事務》、《對外政策》、《大西洋週刊》、《新共黨》、《交流》、《紐約時報》、《華盛頓郵報》和《波士頓環球報》等雜誌和報紙上發表了大量的關於國際問題研究的文章，其中許多文章是與基歐漢合寫的。主要文章有：〈世界權力的變革〉、〈軟權力〉、〈資訊時代的權力與相互依存〉、〈美國的兩面刃〉、〈國家利益新論〉、〈資訊時代的國家利益〉和〈中國軟實力的崛起〉等。1990年代，筆者去哈佛大學拜訪奈伊時，得知奈伊竟然會寫小說，他創作的《華盛頓的黑手》已在日本出版了日文版。

　　羅伯特‧基歐漢生於1941年，1957年就讀他父親任教的夏默學院，夏默學院當時是附屬於芝加哥大學的一個單位。在夏默學院讀完本科學業後，基歐漢於1961年進了哈佛大學攻讀研究生課程，1965年他在霍夫曼的指導下完成關於聯合國大會政治學的博士論文。之後，基歐漢選擇了斯沃斯摩爾學院，開始他教學的生涯。當時肯尼思‧沃爾茲也在那裡任教。1973年，基歐漢轉至史丹佛大學政治學系，與亞歷山大‧喬治和羅伯特‧諾斯共事。後因他夫人就任威爾斯利學院院長，基歐漢也東移至布蘭戴斯大學。1985年，在離開斯沃斯摩爾學院20年以後，他又回到了哈佛大學，不久被聘為政治學系系主任。1996年，基歐漢的夫人就任杜克大學校長，他隨之轉至那裡任教。他的主要研究課題是：相互依存、國際制度和傳統均勢理論。主要著作除了與奈伊合著的《跨國關係和世界政治》和《權力與相互依存》之外，還有《霸權之後──世界政治經濟中的合作與紛爭》（1984）、《新現實主義及其批評者》（1986）、《國際制度與國家權力──國際關係文集》（1989）等。基歐漢曾與奈伊合作撰寫過一些頗有影響的論文，如〈世界政治和國際經濟體系〉、〈全球環境和資源依存的組織問題〉、〈國家自治、國家權力及國際經濟的相互依存〉、〈再論權力

與相互依存〉等。他自己也發表了不少關於國際關係理論的文章。

　　奈伊和基歐漢是屬於美國開拓型的一代學者，他們面對已經變化了的世界，善於繼承，敢於創新，在西方學術界的影響漸隆。他倆被視為是國際關係理論領域的「黃金拍檔」。基歐漢回憶說，他和奈伊的合作和友誼始於1960年代一起參加《國際組織》雜誌編委會工作時，他倆合作的動力是「善於發現和探索新事物的精神和天賦」（serendipity）。基歐漢稱讚道，雖然奈伊只比他大4歲，但成熟得多，奈伊常常邀他到哈佛大學和家裡切磋學問，交流思想。「我肯定地說，我從約瑟夫・奈伊那裡學到的東西比他從我這裡學到的要多。」基歐漢強調，對他來說，奈伊是「最重要的人」，他和奈伊的個人關係對他的學術發展有積極的影響。他倆合作的成功是基於一種「深深的相互尊重和彼此信任」。[60]

　　1972年出版的《跨國關係與世界政治》是奈伊和基歐漢最初的合作成果。他倆指出，現實主義在傳統上習慣於研究國家關係，且重點放在「權力和目標」上，如今的趨勢是逐步轉向「國家之間關係」（interstate system）的研究，「國家之間的社會聯繫和跨國角色」成了研究重點。這種跨國關係具有「促進變革、國際多元化和相互依存」的作用。[61]基歐漢和奈伊進而認為，跨國關係是世界政治的重要部分，其重要性在提高。他倆建議國際關係理論中增加「世界政治範式」（world politics paradigm）的內容，其研究範疇包括跨國、跨政府之間的交往活動和規律。他倆相信，未來世界的和平與進步不僅取決於國家的行為，而且越來越取決於跨國機構和國際組織。1970年代，有三種主要的自由主義思潮對現實主義提出了挑戰，它們是新功能主義、官僚政治和跨國關係。[62]基歐漢和奈伊的這些觀點，實際上反映了早期的新自由主義思想雛形，之後，這些思想和觀點不斷豐富和成熟起來。1985年，奈伊和基歐漢提出「多邊主義」的概念正是這一努力的突出例子。他倆認為，「單邊主義」已無法解決涉及國際合作的一系列問題，只有「多邊主義」「才能」既協調大國的多邊利益，又維護美國的經濟利益和安全利益」。[63]這一趨勢從美國開始，其影響現已波及加拿大、英國、法國、德國、義大利、丹麥等國學術界。一些學者甚至試圖從資本主義發展的長週期入手，研究國際政治經濟關係的全球性的長波規律，將戰爭與和平理論和經濟發展理論也包括進去。

　　基歐漢和奈伊1977年合著的《權力與相互依存》是70年代西方國際關係理論新自由主義思潮的代表作。他倆摒棄「國家是唯一行為者」的主張，認為戰後國際社會中國家間（interstate）和跨國（transnational）關係的發展，促使人

們更加重視對國際層次的諸行為者的研究，重視對超越國界的相互聯繫、結盟關係和相互依存的研究。「相互依存理論」即是以國家間和超國家關係為研究物件的。他倆將現實主義的權力政治論和科學行為主義率先提出的相互依存論有機地結合起來進行考察，進一步剖析了兩者之間的內在聯繫，並且在對政治、經濟、生態、軍事等方面進行綜合研究的基礎上提出了「複合相互依存」（complex interdependence）的新概念。他們認為，複合相互依存有三個基本特徵：一、存在著多管道的社會聯繫，這種聯繫使國際社會內部的相互聯繫和相互依存大大加強；二、越來越多的問題進入國家間關係的議事日程，國內和國際問題的區別日益變小；三、軍事力量的多元作用日益明顯。[64]

現實主義與複合相互依存條件下的不同政治進程[65]

	現實主義	複合相互依存
行為者目標	軍事安全是占支配地位的目標。	國家的目標隨問題領域的不同而不同。跨政府政治使得給目標下定義顯得困難；跨國行為者追求他們自己的目標。
國家政策工具	儘管經濟及其他方面手段也可以使用，但軍事力量是最有效的。	針對具體問題領域的權力是最為適用的。操縱相互依存、國際組織以及跨國行為者乃是主要的手段。
議事日程制定	潛在的均勢轉換及安全威脅列入高級政治議事日程，並強烈地影響其他議事日程。	議事日程受問題領域中權力手段分配變化的影響。國際體制的地位、跨國行為者重要性的變化，以及導致敏感性相互依存的一些問題與政治化的聯繫，也影響議事日程的制定。
問題的聯繫	聯繫減少了問題領域間結果的差別，從而加強了國際問題的前後排列次序。	由於武力並非行之有效，對強國來說，確定問題的聯繫更為困難；對弱國來說，透過國際組織，問題的聯繫逐步減弱，問題前後排列次序更不明確。
國際組織作用	作用微弱且受國家權力及軍事力量重要性的限制。	國際組織制定議事日程，建立聯合制定議事日程制度並可作為弱小國家採取政治行動的舞臺。國際組織的重要政治手段在於它選擇問題論壇及動員投票表決的能力。

　　1987年此書重印，他們結合此書發表後10年中的國際關係新變化和新問題，撰寫了〈重評權力與相互依存〉一文作為新的前言，對先前的觀點作了評

述和修正，首次提出新時期國際關係理論的三個基本原則：一、堅持權力取向的分析法；二、以複合相互依存為核心理論；三、加強關於國際機制變化的研究。他倆更加明確地提出，相互依存不一定必然導致合作，在一定條件下也會引發衝突。[66]這一關於相互依存的「兩點論」無疑是反思修正後的又一重要結論。2001年此書再版，兩位作者把全球化、國際機制、相互依存整合起來，對21世紀國際關係的變化進行理論分析，使之成為新自由制度主義發展的巔峰之作。

《權力與相互依存》一書在學術界產生很大的影響，被視為新自由主義「全面復興的序曲」。[67]

早在1979年時，史丹利‧米恰拉克就指出這本書「可能會成為70年代的《國家間政治》」。[68]還有人認為，基歐漢和奈伊的這本書是可以用來代替摩根索的巨著的「新聖經」，它試圖改變現實主義在該領域的支配地位。[69]霍夫曼也認為，權力與相互依存的結合，複合相互依存的提出，是西方國際關係研究中最突出的新發展。他給予奈伊和基歐漢這部專著很高的評價。

1989年，羅伯特‧基歐漢的又一本專著問世，題為《國際制度與國家權力——國際關係文集》。這本書在1977年他與約瑟夫‧奈伊合作的《權力與相互依存》基礎上，進一步提出了新自由主義關於國際關係的理論主張。基歐漢指出：雖然新自由主義和新現實主義均贊成透過把握國際體系的性質來解釋國家行動，但是新現實主義的結構概念「過於狹隘」、「過於局限」。[70]他認為，世界政治的「制度化」將對各國政府的行為產生重大影響，國家決策和行為只有透過對合作與紛爭模式的分析，才能加以準確的界定和評估。他將這一分析觀點稱為「新自由制度主義」（neoliberal institutionalism）。這種制度的安排不同於體系結構分析，主要包含以下三個內容：一、加強政府實施自身承諾和監督別國遵守協定的能力；二、增加談判各方之間資訊和機會的交流；三、維護國際協議的一致性。落實上述機制或制度安排的基本形式是政府間組織或跨國非政府組織，國際機制和約定俗成的共識或協定。基歐漢和奈伊長期合作，從跨國關係、權力與相互依存、國際制度和資訊革命不同角度，「給予世界政治和國際關係以新自由主義的說明」。基歐漢強調，新自由主義對國際關係的分析「更為全面和精確」。他提出的「新自由制度主義」不是單純地替代新現實主義，而是希望從內容和形式上涵蓋它。[71]基歐漢從制度分析而不是結構分析提出的這一新自由主義理論主張，把第三次論戰引向了深入。

六、理查德‧羅斯克蘭斯（1930-）

　　理查德‧羅斯克蘭斯是美國加州大學洛杉磯分校政治學系教授，兼任哈佛大學甘迺迪政治學院教授。生於1930年，1952年畢業於斯沃斯摩爾學院，1954年和1957年在哈佛大學先後獲碩士和博士學位，1957年起任教於加州大學洛杉磯分校，1967年至1970年轉到柏克萊分校，1970年至1988年在康乃爾大學任教。期間，曾於1967年至1968年擔任美國國務院政策規劃委員會委員。1992年至2000年擔任加州大學洛杉磯分校國際關係研究中心主任。著有《世界政治和國際關係中的行動與反應》（1963）、《國際體系的未來》（1972）、《國際關係：和平還是戰爭？》（1973）、《19世紀的權力、均勢和國家》（1975）、《貿易國的興起：現代世界的商務及其征服》（1986）、《美國經濟的復甦》（1990）、《超越現實主義：國內因素和大戰略》（1993，合編）、《衝突的代價》（1999，合編）、《道義國家的興起：未來世界中心的財富和權力》（1999）和《新大國聯盟》（2001）等，還發表了不少關於國際經濟和國際政治的文章。

　　羅斯克蘭斯的新自由主義觀集中反映在他的《貿易國的興起》一書裡，學術界給予該書較高評價，認為它是「理論與歷史結合」的一個典範，是關於國際關係中經濟重於軍事的開拓性分析。奈伊具體地指出，《貿易國的興起》繼承了自由主義的傳統。奈伊還指出，基歐漢列舉了商業自由主義、民主自由主義和調節性自由主義，羅斯克蘭斯的貿易國思想屬於商業自由主義的範圍。[72]

　　羅斯克蘭斯認為，國際體系中存在著兩種世界：軍事世界和貿易世界。在傳統的軍事政治世界裡，國家主要靠武力征服和領土擴張來壯大自己的力量，各國爭逐權力和利益地位，無政府狀態是國家之間關係的基本準則，均勢成了對付霸權的基本手段。但在現代貿易世界裡，國家不像在軍事政治世界裡那般爭權奪利，以實力和領土分強弱；而是主要依靠發展經濟和貿易，是爭市場，不是爭權勢。[73]

　　羅斯克蘭斯主張，國家應透過在國際貿易中獲取利益，並在國際市場上擴大自己的占比等手段增強自己的實力。前者是戰爭的世界，後者是和平的世界，羅斯克蘭斯信奉經濟是和平的前提。

　　第二次世界大戰的結束標誌國際體系性質的變化，這一變化的結果有利於貿易國的興起。羅斯克蘭斯從以下四點進一步闡述了這一轉折的緣由和現實。

　　第一，軍事技術的革命使戰爭變得具有一毀俱毀的殘酷性。作為威懾的核

武器是有用的，而作爲戰爭工具的核武器只能導致全人類的毀滅，用它去進行領土擴張當然是不現實的。核武器的出現改變了戰爭的性質，各國就轉向經濟發展，在國際貿易中擴大自己的收益成爲增強國力的主要手段，而國際貿易促進國家間交往和合作。

第二，國內政治的變革。過去的戰爭可以使國內人民更加團結一致，政府也可將激化的國內矛盾透過對外擴張而化解；然而，這種觀點現在得到了澈底的變更，有些戰爭反而遭到更強烈的國內人民的反對，如越南戰爭就遭到美國人民的抵制和反對。當戰爭變得越來越難，代價越來越大時，對戰爭的支持就越來越弱。隨著科技革命和教育的發展，政府閉門決策越來越不能愚弄人民，政府也越來越難以控制民眾的呼聲。

第三，世界的相互依存。當今的世界不像以前那樣，民族與民族、國家與國家不再是分割的、無聯繫的，也不再是經濟獨立的，自給自足的，而是相互依存的。第二次世界大戰後，民族解放運動興起，殖民地解體，湧現出一大批小國家，他們的經濟不能自足，特別需要相互合作和依存。「第二次世界大戰一個基本後果就是創造了一個高度相互依存的世界」。[74]「相互依存隨著大量人口，工業化以及對資源的需求的增加而增長，這樣使軍事政治世界遇到了更大的困難」。[75]

第四，國家數量的增加。大批新國家的出現促使國際社會更加相互依存。第二次世界大戰後，國際體系發生了變化，國際體系中新增了許多國家行爲體，而相互依存對於那些國家的生存是至關重要的，「除非貿易依然是大多數國家的主要目的和職能，由160多個國家組成的國際體系就無法繼續存在」。[76]新增的國家其經濟上不能自給自足的特徵增加了和平因素，因爲他們需要與其他國家合作，與其他國家相互依存。只有在相互合作、相互依存中才能達到資源的有效配置，才能充分利用有限的資源，才能保證全人類的生存。

對於羅斯克蘭斯來說，軍事政治世界是一種危險的世界體系。爭霸戰和均勢戰此起彼伏，戰爭不可避免；而擺脫這一惡性循環的危險體系的出路，就是貿易世界，貿易將給人類帶來希望。

羅斯克蘭斯的另一個重要理論貢獻是他提出的「新的強國聯合論」（a new concert of powers）。他指出，人類暫時還不能改變世界無政府狀態，還不可能出現一個世界政府，也不可能實現足夠的相互依存或勞動分工，把國際關係改造成國內政治一樣。在這樣的情況下，只有三種方法能制約無政府狀態，防止它發展爲動亂或戰爭，即均勢、威懾和聯合。聯合是最有效的維持和平的

途徑，羅斯克蘭斯為此提出「新的強國聯合」的三個要素：全體參與、思想一致、對戰爭和領土擴張進行譴責。他認為，現時是國際關係中形成強國一致的最有希望的時期，而形成和保持此一趨勢的關鍵，是發展有力的和平衡的貿易聯繫。[77]

七、羅伯特·傑維斯（1940-2021）

在這一時期眾多的代表人物中，有一位學者值得一提，他就是著名的美國哥倫比亞大學政治學系教授羅伯特·傑維斯。他1940年4月30日生於紐約市，1962年畢業於奧伯林學院，1963年僅花1年時間即獲加州大學柏克萊分校政治學碩士學位，1967年又在該校獲博士學位。之後，他先後在哈佛大學（1968-1973）、耶魯大學（1974-1975）和加州大學洛杉磯分校（1975-1980）教書，1980年起任教於哥倫比亞大學至今。他專長國際安全、決策分析、衝突與合作理論。他的著作和編著甚豐，主要有：《國際關係的概念邏輯》（1970）、《國際政治——無政府狀態、武力和帝國主義》（1973）、《國際政治中的認知和誤解》（1976）、《安全困境下的合作》（1978）、《國際政治——無政府狀態、政治經濟的決策》（1985）、《核革命的意義》（1989）、《體系效應——政治及社會生活中的複雜性》（1997）、《現實主義、新現實主義和合作》（1999）、《前景理論對人性和價值的含義》（2004）、《理解信念》（2006）、《政治學的黑天鵝》（2008）、《為什麼情報會失敗：伊朗革命和伊拉克戰爭的教訓》（2010）和《再論體系效應》（2012）等。2017年3月，傑維斯的《信號與欺騙：國際關係中的形象邏輯》中文版問世，這是一部關於政治心理學和國際關係學的力作，一出版立即受到學術界的關注。長期以來，他還在《世界政治》、《國際安全》等雜誌上發表了大量的文章，如〈安全困境下的合作〉、〈戰爭與誤解〉、〈現實主義、博弈理論與合作〉、〈理性威懾：理論與證實〉、〈關於威懾的爭論：安全與相互安全〉、〈冷戰的遺產〉和〈漢斯·摩根索、現實主義與國際政治的科學研究〉等。傑維斯曾擔任過美國政治學學會副主席和對外關係委員會成員，現為美國國際問題研究學會成員和美國藝術和科學學院院士。2000年，他當選為美國政治學學會主席。

要確定傑維斯屬於哪一學派絕非易事。他曾強調，沃爾茲研究結構（structure），他研究過程（process），重點在體系之間和內部的聯繫及其結果，他運用的分析方法主要是政治心理學。他說，自己不屬於任何一個學派，

他研究他自己的。他常常以批評的態度對待新現實主義，他認為，新現實主義只不過是「沒有新意的理論概念的新發展」。「新現實主義的重要性在減弱，因為許多人已經開始對它感到厭倦」。[78]但是，他同時對新自由主義的相互依存論也持批評觀點，他被人稱之為與自由主義思潮相對的「現代主義學者」[79]。有的學者說得更加明確：羅伯特・傑維斯跨越著兩個流派陣營──強調決策心理分析的多元主義和強調安全、威懾、無政府狀態的國際體系的現實主義。從這個意義上來說，傑維斯的國際關係理論研究有其獨特性。

　　傑維斯的理論探索和成果主要表現在以下三個方面。

（一）關於國際政治中的認知和誤解。1976年，傑維斯出版他的成名之作《國際政治中的認知和誤解》。傑維斯的認知和誤解觀，對原來的國際關係理論做了兩個重要的補充：一是，沃爾茲關於戰爭問題的「三概念」。傑維斯認為，除了人、國家和國際體系之外，認識和誤解也是導致衝突和戰爭的根源。「當對峙的兩國誇大對方的敵意，誤解對方的意圖，衝突和戰爭就不可避免」。[80]傑維斯運用了心理學方法研究國際政治中行為者的認識心理和視覺心理的變化，他不僅列舉了誤解的種種實例，而且還在書中專門寫了一章如何使誤解極小化。[81]耶魯大學教授羅伯特・艾伯爾遜評論道，「這本書是一本非常重要的書，標誌著政治學的一個新浪潮湧現出來了」。史丹佛大學教授亞歷山大・喬治則指出，傑維斯的這本書將成為研究影響外交政策的心理學因素的一個里程碑。二是，國際關係的層次分析。傑維斯從認知和誤解的角度在決策層次、官僚層次、國內政治運作層次和國際環境變化層次，深入地分析國際社會中各種關係的定位及其互動規律。

（二）關於體系效應。體系效應（system effects）又稱互動效應（interaction effects）。基於30多年的觀察，傑維斯完成了一本題為《體系效應──政治及社會生活中的複雜性》的書，此書於1997年出版。傑維斯在書中尖銳地指出，不少社會科學理論（特別是政治學理論）的基礎有明顯的缺陷，他的體系效應理論就是旨在從一個側面幫助克服這些缺陷。

　　體系效應理論的出發點是：世界上的事物都是相互聯繫的，人們的行為常常會引出始料未及的或不可避免的結果，行為的總效應與個人行為的總量是不對等的。「結果與互動往往不協調，因為效應常常是間接的」。[82]結果一般透過連鎖式的行為和反應來實現，為實現某一目標的直接努力可能會產生反效應，形成一種非線性關係。傑維斯在書中提出

體系效應的「三段式」：結果不能透過個別行為來預測；一國的戰略取決於對方的戰略；行為可以改變環境。他進而認為，政治和社會生活中行為者的能力、偏好和信仰是可以透過互動改變的；在體系內，影響效應的驅動力是競爭；體系效應是多元的，多層次的。

傑維斯還運用體系效應理論對沃爾茲的結構現實主義提出質疑。他認為，沃爾茲的「結構—體系—單位分析」有局限性，概念狹隘，是一種靜態分析。而他主張的是「體系—行為—效應」的雙向動態式分析。

（三）關於理性威懾理論。自1978年發表《安全困境下的合作》以來，傑維斯20多年來堅持不懈地進行國際合作安全（international cooperation security）的研究，從微觀到宏觀，從結構到戰略，從案例到理論，所涉及的安全問題面之廣、程度之深在西方學者中是少見的。這裡著重介紹傑維斯提出的理性威懾論（Rational Deterrence Theory, RDT）。

RDT重點研究「威脅和武力的根源與作用」，目的是從理論上分析如何「減弱安全困境」和「實現危機下的穩定」。RDT是五、六十年代威懾理論的發展，標誌著「威懾理論的第二次浪潮」。[83]RDT的基本內容包括：

——分析四個因素的變化：防禦和進攻的變化，付出代價的變化，影響對方決策能力的變化，評估和預測對方行動的變化。[84]

——研究四組關係的互動：合作與脫離（cooperation vs. defection）、進攻與防禦（offense vs. defense）、權力與價值（power vs. value）、利己與利他（self interest vs. altruism）。[85]

——雙重威懾問題。威懾的實施形態常常表現為抑制威懾（deterrence by denial）和懲罰威懾（deterrence by punishment）。前者認為，只有抑制對方擴張企圖，和平才能得以維護，尤其是指用武力保衛有爭議的領土的能力；後者則是核時代下的「恐怖均勢」（balance of terror）。傑維斯主張把兩者結合起來，這是RDT的成功關鍵。[86]

第五節　對新現實主義與新自由主義的評價

在此，我們可以得出幾點初步的結論：一、新現實主義與新自由主義是在傳統現實主義與自由主義根基上生長出來的兩個涉及國際關係的不同理論學

派。它們都認為自己的理論最能體現和表述國際體系的本質，然而，這兩種學派的理論只是各代表了一種國際政治的現實。現實主義強調衝突與戰爭，認為國家是追逐利益和權力的；而自由主義則強調合作與穩定，認為國家是自律、自控和理性的。自人類社會開始走入群體生活以來，人類便生活在戰爭與和平的相互交替之中。國際關係的現實主義理論顯現人、國家與國際社會中陰暗不理想的一面；而自由主義則表述了人、國家和國際體系中光明理想的一面。這兩大理論學派揭示了國際關係中切實存在的兩種現實──戰爭與和平，現實主義忽視了國際關係中和平因素，自由主義則忽視了戰爭因素，而戰爭與和平的歷史現實是對立的，很難將二者統一起來，從而導致現實主義與自由主義的理論對峙。

第二次論戰對西方國際關係理論的發展有積極意義，但基本上局限於「狹隘定義的方法論」的分歧。「第二次論戰實質上是一次虛假的戰爭，沒有發生過一場真正的戰役，因為兩個學派（傳統現實主義與科學行為主義）是屬同一個範式」。[87]國際關係理論領域的這一「沉靜」到1970年代末才被打破，主張結構分析和多元分析的新現實主義和新自由主義第一次用新的視角和範式研究不同角色、不同結構以及相互關係。當時就曾出現過「三方論戰」（three sided debate）的雛形：現實主義、多元主義和結構主義。這一情況在美國尤為突出，學術界「對多元分析和結構主義的呼聲和支援日益高漲」，「國際關係理論史上從未出現過如此多的不同範式，而且開始被應用於政策實踐」。[88]

不少學者認為，第三次論戰把重點從前次論戰的「方法論」轉到「認知論」，著重探討關於國際關係的認知的性質和發展，科恩的「範式分析」、勞頓的「研究傳統」、蓋廷的「超級理論」和霍克的「全球理論」構成了「認知論」的基礎。[89]第三次論戰也涉及方法論的分歧，但重點已轉為關於世界的認知概念的分歧，特別是「國家為中心」還是「全球為中心」的爭論。

在研究過程中，兩派學者們都重視運用「新的科學哲學」，難怪有人認為，從這個意義上來說，第三次論戰可以被視為是第二次論戰中科學行為主義學派「遲到的、陰差陽錯的勝利」。[90]

霍夫曼曾說過，第三次論戰期間，國際關係理論「處於一種重建的過程之中」。[91]新現實主義與新自由主義理論是傳統現實與自由主義理論的延續，他們對各自的傳統理論進行了修補，這是新的歷史現實賦予新現實主義與新自由主義的使命。正如羅斯克蘭斯所定義的，第二次世界大戰的結束使人類歷史的發展發生了轉折，政治現實的變化促使理論的更新，這是歷史發展的需要。

　　二、新現實主義和新自由主義代表了兩種不同的認識世界觀,從科學哲學的角度來看,其基本觀點可從人、國家和國家間關係三個層面反映出來。

　　第一,關於人。新現實主義繼承了傳統現實主義關於人性惡的基本觀點,對人的本質持悲觀態度,認為人的本性易被欲望驅使,是邪惡的。由於人的動機是滿足自己的欲望,勢必就會發生衝突而不是合作。人類的衝突甚至戰爭是自然的,是正常的。人類的問題深植於人的潛意識中,遠不是人們之間的誤解造成的,也遠非以理性的對話和勸解能解決的。雖然深植於人性中的人類問題是頑固的,但並不意味著沒有解決的辦法。頑固的問題需要強有力的手段來解決,也就是說使用強力迫使人改變。

　　新自由主義拋棄傳統自由主義人性善的觀點,但又不像現實主義那樣認為人性是純粹惡的,他們承認人的本質是不完美的,人是有缺點的,有脆弱和非理性的一面,但也具有潛在的能力控制自己的欲望,並在合理的環境下使自己變得有理性。人不是實現集體目的的手段,人本身就是目的。人在群體生活中有能力創造適合自己發展的習俗、規則及價值觀,人可以透過理性手段解決人與人之間的衝突。基歐漢強調,人有足夠的智慧與他人以任何方式進行貿易交易,人有能力衡量自己的利益和得與失並有能力與他人競爭,有能力做出理性的選擇。

　　第二,關於國家。新現實主義關於人的概念與國家概念有直接聯繫。新現實主義者認為,人自身沒有挽救自己的能力,只有在自身以外,在集體中及國家內才能實現這一願望。國家彌補了人的這一缺陷。人是衝動的,國家則是人格化的;人是脆弱的,國家是強大的;人缺乏真正的「人格」,國家則是理性化的。人創造國家,國家也造就了人。然而,國家具有二元性,同時表現出潛在的非理性一面,為了自己的國家利益,不惜犧牲他國的利益,在國家間很難建立一種有序的、公正的、謀求共同利益的國際格局。新現實主義認為,國家是不完善的,由於不完善的特性和力量的差異,要求得生存,國家就必須很強盛。但是,不是所有的國家都強盛,所以就需要一個強國來維持國際秩序。吉爾平的霸權穩定論將這一思想推到了頂峰。

　　新自由主義繼承了古典自由主義對於國家的解釋。國家是在人們共同的協定下建立起來的,主權的根本是人民,國家對外維持主權獨立,對內保障個人權力,滿足人民需要。公益必須建立在私益的基礎上。國家是滿足人之所需的手段,自身絕對不是目的。人是國家這個整體內的部分,應是整體服務於部分,而不是部分服務於整體。新自由主義強調,次國家行為體以及私人行為

體，如俱樂部、社會團體、公司、政黨等在社會中的重要性以及相對自主性，主張國家應該有開放和透明的特性。同樣地，國家在國際社會中是獨立的、自主的與平等的。

新自由主義聲稱國家儘管不完美，但是有理性的，如果國家是非理性的，就無法在國際體系中建立起任何機制，以制約違犯公益的行為。國際機制是建立在國家理性基礎上的，然而，理性的國家之間並不是沒有衝突，因為不完善的國家間不可避免會產生利益衝突。有利益衝突，國與國才有合作，因為合作發生在行為者認為他們的政策處在真正的或潛在衝突之中，而不是和諧之中。合作是對衝突的反映，而國際機制既是對衝突的反映又是對衝突的限制，總的來講，國家的理性本質就是國際機制和合作的基礎。

第三，關於國家間關係。對於國家間的關係──和平還是戰爭問題，新現實主義基本上是持悲觀的態度，新自由主義則是樂觀的。新現實主義認為國際社會是無政府的，僅靠體系結構控制著所有行為體，決定著國家與國際社會的行為。新現實主義堅持獨立的主權民族國家的共處是可能的，但不是和平共處，因為在自助體系中，戰爭是可能的並且是正常的現象。在無政府結構中出現一種秩序是可能的，但不是和平秩序。在一段時間內，戰爭是可以避免的，那是因為戰爭的威懾力在起作用，戰爭應以戰爭所造就的威懾力加以遏制，以強制強，但必須做好應付最壞結果的準備。不充分的軍備以及裁軍導致力量真空和不穩定格局的形成，這就容易誘發侵略行為和戰爭的形成和出現。跟傳統現實主義一樣，新現實主義認為，國家生存繫於由自助原則控制的戰爭狀態，要安全，就必須獲得權力。當所有國家處於相對的安全狀態時，國際體系中的穩定局面才有可能形成。然而，不同於傳統現實主義的是，新現實主義者，特別是沃爾茲認為，權力不是目的，而是維護國家獨立安全這一最高目的的手段。國家的目的不是使自己的實力最大化，而是防止和阻止任何一國權力的最大化。

新現實主義仍然強調國家是主要行為體，國家的權力很重要，國家的最終目的是實現和確保自我安全。新自由主義同傳統自由主義一樣，認為國家是人們共同協定的產物，國家是滿足人們需要的手段。新自由主義不否認現實主義所強調的國家是國際體系中主要行為體，但強調除國家外，國際組織、跨國組織以及各種社會團體對國際體系作用，國家作為唯一主要行為體的作用在下降。

新自由主義強調體系結構，也就是全球結構對國際關係有著舉足輕重的影

響。結構決定著國家和國際社會的行為，無政府的世界秩序賦予結構重要的使命，結構控制行為體。新自由主義認為，和平與全球合作在國際組織和國際機制的維持下是可能的。新自由主義不否認國際衝突的存在，但認為，國際組織、正式和非正式的國際規則可以避免衝突，加強合作。由於非國家行為體對國際體系影響力的增加，強力作用的下降，功能合作的加強以及現代科學技術的發展等使國際相互依存加深，未來的國際社會不是分裂的、相隔的，可以透過全球結構促進世界和平及國際合作。

三、關於歷史變遷、理論變革及其實踐意義。理論的發展來源於對歷史的思考和對未來的展望。正如前兩次論戰是對當時國際關係變化的思考和反映一樣，第二次世界大戰以後，特別是70年代以後世界經濟和世界政治的變化，為新現實主義與新自由主義的產生、發展以及它們之間的論戰提供了土壤。

1970年代，發生了兩件影響國際關係發展的重大事件：1971年，以美元為中心的國際貨幣體系由於與黃金脫鉤而崩潰，美元的霸主地位被削弱，國際金融關係從固定匯率制轉變為浮動匯率制。布雷頓體系和固定匯率制的廢棄，意味著國際金融紀律的完全鬆弛，這為以後的私人債務、國家債務和國際債務的大量增加，打開了方便之門。隨著貨幣流動和貨幣投機的進一步發展，也為此後各國金融相互影響以及世界經濟依賴程度的提高創造了條件。1973年發生的第一次石油危機對世界格局的影響也是深遠的。發達國家出現了整整10年的經濟「停滯性通貨膨脹」期，再也不能與發展中國家，甚至是與其原來的殖民地國家的內政外交相分開。一些原本弱小的國家使強國受到了衝擊，能源價格的波動，進而影響到西方社會的商品價格和經濟穩定這一事實，使許多人士相信權力已經發生了轉移，世界也變得日益相互依存了。

那麼，新現實主義與新自由主義究竟是如何來認識這個變化的世界呢？鮑德溫曾說，新現實主義與新自由主義的爭論，並不在於認為世界是什麼和認為世界應是什麼之間的區別，而是兩派學者在如何描述現實世界上存在不同。[92]

作為新現實主義理論家，沃爾茲不僅捍衛了傳統現實主義理論，而且從體系結構的角度提出，1973年的世界性石油危機使一些國家受到嚴重束縛，而另一些國家則有多種選擇；一些國家幾乎無力影響國外事件，而一些國家對外界卻有著巨大的影響。沃爾茲認為，高度敏感性減少了美國的脆弱性。由於美國所付出的代價與別國並不相等，因此它們並不是對等的相互依存，當今大國的依存性小於過去大國的依存性。從沃爾茲的分析中，我們可以看出他還是從權力角度來理解相互依存問題。

　　作爲新自由主義的代表人物，羅伯特‧基歐漢和約瑟夫‧奈伊試圖建立從政治角度分析相互依存的一種理論框架，他們既不贊同傳統派的觀點，也對現代派認爲電信和交通業已創造了一個「世界村」，社會經濟交往產生了一個「無國界的世界」的觀點表示懷疑。在《權力與相互依存》一書中，他們認爲，現實世界的相互依存，首先與國家關係的敏感性有關。敏感性涉及在某種政策框架內所做反應的程度，即某國發生變化導致另一國變化的速度有多快，所付代價有多大。1973年石油危機反映了各國受石油價格上漲的敏感性和脆弱性的程度。

　　戰後以來，自由制度主義始終是現實主義理論所面臨的一大挑戰。兩大學派的分歧不僅涉及國家行爲體的作用，而且還涉及國際合作和國際無政府兩個基本問題。現實主義理論對國際合作的前景以及國際制度的作用的分析是低調的，認爲國際制度不可能緩和無政府狀態對國家之間合作的限制性影響。而1940年代和50年代早期的功能主義一體化理論，50和60年代的新功能主義區域一體化理論，以及70年代的相互依存理論都拒絕了現實主義對國家和對世界政治悲觀的理解。比較而言，這些早期的自由制度主義見解爲國際合作提供了有益的預測並對制度促進國際合作的能力做了較樂觀的評價。

　　其實，更重要的是新現實主義與新自由主義，對如何有效地透過國際合作來緩和或控制這種無政府狀態有著不同的看法，這尤其表現在對國際組織和跨國公司的理解上。

　　透過國際組織來促進國際合作在19世紀中期就已出現，而第二次世界大戰以後國際組織更是大量湧現，並且規模日益擴大。如歐共體、國際貨幣基金組織、石油輸出國組織等，特別是歐共體，1973年，歐共體的成員國已有9個，1986年增至12個，它們的國內生產總值已接近美國。同時其有關機構的權力已不斷擴大。1975年，歐洲理事會開始有權討論和決定有關共同體的一切大政方針，使之實際上成爲共同體的最高決策機關。1991年歐共體簽訂的《馬斯特里赫特條約》最後透過了經濟與貨幣聯盟和政治聯盟的有關文件，使歐共體的一體化發展進入一個新階段。1995年歐共體改名歐洲聯盟（歐盟），又經過20年發展，成員國擴大至28個，其影響力日益壯大。歐盟的這種不斷擴展與深化的合作不僅影響著歐洲，而且使世人相信，國際組織正在影響著國家利益，改變原有的無政府狀態下的國際體系，從區域一體化開始進而向更高層次的一體化方向發展，將成爲今天的現實和未來的趨勢。新自由主義認爲，從西歐日益加快的一體化進程來看，只有基於共同的利益才能促成這樣的一體化進程。基歐

漢等人指出：「歐共體的未來是他們理論的重要試金石。如果歐洲一體化的進程減弱了或者受到了逆轉，那麼新現實主義將是正確的。如果一體化得到了繼續，那麼新自由主義將視之爲是對他們觀點的支持。」[93]目前，歐洲一體化進程發生波折，英國已啓動脫歐程式，但從長遠來看，以歐盟爲標誌的歐洲一體化不會因英國脫歐而停頓，仍將繼續向前發展。新現實主義與新自由主義在這相互交織。

　　那麼，新現實主義與影響頗大的相互依存論和國際制度主義有何關係呢？應該說，兩者既有密切關係，又有明顯區別，把兩者混爲一談是不妥當的。

　　反映相互依存和國際制度的新自由主義認爲，其一，國家不再是占支配地位的國際角色，世界政治與經濟多極化導致眾多的角色活躍在國際舞臺，如利益集團、跨國公司、國際組織等；其二，武力不再是有效的政策手段，從根本上否定了現實主義關於權力的概念；其三，改變了現實主義關於國際事務的固定僵化的排列順序：軍事安全問題始終占首位，經濟、科技、社會、福利問題一直居後，認爲國際事務的排列問題，不再是固定不變的了，而是應形勢變化而異，經濟、科技、社會、福利問題在某些時期也可躍居首要地位。

　　與上述觀點相比，新現實主義則有不同的側重點：一是，雖然存在不同的國際關係角色，國家仍是最關鍵、最重要的角色；二是，國家對外活動以追求權力和財富爲目標，強調國際政治與經濟相結合；三是，國家應根據自身的利益，以合理的方式參與國際政治經濟軍事活動。

　　在美國，有一些著名學者（如約瑟夫‧奈伊）提出這樣的看法：新現實主義與新自由主義在對外戰略思想方面即表現爲保守現實主義與理想自由主義的分野，其關係可見下圖：

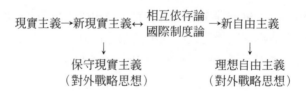

　　這一看法可供我們研究時參考。

　　總的來看，從1970年代末開始，以沃爾茲爲代表的新現實主義理論日益興起，而新自由主義理論則一度大幅下降。80年代末到90年代初，新自由主義迅速攀升到新的高度。其原因主要是：70年代由於石油危機、美元危機和資本投

資熱潮，也由於美、中、蘇三角關係的新格局和傳統東西方關係畫面的模糊化（所謂「趨同」現象），而被稱作「相互依存進程大大加速的10年」，它刺激了全球主義的討論；此後一段時期由於蘇聯入侵阿富汗，美國雷根政府的強硬反應和東西方關係的重新緊張，出現了一段時間的「新冷戰」，從理論到政策都有加強現實主義權力政治的跡象；直到80年代中後期，隨著蘇聯新舊領導的交替，尤其是戈巴契夫的上臺和此後蘇聯外交「新思維」的出現，東西方對峙的局面才得到緩和；80年代末，隨著蘇聯的解體和兩極格局的結束，新自由主義在西方又得到了重視，形成新現實主義與新自由主義兩個學派左右西方國際關係理論的局面。

毋庸置疑，新現實主義和新自由主義對美國等西方國家的外交政策有著很大的影響，其實踐意義不可低估。從本質上來說，它們是「為管理國際體系中的大國關係服務的」。[94]霍夫曼曾強調說，新現實主義與新自由主義為美國對外戰略提供了一種新的理論思維方法和手段。它們提出的國際政治經濟學、合作理論、霸權穩定論、國際機制論、複合相互依存論、世界體系論等與決策和實踐關係密切。進入1990年代後，第三次論戰仍在繼續，並且不斷在擴大和深入，新的流派參與其中，新的理論層出不窮。如果說摩根索為代表的現實主義是「冷戰理論」的話，那麼，第三次論戰將進入「冷戰後理論」的重要階段。

第四，新現實主義與新自由主義在很多問題上存在分歧，但在其發展過程中，理論也融合了時代的因素。它們結合不斷變化的現實，努力解釋複雜的世界。新現實主義與新自由主義無論從它們的理論基礎看，還是從它們20餘年所爭論的內容看，在很多問題上我們都不能絕對地用「對立」或「相反」來形容兩者的觀點差別。英尼斯‧克勞德曾對「現實主義與理想主義本質上是對立的」這一概念提出了疑問，並指出它們「如果被認為是互補的而不是在國際事務研究中相互競爭的，那就更恰當了」。同樣，把新現實主義與新自由主義理論絕對地分成兩派，並非明智之舉。新現實主義與新自由主義既聯繫又區別，二者在相互批判的同時也找到了共同點。

新現實主義與新自由主義之分，本來就有許多不確定性。事實上，由於新現實主義與新自由主義兩者中沒有一方能完全說服對方，而且各自理論也存在不足，對現實的解釋存在偏差，因此透過它們的相互借鑑來促進對國際關係的瞭解是相當重要的。在這兩種理論演進的過程中，我們也可以看到這種跡象。冷戰的結束過程充滿著動盪和變化，但這一切卻「活躍了學術思想……這些思想反映了被遺忘了的、但應按其原狀來設計的世界」。[95]自70年代末80年代初

發展起來的新現實主義與新自由主義理論從兩個重要側面，對國際格局和國家行為的變化做了及時的和有益的說明和解釋。

90年代初，大衛‧鮑德溫就認為，儘管新現實主義與新自由主義都不能完全說服對方，但彼此都能夠相互學習以促進對國際政治的瞭解。隨著新現實主義與新自由主義的不斷發展，他認為有幾方面需要進行深入的研究。

一、迫切需要更好地瞭解促進或阻礙國際合作的條件和因素。新現實主義與新自由主義的爭論，已經至少引出六個值得進一步研究的問題。首先是關於相互對等（reciprocity）的戰略問題，即在什麼樣的條件下，這種戰略能促進國際合作；第二是關於行為者的多少對合作可能性的促進問題；第三是關於行為者對他們將來合作中相互關係的期望問題；第四，關於國際制度對合作的促進問題；第五，關於促進合作中的「認識共同主體」（epistemic communities）問題；第六，關於行為者間的權力分配對國際合作的影響問題。上述六個問題對新現實主義與新自由主義學者的互補研究，提供了豐富的素材。

二、如何解釋國內政治的問題。我們不能隨意假定新自由主義承認國內政治的重要性而新現實主義忽視它。基歐漢等人敦促以更大的努力加強國內政治和國際政治關係的理論研究，並認為對國內政治的考慮與理解國家如何定義他們的利益有關，特別是為什麼國家選擇某些戰略而放棄另一些，以及在什麼條件下國家有可能遵守國際條約。

三、現實主義與自由主義之間對軍事力量的作用存在著傳統分歧，那麼這種分歧是否存在於新現實主義與新自由主義之間呢？回答是不確定的。這一問題也有待進一步的研究。

四、在促進國際合作方面，各種手段的相應作用也值得研究。軍事、經濟、宣傳和外交方面的手段應該也可以被用來發展合作。新現實主義與新自由主義都需要超越以往的認識，進行更多實證性的研究。

冷戰結束前後國際形勢的變化給國際關係理論帶來了新命題、新內容和新挑戰。無論從實踐上還是從理論上來看，新現實主義與新自由主義的一些理論觀點都應該是可以相互借鑑的。一些新自由主義者建議把自由主義的取向與現實主義的政策結合起來，把學者個人的探討與政府政策的選擇結合起來，把西方利益的維護與國際和平及世界進步的目標結合起來。羅伯特‧基歐漢和約瑟夫‧奈伊透過將系統分成結構（單位間的能力分配）和過程（單位相互聯繫的方式）兩方面，不僅豐富了系統理論，也使新現實主義與新自由主義在一定程

度上得到了互補。他們認為，在系統層次上，除了權力分配外，國家所受到限制和獲得的機會是隨著世界經濟的影響、技術革新和國際體系的變化而變化的。這些系統的過程對國家選擇產生的影響屬於非權力影響，是合作性與交往性的。

完善新現實主義理論的努力，還包括對權力的重塑以及在合作而不是競爭條件下加強相互理解。當前，技術革命正在進入一個更高的發展階段——資訊技術時代。資訊技術和資訊產業不僅能成為未來世界經濟高漲的主要動力，而且使國家的行為方式、國際合作的程度與範圍、相互依賴關係等發生重大的變化，進而影響國際規範和國際制度的變遷。對這些問題的解釋已非某一種理論能夠完成的，新現實主義與新自由主義也需要透過互補立足於一個更新、更高的角度來認識世界。

20多年前，約瑟夫・奈伊尖銳地指出，新現實主義與新自由主義之間的分歧「被誇大了，事實上，這兩種研究方法是能夠互補的」。[96]他還說：「現在已到了超越國際政治中傳統的現實主義與自由主義分野的時候了，兩個傳統學派均對幫助人們瞭解國際行為的理論研究做出了貢獻。1990年代，國際關係理論研究工作也許是綜合，而不是僅僅重複70、80年代兩個學派的爭論。」[97]在持續了20餘年的爭論後，處於世紀之交的新現實主義與新自由主義必將以新的面貌出現。無論今天的新現實主義與新自由主義是在繼續著第三次論戰，還是正在揭開第四次論戰的序幕，可以肯定的一點是，它們的觀點在一定程度上得到了綜合。隨著知識經濟時代的到來，完善新現實主義與新自由主義的理論，將會繼續努力下去。

註釋

1　Richard Little, "Structuralism and Neorealism", in Margot Light and A.J.R Groom, *International Relations—A Handbook of Current Theory,* 1985, p. 74.

2　Stanley Hoffmann, "Realism and Its Discontents", *The Atlantic Monthly,* November 1985.

3　James Dougherty and Robert Pfaltzgraff, Jr., *Contending Theories of International Relations,* Longman Publishing Company, 1982, p. 552.

4　Kenneth Booth and Steve Smith, *International Relations Today,* 1995, p. 264.

5　Joseph Nye, "Neorealism and Neoliberalism", *World Politics,* No. 1, 1988.

6　Robert Keohane, *Neorealism and Its Critics,* Columbia University Press, 1986, p. 16.

7　肯尼思・沃爾茲：《國際政治理論》，信強譯，蘇長和校，上海人民出版社 2003年，封底有羅伯特・基歐漢的評語

8　Robert Keohane, *Neorealism and Its Critics,* Columbia University Press, 1986, p. 9.

9　1988年10月19日，霍夫曼與筆者的談話紀要。

10　Kenneth Waltz, "Realist Thought and Neorealist Theory", *Journal of International Affairs,* Spring 1990.

11　James Dougherty and Robert Pfaltzgraff, Jr., *Contending Theories of International Relations,* Longman Publishing Company, 1997, p. 81.

12　Hans Morgenthau, *Politics Among Nations,* 1972 edition, p. 3.

13　Kenneth Waltz, "Realist Thought and Neorealist Theory", *Journal of International Affairs, Spring 1990.*

14　Richard Feinberg, *The Intemperate Zone—The Third World Challenge to US Foreign Policy,* W.W.Norton and Company, 1983, pp. 22-25.

15　"Symposium on Neorealism", *International Organization,* Spring 1984.

16　Robert Keohane, *Neorealism and Its Critics,* Columbia University Press, 1986, pp. 6-7.

17　Ibid., p. 17.

18　Ibid., p. 150.

19　Ibid., p. 151.

20　Richard Ashley, "Poverty of Neorealism", *International Organization*, Spring 1984.

21　Robert Keohane, *Neorealism and Its Critics,* Columbia University Press, 1986, p. 152.

22　Ibid., p. 169.

23　Ibid., p. 159, 18.

24　Ibid., p. 243.

25　Ibid., p. 322.

26　Ibid., p. 337.

27　Joseph Nye, "Neorealism and Neoliberalism", *World Politics,* No. 1, 1988.

28　Robert Powell, "Anarchy in International Relations Theory: Debate Between Neonealism and Neoliberalism", *International Organization,* Spring 1994.

29　Robert Keohane, *International Institutions and State Power—Essays on International*

Relations Theory, Westview Press, 1989, p. 16.

30 Ole Holsti, "Models of International Relations—Realist and Neoliberalist Perspectives on Conflict and Cooperation", in Charles Kegley and Eugene Wottkoff (eds.), *The Global Agenda—Issues and Perspectives,* 1995, p. 136.

31 David Baldwin, *Neorealism and Neoliberalism: the Contemporary Debate,* Columbia University Press, 1993, p. 3.

32 David Baldwin, *Neorealism and Neoliberalism: the Contemporary Debate,* Columbia University Press, 1993, pp. 4-8.

33 Kenneth Booth and Steve Smith, *International Relations Today,* 1995, p. 23.

34 Paul Schroeder, "Historical Reality vs. Neorealist Theory", *International Security,* Summer 1994.

35 Jung Gabriel, *Worldviews and Theories of International Relations,* St. Martin Press, Inc., 1994, p. 86.

36 見沃爾茲《國際政治理論》中文版封底評語。

37 Paul Schroeder, "Historical Reality vs. Neorealist Theory", *International Security,* Summer 1994.

38 Kenneth Waltz, *Theory of International Politics,* McGraw Hill Publishing Company, 1979, p. 1.

39 Ibid., p. 64.

40 Ibid., p. 79.

41 Ibid., p. 80.

42 Ibid., p. 117.

43 Ibid., p. 74.

44 Kenneth Waltz, "Structural Realism After the Cold War", *International Security,* Vol. 25, No. 1, Summer 2000.

45 秦亞青：《現實主義理論的發展及其批判》，《國際政治科學》，2005年第2期，第143-144頁。

46 Robert Keohane, *Neorealism and Its Critics,* Columbia University Press, 1986, p. 304.

47 Iver Neumann and Ole Woever, *The Future of International Relations—Masters in the Making,* Routledge, 1997, p. 122.

48 Robert Keohane, *Neorealism and Its Critics,* Columbia University Press, 1986, p.

177, p. 179.

49 Iver Neumann and Ole Wæever, *The Future of International Relations—Masters in the Making,* Routledge, 1997, p. 124.

50 Ibid., pp. 125-126.

51 Robert Gilpin, *War and Change of World Politics,* Cambridge University Press, 1981, p. 210.

52 Ibid., pp. 52-105.

53 Ibid., p. 194.

54 Robert Keohane, *Neorealism and Its Critics,* Columbia University Press, 1986, p. 302.

55 David Baldwin, "Power Analysis and World Politics", *World Politics,* January 1979.

56 David Baldwin, *Economic Statecraft,* Princeton University Press, 1985, pp. 20-22.

57 Ibid., pp. 39-40.

58 Robert Lieber, No Common *Power–Understanding International Relations,* Harper Collins College Publishers, 1995, pp. 5-9.

59 Robert Lieber, "Existential Realism After the Cold War", *Washington Quarterly,* Winter 1993.

60 Robert Keohane, *International Institutions and State Power—Essays on International Relations Theory,* Westview Press, 1989, pp. 25-26.

61 Robert Keohane and Joseph Nye, *Transnational Relations and World Politics,* Harvard University Press, 1981, Preface.

62 Joseph Nye, "Multilateralism", *Foreign Policy,* Summer 1985.

63 Peter Katzenstein, Robert Keohane and Stephen Krasner (eds.), Exploration and Contestation in the Study of World Politics, The MIT Press, 1999, p. 18.

64 Robert Keohane and Joseph Nye, *Power and Interdependence—World Politics in Transition.*

65 Ibid.

66 Robert Keohane and Joseph Nye, "Power and Interdependence Revisited", *International Organization*, Autumn 1987.

67 秦亞青：《現代國際關係理論的沿革》，《教學與研究》，2004年第7期，第58頁。

68 Robert Keohane and Joseph Nye, "Power and Interdependence Revisited",

International Organization, Autumn 1987.

69 Vendulka Kubalkova, Nicholas Onuf and Paul Kowert (eds.), *International Relations in a Constructed World,* M. E. Sharpe Inc., 1998, p. 40.

70 Robert Keohane, *International Institutions and State Power—Essays on International Relations Theory,* Westview Press, 1989, p. 8.

71 Ibid., p. 15.

72 Joseph Nye, "Neorealism and Neoliberalism", *World Politics,* No. 1, 1988.

73 Richard Rosecrance, "The Rise of the Trading State", *Basic Books,* 1986, pp. 23-25.

74 Ibid., p. 140.

75 Ibid., p. 28.

76 Ibid., p. 15.

77 Richard Rosecrance, "A New Concert of Powers", *Dialogue,* No. 3, 1993.

78 Robert Jervis, "Realism in the Study of World Politics", *International Organization,* Autumn 1998.

79 Yosef Lapid, "International Relations", *International Studies Quarterly,* (1989)33.

80 Robert Jervis, "War and Misperception", *Journal of International History,* Spring 1988.

81 Robert Jervis, *Perception and Misperception in International Politics,* Princeton University Press, 1977, p. 6, 409.

82 Robert Jervis, *System Effects—Complexity in Political and Social Life,* Princeton University Press, 1997, p. 113.

83 Robert Jervis, "Rational Deterrence, Theory and Evidence", *World Politics,* August 1988.

84 Robert Jervis, "From Balance to Concert—A Study of International Security Cooperation", in Kenneth Oye (eds.), *Cooperation Under Anarchy,* Princeton University Press, 1986.

85 Robert Jervis, "Realism, Game Theory and Cooperation", *World Politics,* April 1988.

86 Robert Jervis, "Debates on Deterrance: Security and Mutual Security", Paper Presented to the Conference on Strategic Studies, Oct.21-33, 1988; "What do we want to deter and how do we deter it ?", in Benjamin Ederington and Michael Mazarr (eds.), "Turning Point—The Gulf War and U.S. Military Strategy", *Westview,* 1994.

87 Hugh Dyer and Leon Margusarian (eds.), *The Study of International Relations,*

St.Martin's Press, 1989, p. 20.

88 Ibid., p. 23.

89 Yosef Lapid, "International Relations", *International Studies Quarterly,* (1989)33.

90 Ole Wæever, "The Rise and Fall of the Inter paradigm Debate", in Steve Smith, Kenneth Booth and M. Zalemski (eds.), *International Theory—Positivism and Beyond,* Cambridge Univeristy Press, 1996, p. 16.

91 Stanley Hoffmann: *Janus and Mineva—Essays in the Theory and Practice of International Politics,* Westview Press, 1987, p. 91.

92 David Baldwin, *Neorealism and Neoliberalism: the Contemporary Debate,* Columbia University Press, 1993, p. 10.

93 Ibid., p. 5.

94 Robert Keohane, *Neorealism and Its Critics,* Columbia University Press, 1986, p. 248.

95 Michael Barnett: "Bringing in the New World Order—Liberalism, Legitimacy and the United Nations", *World Politics,* July 1997.

96 Joseph Nye, "Neorealism and Neoliberalism", *World Politics,* No. 1, 1988.

97 Ibid.

第五章 論戰仍在繼續——
冷戰後國際關係理論的重建

變革的時代需要有不落俗套的分析。

——大衛·坎貝爾：《釋解安全：美國對外政策與認同政治學》

國際關係的重建要求這一學科擺脫它目前的虛偽性。如果這被認爲是可能對作爲一門學科的國際關係的揚棄和對國際理論（特別是國際關係理論）進行重建的話，那麼，我贊成；如果它是意指放棄對國際關係的希望的話，我是不贊成的。

——尼古拉斯·奧魯夫：
《我們創造的世界：規則與社會理論及其國際關係的作用》

國際理論的新的批判研究所共有的特點之一，就是否定被一般界定爲實證主義的理論。這裡的「批判」一詞意指，後現代主義，批判理論家、女性理論學者和後結構主義者的批評性觀點。毫無疑問，這些觀點是對傳統的或主流的實證主義理論所做的全面批判。

——史蒂夫·史密斯：《國際理論——實證主義及其之後》

第一節 從「範式之間爭論」談起

毋庸置疑，第三次論戰中的主導學派是新現實主義和新自由主義，但實際上，學派背景要複雜得多。理查·阿希利早就提出，從許多角度來看，新現實主義只是「發展趨勢的一部分」。[1]在新現實主義與新自由主義對峙出現的同時，曾形成了一個「範式之間爭論」（inter paradigm debate）的局面。研究「範式之間爭論」是瞭解第三次論戰這一複雜背景的重要出發點。

「範式之間爭論」這一稱呼是邁克爾·班克斯於1985年首先提出來的。班克斯指出，大約從70年代起，後行爲主義階段逐步發展到一個更爲複雜的階

段，新老研究方法和理論既分又合，一些學者忙著建立起「理論之島」，另一些學者則努力博取名家之長，至80年代形成了「一種三角的範式之間爭論」：現實主義、多元主義和全球主義。[2]班克斯等對這三個範式做了如下的歸納：

現實主義是以「國家為中心」的分析法，著重研究國家權力和權力均勢。其要點是：一、國家是最重要最核心的國際關係角色；二、國家本質上是一理性角色；三、權力是國際關係中的核心概念；四、國家安全是國際關係諸角色的核心問題。

多元主義是一種「多中心」的分析法，所強調的是國家決策和跨國主義。其要點是：一、非國家角色是國際關係中不可忽視的重要行為者；二、國家不一定是理性角色；三、相互依存和跨國主義是國際關係的核心概念；四、國家安全不一定是國際關係諸角色的核心問題，國際關係的重要議題是廣泛的，不是一成不變的。

全球主義則以世界體系為分析基礎，強調世界政治經濟中「資本主義全球結構」的作用。該派的主要觀點是：一、國際關係分析的出發點是國家與其他非國家角色賴以發生相互作用的全球體系，而不是國家；二、在承認國家和國際組織等角色的重要性的同時，特別注重探討如何使這些角色協力建立國際關係機制；三、比現實主義和多元主義更加重視國際關係中的經濟因素。[3]

關於「範式之間爭論」的特點，有兩個學者曾做過很好的概括，保羅·維奧蒂和馬克·考比認為：一、三大範式均帶有理想化成分，只是程度不一；二、三者既有分歧，也有共同點，並不相互排斥；三、三個範式的重點在於「研究什麼」，而不在於「如何進行研究」；四、三個範式本身不是理論，只是代表國際關係一般概念的觀點，但某種理論有可能從中產生和發展起來。[4]

班克斯提出的三個範式分析隨後又有了發展，英國學者馬戈特·萊特和肯尼士·布思從另一角度對「範式之間爭論」做了補充，他們提出新馬克思主義的範式，並依據研究範疇、基本概念、角色、動力和國際關係學的任務五個方面變數對三個學派進行了一番比較：

關於研究範疇。現實主義最窄，局限於國家為中心；多元主義開拓了研究範疇，將跨國公司等各種組織包括在其中；新馬克思主義也稱新結構主義，研究範疇最廣，包括各個層次的體系及其結構在內。

關於基本概念。現實主義強調權力政治和均勢結盟；多元主義主張民族主義和相互依存；新馬克思主義則著重研究剝削和依賴。

關於角色。現實主義重視的只是民族國家；多元主義認為國家與其他角色

同樣重要；新馬克思主義則強調階級是最核心的角色。

關於國際關係的動力。現實主義視權力（特別是武力）爲主要動力；多元主義認爲各種社會運動是主要動力；新馬克思主義則強調經濟關係的變動是主要動力。

關於國際關係學的任務。現實主義認爲僅僅是解釋國家的行爲；多元主義強調從不同角度解釋和預測世界的重大事件；新馬克思主義則認爲國際關係學的任務應是揭示世界上的貧富懸殊和階級矛盾。

具體可見下表：

範式之間的爭論[5]

	現實主義	多元主義／相互依存	新馬克思主義
分析層次	以國家爲中心	多個中心	以全球爲中心
基本角色	國家	次國家、跨國家和非國家角色	資本主義世界經濟；階級
行為動力	國家是理性角色，追求國家利益，實現對外目標	尋求跨國的衝突和合作、競爭和妥協的關係	追求階級利益
主要問題	國家安全至上	多元化，不只是福利問題	經濟因素
衝突與合作	國家關係基本上是衝突型的和競爭型的	國家關係有潛在的合作可能，非國家角色常常可起減小衝突的作用	國家內部和國家之間的關係是衝突型的，因爲階級鬥爭是主要模式
關係狀態	靜態	進化	革命

另外一種看法是恩斯特‧哈斯教授提出來的，他主持的一項關於國際關係理論學派的研究課題，列舉了八個不同流派及其代表人物，並對它們的概念、變數、重點等做了比較，比以上幾種看法更具體、更細緻、更深層些。如下表所示：

流派名稱	代表人物	國際關係	角色是否受體系結構支配？	主要概念	強調點
結構現實主義	沃爾茲、吉爾平、克拉斯納等	民族國家	是	權力政治、國家安全	穩定
決策分析	謝林、傑維斯等	官僚集團	否	決策模式	穩定與變化
理性選擇	奧爾森、阿克塞爾羅、基歐漢等	民族國家	是	理性政策分析	穩定
相互依存（新自由主義）	奈伊、基歐漢、羅斯克蘭斯等	國家、國家集團、跨國機構、國際組織	是	新功能主義、複合相互依存	變化
依附論	洛爾汀、卡波拉蘇等	國家（階級代言人）	不完全是	控制與剝削	變化
世界體系	沃勒斯坦、考克斯等	由國家組成的集團或體系	是	世界體系	穩定
新結構主義	阿爾克、魯傑、阿希利等	民族國家（階級代言人）、國家體系部分	是	結構	穩定與變化
新世紀一體化	杜意奇、奧爾克等	人民	否	民族生存	變化

　　從目前各學派的影響程度來看，新現實主義與新自由主義之爭或現實主義與全球主義之爭的看法似乎占支配地位。正如哈斯所說，有的學派尚處雛形，有的只是學派分支（有的甚至只是研究方法而已），有的學者同屬兩、三個學派，有的則先後變換學派，不宜輕易對號入座，應做具體分析。

　　著名歐洲國際關係理論學者奧利·維夫寫了一篇題為〈範式之間爭論的興衰〉的文章，後收入史蒂夫·史密斯等人所編的《國際理論——實證主義及其之後》一書中，他認為「範式之間爭論」是「新新」（new new）合力的結果。他所說的「新新」是指「現實主義轉變為新現實主義，自由主義變換為新自由制度主義」，「兩個新學派經歷綜合的過程」，其間派生出其他範式和流派。在整個1980年代，「新新」綜合過程成為西方國際關係理論的主導潮流。[6]

　　「範式之間爭論」與本章討論的內容有著密切的關係。80年代的「三角範式」（現實主義，多元主義和全球主義）為批判理論的形成提供了學術土壤，為其後出現的新的「三方爭論」（新現實主義、新自由主義和批判理論）創

造了理論條件。80年代的「範式之間爭論」（inter paradigm debate）亦隨之在90年代演變爲「後實證主義爭論」（post positivist debate）或「後現代主義爭論」（post modernist debate）。

第二節　冷戰的結束與國際關係理論

1991年12月蘇聯的解體標誌著戰後兩極對抗、兩霸爭奪的冷戰時代最終結束。一個以多極化和新秩序爲基本特點，以和平與發展爲時代主題的冷戰後時代隨之開始。

正如恩格斯在《自然辯證法》中所指出的：「每一個時代的理論思維，從而我們時代的理論思維，都是一種歷史的產物，在不同的時代具有非常不同的形式，並因而具有非常不同的內容。」[7]作爲時代理論思維的重要組成部分，國際關係理論也是一種歷史的產物。如果說國際關係理論的第一次論戰（現實主義與理想主義）是兩次世界大戰和冷戰前期的歷史產物，第二次論戰（傳統主義與科學行爲主義）是冷戰後期的歷史產物的話，那麼，目前仍在繼續的第三次論戰（新現實主義與新自由主義），既反映了一種「歷史的終結」──冷戰的結束，也折射出另一種「歷史的開端」──冷戰後時代的到來。在世界從冷戰結束到冷戰後的歷史性轉變過程中，國際關係理論領域充滿著反思、修正、探索和爭論。從某種意義上來說：「國際關係理論目前正處在一個極其不確定的階段，這使它面臨著更多的挑戰。」[8]

冷戰的結束是一個過程，呈現出某種階段性和多變性。然而，無論對國際形勢還是對國際關係理論來說，1980年代末到90年代從冷戰結束過渡到冷戰後時代，這一歷史轉變過程都是一個極爲重要的時期。西方國際關係理論的新學派和新理論（如歷史終結論、結構理性主義、批判理論、後現代主義、後實證主義、建構主義等）正是在這一歷史背景下孕育和發展起來的。

這一歷史時期，新現實主義仍維持著一定的優勢，但「關於新現實主義的論戰已集中在冷戰結束所帶來的影響上」。[9]關於這方面的論著和文章層出不窮，使西方國際關係理論領域顯得更加紛雜多變，於是，一場關於冷戰結束的熱烈討論便開展起來了。

1989年，先是斯蒂芬‧羅克（Stephen Rock）出版了關於冷戰結束與國際關係的專著：《爲何實現和平：從歷史觀看大國的修好》，後是法蘭西斯‧福

山（Francis Fukuyama）在《國家利益》1989年夏季號發表著名論文：〈歷史的終結〉。他倆率先從冷戰結束前後國際關係劇變的角度，對國際關係理論研究的主流學派提出質疑和挑戰，因而被稱之為冷戰結束期的「批判理論家」。

羅克從對歷史上大國間修好的研究出發，做出了四個具體的假設來對冷戰結束的前景進行評價：一是，和平狀態最有可能出現在權力運用各不相同的大國之間；二是，和平狀態最有可能出現在經濟活動各不相同的國家之間；三是，和平狀態最有可能出現在社會屬性相同的國家之間；四是，即使權力運用、經濟活動和社會特性有利於和平關係，但仍需要有一些產生促進作用的事件來推動和解過程的發展。然而，羅克指出美蘇關係從來沒有符合過這些標準。自1945年以來，美蘇之間所涉及的是一種「強烈的地緣政治競爭、一種意識形態的隔絕和誤解以及一種潛力較強但實際上較為薄弱的經濟關係」。甚至像1962年的古巴危機也不足以克服上述無望的條件，並在莫斯科與華盛頓之間產生任何較為持久的和解，因此冷戰持續那麼長的時間並不足為奇。對不久的將來，羅克總結道：「可能我們能夠希望的最好結果是結束意識形態上的針鋒相對。」他認為從長期來看，當美國的國內政治回復到自由主義和戈巴契夫的「改革生效」之時，更多基本的變化就有可能發生。[10]雖然，羅克認為只要存在妥協的結構條件，一國的「有效領導」必然能引起重大的變化，但在他的著作中沒有任何東西可使讀者預期到冷戰在數月後就會結束，當然他也沒能夠對這一事件如何或者為什麼會發生作任何解釋。

事實最終告訴我們，所發生的並不是雙方逐漸地和對稱地衰落，而是其中一個超級大國突然地和不對稱地崩潰。羅克不能夠預見不久所要發生的事，並不表明他本人作為一個國際政治分析家存在的缺點，而是反映了結構主義研究作為一種基於預見性的理論所存在的普遍不足。這種不足的反映是視時間為衡量尺寸，而不把它視為是一個過程。結構主義者以時間為刻度來衡量事件，使他們很少注重時間能夠塑造事件這一事實。在國際關係的研究中，他們做出了一些確定的並且常常是令人驚異的結論，這與行為主義謹慎的斷言和分析完全不同。結構主義結論的靜態特點──不能夠解釋變化──使其不能用來很好地預見導致冷戰結束的劇烈變化。

福山在〈歷史的終結〉一文中認為，蘇聯的解體證明自由主義已不再有意識形態上的強大競爭者，這是「人類意識形態進化的終結點」和「人類政府的最後形式」。冷戰的結束代表了「理想國」的勝利和一種政治經濟的特殊形式──「自由資本主義」──「已不能再改進了」，「基本的原則和制度將不

再進一步發展」。像大多數自由主義者一樣，他把歷史看成「進步的」、線性的和定向性的，並且「有一個基本的過程在產生作用並支配著人類社會共同的進化方式」。總之，在自由民主方向上，有某種像人類普遍歷史一樣的東西。

福山相信西方式的政府、政治經濟和政治共同體是人類最終的目標，他的這種信仰至少向國際關係中的正統觀念提出了三方面的挑戰：[11]

首先，他聲稱政治和經濟的發展總是以自由資本主義爲終結，這就想當然地認爲，非西方世界在模仿西方的現代化道路；換句話說，西方的現代化之路將最終主宰整個世界。

其次，福山認爲西方是道德眞理的捍衛者。不管民族和文化的差別是什麼，「進步」將有助於所有社會遵守道德眞理。

第三，福山相信可以從一些方面來評價人類歷史的進步。例如，全球衝突的消除與否，取決於國內政治秩序中合理的原則是否爲國際社會所接受。這組成了一種國際關係的「內—外」研究，在這種研究中，國家外在行爲可以根據他們內在政治、經濟性質，加以解釋。

事實上，國際格局在向多極化過渡的進程中，舊的理論已跟不上時代發展，而新的理論又有待出爐，在這期間，各種觀點紛至沓來。正是由於他們的觀點尙未理論化、系統化，所以他們作品的標題中常帶有問號。對福山來說，歷史終結的命題也給他本人帶來了「煩悶」之感，這正說明了他自己對未來的一種迷茫。對福山的觀點，新現實主義者表示反對。

羅克和福山掀起的討論第一波剛過，又湧來了第二波。

1990年代初蘇聯解體、冷戰結束後，一些學者在福山和羅克的質疑和挑戰基礎上，撰文從不同角度論述冷戰的結束與國際關係理論，進一步對新現實主義和新自由主義提出尖銳的批評。

約翰·蓋迪斯，這位當年以《遏制戰略》一書蜚聲於學界的教授，1992年發表了題爲〈國際關係理論與冷戰的結束〉的長篇論文。[12]蓋迪斯在論文一開始就指出，冷戰結束提供了一個檢驗國際關係理論的機會：爲什麼自稱具有預測功能的國際關係理論，未能預測蘇聯的解體和冷戰的結束。蓋迪斯說，他對現實主義想要構建全面的國際關係理論表示不滿，並認爲以往的三種理論或研究方法（行爲主義、結構主義和進化主義）在冷戰結束的歷史劇變面前，均暴露出自身的弱點。他指出，行爲主義方法既沒有產生理論，也沒有做出預測，由於行爲主義尙屬新生的科學，批評它未能預測冷戰的結束似乎過於苛求。蓋迪斯認爲，沃爾茲的結構主義是對卡普蘭體系理論進行批評的產物，結構主義

是國際關係理論的一大進步，但沃爾茲卻認爲「兩極會維繫下去」，「冷戰會繼續下去」，但也未能預測到冷戰的終結；直到1989年，羅克才預示冷戰將會和平地結束。蓋迪斯還指出，進化主義關於線性和週期的理論與方法，雖然提出了發展理論、相互依存論和戰爭過時論，但也在冷戰國際關係劇變下顯得束手無策。他稱這一現象爲「預測困境」（predictability paradox）。自第二次世界大戰以來，幾代國際關係理論家以研究冷戰爲本，如今未能成功地預測其終結，不免使人懷疑他們的理論（特別是現實主義和自由主義）的可靠性和科學性。

威廉・沃弗斯，他先在《國際安全》雜誌上發表了題爲〈現實主義與冷戰的結束〉的論文，後又在《世界政治》上撰寫了書評〈修正國際政治理論以回應冷戰的結束〉。[13]前文指出，關於爲什麼現實主義未能預測冷戰結束的問題，學者中有兩種回答：大多數人感到困惑，懷疑、不滿；其他人認爲，國際關係理論只能設計行爲模式和預示發展趨勢，而無法做出具體的定時定點的預測。沃弗斯認爲，這兩種看法都有所偏頗，他的結論是：（一）冷戰的結束是對傳統現實主義的核對總和挑戰；（二）沃爾茲的結構現實主義也未能預測國家行爲或解釋國際關係的變化；（三）冷戰結束後的國際體系變化並沒有使現實主義理論消亡，「它從冷戰的結束中再次浮現出來，就像當初它進入冷戰時期一樣」。沃弗斯在後一篇文章則更明確地指出，冷戰的結束改變了整個國際關係理論的議題，特別是動搖了新現實主義的支配地位。既然，新現實主義已不能提供對冷戰結束後國際關係的變化的有力的解釋，另一種理論框架的出現，就是必然的和必須的了。這裡沃弗斯指的即是，建構主義等批判理論。沃弗斯強調說：「要改進國際關係理論，就需要知道這些理論爲什麼不足和如何不足。」他認爲：「1989年至1991年國際政治的變化爲學者提供了一個將舊理論與新形勢結合起來的試驗機會。」

其他論述冷戰的結束對國際關係理論影響的論著還有理查・勒鮑和湯瑪斯・裡斯・卡班主編的《國際關係理論與冷戰的結束》、弗雷德・哈裡代的《冷戰的結束和國際關係：若干分析和理論結論》等。

差不多在關於冷戰結束對國際關係理論意味著什麼的第二波討論展開的同時，《國際安全》雜誌組織了另一場別開生面的討論，形成了第三波。

第三波討論是由約翰・米爾斯海默的文章〈國際制度主義的虛假前提〉引發的。該文在《國際安全》1994／1995冬季號刊出後，立即得到學術界積極的反應。[14]

　　米爾斯海默的文章圍繞「自由制度主義、集體安全和批判理論」三個分支學派開展，他認為，這三個分支學派的矛頭都是對準現實主義的，都是在冷戰結束後新形勢下「對現實主義的反應」。

一、米爾斯海默指出，自由制度主義與現實主義的主要區別：一是，現實主義強調「制度不會對國際穩定的前景產生影響，而制度主義強調會產生影響」；二是，新現實主義認為，制度機構的安排「只是對世界實力分配的反映，不構成導致和平的原因」，而制度主義則認為，「制度能改變國家取向和行為，有能力讓國家遠離戰爭」。正如自由制度主義代表人物基歐漢所說的：「制度主義的思想把批評的火力對準了現實主義。」[15]然而，米爾斯海默認為，「自由制度主義未能提供瞭解國際關係和促進冷戰後和平穩定的堅實基礎，自身正在進行修補之中」。[16]

二、米爾斯海默接著指出，冷戰結束後，人們再次把目光轉向集體安全，對現實主義的注意力相對減弱。集體安全較為吸引人的新的含義是：它強調國家應放棄用武力來改變現狀；它反對大國根據狹隘的自我利益行事，主張國家利益與國際社會的整體利益廣泛一致；它贊成國家之間應相互信任。但是米斯海默認為，在處於無政府狀態下的世界裡，集體安全的理想化安排既無成功的歷史實例，也缺乏實現的有力保證。

三、米爾斯海默然後指出，批評理論作為一種新思潮，是「挑戰新現實主義的產物」。[17]它標誌著「後現實主義世界」（post realist world）或「後現代主義國際體系」（post modern International System）的開始。兩者的區別是：第一，從本體論和認識論的角度，新現實主義強調存在一個可以認知的客觀世界，與個人是分離的；批評理論則強調主客觀和世界與個人是緊密聯繫的整體。第二，新現實主義強調，世界是由客觀因素決定的，而批判理論強調思想、觀點等主觀因素的作用，「思想觀點形成物質世界」，而不是相反，所以「變革國際政治就是變革人們對國際政治的認識」。[18]批判理論認為，世界是「一種社會建構」，主張建立「多元化的安全社會」（a pluralist security community）。[19]第三，新現實主義強調政治家、外交家、戰略家作用，而批判理論則強調知識分子，尤其是批評理論家所起的關鍵作用。[20]然而，米爾斯海默指出，批判理論顯得相當不成熟，光談論從根本上改變國家行為和國際體系，但卻很少觸及如何去改變，同時缺乏有力的實證支持。因此，他的結論是，現實主義——新現實主義「繼續成為有影響的理論」，批判理論「很可能仍處於現實主義的卵

翼之下」。[21]

　　作為一位主張新現實主義的學者，米爾斯海默的理論傾向是明顯的。他對摩根索和沃爾茲情有獨鍾，認為他倆「是過去50年來國際關係理論領域最有影響的現實主義者」。[22]但是，在文章的字裡行間，他還是流露出對現實主義的惋惜之意，作為一種悲觀理論，它常遭到人們的責難。文章的結尾處，米爾斯海默寫下了抨擊制度主義的重重一筆：「不幸的是，對制度主義的錯位依賴很可能導致未來更多的失敗。」

　　「一石激起千層浪」。《國際安全》1995年夏季號闢出專欄，刊登了一系列反應文章及米爾斯海默的回覆。這四篇反應文章和作者分別是：〈制度理論的前景〉（羅伯特・基歐漢和麗莎・馬丁）、〈集體安全的前途〉（查理斯・庫珀查和克利夫特・庫珀查）、〈現實主義的虛假前提〉（約翰・拉吉）和〈構建國際政治〉（亞歷山大・溫特）。

　　羅伯特・基歐漢和麗莎・馬丁認為，現實主義與自由制度主義的區別，不在於制度是獨立的還是依附的，而在於制度為什麼會建立和它們如何發揮作用。他倆指出，米爾斯海默的現實主義是片面的，稱不上是「社會科學的理論」。他倆也承認，過於依賴制度的確會造成「虛假前提」，但是，「在充斥著權力紛爭和利益衝突的世界裡，建立在互動互惠基礎上的國際制度將積極地促進永久的和平」。

　　查理斯・庫珀查和克利夫特・庫珀查指出，米爾斯海默關於集體安全的定義是「狹隘的」，分析是「膚淺的」，他從結構現實主義的角度批評制度主義時，卻忽略了在什麼程度上國內政治、信仰和規範等能制約國家行為。兩位作者客觀地評述了集體安全的作用：（一）有利於形成反對侵略者的有效的集體防禦力量；（二）有利於促進信任與和平；（三）有利於緩解各國的安全困境；（四）有利於國家從推動國際穩定的要求重新界定國家利益。

　　約翰・魯傑則用比較尖銳的語言批評米爾斯海默採取了反制度主義（anti institutionalist）立場，稱米爾斯海默是一個現實主義的反制度主義者（a realist anti institutionalist），他宣傳的現實主義是一種「高度的現實主義變種」（a hyper realist variant）。

　　亞歷山大・溫特在〈構建國際政治〉中首先指出，米爾斯海默的文章有兩點是應該肯定的：（一）它是自沃爾茲以來對新現實主義最系統的闡述；（二）它提醒新自由主義者和批判理論學者，他們之間存在共同點，能夠以制度主義為基礎相互借助。溫特接著提出，批判理論並不是一種單一的理論，而

是一個理論「家族」，包括：（一）後現代主義（阿希利、沃克）；（二）建構主義（艾德勒、克拉托奇維爾、魯傑和卡贊斯坦）；（三）新馬克思主義（考克斯、吉爾）；（四）女性主義（彼得森、西爾維斯特）。溫特自稱爲建構主義者，其代表作是《國際關係理論中的代理——結構問題》。建構主義是批判理論的一個重要組成部分，其著重研究「世界政治是如何社會地建構起來的」，它與新現實主義的區別在於：（一）新現實主義講物質實力的分配，建構主義則講「社會關係」，主張「社會變化」，認爲國際政治的根本結構是社會的，而不是物質的；（二）建構主義認爲新現實主義還不夠結構性（not structural enough），結構決定「認同和利益」，而不僅僅是「國家的行爲」。[23]

　　約翰·米爾斯海默在〈一個現實主義者的回答〉中，對上述四篇批評文章都逐一做了答覆。他認爲，制度主義事實上是現實主義的一種替補性理論；集體安全理論試圖對現實主義提出修正，但在實踐中卻行不通；魯傑的觀點與現實主義並無二致，他只是「一艘夜航的輪船」；批判理論是對現實主義的勇敢的宣戰，但卻未能回答兩個問題：（一）「社會變化」是如何產生的？（二）如何尋求有力的實證支持？「缺乏證實內容是建構主義的一個致命弱點」。[24]米爾斯海默最後指出，批判理論雖有發展，但尚未壯大到足以改變現實主義在國際關係理論領域的支配地位的程度。

　　在此，有必要對約翰·米爾斯海默及其代表的進攻性現實主義做簡單的介評。

　　從時代變革的1990年代初到世紀之交的21世紀初，現實主義學派經歷了以卡爾和摩根索爲代表的政治現實主義、以沃爾茲爲代表的結構現實主義和以米爾斯海默爲代表的修正現實主義的發展。學術界稱沃爾茲的結構現實主義爲溫和的或防禦性現實主義，稱米爾斯海默的修正現實主義爲激進的或進攻性現實主義。這兩種現實主義都認爲國際社會處於無政府狀態，都注重權力。但防禦性現實主義主張維持現狀，反對過分追求權力，國家行爲的目的追求是權力均衡，以均衡求穩定，確保自己國家的生存、安全和發展。而進攻性現實主義則主張修正現狀，改變現狀，認爲國際體系無政府狀態的實質就是權力之爭，國家應追求權力和影響的最大化，採取進攻性戰略以獲得最大安全。

　　約翰·米爾斯海默1947年出生於紐約市，17歲參加美國陸軍，1年後入西點軍校，1970年畢業。接著，他在空軍服役5年後繼續求學，1980年獲康乃爾大學國際關係專業博士學位。1982年起，他擔任芝加哥大學政治學副教授

（1984年）、教授（1987年），1996年榮獲「溫得爾‧哈里森傑出貢獻」稱號。2003年，他被評爲美國藝術與科學學院院士。[25]

　　米爾斯海默2001年所出版的《大國政治的悲劇》，集中代表了進攻性現實主義的觀點。該書一度被視爲是繼1979年沃爾茲的《國際政治理論》之後，對現實主義國際關係理論最重要的貢獻。《大國政治的悲劇》一書「集中反映了進攻性現實主義的思想」，[26]顯示了「現實主義的生命力和再生性」。[27]米爾斯海默認爲，進攻性現實主義的基本命題是：第一，權力是大國政治的根本，大國爲權力而鬥爭；第二，國際體系特徵反映了權力分配是國家追逐霸權的主要原因；[28]第三，爭霸是大國關係的必然態勢，「國家的最高目標是成爲體系中的霸權國」，[29]而爭霸的結果取決於該國在經濟力量和政治權力基礎上的軍事實力，這正是大國政治的必然悲劇。因此，進攻性現實主義是一種悲劇性現實主義。

　　然而，約翰‧米爾斯海默的進攻性現實主義，以繼承傳統、修正現狀的基本理念，以簡約的科學分析和嚴謹的層次推理，獨成一體、獨樹一幟，受到學術界廣泛的關注。

　　至此，這場一波三折關於冷戰結束後國際關係理論的討論，已將持續到冷戰後時代的第三次論戰全方位地予以展現出來，在第三次論戰的第三階段（新現實主義、新自由主義和批判理論）三方交鋒中，批判理論就自然地成爲關注和研究的焦點。

第三節　批判理論對實證主義的挑戰

一、批判理論的起源

　　當代西方國際關係理論一般分爲兩類：解釋性理論和構成性理論。[30]解釋性理論側重對理論假設進行檢驗，提供因果關係上的理解，敘述國際事件並對其一般趨勢和現象給予解釋。其認識論基礎是實證主義（positivism）或理性主義（rationalism）。這類理論把說明國際政治生活的眞實、直接爲國家決策者解決難題服務作爲自身的目的，因此亦稱解決難題理論。西方國際關係理論自其產生後所發展起來的（新）現實主義和（新）自由主義等，均屬於這一類。構成性理論則注重對國際關係理論本身的哲學基礎進行反省和重建，其認

識論基礎是後實證主義（post positivism）或反思主義（reflectionism），強調理論上的自我批評和重建對正確認識和理解世界政治的性質及特徵具有重要作用，因此亦稱批判理論或批評理論（critical theory）。長期以來，解釋性理論一直在西方國際關係理論界占據支配地位。然而，自1980年代開始，由於受西方政治及社會理論發展的影響和推動，構成性理論在西方國際關係理論界逐漸興起，對傳統的主流理論提出批評和挑戰，形成所謂西方國際關係理論的「第三次論戰」。[31]

西方國際關係構成性理論是一個「家族」，包括：批判理論、後現代主義、女性主義和建構主義等分支，而批判理論則是貫穿這一「家族」的核心理論流派。

「批判理論」一詞用來代表一種哲學。這種哲學透過內在的批評方法對占主導地位的社會及政治現代化秩序提出質疑，謀求恢復一種批評的潛在活力。這種批評的精神在西方思想、社會、文化、經濟和技術的趨勢中日益受到重視。當批判理論開始滲透入西方國際關係研究，從認識論、本體論、價值論和方法論等方面對這一學科進行批評性的反思時，它動搖了西方主流國際關係理論大廈的根基，同時也爲重建西方國際關係理論開拓了道路。

在西方，批判理論的根源可追溯到歐洲啓蒙主義運動時期的思想，並且常常與康德、黑格爾和馬克思的著作相聯繫。批判理論還含有古希臘關於民主和自治的烙印，以及後來受尼采和韋伯的思想的影響。然而，在20世紀，西方批判理論與德國法蘭克福學派有著密切的聯繫。

1920年代，西方馬克思主義獲得新的發展，由此產生一種學派。由於該學派的成員主要來自德國法蘭克福的社會研究所，因此又稱「法蘭克福學派」。該學派強調研究政治社會學、心理學、文化理論和哲學。由於德國納粹主義的迫害，該研究所於1933年開始流亡國外。1944年該學派的兩個主要人物希歐多爾·阿道爾諾和馬克斯·霍克海姆在美國出版重要著作《啓蒙運動的辯證法》，對傳統的科學和理性主義觀點提出挑戰。二次大戰結束後，該學派的另一主要人物赫伯特·瑪律庫塞發表《單向度的人類》，抨擊後期資本主義的文化。不過，一般認爲該學派的集大成者是後來的哲學家和社會學家尤爾根·哈貝馬斯。關於實證主義的批評以及對批判理論的闡述，他對歐美思想界和學術界產生了重要影響。

哈貝馬斯提出一種獨特的理論框架：認識與興趣。他把所有的知識，視爲是由於人類不同興趣的產物。他認爲，有三種人類興趣構成知識：第一種

是，關於人類與物質環境之間相互作用的關係，引起人類對預測和控制問題的興趣，從而產生實證主義的經驗性分析科學知識；第二種是，關於人與人之間相互溝通的關係，它不是實證主義科學知識所能夠理解的，引起人類對含義進行解釋的興趣，從而產生解釋性科學知識；第三種是，哈貝馬斯把社會視爲是權力主宰的場所，這就引起對從受支配中解放出來的自由和實現理性自主的興趣，從而產生批判理論。[32]

法蘭克福學派批判理論的一個基本點，是注重透過理解歷史及社會的發展和透過探索當代社會的各種矛盾，去認識當代社會的諸核心特徵，從而謀求實現對當代社會主導性的超越。批判理論不謀求廢除一種或兩種弊端，而是分析造成這些弊端的社會基礎，以便最終克服它們。批判理論把社會本身作爲分析的物件，而且認爲理論建設活動不能脫離社會。因此，批判理論的分析範圍還包括對理論本身的反思，它是一種自我反思的理論。

批判理論認爲，理論不可避免地與社會及政治生活相關聯，並扎根於這種生活之中，而且一定的理論具有一定的目的和功能。值得注意的是，批評者不僅指出，任何理論不可避免都是它們所處的一定社會的產物，而且其興趣在於從現存的社會中解放出來，而不是使這種社會合法化。因此，與傳統理論相反，批判理論的目的，是要透過廢除非正義去改善人的生存環境。總之，批判理論接受這樣一種看法，即知識不可避免地是爲一定的目的和功能服務的，而這些目的和功能又規定著社會及政治生活。批判理論既說明具體的歷史環境，又作爲一種力量去推動環境的變化。[33]

值得指出的是，法蘭克福學派的批判理論，主要把國家層面的社會作爲關注的焦點，並沒有去考慮不同社會之間的關係層面。它在批評現代社會的過程中，也未涉及國際關係內容。但是，這並不意味著批判理論不適用於國際關係層面。

到了1980年代，西方批判理論開始進入國際關係領域。一個主要任務是把法蘭克福學派在國內社會層面的探討活動，擴大到國際或全球層面，它不再局限於關注某個單一的政體，而是考慮政體之間的關係，並且考慮是否存在把理性、正義和民主的政治組織擴大到整個人類的可能性。它成爲一種國際關係批判理論，一種致力於解放人類的世界政治理論。可以說，國際關係批判理論是在國際層面上得到拓展的批判理論。

二、從實證主義到後實證主義

　　近代西方啓蒙運動和理性主義革命，把西方社會從黑暗的中世紀經院（神）學束縛中解放了出來，人性的力量和智慧獲得充分的肯定和讚美。啓蒙時代的人們認爲，自然界萬物的運行受著自然法則或規律的支配，科學家的任務是去發現這些存在於宇宙中的客觀法則，並以公理式的文字將它們表述出來。這種觀點無疑喚起人們探索自然界規律的濃厚興趣。在這種背景下，西方在自然科學領域發生了革命：牛頓提出作爲近代物理學基礎的力學三大定律和萬有引力定律；伽利略發明望遠鏡觀察天體；哥白尼提出地球圍繞太陽旋轉的日心學說；巴斯德在顯微鏡下觀察細胞，闡述病菌學說等。這類憑經驗、觀察和實驗去發現和認識自然界規律的方法，被稱爲經驗的或實證的方法。人類也由此走向現代社會，「現代」一詞包含：科學、技術、進步和理性等意思。

　　後來，這種研究自然界的實證方法以及經驗上的認識過程，被引入社會科學領域。19世紀初，法國著名哲學家和社會學家奧古斯特・孔德創立實證主義哲學，實證主義哲學堅持社會科學和自然科學的統一性，認爲客觀規律不僅存在，而且可以發現。孔德首次提出，利用實證方法研究社會世界、發現社會規律的觀點，與當時產業革命的興起相呼應。孔德把人類知識劃分爲三類：神學知識、玄學知識和實證知識，使它們與人類智力及社會發展經過原始、中間、科學三個階段相對應，說明實證知識標誌著人類進入科學階段。孔德的實證主義取向提出方法論上的統一科學概念，這一概念大體包含了三個基本方面：第一，實證的知識是眞實的，因爲其符合經驗上的事實；第二，實證的知識是客觀的，因爲其對事物的認識和掌握是在沒有受到主觀因素影響的情況下獲得的；第三，實證的方法是互聯的，即其不但適用於對自然世界的研究，也適用於對社會世界的研究。根據實證主義的邏輯，如同自然世界一樣，社會世界也存在著法則和規律，社會科學研究者的任務是透過觀察、實證和經驗的辦法去「發現它們」。[34]由於這一原因，1920年代，邏輯實證主義在奧地利、德國和波蘭出現並迅速占據支配地位。應該承認，孔德的實證主義和後來的邏輯實證主義在西方社會產生不可忽視的影響，成爲指導包括西方國際關係理論在內的不少社會科學領域研究的重要理論。一般來說，西方國際關係研究主要是從傳統的外交史、國際關係史，以及國際法研究中繁衍出來的。傳統的外交史和國際關係史，主要關注和強調國際事件及個人的特殊性、偶然性、不確定性和獨特性，它們所關心的不是發現普遍法則，而是講究對具體的外交事件、人物或

決策過程的詳細敘述，再現國家之間關係的歷史畫面。從這個意義上講，西方國際關係研究一開始是扎根於詮釋和描述的傳統，而不是實證和經驗的傳統。

　　然而，在學科的建設過程中，西方國際關係理論並沒有沿著敘述的傳統方向發展。第一次世界大戰爆發的殘酷事實，促使人們感到需要對戰爭的起源與和平的條件問題，進行系統的思考和研究。西方國際關係理論開始從敘述的傳統，轉向接受實證主義的傳統。從歷史上看，實證主義傳統與西方國際關係理論研究之間大體經歷了四次結合。[35]

　　第一次是在1920年代至1930年代。第一次世界大戰結束後，國際關係理論作為一門學科在歐美國家確立。在當時，人們主要關心從理論上回答爆發戰爭的原因和維持和平的手段問題。殘酷的大戰促使他們提出要對戰爭的整體現象進行系統研究，擺脫對個別的、孤立的戰爭案例進行解剖和詮釋的傳統作法。此外，人們還試圖對國際組織、國際法等在維護國際和平及安全方面的作用給予較系統的說明。這些均為後來西方國際關係理論研究朝著綜合性、一般性理論的方向努力打下基礎。

　　第二次是在1940年代至1950年代。第二次世界大戰的爆發，宣告國聯組織的破產以及國際烏托邦理想的破滅。1939年，E. H.卡爾出版《二十年的危機》一書，批評自由主義的幼稚觀點。政治現實主義開始占據主導地位。1948年，漢斯‧摩根索的《國家間政治》一書問世。該書深入地探討戰爭與和平的問題，其實證主義色彩更為濃厚，主要反映在兩個方面：第一，它是一本最早嘗試建立一個全面的、綜合性的國際政治理論框架的專著；第二，該書認為，在國際政治方面，有一套客觀法則在調節和控制著國家行為，作者指出：「關於政治上的事情，存在著一種客觀的、普遍有效的真理……（它）是人的理性所能夠獲得的。」[36]這種認識論，一直反映在後來政治現實主義的理論活動及實踐中。

　　第三次是在50年代末和60年代初。當時的行為主義革命滲透到西方社會科學的諸多領域，引出歷史主義和行為主義之間，在國際關係理論上的激烈爭論。行為主義運用現代物理學和其他自然科學方法論，批評傳統的國際政治知識不是「根據科學」，而是「憑直覺」總結出來的，把「事實」與「價值」混淆在一起，因此是不精確的和缺乏事實證明的。行為主義者把先前所有的國際關係思想比作是「民間法或星占學」，認為歷史主義研究所使用的大量書籍、文件、檔案資料等只是對事實或知識做直觀的積累和蒐集，不同於行為主義所宣導的關於國際關係研究建立在可信賴的資料基礎之上的觀點。於是，當時出

現不少研究國際政治的「科學」及實證方法，如利用數學方法分析衝突環境中國家理性行為的「博弈法」、對國際之間話語進行探究的「內容分析法」、統計法，以及電腦類比法等。此外，行為主義者宣導使用自然科學研究的手段，如「模式」、「樣本」、「變數」、「曲線」等，謀求對國際政治進行定量性和測定性分析研究，其目的是要透過「科學的」、「真實的」方法去「精確地」解釋和預測國際政治、檢驗理論假設。在這場圍繞方法論的爭論中，行為主義的「科學」及實證方法偏居上風，但傳統的歷史主義所使用的概念、術語和基本理論假設得到保存。行為主義的實證方法和現實主義研究取向相結合，進一步構成西方國際關係理論的主流和正統。

　　需要指出的是，1962年美國學者托馬斯‧孔恩出版《科學革命的結構》一書，轟動當時西方思想界和知識界。該書探索理論範式的本質和變化，試圖突破「科學」這一概念，認為所謂「客觀」知識是獨立於觀察者的價值、信仰和偏愛之外的。[37]這種認識，顯然與當時國際關係研究強調實證方法相對立。這一時期出現的多元主義和結構主義兩大理論範式，試圖與占主導地位的現實主義理論範式相並存。它們各自強調不同的行為體、概念、問題和價值。然而，圍繞「範式」概念而引出的思想混亂，以及對這一術語的使用、濫用、誤用、錯用等現象，反而鞏固和突出了西方國際關係理論領域中行為主義的陣營。

　　第四次是在70年代末和80年代初。1979年，肯尼思‧沃爾茲出版新現實主義代表作《國際政治理論》，在西方國際關係理論界產生巨大影響，它再次使實證主義研究方法得到「撥亂反正」。作者開始用了一個篇章節討論科學的理論及研究方法問題，然後在批評先前理論「缺乏系統」的基礎上，建立他所謂「科學的」國際政治理論。沃爾茲透過對國際關係史的觀察發現，「國際政治的特徵處於高度穩定的狀態中，其模式一再出現，事件本身反復不斷」。[38]他提出從國際體系層面分析、解釋和預測國家之間的行為及結果，並總結其規律。

　　在這以前的40多年裡，國際關係主流理論基本上遵循實證主義傳統，或者說實證主義研究方法在國際關係理論領域，基本上占據了支配地位，所有三種範式（現實主義、多元主義和結構主義／全球主義），均屬此範疇。無獨有偶，1987年，先後有兩組學者預示，國際關係理論將出現新的論戰趨勢[39]：基歐漢和奈伊提出，後實證主義、後結構主義、後現代主義對國際關係主流理論提出批評，使「以後10年可能成為激動人心的學術發展時期」。馬克‧霍夫曼和理查‧阿希利也預測，批判理論將成為國際關係理論下一階段發展的主要標誌。

這下一階段被稱爲「後實證主義時代」[40]。「新的國際理論批判研究共有的特點之一就是否定實證主義的理論。這裡的『批判』一詞意指後現代主義者、批判理論家、女權理論學者和後結構主義者的批評性觀點，毫無疑問，這些觀點是對傳統的或主流的實證理論所做的全面批判」。[41]

於是，自1980年代起，西方國際關係的實證主義主流理論，開始受到批判理論的激烈挑戰和衝擊。

批判理論首先把批評的重點放在「範式之間爭論」的三個主流理論（現實主義、多元主義和結構主義）上。[42]一般認爲，現實主義主要分兩大流派：摩根索的政治現實主義和沃爾茲的新現實主義。馬克‧霍夫曼指出，阿希利的突出作用就是適時地提出了「國際關係的批判現實主義理論」（a critical realist theory），並爲其發展「打下了基礎」。[43]批判主義對現實主義的批評，主要集中在：（一）現實主義過於強調權力與安全，從整體上忽視了「世界政治」中的文化因素；（二）現實主義，特別是新現實主義未能對單位與體系做詳細的描述和分析；（三）新現實主義未能把握國際關係中道義和倫理變化的意義。[44]

關於多元主義，這裡是指相互依存論（奈伊、基歐漢）、機制理論（瓦斯奎茲、克拉斯納）和世界社會研究（伯頓）。這些理論和研究方法曾起過很大作用，但阿希萊等人認爲，它們過於「技術化」，故亦稱之爲「技術多元主義」；[45]此外，在研究方法定位上明顯趨於「折衷」；最後，它們未能滿足研究「人類社會需要」的要求，缺乏從歷史、經濟、社會、政治、機構不同角度和內容對「人類社會需要」進行科學研究的手段。[46]

在三個實證主義範式中，結構主義與批判理論相對「近似一些」，部分原因是它們社會和政治理論的「根」相似，世界體系分析便是一例。世界體系分析強調的是，只有一個單一的世界體系，並具有自己獨特的結構，即世界資本主義經濟。結構主義分析的積極一面是，它爲批判理論提供了最初的形成基礎，但是，它缺乏促進認知利益（cognitive interest）的實質內容和指導行動的明晰的規範原則。馬克‧霍夫曼的結論性意見是：「結構主義可視爲國際關係批判理論的一個重要部分，但它單獨卻不能形成這樣的理論。」[47]

三、批判理論與國際關係研究

國際關係批判理論大體分爲兩種：批評性詮釋理論和激進的詮釋主義。

　　批評性詮釋理論的主要特徵是，打破主流理論所遵循的實證主義和理性主義傳統。在國際關係方面，這一分支的觀點主要體現在羅伯特‧考克斯、安德魯‧林克萊特，以及墨文‧弗羅斯特等人的著作中。批評性詮釋理論有三個基本前提：第一，它認為主流理論的認識論假定是不正確的。考克斯指出，主流國際關係理論只關注世界秩序範圍內的解決難題的理論，而沒有提出關於世界秩序本身是如何產生，以及世界發生轉型可能性等重要問題。同所有批判理論一樣，它拒絕實證主義所提倡的主流理論。第二，批評性詮釋理論強調對規範給予重視，強調知識與利益的聯繫，而這些正是被傳統的主流理論所忽視和低估的內容。第三，它對認識論抱一種溫和的態度，謹慎地認為在倫理和道德領域不排除存在普遍主義的可能性。

　　激進的詮釋主義贊成批評性詮釋理論對傳統實證主義理論的批評和反思，但是，它超越批評性詮釋理論的見識，透過採取後結構的方法論，形成極為不同的倫理和認識論方面的假設。這一分支的理論思想體現在詹姆斯‧德‧德里安、理查‧阿希利、羅伯‧沃克和傑‧愛爾希坦等人的著作裡。

　　國際關係批判理論的這兩個學派的代表人物，把批判矛頭指向新現實主義和新自由主義，掀起了一場「批判風暴」。在這場「批判風暴」中，考克斯成為了批判理論的先驅，阿希利和林克萊特則成為風暴中的「鬥士」。[48]

　　從總體上看，國際關係批判理論從認識論、本體論、方法論和價值論等方面，對傳統的西方國際關係研究提出挑戰和批評。

　　在認識論方面：國際關係批判理論批評實證主義關於認識知識的觀點，批評在經驗基礎上可以獲得驗證的真理性陳述，反對關於獨立於人的思想和實踐之外存在客觀標準的觀點。批判理論者廣泛吸收西方現代哲學、政治學和社會學理論研究成果，如庫恩和費耶拉班德的思想，以及政治及社會理論中的語言轉折、維根斯坦的「語言遊戲」分析、伽達默的「哲學解釋學」，以及福柯對權力知識的分析等。他們指出，衡量知識是否可信賴的標準不是自然的標準，而是人為的標準。因此，批判理論認為，在學術研究過程中，存在政治規範性的內容。「觀念、文字和語言不是實證主義所認為的是複製『真實』或『客觀』世界的鏡子，而是我們用以對付『我們的』世界的工具」。[49]理論是一定特定時間和空間的產物，而且不可避免地受到社會、文化以及意識形態的影響和限制。借用英國學者史蒂夫‧史密斯的話講，國際關係理論主要是「美國的學科」，「現實主義敘述世界政治的三個核心成分──國家利益、權力擴張和權力均勢──特別適合於美國對外政策的需要」。[50]也就是說，西方現實主義

理論不能被理解爲是對「客觀」世界的不偏不倚描述，而應該被理解爲是特定社會群體（即美國的國家決策者）用來說明某些難題、滿足特定需要和利益的意識形態工具。

在本體論方面：國際關係批判理論挑戰理性主義關於人性和人的行爲的概念，強調行爲體認同的社會建構，以及認同對利益和行爲的形成所具有的重要性。這一點在後來的建構主義研究取向中得到進一步的發展。

在方法論方面：國際關係批判理論反對單一的科學方法占據支配地位，提倡在探索知識的過程中使用多種方法，指出研究方法中詮釋戰略的重要性。批判理論認爲，人類社會不同於自然社會，人作爲行爲主體，不同於化學元素或物理顆粒，前者有思想、觀念、價值、倫理道德等，後者則沒有。因此，研究自然世界的方法，不完全適用於研究社會世界。

在價值論方面：國際關係批判理論指責，關於在建立理論的過程中價值中立的說法，否認這一價值中立的可能性。國際關係批判理論強調，恢復研究國際倫理和道德的重要性。在國際關係方面，只有少數人直接參與和經歷國際事件和對外決策活動，而絕大多數人則是透過報紙、雜誌、電視、電臺、教科書、電影、小說等瞭解和認識國際關係及國家對外政策方針。這種透過操縱各類文化符號建構國際關係含義，不可避免地使人們對國際關係的理解帶上價值倫理的色彩，因爲人總是處於一定的文化哲學背景，站在一定的地緣位置，透過一定的視角去運用這些符號。

羅伯特・考克斯認爲，批判理論是一種歷史時代的產物，他曾概括了批判理論的七方面的基本內容，可供我們在研究這一理論思潮時做重要參照：（一）批判理論在世界秩序如何構建問題上，不同於主流觀點；（二）它視社會和政治因素爲一整體，努力在整體和部分兩個層面上理解變化的過程；（三）它重視歷史理論，視歷史爲一個充滿連續變化和變革的過程；（四）它對社會和政治機構的合法性，以及它們是如何變化的提出質疑，並試圖確定哪些內容對世界秩序是普遍適用的，哪些是因歷史背景而定的；（五）它也包含「問題解決理論」，但經常根據變化的主題而調整其概念；（六）它還包含主張社會和政治秩序的理想化規範的成分，並認爲雖然受到歷史發展的制約，現存的秩序中仍有著變革的潛力；（七）它爲戰略行動提供指導，以促進新的秩序的建立。[51]

批判理論不認同新現實主義結構制度決定論，也不贊成新自由主義關於國際制度的純功能性分析，提出比新現實主義和新自由主義更加激進的思考路徑

和分析框架。「批判理論在國際關係理論史上占有重要地位。它與新自由制度主義同期興起，上接新現實主義，下啓建構主義，領批判風氣之先，與後現代主義、女性主義、新馬克思主義等學說一起動搖了主流理論的根基，是當代國際關係理論批判史上的重要分水嶺，並將會在很長的一段時間內，繼續照耀學術爭鳴與創新之路」。[52]這是一段關於批判理論的引人注目、令人興奮的評語。

第四節　後現代主義與西方國際關係理論

一、後現代主義思潮及其基本特徵

自1980年代中期，尤其是冷戰結束以來，西方國際關係理論一直處於轉型過程中，其主要特徵是對以實證主義和經驗方法獲得國際政治知識進行澈底的反思和批判性的重建。如前所述，有人把這一轉型過程稱爲西方國際關係理論的「第三次論戰」。然而，不同於先前的自由主義和現實主義、歷史主義和行爲主義之間的交鋒，這場「論戰」似乎沒有明確的辯論方，而是體現爲不同理論範式之間的頻繁接觸和對話。這場「論戰」的內容也不同於前兩次，它主要圍繞理論本身問題而展開。

在這場「論戰」中，批評者懷疑目前占主導地位的國際關係理論範式（主要是新現實主義和新自由主義）在描述、解釋、規定和預測國際政治方面的作用，提出從理論上探討該學科在本體論、認識論、價值論，以及方法論等方面的哲學問題，其目的是尋找獲得更好理論的途徑。在這一學術思想的轉型過程中，後現代主義思潮，對西方國際關係理論變革起著不可忽視的作用。

一般人認爲，「後現代」一詞是由英國歷史學家阿諾德・湯恩比於1949年首次使用。後現代主義是一個廣義概念，泛指一種思潮和一類感情，最初滲透於西方文學批評、詩歌、藝術、建築、繪畫、廣告等領域。後現代主義的社會理論出現於1960年代後期的法國，代表人物有福柯、拉康、巴爾特、里奧塔、德里達、克里斯特瓦、德魯茲、布德里拉爾等，他們的思想前輩則有尼采、海德格爾、胡塞爾等人。後現代主義思潮在西歐和美國──尤其在知識界──得到廣泛的傳播和發展。80年代以後，它顯得非常具有活力和氣勢，對西方社會科學領域諸如經濟學、社會學、政治學、地理學等日益產生不可忽視的影響。

後現代主義思潮的特點是，反對實證和經驗的方法論和認識論，反對關於理性是決定因素的說法，反對現代性和啟蒙傳統，與後實證主義有著異曲同工的關聯。不過，要對後現代主義思潮做出確切而全面的描述是一件很困難的事情。本節只對與西方國際關係理論研究有關的後現代主義諸觀點和方法進行闡述，主要是關於對實證主義的批評、文本與作者關係、知識與權力關係、解構和延異等。[53]

後現代主義對建立在實證或西方邏輯基礎上的理論及方法提出懷疑，不贊同世界存在普遍的、基本的法則的說法，認為實證主義的簡約化作法否定了問題的複雜性和多元性。後現代主義不承認實證主義在方法上具有優勢，認為每種研究方法有其自身存在的價值，彼此是平等的，指出實證的歸納演繹方法是武斷的。在後現代主義看來，占主導地位的是以自我為中心、排他性的東西，譬如以西方基督文化和意識形態為基礎的知識，壓抑和打擊了建立在其他文化和意識形態基礎之上的知識。在西方二元對立的世界裡，客體／主體、自然／文化、物質／精神、男性／女性、言語／書寫等，一方面（前者）被認為是核心的，另一方面（後者）則被忽視。整個西方思想是建立在核心觀念基礎之上。後現代主義的主要任務是要顛倒這種情形，「解放」和關懷被現代主流所擱置在一邊的偶然事件、邊緣問題、不聯貫或被忽視的問題、被壓抑和被忘卻的問題，提出重新討論被正統或主流認為不以為然或理所當然的課題。

後現代主義強調文本研究，指出整個世界乃是一個文本：人生經歷、政治集會、民眾選舉、締約談判、人際關係、買車、找工作等。所有文本具有多種含義，並透過「文本之間的相互聯繫」體現出來。後現代主義提倡對文本進行解釋，而不是發現文本；強調閱讀而不是觀察。文本本身應該是開放性的，人們可以對其做無數的解釋。在閱讀過程中，文本獨立於作者的特殊環境與個性之外，人們在解釋文本時，不必去參考文本原作者的因素，諸如作者生平及寫作背景、動機或意圖等。

後現代主義強調話語——廣義上指語言、符號、認同、交往形式等——在社會及權力組成方面所具有的重要作用，而對目標、選擇、行為、態度、個性等問題不感興趣。後現代主義認為，知識不僅由概念所構成，而且是建立在人類大腦話語基礎之上的東西，語言並不反映「現實」，只不過是創造和再製作出一個世界罷了。按照德里達的觀點，人們只是在透過概念、代碼和範疇等去接近「現實」。被建構起來的世界是一個不明晰的、處於不斷變化的世界。因此，後現代主義不承認存在真理的可能性，認為真理和知識乃是權力壟斷、優

勢特權的結果，並且體現和服務於權力支配者的利益。

在方法論方面，後現代主義強調內在反省、多元解釋、解構和延異。後現代主義反對實證主義所採納的資料獲取分析、模式設計、抽樣研究等方法，不依賴「理性」或「邏輯」分析，不承認也不謀求揭示有一個獨立於主觀以外的「客觀眞實」，而是依靠直覺、感悟、見識、本能等去解釋文本，認爲所有的解釋同樣具有意義，不存在什麼「最好的解釋」。一個多元的世界需要有多元的解釋。「解構」和「延異」是後現代主義的兩個重要術語。解構一詞來自德國哲學家馬丁·海德格爾的「摧毀」概念，意思是透過揭示本體內在發展來打破本體論關於研究終極本質現實的古老傳統。後現代主義的另一重要術語是延異，該詞具有雙重含義：「差異」和「拖延」。前者意指「不同於別的東西」，後者指「推遲至以後」。瑞士結構語言學家索緒爾認爲，語言是一個互相依賴的語詞體系，在這個體系中，每一個詞語的確切含義都僅是與其他語詞相互依存的結果；也就是說，詞語製造出含義是因爲它們是某種差異體系中的諸成分。

二、後現代國際關係理論的興起與挑戰

後現代主義思潮從1980年代中期，開始進入西方國際關係理論。[54]它來勢兇猛，強勁有力，對傳統的國際關係理論發出激烈挑戰。帶領這一挑戰的一個核心人物是美國亞利桑那大學教授理查·阿希利。80年代初，阿希利受哈貝馬斯和法蘭克福學派的影響，80年代中期以後，他開始接受法國思想家如皮埃爾·波笛耶和蜜雪兒·福柯的觀點，致力於後現代國際關係的研究。詹姆斯·德·德里安的《論外交》（1987）和沃克的《一個世界／許多世界：爲一個正義的世界和平而鬥爭》（1988）開創了後現代主義以專著形式，對傳統的國際關係學科進行挑戰的先河。1989年，詹姆斯·德·德里安和邁克爾·夏皮羅主編了一本題爲《國家之間／文本之間關係：對世界政治的後現代釋讀》的後現代論文集。1990年，《國際研究季刊》出版一期題爲《講流放者的語言：國際研究中的異端》的專刊，撰稿人均從後現代視角對國際關係進行理論探究。在美國，一些大學已經爲國際關係專業研究生開設後現代國際關係理論課程，成爲這類研究中引人注目的重鎮，更多的知名出版社和國際問題學術雜誌開始出版和發表他們的研究成果，不少年輕學者或新一代研究者熱衷於把後現代主義思想和方法運用於國際關係領域研究中。

後現代國際關係理論，否定目前占支配地位的國際關係理論範式對錯綜複雜的世界事務，進行實證和經驗上的認識，指出國際關係主流理論從自身的本體論和意識形態出發，只是看到國際關係中的特定畫面，在認識論上存在局限性和狹隘性。後現代國際關係研究者，反對實證的主流理論把複雜的、處於不斷變化的國際關係僵化且單一地簡化成幾條「普遍法則」，提倡國際關係理論範式多元化、多角度、多視野地解釋當今錯綜複雜的國際生活。他們主張衝破現代主義的束縛，打破舊的統一性和整體性。他們竭力推崇超越實證主義的認識論和方法論，他們意識到，當代國際關係領域正在經歷新的劇烈變化，西方「國際關係學科的理論發展已落後於現、當代的現實」。[55]因此，他們呼籲在深刻反省的基礎上重建冷戰後西方國際關係理論。

三、國際關係中的權力與知識

在西方國際關係理論中，「權力」被認為是最重要、最關鍵的概念之一，並得到廣泛的使用。國際政治甚至被稱為「權力政治」。儘管如此，在後現代主義研究者看來，「權力」仍然是一個沒有得到充分理解和發展的概念，它與知識的關係問題更是受到忽視。

進入1980年代，人們才開始重視對知識問題的認真討論，它構成當時國際關係理論研究的一種方向，使「國際關係處於認識論方面的反思，這一反思對構成和主導某種思想『傳統』的語言、概念、方法和歷史（即占主導的話語）進行質疑」。[56]後現代主義圍繞對國際關係中的認識論和本體論進行討論，對傳統認識中關於知識和價值之間、知識和現實之間，以及知識和權力之間不存在任何關係的看法提出懷疑。正是在知識與權力的關係中，後現代主義做出了非常重要的學術觀察。

在傳統的社會科學敘述中，知識被認為是應該免受權力影響的。以國際關係研究為例，人們在探索這一學科的「客觀」知識過程中，必須暫時拋開價值、利益和權力的關係等考慮，而這些關係在日常生活中卻無處不在。所謂「客觀」知識，即不受外界影響支配，並建立在純理性基礎上的知識。這種觀點是根據康德的一句名言而來：「擁有權力會不可避免地腐蝕自由而理性的判斷。」然而，後現代主義則認為，正是權力製造了知識，權力與知識之間存在著相互聯接關係。[57]後現代主義指出，倘若沒有知識領域的相互建構，也就不存在權力；反過來，倘若知識不同時預設和構成權力，知識也就不存在了。後

現代主義承認觀念、知識和意識形態，在社會及政治現實構成中的重要性，強調指出知識領域已經受到盛行的權力關係的影響，並在一定程度上服務於權力關係。這樣，後現代主義批判地重鑄了知識與權力、觀念與物質世界、理性與暴力之間的關係。[58]

後現代主義的這種觀察，被應用於國際關係研究中。阿希利透過說明國家的知識和「人」的知識之間的關係，揭示權力和知識關係中的一個層面，指出「現代的國術就是現代的人術」。[59]阿希利謀求說明國際關係中的「主權範式」。一方面，知識被認為依賴於理性所確立，因為只有透過理性，人才有可能獲得全部知識；另一方面，現代政治生活發現主權具有與知識有關的構成性原則。國際關係作為一種知識領域或者作為一種政治範圍，受到主權構成性原則的條件限制。

其他後現代國際關係研究者，也探討了這一問題。巴特爾森在《主權的系譜學》一書中探討了主權與真理的歷史關係，把主權和真理作為權力和知識領域中，兩個相互作用的方面加以對待，指出如果沒有適當的知識形式把主權表述清楚，那麼，主權便不存在，也將失去透過區別內與外、同類與其他去組織政治現實的能力；同樣，如果沒有適當的主權形式，知識也就失去組織現實和構成客體及探索領域，以及確立有效性和真理標準的能力。巴特爾森提出的主要觀點是，國家主權的政治含義是與其在歷史上被理解的方式相關聯的。[60]在《模擬主權》一書裡，作者辛西亞‧韋伯說明不同的權力和知識結構如何造成主權、政體和干預等概念在含義上的不同。她所探究的一個問題是「權力和知識的實踐活動是如何被用於證明主權國家觀念的」。在辛西亞‧韋伯看來，主權不是一個固定的概念，而是如同其他政治概念一樣，其合法性、作用和權能等隨時間而變化。[61]

在討論權力與知識之間的關係時，後現代主義還引入系譜觀念。簡單地講，系譜是一種歷史思維方式，它揭示和記錄權力與知識之間關係的重要方面。從系譜學角度講，歷史並非是用來證明被逐漸揭示出來的真理和含義，而是一場「無休止地重複占支配地位的歷史的遊戲」。[62]歷史是知識與權力關係中占支配地位者和占強制地位者的產物。後現代主義研究的任務是要澄清歷史，揭示知識領域、行為領域和其他主體構成中的歷史本身。此外，在系譜學看來，不存在什麼占支配地位的、單一的通史，而是有許多相互交織的歷史。所有的知識都是一定時間和空間的產物，知識總是從一定的視角被總結出來的。知識的主體總是存在於一定的政治及歷史的背景之中，並受這種背景的制

約。因此，在國際關係研究中，不存在什麼占支配地位的視角，而是存在相互影響的不同視角。後現代國際關係研究就要解放被壓抑的、被低估的、被邊緣化的視角，不再把知識和權力的關係問題，以及它們對歷史研究的重要性排斥在外。

可見，後現代主義的「後」既是歷史階段的序列符號，也有「更加」的意思，後現代主義是現代主義的升級版，其否定的，不是先前理論的優點，而是其局限。[63]

第五節　建構主義與西方國際關係理論

一、建構主義的興起與發展

在20世紀最後20年裡，新現實主義在西方國際關係理論中一直占據支配地位。然而，1980年代後期以來，西方越來越多的研究者認爲，新現實主義沒能充分解釋和說明冷戰的結束，以及冷戰後國際生活中的複雜現象，他們謀求在對現存占主流的國際關係理論進行深刻反思的基礎上，重建冷戰後西方國際關係理論。

當時，在國際關係理論領域活躍的一種被稱爲「建構主義」的新型研究取向，便是在這種背景下應運而生的。建構主義批評新現實主義的理性原則，主張應用社會學視角看待世界政治，注重國際關係中所存在的社會規範結構，而不是經濟物質結構，強調觀念、規則和認同在國家行爲及利益形成過程中所具有的重要作用，指出行爲體與體系結構之間存在著互動建構關係。「建構主義於1980年代中後期興起，90年代初開始成型並受到學術界重視，90年代中後期成爲強勁的理論流派」，[64]在冷戰後，西方國際關係理論界產生了不可忽視的影響。[65]從某種意義上講，當前西方國際關係理論「爭論」的一個主要支軸是圍繞新現實主義和建構主義之間展開的。

在西方，幾乎每個學派都會從前輩人物中尋找自己的思想淵源。建構主義者認爲他們的思想主要來自近現代批評社會理論家，譬如安東尼‧吉登斯、尤爾根‧哈貝馬斯、蜜雪兒‧福柯以及更早的尼采等人，從這個意義上講，建構主義屬於西方社會理論的一種變體。這一社會理論曾廣泛滲透於西方哲學、經濟學、社會學、政治學等領域，並從1990年代開始，對西方國際關係理論學科

產生較大影響。作爲一種研究取向，建構理論強調事物乃是透過社會建構而存在，因此而得「建構主義」名稱。以下我們所討論的建構主義僅局限於在西方國際政治研究領域中的情形。

建構主義在西方國際關係理論領域中興起的緣由，大體有以下幾個方面相互關聯。第一，自1980年代中後期以來，西方國際關係理論出現「第三次論戰」，後現代主義思潮試圖打破占主流的理論範式，但難以形成自己的國際政治知識或理論體系。建構主義者在吸收其成果的同時，謀求擺脫「超理論」爭論，提出一套從經驗上可以解釋冷戰後國際政治現象的理論。第二，冷戰結束以及冷戰後的國際關係現實的深刻變化，在相當程度上揭示出以新現實主義爲主流的理論範式在解釋和預測國際政治方面所存在的缺陷，特別是對社會和文化因素的忽略，這一情形促使學術界出現和開拓新的研究視角。「冷戰的結束使建構主義理論的產生合法化」，冷戰後世界政治的中心議題是「如何促進和平和秩序」，[66]建構主義體現了一種求變的思維方式，提倡用社會學眼光看待世界政治的變化。第三，自80年代中後期以來，西方國際關係理論界湧現出一批新的研究力量，儘管他們其中大多數人所接受的教育主要來自傳統上占主流地位的國際政治知識，但是，過去10多年來國際關係的迅速變化給世界政治研究帶來嚴峻挑戰，促使他們要有所創新、有所超越。新一代崛起的建構主義者謀求在研究中更爲貼近並抓住當代國際政治生活的脈動，強調國際體系變化的社會動因和不同層面，注重國際關係中的實體性問題和經驗分析。

羅伯特‧基歐漢指出，世界政治研究有兩種基本視角或方法，即理性主義和反思主義／建構主義。理性主義強調效用、功能和偏好最大化的假設及思路。建構主義是反思理論的重要一支，強調從心理和文化層面檢驗現有觀念形態的合理性，主張對理性主義的思維、信念、價值進行批判式解析。[67]

從本體論來看，新現實主義、新自由主義和世界體系論屬於理性主義，建構主義則是反理性主義的。從認識論來看，前者均爲物質主義理論，建構主義則是理念主義理論。反思主義理論的主體，由批判理論和建構主義組成。

近2、30年的事實證明，不僅批判理論和建構主義之間，而且包括新現實主義的理性主義和包括建構主義的反思主義之間也存在著互聯互補的關係。世界是被演繹的而不是被實證的，這是批判理論的一個基本理念。批判理論認爲，「世界永遠是一個被演繹過的東西」。[68]人們憑藉語言、符號、意象、畫面及其他社會工具再現他們所理解和觀察到的世界，而且，人們的觀察和理解不斷受到自身及外界不同的社會文化背景、歷史經歷、信仰、意識形態乃至偏

見等因素的影響。建構主義贊成批判理論的這一觀點，認為世界是一種建構，對世界的認識始終是一種過程，不承認在認識世界方面存在永恆的真理，也不謀求去探索和發現這種真理。不過，建構主義認為，透過對世界政治進行適當的經驗分析，人們還是有可能在一定程度上獲得所具體研究物件方面的知識。建構主義遵循批判理論的這一認識，不承認存在（也不謀求提出）能夠解釋所有世界政治現象的一般性規律。但是，建構主義並不回避謀求對世界政治的諸方面提供較為專門性的理論，譬如，透過對歷史過程、文化實踐、主體之間含義和規範形式等進行經驗上的探索，來解釋國際政治的變化。

　　建構主義並不排斥包括新現實主義在內的理性主義理論的合理成分。它贊成新現實主義對國際政治所做出的下述基本論斷：國家所追求的對象是權力、安全和財富；國際政治處於無政府狀態；國家利益和行為動機總是自私的；國家之間不能完全確保瞭解對方的真實意圖；國家是理性的行為體；武力是解決國家之間衝突和危機的最後手段等。建構主義也贊成把國家作為國際關係研究的主要分析單位，也強調從體系層面對世界政治進行理論探討的必要性，也接受並採納經驗上的分析方法。然而，建構主義指出，新現實主義理論沒有能夠充分解釋國際政治的複雜現象。[69]可以說，新現實主義所忽視的東西以及不足之處，也正是建構主義所要強調的內容。

　　有的學者把建構主義分為現代建構主義和後現代建構主義。[70]

　　它們之間的主要區別是分析上的差異。現代建構主義又分為兩種：一種是體系建構主義，它贊成新現實主義從體系層面研究國際政治的觀點，從體系層面對世界政治進行社會文化分析，重視研究國際社會相互行為的構成作用，認為國際結構的本質是國家，反過來，國家的實踐活動再造了這類結構。這一分支不謀求解釋國家認同和國家結構的基本變化，也就是說，不注重國家認同中非體系方面的情形，如國內政治文化等。另一種是整體建構主義，它注重歷史角度的研究，更為具體地關注國際政治變化的動力問題，把國內和國際政治結構及過程視為全球社會秩序整體的兩個方面，並且考慮這種社會秩序和國家之間的彼此構成關係。後現代建構主義關注世界政治中主客體的社會語言的觀念建構問題，注重研究社會歷史的條件，以及在這種歷史條件下語言建構和社會力量如何相互作用。可以說，這一分支更傾向於探索關於事物變化的「如何」之類問題，而不是關於事物因果關係的「為何」之類問題。

　　也有的學者傾向將建構主義分為規範建構主義（conventional constructivism）和批判建構主義（critical constructivism）。前者重點研究現存

結構和施動者（agent）之間的互動關係；後者則強調運用「社會科學知識」和重視學者的批判性工作。[71]

「建構主義既是過去10多年上升趨勢最快的一個分支流派，也是最具分化性和最難界說的一個研究方法。建構主義的家族成員眾多」。[72]

除了基歐漢和霍普夫的傳統建構主義和巴爾金的現實建構主義之外，「家族成員」還包括：奧魯夫的規則建構主義、溫特的身分建構主義、卡贊斯坦的安全文化論、江憶恩的戰略文化論、魯傑的體系演進論、費麗莫和克拉赫維爾的規範建構主義等。[73]

二、建構主義的核心理念和主要概念

如同其他批判理論一樣，建構主義認為，世界政治是透過社會建構而存在的，並關注世界政治是如何被社會建構起來的。無論是現代建構主義還是後現代建構主義，是規範建構主義還是批判建構主義，它們都謀求探討和闡述這一具有本體論意義的核心理念。

第一，建構主義指出，除了物質結構以外，還存在社會結構。世界政治體系的結構可以理解為兩個方面：物質結構和社會結構。物質結構指各行為體在一定社會中所處的相對位置，以及它們之間物質的實力分配狀況；社會結構則指行為體行為的文化內容，譬如構成社會主流特徵的、占支配地位的觀念、信仰、規範和認識等。建構主義認為，國際政治的基本結構是一種社會結構，由共同觀念決定，而不是由物質力量決定。觀念的力量是巨大的，起著因果作用；觀念有建構功能，是國際政治的首要因素，觀念構建身分，身分決定利益。因此，建構主義強調分析的重點，從物質轉向觀念，從客體轉向主體，注重研究話語者的思想和利益，研究行為者的觀念對其行為的塑造。

在建構主義者看來，如果不理解國家所處國際體系中的社會結構，就不能理解國家需要什麼。權力和財富只是手段，不是目的，國家必須確定如何利用這些手段。然而，國家並非總是知道自己需要什麼，或如何利用自己的財富和權力。簡言之，國際政治的基本結構是一種社會結構，而不是一種絕對的物質結構。

第二，認同構成利益和行為。占主流的理性主義理論較少考慮認同和利益的形成問題，而是視其為理所當然的東西。建構主義則認為，利益不是一種想當然的東西，「利益不是存在『那裡』等待被發現，而是透過社會互動而建構

起來的」。[74]決定和改變國家行為、認同和利益的不是體系的物質結構而是國際政治過程,「分析國際政治的社會建構,就是要分析互動過程如何產生和再產生出影響行為體認同和利益的諸社會結構——合作性的或衝突性的」。[75]建構主義認為,理解利益的構成有助於解釋理性主義所誤解和忽視的許多國際現象,「認同是利益的基礎」。[76]

建構主義贊成新現實主義關於國際政治缺乏一個核心權威的認識,但同時相信規範、法律、習俗、技術發展、學習和機構等,可以從根本上改變國家的行為和利益。其理由是,世界政治可以進行重建,因為它本身就是被建構起來的,而不是「特定不變的」。自助原則不是無政府狀態中的必然附屬物,而是人們製造出來的,因此也是可以改變的。

第三,建構主義認為,世界政治行為體和結構之間存在著互動構成關係。建構主義強調社會結構不僅確定單個行為體的認同,而且確定這些單個行為體所從事的經濟、政治及文化活動的模式。建構主義既認為這類結構具有相當的構成力,又認為它的存在並不是獨立於社會行為體的知識實踐之外的。社會結構只是行為體實踐的結果。

傑弗雷‧切克爾指出,建構主義對新現實主義和新自由主義的批評,主要不在於後者主張什麼,而在於它們忽視了什麼。建構主義強調的正是「兩新主義」所忽視的世界政治中的社會文化結構,[77]是對傳統國際政治進行的批判性反思和再造,在「兩新主義」之間建構了一座橋梁。

下表顯示出了「新的三方爭論」的主要異同點:[78]

爭論的範式	新現實主義	新自由主義	建構主義
主要理論觀點	國家追求自身利益,為權力和安全而進行無休止的競爭	關注與經濟和政治因素有關的權力,追求發展富裕,促進自由價值	國家行為由思想觀念、集體規範和社會認同決定
主要分析單位	國家	國家	個人(尤其是精英集團)
主要研究手段	經濟實力,特別是軍事實力	價值取向(國際制度、經濟交流、擴展民主)	觀念和對話
對冷戰後的預測	再次出現公開的大國競爭	隨著自由價值、自由市場和國際制度的發展,合作會得到加強	不可知論,因為難以確定思想觀念的變化

爭論的範式	新現實主義	新自由主義	建構主義
主要局限	未能說明國際變化	過於忽視權力的作用	描述過去比預測未來更強

　　任何一種研究取向都試圖建立一套理論概念。在建構主義的理論框架中，研究者趨於運用一組在意義上相互關聯的社會學概念來解釋世界政治，它們主要是「規範」、「認同」、「文化」等。

　　「規範」屬於一種社會約定，包括規則、標準、法律、習慣、習俗等。建構主義者把規範概念定義爲「意指對某個特定國家本體做出適當行爲的集體期望」。建構主義認爲，透過建構而產生出來的行爲規範、原則以及共同分享的理念，不僅影響和規定著國際政治中國家行爲體的具體行爲、利益、優先選擇以及實現對外政策目標的工具，而且可以幫助行爲體理解什麼是重要的或有價值的，以及如何運用合法手段去獲取它們。因此，「社會規範的一個重要特徵是它們創造出行爲模式」。[79]在對國際體系變化的認識方面，建構主義不是根據在行爲體背後產生作用的實力分配和權力結構來看待國際體系，而是認爲這個體系是由與規範有關聯的機構所組成。建構主義認爲，這些機構使國際社會不斷確立各種規範，並以此調節著各機構的活動和習慣，「國際體系是諸機構的集合體，而且諸機構是由諸規範所組成的實踐活動，當其構成的規範的一部分（或全部）發生改變時，國際體系的基本變化隨之出現」。[80]在西方建構主義看來，第二次世界大戰後，蘇聯不願意接受先前傳統的歐洲諸國家體系所確立的組織規則並打破了它們。當時的美國違反傳統的民族主權觀念，打破或改變約定的規範，導致以後長期的冷戰歲月。建構主義認爲，國家的需要是透過社會規範、法則、理解和與其他者的關係而形成的。「在決定行爲體的行爲方面，社會規範、法則、認同等與物質現實同樣重要、同樣有影響」。[81]

　　「認同」這一概念來自社會心理學，指某行爲體所具有的和展示出的個性及區別性形象，這類形象是透過與「其他者」的關係而形成的。建構主義關注認同和利益的建構，認爲利益依賴於認同。亞歷山大·溫特提出兩種認同類型：整體認同和社會認同。[82]

　　前者指構成行爲體個體化的內在本質，強調行爲體如何在整體上與其他行爲體的區別性特徵，如行爲體的整體意識和經歷、物質資源、分享的理念價值或知識等。後者指行爲體在看待其他行爲體時賦予自身的一組含義，社會本體

具有個體的和社會的結構特徵，行為體在一定的環境或是在共用理解和期待的社會角色結構中，確定自己的身分或者說自我定位。一定的外界環境不僅決定行為體採取一定的行動，而且決定行為體以一定的方式確定自己的利益。建構主義認為，國家認同不是既定的，是透過複雜的歷史實踐建構起來的，它感興趣的是行為體中間的「集體認同」，即自我和其他者建立積極的認同關係，在認知上把其他者看做是自我的延伸，並體現在民族、部落、階層、國家和社會、文化各個方面。行為體之間存在移情聯繫是建立集體認同的基礎。新現實主義認為，國際政治的無政府狀態阻止行為體之間的真誠合作和信任，因此，行為體奉行自助原則，一切從自身利益考慮問題。建構主義承認國家以自身需要去確定自己的國家利益，但同時認為，國家的利益是處於變化過程中的。「利益是透過社會相互作用而建構成的」。[83]換言之，自身的利益是在與其他人的關係中確定的，在考慮自身利益時，必須也要考慮其他人的利益。建構主義認為，社會機構對行為體的認同和利益施加深刻的影響；國際機構確定主權國家的認同。於是，在建構主義看來，國際機構如何規定國家認同是一個關鍵問題，因為社會認同反映了利益，而這種利益則推動國家的行動。國家利益是在明確的國際社會背景中得到調整的。

建構主義還認為，文化不僅影響國家行為的各種動機，而且還影響國家的基本特徵，即國家的認同。新現實主義認為，國家行為體的特徵是國家所固有的，不是社會的構成，也不受外界影響。建構主義則認為，國際政治和國內政治不是各自封閉在自己的領域裡，「國內政治的變化可以改變國際體系」。[84]譬如，近現代民族主義的興起，透過改變國內和國際政治的規則，造成國際體系發生根本性轉型。在分析國家對外政策及戰略方針方面，建構主義認為國家存在著「戰略文化」。

三、建構主義的主要代表人物

建構主義學派的代表人物有奧魯夫、溫特、卡贊斯坦、霍普夫、江憶恩、魯傑、費麗莫、巴爾金、莫塞和克拉托奇維爾等，但主要的代表是尼古拉斯·奧魯夫、亞歷山大·溫特和撒母耳·巴爾金。

奧魯夫，1941年出生，是佛羅里達國際大學的政治學教授。據稱，「建構主義」一詞就是他在1989年首先提出來的，他領頭的課題小組對建構主義進行了10餘年的研究，1997年因發表《建構主義宣言》而出名，1998年出版了《建

構世界的國際關係》，作者除了奧魯夫本人之外，還有課題小組的其他兩位成員：從事馬克思主義與國際關係研究的邁阿密大學教授文杜卡·庫巴可瓦和佛羅里達國際大學的國際關係學教授保羅·科沃特。該書是迄今爲止所看到的關於建構主義的最系統的一本書。2002年奧魯夫出版《國際關係的視野》。同時，他還發表了大量學術論文。

　　1980年代末，當冷戰正走向結束時，奧魯夫敏銳地觀察到，冷戰後國際關係的新變化已經出現，冷戰時代國際關係的主導理論未能科學地預測這些變化。他強烈地意識到，建構主義的歷史使命就是指出主導理論的局限和缺陷，提出重新描述世界的新方法和新思路。奧魯夫認爲，原有的理論把人民排斥在外，而建構主義則置人民和他們的活動於最重要的地位；建構主義始於人的社會活動，然後，再提升到複雜的社會關係、結構與制度、思想與實踐。傳統的主導理論強調物質結構決定社會行爲，而建構主義則重視社會活動及其思想與文化的作用，強調社會和世界是人們透過實踐構建起來的。奧魯夫指出，建構主義是對「兩新」（新現實主義和新自由主義）的建設性回應，是「第三次論戰中的第三種思路」。[85]其目的是「提出一種新的社會理論框架」，爲人們提供一個觀察國際關係的新視角。

　　奧魯夫以下一段深入淺出的自述，可幫助我們進一步瞭解建構主義的基本思路、主要內容及其特點：「建構主義是研究社會關係的一個新方法，它的根本出發點是：人是社會人，沒有社會關係就不成爲『人』，或者說，社會關係使人們成爲像我們現在的人類。人民建立社會，社會孕育人民，這是連綿不斷的雙向過程。在人民與社會之間，加入一個成分，即規則（rule），規則將人民與社會聯繫起來……實踐產生規則，改變規則或取消規則，一切取決實踐。參與社會活動的人，如代表別的人，就成了施動者（agent）。施動者實際上是一種社會條件，從這個意義上來說，政府是集體的人，也是一種社會條件。規則造就施動者，施動者創造規則；規則形成機構，機構組成社會……這裡，規則給予施動者各種選擇，施動者在社會中活動，以理性的舉止去實現反映人民的要求和期望的目標。於是，規則和實踐帶來穩定的社會關係，穩定的規則和機構導致穩定的社會結構。」[86]

　　自1989年奧魯夫提出「建構主義」後，作爲反思理論的一個分支，它迅速傳播開來，「像森林之火蔓延四處」，「開拓了研究冷戰後新現象、新問題的一個廣闊的理論領域」。奧魯夫等人聲譽鵲起，他主持的「邁阿密國際關係小組」（Miami IR Group）被學術界稱之爲「奧魯夫建構主義學派」。他們所作

的長期努力，使國際關係理論「日趨完善」，「不像只有單翼的飛機無法起飛，現在有了雙翼，可以飛起來了」。[87]

　　亞歷山大・溫特，1958年出生於德國的梅茵茲市，1982年在明尼蘇達州的麥卡勒斯特學院讀完政治學碩士課程，後在明尼蘇達大學取得國際關係博士學位，他的博士學位論文是「國家體系與全球軍事化問題」，曾獲好評。1989年至1997年任教於耶魯大學政治學系。1997年至1999年任教於達特茅斯學院，1999年至2004年在芝加哥大學任教，2004年至今在俄亥俄州立大學任國際安全專業教授。溫特屬於國際關係理論領域的後起之秀。早些時候筆者訪美期間與老一輩國際關係理論學者如霍夫曼、傑維斯、沃爾茲等交談時，他們都提及溫特和他的建構主義理論，儘管溫特對他們的批評有所保留，但他們仍讚賞溫特「後生可畏，敢想敢創」。

　　溫特的國際關係理論學術活動大致可分成兩個時期。早期的溫特從沃爾茲的結構現實主義和沃勒斯坦的世界體系理論吸取了有用的營養，在其影響下，他提出基於現實主義的「結構化理論」。1987年，他發表了兩篇頗受重視的論文：〈國際關係理論中的行為體：結構問題〉和〈國際關係理論中的代理者——結構問題〉。他指出，當前的國際關係理論需要一種新的科學現實主義方法，把結構與社會、結構與「代理者」結合起來。社會由社會關係組成，這種關係形成人類互相關係的特有結構。[88]這恐怕是溫特的建構主義的雛形。

　　後期的溫特顯示出理論上的成熟，他提出基於社會互動關係的「建構主義」。重點從「結構化」轉為社會互動，從科學現實主義轉為社會建構主義；主張以社會聯繫的發展代替無政府狀態，以建構主義的認同代替物質主義的認同。透過社會建構過程，推動「認同與利益」的結合。[89]1992年溫特的代表性論文〈無政府狀態是由國家造成：權力政治的社會建構〉發表，在學術界引起不小的震動。1997年他的又一篇力作〈國際政治中的認同和結構變化：國際關係理論中文化和認同的回歸〉問世，更是產生了持續的影響。此時的溫特已成為一位「真正意義上的建構主義者」，對「兩新」理論提出了全面的批評，如過於「物質主義」和「理性主義」，未能解釋社會和國家的變化，忽視認同和利益形成的互動過程等。1999年，溫特出版題為《國際政治的社會理論》專著。一些西方評論家認為，它是20世紀國際關係理論界最後一部重要著作。溫特另一部有影響的著作是《結合物質和社會主體論的定量思維和社會科學》（2015）。

　　溫特的建構主義理論貢獻表現為：

（一）他以獨特的角度顯示第三次論戰的性質是理性主義與反思主義之爭。他認為，基於理性主義的「兩新」理論注重「過程和結構」，而基於反思主義的批判理論注重「認同和利益」。

（二）他較其他學者更明確地闡明了建構主義的要旨：第一，國家是體系的主要行為者，無政府狀態是國家造成的；第二，國家體系的基本結構是社會的，而不是物質的，如何在無政府條件下「社會地構建」自助體系和權力政治是對國際關係理論的一個挑戰；第三，社會關係構建認同和利益，而實現認同和利益結合的途徑主要有三種：透過主權實體的演變；透過漸進式的合作；透過國際努力變「利己的認同」為「集體的認同」。[90]第一點與「兩新」的觀點一致；第二點區別於新現實主義；第三點有異於新自由主義的體系論和制度論。

（三）「兩新」主流理論忽視了國際關係中的文化、認同和利益問題，溫特所主張的批判的、反思主義的建構主義理論則把文化、認同和利益因素及其結合帶回國際關係研究，並建議在沃爾茲結構現實主義的三概念（構成原則、體系功能和實力分配）基礎上，增加第四概念，即認同和利益因素。

葉賽夫・拉比德說得好，溫特的建構主義仍擺脫不了「理想的成分」，他據此稱溫特的理論為「結構理想主義」。溫特從社會學、哲學等領域尋求理論工具，登上「文化之船」，以建構主義為雙槳，駛向真理之彼岸。[91]但由於建構主義缺乏歷史觀和體系感，這一開拓性航程絕不輕鬆，也不會一帆風順。

撒母耳・巴爾金先後在加拿大多倫多大學獲學士、碩士學位，在美國麻省理工學院獲博士學位，專攻全球治理和人類安全，以及建構主義理論。主要著作：《無政府狀態與環境》（1999，合編）、《現實主義建構主義：反思國際關係理論》（2010）、《國際組織：理論與制度》（2013）等。2003年5月號《國際問題研究評論》刊登了巴爾金的論文〈現實主義的建構理論〉。該論文提出，現實主義與建構主義之間的對話和融洽不僅是必要的，而且是可能的。他稱這一對話和交流可以透過一個「搭橋計畫」來進行，產生一種溝通國際關係主流學派與批判理論及後現代學派之間鴻溝的「搭橋理論」，即「現實建構主義」或「建構現實主義」。[92]該論文一石激起千層浪，在熱烈反響和爭論中，《國際問題研究評論》次年開闢「學術論壇」專欄，發表更多文章，推動這一討論。學術界普遍認為，2003年巴爾金提出的現實建構主義是拓展建構主義的一個突破性成果。有學者評論說，巴爾金的現實建構主義以社會建構為基

本假定,以現實主義爲分析框架,以「權力與理想的辯證關係」爲核心問題,以主體間認識論和方法論爲解釋路徑,對規範建構主義進行一種理想研究,克服新現實主義對非物質因素的忽視,創造出比現實主義樂觀的新的「中間地帶理論」。[93]

關於建構主義理論的評述,最全面、最生動的莫過於郭樹勇和葉凡美在2002年所概括的「一、二、三、四、五分析框架」,在此錄以備考:[94]

(一)一個主要方法:社會學分析法。

(二)二個階段:1980年代的解構主義和90年代的建構主義。

(三)三次論戰:1. 1980年代主流理論與批判理論;2. 90年代建構主義理論與「兩新」理論(新現實主義和新自由主義);3. 90年代中後期,流派內部形成論戰態勢。

(四)四大流派:阿希利的激進建構主義,反對與主流理論妥協;溫特的主流建構主義,與主流理論互動對話;魯傑的現代性建構主義;女性學派的建構主義。

(五)五塊內容:純粹理論、國家與國家利益理論、國際體系理論、國際體系轉型理論和國際和平理論。

第六節　英國學派與西方國際關係理論

粗略回顧20世紀令人耳熟能詳的國際關係理論,發現絕大多數出自美國學者之手。西方國際關係學者,包括美國學者,都承認美國國際關係學界主宰著國際關係理論的熱點和走向。然而,「美國中心觀」的看法,本身就很可能代表著一種遮蔽事實眞相的主流意識形態,接受它的人往往看不到處於邊緣地位的國際關係理論的價值和作用。其實,如果人們能夠稍微對歷史上公認爲舉足輕重的西方國際關係理論進行一番不偏不倚的考察,就可能得出這樣的結論:即使在西方國際關係理論內部,美國的支配地位也並不是從來就有的,在某種意義上更不是絕對的。英國學派在西方國際關係理論中就占據突出地位,近年來也異軍突起,引人注目。

一、英國學派的出現和發展

從1970年代起，英國國際關係理論不斷呈現深入發展的趨勢，在國際關係學分支領域的開拓、學科歷史的評價與反思等許多方面都取得顯著的成果。

1981年，英國威爾斯卡迪夫大學院羅伊·瓊斯在《國際問題研究評論》上發表題爲〈國際關係的英國學派：一個應該關門歇業的個案〉的文章，首次提出「英國學派」的概念。[95]經過30多年的變化，當初羅伊·瓊斯提出的這一「關門歇業」的個案，如今已發展成主流國際關係理論的一部分，在西方學術界代表著「一種明顯的崛起」。[96]正如巴里·布贊指出的，「英國學派實際上不是『英國的』，是泛指一個學術群體。從狹義上看，它區別於美國的，有自己的特色；從廣義上看，它更像一種歐洲學派，因爲它比大多數英國理論更重視以歷史和政治理論的視角來審視國際關係」。[97]2007年，巴里·布贊到中國北京大學講學，在談及英國學派時，他說：「如果你喜歡，可以把它看成英國的學派，但千萬別以爲它只是英國的或英國創立的理論，它並非是一個國家的國際關係理論。」[98]

英國學派的形成和發展大致經歷了三個時期：

（一）傳統時期。時間跨度大約是在1970年代至1980年代或更早時期。代表人物是英國學派的「思想鼻祖」查爾斯·曼寧（Charles Manning）、「理論之父」馬丁·懷特（Martin Wight）和「奠基先驅」赫德利·布林（Hedley Bull）。布林於1977年出版的《無政府社會：世界政治中的秩序研究》一書成爲英國學派發展的重要標誌。這個時期的代表人物還有赫伯特·巴特菲爾德（Herbert Batterfield）、亞當·華生（Adam Watson）和艾倫·瓊斯（Alan Jones）等。

（二）承上啓下時期。時間跨度大概在1980年代至1990年代。這一時期英國學派的領軍人物首推蘇珊·斯特蘭奇（Susan Strange）。她幾十年如一日，竭盡全力呼籲建立國際政治經濟學這一全新的研究學科，並爲此做出重要貢獻。在90年代初，她當選爲國際研究學會主席，正當她的學術事業如日中天時，她卻不幸於1998年因病去世。這個時期還出現了不少英國和其他歐洲國家的學者，他們活躍在西方國際關係理論界，贏得了越來越多的國際聲望。史蒂夫·史密斯（Steve Smith）努力總結國際關係的學科發展狀況，並提出國際關係理論研究的兩種基本思路──理解和解釋；莫文·弗羅斯特（Mervyn Frost）深入挖掘了國際關係中的倫

理學；佛瑞德‧哈利戴（Fred Halliday）闡述了國際關係的國家社會理論；賈斯汀‧羅森堡（Justin Rosenberg）系統地從市民社會的角度批判了現實主義；查理斯‧雷諾茲（Charles Reynolds）對國際關係研究的理論探討方式做了嚴謹的剖析；羅傑‧斯皮格勒（Roger Spegele）則以全新的邏輯思維對國際關係理論各流派做了條分縷析[99]

這時期，布爾和懷特的影響依舊，學生輩在他們的帶領下，繼續探索，發表了一些重要著作，如布爾和華生主編的《國際社會的擴展》（1984）、文森特的《人權與國際關係》（1986）、梅奧爾的《民族主義與國際社會》（1990）、華生的《國際社會的演講》（1992）和懷特的《國際理論：三種傳統》（1992）。

英國學派雖然隊伍龐大、著述豐厚、思想深邃，但由於以美國為主導的國際關係主流思想流派的壓抑，一直沒有贏得與其理論地位相稱的國際影響力。直到1990年代，英國學派才逐漸聲譽鵲起，為國際關係學界所矚目。美國學者史丹利‧霍夫曼對英國學派的多舛命運深有感觸。他在1995年親自為布爾的代表作《無政府的社會》第二版作序，並感嘆道：「《無政府的社會》現在已被廣泛地奉為國際關係研究的一部經典……我們應當自問，為何如此重要的著作，在其1977年初版之時竟未能得到認可，尤其是在美國……答案是：它的英國特色與美國的方法論不相符。它對社會（儘管是無政府的）的強調無論對於以漢斯‧摩根索為代表的、用權力追逐和國家競爭的眼光研究國際關係的現實主義者，還是對於追隨肯尼思‧沃爾茲的、著重探討國際體系的權力分配如何影響不可避免的國家間角逐的新現實主義者，都顯得有些怪異。」[100]

（三）當代時期。時間從21世紀初起。根據不同的理念和理論傾向，又可分成若干流派：1. 以約翰‧文森特（John Vincent）學生為代表的激進派，成員有尼古拉斯‧惠勒（Nicholas Weelue）、克里斯蒂安‧里烏斯—史密斯（Christian Reus-Smit）和蒂姆‧鄧尼（Tim Dunne）。文森特1990年不幸病故，年僅47歲，英年早逝，實為英國學派一大損失；2. 以簡‧梅奧爾（Jane Mayall）為代表的溫和派，另一位代表人物是安德魯‧赫里爾（Adrew Hurrell）；3. 新傳統保守派，成員主要包括羅伯特‧傑克遜（Robert Jackson）、亞當‧羅伯斯（Adam Roberts）和愛德華‧基尼（Edward Keene）；4. 新一代英國學派，又稱修正派，主要成員有巴里‧布贊（Barry Buzan）、奧利‧維夫（Ole Wæver）和理查‧利特爾

（Richard Little）。布贊的《世界歷史中的國際體系》被視爲新一代英國學派的代表作。[101]

世紀之交開始，英國學派更加受到重視，主要原因是，隨著全球化的發展，國際學術界越來越意識到國際關係理論領域中涉及國際制度、國際文化、國際規範內容的重要性，而英國學派推崇觀念、認同、國際文化、國際倫理和國際社會，正好適應這一客觀需求，其學術隊伍不斷擴大，學術影響不斷擴展，學術成果處於國際關係理論和實踐的前沿，英國學派的支持者遍布中歐、北歐、北美和澳洲，成爲一個得到普遍認可、具有學術特色和享有世界聲譽的學者群體和理論學派。1999年，英國國際研究學會舉行「重新思考英國學派：結束還是重塑」學術研討會，布贊作了題爲〈英國學派作爲一項研究綱領：概述和重塑的計畫〉的主旨發言，發言之後發表在2001年第7期《國際問題研究評論》上，題目改爲〈英國學派：國際關係中沒有充分利用的資源〉。這個事件被視爲新一代英國學派出現的標誌。

目前，英國學派的思想已得到英國以外的世界其他地區學者的認可。其主要代表著作紛紛再版，有關國際社會理論的評論文章也不斷見諸書刊雜誌。中國學者對英國學派的評介工作雖剛剛起步，但已取得了可喜的進展。[102]

二、英國學派的核心理念

英國學派的核心理念是國際社會，因而，英國學派也被稱爲國際社會學派。

最先明確提出「國際社會」概念的是曼寧。曼寧反對把「國際無政府狀態」理解爲「無秩序」、「混亂」。曼寧認爲，在國際上也存在一個社會，就是國際社會。與國內社會不同的是，國際社會的存在並沒有以一個中央政府和強制執行的法律體系作爲支撐。曼寧指出，國際社會不是一種經驗的存在物，而是一種觀念的實體。各國的官員、商人、百姓在日常生活中涉及國際交往時，都自然而然地接受「國際社會」的觀念。這就足以證明國際社會的存在。曼寧不斷強調，國際社會的特性不能從與國內社會的對照中推導出來，國際社會雖不像國內社會擁有中央政府，但國際社會也是有秩序的。對國際法也不能從與國內法的對比中得到理解，因爲它根本不是從國內法發展而來的，這就如同乒乓球不是網球的初級形式一樣。國際法的本質只能從它的社會基礎——國際社會中得到把握，而國際社會的成員不是國內社會中的個人，而是國家。[103]

懷特筆下使用的是「國家的體系」概念，但值得注意的是，懷特的「體系」觀與美國主流的「體系」論，截然不同。懷特認為，美國的國際體系論是機械互動論，屬於純粹的物質層次，而忽略了文化的因素。懷特的「國家的體系」觀則強調，國家之間有可能因共同的文化紐帶而彼此承認，並認同於它們所組成的整體。這樣一個擁有共同文化的體系，就不再是美國意義上的機械互動體系了，而是「國家的體系」。這裡，懷特再一次用「國家的體系」闡明了「國際社會」的思想——國際社會不同於國際體系。

布爾的「國際社會」觀一方面借鑑了曼寧和懷特的思路，同時又對前人的一些具體方法和論斷做了修正。布爾淡化了曼寧研究國際社會的觀念闡釋法，把國際社會理論建築在更為經驗的基礎上。布爾還放棄了懷特關於國際社會必須擁有共同文化紐帶的論斷，把它更換成共同的利益觀和歸屬感紐帶。

布爾的國際社會理論首先從闡明國際社會的基本目標入手。布爾認為，國際社會的基本目標包括兩大類，一類是任何社會都共同擁有的，另一類是國際社會獨有的。關於第一類，布爾提出了限制人身暴力、保持交易信用和穩定財產權三項基本目標。關於第二類，布爾指出，保存國際體系和國際社會自身、維繫國家獨立和主權，以及促進和平是三項基本目標。於是，兩類相加，國際社會的基本目標一共包括上述六項。[104]

判斷一個國際體系是不是國際社會，要看該體系是否滿足了實現這些基本目標的條件。這些條件包括：各國在實現這些基本目標方面享有共同利益，並形成共同利益的認同；各國之間默契地認同於一系列限定國家行為的規則，如國家體系的規則、各國共存的規則和協調國家間合作的規則；國家間應建立一系列確保上述規則行之有效的制度，如均勢、國際法、外交、大國協調和戰爭[105]。如果一個由國家組成的體系在實現六項基本目標方面滿足了這三項條件，那這個體系就可以被稱作國際社會，而且在這樣的國際社會中存在國際秩序。

關於國際社會中國際秩序的維持，布爾提出了兩點耐人尋味的看法。首先，布爾認為，各國對權力和利益的追求並不一定有礙國際秩序的實現。如果各國之間的權力競逐（即均勢）能被有意識地加以利用，而形成為國際協調的制度，那麼權力完全是可以用來為國際社會造福的。關於利益問題，布爾認為，即使國家之間在短期利益上常常會發生衝突，但不能否認的是，每個國家都在遵守外交慣例和條約義務方面享有共同利益。原因在於，不尊重國際規則會破壞國家之間的有效溝通，從而使國際關係中的不穩定因素增多，最終破壞

國家間正常的相互期待。其次，布爾堅決反對集體安全的理論與實踐，認為集體安全與均勢原則相牴觸，從而干擾唯有均勢才能有效維護的國際秩序。[106]

布爾對國際社會的概念界定，實際上包含了對國際體系和國際社會兩概念的區分。在布爾看來，國際體系的存在僅僅要求各國的行為相互關聯，而國際社會的存在還必須以上述的額外條件為前提。這也就是說，國際社會一定同時是國際體系，但國際體系並不一定同時又是國際社會。在國際社會中存在正常維持著的國際秩序，國際體系中則沒有。

英國學派並沒有把學術努力僅僅停留在對國際社會基本理論的闡發上。英國學派的許多成員都把國際社會理論運用到國際社會史和國際社會的其他基本問題上去，從而形成了壯觀的學術著作群。布爾和華生主編的《國際社會的擴展》，連同華生的《國際社會的演進》，對歐洲近代國際關係體系向全球擴張的過程以及世界範圍內不同歷史時期的國際體系或國際社會的特徵做了深刻的剖析。文森特的《不干預與國際秩序》和《人權與國際關係》則對國際干預問題和人權問題做了權威的論述。盧阿德對聯合國專門立項研究，其成果歷經數版而不衰。蓋裡特·岡對近代以來「文明」的標準做了歷史透視，揭示了一個不容忽視的重大課題。梅奧爾用《民族主義與國際社會》一書開創了民族主義研究的新視角。

後起之秀巴里·布贊認為，布爾的國際社會理論的基本觀點是，國際社會不必在各國擁有一致的文化這一基礎上生成，而可以透過交往中逐漸培養出來的共同利益觀和整體歸屬感來塑造。因此，布爾的國際社會起源觀屬於功能論，它完全可以在新現實主義的國際無政府狀態論和新自由主義的機制理論之間架起一座橋梁。原因也並不難理解：新現實主義視野中的國際無政府狀態是各國共同的外部環境，在這樣的環境中，各國如不透過一些共同的機制協調彼此的行為，那就很可能釀成對大家都不利的災禍。於是，在長期的交往中，各國逐漸依靠共同的利益觀發展出了功能性的國際機制。[107]布贊的論點擴展了美國主流理論流派的思路，無形中擴大了英國學派的影響力。

長期以來，英國學派對西方主流國際關係理論界的介入擴展了它自身的影響力，而它飄忽於新現實主義—新自由主義和建構主義之間的理論位置，更是它的思想魅力所在。

三、英國學派的主要代表人物

英國學派在50多年的發展中形成了老中青三代學術隊伍，主要代表人物有曼寧、懷特、布爾、巴特菲爾德、華生、文森特、布贊和維夫等，這裡著重介紹「二布一沃」，即布爾、布贊和維夫。

赫德利‧布爾，1932年出生於澳大利亞雪梨，1949年就讀雪梨大學哲學和法律專業，1952年畢業後在牛津大學攻讀國際政治。在牛津大學期間，布爾深受英國學派第一代前輩曼寧、懷特、巴特菲爾德的厚愛和指導，24歲時就成為英國國際政治理論委員會委員。布爾初展才華的領域是軍備控制，1961年他出版專著《軍備競賽的控制》。60年代他任職於英國外交部軍控和裁軍研究小組，這期間多次到哈佛大學、普林斯頓大學等學府進行訪學，學術視野得到很大拓展，1966年出版另一部專著《國際關係理論研究中的傳統主義方法》，引起學術界重視。1967年，布爾受聘任澳大利亞國立大學國際政治系教授；1977年他回到英國，被聘為牛津大學蒙塔格‧伯頓首席教授，同時擔任英國國際政治理論委員會主席。就在這一年，布爾出版了他的成名作《無政府社會──世界政治秩序研究》，推出他已熟悉的國際社會理論，在國際關係理論領域產生了轟動性影響，該書遂成為英國學派發展的一個重要里程碑。1977年至1978年，布爾整理出版了懷特的遺作《國家體系》和《權力政治》，之後筆耕不止，1984年編著《世界政治中的干涉》，與華生編著《國際社會的擴展》。1985年5月布爾不幸因病逝世，享年53歲。

布爾英年早逝，和另一位英年早逝的文特森一起，成為英國學派中最值得懷念的代表人物。布爾對國際關係研究做出的重要貢獻，主要在以下三個方面：

（一）豐富深化了國際社會理論。布爾的國際社會理論集中體現在其成名作《無政府社會──世界政治秩序研究》中。他認為，不能把國際社會簡單地等同於國家集合體或各種國際行為體的集合。國際社會的科學涵義是，現代國家不僅在主動關係中形成了全球性國際體系，而且在共同價值、共同利益、共同觀念的基礎上，構建了一種無政府狀態下的有規則、有秩序的國際社會。布爾的國際社會理論把英國學派的國際社會核心理念推至新的理論高度，使之理論化和系統化，在西方國際關係理論領域產生很大影響。學術界發現，溫特的建構主義理論與布爾的國際社會理論有許多相似之處，因此稱布爾是「建構主義的先驅」。[108]

（二）國際關係研究方法。布爾反對科學行為主義研究方法，堅持傳統主義的研究方法。他重申歷史、法律、哲學方法在國際關係研究中的核心地位和作用，並在這方面堅守陣地，獨樹一幟。

（三）國際安全戰略研究。布爾這方面的研究才華和成果最早反映在他1961年出版的《軍備競賽的控制》一書中，現在讀來，這本書還讓人有耳目一新之感。

巴里‧布贊，1946年出生於英國倫敦，在加拿大渡過童年和青少年時代，1964年回到英國，就讀英屬哥倫比亞大學，1968年獲學士學位，後在倫敦經濟學院深造，1973年獲博士學位。布贊先在沃威克大學任教，1983年升為高級講師，1988年升任副教授，1990年被聘為教授。1996年他調至威斯特敏斯特大學任教。從1991年至2001年的10年間，布贊教學研究雙豐收，不僅教學深受好評，而且著作碩果累累。他出版的著作有：《人民、國家和恐懼》（1991）、《無政府主義的邏輯：從新現實主義到建構現實主義》（1993）、《新安全論》（1998）、《世界歷史中的國際體系──國際關係研究的再構建》（2000）等。2003年，布贊回到母校倫敦政治經濟學院，繼續他一生追求的教授生涯。布贊於1980年代開始成名，以「地區複合安全」研究著稱，1988年至1990年任英國國際研究學會主席，1993年至1994年任北美國際問題研究學會副主席，1998年當選為英國科學院院士。從1988年起，他還一直兼任哥本哈根和平研究所歐洲安全研究專案主任。2004年，布贊又出版了一本力作《從國際社會到世界社會？──英國學派理論和全球化的社會結構》，在學術界產生了持久的影響。

布贊還有一個頭銜：英國學派重聚專案的總協調人。英國學派形成初期，巴特菲爾德創立了該學派的共同學術團體「英國國際政治理論委員會」，之後，懷特、華生、布爾先後擔任委員會主席。但是，布爾1985年去世後，該委員會的活動就基本停頓了。1999年，布贊擔任英國學派重聚專案的總協調人，重新恢復了英國學派的學術交流，使之起死回生。布贊曾動情地說：「我當前的研究重心是國際關係的英國學派。這包括對國際社會、世界社會、多元主義社會連帶主義、國際制度等概念的理論研究，同時，我還利用英國學派的這些理論分析歷史上和當代的國際體系。我的另一個主要研究領域是地區安全。除此之外，我對霸權理論和世界歷史也有所研究。」[109]布贊是公認的英國學派新生代的代表人物，在這一代學者中他最具有批判和創新精神，思想最活躍，寫作最勤奮，成果最顯著。

　　布贊最主要的學術貢獻是提出英國學派結構理論。該理論在曼寧、懷特和布爾研究成果的基礎上，對英國學派的傳統理論進行了重新建構（reconstructing）、重新闡釋（rewriting）和重新塑造（recasting），實現了英國學派當代理論的繼承發展。布贊的英國學派結構理論運用國際體系、國際社會和世界社會等概念來解讀國際社會的物質結構和社會結構，建立一系列分析性的結構框架來描述國際社會的狀況和變化，並使之理論化。[110]

　　布贊的結構理論屬於規範理論的新發展，其透過國際社會等概念對規範、規則、制度、道德、法規等進行多元化研究，使英國學派國際關係理論更加完整、完善和完美，構築起英國學派與主流美國學派之間的橋梁。我們想起了另一位英國學派代表人物蒂姆·鄧尼在2005年寫的一段話：「認為布贊所做的工作將會把英國學派帶到一個新的層次只是一種保守的說法，布贊對英國學派的改變完全可以與沃爾茲在《國際政治理論》中對現實主義的改變相媲美。」[111]

　　奧利·維夫，出生於1960年，是一位活躍於國際關係理論界的丹麥學者，1985年至1999年任丹麥和平與衝突研究中心高級研究員，現在在哥本哈根大學講授國際關係課程。他和巴里·布贊一起被認為同屬「哥本哈根學派」。他與布贊合著的《新分析框架》（1998）和《國際安全結構》（2003）在西方學術界產生較大的影響。維夫十分關注西方國際關係理論的歷史演變脈絡和未來的走向問題，並對歷次國際關係理論「大辯論」的線索做了深入的研究。[112]

　　在西方國際關係理論發展史上，第一次「大辯論」（理想主義對現實主義）和第二次「大辯論」（傳統主義對科學行為主義）的線索和內容是相對明確的，但學者們對後行為主義時期，即1970年代以來的情況卻眾說紛紜，莫衷一是。維夫認為，70年代之後，西方國際關係理論又先後經歷了兩次大規模的辯論，並且超越第四次大辯論，進入了一個辯論陣營不甚明確、理論流派雜然相陳的新時期。具體說，從70年代初到80年代中期，國際關係理論第三次大辯論在自由主義、現實主義和激進主義之間展開。從80年代中期到90年代初，第四次大辯論在理性主義與後現代主義（又稱反思主義）之間展開。從90年代初至目前，「後第四次大辯論」呈現出理性選擇論、制度主義、英國學派、建構主義與解構主義五大流派之間錯綜複雜的相互關係。

　　維夫認為，從1980年代中期開始，西方國際關係理論學派出現了兩大趨勢。一方面，「科學化」過的現實主義（即新現實主義）和自由主義（即新自由主義）逐漸發現它們都享有共同的理性主義假定——國家在國際無政府狀

態下理性地行動。另一方面，後現代主義哲學開始進入國際關係研究領域，以德里安和沃爾克爲代表的反思主義猛烈抨擊主流意識形態的理性主義和實證主義，指責它們把自己所觀察到的現實自詡爲科學，從而忽略了國際關係的主觀性和國際關係研究的主觀性。深受後現代主義影響的反思主義站在批判者的角度上，對占主流的理性主義發難，實際上是取代了影響力日漸衰微的激進主義的位置；而新自由主義和新現實主義則合併起來成爲辯論的另一方。於是，第四次大辯論成爲兩方之間的對壘。與第三次大辯論不同的是，這一次，雙方是在共同的理性主義基礎上，進行著建設性的「知識積累」。第四次大辯論可用下圖表示：

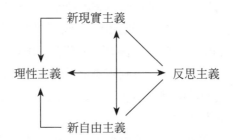

　　從世紀之交開始，隨著理性主義與反思主義大辯論的深入，雙方陣營內部都出現了分裂：理性主義分裂爲較極端的理性選擇論和較溫和的制度主義，反思主義則分裂爲較極端的解構主義和較溫和的建構主義。此外，歷史相對悠久的英國學派，此時重新得到學者們的青睞，其理論座標恰好處於制度主義和建構主義的中間。於是，第四次大辯論清晰的辯論線索，此時模糊不堪：不僅辯論方驟然增多，而且辯論的層次也是紛繁複雜，難以理清頭緒。西方國際關係理論流派將向何方發展，恐怕還難以料斷。「後第四次大辯論」的主要流派關係圖如下：

　　維夫指出，上述「大辯論」脈絡雖難免有過分簡化之虞，但作爲勾勒西方國際關係理論辯論線索、展望未來流派發展趨向的概括性介紹，這樣的分析和整理仍是不可缺少的。關鍵在於，不能把這一簡化的圖景當成西方國際關係理

論的全部線索，如此一來，像國際政治經濟學、女權理論和歷史社會學等很具潛力的領域或思想，就會遭受不應有的忽視。維夫的國際關係理論「大辯論」觀，對80年來西方國際關係理論流派的相互關係做了一次透澈的梳理，雖然只是一家之言，但必定會讓人們對西方國際關係理論獲得耳目一新的瞭解。

第七節　新進展和新趨勢

自1980年代，尤其冷戰結束以來，國際關係正在經歷著深刻的變化：一方面，新的國際事件層出不窮，造成整個國際體系和世界政治處於歷史性的深刻轉型過程中；另一方面，冷戰後時期錯綜複雜的國際社會現實，迫使人們調整或改變對國際關係的傳統認識及思維方式，甚至提出對現存國際政治理論及研究方法的深刻反思和重建，由此推動國際關係研究在本體論、認識論、價值論及方法論等方面出現新的轉型。前者可謂是國際關係現實層面的變化，後者則是國際關係理論方面的變化。

西方國際關係理論在幾次論戰的推動下，正在朝著縱深和更為成熟的方向發展。敢於自我反思本身就是一種成熟的表現。該學科的每次論戰都試圖弄清楚和回答一些基本的理論問題。第一次論戰探討了國際政治研究取向問題，第二次論戰涉及研究方法問題，第三次論戰則是關於理論更好地反映現實的問題。它試圖解決當前西方國際關係理論較為前沿的兩個問題：如何思考和建立理論，以及發展中的理論與變化中的世界之間的關係。

在第三次論戰過程中，一些新進展先後和交叉地出現：

一、從許多方面看，國際關係批判理論的出現是西方國際關係理論發展新態勢的一種反映。它對國際關係理論建設本身進行了較為深入和複雜的探討，從本體論、認識論、價值論和方法論等方面動搖了西方國際關係主流理論體系的學術根基。此外，國際關係批判理論幫助人們擴大了研究視野、視角和範圍，為解放和重建西方國際關係理論開闢了途徑，也由此推動和激勵了自80年代，尤其冷戰結束以來，西方國際關係研究領域新的學術革命。這是國際關係批判理論做出的重要貢獻。

二、就本章所涉及的內容而言，以批判理論為主體的後現代國際關係研究，為開拓和深化當代國際關係的一般探討做出了較有價值的努力。

後現代國際關係研究重視擴大研究範圍和視野。如果說一定的理論是一

定時空的產物並反映那個時空的話，那麼二戰以後西方國際關係主流理論所強調的權力、利益、結盟、威懾、均勢等內容，則反映了當時超級大國之間冷戰的需要。冷戰後時期複雜變化的國際關係環境，在許多方面已經不同於冷戰時期的國際關係環境，開拓新的研究領域，尋找新的研究課題，應對新的現實挑戰，探討長期被壓抑和被忽視的問題，包括第三世界國家生存與發展問題等，成為新的國際關係研究所需。在開闊視野方面，後現代國際關係理論從現存主流理論強調以實證資料為主的國家行為模式研究，轉向對國際關係文本含義結構以及國家所處社會結構進行研究。西方國際關係主流理論強調，作為物質外的國際體系對國家行為及其結構的影響，重視國際政治結構中物質力量的分配，後現代理論則提醒人們把文化、社會規範、認同等被認為屬於國內政治研究範疇的諸因素引入國際關係研究，用它們解釋國際行為及其後果。這種從研究「外部」轉向研究「內部」的方法，不僅利用了人文學科的研究成果，而且是對傳統研究取向的一種回歸。

三、如同其他批判理論分支一樣，女性主義國際關係研究在理論批評和重建方面做出一定的貢獻。

女性主義對西方國際關係理論的挑戰曾經歷一個過程。1972年，《衝突解決雜誌》發表貝倫麗絲・卡羅爾的一篇文章，其可能是女性主義在主流的英語國際事務雜誌上發表的第一篇文章。作者並沒有明確說明她的文章是女性主義的，但是她的文章提出了在今天看來具有女性主義思想的觀點。然而，在以後的10多年裡，儘管繼續有人從女性視角研究和探討世界和平和戰爭問題，但是它們均沒有對西方主流國際關係理論構成明顯影響。直到1988年，英國倫敦經濟學院的《千年間：國際研究雜誌》出版了一期題為「婦女與國際關係」的專輯，才出現女性主義挑戰西方國際關係理論的一個轉捩點。1991年，麗蓓嘉・格蘭特和凱薩琳・紐蘭將這些文章和隨後有關的討論編輯成一本題為《性別與國際關係》的論文集。從此，女性主義開始以較大的規模和更多的方式對西方國際關係研究領域形成影響。不久，英美國際研究協會——一個以大西洋兩岸國家為主的國際問題研究學術團體——設立了性別研究分部。在美國，一些大學的國際問題研究機構，就女性主義與國際關係研究主題舉辦學術討論會，開設有關課程。更多的研究成果開始出現，主要有安・蒂克納的《國際關係中的性別：從女性主義視角看待實現全球安全》（1992）、斯派克・彼得森和安妮・西

森‧魯尼恩的《全球性別問題：世界政治中的困境》（1993）、克利斯蒂‧西爾維斯特的《女性主義理論與後現代時期的國際關係》（1994）等。一些北美雜誌也效仿《千年間》雜誌的做法。1993年，西爾維斯特爲《選擇》雜誌主持一期題爲《女性主義論國際關係》的專刊。同年，艾麗克‧吉奧蘭多和金波莉‧西爾佛爲《佛萊舍論壇》雜誌主持一期題爲《國際關係中的性別：發展中的各種視角》的專輯。1999年，享有盛譽的Routledge出版社推出《國際女性主義政治雜誌》（*International Feminist Journal of Politics*），這是第一份女性主義研究的專業期刊，爲這方面研究提供了一個重要的平臺。

女性主義國際關係研究內部存在不同的分支，羅伯特‧基歐漢把它們大致分爲三類：（一）女性經驗主義。它強調國家和國家之間在根本上是性別化的支配和相互作用的結構，側重研究國家和全球性的資本主義過程，而不去考察把性別引入國際學的社會態度和結構是否準確；（二）女性觀點派。它認爲，處於政治生活邊緣的婦女經歷，使她們具有觀察社會問題的視角，從而對世界政治進行有力的洞察。這一分支站在邊緣的立場，批評由男人所建構起來的國際關係理論，男人們把他們自身置於決策者的位置，或者用摩根索的話講，透過「他的肩頭看東西」。女性主義從被排除在權力之外的普通民眾的觀點批判地考察國際關係。這一分支提出對世界政治進行複雜的理解；（三）女性後現代主義，或後現代女性主義（post modern feminism）。它在概念上難以確定，似乎包括了各種趨勢。不過，它的核心表現爲反對「一種眞實敘述」的概念，反對把個人的視角作爲普遍視角。[113]女性主義作爲第三次論戰中後實證主義的批判理論的一部分，其重要性不可小覷，它在挑戰現實主義、實證主義理論的「霸主地位」過程中發揮了特殊的作用。

批判理論指出，知識和理論是建立在經歷之上的。不同的經歷使國際關係的基本概念賦予不同的含義。根據女性主義的敘述，西方國際關係理論以及更早的政治理論一直把婦女的經歷排斥在外，使國際關係研究成爲帶有性別偏見的活動。由於這些理論是建立在部分的經歷（確切地講是建立在男性經歷）之上，因此，它們對國際關係的理解和認識是狹隘的和不全面的。在女性主義看來，這一情形不僅嚴重地妨礙了人們對國際關係的充分認識，也妨礙了這一學科本身的發展。因此，女性主義研究的一個主要目的是要「把性別引入國際關係學科」，認爲只有把性別問題引入國際關

係研究，把女性視角引入國際關係研究，加強審視世界的女性視角，西方國際關係理論才有可能在敘述和解釋上更爲平衡、更接近眞實、更具有見識。女性國際關係理論的貢獻在於，一方面，它打破了關於西方傳統的國際關係理論是一套理性的、不帶情感色彩的客觀法則的神話，一針見血地指出它是明顯地帶有性別偏見的國際政治知識，女性和婦女被置於世界政治的邊緣，因此，這種國際政治知識是狹隘的和不全面的。另一方面，它透過把性別話題引入國際關係研究，謀求重建西方國際關係理論，從而使這種理論更加接近世界政治的眞實，引導人們對這個世界所發生的事情做出更好的理解和認識。

四、建構主義批判性地吸取了先前國際關係解釋性理論和構成性理論的研究成果，謀求從社會學角度考察世界政治，爲國際關係研究開闢了一條新思路。建構主義和新現實主義之間的分歧，大致可歸納爲以下幾個主要方面。第一，國際體系結構到底是由什麼構成的問題。新現實主義強調，國際體系的物質結構影響行爲體的理性行爲；建構主義則認爲，除了物質能力的分配以外，國際體系結構還由社會關係所組成，也就是說，國際體系也是一種社會結構，文化內容往往比物質能力更重要。「現實主義和自由主義往往強調物質因素，如權力和貿易，而建構主義則強調觀念的影響」。[114]「觀念的影響」指的是三「I」：認同（identity）、利益（interest）和思想（idea）。第二，國際體系中的國家自助原則問題。新現實主義認爲，由於國際體系的無政府狀態以及在國家之上沒有更高的權力機構，國家完全從自私利益考慮出發；建構主義則認爲，由於受社會規範和認同的作用，國家的行爲有時是利他性的，社會規範往往勝過物質上的自我利益。第三，影響國家利益和行爲形成的動因問題。新現實主義認爲，國際體系的「無政府狀態」決定了國家利益和行爲的自私性，它們是理所當然的「客觀」存在；建構主義則認爲，國際「無政府狀態」是一種社會建構，國際規範、認同和其他文化內容決定、影響或改變國家的利益和行爲。第四，國內因素對國際政治的影響問題。新現實主義認爲，國際政治不受國內因素影響；建構主義則認爲，國內因素如國家機構、國內社會規範、認同和文化，也是解釋國際政治的重要因素。

建構主義與新現實主義的分歧實際上是反思主義和理性主義之間的分歧，前者強調規則、認同、利益和知識；後者注重結構、資訊、策略和制度。然而，在今後一段時間內，建構主義與「兩新」理論將構成國際關係理論的主要

內容，它們「在研究社會聯繫和互動關係和價值取向上有共同點」，呈現「健康的多樣性」（healthy diversity），將從不同的角度對國際關係理論的未來發展產生重要作用。[115]

　　在世紀之交，西方國際關係理論發展的新趨勢，主要循著以下三個方向：

一、現實主義—古典傳統現實主義—新現實主義—新古典現實主義。

　　1990年代出現這樣一組新概念：最大現實主義和最小現實主義。最大現實主義意指將現實主義基本命題發揮到極致，其代表理論是進攻型現實主義；最小現實主義則指偏離現實主義基本假設，表現為一種中觀現實主義理論。最小現實主義又分為體系層面的、國家層面的和個人層面的，而國家層面的最小現實主義又提出一個新概念，即新古典現實主義（neoclassical realism）。[116]

　　新古典現實主義這一概念是由吉迪恩・羅斯在1998年最早提出來的，那年羅斯在《世界政治》雜誌第一期發表論文〈新古典現實主義和對外政策的主題〉，文中作者著力評述了新古典現實主義5位代表人物及其著作。他們是：威廉・沃爾福斯（William Wohlforth）和《難以捉摸的平衡：冷戰時期的權力及其觀念》（1993）、邁克爾・布朗（Michael Brown）和《無政府狀態的危害——當代現實主義與國際安全》（1995）、柯慶生（Thomas Christensan）和《有用的對手：大戰略、國內動員與中美衝突，1947-1958》（1996年）、蘭德爾・施韋勒（Randall Schweller）和《致命的失衡：三極格局與希特勒的征服世界戰略》（1998）、法里德・札卡利亞（Fareed Zakaria）和《從財富到權力：美國世界作用的不尋常根源》（1998）。2006年，施韋勒推出另一部新作《沒有應答的挑戰：均勢的政治制約》，該書進一步闡述了新古典現實主義的觀點，從國內政治角度提出新的分析框架，尤其是從關注個別國家外交轉向所有國家外交行為模式和從單一變數到多種變數研究，其概念分析和研究方法更加嚴謹，更為成熟。新古典現實主義「在現實主義單元層次分析和新結構現實主義體系層次分析之間架起了一座橋梁」。[117]

　　2009年，英國劍橋大學出版社出版了斯蒂芬・洛貝爾等三人編著的《新古典現實主義、國家和對外政策》，該書在對傳統（古典）現實主義和結構現實主義進行反思和綜合基礎上，著重從國家行為的外交層面進行理論創新，提出新古典現實主義與古典現實主義和新現實主義的異同比較（參見下表）。

古典現實主義、新現實主義與新古典現實主義異同比較

研究綱領	認識論與方法論	體系觀	單元觀	因變數	基本因果邏輯
古典現實主義	歸納；關於政治本質的哲學反應或詳細的歷史分析	比較重要	異質	國家的外交政策	權力分布或利分布→外交政策
新現實主義	演繹；定性與定量分析	非常重要；內在的競爭性和不確定性	同質	國際政治發展結果	相對權力分布（引數）→國際政治發展結果（因變數）
新古典現實主義	演繹；定性	重要；無政府狀態對決策的影響是變化著的，有時不明確	異質	國家的外交政策	相對權力分布（引數）→國內約束和精英認知（干預變數）→外交政策（因變數）

來源：Steven E. Lobell, Norrin M. Ripsman and Jeffrey W. Taliaferro, eds., *Neoclassical Realism, the State, and Foreign Policy,* p. 20。

　　2016年，這三位學者由諾林‧裡普斯曼（加拿大）領頭，合著了由劍橋大學出版社出版的新作《新古典現實主義國際政治理論》，這部新作強調「新古典現實主義已成為研究外交政策的重要路徑」，為研究對外政策、戰略調整和國際體系結構演變提供了新視角和新方法。[118]

　　學術界一般認為，建構主義後，國際關係理論研究基本上圍著三大理論流派轉，沒有什麼新的理論成果出現。其實，客觀地講，新古典現實主義可視為是一種新的理論成果，儘管它還不怎麼成熟。新古典現實主義「新」在：第一，它以一國的對外政策為主要研究物件，專注於對國家外交行為的解釋和研究；第二，它認為，國家外交行為受到國際和國內兩個相互關聯層面的互動影響，它在新現實主義的基礎上，探索一種同時包含國際和國內因素的更新的對外政策分析框架；第三，它重點轉向國內，注重國內因素，注重外交決策中國家領導人和人民的關係以及智庫精英的作用。這些初步的「新」還是給長期薰陶於三大理論流派的國際關係領域帶來了一股清風。

二、自由主義─古典（傳統）自由主義─新自由主義─新古典自由主義

　　新古典自由主義是新自由主義之後出現的一個概念，最早由奧蘭·揚（Oran Yang）在1999年出版的專著《世界事務中的治理》中提出，與新古典現實主義相伴而生。其代表人物有基歐漢、奈伊、克拉斯納、傑維斯、羅斯諾等。它以國際制度爲研究物件，重點研究領域包括區域合作、多邊主義和全球治理。

　　新古典自由主義的核心理論是全球治理，其認爲世界事務從來沒有像現在這樣需要治理，國際關係從來沒有像現在這樣需要全球治理理論。該理論主張進一步超越國家中心論，注重國際體系的制度化和民主化，重視傳統與非傳統安全的綜合研究，強調國際關係行爲體的多元性和危機管控的重要性及緊迫性。

三、建構主義─現實（傳統）建構主義─批判建構主義─新古典建構主義

　　約翰·魯傑曾把建構主義分爲自然建構主義、新古典建構主義和後現代建構主義三個分支流派。[119]

　　新古典建構主義把後現代主義與建構主義的基本原理結合起來，重點研究權力與知識的關係、社會真實與主觀意識的關係，其得出的結論明顯偏頗，如其認爲社會真實完全取決主觀意識，主張無真理無科學。它強調觀念統領一切（ideas all the way down）；一切皆由社會建構（everything is socially constructed）。這一分支流派的代表人物除了奧魯夫和溫特之外，還有羅伯特·沃克、卡贊斯坦、約翰·魯傑和瑪律斯·卡勒等。卡勒和另外兩位學者在《國際組織》2009年秋季號發表題爲〈國際關係的網路分析〉論文，引起學術界廣泛關注。卡勒是美國美利堅大學國際事務學院資深教授，他們三人抓住資訊時代的新特點，率先推出網路分析的國際關係新視角，認爲網路正在成爲國際關係中一種特殊的組織模式，對國際關係關於權力、利益、國家和體系的傳統觀念提出了新挑戰。

　　可見，進入21世紀以後，西方國際關係理論的發展沒有止步，仍在摸索前行；各種理論之間的互動沒有間斷，仍在取長補短；不同學派之間的爭論沒有

停息，仍在繼續下去。

2017年8月14日，筆者在美國喬治城大學見羅伯特‧李伯時，請教他關於西方國際關係的近況。他十分熱情地向我推薦傑克‧斯耐德發表於2004年11月至12月《外交政策》上的〈一個世界爭議理論〉的文章，稱該文和斯蒂夫‧沃特發表在同一雜誌上的〈一個世界許多理論〉一文是「姐妹篇」。李伯主張深化基於人性為本的現實主義，這種新時代的現實主義吸收自由主義、建構主義的長處，彼此借鑑互補。如今，單獨一種學派已不足以解釋、描述、預測充滿複雜變化的世界，一種綜合性、互補性、時代性的新理論學派正在孕育出現。

關於國際關係理論的未來趨勢，學者們認為應把握三個側重點：現實主義關於權力作用的分析，自由主義關於國內因素對國際關係的影響的分析和建構主義關於社會變化的分析。可能會出現一種明顯的匯合互補的趨勢，使現實主義仍將是「理解國際關係的一個基本框架」。[120]

曾在英國牛津大學和加拿大麥考爾大學攻讀政治學，現任美國麻省大學政治學教授的詹姆斯‧德林曾做過一段充斥調侃但令人回味的表述。德林寫道，未來的國際關係理論領域將出現「多枝型的現實主義」（a multiplicity of realism）：「歷史的、社會的、哲學的、政治經濟的、藝術的、戲劇的、文學的、法律的現實主義；馬基雅維利式的、霍布斯式的、羅素式的、黑格爾式的、韋伯式的、季辛吉式的現實主義；樂觀主義的、悲觀主義的、宿命論的現實主義；幼稚的、庸俗的、神奇的現實主義；技術的、實踐的、實證的現實主義；傳統的、科學的現實主義；結構的、結構理性主義的、後結構現實主義；極小化的、極大化的、基礎的、潛在的現實主義；實證主義的、後實證主義的、自由的、新自由的、制度的、激進的、解釋性的現實主義；批判的、核心的、認識論的現實主義；超級的現實主義、新現實主義、反現實主義、後現實主義等。」[121]

註釋

1 Richard Ashley, "The Poverty of Realism", *International Organization,* Spring 1984.

2 Michael Banks, "The Inter paradigm Debate", in Margot Light and AJR Groom, *International Relations—A Handbook of Current Theory,* Frances Printer (Publishers) Ltd., 1985, p. 9, 11.

3 Ken Booth and Steve Smith, *International Relations Theory Today,* Cambridge

University Press, 1995, pp. 294-297.

4 Paul Viotti and Mark Kauppi, *International Relations Theory—Realism, Pluralism and Globalism,* MacMillan Publishing Company, 1987, pp.11-14.

5 Steve Smith, Kenneth Booth and Marysia Zalemski (eds.), *International Relations— Positivism and Beyond,* Cambridge University Press, 1996, p.153.

6 Ole Wæver, "The Rise and Fall of the Inter paradigm Debate", ibid, pp. 163-164.

7 恩格斯：《自然辯證法》，《馬克思恩格斯全集》第20卷，第283頁。

8 James Dougherty and Robert Pfaltzgraff, Jr., *Contending Theories of International Relations,* p. 5.

9 Paul Schroeder, *International Security,* Vol. 19, No. 1, Summer 1994.

10 Stephen Rock, *Why Peace Breaks out: Great Power Rapproachement in Historical Perspective,* University of North Carolina Press, 1989, pp. 149-159.

11 Francis Fukuyama, "The End of History", *National Interest,* Summer 1989.

12 John Lewis Gaddis, "International Relations Theory and the End of the Cold War", *International Security,* Vol. 17, No. 3, Winter 1992/1993, 1992年；牛津大學出版社出版了他的專著《美國與冷戰的結束》（*The U.S. and the End of the Cold War*）。

13 William Wohlforth, "Realism and the End of the Cold War", *International Security*, Vol. 19, No. 3, Winter 1994/1995; "Revising Theories of International Politics in Response to the End of the Cold War", *World Politics*, July 1998.

14 John Mearsheimer, "The False Promise of International Institutionalism", *International Security*, Vol. 19, No. 3, Winter 1994/1995.

15 David Baldwin (eds.), *Neorealism and Neoliberalism,* p. 271.

16 John Mearsheimer, "The False Promise of International Institutionalism", *International Security*, Vol. 19, No. 3, Winter 1994/1995.

17 Ibid.

18 Ibid.

19 Ibid.

20 Ibid.

21 Ibid.

22 Ibid.

23 Alexander Wendt, "The Agent structure Problem in International Relations Theory",

International Organization, Vol. 41, No. 3, Summer 1987.

24 John Mearsheimer, "A Realist Reply", *International Security*, Vol. 20, No. 1, Summer 1995.

25 2003年10月28日至11月12日，應復旦大學國際關係與公共事務學院邀請，米爾斯海默教授首次訪問中國，在復旦大學、華東師大、上海國際問題研究所、北京大學、中國人民大學、外交學院、中國社會科學院、中國國際問題研究所和吉林大學做學術交流。特別是在北京與王緝思教授的會見以及與秦亞青教授的對話，給米爾斯海默教授留下了深刻的印象。筆者時任復旦大學國際關係與公共事務學院院長，有幸主持幾次他的講座。王義桅博士全程陪同米爾斯海默的那次對華訪問。

26 John Mearsheimer, *The Tragedy of Great Power Politics,* W. W. Norton, 2001, p. 5.

27 Ibid., p. 166.

28 Ibid., p. 12.

29 Ibid., p. 21.

30 參閱Robert W. Cox, Social Forces, States and World Orders: Beyond International Relations Theory", Millennium: *Journal of International Studies,* Vol. 10, No. 2, 1981, pp. 128-137; Steve Smith, "The Self Images of a Discipline: A Genealogy of International Relations Theory", Ken Booth and Steve Smith (eds.), *International Relations Theory Today,* The Pennsylvania State University Press, 1995, pp. 25-27。

31 參閱Yosef Lapid, "The Third Debate On the Prospects of International Theory in a Post Positivist Era", *International Studies Quarterly,* 33, No. 3, 1999。

32 參閱尤爾根‧哈貝馬斯，《認識與興趣》，郭官義和李黎譯，學林出版社，1999年。哈貝馬斯大部分著作未被譯成漢語，主要的有：A Postscript to Knowledge and Human Interests", *Philosophy of the Social Sciences* (Vol. 3, 1973), pp. 175-185; *Theory and Practice trans.* by J. Viertel,Beacon Press, 1973; *Towards a Rational Society trans.* by J. J. Shapiro Beacon Press, 1970 and *Legitimation Crisis trans.* by T. McCarthy, Beacon Press, 1975. "For a discussion of Habermas's ideas", see J. B. Thompson and D. Held (eds.), Habermas, *Critical Debates,* MacMillan, 1982; G. Kortian, Metacritique, *The Philosophical Argument of Jurgen Habermas,* Cambridge University Press, 1980; R. Guees, Habermas and Critical Theory Oxford University Press, 1982, G. Therborn, "Habermas: A New Eclectic", *New Left Review* (No. 67, 1971), pp. 69-83 and F. R. Dallmayr, "Critical Theory Criticized:

Habermas's Knowledge and Human Interests and Its Aftermath", *Philosophy of the Social Sciences* (Vol. 2, 1972)。

33 參閱Max Horkheimer, *Critical Theory: Selected Essays Herder and Herder,* 1972。

34 參閱夏基松,《現代西方哲學教程》,上海人民出版社,1985年,第29-39和 417-440頁;Mark Neufeld, *The Restructuring of International Relations Theory,* Cambridge University Press, 1995, pp. 22-28。

35 關於次數的劃分,參考了以下論文:Nick Rengger and Mark Hoffman, "Modernity, Postmodernism and International Relations", in Joe Doherty and Elspeth Graham and Mo Malelz (eds.), *Postmodernism and the Social Sciences,* St. Martin's Press, 1992, pp. 127-147.

36 Hans Morgenthau, *Politics among Nations,* Alfred Knorf, 1973, p. xi.

37 參閱Thomas Kuhn, *The Structure of Scientific Revolutions,* University of Chicago Press, 1962。孔恩討論了理論範式問題,把「範式」定義為「一方面它代表某 個特定團體成員所共用有的信念、價值、技巧等的總匯;另一方面,它指這一 總匯中的一種要素,即作為模式或範例使用的具體解疑方法,解疑方法可以代 表明確的規則,作為解決常規科學其餘難題的基礎」(第175頁)。關於西方 國際關係理論範式間的爭論,可參閱M. Banks, "The Inter paradigm Debate", in M. Light and A. J. R. Groom (eds.), *International Relations: A Handbook of Current Theory,* Francis Printer, 1985, pp. 7-23。

38 Kenneth Waltz, *Theory of International Politics,* p. 66.

39 參閱Yosef Lapid, "The Third Debate: On the Prospects of International Theory in a Post Positivist Era", *International Studies Quarterly,* 33, No. 3, 1999。

40 關於後實證主義時期的專著和文章不勝枚舉,主要有:Cox, R. W., "Reflections of Some Recent Literature", *Internation Organization,* 1979; Ashley, R. K., *The Political Economy of War and Peace: The Sino Soviet American Triangle and the Modern Security Problematique,* 1980; Galtung, J., The True Worlds, 1980; Alker, H. R., "Dialectical Foundation of Global Disparities", *International Studies Quarterly,* 1981; Cox, R. W. "Social Forces, States and World Orders: Beyond International Relations Theory", Millennium, Reprinted in *Neorealism and its Critics* (eds.), Keohane, 1986; Cox, R. W., "In Search of International Political Economy: A Review Essay", *New Political Science,* 1981; Ashley, R. K., "Political Realism and Human Interests", *International Studies Quarterly,* 1981; Alker, H. R.,

"Logic, Dialectics, Politics: Some recent controversies", in *Dialectical Logics for the Political Sciences* (eds.), H. R. Alker. *Poznan Studies in the Philosophy of the Sciences of Humanities,* 1982; Ashley, R. K. 1983, "The Eye of Power: the Politics of World Modeling", *International Organization,* 1983; Ashley, R. K., "Three Modes of Economism", International Studies Quarterly, 1983; *Mittelman,* J. H., "World Order Studies and International Political Economy", Alternatives, 1983; Cox, R.W., "Gramsci, Hegemony and International Relations: An Essay in Method", Millennium, 1983; Alker. H. R., and Biersteker, T. K., "The Dialectics of World Order: Notes for a Future Archaeologist of International Savior Faire", *International Studies Quarterly,* 1984; Cox, R. W., "Postscript 1985", in *Neorealism and its Critics* (eds.), Keohane, 1986; Ashley, R. K., and R. B. J. Walker., "Reading Dissidence/Writing the Discipline: Crisis and the Question of Sovereignty in International Studies", *International Studies Quarterly,* 1990; Walker, R. B. J., "History and Structure in the Theory of International Relations", *Millennium,* 1987;──, "Realism, Change and International Political Theory", *International Studies Quarterly*;──, "One World, Many Worlds: Struggles for a Just World Peace", 1988;──, "The Prince and 'The Pauper': Tradition, Modernity, and Practice in the Theory of International Relations", in *International/Intertextual Relations,* Der Derian, M. J., and Shapiro, J., (eds.), 1989;──, "Inside/Outside: International Relations as Political Theory", 1993;── (eds.), *International Theory: Critical Investigation,* 1994; George, Jim, "Discourses of Global Politics: A Critical (Re) Introduction to International Relations", 1994; Der Derian, J., and M. J. Shapiro (eds.), *International/Intertextual Relations: Postmodern Readings of World Politics,* 1989; Dillon, Michael, "Politics of Security: Towards a Political Philosophy of the Continental Thought", 1996。

41 Steve Smith, Kenneth Booth and Marysia Zalemski (eds.), International Relations─Positivism and Beyond, Cambridge University Pres, 1996, p. 12.

42 Mark Hoffman, "Critical Theory and the Inter paradigm Dabate" in Hugh Dyer and Leon Mangesation (eds.), The Study of International Relations, St. Martion's Pres, 1989, pp. 70-78.

43 Ibid., pp. 72-73.

44 John Vasquez, "Post positivist Debate", pp. 250-251.

45 Ken Booth and Steve Smith, *International Relations Theory Today,* Cambridge

University Press, 1995, p. 74.

46 Mark Hoffman, "Critical Theory and the Inter paradigm Dabate" in Hugh Dyer and Leon Mangesation (eds.), *The Study of International Relations,* St. Martion's Press, 1989, p. 76.

47 Ibid., p. 78.

48 郭樹勇：〈國際關係研究中的批判理論：淵源、理念及影響〉，《世界經濟與政治》，2005年第7期，第9頁。

49 Cornel West, *The American Evasion of Philosophy,* The University of Wisconsin Press, 1989, p. 201.

50 Steve Smith, "Paradigm Dominance in International Relations: The Development of International Relations as a Social Science", *Millennium: Journal of International Studies,* 16, No. 2, 1987.

51 Mark Hoffman, "Critical Theory and the Inter paradigm Dabate" in Hugh Dyer and Leon Mangesation (eds.), *The Study of International Relations,* St. Martion's Press, 1989, pp. 69-70. 考克斯的代表作品包括："Social Forces, States and World Orders: Beyond International Relations Theory", *Millennium: Journal of International Studies,* 10, No. 2, 1981; Production, Power, and World Order: Social Forces in the Making of History, 1987; "Multilateralism and World Order", *Review of International Studies,* 1992; Approaches to World Order, 1995。

52 郭樹勇：〈國際關係研究中的批判理論：淵源、理念及影響〉，《世界經濟與政治》，2005年第7期，第7頁。

53 參閱 Roland Barthes, "The Death of the Author", and "Writers, Intellectuals, Teachers" in Roland Barthes (eds.), *Images, Music, Text,* Hill and Wang, 1977; Roland Barthes, "From Work to Text"in Josue Harrai (eds.), *Textual Strategies: Perspectives in Post Structuralist Criticism,* Cornell University, Press, 1979; Jim Powell, Derrida, Writers and Readers Limited, 1997; Pauline Rosenau, "Once Again into the Gray: International Relations Confronts the Humanities", *Millennium: Journal of International Studies,* 19, No. 1, 1990; 弗爾特南‧德‧索緒爾，《普通語言學教程》，高名凱譯，商務印書館，1980年。

54 Fred Halliday, *Rethinking International Relations,* MacMillan Press Ltd., 1994, p. 37.

55 Ann Tickner, "Preface" in V. Spike Peterson (eds.), *Gendered States: Feminist (Re) Visions of International Relations Theory,* Lynn Rienner Publishers, 1992, p. 9.

56 James Der Derian, "Philosophical Traditions in International Relations", *Millennium: Journal of International Studies,* 17, No. 2, 1988.

57 Michel Foucault, "Discipline and Punish: The Birth of the Prison", *Middlesex,* 1977, p. 27.

58 Ibid.

59 Richard Ashley, "Living on Border Lines: Man, Poststructuralism and War" in J. Der Derian and M. J. Shapiro (eds.), *International/Intertextual Relations: Postmodern Readings of World Politics,* Lexington Books, 1989, p. 303.

60 J. Bartelson, *A Genealogy of Sovereignty,* Cambridge University Press, 1995.

61 Cynthia Weber, *Simulating Sovereignty: Intervention, the State and Symbolic Exchange,* Cambridge University Press, 1995.

62 Michel Foucault, "Nietzche, Genealogy, History" in M. Gibbons (eds.), *Interpreting Politics,* 1987, p. 228, 轉引自Scott Burchill and Andrew Linklater (eds.), *Theories of International Relations,* MacMillan Press Ltd., 1996, p. 105。

63 莊禮偉：〈後現代主義對國際關係研究的啓示〉，《世界經濟與政治》，2005年第7期，第44頁。

64 秦亞青：〈譯者前言〉，見亞歷山大・溫特：《國際政治的社會理論》中文版，上海人民出版社，2000年。

65 西方國際關係理論領域的建構主義作品主要有：Nicholas Onuf, *World of Our Making: Rules and Rule in Social Theory and International Relations,* University of South Carolina Press, 1989;——, "The Constitution of International Society", *European Journal of International Law* 5, 1994;——"Levels", *European Journal of International Relations* 1 (March): pp. 35-58, 1995;——, "Rules, Agents, Institutions: A Constructivist Account", *Working Papers on International Society and Institutions* pp. 92-96, 1996; Global Peace and Conflict Studies at University of California, Irvine;——, "A Constructivist Manifesto", *in Constituting International Political Economy* (eds.), Kurt Burch and Robert A. Denemark, pp. 7-17, Lynne Rienner, 1997; Alexander Wendt, "The Agent Structure Problem in International Relations Theory", *International Organization 41* (Summer): pp. 335-370, 1987;——,"Bridging the Theory/Meta Theory Gap in International Relations", *Review of International Studies 17* (October), 1991, pp. 383-392, 1991;——, "Levels of Analysis vs. Agents and Structures: Part III", *Review of International Studies* 18

(April), pp. 181-185, 1992a;——, "Anarchy is What States make of It: The Social Construction of Power Politics", *International Organization 46* (Sping), pp. 391-425, 1992b;——,"Collective Identity Formation and the International State", *American Political Science Review 88* (June), pp. 384-396, 1994; Peter Katzenstein (ed.), *The Culture of National Security: Norms and Identity in World Politics,* Columbia University Press, 1996; *Martha Finnemore, National Interests in International Society,* Cornell University Press,1996; Martha Finnemore, "Norms, Culture, and World Politics: Insights From Sociology's Institutionalism", *International Organization,* Vol. 50, No. 2, 1996, Spring, pp. 325-347; Martha Finnemore & Kathryn Sikkink, "International Norm Dynamic and Political Change", *International Organization,* Vol. 52, No. 4, 1998, Autumn, pp. 887-917; Audie Klotz, *Norms in International Relations: The Struggle against Apartheid,* Cornell University Press, 1995. Jonathan Mercer, "Anarchy and Identity", *International Organization,* Vol. 49, No. 2, 1995, Spring, pp. 229-252; Mark Hoffman, "Restructuring, Reconstruction, Reinscription, Rearticulation: Four Voices in Critical International Theory", *Millennium,* Vol. 20, No. 1, 1991, Spring, p. 170; David Campbell, "Violent Performances: Identity, Sovereignty, Responsibility", in Yosef Lapid & Friedrich Kratochwil eds., *The Return of Culture and Identity in IR Theory,* Lynne Rienner, 1996, pp. 164-166; John Ruggie, "What Makes the World Hang Together: Neo utilitarianism and the Social Constructivist Challenge", *International Organization,* Vol. 52, No. 4, 1998, Autumn, pp. 855-885; Ted Hopf, "The Promise of Constructivism in international Relations Theory", *International Security,* Vol. 23, No. 1, 1998, Summer, pp. 171-200; David Dessler, "Constructivism Within a Positivist Social Science", *Review of International Studies,* Vol. 25, No. 1, 1999, January, pp. 123-127; Robert Keohane, "Ideas Part way Down", *Review of International Studies,* Vol. 26, No. 1, 2000, January, pp. 125-130。

66 Stephen Walf, "International Relations, One World, Many Theories", *Foreign Policy,* Sping 1998.

67 Robert Keohane, "International Institutions: Two Approaches", *International Studies Quarterly,* Dec. 1988, pp. 379-396.

68 參閱Jeffery T. Checkel, "The Constructivist Tum in International Relations Theory", *World Politics,* 50, 1998; Ted Hopf, "The Promise of Constructivism in International

Relations Theory", *International Security,* 23, No. 1, 1998; Richard Price and Christian Reus Smit, "Dangerous Liaisons ? Critical International Theory and Constructivism", *European Journal of International Relations* 4. No. 3, 1998。

69 Alexander Wendt, "Constructing International Politics", *International Security,* 20, No. 1, 1995.

70 Richard Price and Christian Reus Smit, "Dangerous Liaisons? Critical International Theory and Constructivism", *European Journal of International Relations* 4. No. 3, 1998.

71 Peter Katzenstein, Robert Keohane and Sephen Krasner (eds.), *Exploration and Contestation in the Study of World Politics,* MIT Press, 1999, p. 36.

72 王逸舟：〈西方國際關係研究的新課題、新視角〉，《外交評論》，2005年第6期，第59頁。

73 秦亞青：〈建構主義：思想淵源、理論流派和學術理念〉，《國際政治研究》，2006年第3期，第13頁。

74 Martha Finnemore, *National Interests in International Society,* Cornell University Press, 1996, p. 2.

75 Alexander Wendt, "Constructing International Politics", *International Security,* 20, No. 1, 1995, p. 81.

76 Alexander Wendt, "Anarchy is What States make of It: The Social Construction of Power Politics", *International Organization,* 46, No. 2, 1992.

77 Jeffrey Checkle, "The Constructive Turn in International Relations Theory", *World Politics 50,* January 1998.

78 Stephen Walf, "International Relations, One World, Many Theories", *Foreign Policy,* Sping 1998.

79 Martha Finnemore, *National Interests in International Society,* Cornell University Press, 1996, p. 12.

80 Rey Koslowski and Friedrich Kratochwil, "Understanding Change in International Politics: The Soviet Empire Demise and the International System", *Internatonal Organization,* 48, No. 2, 1994.

81 Martha Finnemore, *National Interests in International Society,* Cornell University Press, 1996, p. 128.

82 Alexander Wendt, "Collective Identity Formation and the International State",

American Political Science Review, 88, No. 2, 1994.

83 Peter Katzenstein, "Introduction: Alternative Perspectives on National Security", Peter Katzenstein (ed.), The Culture of National Security: Norms and Identity in World Politics, Columbia University Press, 1996, p. 2.

84 Rey Koslowski and Friedrich Kratochwil, "Understanding Change in International Politics: The Soviet Empire Demise and the International System", *Internatonal Organization,* 48, No. 2, 1994.

85 Venduika Kubalkova, Nicholas Onuf and Paul Kowart, *International Relations in a Constructed World,* M.E.Shapre Inc., 1998, p. 20.

86 Ibid., pp. 58-61.

87 Ibid., p. 53, 193.

88 Eric Ringmer, "Alexander Wendt: A Social Scientist Struggling with History" in Iver Neumann and Ole Wæver, (eds.), The Future of International Relations: Masters in the Making, pp. 271-276.

89 Ibid., pp. 278-280.

90 Ibid., p. 98.

91 Yesef Lapid, "Culture's Ship: Returns and Departures in International Relations Theory", in Yesef Lapid and Friedrich Kratochwill (eds.), *The Return of Culture and Identity in International Relations Theory,* Lynne Rienne Publisher, 1997, pp. 13-15.

92 Samuel Barkin, "Realist Constructivism", *International Studies Review,* No. 5, 2003, pp. 325-342.

93 董青嶺：〈現實建構主義理論述評〉，《國際政治科學》，2008年第1期，第131-136頁。

94 郭樹勇、葉凡美：〈試論建構主義國際關係理論及其社會學淵源〉，《國際觀察》，2002年第1期，第1-6頁。

95 Roy Jones, "The British School of International Relations: A Case for Closure", *The Review of International Studies,* No. 1, 1981, pp. 1-13.

96 張小明：《國際關係的英國學派——歷史、理論與中國觀》，人民出版社，2010年，第106頁。

97 巴里·布贊：〈英國學派及其當下發展〉，《國際政治研究》，2007年第2期，第101頁。

98 張小明：《國際關係的英國學派——歷史、理論與中國觀》，人民出版社，

2010年，第6頁。

99 參閱Steve Smith (ed.), *International Relations: British and American Perspectives,* Basil Blackwell, 1985; Steve Smith, Martin Hollis (eds.), *Explaining and Understanding International Relations,* Clarendon, 1990; Mervyn Frost, *Ethics in International Relations,* Cambridge University Press, 1996; Fred Halliday, *Rethinking International Relations,* MacMillan, 1994; Justin Rosenberg, *The Empire of Civil Society,* Verso, 1994; Charles Reynolds, *The World of States,* Edward Elgar, 1992; Roger Spegele, *Political Realism in International Theory,* Cambridge University Press, 1996。

100 Hedley Bull, *The Anarchial Society,* Columbia University Press, 1995, p. vii.

101 參閱張小明：〈英國學派國際社會理論研究：張小明教授訪談〉，《國際政治研究》，2016年第3期，第129頁。

102 可參見石之瑜：〈英國學派與兩岸國際關係研究〉，《國際政治科學》，2005年第1期；秦治來：〈一場跨大西洋的學術大辯論〉，《外交評論》，2005年第10期；秦亞青：〈建構主義：思想淵源、理論流派和學術理念〉，《國際政治研究》，2006年第3期，第9-10頁；巴里·布贊：〈英國學派及其當下發展〉，《國際政治研究》，2007年第2期；〈中國的英國學派國際社會理論研究——張小明教授訪談錄〉，《國際政治研究》，2016年第3期。張小明：《國際關係的英國學派——歷史、理論與中國觀》，人民出版社，2010年；章前明：《英國學派的國際社會理論》，中國社會科學出版社，2009年；許嘉：《「英國學派」國際關係理論研究》，時事出版社，2008年。

103 Charles Manning, *The Nature of International Society,* MacMillan, 1962.

104 Hedley Bull, *The Anarchial Society,* Columbia University Press, 1995, pp. 16-18.

105 Ibid., pp. 63-71.

106 Tony Evans and Peter Wilson, "Regime Theory and the English School of International Relations", *Millennium,* Vol. 21, No. 3, 1992.

107 Barry Buzan, "From International System to International Society", *International Organization,* Vol. 47, No. 3, 1993.

108 Tim Dunne, "The Social Construction of International Society", *European Journal of International Relations,* No. 3, 1995, pp. 367-389.

109 轉引自許嘉等著：《「英國學派」國際關係理論研究》，時事出版社，2008年，第353-354頁。

110 Barry Buzen, *From International to World Society?: English School Theory and the Social Structure of Globalization,* Cambridge University Press, 2004, p. 14.

111 Tim Dunne, "System, State and Society: How Does It All Hang Together?", *Millennium,* No. 1, 2005, p. 168.

112 參見Ole Wæver, "Figures of International Thought", in Iver Neumann and Ole Wæver (eds.), The Future of International Relations,Routledge, 1997, pp. 1-37。

113 Robert Keohane, "International Relations Theory:Contributions of A Feminist Standpoint", in Rebecca Grant and Kanthleen Newland (eds.), *Gender and International Relations,* Open University Press, 1991. pp. 41-42.

114 Steve Walt, "One World, Many Theories", *Foreign Policy,* Spring 1998, p. 40.

115 Peter Katzenstein, Robert Keohane and Sephen Krasner (eds.), *Exploration and Contestation in the Study of World Politics,* MIT Press, 1999, p. 335, 337, 339.

116 秦亞青：〈現實主義理論的發展及其批判〉，《國際政治科學》，2005年第2期，第162-165頁。還可參閱中國學者關於新古典現實主義的其他文章。劉豐：〈現實主義國際關係理論流派辨析〉，《國際政治科學》，2005年第4期；劉豐：〈新古典現實主義的發展及前景〉，《國際政治科學》，2007年第3期；劉豐、左希迎：〈新古典現實主義：一個獨立的研究綱領〉，《外交評論》，2009年第4期；宋偉：〈從國際政治理論到外交政策理論——比較防禦性現實主義與新古典現實主義〉，《外交評論》，2009年第3期；李巍：〈從體系層次到單元層次：國內政治與新古典現實主義〉，《外交評論》，2009年第5期；Shiping Tang（唐世平）："Taking Stock of Neorealism"，International Studies Review, No. 4, 2009; 劉若楠：〈新古典現實主義的進展與困境〉，《國際政治科學》，2010年第2期；宋美佳：〈變動條件下的中國外交和安全政策行為〉，《國際政治科學》，2014年第3期。

117 劉豐：〈新古典現實主義的發展及前景——評《沒有應答的挑戰：均勢的政治制約》〉，《國際政治科學》，2007年第3期，第164-165頁和第167頁。

118 參見該書中譯本，〔加拿大〕諾林·裡普斯曼、〔美國〕傑佛瑞·托利弗和斯蒂芬·洛貝爾著，劉豐譯：《新古典現實主義國際政治理論》，上海人民出版社，2017年。

119 John Ruggie, "What Makes the World Hang Together", *International Organization,* No. 4, 1998, p. 855.

120 Stephen Walt, "International Relations, One World, Many Theories", *Foreign*

Policy, Sping 1998.

121 James Derian (eds.), *International Theory — Critical Investigations,* MacMillan Press Ltd., 1995, p. 1.

第六章　國際關係基礎理論（Ⅰ）

歷史是過去的政治，理論的實質是歷史。

—— 雷蒙·阿隆：《和平與戰爭》

理論總是爲了一定的人們，爲了一定的目的。所有的理論都有自己的視角，各種視角來源於時間和空間（尤其是社會和政治的時間和空間）的位置。

—— 羅伯特·考克斯：
《社會力量、國家和世界秩序：超越國際關係理論》

第一節　國家利益論

一、國家利益概念的形成和發展

國家利益概念是在歐洲最早的民族國家形成之後才出現的。它的出現是民族國家在形成過程中和神聖羅馬帝國以及教皇權威較量的結果。在16世紀，隨著教皇權威的下降和神聖羅馬帝國的衰弱，歐洲統一的觀念受到了挑戰。在這樣的背景下，在歐洲逐漸形成民族國家需要某種原則作爲它們獨立於神聖羅馬帝國、反對正統觀念的理論基礎。由此，法國的黎塞留主教首先提出了國家至上的理論，爲法國獨立於神聖羅馬帝國提供了理論依據。

在國家至上的思想驅動下，法國在歐洲保持了它強大的國家地位。在此之後，隨著神聖羅馬帝國日益衰落，歐洲民族國家的強大，國家至上的理論進一步得到了肯定和確立。但是，在近代的世界史上，國家利益的概念轉變成了王朝利益。在封建王朝的統治之下，君主的利益就是國家的利益。因此，從某種意義上講，王朝利益的概念比起國家至上的概念倒退了一步。

封建的王朝統治瓦解之後，世界各國由封建國家進入到資本主義國家。在經濟發展的推動下，甚至在一個國家內也存在著不同的利益集團，此時才

出現了眞正意義上的國家利益的概念。這時的國家利益不僅包含著國家的政治利益，而且還包含著國家的經濟利益。查理斯・比爾德認爲：「隨著國家體系的出現，公眾對政治控制的影響的增加，以及經濟關係的巨大發展，國家利益這個新說法的界線逐漸被確定下來。」不過，它仍與以往有密切聯繫，仍然保持著王朝利益的特徵，還存留著「強迫性的專制主義」因素，這使得國家利益「仍然像『王公意志』那樣至高無上和不可抗拒」。[1]

可見，歷史上曾經有過三個明顯的發展階段：國家至上階段、王朝利益階段和眞正意義上的國家利益階段。國家利益的概念是一個歷史的概念，它只有在主權國家的情況下才存在。19世紀末，阿爾弗雷德・馬漢就提出，國家利益是對外政策的首要考慮因素。

國家利益是國際關係理論研究的核心概念之一，它意指國家在複雜的國際關係中維護本國和本民族免受外來侵害的一些基本原則。它是國家制定對外目標的重要依據和決定因素。

在西方國際關係研究領域，關於國家利益的研究主要涉及四個問題：

（一）國家利益概念籠統化。一般來說，一個國家的根本利益，是指國家生存和延續的基本條件，例如領土完整和國家主權的維護等。但是，對一個國家來說，不可能在任何的時候和任何的情況下，對自己的國家利益都做這樣簡單的概括，否則就沒有形勢分析和外交決策可言了。在不同的歷史階段和不同的國家內，國家利益的含義是不同的。但是，除了一國的根本利益之外，如何確定一個國家不同時期和不同情況下的國家利益呢，用什麼樣的標準來確定一個國家的國家利益呢？學者們在這些問題上意見不同，由此，從理論上解釋國家利益的概念時，他們往往用籠統化和空洞化辦法去處理。結果，國家利益概念就變得很不準確。與此同時，學者們爲了克服這個缺點，往往又會走到另一個極端，對國家利益概念的解釋包羅萬象，僅國家利益的內涵就幾乎包括方方面面，其結果是決策者們難以知道國家利益的內涵究竟是何物，不能用國家利益概念進行決策的、實用的分析。

人們在最初研究國家利益的時候，重點是在對國家利益的基本內涵上。漢斯・摩根索曾對國家利益的概念提出明確的定義，他說，國家利益應當包括三個重要的方面：領土完整、國家主權和文化完整。[2]

他認爲，在這三個方面中，最本質的問題就是一個國家的生存問題，其餘方面都是次要的問題。他同時認爲，國家利益的概念是一個普遍適用

的概念，儘管這個概念和國家之間的聯繫是一個歷史的聯繫，國家利益
的概念是一個歷史的概念。就國家利益的涵義本身而言，他所提出的定
義是一個抽象的定義，國家利益的概念並不具有一個永久固定的含義。
然而，主權國家除了基本生存的利益之外，在不同的時期，還會有不同
的國家利益，因此，國家利益的內涵就會顯得很不一致。摩根索在題爲
〈解釋美國外交政策的失敗──三個自相矛盾的論點〉一文中，對美國
在1970年代中期的國家利益做了這樣的解釋：「國家利益的概念，以當
代威脅的角度來切合實際地去進行判斷，具有三個方面的準確的目標：
避免具有常規戰爭準備的核戰爭；以最好的措施去同情和對付在世界許
多國家內出現的激進變動；支持超國家機構及其實行的功能措施，而這
些作法在當代技術發展的情況下單一國家是無法實施的。」[3]

（二）在研究國家利益的時候，人們總會提出是誰的利益、這些利益由什麼人
　　　來決定的問題。在每一個國家都存在著不同的利益集團，那麼，當說到
　　　是國家利益的時候，人們總是會提出這樣的問題：目前的國家利益是不
　　　是代表全體人民的利益？對於這樣的疑問，統治者們總是回答，國家利
　　　益是代表全體人民的利益，但是事實是不是果眞如此，人們並沒有統一
　　　的答案。

（三）如果國家利益是由統治者們爲了他們集團的利益而決定的，那麼，又是
　　　什麼因素決定統治者們選擇這樣的國家利益，而不去選擇另外一種國家
　　　利益呢？

（四）國家利益是在政府決策中最後用來解釋政府決策的呢？還是在政府的決
　　　策中起了關鍵的作用？

二、關於國家利益問題的研究

對於上述四個問題，西方學術界的研究和回應是：

（一）在國家利益內涵的研究上，他們從泛泛的國家利益研究發展到強調國家
　　　利益的層次研究上。

　　　爲了避免國家利益概念定義的不準確性和國家利益研究的不統一性，學
　　　者們和外交決策者們對同一時期、同一國家的國家利益研究，開始採用
　　　分層次的研究方法。

　　　1992年，由美國哈佛大學甘迺迪政治學院、尼克森和平與自由研究中心

和蘭德公司發起並成立了美國國家利益委員會，宗旨是研究冷戰後國際形勢下的美國國家利益。1996年，該委員會完成了一份題為《美國國家利益》的研究報告。當時擔任美國全國情報委員會主席的哈佛大學教授理查・庫珀稱此報告是「本世紀最重要的一份研究報告」。

報告系統地提出美國國家利益的10個基本概念。

1. 國家利益表現為四層等級：根本利益、極端重要利益、重要利益和次要利益。

2. 根本利益強調的是，國家生存和延續的基本條件。

3. 根本利益關係到美國作為一個自由的國家其根本制度和價值觀的存在，以及確保為美國人民的幸福創造條件。

4. 國家利益與對這些利益構成的特殊威脅是有區別的，應加以界定。

5. 國家利益也有別於為保護和發展這些利益的政策，它們是政策的基礎和起點。

6. 國家利益不僅僅是政府的宣傳或公眾輿論的總結，而是維護國家利益的必須。

7. 除客觀存在的國家核心利益之外，還存在著其他利益層次，這反映出對國家利益的主觀抉擇和實施能力。

8. 國家對不同利益採取不同的對策。例如，對於根本利益，即使是在孤軍奮戰、孤立無援的情況下，美國仍將全力捍衛之；至於極端重要利益，只是在盟國的根本利益受到威脅時，才準備出兵並組成聯合部隊以制止威脅，維護利益；對於重要利益，美國將在低代價和少負擔的情況下參加軍事行動予以維護。

9. 國家利益等級的判斷，常常與美國承擔的國際義務有關。這一國際義務包括結盟（北約、美日安保條約）、簽約（北美自由貿易協定、世界貿易組織）和海外駐軍及建立基地。

10. 利益與價值之間的關係是複雜的和微妙的。美國的生存和繁榮不僅是美國的根本利益，而且也體現美國人的價值核心。

報告對美國的國家利益的四個層次，進行了概念上的定性：

1. 所謂根本利益是指，美國國家生存和延續的基本條件，它關係到美國作為一個國家的根本制度和價值觀念的存在，以及美國人所理解的幸福條件。

2. 所謂極端重要利益是指，如果美國在所面對的威脅面前妥協的話，

美國所認爲的在世界維護自由、安全和幸福的目的就會受到嚴重的影響。

3. 美國的重要利益是指，美國如果妥協，將會對美國政府維護美國的根本利益的能力產生消極的影響。

4. 美國的次要利益是指，如果這次利益受到危害了，它們對美國的根本利益不會產生重要的影響。

在對美國的國家利益進行層次分析和概念確定之後，美國政府對美國這四個層面上的國家利益進行了分類和歸納，提出在20世紀末美國國家利益的不同內容，例如對於美國的根本利益包括：防止、制止和減少核武器和生化武器對美國的威脅；防止在歐亞地區出現一個敵對的霸權勢力；防止在美國邊界或所控制的海域內出現敵對大國；防止貿易、金融、能源和環境等全球體系出現災難性的解體。美國的極端重要利益包括防止、制止和減少在任何地區威脅使用核武器和生化武器；防止核武器和生化武器以及運載系統的地區擴散；鼓勵有關國家接受國際法制和機制；推動各種爭端的和平解決。美國的重要利益包括反對在國外出現大規模侵犯人權的行爲；在具有戰略重要性的國家內鼓勵多元主義、自由主義和民主化，其前提是避免內亂，如有可能，以低代價防止和結束在具有戰略意義的地緣地區發生的衝突。次要利益包括平衡雙邊貿易赤字；在世界其他地區擴展民主進程；維護領土完整和其他國的特殊的憲政制度。

2000年7月，該委員會發表世紀之交的〈美國國家利益〉研究報告。報告認爲，美國至關重要的國家利益表現在：第一，防止、遏制和降低美國或其駐外部隊受到的核武器和生化武器的威脅；第二，確保美國盟國的生存，確保盟國和美國積極合作，共同塑造對彼此有利的國際系統；第三，防止美國鄰國發展成爲敵對力量或政權解體；第四，確保貿易、金融市場、能源供給和環境等重要國際系統的生存性和穩定性；第五，在符合美國國家利益的情況下，與中國和俄羅斯這兩個潛在的戰略敵對力量的國家建立卓有成效的關係。

這種對國家利益用層次分析的辦法進行研究的好處在於：

第一，它可以避免以前在國家利益分析上的缺陷，即對國家利益的分析要麼太粗略，粗略到把國家利益的概念變得很抽象；要麼幾乎把一切有關國家安全的內容都放到國家利益的內容當中，國家利益變成了一個大

雜燴；要麼國家利益在同一時間、同一國家內出現矛盾的解釋，看起來
都很重要，誰先誰後的問題卻難以解決。

第二，對國家利益進行層次的分析，可以在國家決策的過程中有先後選
擇。應當注意的是，在一般的情況下，非根本性的國家利益在國際交往
中出現的頻率比根本的國家利益矛盾出現的頻率要多。在分清了不同層
次的國家利益之後，決策者將會避免在決策中出現對國家利益輕重緩急
上的失誤和思想上的混亂。

第三，這樣的層次分析還具有其自身的靈活性。當國際形勢發生變化的
時候，當一個國家某一層次的國家利益發生變化的時候，決策者可以就
變化的國際形勢，對這一個層次的國家利益進行調整，而不影響到整
個、各個層次的國家利益內涵的變化。例如，在一般的情況下一個國家
的根本利益，是不會發生大的變化的，但是在其他層次上的國家利益就
經常有可能發生變化，在這樣的情況下，國家就可以根據變化的國家利
益內涵進行調整。

（二）國家利益代表的是什麼人的利益。在這個問題上，西方國際關係理論界
有不同的解釋。

第一派認為，國家利益就是指全體人民的利益，即國家利益是國內利益
的總和。提出這種觀點的美國學者認為，在美國存在著不同的利益集
團，這些利益集團都有著自己的利益，因此國家利益的概念是一個內容
廣泛的概念。那麼，在美國存在這麼多利益集團的情況下，如何確定美
國的國家利益呢？這些人的回答非常簡單：「美國是三權分立的國家，
在這個國家記憶體存在著互相監督的機制；同時，美國的民主選舉可以
表達選民的意志，在競選和民主的情況下，政府就可以確定美國的國家
利益是什麼。於是，在這樣的邏輯推理下，美國宗教團體可以表達其利
益，各種民族團體可以表達它們的利益，各種製造商團體可以表達各自
的利益，農業團體可以表達它們的利益……。」但是，讓人們不解的
是，這樣決定國家利益的方法是不是能夠充分代表所有人的利益？這一
派學者的回答是：不能。但是，不同的利益集團，在不同的情況下會對
美國政府給予不同的支持，這樣美國的國家安全就可以得到保障。於
是，又有一些學者對這一派人的觀點提出了疑問。

第二派的觀點認為，國家利益可分為：根本利益、次要利益、長遠利
益、可變利益、一般利益、特殊利益、一致利益、協調利益、衝突利

益。前六項是國內利益，後三項屬國際利益。一國的國家利益則是全部
國內利益和部分國際利益的總和。他們認為，目前世界是一個由各個獨
立國家組成的國際社會。因此，一個國家的國家利益是世界利益的一部
分。在這個觀點支撐下，美國的一些學者認為，美國的外交政策不能只
是對美國的國家利益有利，還要對世界利益有利。在當今的國際關係
中，保護環境、維護生態平衡等思想被提出，就和這個觀點有關。

第三派的觀點認為，國家利益如果像一個籃子裡的雞蛋那樣簡單是根本
不符合事實的。儘管在一個國家內有不同的國家利益，但是國家利益實
質上是具有政治含義的。這種政治含義就是在公眾對國家利益的內涵發
生爭執的時候，最終的發言權不是屬於公眾，而是屬於決策者。而要使
決策符合國家利益和公眾的心理又與決策者的輿論宣傳有密切的關係。
因此，國家利益代表的是一個國家內一部分人的利益，是統治者的利
益。

總之，關於如何決定一個國家的國家利益仍存在著爭執。美國學者弗雷
德‧桑德曼建議決策者、觀察家和公眾應該具備三種素質：謙遜、克制
和善於應變。謙遜可以使人們瞭解別人最大的利益，同時，也能瞭解自
己最大的利益。克制可以參照他人的利益來確定自己最大的利益。善於
應變有兩層含義，一是可以實事求是地解釋國家的自我利益，而不把它
作為一種準則；二是願意接受其他形式的國家利益和國家政策。

（三）如果國家利益是由統治者們決定的，那麼國家利益的內涵是由什麼因素
來決定的呢？摩根索認為，確定一個國家的國家利益是由這個國家的權
力來決定的。國家利益的概念是權力政治的精髓。摩根索的這以「權力
利益」為軸心的原則，把權力政治論推向一個新高度。他指出：「用權
力界定的利益概念是幫助現實主義找到穿越國際政治領域的道路的主要
路標。」而如何用權力來解釋國家的利益呢？國家利益在不同的國家目
標下，可以有不同的內容，而這個內容是由權力所限定、所確定的。也
就是說，國家的權力大，國家的利益就可能大；國家的權力小，國家的
利益就只能小。摩根索認為，我們只要根據這一路標來探討國際政治，
許多令人迷惑不解的國際政治問題，都可以找到答案。「我們設想，
政治家的思想和行動從被界定為權力的利益出發，而歷史事實證明了這
一假定。這一假定使我們能夠回顧和預言過去、現在或未來的政治家在
政治舞臺上，已經邁出或將邁出的步伐。當他發出指示時，我們站在他

背後看；當他與其他政治家談話時，我們在一旁聽；我們觀察並預料他的真實思想。從被界定為權力的利益角度思考，我們就能夠像他那樣思考，而且作為利益與己無關的旁觀者，我們對他的思想和活動的理解，也許比他這個政治舞臺上的活動家的理解更為透澈」。[4]由此可見，一個國家外交政策的制定不是由政治家的動機所決定的，「良好的動機可以保證避免有意制定壞政策；但它們不能保證其所促成的政策在道義上是善的，在政治上是成功的」。[5]同時，一個國家外交政策的制定也不像理想主義者所想像的那樣是由他們的哲學或政治傾向所決定的。總之，一個國家其國家利益的制定說到底不是主觀臆想的產物，而是由客觀存在決定的，而這個客觀存在物就是一個國家的實力。

在國家利益問題上，西方學者認為，關係到國家主權、獨立、生存、安全、威望的利益，必須始終堅持，而其他利益則可做不同程度的妥協，以獲取一國在國際事務中更大的主動權。美國前蘭德公司研究員、卡內基國際和平基金會美蘇關係研究會主席塞耶姆‧布朗曾直言不諱地提出，美國的國家利益具體表現為：1.遏制共產主義擴展它的勢力範圍；2.將非共產主義盟國置於美國的控制之下；3.確保重要戰略原料的來源；4.維持美國在太平洋、大西洋、地中海和印度洋的海上優勢。[6]這段話為美國的強權政治的實質做了有力的佐證。

（四）國家利益在一個國家的決策中產生多大的作用。在我們平日所見的國家關係中，一個國家外交政策的制定往往既是國家利益的產物，同時又是意識形態的產物。那麼，國家利益在政府決策中的作用到底有多大，這個問題在經歷冷戰的教訓之後，今天似乎是明確多了，即國家利益在一個國家的外交政策中產生決定性的作用，是「世界政治的主要推動力」（摩根索語）。在第二次世界大戰爆發之前，卡爾在他的《二十年危機》一書中首先明確提出了國家利益在國際政治中的重要作用，同時他對理想主義只講道德、不講國家利益的外交政策進行了批判。從此，人們開始重視國家利益在國際關係中的作用，但是卡爾並沒有在他的書中把國家利益和外交政策的制定聯繫起來。在摩根索之前，許多外交家和理論家都對一國如何制定外交政策提出過種種建議，然而他們都沒能清楚認定國家外交政策的關鍵因素究竟是什麼。而摩根索明確地指出，一國外交政策的制定是由這個國家的國家利益所決定的。他認為，國際政治的實質內容之一，就是國家利益，國家利益是衡量一個國家外交政策

的最高的標準。摩根索說：「所有當代成功的政治家都把國家利益作爲他們政策的最高標準，在國際事務中沒有一個偉大的道德家達到過他們的目標。」[7]摩根索還認爲，他所提出的權力政治理論強調的是國家政治行爲理性化，這種理性化的實質就是，國家的外交政策是由權力限制的國家利益所決定的。摩根索提出的權力和國家利益理論，是對國際政治理論的一個重要貢獻。在今天，決策者在制定一個國家的外交政策時，考慮的是國家利益和意識形態兩方面的因素，但是國際關係的實踐已經告訴人們，只講意識形態，外交政策的結果常常是不成功的；而以國家利益決定一個國家的外交政策的結果，往往是成功的。因此，我們似乎可以從西方的國際關係理論中得出一個結論，即國家利益在一個國家的外交決策中產生關鍵的作用，任何其他因素在外交決策中都無法取代它。

三、關於國家利益問題的新探索

哈佛大學兩位著名教授山繆‧杭亭頓和約瑟夫‧奈伊，於1997年和1999年分別在《外交季刊》上先後發表文章，以新的視角對國家利益問題做了新的探索。

杭亭頓在題爲〈美國國家利益的消衰〉文章裡，提出以下主要觀點：[8]

（一）國家利益源於國家認同，而認同又包括文化和信仰兩個組成部分，或由兩個「C」構成：文化（Culture）、信仰（Creed）。這裡「文化」意指「價值和機構」；「信仰」則指「普遍的意會和原則」，如自由、平等、民主、憲政、有限政府和私人企業等。「信仰是文化的產物」，但兩者應是相互聯繫的。

（二）第二次世界大戰後，美國成爲西方世界的領導，以遏制蘇聯和共產主義爲目標。冷戰幫助美國政府和人民之間形成這種認同。然而，冷戰的結束改變了國際形勢，美國原有的敵人和對手不復存在。原戈巴契夫的顧問阿巴托夫說過：「我們做了一件對美國來講是可怕的事情，我們使你們喪失了一個敵人。」在冷戰時期，面臨共同威脅和敵人能有助形成認同，維持一致，而一旦共同威脅和敵人消失了，這種認同和一致也會隨之削弱。因此，冷戰後美國應在「政治意會和普遍價值觀」上取得新的認同和一致，進而發展美國新的國家利益觀。

（三）對美國人民來說，國家利益體現「公共得益」和對普遍的認同的關注。因此，重大的國家利益就成了人民願意犧牲生命和財產加以維護的利益。另外，國家利益包括安全及物質利益和道義及倫理利益兩個方面，它既需要權力政治，也需要道義倫理。現在更需要的不是尋求權力去實現美國的目的，而是先確定美國的目的，然後決定如何使用權力。

（四）冷戰後，美國在追求權力和利益過程中，常常處於一種「困境」。美國是唯一的超級大國，經濟、軍事、技術、文化、價值等方面是世界上最強大的，但美國的影響力在下降，在削弱，越來越受到其他國家的抵制和反對。杭亭頓認為，美國政府是弱的，問題的癥結在於，「一個強的國家和一個弱的政府」導致出現了美國實力的強勢和美國影響的弱勢的矛盾現象。今後，美國應針對新的安全威脅和道義挑戰，根據新的認同觀，調整美國的國家利益，並「調動新的資源以維護美國的國家利益」。

奈伊在〈新的國家利益觀〉一文中首先指出，國家利益是一個難以把握的概念（a slippery concept），它既可用來描述對外政策，又可用來制定對外政策，它常常會引發熱烈的討論。他開門見山地提出：「目前，美國應如何界定其國家利益呢？」[9]

（一）奈伊認為，1996年美國國家利益委員會發表的〈美國國家利益〉研究報告，可作為一個基礎。戰略利益、地緣政治利益、經濟利益、人道主義利益、民主利益等都是討論國家對外政策的「根本內容和依據」。

（二）冷戰後，權力的概念及內涵擴大了，軟權力的突顯給權力和利益問題的研究帶來「變革性的影響」。價值成為權力的重要源泉，民主因素成為國家利益的重要組成部分。奈伊在文章裡提出「國家利益的民主化界定」，正是反映了這一變化趨勢。

（三）奈伊把美國國家利益的威脅分為三類：A類是威脅國家生存的，如前蘇聯在冷戰時期對美國安全的威脅；B類是不威脅國家生存，但對美國國家利益有直接損害，如伊拉克和朝鮮；C類是間接影響美國國家安全利益的，如科索沃、索馬利亞等。如今，一個奇怪的現象是，C類問題反而在對外政策議程上占了支配地位。奈伊認為，其原因主要是一方面，A類威脅隨著蘇聯解體而消失；另一方面，輿論對C類威脅的渲染和炒作。

（四）C類威脅實際上涉及國家利益中的人權問題。奈伊認為，人權政策本身

不是對外政策，而只是對外政策的一個組成部分。「人道主義問題占
據輿論的支配地位常常是以把注意力從A類戰略問題轉移開來爲代價
的」。

西方學者一般是主張人權高於主權的，和我們的主權大於人權，沒有主權
就沒有人權可言的觀點不同。奈伊能提出比較客觀的看法，已屬不易。

杭亭頓和奈伊對冷戰後國家利益（特別是美國國家利益）所做的分析有一
定的新意，但他們基本上還是從保持美國的世界領導地位、維護美國的國家根
本利益出發，進行國家利益問題的新探索，他們提出的主張仍擺脫不了「世界
問題美國化、美國利益全球化」的模式，實質上代表的是體現西方文化、認同
和價值的國家利益觀。

冷戰後，世界進入全球化時代，國家利益從形式上看仍由主權國家決定，
但其內涵和外延都發生了變化。它超越傳統的認知框架，開始具有更加廣闊的
視野，成爲更加複雜的動態系統。它既有普遍性，又有特殊性，各主權國家仍
堅守各自的國家利益，特別是核心或根本國家利益。然而，它正在取代意識形
態成爲國際關係的主導因素，其中經濟利益在國家利益中地位上升，文化利益
在國家利益中作用突顯，經濟利益與政治利益交織，安全利益與發展利益交
叉，國家利益仍是當前國際關係研究的最重要的課題。

第二節　權力論

一、國內政治中的權力理論研究

權力的概念首先出現在國內政治中。馬克斯・韋伯從社會學的角度認爲：
「權力是把一個人的意志強加在其他人的行爲之上的能力。」[10]馬克斯・韋伯
的這個觀點代表對權力的最普通的看法。這個看法的核心就是權力對其他人的
強加能力，這種能力對於接受者來說可以是情願的，也可以是不情願的，甚至
是反對的。

西方一些學者認爲，權力在國內政治中主要有三種表現形式：應得懲罰
的權力（condign power）、報償的權力（compensatory power）和制約的權力
（conditioned power）。所謂應得懲罰的權力，是指透過適當的辦法壓制和威
脅對方，使對方達到服從的權力。所謂報償的權力是和應得懲罰的權力相反的

權力，這種權力是在對方服從的情況下，讚賞對方的能力。所謂制約的權力，是透過適當的、正確的勸導、教育和一定的社會約束，使對方服從的能力。這種服從通常不是愛好的過程、自然的過程和自願的過程。在一般的情況下，制約的權力比前兩種權力的影響，在國內的政治中表現得要活躍得多。在我們研究西方資本主義的政治制度時，我們經常可以看到權力制衡的現象，這種現象就是制約的權力的典型表現。

西方學者還認為，在國內政治中，權力的來源主要有三種：人格、財產和組織。所謂人格包括人的體格特徵、思維、語言、道德、信仰等。在原始社會中，人的人格主要表現在人的體格和力量上；在現代社會中，人的人格權力主要表現在人的道德等方面，人格的力量是靠說服和培養信念而形成的。所謂財產帶來的權力，在資本主義社會中是最明顯的。這種權力的明顯特徵是，透過對別人的報償來實現自己的權力。在美國的總統選舉中，美國的大壟斷財團可以透過對候選人的財政支持，最終從當選人的政策中獲利。組織是國內政治中最重要的權力來源，在國內的組織中，可以對國內的民眾規定各種服從和報償。因此，組織是國內權力的最高標誌。

我們在這裡討論國內的權力的目的是，要研究國際關係中的權力理論。在國際關係上對權力的研究，我們應當注意兩個問題：

一是，國際關係中對權力的研究比在國內政治中對權力的研究要持久和深入得多。這是因為國際社會的無政府狀態，使得國際社會的矛盾和衝突更加突出。在這種矛盾突出的國際環境中，權力研究就顯得特別地重要。

二是，國際關係中對權力的研究都是從對國內的權力和一般的權力研究發展而來的。這裡最典型的例子是漢斯・摩根索對權力的研究。漢斯・摩根索是當代權力政治理論的代表性人物，他在研究權力問題時是從國內權力到國際權力，從普通意義上的權力到政治的權力。在他的名著《國家間政治——尋求權力與和平的鬥爭》一書中，他的論述過程就是以這樣的方式進行的。他說：「此書講到權力時，不是指人駕馭自然的力量，或某些藝術手段，諸如語言、討論、聲音、色彩的能力，或支配生產資料或者消費資料的力量，或自我控制力量，我們在講到權力時，是指人支配他人的意志和行為的力量。」[11]接著，他又對政治權力進行了闡述：「至於政治權力，我們指的是掌握政府權威的人之間以及他們與一般公眾之間的相互制約關係。」摩根索同時認為：「政治權力是權力行使者與權力行使物件之間的心理的關係。前者透過影響後者的意志而對某些行動產生支配力量。」摩根索認為，政治權力的影響可以來自三個方

面：希望獲利、擔心不利和對人和機構的崇敬和熱愛。[12]

在論述國內政治之後，摩根索對國際政治中的權力作了精闢的界定：「國際政治，像一切政治一樣，是追逐權力的鬥爭。無論國際政治的終極目標是什麼，權力總是它的直接目標。」[13]他認為，在人們的日常生活中，人們的目標可以是多種多樣的，為實現目標的手段也可以是各不相同的。但是，只要他們的目標是與國際政治有關，他們實現目標的手段就只能是權力，因此摩根索認為對權力的追求是國際政治中不可回避的鐵的規律。

因此，國際政治對權力的研究來源於對國內政治的研究，但是又和國內的權力研究有區別。

二、國際關係中權力的含義

權力政治論是現實主義流派的核心學說，是西方國際關係學中影響最大的理論。「不掌握權力概念，就無法進行政治學的研究」。[14]《不列顛百科全書》在談到戰後初期至60年代的國際關係時就寫道：「占據美國舞臺中心的理論是漢斯·摩根索的『現實主義』權力政治論。」

馬丁·懷特指出：「大國政治表現為權力之爭。」他認為應該結合三方的不同的觀點來闡述國際政治，即馬基維利關於國際衝突的現實主義、格老秀斯關於國際合作的理性主義和康德關於人類和諧的理想主義。因此，不能簡單把大國政治與霸權政治或武力政治相提並論。[15]

1970年，鄧尼斯·沙列文曾做過一項研究，最後列舉出17種關於權力典型的定義。[16]可見，「何謂權力」的問題，也是仁者見仁，智者見智，眾家各異的。

摩根索提出：「權力意指人們對他人的思想和行為施以影響和控制的能力。」在國際關係領域，權力即指一國在國際舞臺上控制他國、影響國際事件的綜合能力。國際政治的一切解釋都離不開權力，國際政治的本質是為權力而進行鬥爭。

尼古拉斯·斯皮克曼認為，權力是一切文明生活最終賴以生存的基礎，體現為運用說服、收買、交換和脅迫等手段。在國際政治中就是一個國家對其他國家的控制。

阿諾德·沃弗斯認為，權力是一個人驅使或指使他人按照自己的意志採取行動或不採取行動的能力。[17]

　　約翰‧斯帕尼爾認為，權力最一般的解釋就是權力是一種能力，這種能力是一個國家影響其他國家按照它自己的目標行為的能力。

　　大衛‧鮑德溫基本上也持這一看法，認為「權力是改變人們行為結果分配的能力的表現」，他還特別推崇傑弗雷‧哈特的定義：「權力是對資源、對行為者、對事件及其結果的控制能力。」[18]

　　科學行為主義也給予權力分析很大的關注。卡爾‧杜意奇提出，權力是知識、技術和武器的集合體。

　　有意思的是，英國學者羅伯特‧湯普遜為之設計了一個公式：國家實力（權力）＝（人力＋資源）×意志。

　　在研究權力時，還應當注意與權力概念相關的問題，即權力和影響力之間的區別是什麼。

　　阿諾德‧沃弗斯指出，權力是指用威脅或實際造成損失的方法指使他人的能力，而影響力是指用許諾或實際給予好處的方法指使他人的能力。[19]

　　布魯斯‧拉西特和哈威‧斯塔指出，權力是指以一般的方式實現目標；影響力則是指能夠讓別人自覺地做你想讓他們做的事情。如果把基歐漢和奈伊對權力所下的定義與布魯斯‧拉西特和哈威‧斯塔對影響力所下的定義做一比較的話，我們對這兩者的區別就會有更加清楚的認識。基歐漢和奈伊指出，權力是行為者的一種能力，這種能力是讓其他的人做他們否則就會不願意做的事情。[20]可見，權力的結果往往是強制性的；而影響力的效應常常是他們自己主動產生的。

　　除了對權力和影響力進行研究之外，還有一些相關的研究，例如在克勞斯‧諾爾所編的《權力、戰略和安全》一書中，西方學者提出要對潛在的權力和現實的權力加以區別。又如，漢斯‧摩根索認為，應對權力做四種區分：即權力與影響力、權力與武力、在核時代的可運用的與不可用的權力、合法的與非法的權力（即道德或法律認可的權力）。摩根索強調，在實際運用中，要防止把政治權力貶低為武力。摩根索說：「政治權力必須同武力，即實際使用的暴力相區別……假如暴力在戰爭中成為現實，政治權力便被軍事實力取而代之。實際運用暴力意味著用兩個人的身體接觸代替他們之間的精神聯繫；一個人在體力上強壯得足以支配另一人的行動，而精神聯繫卻是政治權力的本質所在。」[21]

三、國際關係中權力的存在與根源

　　西方學者認為，權力在國際政治中必然會存在。「長期以來，權力是理解和實踐世界政治的核心和關鍵」。[22]那麼，為什麼會出現人們對權力的不斷追求呢？從社會學的角度上看，在國內，人們對權力的追求正如西方一些學者所說的，權力的目的就是權力運用本身，對權力的喜愛就是對我們自己的喜愛。人們對權力的追逐，不僅是因為權力能滿足個人的利益、價值或者社會觀念，而且還有權力自身的緣故，因為精神的和物質的報酬存在於權力的擁有和使用之中。但是，在國際問題上，對人們追求權力的原因，學者們沒能做出回答，如卡爾。在摩根索以前，人們普遍的解釋是，在國際社會無政府的狀態下，國家為了保護自己的安全而不斷地追求權力。但是，這種解釋的邏輯是：由於一個國家的力量過於強大，其他的國家為了自保，也要追求權力。於是，在國際關係中就會出現權力困境的狀態，即不追求權力，國家不安全；追求了權力，國家還是不安全。因此，仍無法解釋國家追求權力的根本動因。

　　最系統地回答國家追求權力的動因的人是漢斯·摩根索。

　　摩根索對國家追求權力的根源的解釋是從國家的定義開始的。他說：「國家是對許多具有某種共同特徵的個人的抽象，並且正是哲學特徵使得他們成為同一國家的成員。」他同時還引用了馬塞爾·普勞斯特的話：「國家的生命在很大的程度上幾乎重複其構成單位的生命，那種連決定著個人活動的祕密、反應和規律都不能理解的人，更沒有希望能夠說出關於國家間鬥爭的值得重視的東西來。」[23]在摩根索看來，國家就是個人的擴大，個人追求權力，把個人集合起來即為國家，那麼國家這樣的集合體，因而也就同樣具有追求權力的欲望。

　　在解釋為什麼一個國家大批的單一成員對國家外交政策會採取認同的態度時，摩根索指出兩個原因：第一，道德上的原因。個人對權力的追求在人們的頭腦中由於認為是不道德的，因為對權力的追求必然會影響其他人的利益，由此，社會對權力的追求總是採取一種壓抑的政策。第二，機制的原因。為了控制個人的權力衝動，社會規定了各種的法規來削弱對權力的追求，結果大多數人是權力行使的對象，而不是權力的行使者。在這樣的情況下，「由於未能在國家的界限內得到權力欲望的澈底滿足，人民便將這些未得到滿足的欲望發洩到國際舞臺上」。[24]於是就出現了古代羅馬人因為自己是羅馬人，當代美國人因為自己是美國人而感到特別驕傲的現象。而人類社會關於個人對權力的追

求，被認為是恥辱的；對個人以國家的名義在國際舞臺上對權力的追求，則被認為是一種美好的事情。總而言之，在現實主義學者看來，國家對權力追求的根源來自個人對權力的追求。

權力在什麼樣的情況下，可以對對方發生影響？這就需要人們去研究權力關係存在的條件。西方學者指出，權力存在要有四個條件：

第一，在權力的影響者和被影響者之間存在著價值和利益的衝突。在權力的影響者和被影響者之間，如果不存在著價值和利益上的衝突，即使是一方的權力大於另一方，他們之間也不會出現權力的關係。

第二，在權力的關係中，一方最終一定會對另一方的要求有所屈服。儘管在這種關係中，由於出現利益的衝突會有發生武力衝突的可能，否則權力的力量就不可能顯示出來。這種權力的顯示不是主動發揮權力的一方，就是被動接受權力的一方。

第三，在權力顯示的過程中，權力一方對另一方的服從所花的代價，比不服從所花的代價要小。例如，在用和平的方式顯示權力的最普通的手段，禁運這一方式中，受到禁運的國家一定會感到禁運對國家經濟的壓力和國家利益所受到的影響。如果禁運對這個國家的經濟沒有什麼大的影響則說明權力沒有產生作用。

第四，在權力的行使者和權力的被行使者之間的差別越大，雙方之間發生武裝衝突的可能性就越大。

一個國家權力的大小是由什麼因素決定的？權力的根源是什麼？西方學者對此有不同的觀點。但是，共同的看法是國家的權力是由國家的實力決定的。他們對國家力量基本要素的分析為人們研究一國的實力提供了最初的理論依據。西方對國家實力的研究可以分為三個學派：

一派是定性分析學派，主要的代表人物是雷蒙・阿隆和漢斯・摩根索。雷蒙把國家的力量歸結為三大基本要素：所占據的地理空間、資源（包括人力和物力）、集體行動能力，涉及軍事組織、社會結構和品質等。摩根索是最早提出對國家實力分析的學者之一。摩根索認為，國家權力的根源主要來自九個方面，其分別是：地理因素、自然資源、工業能力、軍事準備、人口、民族性格、國民士氣、外交品質和政府品質。歸納起來，摩根索把國家的權力區分為有形的權力和無形的權力兩類。[25]

另一派是定量分析學派，又稱為行為主義學派。該學派人物用定量分析的方法把國家實力中的各種因素進行分解、量化。其主要的代表人物是卡爾・杜

意奇和史蒂文・拉布姆斯。杜意奇在他的《國際關係分析》一書中提出了「權力分量」的觀點。他認為，如果在某一時間內，美國在聯合國所支持的提案平均有75%可以得到透過，而同時美國不支持的提案只有25%能夠透過。這說明美國的支持可使提案獲得透過的機會從25%增加到75%，即增加了50%。這50個百分點就可以代表美國此時在聯合國大會上的「權力分量」。布拉姆斯依據交往關係對權力的影響力進行了測量。他認為，個人、團體收到並接受訪問邀請的次數比發出訪問邀請的次數越多，它們對其他實體施加影響的能力就越大。假如兩國之間的交往大致相等，兩者互為影響的關係則為對稱。如果一國收到並接受訪問邀請的次數，特別是官方訪問的次數大大超過了對方，該國則對對方施加了不對稱的影響。

第三派是把定性分析和定量分析結合起來進行研究。其主要的代表人物是前美國喬治城大學教授克萊茵，此人曾經在美國中央情報局任情報中心副主任和美國國務院情報和研究主任。他在《世界權力的估量》一書中提出了著名的國家綜合國力公式，又稱「克萊茵」公式：

$$PP = (C + E + M) \times (S + W)，即：$$

國家力量 ＝〔（人口 ＋ 領土）＋ 經濟能力 ＋ 軍事能力〕 × （戰略意圖 ＋ 貫徹國家戰略的意志）。

四、權力在國際關係中的作用

在權力研究的早期階段，許多的西方學者相信只要一個國家的權力大，它實現目標就越容易。但是，事實已經證明，問題並不是那麼地簡單。否則，就不會出現一個國家在一定的歷史時期內在一個國際事件中會是勝利者，但在另一個事件中就會是失敗者的情況。可見權力在國際政治中的作用是有限的，特別是軍事在權力中的作用是有限的，並不是絕對必勝的。在什麼樣的情況下國家的權力作用受到限制，歸納西方學者的觀點，主要表現在以下的幾個方面：

第一，權力的運用必須和國家利益相吻合。在國家利益沒有明確或國家利益判斷錯誤的情況下，權力的運用只會更加損害國家利益，而不會對國家利益有益。美國在越南戰爭中的教訓是西方國際關係學者經常列舉的例子。

第二，一個國家在國際社會中發揮作用的最重要因素是這個國家權力因素中的外交因素。摩根索認為，在構成國家權力的所有因素中，外交的品質是最

重要的因素，儘管它是一個極不穩定的因素。決定國家權力的所有其他因素都好像是製造國家權力的原料。一個國家外交的品質將這些不同因素結合爲一個有機的整體，給予它們方向和分量，並透過給予它們一些實際權力而使它們沉睡的潛力甦醒。

第三，國家的權力受到聲譽和道德的限制。一個國家的領袖人物在國際上的地位和聲譽，對這個國家的權力大小也會有影響。在第二次世界大戰之前，德國的希特勒對東歐小國的不斷入侵，就與張伯倫對法西斯的綏靖政策有關。權力的運用還受到國際和國內的社會條件所限制的。當一個國家在對其他的國家進行侵略和干涉的時候，這個國家的權力在暫時的情況下，也許會發揮作用，但是在長久的時期，必然會遭到失敗。這主要是因爲國家在道德上的失敗。在國際和國內輿論的壓力下，國家的權力很難發揮作用。

尼古拉斯‧斯皮克曼曾說過，唯有強權才能實現對外政策的目標。事實正是如此。權力政治論對西方的對外政策，特別是美國的對外政策所產生的作用最爲明顯，在外交實踐中的運用也最爲充分。

近年來，在西方國際關係學者中盛行著這樣一種觀點，即認爲全球性相互依存正成爲國際關係主導的普遍的特徵，各國利益全面地相互滲透，全球利益正取代國家利益。這一觀點低估了權力政治的頑固性，似乎權力政治已被相互依存代替了。這顯然是片面的。從杜魯門主義、艾森豪主義到尼克森主義、卡特主義，從雷根主義到柯林頓主義，從布希主義到歐巴馬主義，雖然形式各異，但權力政治的實質沒有根本改變。

第三節　衝突論

一、衝突的概念

長期以來，國際衝突一直被視爲理解國際政治的又一個核心問題。衝突論與利益論、權力論一起，被稱作爲國際關係理論（特別是現實主義）的三個核心理論和研究方法。

關於衝突問題的研究，首先是從一般意義上的社會學角度開始的，其基本含義包括：

（一）衝突是指某一可確認的人或群體，有意識地反對一個或幾個可以確認的

人或群體，原因是他們各自在謀求不同的目標。

（二）衝突是人與人之間的相互作用。衝突不包括人與自然的鬥爭。衝突的
　　　表現最初是人和人之間的矛盾和競爭的關係。這種關係並不一定意識
　　　到矛盾者和競爭者的存在，只有當矛盾者和競爭者力圖阻撓他人目的的
　　　實現，或是甚至要消滅競爭對手的時候，矛盾和競爭才有可能轉化為衝
　　　突。

（三）衝突的形式有暴力的和非暴力的，有顯性的和隱性的，有可控制的和不
　　　可控制的，有可解決的和不可解決的。暴力的、不可控制的和不可解決
　　　的衝突的最後的結果往往是武力或暴力行為。但是，衝突並不一定要引
　　　起暴力行為，它可以透過無聲無息的心理、經濟和政治手段得到解決。
　　　最顯而易見的衝突種類，從國家層次上劃分，包括國際戰爭和國內戰
　　　爭、革命、政變、恐怖活動、暴亂、示威、制裁等；從個人的層次上劃
　　　分，包括吵架鬥毆、法律爭執，以及犯罪殺人等。

（四）正如世界上總是充滿矛盾的情況一樣，衝突存在於宇宙萬物之中。無論
　　　什麼樣的社會形態，什麼樣的社會內部結構，也無論國際體系如何，國
　　　家與國家之間的關係如何，衝突都是存在的。人們不能指望消滅衝突，
　　　同時也不能沒有衝突。

　　　第二次世界大戰以後，關於衝突的根源和預防的研究，一下子熱門起來。
這一方面與戰後美蘇對峙的冷戰局面有關；另一方面也與對核武器巨大毀滅力
的恐懼有關，實際上就是研究如何在核條件下防止新的世界大戰問題。

　　　這時期的現實主義學派十分注重對衝突問題的研究。對現實主義者來說，
衝突是自然發生的。衝突與利益的追逐和權力的爭鬥有關。由於各國追求的利
益不同，所產生的「權力衝突」各異，因而導致頻繁的國際衝突。權力衝突實
質上反映了利益衝突。國際衝突也就是擁有不同程度實力的國家之間，為了追
求自身利益而發生的諸般錯綜複雜關係中最突出的表現。摩根索曾經歸納道，
國家的對外目標主要表現為「維持權力，增加權力和顯示權力」，而通常採取
的形式是直接對立和相互競爭兩種，因而國際間的權力衝突是不可避免的。

二、衝突論研究的歷史回顧

　　　關於衝突的研究學者中迄今主要分為兩派：一派是社會心理學家、生物學
家和決策理論研究家，他們對衝突的研究主要是從微觀的角度，從對個人的行

爲分析來研究衝突的產生；另一派是社會學家、人類學家、政治學家和國際關係理論家，他們主要是從宏觀的角度把握衝突，其研究的集中點主要是在集團、社會階級、民族國家和國際體系等方面。

人類衝突的極限就是發生戰爭。對於人類爲什麼會進行大規模的相互殘殺，這個問題從人類有史以來就有了不同的研究。

早期的思想家和學者對戰爭的認識，主要來自直接的感性理解。他們一方面視戰爭爲軍事和政治問題；另一方面又視戰爭爲宗教和道德問題。但是，早期的西方思想家都對戰爭持否定的態度，認爲戰爭是人類缺乏道德的結果。

到了中世紀，歐洲的經院哲學家們對於戰爭的認識有了發展。他們一方面認爲戰爭是不道德的結果，同時，又認爲戰爭是人類不可避免的現象。由此，他們提出了有限戰爭道德的理論。正義戰爭的理論便出現了。他們對正義戰爭的定義是：第一，在戰爭之前要有一定的仲裁；第二，在不得不使用武力的情況下，使用武力的後果應當是善多於惡；第三，戰爭的結果應當是正義的秩序能夠得到恢復和光大；第四，在進行戰爭的過程中，應當使用道德的手段，而不能使用不道德的、不人道的手段。然而，由於中世紀的文化和意識形態因素，這一時期內的戰爭經常是很殘酷的。

在17世紀末到18世紀的大部分時間裡，歐洲資本主義經濟的發展和人們對於歐洲長期宗教戰爭的厭惡使正義戰爭的理論受到了挑戰。文藝復興之後，越來越多的人認爲戰爭是萬惡之源。許多思想家認爲，所謂正義戰爭不過是帝王和一些野心家，爲了自身的利益而發動的戰爭。歐洲一些著名的思想家對戰爭進行了嚴厲的批判。

然而，從18世紀下半葉開始到19世紀，歐洲戰爭迭起。關於戰爭的研究，出現了兩種明顯的趨勢。一種是反對戰爭的和平主義，另一種是戰爭主義。後一派的支持者包括一些著名的思想家和軍事家，如黑格爾、尼采和克勞塞維茨。克勞塞維茨的名言「戰爭是政治的繼續」明確地說明，戰爭是人類生活中的一種正常的現象。

20世紀爆發了兩次世界大戰。據李伯的不完全統計，從1816年到1965年，世界上發生的上規模的戰爭達93次。[26]

戰後，人們對戰爭的根源有了更加深入的研究。理想主義把戰爭的起因歸結於國際社會的不健全、均勢的不可靠和統治階層的祕密外交；而現實主義關於戰爭根源的解釋，是人類的本性和對權力的追求。

在20世紀中葉出現了一種歷史上少有的衝突現象，就是冷戰。第二次世界

大戰之後，美國和蘇聯成為當時最強大的國家，於是「超級大國」一詞應運而生。美蘇及其盟國之間的關係是一種敵對關係。但有趣的是美國和蘇聯之間並沒有爆發戰爭，它們之間的衝突以冷戰的形式出現。所謂冷戰是相對於熱戰而言的，是指敵對雙方形成對立，但是又以不觸發直接武裝衝突為限的敵對狀態。「冷戰」這個詞是由美國的政論家赫伯特·斯沃普在1946年初，為美國參議院議員伯內德·巴魯克起草的一篇演說中，首先提出的。但在外交政策上，冷戰的開始是以邱吉爾在1946年3月5日在美國的富爾頓的演說為信號，以1947年3月12日杜魯門發表的國情咨文為起點。之後，「冷戰」的概念就開始得到廣泛的應用。

戰後關於冷戰的文章和專著更是浩如煙海，其中有影響的如：沃爾特·李普曼、亨利·華萊士和威廉·富布賴特的論文、霍羅維茨的《美國冷戰時期的對外政策》、理查·華爾頓的《冷戰與反革命》、路易士·哈利的《冷戰史》、雷蒙·阿隆的《國家間的和平和戰爭》以及亞瑟·施萊辛格和摩根索合編的《冷戰的根源》等。這些學者認為，冷戰是戰後的一種特殊國際現象，而造成冷戰的根本原因：一是，由於戰後出現兩個對抗的陣營，實現真正的和平是「不可能的事」（impossibility）；二是，由於核武器的出現又使新的戰爭成為「不太可能發生的事」（improbability），冷戰即是「不可能的」和平與「不太可能的」戰爭兩個特殊的歷史因素的產物，而擁有毀滅雙方能力的核武器則是重要的條件。在核武器出現之前，國際爭端不是透過和平就是透過戰爭加以解決，但戰後情況有了變化，出現了冷戰此一特殊的形式。在這樣的歷史背景下，美蘇之間的爭霸就不可避免的了。

對於冷戰起源的分析可以歸納為以下四種：

第一，冷戰的出現是由於國家領導人的變化。這種觀點企圖從國家領導人的個性中尋找冷戰的根源。如美國歷史學家D. F. 弗萊德明就提出，如果羅斯福在世，美蘇之間的冷戰是不可能出現的。這派人認為，羅斯福是主張與蘇聯和平相處的。但是杜魯門看不到蘇聯在東歐的利益，所以導致美蘇之間出現矛盾。

第二，冷戰的出現是由於蘇聯在東歐的擴張。這被認為是美國學術界的正統觀點。他們提出，第二次世界大戰後蘇聯對西方國家抱有敵視態度。蘇聯在東歐不斷的擴張和對雅爾達體系的破壞是冷戰爆發的原因。

第三，冷戰的出現，是美國在第二次世界大戰後對世界擴張的結果。戰後，美國成為世界上首屈一指的超級大國。在對外的政策上，美國要求世界上

其他國家的意識形態和政治體制與美國一致，如果有不一致的地方，美國就會對其進行政治上的孤立、經濟上的封鎖和軍事上的干涉。美國對蘇聯、對中國和對其他第三世界國家的政策，即是明顯的例子。在這樣的情況下，冷戰便出現了。

　　第四，冷戰的出現是由於美國和蘇聯在處理國家之間的關係上，不是以國家利益而是以意識形態作為出發點，在這樣的情況下，美國與蘇聯意識形態的不相容導致冷戰爆發。

　　持續40多年的冷戰給人們留下了很多思考，重要的是在核武器出現的今天，人類不再輕易地發動一場世界戰爭。然而，局部戰爭和有限冷戰有可能是今後國際衝突的一種重要方式，無論其原因何在。

三、國際衝突的根源分析：沃爾茲的三個概念

　　一般來說，國際衝突的根源與以下五個因素有關：（一）人性中的權欲所致；（二）國家之間誤解和隔閡，以及狹隘的民族主義所致；（三）貧困及財富分配不均所致；（四）國家內部危機所致，該國企圖挑起外部衝突以轉移國內視線；（五）國際體系不健全，缺乏制止衝突和戰爭的有效機制。其中，以肯尼思·沃爾茲的「三概念」最為典型。「分析衝突最有用的出發點是沃爾茲提出來的」。[27]沃爾茲在《人、國家與戰爭》（1959）一書中提出的「三概念」是：第一概念為「人性與國際衝突」，人的私念和權欲是國際衝突的根本原因；第二概念為「國家與國際衝突」，國家體制弊端日顯，社會矛盾深化，為了加強對國內的控制，統治集團往往從對外衝突或戰爭尋找出路，這是國際衝突的重要內在原因；第三概念為「國際體系與國際衝突」，國際社會處於無政府狀態，事端多發，一籌莫展，這是國際衝突和戰爭發生的外部原因。

　　在第一概念中，沃爾茲指出，人類本性是惡的，惡的本性決定人類必然要發動戰爭。在如何對待人的惡的本性問題上，存在著兩派。一派對人性的看法是樂觀的，認為透過教育和社會的和諧，人類最終會避免戰爭；另一派認為，現實是邪惡的，人類的本性不會改變，戰爭將會繼續下去。因此，這一概念分析的結論是：「人的罪惡或不軌行為將導致戰爭；人心——世人如都能具善心，就會出現和平，這就是第一概念的簡短結論。」[28]

　　李伯認為，僅僅是第一概念還不足以說明戰爭發生的根源。[29]

　　在第二概念中，他分析了國家內部的政治制度，認為國家內部政治的缺陷

也是戰爭的一個根源，國家有時會透過國際戰爭來解決國內的矛盾。因此，避免戰爭最重要的是要建立「好」的國家。究竟什麼是好的國家？大多數人認為，國家應進行改造，才能避免戰爭。在如何對國家進行改造的研究上，沃爾茲認為：「馬克思和馬克思主義標誌著第二概念的最成熟的發展階段。馬克思主義關於戰爭與和平的首要觀點是：資本主義國家導致戰爭，進行革命、摧毀資本主義從而建立社會主義才能實現和平。」[30]沃爾茲認為，馬克思對國家進行改造的理論是最具有說服力的理論。同時，他認為，社會主義是和平國家的觀點可以成立，但是他否認那種認為社會主義國家之間的關係就只是和平關係的觀點。他指出，不能簡單地說，和平與戰爭分別是好的國家和壞的國家的產物。事實證明，沃爾茲關於資本主義是戰爭的根源和社會主義國家之間，並不能完全避免戰爭的判斷是正確的。

　　如果不能僅僅從人和國家來解釋戰爭的根源，還有哪些因素是戰爭的根源呢？沃爾茲由此引出了他的第三概念：國際的無政府狀態是引起戰爭的根源。所謂無政府狀態是指，在國際社會中缺乏維持和平的、有效的法律工具和組織機構的狀態。沃爾茲認為，在國際社會中，各國都有自己的切身利益。為了自己的利益，國家之間難免出現矛盾和衝突。如何解決矛盾？在有秩序的國內政治中，是靠政府的力量來解決，化干戈為玉帛；但在無政府的國際社會中，由於不存在像國內那樣的政治權力機構，所以各國只有靠自己的力量來解決問題，一旦矛盾不能透過協商解決，就會出現以實力解決問題的現象。在個人表現為用拳頭解決問題，在國家表現為用武力解決問題，國家之間的戰爭由此而發。沃爾茲把建立未來世界和平和避免戰爭的希望寄託在建立世界政府上。他預言，在世界政府建立之後，國家之間的戰爭就不會再發生了，但是由於世界政府還不夠強大，國內的戰爭還會出現。這就有疑問了，在世界政府建立之後，國內還會發生戰爭，那麼在國際上，在世界政府的範圍內就不會發生戰爭嗎？

　　然而，無論沃爾茲的理論有何缺陷，他關於衝突的論述至今還是較系統的。李伯認為：「關於國際體系性質的分析，反映了當代國際關係理論的基本發展趨勢。」[31]沃爾茲在這方面的研究產生了推動作用。

　　在這一時期，值得一提的是魯道夫·拉梅爾和他帶領的一批學者所進行的關於國際衝突的研究，他們對230個衝突變數做了比較深入的分析，得出了11種衝突因素假設：經濟發展層面上的衝突行為、國際溝通程度、國際合作總量、政府專政主義、國家權力、穩定、軍事實力、心理動機、民族價值觀、地

理世界，以及上述若干特徵的結合。拉梅爾的研究爲國際衝突分析提供了實證思路，該研究關於溝通合作與對抗利益從兩個不同方面構成衝突的原因的結論，在學術界引起相當的關注。[32]

四、國際衝突的類型分析：康恩的「升級模式」

至於國際衝突的類型，大多數學者傾向於分爲以下五類：即一般衝突、國際危機、恐怖活動、內戰與革命、國際戰爭（局部和世界戰爭）。1960年代以後，出現了關於國際衝突模式的研究，學者們設計出各種政治、經濟、軍事、思想意識和社會心理研究模式。1962年美國軍事戰略理論家赫爾曼·康恩針對朝鮮戰爭和越南戰爭失利的教訓，提出「逐步升級」的國際軍事衝突模式。他把衝突、危機和戰爭的過程分爲16個階梯。1965年，他在《逐步升級戰略》一書中進一步將其過程分爲7個門檻（分歧產生、不要翻船、核武器是不可想像的、不使用核武器、中心避難、核戰爭、城市目標）和7個階段（潛伏的危機、傳統的危機、緊張的危機、離奇的危機、威懾性攻擊、攻擊軍事目標的戰爭、攻擊民用目標的戰爭）以及從互相報復、禁運封鎖到武力威脅、戰爭訛詐、常規戰爭到核大戰的44個階梯（見下圖）。[33]康恩的「逐步升級」模式被視爲西方國際衝突理論方面，最引人注目的研究成果。

衝突逐步升級的階梯

攻擊民用目標的戰爭
- 44. 陣發的或殘酷無情的戰爭
- 43. 其他一些類型的有控制的全面戰爭
- 42. 對民用目標毀滅性攻擊
- 41. 擴大的解除武裝的攻擊
- 40. 瓦解人心的狂轟濫炸
- 39. 進度緩慢的攻擊城市的戰爭

「城市目標」門檻

攻擊軍事目標的戰爭
- 38. 無限制的抵抗戰爭
- 37. 帶回避的對抗攻擊
- 36. 有節制的解除武裝的攻擊
- 35. 有限度的減少武力的炸彈攻擊
- 34. 進度緩慢的抵抗戰爭
- 33. 進度緩慢的反對攻擊財產目標的戰爭
- 32. 正式宣布「全面戰爭」

「核心戰爭」門檻

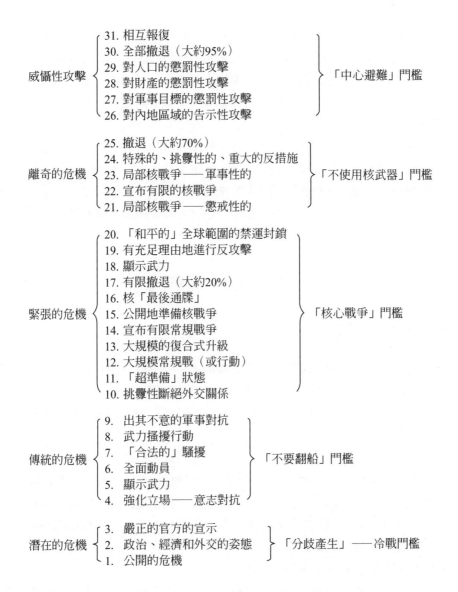

威懾性攻擊
- 31. 相互報復
- 30. 全部撤退（大約95%）
- 29. 對人口的懲罰性攻擊
- 28. 對財產的懲罰性攻擊
- 27. 對軍事目標的懲罰性攻擊
- 26. 對內地區域的告示性攻擊

「中心避難」門檻

離奇的危機
- 25. 撤退（大約70%）
- 24. 特殊的、挑釁性的、重大的反措施
- 23. 局部核戰爭——軍事性的
- 22. 宣布有限的核戰爭
- 21. 局部核戰爭——懲戒性的

「不使用核武器」門檻

緊張的危機
- 20. 「和平的」全球範圍的禁運封鎖
- 19. 有充足理由地進行反攻擊
- 18. 顯示武力
- 17. 有限撤退（大約20%）
- 16. 核「最後通牒」
- 15. 公開地準備核戰爭
- 14. 宣布有限常規戰爭
- 13. 大規模的復合式升級
- 12. 大規模常規戰（或行動）
- 11. 「超準備」狀態
- 10. 挑釁性斷絕外交關係

「核心戰爭」門檻

傳統的危機
- 9. 出其不意的軍事對抗
- 8. 武力搔擾行動
- 7. 「合法的」騷擾
- 6. 全面動員
- 5. 顯示武力
- 4. 強化立場——意志對抗

「不要翻船」門檻

潛在的危機
- 3. 嚴正的官方的宣示
- 2. 政治、經濟和外交的姿態
- 1. 公開的危機

「分歧產生」——冷戰門檻

　　李伯認為，康恩的階梯模式雖無多少新的東西，又充斥「想像」，但是卻把國際衝突的變化「加以簡化」，仍有參考價值。[34]

　　1993年，約瑟夫‧奈伊出版了一本關於國際衝突的力作《理解國際衝突：理論與歷史》。他認為，國際政治存在著一種衝突的邏輯，一種與國家間政治相隨相伴的安全困境。千百年來，結盟、均勢、戰爭和妥協等政策行為選擇，一直存在於國際政治之中。該書提供了一組資料：從1989年至20世紀末，世界

上在74個地區發生了111次武裝衝突，其中國家內部衝突95次，其餘是國家間武裝衝突，大約有80多個國家行爲體和200多個非政治組織捲入其中。[35]

奈伊指出，國際衝突發生的主要根源有二：一是國際政治的無政府狀態；二是迅速發生的、不可預測的權力轉移。「冷戰後時期是一個權力迅速轉移的時期」。[36]

奈伊提出，應該對國際衝突進行「細微和冷靜的分析」。[37]

學者們還論及國際衝突的解決途徑，主要是：1. 政治解決途徑，包括國家之間的談判、協商、斡旋、調停；2. 法律解決途徑，以國際法庭爲主進行的調解、仲裁和裁定等；3. 行政解決途徑，指聯合國等國際組織所做的各種努力。

第四節　均勢論

一、什麼是均勢

均勢理論是西方國際關係學中影響最大、歷史最久的傳統理論，在國際關係實踐中，對西方國家對外政策的影響也最爲顯著。

沃爾茲說：「如果有任何具有特徵性的國際政治理論的話，那就是均勢論。」[38]

早在中國的春秋戰國時期、古希臘城邦時期，以及古印度時期，均勢（理論）在國際關係實踐中就得到廣泛應用。到18世紀到19世紀，均勢理論在維持國家間力量均衡和國際局勢的穩定中，發揮了相當的作用。然而，對於這一概念，不論在語意上還是在實踐意義上都存在著許多爭議，因爲均勢不是一種精確的、能夠計算和量定的概念。另外，因爲均勢在不同的時期所產生的作用不同，所以學者們對此一理論，褒貶不一。

什麼是均勢？均勢是一種分析概念，反映國際政治中權力均衡和不均衡的各種態勢及其權力態勢轉變的各種結果。如下圖所示：

（一）A方與B方處於權力均勢狀態。

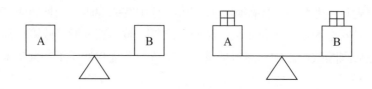

（二）A方與B方處於權力關係不均衡的狀態，均勢有利於A方或B方。

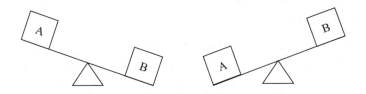

（三）權力態勢的轉變情況：

　　1. 由均衡變爲不均衡，均勢有利於A方或B方。

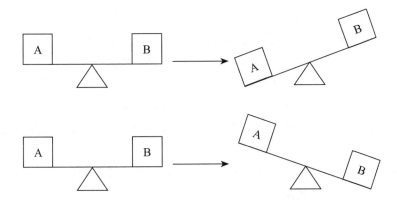

　　2. 由有利於A方的不均衡變爲有利於B方的新的不均衡狀態，或者相
　　　反。

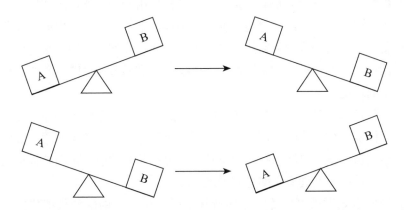

　　湯恩比認爲，均勢是「一種政治動力系統，每當一個社會明確分爲若干互
相獨立的國家時，這一系統便開始發揮作用」。[39]

英尼斯‧克勞德把均勢解釋為：狀態、政策和體系三個概念。狀態指實力均等，還是不均等的狀況；政策指對狀態所做出的反應；體系指權力分配的機制、工具和規則。[40]

有的學者在此基礎上提出，均勢是「國際政治體系的核心機制」。[41]

漢斯‧摩根索在他的《國家間政治》一書裡，把均勢限定在四種不同的意義之中：（一）針對一定事態的一種政策；（二）一種實際存在的事態；（三）大體均等的實力分配；（四）泛指任何實力分配。[42]

恩斯特‧哈斯認為，均勢最少有八種解釋：（一）民族國家間實力均等分布導致的均衡；（二）民族國家間實力不均等分布導致的均衡；（三）一個民族國家占支配地位所導致的均衡；（四）一種維持相對穩定與和平的體系；（五）一種具有不穩定和戰爭特徵的體系；（六）權力政治的另一種表述；（七）歷史普遍規律；（八）政策制定者的指南。[43]

懷特概括了均勢的五種含義：（一）最基本的含義是權力的均勻分布；（二）具有超凡的活力和多變性；（三）大國力量分布均勻但非長久不變；（四）一個大國具有維持力量均勻分布的特殊作用；（五）表現為無休止的力量變化和組合，但具有一定政治規律。[44]

約瑟夫‧奈伊則這樣簡述均勢的三種含義：作為權力分布的均勢、作為政策的均勢和作為多極體系的均勢。[45]

不管均勢概念的界定有多麼大的歧義，在西方學術界和國際關係理論界，大致有以下幾種被大多數學者認同的見解：[46]

（一）均勢是表示一種力量的均衡。艾‧波拉德用天平作比喻，認為均勢和天平一樣，當天平兩端等量，就產生平衡。把這個原理運用於國際關係，就是指「透過變換聯盟以及其他手段在國際範圍內實現力量的均衡」。西德尼‧弗伊則更明確地把均勢概括為「表示國家之間權勢的一種大體上的均衡」。

（二）均勢是國際鬥爭中一種特殊的穩定狀態。喬治‧施瓦雷伯格認為，均勢不僅是一種力量的均衡，而且是國際上某種程度的穩定狀態。漢斯‧摩根索贊同這一看法，指出「均勢是一種特殊的狀態，是由於權勢大致上平均地在一些國家之間分配所造成的」。

（三）均勢是處理國際關係的一種特殊手段。諾曼‧帕爾默和霍華特‧珀金斯指出，「均勢是利用和使用國家權力的一種特殊手段」。史丹利‧霍夫曼則認為，「均勢是一種關於權勢的藝術……均勢強調用非暴力以

保持緊張的國際關係，所以它是顯示武力的藝術，而不是運用武力的藝術」。

（四）均勢是處理國際關係的一種特殊政策。其代表人物愛德華·莫爾斯提出，均勢是維持國家之間權力平衡的一種對外政策，旨在防止一國控制並危害別國的安全，但是均勢是「一種保守的對外政策」，它以維持現狀，不改變國際均衡體系和格局爲目標。正如懷特所說的，「均勢是大多數國家在大多數情況下尋求自我保存的政策」。[47]

二、 均勢的模式

關於均勢有什麼樣的模式，或者有多少種模式，西方國際關係理論界有著不同的解釋。摩根索將其概括爲兩種模式：其一是「直接對抗式」；其二是「競爭式」。當甲國對乙國實行帝國主義政策時就產生了對抗，乙國爲了不受別人的奴役和控制，要麼實行維持現狀政策，要麼採用帝國主義政策對付甲國，這就是一種對抗型的均勢。在對抗型的均勢中，一國實力的增長必然引起另一國相應地增強自己的實力，直到一方取得或認爲取得對另一方的決定性的優勢，這樣對抗越發激烈，不是弱方屈服於強者，就是最後透過戰爭解決雙方力量對比的差異。摩根索認爲，均勢只是偶然或只有部分階段是穩定的，其性質都是不穩定的和變化的。

西方學者認爲，當甲國對丙國施行帝國主義政策，丙國要麼抗拒，要麼默認；而乙國可能反對甲國對丙國的控制。如果甲、乙兩國爲了爭奪對丙國的控制權導致兩國之間的競爭，就形成了競爭型均勢。因爲，甲方爲了統治丙國所必須的實力被乙國實力所平衡；反過來說，乙國想統治丙國的實力也被甲國所平衡。在競爭型的均勢中，丙國含有以下四種狀態：

（一）甲、乙兩國實力均衡，都試圖維持丙國的現狀，保證丙獨立性不受侵犯。這時，丙國的獨立性只是兩大國關係中的一個變數。

（二）在這種實力關係中，如果對實行帝國主義政策的甲國有利，力量對比發生了決定性轉折，丙國的獨立受到危害。

（三）如果在力量對比中，想維護現狀的乙國占有決定性優勢時，丙國的自由會比較有保障。

（四）如果推行帝國主義政策的甲國完全放棄了帝國主義政策，或者將這一政策轉移到丁國，丙國的自由則會得到永久的保障。

　　希歐多爾‧考倫畢斯和詹姆斯‧沃爾弗在卡普蘭的體系論的基礎上，提出
了幾種均勢的變體；卡普蘭認為，均勢體系中最少要有5個主要大國，並且不
存在地區或世界性的組織。而考倫畢斯和沃爾弗則認為，把大國數量限定在5
個以上才算是均勢體系此一觀點過分機械，有個大概的大國數量的上限（如9
個到14個，或者全世界10%的民族國家），並排除一極（單極）統治世界都可
構成均勢體系。他們對卡普蘭的六種世界體系進行了增減，認為少數大國主宰
模式（傳統均勢模式）、鬆散兩極模式、單位否決模式、集體安全模式、多集
團模式、多極模式，以及後核戰模式都是均勢體系的變體。**48**

　　埃弗裡‧戈登斯坦認為，在無政府狀態的國際社會中，如果有一國或者一
個聯盟的實力增大，必定引起「抵消力」的發展以達到制衡的目的，在制衡過
程中產生均勢，這被視為均勢的普遍模式。除了制衡外，戈登斯坦還提出三個
假設，也就是從另一個側面提出均勢的三個範式：

（一）在無政府秩序的政治形態中，意識形態和其他政治動機很容易從屬於謀
　　　求生存的戰略需要。如果一國堅持謀求以意識形態所限定的目標，在國
　　　際社會中會處於被動的地位，而當一國拋棄意識形態的限制，則會左右
　　　逢源，靈活地處理國際關係。在這個模式中，決策是在單位層次上進行
　　　的，但這一模式的本身是體系層次運作的結果。

（二）在無政府秩序中，必須把他國當作威脅自身生存的對手，或者至少是潛
　　　在對手，然而一國在國際社會中不能謀取絕對利益，只有在與別人合作
　　　中取得相對利益，這對政策的制定尤為重要。在不安全的狀態中，一國
　　　在制定政策時，不能只顧強調自身的利益，因為要求得生存就得與他國
　　　在政策上協同，就是做出讓步，也只能是與自身安全利益相一致時，才
　　　能做到。

（三）在無政府秩序中，當聯盟內各成員國之間的共同利益實現時，聯盟的整
　　　體和統一性會減弱，因為共同的任務完成後，各成員國在利益分配中往
　　　往會不擇手段地得到自己認為是公平的那一份利益。在自助體系中，由
　　　於各國試圖獲得維護自身安全的「必要」利益，「公平」的一份利益內
　　　容就被相對擴大；於是，合作夥伴轉變為競爭對手，最終導致聯盟破
　　　裂。接著便是尋求新夥伴，結成新的聯盟以重新獲得力量的均衡。在均
　　　勢政治占優勢的時期內，戰敗國不能被澈底消滅，應該把它當作潛在的
　　　合作夥伴，這也是均勢政治中最重要的策略之一。

　　此外，戈登斯坦還認為，均勢有三個缺一不可的條件：其一，是無政府結

構；其二，是最少有兩個行為體；其三，是各行為體的目標應是維護自身的生存安全。[49]

三、均勢論的歷史軌跡

從縱向分析來看，均勢理論可追溯至古希臘時代。大衛·休謨在《關於均勢》一書中，以大量材料證實均勢是當時處理底比斯與雅典爭霸關係的主要手段和政策，並逐漸成為「國際關係領域中的古典理論」。[50]但是羅馬帝國建立以後，沒有任何國家能與其匹敵，均勢理論的重要性衰落，以致整個中世紀都不為人們所重視。直到中世紀末期，隨著歐洲的四分五裂，爭霸鬥爭此起彼伏，均勢學說才從消沉衰敗中恢復，流傳開來。據考證，是義大利政治家伯納多·魯塞萊（1449-1514）第一個系統地運用均勢原理分析義大利北部梅迪西、斯圖薩斯、維斯康提和鄰國的爭鬥態勢。接著，馬基維利在《君主論》中記述了義大利城市、國家之間的爭霸衝突，認為「它們關切的是均衡」。到16世紀，均勢的範圍從義大利北部擴展到整個歐洲，爭鬥主要在西班牙、英國、法國、普魯士之間進行。17世紀是法國稱霸歐洲的時期，尤其是經過1618年至1648年的「三十年戰爭」，最終締結了《威斯特伐利亞條約》，使大國領土的調整達到與當時大國的實力大致相等的程度，導致出現一個相對均勢的局面。17世紀下半葉，法、荷、英三強爭雄，進一步發展了歐洲均勢局面。從那時起，均勢概念開始頻繁地見諸文章著作和政府檔案中。1713年，參加西班牙王位繼承戰爭的交戰國簽訂的《烏德勒支和約》，第一次把「均勢」載入正式條約檔。18、19世紀，英、法、俄、普、奧匈五強爭霸，都把均勢作為對外政策的基本原則。從1648年「威斯特伐利亞和平」到1789年「巴黎革命」的這一時期被稱之為均勢理論發展的「黃金時代」。英國憑藉其海上優勢，時而聯俄反法，時而結合德、奧，對抗法、俄，阻止任何大國獨霸歐洲大陸，竭力置身於均勢的樞紐中心，執歐洲戰略地位之牛耳。1789年法國革命後，富有冒險精神的拿破崙法國打破了這一穩定的秩序，為了防止霸權的產生，歐洲其他各國結成反法聯盟。當法國稱霸失敗後，歐洲在奧地利首相梅特涅的外交努力下，又恢復了相對均衡的格局。

現實是理論發展的基礎，在這時期，均勢理論受到重視和發展。18世紀英國哲學家和歷史學家大衛·休謨從歷史的角度系統地論說了均勢，他認為在古希臘城邦時期每個擁有優勢的國家必然引起其他國家，甚至是先前的盟友組成

新的聯盟以抗衡它，均勢是這些國家謀求的主要狀態，「雅典（還有許多其他共和國）總是將自己放在天平上較輕的一端以維持均勢」。[51]休謨也認爲，當時的英國跟雅典一樣維持歐陸的均勢，但卻濫用了均勢。

　　從1815年維也納體系到1914年第一次世界大戰爆發，歐洲的均勢持續了一個世紀，歷史進入了第二個均勢的黃金時期。英國、法國、普魯士、奧匈帝國以及俄羅斯這幾個大國共同支撐著歐洲均勢大廈。在這一時期內，戰爭被減弱至小衝突，各國主要透過外交討價還價的手段，解決各自的分歧。對於歐洲列強來說，聖戰、民族解放以及爲爭取人民主權的戰爭都可能打破現狀。爲了維持均勢，列強們一致同意，在限制激烈的爭鬥的基礎上，才能獲得共同利益。所以，國際戰爭法得到了長足的發展。但到了1870年代初，工業革命導致了力量對比失衡，維也納體系破裂。民族主義的高漲，超衡軍事力量的出現使歐洲列強的利益分化，又打破了均勢狀態。

　　均勢原理雖早有運用，但起先只限於局部地區。到20世紀初，資本主義進入帝國主義階段，列強之間的衝突開始擴展到全球範圍，均勢的規模不再限於歐洲，開始帶有世界性。當現狀被打破後，強國試圖稱霸，其他大國及中、小國則力圖限制強國稱霸的野心，於是又開始結盟對抗，並且不惜以戰爭爲代價恢復均勢。第二次世界大戰後，世界被意識形態劃分爲兩大敵對陣營，兩極格局建立，實際上，兩極格局也是一種均勢狀態，這種均勢是在蘇、美爲首的國家集團之間的均衡。

　　第二次世界大戰剛結束時，由於建立了聯合國，人們曾經認爲可以透過這個國際組織來調節國家之間的關係，無需乞靈於均勢。所以，西方均勢理論曾出現過短暫的消沉。直到1950年代初，均勢理論又重新抬頭，而國際關係學的現實主義學派和傳統主義學派則將均勢理論發展到新的高峰。

　　縱觀西方均勢理論歷史發展的盛衰起落過程，我們可以看到，西方均勢理論的發展是以列強爭霸爲背景的，特別是當爭霸的列強旗鼓相當時，它們更需要求助於均勢，以維護自身利益，繼而能克敵制勝，攫取霸權。然而，西方學者卻把均勢視爲「支配國際社會裡國家關係的自然法則」，把紛繁多變的國際鬥爭描繪成主觀臆想的均衡，把均勢的作用加以絕對化。特別是他們將18世紀以來資本主義發展歷史和其後進入帝國主義階段的歷史說成一部「均勢史」，均勢曾給世界，尤其是歐洲帶來了「一個世紀的和平」，而兩次世界大戰的爆發恰恰是因爲均勢遭到了破壞。在這種描述中，資本主義發展不平衡規律不見了，帝國主義掠奪本性不見了，帝國主義爭奪殖民地和半殖民地的勾心鬥角也

不見了，這顯然是違背歷史的真實的。根據馬克思主義原理，一部資本主義發展史絕不是一部「均勢史」，而是一部資本主義由產生、發展到衰亡的歷史；戰爭的根源不是由於均勢遭到破壞，而恰恰是因為帝國主義戰爭是恢復已經被破壞的均勢的唯一手段，因為「世界霸權是帝國主義政策的內容，而這種政策的繼續便是帝國主義戰爭」。[52]

四、四種均勢和當代均勢理論

　　從均勢原理演變為系統的理論是國際關係學形成後的事。卡爾、斯皮克曼、摩根索、阿隆等現實主義大師，都對均勢問題進行了大量的基本理論研究。在他們看來，均勢反映國際關係中權力平衡與不均衡的各種態勢，均勢理論是一種研究權力均勢轉變之特點、規律、原則、手段和形式的分析理論，同時也是一種處理國際關係的特殊政策。均勢的目的就是防止霸權的產生，維護穩定和共同安全，防止戰爭等。而運用均勢時所採用的手段，不外乎結盟對抗強權、戰後領土賠償、設立緩衝國、建立勢力範圍、外交干涉和外交談判、削弱軍備和擴大軍備等。他們認為，19世紀以來的均勢呈現出四種主要的類型：（一）歐洲均勢（1814年至1815年維也納會議至第一次世界大戰爆發），這一時期被稱為歐洲的「和平世紀」，當時的均勢不是全球性的，僅局限於歐洲範圍；（二）過渡性全球均勢（兩次大戰之間），隨著資本主義發展到帝國主義階段，列強衝突擴展到全球，均勢格局開始衝出歐洲，帶有全球性的特點；（三）兩極均勢（第二次世界大戰之後至60年代中期），反映美蘇和東西方之間的冷戰態勢，影響波及全球；（四）全球多極均勢（60年代中期以後），反映美蘇和東西方之間的緩和關係和全球相互依存的發展趨勢。

　　從橫向來看，西方均勢理論在戰後得到進一步的充實和發展，更趨系統化，並在西方國家的外交決策中發揮作用。這一情況，在美國尤為顯著。

　　最早推崇均勢理論的是現實主義鼻祖漢斯‧摩根索。他認為，若干國家為了尋求權勢所進行的鬥爭最後必然會導致一種稱為「均勢」的格局；均勢是維持和平的手段和主權國家之間，必不可少的穩定因素。[53]現實主義學派的另一個代表人物阿諾德‧沃弗斯則強調，均勢應是外交政策的一個重要目標，外交的三大目標（自保、自延和自制）中，自保是指維持現狀，尋求穩定，集中體現了均勢戰略。[54]

　　愛德華‧古利克在《歐洲古典均勢》一書中，全面闡述了歐洲均勢的興

衰,同時,他認爲,均勢的目的在於維持獨立和生存安全,維護國家體系,制止任何一國占統治地位,維持和平和現狀。他提出維持均勢的幾種手段:包括警惕防範、結盟干涉、靈活行動、相互補償以及戰爭等。[55]

在現實主義學派中,最能把均勢戰略理論貫徹到外交決策過程的當推亨利‧季辛吉。這位被稱爲「均勢大師」的前美國國務卿,承襲和發揮了前奧地利首相梅特涅和前英國外交大臣卡累斯頓的均勢觀點,進而提出依靠均勢建立一種適合美國霸權需要的「和平結構」的主張。季辛吉認爲,這種「和平結構」是「外交哲學」的重要目標,而均勢政策則是實現這一目標的主要手段。在季辛吉看來,原先美蘇兩極格局已變成「五種力量爲中心」(美蘇中日和西歐)的多極均勢格局,或稱作「軍事上兩極和政治上多極」的局面。季辛吉把這種「多極均勢」比作「枝形吊燈」,認爲它標誌著均勢理論的新的發展階段。

值得注意的是,季辛吉還對核時代條件下均勢特點,給予較多的重視。他認爲,過去衡量均勢的傳統標準是看領土,一國靠實力征服他國領土,只要制止這種領土擴張就可以維持均勢。現在情況不同了,實力的增強可在一國領土之內實現,如發展核武器所增加的實力和影響要比擴大領土大得多,所以有必要分析核時代的均勢理論有哪些新內容。季辛吉的看法是:(一)要明確國家利益是什麼,這仍是均勢理論的出發點;(二)要分析核條件下軍事力量的性質,這是實力的基礎;(三)要處理好核力量和政治影響的關係;(四)要分析核力量的優勢和差距;(五)要注意核武器的運用和發展;(六)要重視核軍備戰略的研究。1972年,尼克森採納季辛吉的意見,在給國會的正式諮文中把均勢政策定爲美國的重要國策。無怪乎西方報刊說:「尼克森和季辛吉是在用同樣的語言——均勢語言談話。」「均勢是理解尼克森和季辛吉的關鍵。」

稍後出現的傳統主義學派和現實主義學派一樣,也強調均勢理論的重要性,認爲「各國安危系於均勢」。[56]英尼斯‧克勞德的《權力與國際關係》是一部關於均勢理論的力作。克勞德指出,「均勢是世界範圍內權力分散的體系,充滿著角逐和爭鬥」,「是一項非常慎重的政策」。[57]史丹利‧霍夫曼和克勞德持同一觀點,他認爲,歷史上出現的均勢是「簡單均勢」,當代的均勢是「複合均勢」,是由美蘇中日和西歐組成的一種「五種體系」,其特點是「均勢在全球範圍內展開;呈現爲核競爭和核對峙」。他進而提出維持均勢體系的四個條件:(一)要有五至六個實力大致相當的強國並存共處;(二)存在一個中心均勢結構,有能力制止大國的擴張行爲;(三)強國有著某些共同

行為準則，以便能用和平方式處理衝突和危機；（四）建立一個有權威性的國際組織，以穩定國際均勢體系。

但是，均勢理論無力爭得由美國獨霸世界的目標，也無力挽回霸權衰敗的頹勢，這就不能不引起懷著同樣目標的人們的質疑，促使他們去尋求新的戰略。1960年代末、70年代初崛起的科學行為主義學派便是均勢理論的修正派，或稱反對派。該派代表人物哈佛大學著名教授卡爾·杜意奇認為，在力量不完全均衡的情況下，集體安全比均勢更顯得重要，前者強調國家只不過是國際關係的行為者之一，反對均勢理論視國家為唯一的行為者；強調聯繫和溝通，所以該學派亦稱溝通學派。在該學派看來，集體安全比均勢具有四點優越性：（一）能更有力地對付別國的侵略；（二）可以維護小國的利益，因為在均勢條件下，小國很容易成為大國的犧牲品；（三）集體安全是有組織的相對集權的國際體系，而均勢是分權的無政府國際體系；（四）在均勢情況下，國家之間的衝突是絕對的，合作是相對的，而集體安全的情況恰恰相反，所以均勢是競爭性的安全，而集體安全才是合作性的安全。[58]儘管集體安全之說，譴責均勢把小國作為大國交易的犧牲品，但是小國積近百年之經驗，深知參與大國的集體安全體系，自己的利益也會同樣受到損害。至於以「合作性安全」取代「競爭性安全」就更屬空論。雖然選擇的方法各有側重，但在維護美國霸權地位問題上，均勢與集體安全並無二致。莫頓·卡普蘭認為均勢體系的特徵體現為下列幾項基本準則：（一）增強實力，但寧願談判而不訴諸戰爭；（二）不能增強實力時則不惜訴諸於戰爭；（三）訴諸於戰爭應以不摧毀某一個行為體為限度；（四）反對任何聯盟或單一行為體在系統內謀求霸權；（五）約束贊成超國家組織原則的行為體；（六）允許戰敗的或受到遏制的重要行為體作為夥伴重新加入均勢體系，或者設法使一些以前的非主要行為體升級為重要成員。應把每個基本成員都看成是可接收的能起作用的夥伴。[59]然而，經過傳統主義學派和科學行為主義學派的論戰，均勢理論的勢頭開始減退下來，呈現出一派今不如昔的景象。

1970年代後期的新現實主義學派基本上沿襲了現實主義和傳統主義關於均勢的觀點，認為均勢理論仍然適用，均勢戰略仍是美國處理國際關係的重要決策理論。同時，該學派也提出了一些新的見解，認為由於國際社會中各種力量對比的變化，由於科學技術的發展，現在更應強調國際聯繫，強調各國相互依存；還認為均勢只適用於政治和軍事方面，而現在國際關係的內容廣泛得多了，除了政治和軍事問題之外，經濟和倫理等問題也越來越突出地放到議事

日程上，但是均勢無法解釋如此廣泛的內容。於是，相互依存理論、國際政治經濟學等新的理論應運而生。約瑟夫・奈伊和羅伯特・基歐漢於1978年發表的《權力與相互依存》就主張將現實主義的權力均勢論與科學行為主義的相互依存論融合為一種新的理論——「複合式相互依存」，來解釋當今世界錯綜複雜的國際關係，以彌補均勢理論的不足。這一努力已引起西方學術界的重視，被看成是對西方國際關係學的新發展。西方學者普遍認為，雖然均勢理論的勢頭已過，但是在建立比聯合國更有效的和更有權威的世界政府之前，放棄均勢戰略是危險的。沃爾茲認為，國際上存在著無政府主義形態是導致國際衝突的又一原因，因為缺乏一個能阻止戰爭的超越國家之上的權威機構，他主張建立一個世界政府，而在實現這一目標之前應盡力維持均勢的局面。

冷戰後，世界向多極格局發展，也就是說，兩極均勢狀態結束，多極均勢格局開始，特別是第三世界力量的壯大，給限制霸權的擴展，穩定國際實力平衡注入了新的力量。當今的世界仍處於無政府狀態，聯合國還未能有效地和有權威地管理世界事務，放棄均勢戰略是不可能的。縱觀歷史，國際社會是在霸權和均勢狀態交替之中發展起來的，所以均勢仍然是穩定國際社會的主要手段之一，均勢理論還會產生重要的作用。

五、關於均勢和均勢論的評判

跟其他理論一樣，均勢理論同樣遭到褒貶不一的評判。評判的標準就是均勢是否能夠或者曾經給人類帶來和平。威爾遜認為，均勢威脅著人類和平，因為，當在力量均衡的天平上輕的一端施加重量時，很容易造成濫用權力的政治現象。一旦權力在國際社會中得到濫用，就無法維持和平的秩序。威爾遜把均勢描述成力量、懷疑和恐懼的組合安排，是一張陰謀和暗中監視交結成的複雜網，是令人失望的沼澤，在這個沼澤中，國家間相互爭鬥、猜疑，爭相備戰，密謀反對弱者以支持強者。對於威爾遜來說，均勢中進攻聯盟與防禦聯盟之間不可能存在和平，並且小國總是受到壓迫；實質上，均勢破壞了民主、博愛、民族自決以及所有的政治道德標準，均勢未能有效地遏制給人類帶來巨大災難的戰爭，它純粹是不道德政治的體現，這與威爾遜主義的理想政治背道而馳。威爾遜之所以不相信均勢能維護和平，因為他正好身處於大戰給整個世界帶來的痛苦之中，他認為，均勢產生的惡果就是第一次世界大戰的爆發，因為和平不是建立在均勢基礎上的，而是建立在政治道德基礎上的。

尼古拉斯‧斯皮克曼聲稱，均勢理論沒有能充分地解釋與其相應的實踐，在均勢中，民族國家與其說謀求力量均衡，不如說謀求力量的不均等，因爲每一個國家都試圖使自己力量強於別人，使自己在力量的天平上永遠處於較重的那一端，所以，安全就不可能存在於各國的實力競爭之中。斯皮克曼說：「跟潛在的敵人實力相等就沒有安全可言，只有比敵人略強才會有安全。如果一國的力量被他國的力量完全抵消，就沒有行動的可能性，只有在能自由運用相對多出他國的那一部分力量時，才有機會做出自信的對外政策。」[60]從心理上講，一個國家只有自己占優勢時，才會有安全感，所以在國際社會中，各國試圖獲得優勢，而不是均勢。

均勢理論是現實主義者推崇的理論之一，也是現實主義權力政治的一個重要組成部分。漢斯‧摩根索認爲，均勢政策成功地維護了現代國際體系的穩定和成員國的生存。然而，均勢也有它的不足之處，摩根索歸納爲不確定性、不現實性和不充足性三點。

不確定性體現在對實力的估量、評判以及比較時沒有一個十分可信的方法，首先是對於一國的綜合實力的定量就十分困難，有時疆域大不等於實力強；其次是很難判斷一國的國民性，即國民士氣和政府素質；再次，如果力量天平上一端或者兩端是一個聯盟，估量雙方實力的不確定性則更大。然而，最大的無把握性還在於人們無法弄清誰是自己的盟友，以及誰是敵方的盟友。借助於聯盟條約的結盟，並不總是等於在實際爭戰中相互對抗的聯盟。

不現實性是指，在國際社會中，每個國家都有最大限度地增強自己實力的欲望，都在力爭一個起碼的安全保障。事實上，在均勢競爭中，各國都不是以力量均衡，而是以實力優勢爲目標，這就使均勢具有不現實性。

不充足性意指，均勢在某些方面的局限性。摩根索認爲，現代國際體系的穩定和信心並非來自均勢，而是來自一些思想和道德性質的要素，均勢和現代國際體系應建立在這些要素的基礎上。

從以上對均勢涵義的見解中，可以看到均勢理論的一些特徵：首先，西方均勢理論的基本目標是「尋求權勢」。爲了尋求權勢，必然引起矛盾、衝突和戰爭。當敵對雙方無力征服對方時，就需要維持現狀，確保穩定，「防止一國控制並危害別國的安全」。所以，均勢作爲一種手段，是爲了對付敵對國家；作爲一種政策，是權宜之計，目的是透過暫時的均衡尋求權勢。漢斯‧摩根索曾說：「列國的權勢之爭可分爲三種類型：維持權勢、增強權勢和顯示權勢。其中，維持權勢更具有均勢的特點。」[61]其含義是，應在維持權勢的基礎上增

強權勢、顯示權勢，儘管權勢之爭的類型可能有別，但是尋求權勢的目標卻是一致的。

其次，實力是均勢的基礎，所以均勢又被稱爲「實力均勢」。特別是在帝國主義時代，利益是按「資本」和「實力」來分配的。尼古拉斯‧斯皮克曼曾說：「唯有強權才能實現對外政策的目標。」[62]漢斯‧摩根索則認爲，即使均勢政策也是以實力爲基礎的，是「實力均勢」，因爲「只有實力才能限制實力」。[63]

難怪主張均勢政策的阿諾德‧沃弗斯說：「均勢對美國和它的盟國具有直接的現實意義。」又說：「美國應透過均勢在國際事務中建立自己的優勢。」[64]所謂「透過均勢謀求優勢」，是資本主義發展的一般趨勢，進入帝國主義時代更是如此。正如列寧指出：「資本主義的一般規律是，誰最富最強，誰就發財最多，掠奪最多；誰最弱，誰就被掠奪、蹂躪、壓榨和扼殺。」[65]「對於一心謀求優勢」的西方大國來說，當它實力還不足以獨霸一方乃至全球時，就求助於均勢，以維持既得利益，同時努力增強實力，透過均勢謀求優勢和霸權；而當其實力相對強大，足以獨霸一方、稱霸於世時，它便拋棄均勢政策。以均勢阻止別國稱霸，但並不排斥自己稱霸；相反，視均勢爲謀求霸權的工具，這就是問題的實質。

再次，隨機變換聯盟是實施均勢的重要手段。英尼斯‧克勞德認爲，均勢要求一國與不同國家結成聯盟，以在國際權力分配中取得有利地位，維護自身利益，防止別國稱霸。但是，由於有關國家實力的發展是不平衡的，相互間的利害關係也是不斷變化的，所以，聯盟也要隨機發生變化。季辛吉在評價俾斯麥捭闔縱橫的均勢手腕時，曾提出過關於聯盟變換的四個發人深省的原則：（一）首先對實力的對比要有正確的估計；（二）對敵國要絕對殘忍無情；（三）需要有一個容納這項戰略的國內組織機構；（四）遵循「既沒有永久的朋友，也沒有永久的敵人」的原則。

此外，西方均勢理論學派還認爲，形成均勢需要一個中心均衡機制，這一均衡機制無疑只有擁有實力的強國來充當。爭取均勢要靠超級大國，維持均勢也要靠超級大國，中小國家只有依附、聽從超級大國才能享有均勢帶來的「和平與穩定」。這樣，均勢外交就成了超級大國主宰世界事務的別名而已。這一點連西方學者也直言不諱，諾曼‧帕爾默和霍華特‧珀金斯在分析戰後均勢特徵時就說過，均勢政策是大國玩弄的權術，小國或是旁觀者或是受害者。

和考察其他問題一樣，我們評判均勢論也應採取兩點論。上述特徵反映了

問題的一個方面，從另一方面來看，均勢這一政治狀態和策略能存在幾千年，因爲它對穩定國際秩序，維護和平有積極的一面。雖然在平衡實力、維持均勢中所付出的代價是沉重的，但它所產生的積極作用應該被肯定。均勢的目的在於防止戰爭，一旦均勢被打破，戰爭很難避免，因爲地球上自有了人類，幾乎就有了戰爭，從古到今，人類以許多種方式試圖消滅戰爭，但只成功地在某一時段內阻止了戰爭，均勢政策就是這諸多的主要手段之一。但戰爭只是在某一時段被阻止了，人類至今還未擺脫戰爭的危險。這也說明了均勢手段的有限性和均勢論的局限性。

當然，人們通常說的「均勢」不同於西方的「均勢理論」。均勢是某種客觀存在，均勢形勢可爲我們所利用，服務於爭取和平的鬥爭，但是西方的均勢理論或均勢戰略則帶有明顯的階級性。我們並不一概地反對聯盟，我們反對的是謀取私利、干涉他國內政、尋求霸權的聯盟。西方某些大國推行均勢外交，不過是以「均勢」來掩蓋爭霸，目的是爲了攫取「優勢」和「世界霸權」。我們則把反對霸權主義、維護世界和平作爲自己的重要任務和外交目標。鄧小平指出：「要爭取和平就必須反對霸權主義，反對強權政治。」[66]但是，瞭解西方均勢理論將有助於我們知己知彼，加深對國際形勢的認識，進一步開展獨立自主的和平合作友好的外交政策。

第五節　體系論

一、產生背景

羅伯特·吉爾平把國際體系論、二元經濟論和霸權穩定論稱爲國際關係方面最有影響力的三大理論。[67]巴里·巴贊也指出：「國際體系概念在國際關係學中居於重要的核心地位。」[68]

國際關係的體系論萌發於1940年代末和50年代初，盛行於60年代以後。這一理論的形成是戰後美國國際關係理論的一個重大的突破性進展。羅伯特·李伯於1972年指出：「毫不誇張地說，在過去10年，體系論的研究方法廣泛地支配了國際關係理論領域。它幫助國際關係理論研究從強調世界政治的無政府狀態轉向趨於相互依存的國際體系模式。」[69]西方學術界普遍認爲，自50年代以來，體系論成爲國際關係理論的一個研究重點和核心概念，這一方法爲國際關

係理論的發展，提供了可靠的基礎。[70]

肯尼思‧沃爾茲認為，國際關係理論總體上來說可以分為兩大類：簡化理論和系統理論。簡化理論以相對獨立的實體和國家為出發點，考察和分析各種國際行為以及動因和影響；系統理論則超越個別的實體和國家，對國際體系進行宏觀的整體研究。與簡化理論相比，系統理論（亦稱體系理論）的研究內容更廣泛，問題更複雜，方法更多樣。它的理論意義在於擴大了人們觀察國際關係的視野，使原來僅僅涉及單一的關於國家權力—利益關係的國際關係學發展成為以國家關係和國際體系關係為主要研究對象的最有發展前景的綜合性社會科學學科之一。

體系理論的崛起，源於戰後國際關係出現的一系列新變化。

首先，根據雅爾達會議的決定，1945年4月25日在美國舊金山召開了聯合國憲章制憲會議。6月26日，與會代表簽署《聯合國憲章》。10月24日，聯合國正式成立。此後，各種國際組織像雨後春筍般地出現。1945年10月之前，世界上只有極少幾個重要的國際組織，但到1980年，據不完全的統計，已有政府間國際組織620多個，非政府間國際組織4,500多個。與此客觀形勢發展相適應，以國際組織為主要研究物件的體系理論也就同步形成了。

其次，國際組織的普遍出現及其在國際事務中的作用的日益顯著，使得國際社會角色也發生了變化，這一變化直接促成了體系理論的產生。戰前的傳統觀點認為，國家是唯一角色，國際關係理論實際上只是一種關於國家政策的研究。這種看法局限於主權國家而忽視了國際環境。戰後，不少學者打破了此一傳統觀點，提出「國際社會多個角色」的新觀點，其代表人物是阿諾德‧沃弗斯。他在《爭鬥與合作》一書裡對堅持「國家是唯一角色」的觀點進行批評，提出決策者（人），國家和超國家的國際組織等也應視為國際社會角色。他指出：「與國家是唯一角色的傳統觀點相反，一種新的研究理論——體系論在戰後迅猛地發展起來。這種新的理論把決策者置於政治舞臺的中心，取代過去的民族國家的位置；強調與國家並列的其他角色（特別是國際組織）在國際事務中產生的重要作用。」[71]以沃弗斯為代表的「國際社會多個角色」之說為體系理論的問世和發展提供了分析基礎。

再次，就方法論而言，體系理論很大程度上得益於自然科學中的系統論。系統論的創立者是奧地利科學家貝塔朗菲。他在代表作《普通系統論的歷史和現狀》中提出蜚聲於世的「類比型系統論」，認為系統論中最重要的特點是整體性，研究目的是「尋求存在於系統和子系統整體內的模式、原則和規律。」

在這以後，比利時物理學家普裡高津提出關於系統開放性的耗散結構論，認為由於系統與外界不斷地進行資訊交換，使之不斷地形成新的穩定有序的狀態。聯邦德國科學家哈肯則從另一個角度提出協同論，強調系統的協同作用或協同效應，認為這種協同性在一定條件下會使系統產生由無序到有序的激變，從而達到系統整體性的目標。上述關於系統的概念、特點和規律的原則為國際關係學的體系理論提供了方法論方面的依據。

二、定義與特點

那麼，體系是什麼？羅伯特・李伯將體系定義為「一組以某種方式發生互動的單位或構成部分」，並稱體系論為國際關係研究的一種特定的「科學框架」。[72]

查爾斯・麥克萊蘭則將體系定義為「部分或分體系的集合體」，任何體系均能「從一個狀態變為另一個狀態」，「任何體系都呈現為一種結構，其組成部分處於互動關係之中」。[73]體系論是一種「抽象的、描述的和理論的概念」，它提供一種廣泛的「分析觀點」。[74]

約瑟夫・奈伊認為，國際體系不僅包括國家，而且包括其他國際關係行為體。體系論關於國際行為體之間關係的格局，特別是關於國家間關係的模式，是一種研究國際關聯式結構、過程、手段、目的和趨勢的多層次的概念工具。[75]

體系理論在其發展過程中逐步顯示出五個主要特點：第一，整體性。體系理論學者把體系界定為「在特定環境下相互作用的由若干組織和實體組成的整體」，但這種整體並非是其組成部分的簡單相加，而是擁有組成部分在孤立狀態時所不具備的新的整體功能。通俗地說，就是一加一大於二，國際社會中各組成部分的這種一加一大於二的整體效應構成了體系理論的基本內容。第二，層次性。國際社會呈現出多層次，除了主權國家之外，還有利益集團、跨國公司、宗教組織、一體化機構、國際組織等，體系理論的研究物件因而也是多層次的。第三，聯繫性。體系協調的相互聯繫、相互依存和相互制約的狀態轉化，這構成了體系理論的研究重點。第四，穩定性。與現實主義的權力衝突理論不同，體系理論強調衝突與合作並存，認為發展國際體系是確保國際社會趨於穩定的決定因素。第五，功能性。體系的主要功能是維持體系的特定模式、適應環境的能力、達到目的的協調能力和促使體系的一體化過程。

三、主要研究成果

戰後40多年來，國際關係的體系理論的研究不斷地向縱深發展，研究領域也不斷擴展。主要的研究成果有：

蓋布里爾・阿爾蒙德的「系統環境論」。他認爲，每個國家都處於特定的國內和國際環境之中，國際環境對一國產生影響；反過來，一國對外政策也影響著國際環境。他提出用輸入（input）和輸出（output）[76]來表達上述兩者的相互影響，並進而認爲各種政治體系的輸入和輸出是可以比較的，這一比較研究構成比較政治學的重要方面。

理查德・羅斯克蘭斯的「國際體系行爲結果模式」。羅斯克蘭斯曾對1740年到1960年期間出現的九種國際體系做了比較研究。在這基礎上提出的該模式突出體系的自我適應性和調節能力，強調四個因素：（一）行爲者對體系的干涉；（二）環境對體系的限制；（三）體系行爲結果的分析；（四）體系的自我調節。

莫頓・卡普蘭的「國際體系六模式」。卡普蘭在其名著《國際政治的系統和過程》中運用大系統的基本原理，提出了國際體系六個模式：（一）均勢體系，指18世紀至20世紀初的均勢格局；（二）鬆弛的兩極體系，指戰後初期的兩極格局；（三）緊張的兩極體系，指1950年代和60年代的冷戰對峙；（四）環球體系，指1960年代末至今的世界多極趨勢；（五）等級體系，指大國稱霸的局勢；（六）單位否決體系，指出現一國的威懾力量足以影響和阻止他國行爲的情勢。此外，他還爲每個體系模式設計了五套可用於計量和測定的內容：基本規則、變換準則、角色變數、實力測量和資訊因素，這些內容爲體系理論提供了最優的選擇標準和依據。卡普蘭曾說，「從嚴格意義上，我的模式不是理論。」[77]然而，學術界仍給予很高的評價。李伯認爲，卡普蘭「創造了一組國際政治的宏觀模式」，「提供了最早、最全面、最有影響的分析框架」。[78]儘管後來體系六模式受到不少批評，卡普蘭仍堅持這些模式的「有效性」，是「考察現實的手段」。[79]

查爾斯・麥克萊蘭的「國際複合體系論」。麥克萊蘭認爲，國際體系「包含國際社會中各組成部分或單位之間所有的互動關係」，[80]從某種意義上來說，「國際關係研究的就是關於國際體系的互動問題」。[81]而國際次體系（international subsystem）則是總的國際體系的各個組成部分，並構成了國際複合體系的研究物件和內容。與一般國際體系相比，國際複合體系在「從一種

狀態轉變爲另一種狀態的過程中呈現出更多的形態」。[82]其特點是：（一）複合體系傾向於自我組織、自我調節；（二）複合體系包容特定功能的次體系；（三）次體系的安排及之間的關係對複合體系的運作具有決定性影響；（四）複合體系和子體系有著自己的運作範圍；（五）複合體系注重最大限度地發揮子體系的能力；（六）子體系擁有的人口越多，子體系指導、支配、協調和資訊處理的作用強化趨勢也越大；（七）子體系在與別的子體系和體系之間建立起交流的邊界，將特定的子體系的一些活動限制在這一邊界之內；（八）在運作過程中，複合體系並不限制於子體系之間的單一關係模式；（九）體系的結構或過程的基本變化將會帶來子體系結構、過程的關係的變化；（十）子體系的基本變化也會給別的子體系和整個體系帶來變化。

史丹利‧霍夫曼的「世界政治體系論」。他認爲，國際體系是由世界政治基本單位組成的重要體系模式，該模式由不同的結構決定。大致上可分爲變革型體系和溫和型體系兩大類：兩極導致變革型體系；多極導致溫和型體系。他還認爲，最理想的是均勢所造成的穩定體系——溫和型體系的最高體現，而最重要的途徑是發展國際組織。他提出，從變革型國際體系轉向溫和型體系必須具備三個條件：（一）體系能避免危機衝突；（二）體系能約束超級大國的軍備競賽和擴張行爲，推動裁軍和維和；（三）體系能逐步消除世界政治所存在的「隔離狀態」（quarantines），增進各國的交流、溝通和合作。[83]霍夫曼在分析世界政治體系的演變時，特別指出國內政治與國際政治之間的相互滲透和跨國社會與世界政治之間的相互滲透的兩方面趨勢，並認爲是研究世界政治體系的重要理論切入點。這值得我們予以重視。伊曼紐爾‧沃勒斯坦的「世界體系論」。從70年代末到80年代，體系論研究達到一個新的高度，「沃勒斯坦的理論爲不斷發展中的國際關係學提供了新的基礎，被視爲20世紀末一個重大的學術成就」。[84]沃勒斯坦的體系理論也因此被稱爲「沃勒斯坦世界體系學派」。[85]

沃勒斯坦是一位著名的社會學家，但他在政治學、歷史學、經濟學方面也相當專長。1976年起長期任教於紐約州立大學賓漢姆頓分校社會學系，後在耶魯大學擔任資源研究員。他勤奮多產，發表了不少有影響的專著和論文，如《現代世界體系》（四卷本，1974-1988）、《資本主義世界經濟》（1979）、《世界體系分析：理論與方法論》（1984）、《來自世界體系》（1986）、《地緣政治和地緣文化》（1991）、《自由主義之後》（1996）、《現代世界體系中的國家間結構》（1996）等。以上所列的重要著作，集中地

反映了沃勒斯坦「世界體系論」的主要觀點。

（一）沃勒斯坦認為，隨著幾個世紀國際關係的變化，一個世界體系已經出現。要認識現代世界，就需要一種包含政治、經濟因素的結構分析模式。沃勒斯坦稱之為「世界體系分析」，簡稱WSA。[86]

（二）世界體系是一種社會體系，它包括成員國、分界線、結構原則、合法原則和協調機制，其內部存在著廣泛的勞動分工，這種分工不僅是功能性的和專業性的，而且是地緣性的。它的生命力在於自我制約，發展動力在於內部互動。[87]

（三）世界體系論研究重點，是資本主義的發展及其永不停止的資本積累。沃勒斯坦視資本主義為一個完整的全球現象，一個實現過歷史擴張、相互整合、跨國界的體系。他還強調，與依附論不同，世界體系論研究的資本主義體系是全球性的。世界體系論重視世界上各個區域的政治、經濟和社會的發展，特別關心第三世界的欠缺發展情況。

（四）沃勒斯坦提出「中心—半邊緣—邊緣」的分析模式，即「核心—邊緣說」（Coreness-and-Peripherality）。沃勒斯坦認為，世界經濟分為中心國家和邊緣地區，兩者之間是半邊緣地區，它們過去曾經是中心或邊緣地區，是世界經濟結構不可缺少的區域。這一「中心—邊緣」關係實質上是資本主義壟斷化生產部門與其他競爭部門之間的關係，是高利潤生產活動與低利潤生產活動之間的關係，是世界資本與世界勞動之間的關係，也是強資本主義與弱資本主義之間的關係。事實是中心區域相對強、富，邊緣區域相對弱、窮。因此，中心與邊緣經過半邊緣區域所進行的經濟活動，往往是剩餘價值從邊緣向中心的轉移，這種轉移不僅從工人到雇主，而且也從邊緣地區的雇主到中心地區的雇主。[88]

（五）沃勒斯坦認為，世界體系有三種主要形式：世界帝國、世界經濟和社會主義世界政府。[89]世界帝國是指只存在控制世界各國的單一的政治制度；世界經濟則指不存在單一政治制度的世界體系；社會主義世界政府目前尚不存在。世界帝國靠的是政治權力，世界經濟靠的是資本轉移。這兩種形式既是歷史，也是現實。

（六）沃勒斯坦指出，邊緣地區國家面臨的選擇是：反對資本主義世界體系或在該體系內部由邊緣地位上升為中心地位。前者為「反體系」，後者為「追趕式」。沃勒斯坦認為，這兩種選擇各有利弊，但他較為傾向於前者，這反映了他對反資本主義世界體系將成為民族解放運動和社會主義

運動的發展趨勢的關注的憂慮。

（七）沃勒斯坦列舉了世界體系論涉及的三種思潮：自由主義、保守主義和民主主義。1848年資本主義革命是一歷史轉捩點，標誌著這三種思潮全面影響世界體系。[90]以後，這些思潮特別是自由主義隨之成為世界體系的地緣文化（geo-culture）的支柱。

（八）世界體系特點與霸權週期規律是一致的。沃勒斯坦認為，世界體系的結構變化也受長週期過程的影響和支配。在資本主義世界體系與霸權世界政治關係上，有三個問題應予以探討：1.一個國家取得怎樣的世界地位才稱得上是霸權？2.霸權國應採取什麼明智的政策？3.為什麼霸權國會喪失霸權？[91]沃勒斯坦沒有回答這些問題，但他的傾向性是明顯的。

（九）沃勒斯坦提出當代世界體系得以維持的三個依靠：依靠高利潤的世界生產體系；依靠主權國家（特別是處於中心地帶的主權國家）的社會內聚力；依靠相對穩定的國家之間的關係。[92]這也許是沃勒斯坦為資本主義開出的一帖「治病藥方」。

（十）世界體系的主要發展趨勢：1.資本主義發展過程是一極化過程；2.自由主義的「發展主義學說」的幻想已破滅，最後的鼎盛期是美國霸權（1945-1970）；3.伴隨著自由主義的「發展主義學說」幻想的破滅，將會出現「反體系運動」；4.要求重建民主和加強福利的呼聲將日益高漲；5.構建地緣文化的支柱不是一件易事。[93]

　　沃勒斯坦的「世界體系論」涉及十個主要問題：週期與趨勢、商品鏈、霸權與競爭、地區性與半邊緣性、融入與邊緣化、反體系運動、家庭、種族主義和性別歧視、科學與知識、地緣化與文化。[94]該理論在傳統的體系論基礎上，以資本主義世界體系為研究物件，以「中心—半邊緣—邊緣」為分析模式，對傳統的經濟發展理論和依附論的「中心—邊緣」結構做了重要補充，開拓了體系論研究的新視角。西方學術界普遍認為，世界體系論關於發達地區與不發達地區關係的分析也有可取之處，是多種體系論中的佼佼者。[95]但是，我們在考量這一理論時，也清楚地看到它的局限性。沃勒斯坦強調，自資本主義出現以來，世界上只有一個體系，即資本主義世界體系，其他形態的政治體系都是資本主義大體系的組成部分。他錯誤地把社會主義體系納入資本主義世界體系的範疇。這是我們不能接受的。誠然，馬克思和列寧也認可世界體系。馬克思指出，民族國家在經濟上「處在世界市場範疇內」；而在政治上則「處在國家體系範疇內」。[96]列寧說：「我們不僅生活在個別的國家中，而且生活在一定的

國家體系中。」[97]但是，沃勒斯坦的世界體系卻否定了這樣一個十分明顯的事實：社會主義作爲一種嶄新的制度，在世界政治經濟舞臺上勃然誕生，不斷在曲折中發展，而「資本主義已成爲極少數『先進國』對地球上大多數居民施行殖民壓迫和財政扼制的世界體系」。[98]

第六節　博弈論

一、研究「合理行爲」的策略和方法

　　博弈論是科學行爲主義學派極爲推崇的一種理論框架，其包含研究「合理行爲」的策略和方法，是遊戲規則和策略選擇的統一。

　　什麼樣的行動最爲合理？如何抉擇才能獲勝？對這些問題的研究古已有之，它們也是博弈論試圖解決的問題。博弈論萌芽於18世紀初，但其眞正的發展還在20世紀。「博弈」原是數學中運籌學的一個重要概念，後成爲經濟學的一個分支概念。1920年代，法國數學家布雷爾用最佳策略法研究弈棋和其他具體的決策問題，並從數學角度做了嘗試性的分析。第二次世界大戰期間，博弈論的思想方法、研究手段被運用到軍事領域和戰時的其他活動中，顯示了它的重要作用。1944年約翰·紐曼和摩根斯坦合著的《博弈論與經濟行爲》一書的出版標誌著博弈理論的初步形成。紐曼和摩根斯坦認爲，博弈論是關於運用數學方法研究處於利益衝突的雙方在競爭性活動中制定最優化的勝利策略的理論，博弈方法即根據遊戲規則選擇處理競爭、衝突或危機的最佳方案。

　　博弈論涉及複雜的數學分析和邏輯推理，但對博弈的理解既可「深入」也可「淺出」。事實上，我們在日常生活中經常需要先分析他人的意圖從而做出合理的行爲選擇，而所謂博弈就是行爲者在一定的環境條件和規則下，選擇一定的行爲或策略加以實施並取得相應結果的過程。博弈論的目的就在於向行爲者表明：在所有理性參與者都想獲勝或使收益最大化的情況下，他們可以根據博弈論的計算方法找到一種最有利的途徑。因此，博弈論也被稱爲「對策理論」或「遊戲理論」，它是基於數理分析和邏輯推理基礎上的一種合理決策理論。

　　1950年代以後，國際關係理論學者在運籌學的博弈概念基礎上綜合運用心理學、統計學、社會學和策略學等原理，逐步形成國際關係學的博弈論。其主要代表著作有：湯瑪斯·謝林的《博弈：衝突策略》、約翰·哈森尼的《博弈

論與國際衝突分析》、馬丁・舒比克的《博弈論的應用》、鄧肯・盧斯和霍華德・雷法合著的《博弈與決策》、P. C.奧迪斯霍克的《博弈論與政治學》、阿納托爾・拉波波特的《囚徒的困境》等，特別要提及的是卡爾・杜意奇的《國際關係分析》和莫頓・卡普蘭的《國際政治的系統和過程》兩本名著。學者們從不同角度闡明和豐富了博弈論的內容。他們強調並指出：博弈論既是研究國際衝突的策略理論，又是處理國際關係的實際手段，其目的是爲行爲者在面臨衝突和危機時設計各種合理選擇和理性行爲。由於在博弈論研究方面的卓越成就，該領域的學者曾兩次問鼎諾貝爾獎；1994年，約翰・納什獲得諾貝爾獎，他的體現博弈新思路的「納什均衡」威名遠揚；2005年，諾貝爾獎再次鍾情於專心致力於博弈論研究的湯瑪斯・謝林和以色列裔美籍經濟學家羅伯特・奧曼。[99]

　　西方學者曾從各種不同的角度對博弈論下過定義，但無論他們的觀點存在什麼差別，一般來說，博弈體現了行爲體決策過程的互動關係，目的是尋求最佳的決策和組合。博弈包括下列幾個要素：（一）弈者（參與者或行爲者），每場博弈都有兩個以上弈者組成；（二）收益，由於行爲者的價值體系不同，收益也不同；（三）規則，只有遵守規則才能使博弈正常進行；（四）資訊條件，它決定每一行爲者對博弈環境，以及其他行爲者的選擇所掌握的資訊數量和品質；（五）每一行爲者用來達到目的的戰略；（六）進行博弈的整體環境，不論行爲者是否對此有充分的認識；（七）動態的相互作用，在這個過程中，一方的選擇可能促使對方改變選擇。[100]

　　在上述要素中，策略選擇是中心環節。而選擇最佳戰略需要有充分的資訊，關於環境、條件等方面的資訊是重要的決策依據和決定博弈結構的重要因素。但博弈者得到的資訊往往是有限的，一般很難確切知道對方的實力、意圖和戰略戰術。在這種條件下，博弈者可以根據博弈論的原理，找到一個最佳的策略或策略組合，有的也可以在動態或多次重複的博弈過程中使決策合理化。一些西方學者認爲，在風雲變幻的國際舞臺上，不合理行爲俯拾即是，而合理行動的條件卻難以尋覓。另一些學者不同意上述觀點，他們的理由是：雖然一國的基本政策目標會發生變化，一國的具體政策不可能分毫不差地同既定目標保持一致，但是從長期來看，一國的政策目標是相當穩定的，其變化一般非常緩慢。此外，很多外交決策是在仔細權衡了利弊得失之後做出的，這正符合「合理行爲」的分析模式。

二、「博弈模式」：「誰是懦夫」與「囚徒困境」

博弈的形式多樣又多變，但基本的形式有零和博弈和變數博弈兩種，一般又分爲兩方零和博弈、多方零和博弈、兩方變數博弈和多方變數博弈。零和博弈又稱爲「誰是懦夫」博弈，指一方所失即他方所得，（-1）+（+1）=0；變數博弈又稱爲「囚徒困境」博弈，指雙方或各方得失不等。在西方，這兩大類博弈現已頻繁地應用於外交決策、軍備競爭、合作與衝突、和平與戰爭等重大國際問題的研究。

「誰是懦夫」博弈

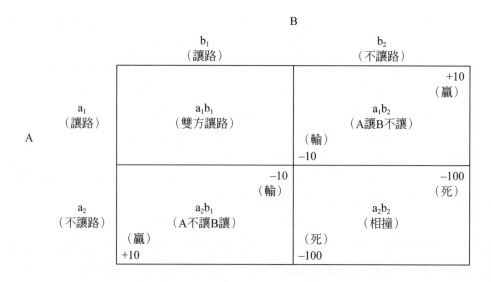

假設A和B兩個人駕車，在只有一個車道的公路上相對行駛，誰都不讓路，雙方可能車毀人亡，但誰讓路就成了「懦夫」。這樣A和B就面臨著四種行爲選擇：a_1b_1、a_1b_2、a_2b_1、a_2b_2。當然，對A來說，a_2b_1爲最佳選擇，可得+10；對B來說，則a_1b_2最佳，可得+10。但是，雙方都不能保證對方一定會讓路，若自己不讓路，對方也不讓路，結果就是同歸於盡。因此，對雙方來說，最保險和最可靠的選擇是a_1b_1，即雙方讓路，避免衝突。

冷戰時期的美蘇爭奪格局就屬此博弈規則。在大多數情況下，美蘇強硬到一定程度後雙方還是做出讓步，避免正面的、直接的軍事衝突，選擇a_1b_1爲最

佳方案，以求得危機的最後解決。但實際上，美處攻勢、蘇處劣勢或相反的情況也屢屢發生，如1962年的古巴導彈危機，美蘇之間在加勒比海形成嚴重的核對峙，雙方劍拔弩張，達到一觸即發的程度。由於，當時美國擁有核優勢，處於攻勢，甘迺迪總統採取強硬立場，命令對古巴實行封鎖，對蘇聯進行核訛詐，迫使赫魯雪夫做出讓步，從古巴撤回全部蘇聯導彈及有關設施，危機才隨之解決。古巴導彈事件促使克里姆林宮下決心大力發展核武器，改變劣勢，洗刷當「懦夫」的恥辱。果眞到60年代末蘇聯就趕上了美國，使蘇聯在全球爭奪中逐步地轉爲攻勢。

在國際政治實踐中，零和博弈強調衝突的可能性以及解決衝突的機制，諸如：透過戰備來防止敵國的入侵、組成同盟、核威懾等，由此，給我們帶來了一種錯誤的觀念，即雙方毫無共同利益可言，衝突是必然的，合作則少有可能。但事實表明，即使是在美蘇嚴重對峙的情況下，雙方也達成了《外太空條約》（1967）、《核不擴散條約》（1968）等項協定。所以，因特里加托爾指出，零和博弈只在特定的簡單情況下才適用，如國際關係中的領土或資產糾紛，而一般來說，國際關係涉及的問題較爲複雜，它們本質上屬於非零和博弈，博弈各方互有得失的可能。[101]

在非零和博弈中，各方收益的總和不等於零，參與者既存在著共同利益，又是一種競爭關係，它們既可能採取合作策略，也可能放棄合作。

「囚徒困境」博弈

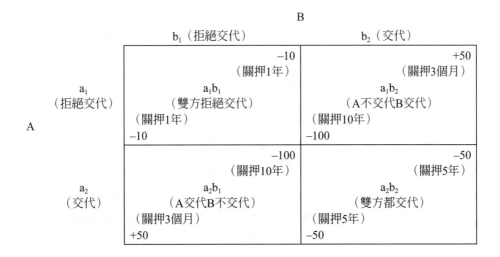

　　如上圖所示，假設抓獲了A和B兩個嫌疑犯，將他倆分別關押、審訊，這樣A和B就面臨著四種選擇和結局：a_1b_1、a_1b_2、a_2b_1、a_2b_2。當然，對A來說，a_2b_1為最佳選擇，因為交代了只須關押3個月；對B來說，a_1b_2最佳，交代了也只須關押3個月。儘管對雙方來說，a_1b_1選擇最佳，各只判1年，但是太冒險，雙方不能訂攻守同盟，萬一對方交代了，自己就要關押10年。因此，經過權衡，最後往往還是選擇a_2b_2，即雙方交代，這樣較為保險。

　　長期以來，美蘇之間軍備競爭的策略運用就體現了「囚徒困境」博弈原則。由於美蘇雙方缺乏信任，唯恐對方加強軍備，使自己受挫，在國際舞臺上的角逐中處於被動地位，所以權衡利弊後，雙方自然會做出a2b2的戰略抉擇，發展軍備，使裁軍談判成為步履艱辛的過程。

　　上述博弈的一個特點，就是在對方採取不合作策略的情況下，一方的合作只會減少自己的收益，具有這種特點的博弈，往往會產生對雙方都不利的結局，或者說「合理的行動」卻會產生「不利」的結果。那麼，當這種博弈重複進行時，結果又會有什麼變化呢？研究顯示，在多次博弈的情況下，參與者可以透過觀察對方所採取的策略和博弈的結果，而獲得某種資訊，隨著資訊的傳遞，合作的可能性會增大。在一次性博弈中，由於各博弈方決策時只需考慮眼前利益，根據博弈中理性行為者利益最大化的原則，通常不能期望博弈方會考慮對方的利益得失，只要能實現自身的最大利益，博弈方是不惜相互「欺騙」乃至「傷害」的。在重複博弈中，各方關心的不是某一次博弈的結果或收益，而是博弈重複進行後的總體效果或平均收益，並且各次重複之間存在著相互影響和制約，所以要將它們作為一個完整的過程和整體來進行分析，要用動態博弈的方法加以研究。

　　但是，能夠傳達資訊並不一定能保證實現合作。博弈方總是處在相互競爭的狀態中，它們總想比別人贏得多而損失得少，即使採取合作也是為了更好地競爭。正如囚徒困境所表明的那樣，違規者總是占盡便宜，真誠的合作似乎並不可取。為此，羅伯特・阿克塞爾羅專門用電腦競賽的方式，對各項策略進行了測試，結果表明，勝利者的對策很簡單的，即針鋒相對（tit for tat）。[102]

　　具體的辦法是：（一）在開始幾輪中採取合作；（二）只要對方善意相報，就堅持運用合作策略；（三）倘若對方採取不合作策略，就堅決予以回敬；（四）報復之後，不時做出一、兩次合作姿態，以給對方實行合作策略的機會。其中，行為者要有明確的目的，行為前後一致，從而使對方適應你的行為方式。當然，為了確保合作的順利進行，雙方必須簽訂具有約束力的協定，

任何一方如有違約行為，就將受到嚴厲的處罰。處罰須大於違約所能得到的好處，否則，雙方仍會時常採取不合作策略。

再來看一下多方的非零和博弈問題。這種博弈都有三個以上的參與者，其基本特徵與兩方博弈相似，博弈方都會根據對方的情況而尋求自身利益的最大化。不過，由於獨立決策者的增多，策略的相互依存關係也就更為複雜，策略的數目將按幾何級數上升（2n）。三方博弈還可以用兩個或多個矩陣來表示收益情況，但多於三方的博弈一般無法用矩陣形式表示。

此外，與兩方博弈有根本不同的是多方博弈中可能出現「破壞者」，所謂破壞者是指，自身的策略選擇對其利益沒有什麼影響或影響不大，但卻會影響其他博弈方的收益，有時這種影響甚至有決定性的作用。實際上，當一場博弈有若干參與者時，很自然會出現兩個以上參與者結成聯盟去反對其他方的情況，當然其中有些聯盟者只是處於附屬地位，他們單獨的影響可能不大，但卻有助於聯盟實力的增強。這種情況進而會促使其他參與者起而仿效，以便確保他們的生存並獲得最大限度的收益。有時，規則可能鼓勵參與者在博弈開始前就組成聯盟；有時他們只在對局開始後才暗中或公開地組成聯盟。如果出現兩個聯合體，迫使所有的參與者投靠一方或另一方，那麼這場博弈實際上就變成了一場兩方零和博弈。然而可以想像，當博弈進行到某一階段，也許會出現三個聯合體，而且其中一個聯合體最終會感到一種壓力，必須同其他兩個聯盟中的一個結合。看來關鍵的問題在於怎樣才能合理地分配戰利品，使所有盟友感到滿意。

三、 國際關係中的「博弈」

正如一些學者認為的那樣，國際關係的格局和過程表現出某種類似博弈的特點。將博弈理論及其模型運用到國際關係領域不僅為國際關係這門傳統的學科注入了活力，也加深了我們對國際問題的理解。

在國際關係領域，很多從事國際合作、武器控制或衝突研究的學者都言必稱「囚徒困境」和「誰是懦夫」，對此，本節已有介紹。在《戰略與良知》一書中，拉波波特把「囚徒困境」模式應用於國際裁軍問題上，他發現儘管雙方都希望透過裁軍獲得經濟上的好處，但彼此都不能肯定對方的長期打算是什麼，所以都寧願奉行更為謹慎的方針，維持一種耗資巨大的軍備平衡。而哈佛大學的謝林則認為，冷戰期間兩個核超級大國之間的嚴重衝突，例如古巴導彈

危機，常常類似於「誰是懦夫」。當然，謝林也承認，在現實的國際生活中，很難斷定發生的危機屬於哪一種模型。有些時候，合作來自懼怕而產生的妥協；有些時候，合作來自相互的信任；還有些時候，合作既產生於心理的壓力，也是由於對未來的考慮，所以需要結合不同的博弈模型或者跳出博弈的框架來對國家的行為和目的加以剖析。

在謝林的一系列著作中，他把社會心理學與邏輯—策略方法結合起來研究人類衝突，他不認為這種衝突是敵對力量的對抗，而是對抗與合作的較為複雜的現象。他努力將組織和溝通理論以及理性選擇和集體決策理論應用到他的理論中去。謝林主要關注諸如從事談判、維持可靠威懾、進行威脅或承諾、欺詐、進行有限衝突，以及正式或暗中軍備控制的政策等問題。他的研究表明，在大多數國際戰略形勢中，零和博弈的概念完全不符合實際。在他看來，冷戰中的兩個超級大國不可能理性地將自己想像為在從事著一場零和博弈，並最終將演變成全面核戰爭的悲慘結局。

謝林對所謂的「有限敵對關係」（limited adversary relationship）問題特別重視，他把這種關係稱為「不確定的夥伴關係」。它是指這樣一種情況，儘管衝突方的戰略相互對立，但他們都認識到了某種最低的共同利益，即使這種共同利益只能使他們避免相互毀滅。當然，有時當事者不能進行直接或公開的聯繫，但他們仍然能夠抓住雙方共同利益和一致期望的要點，並默默地協調各自的政策。謝林堅持認為，對衝突進行限制不僅在理論上是可行的，而且在歷史上也是有先例的。他重申，討價還價的主要目的，是要每個當事人使對方認識到自己的承諾、威脅和保證是可靠的，從而使任何一方都不認為對方是在進行恐嚇。

雖然，博弈理論在國際關係領域得到了廣泛的應用，但不少學者認為，在複雜的國際環境中，博弈論模型顯得過於簡單、刻板，他們不斷對其適用性提出質疑。詹姆斯·多爾蒂也認為：「國際關係或國際體系運作的來龍去脈——即國際體系的活動形式不能簡單地用博弈論分析的框架來進行理解。」他總結道：不論是人腦還是世界上最大的電腦，都很難——也不可能——理解國際政治博弈的極端複雜性。在一個三方室內博弈中，各方只能採取有限而簡單的行動和對策，這也許能用數學方法進行分析。但是冷戰期間美國、蘇聯和中國的三角關係卻不能與這種室內博弈相提並論。雖然它可以用物理學中的「三體」問題來比擬，但至今仍沒有一個精確的數學公式能解決這個問題。我們也不可能想像出一個純三角關係使這三個大國之間的相互作用不受他們與西歐、東

歐、日本和舞臺上其他行為者相互作用的影響。

哈里森‧瓦格納指出，囚徒困境的假設不能準確模擬國際關係。在國際關係中，一國通常根據另一國的行動來採取對策，或者可以透過協力廠商瞭解到對方的某些意圖。而囚徒困境的重複博弈與現實世界並不一致，現實世界並不具有完全的可重複性，因此，即使是可重複的博弈模型也不能概括國際事務。此外，瓦格納還認為，建立在囚徒困境模型基礎上的安全困境理論會導致政府過度悲觀的傾向。瓦格納認為，國家對國際貨幣或貿易協定破壞的反應能力較為迅速有效，所以相對軍備控制協定而言，前者較容易進行合作。[103]

一般的看法是，只有博弈中包含了所有可能的對策，博弈矩陣才可以準確地反映具體情況。因為對策不僅與行為者的選擇有關，而且與它們的選擇結果以及選擇過程中獲得的資訊有關，所以只有非常簡單的情況才能用2×2的博弈模型來表示。

不過博弈論是提出假設的有效方法，這種假設對外交政策決策者所面臨的戰略選擇做出了解釋。肯尼斯‧奧伊研究了國家採取什麼策略才能促進合作這一問題。他從論述收益如何影響合作的可能性入手，發現在一個既定博弈中，收益結構——合作收益以及單方面背叛的收益——對安全和經濟領域的國際合作是重要的。奧伊用「囚徒困境」、「獵鹿賽局」（stag hunt）和「誰是懦夫」等博弈模型進行分析。他告誡說，合作並不是各方增進相互利益所不可或缺的，「在以和諧占優勢的地方，不必以合作來實現彼此利益；在僵局存在的地方……衝突是不可避免的……在觀察衝突之時，你會先對不能實現共同利益的原因感到困惑，然後才會考慮到僵局。在觀察合作之時，你會先對國家如何戰勝背叛的誘惑感到困解，然後會考慮和諧的收益。因此，收益結構就顯得特別重要」。[104]

就其主張行為者是為了追求利益目標而行動這一點而言，博弈論與現實主義理論有相似性。然而，博弈論並不堅持認為，國家必然是主要的行為者，而且必然是在為權力最大化而鬥爭。不過，博弈論可以用來檢驗形成現實主義的主要論點，在現實主義理論所描述的國際體系中，兩個行為者可以像囚徒困境的博弈中那樣，做出彼此相互合作或拒絕合作（背叛）的選擇。用博弈理論對無政府和安全困境狀態下的國家行為進行研究時，就會碰到幾個主要問題，例如，在國家竭力隱藏其意圖的情況下，我們可以從其行為中對其偏好瞭解多少？決策者在何時又是為什麼會期待合作，而不是衝突？各種意識形態如何影響建立在行為者戰略基礎上的不同結果？

　　博弈論關注的是行為者在特定時間的偏好，那麼，當一組決策者代替另一組時，我們如何才能解釋偏好的變化呢？根據現實主義理論，偏好發生轉變的過程，包括國際體系中國家的定位，大國是根據與小國截然不同的利益來採取戰略並樹立目標的。偏好也可能透過國家間相互作用的過程來形成，例如一國對另一個國家的行動可以有正反兩種解釋，它可能導致其他行為者善意的回報或者表示漠視。因此，針對一方的合作戰略既可能產生合作也可能產生競爭。對博弈論和國際關係理論來說，產生不同反應的條件是研究的重要問題。

　　在一個無政府的國際體系中，事實證明了用博弈論來研究行為者之間合作的複雜性。羅伯特‧傑維斯認為，一些政策同時顯示了合作與背叛的本質。如果要求不能得到滿足，國家可以用放棄貿易談判或軍控對話相威脅。同樣，價值和信仰又如何影響行為者之間的合作呢？傑維斯的結論是：博弈論有助於對國際相互影響做出分析。博弈論模型不僅能夠說明現實主義理論所強調的無政府和衝突，而且除了自身利益或國家利益外，博弈論的假設促進了我們對行為者行為和動機的理解。

　　新自由制度主義理論和結構現實主義理論，兩者都是建立在衝突與合作基礎上的，而博弈論也正適用於此。結構現實主義理論強調國際結構中衝突的可能性，認為國際結構中的國家為了獲取自己的相對收益，常常是以犧牲別國為代價的（零和博弈）。根據結構現實主義理論，在一個自助的體系中，國家所關心的不僅僅是它們自己（絕對收益），而且更關心自己的收益與別國相比的情況如何（相對收益），一國的收益太小或太大都有可能威脅到別國的安全，並因此在無政府的國際體系中造成不穩定。相對而言，新自由制度主義理論堅持認為，透過合作作為雙方產生絕對收益既是可行的也是可能的（非零和博弈）。

　　羅伯特‧鮑威爾用博弈論表明，結構現實主義和新自由制度主義可以在國際體系的模式中得到檢驗，其中合作的可行性並不是與對國家偏好的不同假設有關，而是與國家在限制中發生的變化有關。鮑威爾認為，如果強調限制而不是偏好，那麼結構現實主義與新自由制度主義理論之間，就可能出現較大的共同之處。在博弈模型中，國家在無政府國際體系的限制內，努力使它們的經濟福利最大化。如果國家覺得使用武力來達到目標的成本是低的，那麼合作就不太可能。如果軍事力量及其行動變得很昂貴，合作的要求反而會加強。因此，鮑威爾將結構現實主義與新自由制度主義間的爭論轉而集中到了國家可以做出的選擇上。在鮑威爾的模型中，提出了新現實主義使用武力的選擇，也表明了

新自由制度主義理論導致合作的可能性，這就像囚徒困境那樣。這種模型用來解釋爲什麼無政府狀態的存在並不一定意味著缺乏合作。換言之，無政府狀態強加給國家的限制可能會妨礙合作，或者加強合作。

鄧肯‧斯奈德試圖用博弈論來完善相對收益的假設。他認爲，一個國家可能像「膽量遊戲」中那樣迫使對方做出最大的妥協，或者雙方可能認識到協調對它們最爲有利，但其仍可能在爭取均衡的策略上存在不同。斯奈德提出，相對收益的考慮並不一定會阻礙無政府狀態下兩國間的合作。他反對認爲國家是追求相對收益的排他性行爲者並在不斷從事零和或衝突的競爭性博弈的觀點。相反，他發現存在著將相對收益和絕對收益結合起來考慮的情況。他進一步提出，與兩極相比，多極世界中合作的可能性更大。但對斯奈德來說，後冷戰時期加強的多極化傾向是否眞正能促進國際合作仍是一個未知數。儘管多極化將增進合作這種觀點並不成熟，博弈論表明，增加行爲者的數量並不必然減少各方增加合作的可能性。

四、多極化世界中的博弈

多極化世界中的國際安全或衝突與合作問題，是1980年代以來博弈理論研究的新課題。加利福尼亞大學的蜜雪兒‧因特里加托爾對此做了專門的研究。他認爲，博弈論也適用於相互影響條件下的合作與衝突，其中兩個或更多的參與者做決定可以影響其他方的收益。他指出，多數用博弈方法研究國際關係的學者並沒有超出最簡單的零和博弈框架，他們反復關注諸如囚徒困境、膽量遊戲、獵鹿等名稱形象、內容生動的博弈形式。但遺憾的是，每種博弈都認爲其收益結構決定了合作是困難的或不可能的。他們注重的是衝突而不是合作。然而，現實世界是衝突與合作的混合體，因特里加托爾用生存博弈來說明在危急時刻，雙方爲了求得生存將會採取一致的行動，在這種一次性博弈中，合作是必然的。

在國際關係領域，特別是國際安全的研究中，兩個以上參與者各有兩種以上策略選擇的博弈可能是最爲普遍的。隨著多極化格局的發展，國家的相互影響得到了加強，這對衝突與合作的研究就顯得尤其重要。那麼，這種研究如何進行呢？因特里加托爾認爲，對多方參與的博弈來說，聯盟這種形式是重要的機制。

以合作性博弈爲例，這種博弈形式透過考慮總收益在每一聯盟中的分配說

明了形成聯盟的可能性。在可以外加收益的條件下，三個或更多的參與者形成大聯盟，其收益也不斷增加。這表明聯盟的收益會大於或等於單一參與者或較小聯盟收益的總和。如果形成聯盟能獲得相當多的收益，那麼這樣的聯盟就有可能出現，這就與生存博弈相類似了。

考慮到國際安全問題從兩極世界的零和關係轉變到了多極世界的非零和關係，進行聯盟合作就顯得很重要。這種合作可以用定性特徵函數（qualitative characteristic function）的形式來說明，這種研究為國際安全合作提供了分析的可能。

定性特徵函數首先將確定博弈的參與者，然後將這些參與者可能存在的所有聯盟都包括在內，並進而分析各個聯盟中的合作情況。最後，為這些聯盟進行合作提供新的可能性。這一研究可以透過對個體參與者和聯盟的大量收益分析來進行更多的量化。

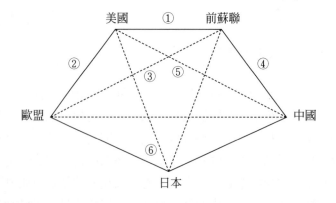

因特里加托爾認為，大約自1975年以來，歷史發展的結果是五方面全球性力量主導著世界，這些國家在軍事、政治和經濟上有著重要的世界性影響。上圖表示了五方面力量形成的五邊形世界和十個雙邊的關係。十個雙邊關係中最重要的六個用數字進行了排列，這種主觀評價是根據它們在國際安全中的影響做出的。

最重要的雙邊關係是美國與前蘇聯的關係，考慮的是它們在全球性大國中的軍事水準，特別是戰略武器、在各自聯盟中的領導地位以及它們的衝突與合作。其次是美國與歐盟的關係，考慮的是北約的作用、對歐洲可能爆發戰爭的關注以及歷史上歐洲對國際安全的重要性。其他雙邊關係的重要性依次為前蘇聯與歐盟、前蘇聯與中國、美中關係與美日關係。

　　接著，因特里加托爾又對五大力量中的三方聯盟以及取得或有可能取得的合作做了定性分析。這些分析為多極化世界中的國際安全合作的現實和可能，提供了有益的資料，其表明國際安全合作雖然並不是一種新的思想，但對將來會發揮重要的影響。

　　國際關係中確實存在著多個國家由於各種原因而形成相對的兩個聯盟的情況，也正是在此基礎上，兩者博弈的形式在國際關係領域得到了廣泛的運用。但是，聯盟的形成並不表明其是一個統一而穩定的組織，聯盟之間的關係也會分化組合，戰後半個多世紀以來的國家間關係，就是最好的證明。此外，當今世界各國都面臨著全球性問題帶來的日益嚴重的挑戰，國際安全、環境問題、移民、恐怖組織等問題，使國家在進行「博弈」時需要用一種多方、多種策略選擇的「博弈」觀來進行決策，或者說需要有一種綜合性、全方位的理性思維方式。

　　在博弈論研究得到進展和應用的同時，一些反對博弈論的學者認為，博弈論是用數學模式將複雜的國際事件簡單化，使生動的國際關係發展趨於僵化，因此並不可取。但仍然有不少學者持支持態度，稱博弈論是國際關係和外交決策研究的「思想發動機」，有助於一國實現最佳的策略選擇，有助於認識國際衝突的性質、動力和結果，對國際關係和對外政策實踐均產生一定的影響，仍不失為一種具有實用價值的關於對策的研究方法。

　　美國權威性刊物《世界政治》等曾出專輯討論這個問題，學者們認為，在目前處於無政府狀態的世界上，各國的任務應是盡力尋找加強「無政府狀態下國際合作」的新途徑和新形式。方法之一就是改造博弈論，使之成為在相互依存的國際體系中尋求共同策略和行為的理論。改造後的博弈論與過去的博弈論相比，有兩點明顯的區別：第一，它不像以前那樣強調數學方法和類比模式，而是強調理性分析和統計模式；第二，從過去運用於軍事策略分析轉到運用於國際政治經濟關係的研究，將現實主義的權力政治論與新現實主義的相互依存論置於同一個分析架構之中。對此新動向，西方學術界的看法迥異。贊成者期待透過此一改造帶來博弈論的理論突破，反對者則認為這樣將會更深地陷入「理論死胡同」。

註釋

1　威廉‧奧爾森、大衛‧麥克萊倫、弗雷德‧桑德曼編：《國際關係的理論與實踐》，中國社會科學出版社，中譯本，1987年，第78頁。

2　Hans Morgenthau, "The National Interest of the United States", *American Political Science Review,* No. 46, p. 961, 1988.

3　Hans Morgenthau, "Explaining the Failures of US Foreign Policy Three Paradoxes", *The New Republic,* October, 1975.

4　漢斯‧摩根索：《國家間政治──尋求權力與和平的鬥爭》，徐昕等譯，中國人民公安大學出版社，1990年，第6頁。

5　同上書，第6頁。

6　引自Thomas Robinson, "National Interest", in James Rosenau (ed.) *International Politics and Foreign Policy,* The Free Press, 1962, pp. 184-185。

7　Hans Morgenthau, *In Defense of the National Interests*, p. 34.

8　Samuel Huntington, "The Erosion of American National Interests", *Foreign Affairs,* September/October 1997.

9　Joseph Nye, "The New National Interest", *Foreign Affairs,* July/August 1999.

10《馬克斯‧韋伯論經濟和社會規律》（英文版），劍橋大學出版社，1954年，第323頁。

11漢斯‧摩根索：《國家間政治──尋求權力與和平的鬥爭》，徐昕等譯，第37頁。

12同上書，第29頁。

13Hans Morgenthau, *Politics Among Nations,* 1978, p. 29.

14Trevor Taylor, "Power Politics", in Trevor Taylor (ed.) *Approaches and Theories in International Relations,* Longman, 1978, p. 124.

15馬丁‧懷特著，赫德利‧布爾和卡斯滕‧霍爾布萊德編：《權力政治》，宋愛珠譯，世界知識出版社，2004年，序言，第12頁。

16Dennis Sullivan, "The Perceptions of National Power", *Journal of Conflict Resolution 14,* September 1970.

17詹姆斯‧羅爾蒂和羅伯特‧法茲格拉夫：《爭論中的國際關係理論》，世界知識出版社，1987年，第95頁。

18David Baldwin, "Power Analysis and World Polities—New Trends vs Old Tendencies", *World Politics,* January 1979.

19 Ibid.

20 John Rothgeb, Jr, Defining Power—*Influence and Force in the Contemporary International System,* St., Martin's Press, 1992, p. 21.

21 漢斯‧摩根索：《國家間政治——尋求權力與和平的鬥爭》，徐昕等譯，第38頁。

22 Robert Lieber, *Theory and World Politics,* Winthrop Publishers, 1972, p. 89.

23 漢斯‧摩根索：《國家間政治——尋求權力與和平的鬥爭》，徐昕等譯，第141-142頁。

24 同上書，第143頁。

25 Hans Morgenthau, *Politics Among Nations,* 1978, pp. 117-155.

26 Robert Lieber, *Theory and World Politics,* Winthrop Publishers, 1972, p. 115.

27 Ibid., p. 100.

28 轉引自倪世雄、金應忠主編：《當代美國國際關係理論流派文選》，學林出版社，1987年，第125頁。

29 Robert Lieber, *Theory and World Politics,* Winthrop Publishers, 1972, p. 102.

30 Kenneth Waltz, Man, *the State and War,* pp. 125-126.

31 Robert Lieber, *Theory and World Politics,* Winthrop Publishers, 1972, p. 105.

32 魯道夫‧拉梅爾的研究成果主要反映在他的兩篇論文裡："The Relationship Between National Attributes and Forign Conflict Behavior"和"Dimensions of Foreign and Domestic Conflict Behavior：A Review of Empirical Findings"，轉引自Robert Lieber, *Theory and World Politics,* pp. 103-104。

33 Herman Kahn, *On Escalation: Metaphors and Scenarios,* Praeger, 1965, p. 39.

34 Robert Lieber, *Theory and World Politics,* Winthrop Publishers, 1972, pp. 112-113.

35 約瑟夫‧奈伊：《理解國際衝突：理論與歷史》（第五版），張小明譯，上海人民出版社，2005年，第2、182頁。

36 同上書，第3、305-306頁。

37 同上書，序、第1頁。

38 Kenneth Waltz, *Theory of International Politics,* p. 117.

39 A. J. Toynbee, *A Study of History,* Vol.Ⅲ, O.LL.P. London, 1934, pp. 301-302.

40 Inis Claude, *Power and International Relations,* pp. 13-24.

41 Fred Halliday, *Rethinking of International Relations,* MacMillan, 1994. p. 33.

42 Hans Morgenthau, *Politics Among Nations* (1985), p. 174.

43 Ernst Haas, The Balance of Power: Preseription, Concept or Propaganda", *World Politics*, July 1953.

44 懷特：《權力政治》（中文版），第117-123頁。

45 約瑟夫‧奈伊：《理解國際衝突：理論與歷史》（中文版），第75頁。

46 見倪世雄、王國明：〈均勢理論縱橫談〉，《政治學研究》，1986年第3期。

47 懷特：《權力政治》（中文版），第125頁。

48 Theodore Couloumbis and James Wolfe, *Introduction to International Relations: Power and Justice,* PrenticeHall, Inc, 1986, pp. 48-57.

49 Avery Goldenstein, *From Bandwagon to Balance–of–Power Politics,* Stanford University Press, 1991, pp. 38-41.

50 Inis Claude, *Power and International Relations,* p. 11.

51 Davis Hume,Of the Balance of Power", in John Vasquez (ed.) *Classics of Internartional Relations,* Prentice Hall, Inc., 1990, p. 273.

52 列寧：〈論對馬克思主義的諷刺和「帝國主義經濟主義」〉，《列寧全集》第23卷，第26-27頁。

53 Hans Morgenthau, *Politics Among Nations,* 1978, p. 118.

54 Arnold Wolfers, *Discord and Collaboration,* p. 118.

55 Edward Gulick, *Europe's Classical Balance of Power,* Narton and Company, 1967, pp. 30-89.

56 Kenneth Waltz, *Man, the State and War,* p. 221

57 Inis Claude, *Power and International Relations,* pp. 88-90.

58 Karl Deutsch, *The Analysis of International Relations,* pp. 211-216.

59 Morton Kaplan, "Some Problems of International Systems Research", in John Vasquez (ed.), *Classics of International Relations,* Englewood Cliffs, 1990, pp. 277-278.

60 Nicholas Spykman, *America's Strategy in World Politics,* Harcourt Brace, 1942, pp. 21-22.

61 Hans Morgenthau, *Politics Among Nations,* 1978, p. 29.

62 Nicholas Spykman, *America's Strategy in World Politics,* Harcourt Brace, 1942, pp. 21-22.

63 Hans Morgenthan, *Politics Among Nations*, 1978, p. 29.

64 Arnold wolfers, *Discord and Collaboration,* p. 118.

65 列寧：〈給美國工人的信〉，《列寧選集》第3卷，第587頁。

66 鄧小平：《建設有中國特色的社會主義》，人民出版社，1984年，第27頁。

67 王正毅：《國際政治經濟學通論》，北京大學出版社，2010年，第250頁。

68 巴里·巴贊和理查·利特爾：《世界歷史中的國際體系——國際關係研究的再構建》，劉德斌譯，高等教育出版社，2004年，第30頁。

69 Robert Lieber, *Theory and World Politics,* p. 120.

70 Richard Little, "The Systems Approach", in Steve Smith (ed.), *International Relations—British and American Perspectives,* Basil Blackwell, Ltd., 1985, p. 74.

71 Arnold Wolfers, *Discord and Collaboration,* pp. 3-4.

72 Robert Lieber, *Theory and World Politics,* p. 121.

73 Charles McClelland, *Theory and the International System,* The MacMillan Company, 1966, p. 20.

74 Ibid., p. 90.

75 約瑟夫·奈伊：《理解國際衝突：理論與歷史》，第40頁。

76 Robert Lieber, *Theory and World Politics.* p.125.「輸入」指政治社會化、利益界定、政治溝通；「輸出」指規則制定、規則應用、規則調整。

77 Morton Kaplan, *System and Process of International Politics,* p. xi.

78 Robert Lieber, *Theory and World Politics,* pp. 132-133.

79 Ibid., p. 137.

80 Charles McClelland, *Theory and the International System,* The MacMillan Company, 1966, p. 21.

81 Ibid., p. 27.

82 Ibid., p. 20.

83 Stanley Hoffmann, *Janus and Minerva,* pp. 308-314.

84 AJR Groom and Margot Light, *Contemporary International Relations:* A Guide to Theory, Pinter Publishers, 1994, p. 14.

85 Huge Dyer and Leon Maugasarian, *The Study of International Relations,* Martin's Press, 1989, p. 124.

86 Margot Light and AJR Groom, *International Relations—A Handbook of Current Theory,* 1985, p. 83.

87 Immanuel Wallerstein, "From the Modern World System", in John Vasqueg (ed.), *Classics of International Relations,* Englewood Cliffs: Prentice Hall, 1986, p. 264.

88 Ibid.

89 Ibid., p. 265.

90 Immanuel Wallerstein, "The Inter-state Structure of the Modern World System", in Steve Smith, Kenneth Booth and M. Zalewicki (eds.), *International Theory—Positivism and Beyond,* Cambridge University Press, 1996, p. 94.

91 Ibid., p. 98.

92 Ibid., pp. 102-103.

93 Ibid., pp. 103-105.

94 王正毅：《國際政治經濟學通論》，第234頁。

95 William Thompson, *Contending Approaches to World System Analysis,* 1983, pp. 11-18.

96 《馬克思恩格斯選集》第3卷，第15頁。

97 《列寧全集》第35卷，第263頁。

98 《列寧全集》第22卷，第183頁。

99 鄭紅、馬海鄰：〈博弈論的集大成者奧曼〉，《解放日報》2005年10月15日，第9版。

100 James E. Dougherty and Robert L. Pfaltzgraff, Jr., *Contending Theories of International Relations,* Wesley Educational Publishers, Inc., 1997, pp. 503-504.

101 Michael D. Intriligator, *Cooperative Models in International Relations Research,* Kluwer Academic Publishers, 1994, p. 49.

102 Robert Axelrod, *The Evolution of Cooperation,* Basic Book, Inc., 1984, pp. 20-24.

103 Harrison Wagner, "The Theory of Game and the Problem of International Cooperation", *The American Political Science Review,* Vol.7, 1983.

104 James E. Dougherty and Robert L.P faltzgraff, Jr., *Contending Theories of International Relations,* Wesley Educational Publishers, Inc., 1997, pp. 503-504.

第七章　國際關係基礎理論（Ⅱ）

實踐家們總以為自己的行動可以不受任何理論思維的束縛，但他們怎麼也想不到，自己往往正在成為過去時代中這個或那個蹩腳的經濟理論的奴隸。

——約翰‧梅納德‧凱恩斯：《就業、利息與貨幣通論》

理論的作用之一是區分世界事務中的本質因素和偶然因素。

——史丹利‧霍夫曼：《當代國際關係理論》

第一節　相互依存論

一、形成與發展

相互依存理論是西方國際關係學的重要理論之一。儘管相互依存現象存在已久，但是作為一種較為系統的理論，相互依存論最早見諸於理查‧庫珀的《相互依存經濟學——大西洋社會的經濟政策》（1968）。庫珀在書中明確指出，相互依存是1960年代出現在工業化國家中的一個強勁趨勢，它的出現和發展是戰後國際關係的一個顯著變化，其特徵顯表為國家間增長的對外經濟發展的敏感性。其強調，研究國家間關係，特別是國家間經濟關係的關鍵，是瞭解一國經濟發展與國際經濟發展之間的敏感反應關係。

史丹利‧霍夫曼認為，戰後國際關係理論的發展曾出現過「三波浪頭」：1940年代末到50年代初的第一波浪頭，重點是研究外交史、戰爭與和平問題；50年代到60年代的第二波浪頭，研究核時代的均勢、威懾、決策理論；從70年代開始出現第三波浪頭，國際政治與經濟關係和國際社會行為者之間相互依存，成了研究的重點和熱點問題。這第三波浪頭把研究國際社會行為者之間的互動關係的載體——相互依存論，推上了當代西方國際關係理論的舞臺。

相互依存論形成於60年代後期，整個70年代是其發展的興盛期。西方國際

關係理論學者言必稱相互依存。其背景是：第一，美蘇兩極格局開始鬆動，兩
大陣營之間的交流和合作不斷增加，冷戰對抗與美蘇緩和同時存在。第二，在
西方，美國的經濟霸主地位發生動搖，西歐、日本在經濟上的崛起使世界經濟
的「從屬性一致」開始瓦解，並被「相互依存論的不一致」所取代。第三，全
球範圍內的各國經濟聯繫不斷加強。第四，新技術革命勢頭迅猛，推動了相互
依存趨勢的發展。第五，跨國公司、國際組織、國際制度發展迅速，以非國家
角色的積極姿態登上國際舞臺。最早在60年代末敏銳地看到這一變化，並做
出理論思考和分析的除了理查‧庫珀之外，還有卡爾‧杜意奇。杜意奇在《國
際關係分析》中指出，研究國際關係不能僅僅以國家為中心，要重視國家間相
互聯繫和相互依存。這一時期，有關相互依存的著作和文章可謂汗牛充棟，主
要有：約瑟夫‧奈伊和羅伯特‧基歐漢的《跨國關係與世界政治》和《權力與
相互依存──轉變中的世界政治》、約翰‧斯帕尼爾的《國家運用的策略──
分析國際政治》、塞約姆‧布朗的《世界政治的新勢力》、格哈特‧馬利的
《相互依存──全球環境下的美歐關係》、米里亞姆‧坎普斯的《相互依存
的管理》、理查‧羅斯克蘭斯和亞瑟‧斯坦恩的《相互依存──神話還是現
實》、肯尼思‧沃爾茲的《相互依存的神話》、愛德華‧莫斯的《相互依存的
政治學》和《現代化與國際關係的變革》等。其中，以《權力與相互依存》
（1977）為最具代表性。該書的第一句話就是：「我們生活在一個相互依存的
時代。」作者從理論上及時地總結了相互依存的兩個明顯發展趨勢：一是，從
單一型到複合型，即從研究經濟上的單一相互依存到研究包括政治、經濟、軍
事和外交在內的複合相互依存；二是，從區域型到全球型，即從僅限於研究發
達資本主義國家範圍內的相互依存，到研究包括發展中國家在內的全球範圍的
相互依存。這兩種發展趨勢，象徵美國國際關係理論的研究進入了一個新的重
要時期。

　　進入1980年代以後，相互依存論的研究在國際政治與經濟的結合上，在國
際安全與國際制度關係上又有了新的發展。

二、定義與內容

　　相互依存被視為「現代國際體系的根本特徵」；[1]相互依存理論則被推崇
為國際關係的重要原則。

　　基歐漢和奈伊把相互依存定義為「彼此之間的依賴」，並認為相互依存意

指「敏感性」（sensitivity）和「脆弱性」（vulnerability）。基歐漢和奈伊認為，相互依存是指國際社會中不同角色之間互動的影響和制約關係，這種互動的影響和制約關係可以是對稱的或不對稱的，其程度取決於角色對外部的「敏感性」和「脆弱性」的大小。如：A方對B方的原料，B方對A方的製成品，可能表現出相互依賴的關係。雙方都對對方的有關政策表現出某種敏感性，但由於雙方依賴程度可能不同，各自的敏感程度也有異。A方的有關政策若不利B方，B方就會暴露其脆弱性。又由於雙方的應變能力不一，他們表現出的脆弱性也有差異。如果雙方敏感性和脆弱性相同或接近，那麼他們之間的相互依存關係呈對稱情況，否則即呈不對稱情況。因此，羅伯特·基歐漢和約瑟夫·奈伊強調「敏感性」和「脆弱性」是相互依存的根本特點。他倆還認為，戰後國際社會中國家間和超國家關係的發展，促使人們更加注重研究對國際層次的諸角色的研究，注重對超越國界的國際組織相互聯繫和相互依存的研究。相互依存理論即是以國家間關係、以世界政治經濟關係的相互影響和相互制約為研究物件。此外，羅伯特·基歐漢和約瑟夫·奈伊還將現實主義學派的權力政治理論和行為主義學派較早提出的相互依存論有機地結合起來進行考察，進一步剖析兩者之間的內在聯繫。

霍夫曼認為，相互依存意指「社會的相互滲透」，「世界經濟中不同國家政策的相互聯繫」。[2]相互依存既是「一種條件」，也是「一個過程」，它不是目標，但它突顯了「國內政治在國際關係中的重要性」，它「對國家的利益和目標既提供了限制，又提供了機遇」。[3]

格哈特·馬利則把相互依存定義為「一種複雜的跨國現象，它包含國家之間多層次、多方面的互動模式，並產生明顯的相互敏感性和脆弱性」。[4]這裡，「多層次」指全球、半球、區域、大洲的層次，「多方面」指政治、經濟、環境、技術、社會文化等方面。馬利還指出，相互依存是一個妥協的概念，它置於孤立主義（isolationism）和超國家主義（supranationalism）之間。他還把相互依存分為四大類：安全相互依存、生態相互依存、經濟相互依存和政治組織相互依存，前兩大類關係叫人類的生存；後兩大類的重點是國家的福利和政治的互動。

綜合以上所述，相互依存論的基本內容可歸納為十個方面：（一）強調國家之間的相互脆弱性和敏感性。雖然美、蘇是世界上最強的國家，但是在軍事上他們卻是最脆弱的，在核時代條件下互為「人質」；（二）國家所面臨的許多問題趨於全球化，即類似能源、人口、環境、糧食、裁軍、發展等問題已成

為「全球性問題」，單靠個別國家的努力已無法解決；（三）「高級政治」
（指國家利益、國家安全、軍事戰略等）逐步向「低級政治」（指經濟發展、
人口與糧食問題、社會福利等）過渡；（四）各國再也不能閉關鎖國，越來越
多的國家實行對外開放政策，緩和與開放占據國際關係的主導地位；（五）隨
著緩和形勢的發展，國際合作的趨勢逐步超過國際衝突的趨勢；（六）武力在
解決國際爭端上的作用日益減弱；（七）談判逐步取代冷戰，均勢逐步取代遏
制；（八）研究物件從第一世界和第二世界國家轉向第一世界和第三世界國家
以及跨國組織；（九）主張在國際體系中以平等關係取代等級制；（十）相互
依存的趨勢將對國家主權和民族利益產生溶解作用，推動全人類利益的形成，
最終將成為通向未來沒有國界的世界國家的「中途站」。

　　與先前強調國際衝突和軍事安全的現實主義權力政治理論相比，相互依存
論在研究的主要問題、研究物件、國家關係、行為法則與形式、武力與權力的
作用以及前景等方面，都與之有著很大的區別，如下表所示：

	權力政治	相互依存
問題	高級政治：安全；均勢；勢力範圍	初級政治：自然資源、能源、糧食和人口、環境
行為者	國家（主要是第一和第二世界）	國家（主要是第一和第三世界）、跨國公司
國家關係	衝突的「國家利益」	相互依存、共同利益和國際合作
法則	衝突：「你得到的，就是我失去的」（均勢）	合作：「一榮俱榮，一損俱損」（建立共同體）
管理	雙邊	多邊
權力的作用	強制	報償
武力的作用	高	低
組織方式	等級制（兩極或多極）	更接近於平等主義
前景	基本不變	根本變化

三、四個流派

　　自從理查・庫珀於1968年出版《相互依存經濟學》之後，西方國際關係的
相互依存之研究一直呈現活躍的局面。根據羅伯特・李伯的歸納，西方學者大

致有四個相互依存流派或觀點。[5]

以相互依存爲其安身立命之所的是全球主義或制度主義學派。該學派的主要觀點是，由於經濟因素上升到首要地位，國際關係不再是權力政治縱橫捭闔的舞臺，而逐漸變成各國國內經濟、社會、文化的延伸。全球正在走向共同的社會發展目標，如現代化、工業化、大眾消費、通訊革命，以及共同的人類文化價值觀。在此基礎上，人類對經濟利益的共同渴求使國際制度、國際規則具有舉足輕重的地位。甚至有學者提出，1648年以來以領土國家爲核心要素的國際關係體系（或稱西伐利亞主權體系）正在崩解，人類正在邁入「後國際政治時代」的門檻。[6]

對相互依存改變國際秩序的能力持保留態度的是修正學派，該學派實際上是想在相互依存的新背景下，使現實主義有關國際關係中權力格局的分析獲得新的生命力。因此，它難免帶有強烈的折衷主義色彩，即在傳統的現實主義和時興的全球主義之間進行調和，羅伯特・基歐漢和約瑟夫・奈伊的《權力與相互依存》一書，是這一學派的經典論述。

關於相互依存的第三種觀點是，新現實主義或結構現實主義。肯尼思・沃爾茲在用一套科學化的概念改造了傳統現實主義之後，明確地指出，只要國際無政府狀態繼續存在下去，國家間的安全競爭壓力和顧慮就不可能使國際關係變成眞正的相互依存。眞正的相互依存意味著社會分工在世界範圍內澈底展開，但現狀卻告訴我們，這樣的相互依存只是在各國國內進行著。國際關係因而是由功能相近而非功能互補的國家構成的，這樣一種不澈底的相互依存，顯然是國際無政府狀態造成的。

第四種觀點是，新馬克思主義的依附論。這一流派以阿明、弗蘭克和多斯桑托斯等人爲代表，他們著重批判現有之不公正的國際經濟舊秩序，指出國際關係不是對等的相互依存，而是一方（發展中國家）對另一方（已開發國家）的依附。他們以對資本主義生產方式的馬克思主義分析爲出發點，強調資本主義在全球的擴張導致的是一種國際經濟領域中的中心—邊緣格局。處於中心地位的已開發國家，利用初級產品和加工產品的不平等貿易交換，把處於邊緣地位的發展中國家變爲自己的原料產地和工業品市場，從而保證了自身經濟的高度繁榮。而發展中國家則在這樣的中心—邊緣體系中遭受剝削，經濟發展受到抑制。

上述關於相互依存論的四個流派中，影響最大的要推以基歐漢和奈伊爲代表的修正學派。在《權力與相互依存》中，基歐漢和奈伊力圖創造出一個新型

的理論框架，以調和被他們稱爲「傳統派」和「現代派」的兩大思想體系。所謂傳統派，在他們看來，就是僅僅關注國際關係中政治和安全領域的國家間權力鬥爭的學派。在新的經濟、生態相互依存形勢下，這種思路的局限性是顯而易見的。但現代派走的卻是另一個極端，他們過於強調國際關係中的經濟社會因素，忽視了傳統的權力政治在一定意義上的延續性。於是，基歐漢和奈伊便以「權力與相互依存」爲題，試圖取兩者之長，避兩者之短，提出自己的綜合性分析。

　　基歐漢和奈伊總結出：相互依存不只是相互交往、相互依存不只是互利、相互依存不一定導致合作三大結論。關於相互依存不只是相互交往，他們認爲，把相互依存等同於密切的相互交往，在理論分析上並不具備可操作性，因而唯有對此寬泛的定義進行限定，才能達到分析的目的。換言之，需有重大利害關係涉足其中，才能稱得上是相互依存。關於相互依存並不只是互利，兩位作者強調並指出，安全領域中敵對雙方的相互毀滅性威懾，也稱得上是一種相互依存，冷戰中的美蘇戰略關係，即是一例。這種戰略相互依存的情形，顯然不是以互利爲目的和結果的。此外，已開發國家與發展中國家的不對稱相互依存關係，也無法用「互利」二字加以概括。關於相互依存不一定導致合作，基歐漢和奈伊特別提醒分析家要看到由分配問題衍生出來的衝突對國際合作的衝擊。當潛在的合作方在如何分配可能產生的收益問題上，無法達成一致意見時，合作未必會成爲現實。相互依存成爲主流時，並不意味衝突消失，恰恰相反，衝突將會採取新的形式。他們認爲，由於有衝突，才顯得合作的必須性和重要性，並顯現出相互依存的作用。

　　在澄清了相互依存的基本定義、特徵和影響之後，基歐漢和奈伊詳細論述了權力與相互依存的複雜關係。他們兩人將不對稱相互依存視爲權力的一種來源，並創造了敏感性相互依存和脆弱性相互依存這兩個概念來解釋權力是如何產生於不對稱相互依存的。敏感性相互依存是指一國的變化導致另一國變化的敏感程度。兩位作者舉石油輸出國組織（OPEC）提升油價對美國和日本造成的不同影響爲例，揭示出美國和日本對油價上升的敏感程度存在差別。由於日本石油進口量占其石油總需求的比例比美國大，因而日本對油價上漲更爲敏感。當然，這個例子只是闡釋何爲「敏感」。要想從敏感性相互依存中理解權力的存在，必須以某一相互依存情形中的雙方爲例。假使OPEC提升油價導致自己出產的石油銷路不暢、收入劇減，那麼這一漲價行爲，不僅會使日本發生極爲敏感的變化，而且也會暴露出OPEC自身的敏感程度。在這種情況下，

OPEC和日本誰對石油漲價更為敏感，誰就有可能在這一場價格鬥爭中受制於人；也就是說，敏感一方的權力小於另外一方。

但是，僅僅看到敏感性相互依存對國家間權力關係的影響是不夠的。基歐漢和奈伊提出，要特別注重脆弱性相互依存的概念及其與敏感性相互依存的關係，才能完整地理解權力。他們把脆弱性相互依存界定為相互依存雙方為抵禦變化而採取的替代性選擇所需付出的相對成本。重回前面所舉的兩個例子，OPEC提升油價的行為暴露出日本相較於美國而言，在這一方面更為敏感，但這並不意味著日本就必定會比美國脆弱。日本到底是否比美國更為脆弱，要看日本應付這一變化的替代性措施，是否比美國的措施承擔更多的成本。由於日本國內石油資源匱乏，而美國則比較充裕，所以日本無法像美國那般透過發掘額外的石油資源來抵消或減弱這種變化。因此，日本要比美國脆弱。

上述的例子，只是就一個問題領域或一種行為闡釋敏感性相互依存和脆弱性相互依存，對國家間權力關係的具體影響。基歐漢和奈伊並未就某兩個國家之間的所有方面的相互依存關係展開權力分析，他們給出的只是一般原理和若干局部性的例證。但我們可以據此而透視一對相互依存的國家之間的總體關係。

四、複合相互依存

比較有意思的是，在《權力與相互依存》這部經典著作中，基歐漢和奈伊不僅剖析了權力和相互依存的關係，還提出了「複合相互依存」的分析模式。史丹利‧霍夫曼對此曾給予很高評價，認為權力與相互依存的結合，複合相互依存的提出，是西方國際關係理論在70年代末的最突出的新發展。

根據基歐漢和奈伊自己的陳述，他們所設計的複合相互依存模式是對現實主義三個假設的顛倒。他們認為，現實主義建立在以下三個前提之上：（一）作為單一行為體的國家是國際關係中最主要的行為體；（二）武力是一種可以使用的、有效的政策工具；（三）世界政治中的問題有等級之分，軍事安全是首要問題。鑑於國際相互依存趨勢的發展，基歐漢和奈伊意欲構建出與現實主義截然相反的新假設模式，以取得雙參照系分析國際關係現實的奇效。照著現實主義的「葫蘆」，他們畫出了複合相互依存的「瓢」。

他們提出的複合相互依存強調三個基本概念：第一，多管道的社會聯繫（意指政府間的非正式或正式的官方聯繫、非政府人士之間的非正式聯繫，

以及跨國組織的內部之間聯繫）日益發展。在目前，無論哪一種管道，都使國際間聯繫和依賴大大地加強起來。第二，軍事安全問題不再始終居於國際關係議事日程的首位。問題是國內與國外界限越來越難以劃清，許多過去被視爲純屬國內的事務，現在也進入國際關係議事日程。第三，軍事力量的作用大爲減弱。在相互依存占優勢的某些地區和問題上，一國政府再也不能隨意地對其他國家使用軍事力量。但是，這並不排斥在別的地區和問題上仍把軍事力量當作推行對外政策的主要手段。關於複合相互依存的以上三個基本概念，是在「敏感性」和「脆弱性」兩大特點基礎上對相互依存理論所做的重要補充，同時也象徵了相互依存理論在70年代末和80年代初所取得的新的進展。

10年之後，基歐漢和奈伊在其重評文章中指出，他們所建構的複合相互依存模式極易被人們誤解爲一種經驗理論。[7]

其實，用他們自己的話說，他們只是視其爲一種「範型」，即一種理想狀態。他們並不宣稱目前國際關係已經達到了複合相互依存的標準，也不斷言其必然朝這個方向發展。他們只是想指出，國際關係的各種現實往往介於現實主義和他們構建的複合相互依存模式之間。根據不同的情況，兩者會顯示出不同的解釋力。雖然，基歐漢和奈伊在重評文章中承認，一些對複合相互依存模式的誤解是由於他們自己未能從理論上對該模式進行系統的發展，但兩人對此模式的價值基本上是持肯定態度的。

然而，複合相互依存模式在其運用和發展過程中，也暴露出了嚴重的缺陷。首先，如果基歐漢和奈伊關於權力與相互依存的折衷主義論述充滿著分析價值和現實指導意義的話，反其道而行之的複合相互依存模式在分析國際關係此同一研究物件時，仍未能提供眞知灼見。前面已經提及，權力與相互依存的理論保留了現實主義這個「體」，而輔之以相互依存過程這一「用」，本質上是對現實主義的完善與發展，試圖用現實的模式去實現不現實的理想。儘管基歐漢和奈伊再三強調，人們不應誤解複合相互依存模式作爲一種「範式」的特定含義，可屢屢被誤解的事實本身是否也說明該模式的蘊意含混不清呢？更何況，在具體的行文中，兩位作者有時忽視「範式」和現實的差別，直接把複合相互依存作爲現實原則加以運用。其實，「範式」是無法指導現實分析的，一旦介入現實的分析，原本被稱作「範式」的也就不再是什麼範式了。

爲了表明複合相互依存模式與現實主義的權力與相互依存分析的差別，以達到同時保全兩者的目標，基歐漢和奈伊強調，複合相互依存模式針對的是世界的總體剖析，而現實主義的權力與相互依存的分析則針對兩個國家之間的特

定關係。在此處，兩位作者提出的應用範圍劃分顯然不能成立。其原因很簡單，既然，現實主義可以作為一種世界政治的總體分析模式，也可作為兩個國家之間相互依存關係的分析思路而存在，那麼，複合相互依存就沒有理由把自己局限在所謂的世界總體分析的框架之內。

其次，複合相互依存模式的三個特徵（即基本概念），不僅沒有使讀者弄清楚所謂的「複合」相互依存與一般的經濟、生態相互依存有何區別，而且三個特徵之間的邏輯聯繫也存在問題。從作者的本意來看，「複合」相互依存之為「複合」，關鍵在於連接不同社會的管道是多種多樣的，不僅有政府間關係，還有諸多其他形式。可是，這樣的「複合」相互依存與一般的經濟、生態相互依存又有什麼區別？在資本主義私人占有制和市場經濟制度下，經濟相互依存本身就是透過社會之間的管道多樣化來實現的；而權力分析法既然可以運用於相互依存，就斷無道理將其與「複合」相互依存隔絕開來——兩種「相互依存」其實是一回事。再深入研看，基歐漢和奈伊精心布置的複合相互依存三個特徵之間也無必然的邏輯聯繫。一方面，社會間的多管道聯繫並不必然推導出議題的平等，除非指明這些多種多樣的管道本身也是相互平等的；另一方面，議題的平等並不必然推導出武力的無效，因為安全也是議題之一。

再次，複合相互依存模式本身似乎超出了國際關係的研究範圍。照該模式的三個特性（假定其內部邏輯聯繫一貫），享有主權的民族國家以及代表其行使主權的中央政府已經不復存在，因為基歐漢和奈伊所說的由多種管道聯結的社會，實質上要麼是無政府狀態（國內意義上）下的不同地理區域，不然就是世界政府主導下的各個地方行政區域。國際關係再怎麼變，只要它還是國際關係，就不可能存在於國際關係領域之外的複合相互依存的模式裡。

五、對相互依存論的評價

毋庸置疑，相互依存論反映了戰後出現的國際體系的新格局，觸及到當代國際社會中國家關係的相互作用和相互影響日益增強這一全域性變革的特點，為國際關係理論注入了新的內容。其理論貢獻主要表現在：（一）把非國家因素引入國際關係，使之系統化；（二）把權力與相互依存結合起來，拓寬了國際關係研究視角；（三）把權力與國際機制結合起來，為國際機制論和自由制度主義奠定了基礎。[8]但是，作為一種理論框架，它的局限性也是不難看出的，主要有三：第一，雖然原則上也說均等關係，但實際上還是講實力，認為

「美國至高無上」，相互依存猶如「同船航行關係」，各國維繫於一船，「美國仍是船老大」。[9]第二，雖然提出要注意第三世界國家的作用，強調相互依存，但實際上仍堅持依附關係，認爲第三世界國家仍需依附強國、富國。武力的作用雖然減弱了，但在處理與第三世界的關係時仍不失爲重要手段之一。第三，雖然也提出全球性問題和建立世界秩序的任務，但實際上主張在不改變國際關係舊秩序的前提下，解決共同面臨的全球性問題。筆者曾與一位在美國任教的印度學者就相互依存問題進行過交談，他給了我一篇他的論文稿子，題爲〈相互依存：第三世界的觀點〉。他認爲，相互依存概念是「一把雙刃劍」，第三世界並不排斥相互依存論，並相信相互依存趨勢將會繼續發展，但很明顯，西方學者推崇的以已開發國家爲主的相互依存，絕不是第三世界發展國家所希望接受的。

相互依存理論的發展在美國有過兩次高潮。第一次是在1960年代初，當時西歐盟國對美國離心傾向日趨明顯，美國的霸主地位受到挑戰。甘迺迪總統強調大西洋聯盟內部的相互依存關係，聲稱這對大西洋和拉美地區是至關重要的。第二次高潮形成於70年代中期，特別是在1973年石油危機後，面臨第三世界國家的聯合行爲，美國以建立三邊委員會爲象徵，企圖把相互依存的適用範圍擴大到全球。季辛吉在1974年曾指出：「世界上通貨膨脹、饑荒、失業、能源危機等問題都向我們提出了挑戰，只有透過新的相互依存體系才能解決這些問題。」1975年他又進而提出，相互依存理論已成爲「美國外交的核心」。[10]從相互依存在美國的兩次高潮的演變可以看出，該理論的出現一方面是世界力量對比發生變化的產物；另一方面是美國等少數已開發國家企圖讓世界上大多數國家繼續依附於他們，堅持在世界政治經濟體系裡產生支配作用仍是以美國爲首的西方已開發國家。因此，從相當程度上來說，美國國際關係學的相互依存理論並未根本地改變西方傳統國家的「依附論」。目前的世界現狀告訴人們，第三世界國家與資本主義國家在相互依存問題上仍缺乏共同基礎，條件尚未成熟，因此，儘管一些美國學者關於相互依存的觀點不乏其真知灼見，但是，過分地強調相互依存的作用顯然是不恰當的，甚至是有害的。

一些西方學者宣傳「相互依存」會給世界帶來「和平、和諧和合作」，並把相互依存論奉爲圭臬，稱之爲「玫瑰理論」（依附論是「黑色理論」）。[11]果真如此嗎？其實不然。就連他們之中的某些人也對此持有異議。羅伯特·基歐漢和約瑟夫·奈伊在《權力與相互依存》發表10年後重印時寫的新「前言」中，對相互依存論做了重要的修正，強調相互依存並不必然導致合作，在一定

的國內和國際條件下，它也可能產生衝突。在大多數西方學者眼裡，相互依存仍是以西方為軸心，仍是窮國弱國對富國強國的依附，仍是少數幾個大國支配世界政治經濟，仍是維持舊的國際秩序。

當然，我們並不籠統地反對「相互依存」的說法。據說，「相互依存」一詞是18世紀法國重商主義學者最早引入國際關係分析的。早在100多年前，馬克思和恩格斯就多次使用「相互依存」來表述資本主義市場的世界性和國際化。恩格斯指出：「大工業建立了世界市場這一點，就把全球各國人民，尤其是各個文明國家的人民，彼此緊緊地聯繫起來，即使每一個國家的人民都受著另一國家的事業的影響。」[12]馬克思和恩格斯在《共產黨宣言》裡說：「過去那種地方及民族的自給自足和閉關自守狀態，被各方面的互相往來和各方面的相互依存所代替了。物質的生活是如此，精神的生產也是如此。」[13]世界是一個大市場，整個世界應是相互依存的。「世界經濟是一個相互依存的整體」。[14]當今世界各國在經濟方面的相互合作、相互依存和相互競爭日益增強。但問題的關鍵在於，我們主張的是尊重各國主權、平等互利、和平共處的相互依存，是根除不平等的國際舊秩序，改變帶有帝國主義和殖民主義劣跡的相互依存，是建立在新的國際政治經濟體系之上的相互依存。近年來，頗多的美國國際關係理論學者一再宣揚，全球性相互依存正在或已經成為主導國際關係的普遍特徵，各國的國家利益全面地相互滲透，全球利益正取代國家利益。這種觀點低估或抹煞了超級大國爭奪霸權的嚴重性和權力政治的頑固性，似乎權力政治已完全被相互依存所取代，這顯然也是片面的和錯誤的。

第二節　國際政治經濟學

一、歷史回顧

國際政治經濟學（IPE）又稱世界政治經濟學、全球政治經濟學、相互依存政治經濟學，是1970年代以來，西方國際關係理論研究崛起的一個新的領域。正如有的學者所指出的，國際關係理論在過去10多年裡的「一個重要發展就是國際政治經濟學研究的成長，IPE已發展成為一個國際關係學的重要分支學科」。[15]

稍微回顧一下歷史就可看出，關於世界政治和世界經濟的關係問題，並

不是國際關係理論的一個新問題，早在15世紀至18世紀重商主義時代，就有不少學者致力這方面的研究。當時，民族國家得到了進一步發展，英國、西班牙、法國、普魯士、俄國出現新的中央集權的政治體制，對經濟結構產生深刻影響，經濟領域成爲政治衝突的主要舞臺，各國的實力追求主要透過國家經濟力量的增長來實現，政治衝突往往表現爲經濟競爭，各國根據政治需要調節經濟關係，政治和經濟的關係密切。然而，從20世紀開始，兩者關係逐漸被人忽視，被分割開來，經濟關係被人爲地孤立於國際關係研究範圍之外，造成這一情況的主要原因，是處支配地位的自由主義思潮擯棄了重商時代認爲政治和經濟同存一體的傳統觀點，提出政治和經濟應屬兩個彼此獨立的學科：經濟關係的基礎是生產和分配等因素，受自然規則制約，其中存在某種自然和諧，只有在不受政治干預的情況下，才能保持自然和諧；而政治關係是由權力和影響構成，不受自然法則制約，政治關係中極難存在自然和諧。其結果，世界政治和經濟關係研究被分爲彼此孤立的國際政治學和國際經濟學。

　　戰後，這一情況產生了變化。特別重要的事件是布列敦森林制度的形成。1944年7月布列敦森林會議透過了《國際貨幣基金組織協定》和《國際復興開發銀行協定》，隨之於1945年12月7日同時成立了國際貨幣基金組織和國際復興開發銀行（即世界銀行）。1947年10月30日，聯合國在日內瓦簽訂了《關稅及貿易總協定》。至此，戰後的「關稅及貿易總協定——國際貨幣基金組織體制」正式形成，在世界範圍內開始出現國際經濟相互依存的趨勢。此外，蘇聯與東歐國家也感到，閉關鎖國政策對經濟發展是一妨礙，在經濟技術方面逐漸對外開放（當然是極有限的）；新興的第三世界國家帶著新的經濟問題和要求——建立國際經濟新秩序開始走上世界舞臺，他們所關注的主要政治問題也都帶有經濟性質，如貿易、經援、發展、對外投資和經濟獨立；經濟發展普遍成爲各國的首要目標。如此，戰後國際關係格局中就出現了政治衝突和經濟合作並存的奇特現象，即低級政治（經濟發展）和高級政治（國際安全）開始相互靠攏，國際經濟關係重新成爲國際關係的一個焦點，成爲影響國際政治的重要因素。特別是到60年代末、70年代初，由於東西方關係緩和取代冷戰，曠日持久的越戰宣告結束，國際經濟合作進一步得到發展，從權力政治向相互依存過渡的趨勢加快了，吸引著更多的學者研究國際政治與國際經濟的關係問題。

　　在此背景下，反映國際政治與國際經濟相結合的新理論——國際政治經濟學應運而生。有人提出，IPE誕生日是1971年8月15日，那天，美國決定布列敦森林制度解體。[16]它的問世象徵的是1970年代以來，對現實主義權力政治論進

行革故鼎新所取得的引人矚目的進展。用瓊‧斯佩羅的話來說，就是「國際政治經濟學在世界政治與世界經濟之間的鴻溝上架起了一座橋梁」。[17]70年代反映國際政治經濟學形成時期的代表性著作包括：查爾斯‧金德伯格的《權力與貨幣：國際政治的經濟學和國際經濟的政治學》（1970）、克勞斯‧諾爾的《國家的權力：國際關係的政治經濟學》（1975）、瓊‧斯佩羅的《國際經濟關係的政治學》（1977）和鄧尼斯‧皮雷奇斯的《全球經濟政治學：國際關係的新內容》（1978）等。

　　自1980年代初以來，國際政治經濟學在美國和其他一些西方國家發展得迅猛異常，就像在40年代和50年代言必稱國家權力和國家利益；在60年代和70年代言必稱世界體系和相互依存一樣；80年代則言必稱國際政治經濟學。在西方學術界流行這樣一個說法：「要成為一位國際關係學者，首先就要求是一位IPE學者。」[18]大學裡已普遍開設了國際政治經濟學的課程（包括碩士和博士課程），這方面的研究隊伍已具規模，僅80年代就有一批專著問世，其中被公認為代表作的有：約翰‧拉吉的《相互依存的自相矛盾》（1983）、羅伯特‧基歐漢的《霸權之後——世界政治經濟的合作與紛爭》（1984）、蘇珊‧斯特蘭奇的《通向國際政治經濟學的道路》（1984）、大衛‧鮑溫德的《國家的經濟手段》（1985）、史蒂芬‧克拉斯納的《結構衝突》（1985）、拉德‧霍立斯特和拉蒙德‧塔利斯所編的《國際政治經濟學：回顧與展望》（1985）、理查‧羅斯克蘭斯的《貿易國的興起》（1986）、羅伯特‧吉爾平的《國際關係政治經濟學》（1987）和喬治‧莫德爾斯基的《長波理論探索》（1987）等。筆者曾蒐集了好幾份美國大學開設的IPE的研究生課程大綱，其中一份大綱的內容包括：（一）作為一門學科的IPE的演變；（二）IPE的學術淵源：自由主義傳統、重商主義、傳統的馬克思主義和新馬克思主義；（三）主要觀念和研究方法：霸權穩定論、理性選擇與博弈論、長波理論、相互依存理論、國際機制研究、依附理論、宏觀管理與政策研究，以及新制度主義分析。另一份大綱則列舉了15個IPE的基本問題：（一）什麼是IPE？（二）IPE的不同流派及其觀點；（三）IPE的優點與弱點；（四）國內結構與國際制度；（五）國際機制的動力；（六）國際貨幣體系的歷史演變；（七）國際金融政治學；（八）第三世界的債務危機；（九）世界經濟危機的管理；（十）國際貿易環境；（十一）保護主義是否對國際貿易形成威脅？（十二）對外直接投資的政治經濟問題；（十三）IPE的南北關係問題；（十四）IPE的東西關係與經濟改革；（十五）IPE面臨的新問題。這些教學大綱所列出的參考書目大同小異，除了

上述重要著作之外，80年代主要的IPE教科書有：大衛‧布萊克和羅伯特‧
沃爾特斯的《全球經濟關係的政治學》（1983）、瓊‧斯佩羅的《國際經濟
關係的政治學》（1983，第三版）、布魯諾‧弗雷德的《國際政治經濟學》
（1985）、傑佛瑞‧弗裡丹和大衛‧萊克的《國際政治經濟學——關於全球權
力與財富》（1987）。

　　在過去的30年裡，國際政治經濟學走過了這樣的軌跡：最早是以研究國家
與市場關聯性的初創階段，接著是以研究霸權與國際制度為主線的發展階段，
最近是以研究全球化與國際政治經濟學為重點的深化階段。

二、兩條脈絡

　　從上述歷史回顧可以看出，貫穿國際政治經濟學的有兩條清晰的發展脈
絡。第一條脈絡是，關於國際體系層次上政治因素與經濟因素的相互關係。60
年代末，一些經濟學家指出，國際經濟相互依存正在改變國際關係的性質。代
表人物是被蘇珊‧斯特蘭奇稱為「IPE最早的開拓者」的哈佛大學教授理查‧
庫珀，代表作是他於1968年出版的《相互依存經濟學》。1971年《國際組織》
雜誌編輯了一期題為「跨國關係與世界政治」的專刊，[19]作為回應。

　　該專刊把跨國主義研究附屬於自由主義的研究範式，在當時的背景下對現
實主義範式提出嚴屬挑戰。一批現實主義者立即做出有力的回應，指出國際經
濟相互依存不可能離開國家間的權力關係而單獨運行，其代表性著述是羅伯
特‧吉爾平在該專刊中發表的〈跨國經濟關係的政治學〉一文以及他於1975年
出版的《美國權力與跨國公司》一書；而與吉爾平遙相呼應的是另一位著名學
者史蒂芬‧克拉斯納，他於1976年在《世界政治》雜誌上發表的〈國家權力和
國際貿易的結構〉一文，是在貿易領域補充吉爾平在投資領域的現實主義理論
的重要嘗試。

　　吉爾平和克拉斯納宣導的現實主義國際政治經濟學催化了國際政治經濟學
迄今為止最具爭議的理論形式——霸權穩定論。同時，也進一步把國際政治經
濟學的理論引向深入研究。1977年羅伯特‧基歐漢和約瑟夫‧奈伊合著的《權
力與相互依存》則是一部試圖在自由主義和現實主義之間進行調和的著作。特
別值得指出的是，這部著作的出版開始把人們的注意力從跨國主義的自由主義
身上移開，投向後來被稱作新自由制度主義的自由主義類型。另外，這部著作
中大量闡述的「國際機制」問題，也為80年代的新自由制度主義之辯，提供了

全新的舞臺。

1982年，《國際組織》又編輯了一期特刊，集中討論「國際機制」的研究路徑問題。以克拉斯納為代表的現實主義與以基歐漢為代表的自由主義展開了一場熱烈的爭論。現實主義一派強調，國際機制的起源和演變主要以國家間權力關係的格局和變化為轉移，自由主義則主要強調國家間的互惠合作關係。1984年，基歐漢出版了《霸權之後——世界政治經濟中的合作與紛爭》，討論霸權缺失狀態下國際合作的起源與價值，系統地奠定了新自由制度主義國際政治經濟學的理論基礎。自此以後，現實主義和自由主義圍繞著國際合作中的權力與利益的關係問題還有多次交鋒，至今也不見結束的跡象。

國際政治經濟學的第二條發展脈絡涉及的是，國際政治經濟體系與國內政治經濟體系的互動關係。由於國際政治經濟學對國際關係的改造作用主要在於引入了國際經濟因素，且又對政治與經濟的互動關係多有強調，這第二條發展脈絡實際上是以國內政治體系和國際經濟體系的相互作用為軸線的。在這條軸線之下，我們又可以劃分出兩條研究線索：一條是國際經濟對國內政治的影響；另外一條是國內政治對國際經濟的影響。由於國內政治對國際經濟的正規影響管道，一般經由對外經濟政策這一環節，故而可把這一條線索簡化為國內政治對一國對外經濟政策的影響。

循著前一條線索，西方國際關係學者大致在70年代末開始了系統的研究。1978年，彼得‧戈維奇在《國際組織》上發表題為〈逆轉第二種圖景：國內政治的國際根源〉的文章，強調研究國際體系對國內體系作用的重要性。1年後，大衛‧加姆隆在《美國政治學評論》上撰文指出，開放經濟條件下政府的公共開支有擴張的趨向。這篇題為〈公共經濟的擴張〉的文章象徵著西方學者研究國際經濟對國民政治經濟體系作用的開端。這一研究課題一經確立，立即生成了豐富的成果。1982年，約翰‧拉吉在《國際組織》特刊號上發表了一篇題為〈戰後經濟秩序中的嵌入式自由主義〉的文章，首次鮮明地用一個概念濃縮了該研究課題中最具實力的理論闡釋。隨後，彼得‧卡贊斯坦又在1985年出版的《世界市場中的小國》一書中，以具體的例證完善了「嵌入式自由主義」的理論。

國際經濟對國內政治的作用還可以透過考察國內政治過程中，利益集團關係的變化得以把握。在這一方面，羅奈爾得‧羅戈斯基和傑佛瑞‧弗裡丹有所建樹。前者在1989年出版的《貿易與聯盟》一書中指出，開放貿易格局會削弱國內經濟中非比較優勢的要素持有者的經濟利益和政治地位，而有利於鞏固和

提升居於比較優勢地位的要素持有者的經濟利益和政治地位。後者則從產業部門入手，在1991年《國際組織》上的〈投資者利益：全球金融時代國民經濟政策的政治學〉一文中指出，在開放經濟條件下，具備國際競爭力的產業中的勞資雙方將受益，而持有可跨國流動的資產的階層和個人將得到最豐厚的經濟和政治回報。

循著第二條線索，西方學者著重探討了國內政治制度和過程對一國對外經濟政策的影響。1985年，由彼得‧埃文斯主編的《把國家請回來》一書，根據中央決策機構獨立於社會勢力的程度，把不同的國家劃分為強國家和弱國家兩大類。其中，強國家意味著一國的中央決策機構有能力自主做出內外經濟政策並取得國內民眾的支持。在西方學者眼中，戰後的日本所成功推行的產業政策證明日本是一個強國家。另一個角度是從國內政治過程入手，在這方面，海倫‧米爾納1988年出版的《阻擋保護主義》一書是個範例。米爾納在書中總結出若干一般原則，其中包括：具有國際競爭力的產業部門和要素持有者傾向於支持經濟開放，而進口競爭型產業則支持閉關自守；跨國公司偏好經濟自由化，而勞動密集型產業則要求保護自身的利益不受國外廉價勞動力的衝擊。

三、兩個趨勢

關於國際政治經濟學，羅伯特‧基歐漢的概括是：「簡而言之，國際政治經濟學是研究國際關係行為者追求財富和追求權力的互動作用。基本原則是：第一，權力分配影響財富分配，生產力及財富的變化也反過來影響權力關係；第二，權力、財富本身經常處於變化狀態，兩者關係變化趨於劇烈化。」[20]蘇珊‧斯特蘭奇指出，國際政治經濟學是研究影響全球生產、交換和分配體系，以及價值觀念的社會、政治和經濟安排。[21]羅伯特‧李伯認為，國際政治經濟學涉及的主題是，政治因素和經濟因素透過互動在國際層面上形成特定的關係。[22]史蒂芬‧克拉斯納把國際政治經濟學定義為研究「國際經濟關係的政治要素」。[23]大衛‧鮑德溫則強調，國際政治經濟學是關於國家間關係中財富和權力的作用問題。[24]羅伯特‧吉爾平也從當代世界體系論的角度指出，世界實際上是一個「大體系」，其組成國家有機地聯繫在一起，並按照一定的經濟規律行事。國際政治經濟學的任務，就是研究這一體系的政治經濟關係的性質、結構、功能、動力以及規律。「國際政治經濟學是當代政治學和經濟學相互作用的集中體現，……至關重要的是他們之間的相互作用、相互關係和周而復始

的變化」。[25]這些定義說明，國際政治經濟學是一種總體的綜合分析理論，反映了世界政治和世界經濟的總和與相互關係。這裡的世界政治是指國際政治力量對比和權力分配，由於無政府狀態的存在，世界長期呈現紛繁的競爭、均勢和戰爭的格局；世界經濟則指國際經濟實力對比和財富分配，主要國際經濟力量中心的存在、國際貿易和貨幣機制的運轉以及世界經濟秩序的改造，構成了一個時代的國際經濟體系。

從定義的分析自然地引出了IPE的兩個趨勢：國際政治關係的經濟化和國際經濟關係的政治化，即重點轉為研究經濟化的國際政治關係和政治化的國際經濟關係。

關於國際經濟關係政治化趨勢的觀點主要見諸於瓊・斯佩羅的《國際經濟關係的政治學》。斯佩羅在這部專著中提出「政治因素導致經濟後果」的三個原則：[26]

第一，政治體系影響經濟體系。國際經濟的結構和活動在很大程度上決定於國際政治體系的結構和活動。戰後兩個超級大國對立的冷戰格局決定了國際經濟體系的三重性：西方基於自由貿易和資本自由流通的相互依存（interdependence），美國處於支配地位，其政治、經濟和軍事實力均凌駕於西歐、日本之上；東方蘇聯、東歐實行社會主義經濟體制，雖然與西方有貿易來往、技術交流，但是基本上是獨立（independence）於西方體系；第三世界的大部分國家仍保持對西方體系的依賴關係（dependence），特別是在貿易、貨幣和投資方面。1960年代後，隨著多極世界趨向的出現，區域性相互依存的經濟關係逐步演變為全球性相互依存的經濟關係。

第二，政治因素影響經濟政策的制定。尤其是重大的經濟決策通常由壓倒一切的政治利益來決定。經濟政策是政治鬥爭的產物。例如，贊成低關稅政策和提倡貿易保護主義均是一定政治鬥爭的需要；禁運成了政治鬥爭的經濟手段，與外交手段相輔相成；阿拉伯石油戰爭實質上是一場政治戰爭；外援更是成了服務戰略目標、外交利益的常用的經濟手段。

第三，國際經濟關係本身體現國際政治關係。財富是國際政治中敵對國家和集團力求獲取的重要目標，獲取財富的爭鬥包括爭奪市場、原料等生產資料的角逐，而這一角逐與爭奪權力和勢力範圍的衝突密切有關。例如，石油輸出國與輸入國關於油價的衝突，第三世界抵制多國公司的滲透均反映了這一過程。從歷史上看，17世紀至18世紀的重商主義、19世紀的自由貿易、20世紀的帝國主義經濟，分別代表了國際經濟關係影響國際政治關係的三個不同發展階

段。歷史的結論是,「經濟實力是國際政治權力的最重要的源泉」。

國際政治經濟學的另一發展趨勢,最早見諸於鄧尼斯‧皮雷奇斯的《全球經濟政治學:國際關係的新內容》。皮雷奇斯聲稱,「世界經濟政治學」這一新概念是「隨著新技術革命出現的一門新的綜合性社會科學學科」。[27]其主要觀點是:

第一,世界經濟政治學的內容淵源於新技術革命的起因、發展和結果,重點是研究新技術革命對國際政治關係和經濟關係的影響,以及給國際社會帶來的一系列新概念、新準則和新規律。

第二,具體來說,世界經濟政治學的研究物件是「世界經濟、生態、技術、倫理等問題」,包括:人口政治學、環境政治學、糧食政治學、能源政治學、礦產政治學、技術政治學、發展政治學和國際經濟新秩序。這無非是強調,世界糧食、能源等供需問題、財富分配的問題和經濟發展等,已成了國際關係中迫在眉睫的問題,「決定著世界經濟政治學的性質」;上述八個方面的要素已成了「目前國際政治權力的新源泉」。

第三,從強權政治轉變為經濟政治學的主要標誌是「國際政治衝突的重心從東西方關係轉向南北關係」和「全球相互依存趨勢的不斷發展」。從1970年代開始,美國的霸主地位明顯衰落,西歐的獨立自主傾向進一步發展,第三世界團結反霸權出現新的政治覺醒,國際經濟關係中從戰後一國主導到多國調節的過程和國際政治關係中從兩極走向多極的發展過程同時加速了,而集中體現此一加速過程的是「全球相互依存」。

從有關學者向筆者介紹的情況來看,國際政治經濟學作為國際關係理論在70年代後的一種新思潮,具有以下四個特點:

(一)更注重經濟取向,注重國際政治關係與國際經濟關係的結合。著名的國際政治經濟學教授理查‧納爾森甚至提出,國際政治經濟學顯示出「單行道」的趨勢,也就是說,國際政治學吸取國際經濟學的原理,而不是相反。新時期的學者們試圖透過國際政治與國際經濟的結合形成一個新學派,以促進社會科學領域這一交叉學科的發展。

(二)為國內政治取向。國際政治經濟學的學者們有的是從國際機制研究轉向國內機制研究,有的是從國際體系研究轉向國家層次研究,這樣就逐步形成了國際政治經濟學國內政治取向的這一特點。

(三)更加注重比較研究,如國際政治經濟學與相互依存論的比較,與國際機制論的比較,以及與世界秩序論的比較。

（四）在研究內容上更具體細緻，特別是在國際環境對國內政治經濟的影響及
　　　其結果，以及國內因素如何影響一國的對外政策。具體的研究內容涉及
　　　面越來越廣，包括霸權穩定理論、霸權後合作理論、長波理論、貿易世
　　　界理論、理性選擇論、相互依存論、國際機制論、依附論、微觀管理與
　　　政策分析、國家經濟手段分析、新結構分析等。

四、IPE流派

　　在討論國際政治經濟學的流派之前，有必要提及它的理論淵源。大衛·鮑
德溫指出，國際政治經濟學思想不僅可追溯至近代早期的重商主義，甚至可以
一直上溯到古希臘學者柏拉圖和亞里斯多德，因為他們兩人都十分憂慮對外貿
易對城邦的腐蝕作用。在西方學者中對國際政治經濟學思想史較為看重的，當
屬自成一體的英國學者，享有盛譽的倫敦經濟學院國際關係系就為碩士研究生
專門開設「國際政治經濟學思想史」一課。該課程採用宏大的歷史和跨學科視
角，把國際政治經濟學思想史視為政治經濟學思想史的一個有機組成部分。課
程系統地涉及亞當·斯密的重商主義、蘇格蘭古典政治經濟學、英格蘭古典政
治經濟學、馬克思主義、奧地利自由主義經濟學、凱恩斯主義、德國新自由主
義、後凱恩斯新古典主義、民主社會主義、公共選擇、新制度主義經濟學、新
自由制度主義、憲政經濟學、卡爾·波拉尼政治經濟學等思想流派。可以說，
這樣的一門課程是拓寬國際政治經濟學研究視角、挖掘其思想深度的一種頗有
價值的嘗試。

　　國際政治經濟學的崛起，還激發了西方國際關係學者重新看待國際關係史
的反思熱潮。由於，以往的國際關係史研究多側重大國外交、戰爭、國際政治
秩序安排等政治類事務的探討，注入國際經濟因素的新型國際關係史研究立刻
呈現出非同尋常的面貌。目前比較典型的研究專題，包括近代以來國際經濟依
賴與主權制度的互動史、19世紀後期英國對自由主義國際經濟秩序的作用、兩
次世界大戰之間的國際政治經濟秩序、納粹德國的國際政治經濟政策、二戰後
國際政治經濟秩序轉型的歷史原因與過程等。可以預料的是，待各個時期的國
際政治經濟關係史的研究都積累到一定規模的時候，一部整體感更強的國際關
係史教材會呈現在高校學生的面前。

　　西方學者認為，國際政治經濟學的主要研究範式包括自由主義、現實主義
和馬克思主義，但一與具體的研究範疇和研究傾向相結合，每個範式內部就又

會衍生出許多具體的研究路徑來，如自由主義內部的跨國主義、多元主義，現實主義內部的重商主義、國家主義，馬克思主義內部的世界體系論、依附論、階級論國際主義等。從這些範式可以看政治學、經濟學、國際關係三門學科對國際政治經濟學的重要影響，也不難發現自由主義、現實主義和馬克思主義三大範式留下的印痕。國際政治經濟學在西方的主要研究陣地，除了各大高校有關政治學和國際關係的院系研究中心之外，還包括一些著名的智庫如布魯金斯學會，一些頂尖的學術類雜誌如《國際組織》、《國際政治經濟學年鑑》，一批高層次的叢書如《康奈爾政治經濟學研究叢書》等。

綜合西方學者的有關論述，他們比較一致的看法是，國際政治經濟學領域有三個主要流派：自由主義、馬克思主義和現實主義。[28]他們認為，自由主義流派繼承了亞當‧斯密和大衛‧李嘉圖的理論，認為在政治經濟社會活動和分析單位中，個人是主要行為者；而個人是理性的功利主義者；個人實現其特定的功利靠的是自由貿易。該流派所得出的最重要結論是：（一）強調政府在政治經濟活動中的作用是有限的，其主要職能是為市場提供必要的保障和基礎；（二）主張透過建立國際機制來促進國際經濟的發展。

馬克思主義流派堅信社會主義必然會代替資本主義，其基本觀點是：在政治經濟社會活動中，階級是主要行為者；堅持階級分析法，不同的階級都為自身的經濟物質利益而行動和鬥爭；資本主義經濟的基礎是透過資本對勞工的剝削，這決定了資本主義的剝削性。該流派所得出的最重要結論是：（一）強調現代社會存在著勞資的對立和對抗，存在著不可調和的東西矛盾和南北矛盾；（二）資本主義經濟危機不可避免，資本主義制度的消亡也不可避免。

現實主義流派則仍堅持摩根索為代表的政治現實主義的基本觀點：民族國家是政治經濟社會活動主要的、甚至唯一的行為者；民族國家是理性的國際關係角色；民族國家在對外關係中最大限度地追求政治權力和經濟利益。該流派所得出的最重要結論是：（一）權力表現為對資源、對角色、對事件的影響力和控制力，追求有利於自身的財富和權力的再分配是國際關係的核心；（二）民族國家應重視國際政治與國際經濟的關係，透過衝突、競爭、合作等多種形式來實現其對外目標。

下表是西方學者對上述三個流派進行的簡略比較：

	自由主義	馬克思主義	現實主義
政治經濟社會活動中的主要行為者	個人	階級	民族國家
政治與經濟之間是什麼關係	分屬於兩個分離的領域	經濟是基礎，經濟決定政治，變革源於經濟	政治決定經濟，政治體制影響經濟體制
政治與經濟關係處於什麼狀態	和諧狀態	對抗狀態	衝突狀態
最終的目標或目的是什麼	追求福利	追求解放	追求權力

五、幾點評論

（一）國際政治經濟學是西方國際關係理論的一個重要分支學科，形成於1970
年代石油危機後，80年代得到迅速的發展。「該領域不僅涉及政治經濟
學，而且還涵蓋了比較政治學和國際政治。冷戰結束後，人們的注意力
轉向該領域的核心問題：市場和國家如何互動」。[29]90年代初起，愛德
華·艾爾加出版公司出版了一套關於IPE的叢書，包括大衛·鮑德溫主
編的《國際政治經濟學的主要概念》（1993）、約瑟夫·葛裡可主編的
《國際體系與國際政治經濟學》（1993）和奧倫·揚主編的《國際政治
經濟學與國際制度》（1996）等。如今，IPE研究的面向已大大拓展，
所涉及的概念和研究領域有19個：權力、相互依存、依附、交換、比較
收益、剝削、互惠、合作、經濟治國方策、資本主義、發展、重商主
義、帝國主義、保護主義、一體化、霸權、自由主義、無政府狀態、機
制。隨著國際關係進入冷戰後時代，在全球化大趨勢的推動下，IPE的
影響漸強。這是一個充滿生機和思路的領域，更是我們在研究西方國際
關係理論時不可忽視的領域。

從學術研究的方法論角度看，國際政治經濟學是從政治經濟學的思路研
究國際關係的問題，因而不同於從社會學、人類學等路徑考察國際關係
的知識體系。史蒂芬·克拉斯納把國際政治經濟學的這種特定方法論總
結為「理性主義」，並認為這種方法論在促進科學知識的積累方面絕對
優於其他的方法論。克拉斯納的這一論斷是否正確，部分地可以透過目
前正在進行的「理性主義」與「建構主義」、「後現代主義」的論戰得

到驗證；而國際政治經濟學的發展前景在很大程度上也要取決於其「理性主義」基石的牢靠程度。

然而，任何一種理論都不是置於真空之中的。如果權力與利益論是「冷戰理論」的話，那麼，國際政治經濟學可稱為「後冷戰理論」。它不僅是挑戰現實主義的有力武器，而且還是新時期的「遏制經濟學」。

（二）關於國際政治與國際經濟的關係問題。在考察世界政治與世界經濟的關係時，是前者決定後者，還是後者決定前者？兩者的內在聯繫如何？從馬列主義的觀點來看，經濟是基礎，政治是經濟的集中表現。恩格斯說：「每一個歷史時代的經濟生產以及必然由此產生的社會結構，是該時代政治的和精神的歷史基礎。」[30]這是我們分析國際政治經濟關係的指導原則。

運用馬列主義上述原則來衡量，國際政治經濟學的兩種趨勢均是不同程度上割裂了世界政治與世界經濟的辯證關係。政治關係的經濟化，把經濟對政治的影響強調到不適應的程度，以「共同經濟利益」掩飾霸權主義的擴張；經濟關係的政治化，則過分地強調政治因素，視世界政治為決定因素，「霸權穩定理論」蓋出於此。

羅伯特‧基歐漢認為，戰後基本上是兩個學派的分歧構成國際政治經濟學的主要內容：其一是，現實主義學派強調，世界政治處於無政府狀態，各國的權力分配和衝突決定國際關係的性質，拒絕對世界經濟基礎進行分析；第二是，結構主義學派強調，經濟相互依存是國際關聯式結構的基本決定因素，突出共同經濟利益的重要性。這兩派的共同缺陷正好是從相反角度孤立和割裂了世界政治與世界經濟的內在相關性。

（三）關於國際政治經濟學與新技術革命的關係問題。西方學者普遍認為，國際政治經濟學是新技術革命的直接產物，是在新形勢下的重大發展。我們應該如何看待呢？

誠然，新技術革命作為生產力的又一次飛躍發展，必然會帶來生產的國際關係的顯著變革。歷史上第一次技術革命促使世界市場和國際貿易的形成，擴大宗主國和殖民地之間的矛盾；第二次技術革命後，資本主義進入帝國主義階段，已開發國家進一步加強對經濟落後國家的掠奪和壓榨，在生產的國際關係中，資本的輸出與輸入較之原有的商品交換關係占據更重要的地位，壟斷代替了競爭；第三次技術革命促進跨國公司的發展，形成多層次的網路型的橫向聯繫，國家壟斷資本主義的國際聯合

也將得到加強，民族國家（特別是第三世界國家）與跨國公司和已開發國家的矛盾也將加劇。已開發國家在「全球相互依存」的口號掩護之下，企圖以跨國公司和安全援助的形式繼續維持經濟優勢。這一形勢當然是不利於第三世界國家的經濟發展的，為了扭轉逆勢，迎接挑戰，第三世界國家應當制定積極的發展戰略。

另一方面，以托夫勒為代表的西方學者認為，馬列主義是在第二次浪潮的工業社會裡出現的；第三次浪潮，即新技術革命，將形成資訊社會，資訊關係壓倒一切，經濟合作成為生存原則，霸權自動消失，馬列主義的基本原理不靈了，過時了。十分明顯，「世界經濟政治學」、「霸權後合作理論」等，正是西方資產階級學者用來削弱或取代馬列主義政治經濟學的一種新企圖。它給了我們一個啓示：在研究新技術革命的同時，不要忽視在「第三次浪潮」中泛起的西方國際關係學的種種新理論。我們應該重視和加強對這些新理論的研究，這是在國際關係學領域堅持馬列主義基本原則的一項重要任務。

（四）為培養新一代國際政治經濟學學者而努力。不少美國學者認為，為了發展國際關係理論這門交叉的新興學科，培養新一代的國際政治經濟學者是一個十分迫切、十分重要的任務。美國現今一代有影響力的國際政治經濟學學者，不是從政治學轉向經濟學（如吉爾平、基歐漢、鮑德溫等）；就是從經濟學轉向政治學（如庫珀、納爾森等）。因此，在他們的國際政治經濟學論著中存在某些缺陷（前者本身的這種缺陷更為明顯）是不足為奇的。納爾森曾說過，今後的新一代國際政治經濟學學者將既懂政治學又懂經濟學，「在他們頭腦裡應兩者兼而有之」。在美國，實現這一任務的進程業已開始。這使我們聯想起中國建立自己的國際關係理論的重任，而要使之成為現實，關鍵之一是培養掌握馬列主義基本原理，堅持社會主義方向，熟知政治學、經濟學、法學、歷史學，以及其他有關學科的新一代理論學者。這是當務之急，又是百年大計，中國在這方面不僅應該而且能夠比西方國家做得更多，做得更好。

第三節　霸權穩定論

一、概念及其內涵

　　霸權（Hegemony）一詞出自於希臘語「Hegemonia」，《朗文詞典》釋義為「一國對於其他眾多國家的領導」；《牛津詞典》解釋得更為詳細，霸權就是「領導、支配、優勢，特別指聯盟中一國對其他國家的支配」。基歐漢解說為一個單一的支配世界的力量。確切地說，霸權指一國有足夠的軍事與經濟力量，並能夠在很大程度上影響其他國家和非國家行為體的行為，並操縱國際體系的運作。在經濟領域裡，「霸權意味著對物質資源的控制」。[31]沃倫斯坦界定為：「在國家體系中的霸權指這樣一種狀態（情況），所謂的大國之間連續不斷的抗衡是那樣的不平衡以致其中一個大國真正的處於『長者的地位』，也就是說，一國能在很大程度上將自己的規則以及自己的願望（至少是以有效否決權的方式）施加於經濟、政治、軍事、外交甚至於文化領域中去。」[32]沃勒斯坦與基歐漢一樣，認為霸權是強者對弱者領導與支配，強國制定和維持國際規則，並且安排著國際進程的軌跡和方向。對於吉爾平來說，霸權體系是一種穩定系統內秩序的穩衡系統，霸權國的實力為系統的穩定提供了保證，並且為弱小國家提供了安全和財產保護，霸權的成功「一部分在於霸權國將自己的意願施加給弱小國家，一部分在於其他國家從中獲益並接受霸權國的領導」。[33]跟基歐漢一樣，吉爾平認為霸權就是「一個單一強國控制和支配著國際體系內的弱國家」，但這種控制只是相對控制，「沒有一個國家曾經完全控制了國際體系」。[34]

　　霸權意味著一個單一的具有超強的政治、經濟、軍事實力的國家支配著國際體系，而霸權穩定則是指在「國際社會中某個霸權國的存在，對穩定國際經濟秩序，發展國際公益是必要的」。[35]「它重點研究權力的分配與國際經濟行為的特點之間的關係」。[36]

　　霸權穩定論這一術語最早由基奧恩提出，特指1970年代西方國際政治經濟學的主流派觀點。但真正把這術語提升為理論概念的是經濟學家、麻省理工學院教授查爾斯·金德伯格。1973年金德伯格出版專著《1929-1939年的世界經濟蕭條》，全面闡述了霸權穩定論的基本觀點，為該理論奠定了基礎。霸權穩定論形成之後，經歷了10多年的發展，相繼出現4位學者以4本著作使該理論日趨充實完善：史蒂芬·克拉斯納的《國家權力和國際貿易結構》（1976）、

羅伯特·吉爾平的《世界政治中的戰爭與變革》（1981）、羅伯特·基歐漢的
《霸權之後——世界政治經濟中的合作與紛爭》（1987）和喬治·莫德爾斯基
的《世界政治的長波理論》（1987）。從70年代後期起，克拉斯納、吉爾平、
基歐漢和莫德爾斯基將該理論擴展到軍事、安全等領域，強調霸權國的存在有
利於國際體系的穩定。在這些學者中，吉爾平對霸權國實力和穩定的國際秩序
之間的關係做了最有系統的理論分析和闡述。

　　霸權穩定論是西方國際關係理論中很有影響力的流派之一，它被廣泛地應
用於解釋在某些情況下國際體系為何能成功地運作，而在另一些情況下國際合
作卻未能成功地實現。該理論認為，國際霸權體系與國際秩序穩定之間存在著
一種因果關係，一個強大並且具有霸權實力的行為體有利於國際體系的穩定和
公益的實現；反之，在不存在霸權國的情況下，國際秩序將會是混亂無序和不
穩定的。霸權國不但可以穩定國際政治秩序，還可以營造一個穩定發展的國際
經濟秩序。霸權國實力越強，國際社會在政治和經濟層面上越是穩定，隨著霸
權國實力的衰退，全球秩序趨於動盪不安，已有的國際制度也開始失去其應有
的效用。然而，霸權穩定論不論從其現實意義上還是歷史的範例中，遭到了諸
多的批判和否定，我們將在本節結尾時做詳細分析。

二、內容及其實質

　　霸權穩定論的主要內容，是首先承認國際關係具有激烈競爭的性質，現代
民族國家是一部戰爭機器，國家安全和政治利益是第一位的。如果沒有霸權國
提供有利的政治和經濟環境，就很難有一個安定的國際秩序，所以霸權的存在
就意味著穩定的國際政治與經濟秩序的存在；無霸權存在的國際社會處於無規
則的混亂狀態，在這種狀態中，大規模的戰爭很容易爆發，國際經濟體系將會
解體，造成全球政治混亂，經濟倒退。對於金德伯格來說，開放和自由的世界
經濟需要有一個居霸權和支配地位的強國來維持秩序，這一強國所產生的作用
是一種「穩定器」的作用，作為「穩定器」的國家有責任向國際社會提供「集
體利益」或「公益」（「集體產品」或「公共產品」），如建立在最惠國待遇
基礎上的平等原則和無條件互惠原則之上的自由形式開放貿易體制和穩定的
國際貨幣以及國際安全等。霸權國承擔這些責任是因為它可以從中得到利益，
也同時為其他國家或者國際社會提供利益。霸權國的經濟對世界經濟的運行至
關重要，它以自己強大的經濟實力影響著全球經濟發展的軌跡，建立起全球經

濟所遵循的原則、規章制度，以及決策程序。19世紀的金本位制和第二次世界大戰後的布列敦森林制度體現了霸權國在維持世界經濟體系中的作用。金德伯格強調，霸權國要能爲虧本的商品提供市場，讓資本穩定地（非逆循環地）流動，而且當貨幣制度呆滯陷入困境時，作爲「穩定器」的霸主能提供清償能力，建立某種再貼現的機制，並能在匯率浮動和資本市場一體化的金融體系中「在某種程度上管理匯率結構，並對各國國內貨幣政策做出一定程度的協調」。[37]此外，霸權國增加的進口會引發其他國家經濟增長，它的對外投資爲發展中國家提供了經濟發展所必要的資金，以技術轉讓的手段，它又能給發展中國家提供技術和專門知識。霸權國實力越強，就能創造更多的公益，國際經濟和政治秩序就越是穩定。

霸權國在國際體系中並不是隨心所欲地實現自己的願望，它既然要求他國遵守有關國際規則，自己就更應有自我約束性。它所擁有的霸主地位或領導權是建立在其他國家對它的合法性普遍依賴的基礎上的，同時爲了維護其霸權的需要，霸權國同樣也要受到制約。在國際社會中，其他國家接受霸權的領導，不但是因爲霸權國具有占支配地位的經濟、政治及軍事實力，更是因爲它享有一定的威望，這種威望是靠霸權國公平地處理國際社會中事務而贏得的。如果別國認爲霸權國違背公共意願，損害公益以謀私利，那麼，以霸權國爲主導的霸權體系將會被極大地削弱。另一方面，當霸權國（特別是該國公民）認爲維持霸主地位所付出的代價開始超過預期的利益時，霸權體系也會逐漸削弱。

霸權國的地位只有在國際規則的基礎上，既制約別人又制約自己的情況下，才能得以維持。金德伯格與吉爾平都認爲，歷史上既有利於霸權國領導，又利於世界自由經濟興起的國際霸權體系曾有兩次。第一次是從拿破崙戰爭結束到第一次世界大戰的爆發，這一時期是所謂的英國統治下的和平。第二次是所謂的美國統治下的和平，二戰後，美國與其同盟國建立起自由經濟秩序，如「關稅及貿易總協定」和「國際貨幣基金組織」。在幫助西歐（特別是德國）以及日本的經濟恢復方面，美國起了決定性的作用。

在霸權體系中，除靠霸權國的威懾力來維持秩序外，更主要的是依靠國際規則來管理世界事務。霸權國以及其他大國既是規則的制定者，又是規則的維持和執行者。「國際規則就是各國政府在會議上達成的統一協定……是指導國家以及其他重要角色行爲的常規，規則以及過程步驟」。[38]根據基歐漢的理論，霸權的實力主要來源於兩種資源：其一是有形資源，如國內生產總值，石油進口依賴性的大小，國際貨幣的儲存以及世界貿易所占比重的大小；其二

是無形的資源，如一國對於自己國力和貨幣的自信程度，以及相對於其他國家所享有的政治地位等。所以，霸權國力量強弱的變化，就意味著其力量資源的變化，力量資源的變化最能解釋國際規則的變化。一國霸權的力量結構有利於國際規則的強勢的發展，而霸權的力量結構削弱則導致相應的國際經濟規則力量的減弱，也就是說當有形資源，特別是經濟資源的分布趨於平衡時，國際規則的作用被削弱，其中一個原因就是當霸權國實力衰落時，就不會有足夠的力量去強行維持國際規則以反對「不情願的參與者」，也沒有足夠的資源去「誘導」其他國家遵守國際規則的限制。此外，當霸權國實力下降時，維持國際規則所付出的代價就相對提高，在這種情況下霸權國謀求將額外的負擔轉嫁給它的盟國，與此同時，原來屬於二等地位國家的興趣也發生了轉變，他們開始積極地支援國際規則，並試圖超越其他國家，重新制定對於自己有利的國際規則。在這個意義上，「霸權穩定理論就成了『資源是力量的理論』，該理論試圖將有形的國家能力（概念化為『實力資源』）與國家行為聯繫起來」。[39]霸權與國際制度力量成正比，國際制度的變化又反映了國際體系力量分配的變化。

克拉斯納認為，「潛在的經濟實力」是維護國際規則，特別是國際經濟規則的主要因素，軍事力量不是改變其他國家經濟政策的有效工具，也「不能有效地運用於對付中等國家」。[40]軍事力量能成功地運用於對付低度開發的國家，而經濟力量則可用來對付較大的而且更重要的國家。

霸權穩定論的提倡者還提出一個「搭便車」的論據。在霸權體系中，霸權國為世界提供了穩定自由經濟機制，也就是說，在許多問題領域內帶頭制定了行為規則。霸權國在它所帶頭創造的國際機制中當然享受到許多利益，因為它提供公益的目的在於維持現狀和獲得更多的利益。鄧肯‧斯奈德認為霸權穩定論有兩個重要假設：一是，霸權國為穩定的自由貿易國際體系提供領導角色；二是，雖然主導國家獲益，但小國也獲益，國際公益使小國能獲取更多好處，這是「霸權穩定論的實質」。[41]另外，霸權國市場規模很大，其他國家從中獲益較為方便。

吉爾平提出以明確和加強財產權的方式維護公益，克服「搭便車」所造成的問題。在一個國家內部，政府實施產權法目的在於反對和限制侵犯他人財產的行為，在國際社會中，產權法的明確界定和加強實施有利對國際社會公益及各國資源的保護。吉爾平強調霸權和效率是維持相互依存市場經濟的兩個必要的先決條件。「一個社會進入廣泛的市場關係之中也有兩個條件，一是該社會

所獲得的多於所付出的時候；二是另一個強大的社會強加給這一種市場關係時。所以，維繫相互依存的世界市場經濟的任務就落在了政治上最強大的，經濟上最有效率的國家身上」。[42]沒有效率的霸權很容易走上帝國型經濟，如前蘇聯集團。然而，如果經濟效率很高的國家沒有強大的政治軍事力量作後盾，則很難讓其他國家承擔維持市場體系的費用，比如說日本一直擔心關稅壁壘將自己與外國市場分離，雖說日本經濟實力顯得十分強大，但缺乏政治力量作擔保，所以，日本人的顧慮是難免的。吉爾平認爲，成功維持了世界政治及經濟體系穩定的國家當屬19世紀的英國和20世紀的美國，這兩個國家在不同時期都擁有霸權和效率這兩個因素，也就是說，都具有強大的經濟和政治與軍事實力。

霸權國是以其壓倒一切的實力維持霸權體系的，霸權的實力就是政治、軍事、經濟力量，而經濟力量是霸權實力的最基本源泉。基歐漢認爲，從世界政治經濟的角度看，霸權穩定論的一個重要含義就是把霸權概念界定爲物質資源的優勢，即指一國能自由地利用和控制關鍵資源，以維持在進口市場的高附加值位置上擁有優勢。[43]以實力爲基礎的霸權有它的產生、發展和強盛階段，也有它的衰落時期。霸權衰落就是霸權國實力的衰退，也就是國際社會中力量分布發生了變化。所以，霸權衰落可以歸納爲兩種，其一是霸權的「絕對衰落」，指霸權國由於內部管理不善及力量分化造成自身經濟、軍事以及政治實力的下降，如16世紀末期的西班牙霸權的衰落；其二是霸權的相對衰落，指二等國家的力量發展壯大並且趕上了一等國家，雖說舊霸主的絕對實力也在增強，但面對正在崛起的國家，它的勢力相對下降。目前關於美國霸權衰落的討論，便是一個眞實的案例。

三、關於霸權穩定論的評判

根據基歐漢和吉爾平的界定，霸權是由「一個單一國家」統治國際體系的結構，當他們在評價霸權的歷史範例時，都以英國和美國霸權爲依據。然而，將霸權限定在一國統治全球，就具有很大的片面性。

當然在談到霸權時，不可能很精確地斷定一國占有世界力量的多少比重才算是擁有了霸權的資格，但是，「至少應該儘量弄明白與霸權、準霸權和非霸權相關的力量分布」。[44]邁克考恩認爲，克拉斯納和吉爾平等人對英國霸權的時間劃分不夠精確。吉爾平認爲，如果把法國的失敗、維也納會議以及無可比

擬的英國海軍力量，看成是英國霸權建立的主要因素的話，英國霸權之巔始於1849年。克拉斯納認為，1860年代的英國雖維護了開放的貿易體系，但還沒到達其霸權的鼎盛時期，英國仍處於準霸權時期，那麼又怎麼解釋1860年代的準霸權國英國成功地維持了開放體系，而在1880年代，作為霸權國的英國卻未能有效地維繫這一開放體系呢？所以，霸權穩定論的提倡者沒有在這個概念上提出令人信服的解說。

霸權穩定論沒有把非霸權國的動機和力量考慮進去。如果一個非霸權國的實力與霸權國相差無幾，並且表現出很強維繫現在開放體系的意願時，則國際衝突的可能性小；但當這個非霸權國認為，維持現狀不能滿足自己利益需求時，它就會反對霸權國及其政策。第一種情況表明維持霸權力量很強，非霸權國家聯合支持霸權體系以及相應的國際制度；而第二種情況則說明沒有充分的力量維持霸權體系，非霸權國家則聯合起來加速霸權國的衰亡進程。

霸權穩定論實質上是一種強權說，也就是列寧所指出的帝國主義政策。「公益」和「搭便車」說掩蓋了大國剝削弱國和小國的實質，假如霸權有利於弱小國家對公益的充分享受，那為什麼會出現弱小國家越來越落後，而霸權國越來越強盛？霸權體系只能適應於「西方俱樂部」各成員國，霸權地位只能是在強國和大國之間更替，所以，該理論存在嚴重的缺陷。

鄧肯‧斯奈德認為，公益有三個特性：其一是，「共用性」（jointness）。廣義來說，其意味著國際體系中所有成員能同時從公共物品中獲得利益。然而，一國之所得是另一國的所失，一國獲益妨礙了他國的利益所得，所以，霸權機制只有剝削性和不能滿足「共同享有」的特性。因為，利益並不是所有成員共用的，而是從一個國家重新分配到另一個國家。在利益分析中，強國和大國總是利益的分享者；再者，在霸權體系中，一些附屬國往往認為搭便車是其所享受到的公益，但霸權國則會制定規則並鼓勵其他國家負擔義務和責任，在這種「強迫型」的霸權體系中，霸權國會強迫其他國家為霸權體系服務，而強迫的當然就不會是公益了。

其二是，「非排除性」（nonexclusion）意指各國無力防止「搭便車」的現象。在霸權體系中，只有選擇地提供「公益」才有可能避免無功享祿，然而，這種「公益」卻不是實質的公益，在「強迫型」的模式中，霸權國可以迫使其他國家也提供公共物品，並設計出許多方法將公益的享有限制在做出貢獻的國家，如只給互惠國減免關稅和無害透過權等。

其三是，「集體行動是不可能的」。這一假設悲觀地斷定，不論同盟關係

有多緊密,同盟國之間的集體行動是離心離德的。如果集體行動是不可能的,國際合作則不可行,公益就無法實現,這樣就需要一個霸權國單方面或者強迫其他國家提供公益。斯奈德認為,「集體行動不可能」之說源於對現實主義理論的曲解。現實主義的一個主要觀點是,國家在國際社會中謀求自己的國家利益,為了達到這一目的,可以不惜損害他國的利益,但現實主義這一理論並沒有否定一國在與他國的合作中取得自己的最大利益;相反地,現實主義強調,國際社會是無政府的,缺少一個具有中央集權的權威機構,所以合作顯得十分必要,特別是戰後,越來越多的國家進一步認識到在國際合作與相互依存中,取得了越來越多的利益。所以,如果集體行動是可能的,那麼霸權穩定理論則是不正確的。然而,一些霸權穩定論者如金德伯格、吉爾平以及克拉斯納等也承認,霸權國的行為不是利他主義的,而是為了自身的利益。

霸權穩定論斷定霸權國實力越強,國際體系就越穩定;當霸權國實力開始下降,國際社會的穩衡狀態就會開始向非穩衡狀態發展,並隨著霸權體系的解體而失衡,最終出現無秩序的局面。換句話說,霸權國越是強大,國際衝突就越少,霸權國越衰弱,國際衝突則越多。然而,事實並不能支持這一觀點。二戰後,美國開始處於霸權國地位,特別是1946年至1955年間,美國國力處於相對最強盛時期,可是國際衝突並沒有下降。在美國領導的霸權體系中,雖說沒有爆發全球的大戰,但國際衝突仍是此起彼伏,「長期和平」反而成了長期戰爭時期,在過去的40年裡,共發生了269次國際衝突,2,180萬人死於戰亂中。[45]

霸權穩定論有一些假設並不正確,只是以點代面,特殊性取代普遍性。歷史上存在過許多霸權國,在新、舊霸權交替時,人類付出了巨大的,甚至災難性的代價。相對穩定的局面並不是美國霸權的結果,而是均勢成功運用的成果。

鄧肯・斯奈德曾提出,霸權穩定論是「一種特殊的案例,運用時應特別謹慎小心」。他也承認,第三世界國家認為美國的領導更多是為了建立「一個私人俱樂部」,而不是為小國、窮國、弱國提供「公益」。「80年代中期開始,霸權穩定論呈現頹勢」,其局限性可以從反面使人們「更好地懂得國際合作基礎」的重要性,[46]此一評論言之有理。

四、霸權穩定論與領導長週期論

20世紀中葉以來，西方學者相繼提出了國際政治週期性規律問題。[47]這些理論的提出是與當時美國下降的國際地位和領導作用分不開的。在60年代末和70年代初，美國由於和蘇聯爭奪世界霸權，軍事上陷入越南戰爭不能自拔，政治上受到第三世界發展中國家的挑戰和孤立，石油危機帶來的連鎖反應使美國國內經濟面臨嚴重困難，1973年以美元爲中心的「布列敦森林制度」宣告解體。美國內外交困的形勢爲學者們提供了反思美國對外戰略的歷史契機，並由此展開了對國際政治進程規律性的大討論。

吉爾平的霸權穩定論探討的是霸權國家興衰與國際衝突的關係。在他看來，霸權國家的此興彼伏是國際政治生活中的中心內容，全球戰爭是霸權建立所依賴的手段，國際政治是體系變革的決定因素。新的世界霸權的產生帶來了一段穩定和平時期，但隨著時間的推移，霸權的實力必然下降，霸權地位受到動搖，國際體系重新回到無序的初序狀態中，直到大規模戰爭帶來新的霸權產生。這裡，吉爾平沒有列出霸權週期的具體時間表，但我們可以從他的著作中看出，國際政治體系中曾有兩個霸權國家，一個是英國（1815-1873），另一個是美國（1945-1967）。在國際政治體系動盪不定的情況下，霸權也很難建立起來。

莫德爾斯基的「長波論」和吉爾平的「霸權穩定論」，本質上沒有太大的區別。莫德爾斯基認爲，戰爭既是世界霸權興衰不斷循環所依賴的必要條件，同時也是這種週期性轉變的結果。他按照大國間力量的強弱，尤其是一國的海軍力量是否大於其他大國的海軍力量的總和來確定霸權國家，並據此把500年來的國際政治劃分爲五個世紀性週期（1495-2030），每個週期又分爲世界國家、非正統性、非集中性和全球戰爭四個階段。在每一個週期中都有一個霸權國家，他們依次是16世紀的葡萄牙、17世紀的荷蘭、18和19世紀的英國、20世紀的美國。在一、三兩個階段中，由於國際體系比較穩定，國際政治中的衝突較少；而在二、四階段中，因新的挑戰因素不斷湧現、國家間的競爭和對抗加劇，大國衝突更多與更強，最終發生全球戰爭。戰爭的結果是，世界國家的產生和國際政治體系的穩定。根據莫德爾斯基的劃分標準和其列出的時間表可以推斷，目前的國際政治體系正處於第五個週期中的第三個階段，即非集中階段。

吉爾平和莫德爾斯基兩人的霸權週期理論的共同點是：第一，霸權國家和挑戰國家的交替出現和相互間的衝突，是國際政治體系變動的必然結果，也是

國際政治體系變動的內在動力。國際政治週期性演變是不依人們意志為轉移的客觀規律，當一國霸權建立之後，其實力遠遠大於其他國家，國際體系由此而處於穩定時期。在經過相當長的時間後，隨著各國實力的消長，挑戰國家開始出現，領導者的地位相對下降，在某一週期結束時，這些新興國家對現在國際秩序的不滿和叫陣越來越強，雙方爭奪霸權的戰爭不可避免，國際政治體系重新回到無序和混亂的局面，在經過長期而反復的拉鋸戰後，挑戰國家代替舊的霸權國家開始主導國際政治體系，世界又一次回到穩定時期，國際政治進程完成一次大的循環。

第二，低強度衝突和高強度衝突交替產生。這種現象與國際體系的有序或混亂，以及霸權國家或挑戰國家是否出現有著密切的關係。一般情況下，當新的霸權國家即將出現之時，國際衝突的強度就相對增加，大國戰爭或世界大戰的可能性就會更大；在霸權國家鞏固其霸主地位之後，挑戰國家還沒有出現，國際體系相對穩定，國際衝突較少，強度較低。

第三，世界經濟對國際政治進程週期性規律的影響是有限的。世界經濟的膨脹與停滯僅僅是霸權國家興衰的一種表現形式。儘管世界經濟的某種規律性與國際政治的霸權週期性有相對應之處，國際政治可能受到世界經濟變化的影響，但國際政治進程並不決定於經濟，國際政治仍是國際體系變革的主要推動力。

20世紀後半葉，世紀性週期的轉變到了緊要關頭。兩個超級大國的全球對抗並不是以戰爭的形式帶來國際政治體系的變化；相反地，國際政治中除了地區性衝突和國內戰爭發生的次數增加外，大國戰爭或世界大戰的可能性幾乎等於零，同時國際政治體系在向多極化發展，相對於冷戰這一具有高強度軍事對抗性質的週期性階段來說，冷戰後時期總體上反而穩定得多。這種現象與上述霸權週期理論的分析很不相符，究其原因，主要有四個：

第一，這次階段性轉變是一次最難預測的轉變，其不僅不符合上述國際政治週期性規律，而且完全出乎各國政治家和戰略家的意料之外。這次轉變並沒有伴隨著大國間衝突的發生，更沒有大國間關於如何結束戰爭和戰爭後劃分勢力範圍的情況。

第二，大國的興衰變化迅速。沒有人料到，蘇聯和俄羅斯的衰落之快和中國崛起之快；日本和德國也沒有像幾年前有人預料的那樣成為羽翼豐滿的超級大國；美國仍然是唯一的超級大國，這一全球均勢中的重要現實沒有改變。

第三，冷戰期間，大國衝突的主要根源是意識形態因素；而冷戰後時期，

國家間衝突的根源分散化，衝突的性質發生了很大的變化。

第四，科學技術大發展和經濟一體化是影響冷戰後國際政治進程的重要因素。冷戰後國際體系的相對穩定在很大程度上要歸功於世界經濟的相互依存和一體化。大國關係雖說仍在調整之中，大國間政治和軍事關係走向不明，但經濟關係中你中有我、我中有你的現實對大國之間的衝突和摩擦的發生，產生了很大的抑制作用。

針對國際政治週期性規律中出現的新情況，在評估冷戰後國際政治體系的發展前景時，有幾個問題需要回答。（一）冷戰後的國際政治體系中，是否存在一國霸權或集團霸權？（二）新興國家是否就是挑戰國家？挑戰國家是否可以不透過戰爭成爲新的霸權國家？（三）經濟一體化是否可能制約大國戰爭和世界戰爭的發生？

世界經濟一體化尤其是資本主義國家的經濟一體化使其之間的命運彼此息息相關，一榮俱榮，一損俱損。目前，西方資本主義國家已改變早期靠對外侵略、占領他國領土和剝削他國資源的方法，更加重視用經濟和軟實力（高科技、資訊和文化）來控制別國，西方國家在對外戰略的目標以及如何實施問題上存在共識，這就需要他們聯合起來共同剝削和控制發展中國家。這種現象是冷戰後國際政治的新特點，同時也是國際政治週期性規律發展過程中所特有的現象。所謂「集團霸權主義」情況只是暫時的，「只有群體或國家認爲這種變革（指國際體系的變革）有利可圖時，它才會謀求變革這種體系」。[48]在各國實力對比發生質變後，一些國家「獨霸」的願望和意圖就會出現，這時，國際體系就將發生根本性的變化。「集團霸權主義」只是冷戰後國際政治體系變革的一種現象和趨勢而已，一旦這次變革結束，其也會隨之消失，因爲它並不是世紀性週期規律的一部分。

在每一輪週期中都會出現許多新興國家，一般情況下，新興國家可以和挑戰國家劃等號，他們都希望改變現行的國際政治經濟體系，使之有利於自己的發展，挑戰國家通常不止一個，有時有許多個。爭奪霸權的鬥爭並不僅僅是在衰落的霸權國家和挑戰國家之間進行，更多的是在挑戰國家之間進行，霸權國家的某些合作者其實也是爭奪霸權的國家之一。五個世紀以來的霸主幾乎都是如此產生的，如20世紀霸權地位的爭奪戰，主要就是在美國和蘇聯兩個新興國家之間進行的。未來的國際衝突更可能在挑戰國家之間發生，因此，我們更應該關注新興國家或稱挑戰國家之間的衝突，他們之間關係的好壞，才真正決定國際政治經濟體系的未來。

有一點需強調並指出，新興國家或曰挑戰國家的出現是國際政治體系變遷的必然結果。只要大國間實力對比在不斷地消長，國際體系在發生著量變和質變，新興國家就會以「挑戰者」的面目出現。一國興起使其不能不成為挑戰國家，但挑戰國家可以不做「霸權國家」；前者決定於客觀事實，後者決定於主觀意圖。

從上述，我們可能對冷戰後國際政治體系的變革以及大國關係的調整，做如下結論：（一）新興國家或者挑戰國家不能不積極參與到這次世紀性大變革中，否則就會在大國競爭中落伍；（二）既然捲入進去，就避免不了和其他大國發生矛盾和衝突，這很正常。但挑戰國家之間合作大於衝突，協調大於對抗的趨勢也是很明顯的；（三）在舊的霸權向新的霸權轉換之時，挑戰國家面對的困難更大、更多，但挑戰國家可以不透過戰爭（或透過低強度戰爭）成為新的霸權國家（它也可能不願稱霸）。

任何一種社會發展規律也是在不斷變化和發展的，隨著時間和空間的改變，它需要人們對其重新認識並進行補充和修正。國際政治週期性規律，同樣如此。一方面，霸權的世紀性輪回悄悄地對國際政治進程發揮著作用，國際體系不斷經歷著混亂與穩定的過程；另一方面，這種規律內部也在發生根本性的變化。莫德爾斯基等人之霸權週期理論的不足之處在於，把國際政治週期性規律看成是一成不變的東西。從他們的觀點中可以引申出，無論國際體系如何變化，國際社會如何發展，每個國家都難以擺脫霸權國家和挑戰國家輪番上陣表演、有序與無序交替變化的規律的束縛。500年來的「挑戰者」之所以統統沒有逃脫失敗的命運，霸權國家的「合作者」之所以能夠成為新的霸權，[49]仍可歸因於這一規律的作用。他們把國際政治和世界經濟割裂開來，漠視世界經濟相互依存和一體化的作用。因此，我們在分析和運用國際政治週期性規律的時候，首先要用發展和動態的眼光，而不是停滯和靜止的眼光看待這一規律，只有採取這種態度，我們才能從本質上抓住當前國際政治體系變遷的規律。

第四節　合作論

一、時代的折射

早期的政治現實主義學派認為，雖然國際關係本身包含衝突與合作兩個方

面，但衝突大於合作，衝突是絕對的；即使有國際合作，那也僅僅是對衝突所做出的反應和協調。國際衝突論正是反映了這一思想認識。世界進入1970年代後，國際關係格局發生了重大變化：美國霸主地位明顯衰落，美、蘇關係從冷戰轉爲緩和，歐洲出現經濟復甦和政治聯合，日本實現經濟起飛，直到蘇聯解體、冷戰結束，國際經濟關係之間從戰後的一國主導到多國調節的過程，以及國際政治關係之間從兩極走向多極的發展過程，同時得到加速。這一時代背景，促使國際合作成爲當今世界的主潮流。

　　國際關係的合作理論正是對這一時代根本特徵的折射。1980年代中期，合作論的研究出現一個高潮：1984年，羅伯特‧基歐漢出版《霸權之後——世界政治經濟中的合作與紛爭》，同年羅伯特‧阿克塞爾羅的《合作的演變》問世。1985年10月，《世界政治》雜誌發表一系列關於合作問題的文章，次年肯尼斯‧奧伊主編出版了頗有影響的《無政府狀態下的合作》，將上述系列文章全部收錄其中，成爲集合作論研究之大成。奧伊認爲，世界無政府狀態難以改變，國家應透過無政府狀態下的合作，實現共同的發展目標。爲此，他提出兩個問題：（一）什麼是無政府狀態下合作產生的有利環境？（二）什麼是加強這一合作的有效策略？這兩個重要問題，把當前正在開展關於合作的議題引向深入的討論。

二、基歐漢的「霸權後合作論」

　　該理論由羅伯特‧基歐漢在《霸權之後——世界政治經濟中的合作與紛爭》中提出。針對美國昔日霸主地位的喪失和現實政策與戰略的調整，基歐漢強調：「最關鍵的問題是組織好在霸權不復存在條件下的合作，即霸權後合作。」[50]基歐漢承認，在政治學研究方面，最難寫作的是國際合作問題。[51]「合作是一個很困難的研究課題」。[52]不僅界定和涵義不易把握，而且合作的背景、原因、規則及其特點牽涉面廣，又相互纏繞在一起。他稱，寫《霸權之後》這本書就是爲了「尋求對合作問題更深入的理解」。[53]「霸權後合作」即是該書的主題，[54]基歐漢在該書新版（2000年10月）的前言裡，更明確地指出：「在一個急劇發展的相互依存的世界裡，合作如何得以培育？秩序如何得以維持？此書提供了一種以制度經濟學爲基礎的新的理論視角。」

　　基歐漢在書中對合作問題進行了多角度、多層面的研究，其主要觀點如下：

（一）合作與利益。基歐漢認為，利益問題是研究合作的重要出發點。「在一定條件下合作能在利益互補的基礎上發展起來」。[55]而「國家間的共同利益只有透過合作才能實現」。[56]

（二）手段與目的。決策者應把握的是，合作是實現國家目標的手段，而本身不是目的。

（三）合作與相互依存。合作是相互依存的必須，而相互依存能帶來合作的利益。

（四）合作與權力、財力。權力是財力的必須條件，財力則是權力的主要手段，兩者互補，為合作提供基礎。

（五）合作與國家行為。基歐漢認為，國際合作與國家行為密切相關。國家行為常見的形式有兩種：在單位層面上發生的國家行為是「由裡往外」（inside-out），在體系層面上發生的國家行為則相反，是「由外向裡」（outside-in）。基歐漢自稱他是「由外向裡」派，與結構現實主義的「由裡往外」觀不同，他強調國際制度及其實踐對國家行為的影響。[57]

（六）合作與機制。在基歐漢看來，從二戰後20年的霸權合作時代過渡到充滿紛爭的霸權後合作時代，是合作還是紛爭占優勢，基本上取決於政府如何更佳地利用已有的機制來建立新的協議，並同時確保遵守舊的機制。此外，基歐漢強調，合作機制與霸權機制並不相悖。霸權機制依賴的是一種「非對稱的合作」，隨著美國霸權的衰弱，霸權後合作是可能的，因為互補利益的存在可導致非霸權機制的建立，霸權後合作將是一種「對稱的合作」。[58]

（七）合作與和諧、爭鬥。基歐漢在書中概述了霸權後合作的三種基本形式：合作、和諧和爭鬥。見下頁圖示：[59]第一種形式是和諧，意指國際關係角色無須進行政策調整，就自然而然地促成對方達到預定的目標，因為雙方利益一致，處於和諧狀態；第二種形式是合作，意指原來不和諧的國家或集團必須透過「政策調整」和談判協商，才能實現合作，採取一致行動。這種合作意味著存在利益矛盾和衝突；第三種形式是爭鬥，它與合作形式恰恰相反，意指處於不和諧狀態的雙方，經過「政策調整」後仍不能求同存異，觀點和行動有嚴重分歧。

　　基歐漢認為，在處理和諧、合作和爭鬥的三種形式時，有兩個注意點：第一，必須區分合作與和諧。合作與和諧是不同的概念，不應混淆，合作可促進和諧，但合作不等於和諧。「實現和諧，就無需合作」。[60]和諧呈現非政治

性，而合作則相反，呈現明顯的政治性。第二，合作並不意味沒有衝突，相反地，它可包含衝突，在相當的程度上，它反映克服衝突的努力和成功。不應視合作為無衝突。合作只會在行為者認為處於衝突的情況下而不是處於和諧情況下才發生。「從一定的意義上來說，沒有衝突就沒有合作」。[61]

政策調整 之前	認為雙方政策有 利達到預定目標	認為對方政策妨礙 自己達到預定目標
政策 調整過程		是否努力調整政策 是　　　　否 角色的政策是 否趨向一致？ 是　　否
政策調整 之後	和諧	合作　　　爭鬥

　　基歐漢預測，在未來的國際政治經濟格局中，霸權後的合作將成為主要形式，它將對解決各國面臨著的全球問題產生關鍵的作用。他強調，合作並不表示不存在利益衝突，而是要透過政策調整積極處理衝突，實現合作。政策調整成了形成和維持合作的關鍵。這裡的要害仍然是，政策調整意指以美國的政策為主，解決衝突、進行合作應有利於美國的戰略利益。

三、奧伊等人的「無政府狀態下的合作論」

　　該理論主要反映在肯尼斯‧奧伊主編的《無政府狀態下的合作》一書中，作者從不同的面向討論了有關無政府狀態下合作的理論、策略和機制問題。他們指出，戰後國際關係雖發生了很大的變化，但世界範圍的無政府狀態的實質仍未改變。國際社會處於令人不滿的，但又無可奈何的無政府狀態中，因此，當務之急是尋找在無政府狀態下國際合作的新途徑和新形式。他們認為，無政府狀態下合作，實際上是霸權後合作論的重要補充和發展，而霸權後合作實質

上是一種新的無政府狀態下的合作。

（一）在理論上，是要改造博弈論，強調多層次的博弈（multi-level game），主張以「問題聯繫」（issue-linkage）的方式促進各方的聯繫，打下合作的基礎。[62]

（二）在策略上，是要進行「反霸權戰爭」，這是實現國際合作的先決條件，未來的國際關係將以相互影響、相互依存、相互競爭為主要特徵，「反霸權戰爭」有望成為確保國際合作的重要途徑。

（三）在機制上，是要使國際合作制度化，使之有助於加強國家間的交互作用，指出世界處於無政府狀態並不意味著國家間完全缺乏聯繫、組織和合作，而是說目前的國際合作過於鬆散。要改變這一情況，就必須抓好三個有關環節：利益的一致性、預測的共同性和參與者數目的調整。[63]只有這三個環節環環相扣，初見成效，才有望實現無政府狀態下的合作。為此，《無政府狀態下的合作》的作者們提出了「互惠概念」（the concept of reciprocity）以及五個目標（為合作提供動因、監督合作行為、獎勵合作者、有效地進行聯繫和完善多層次博弈）。他們強調，以「互惠」原則開展「有條件的合作」才是最佳的選擇。[64]他們還指出，國際機制不是取代「互惠」原則，而是強化「互惠」原則，並使之制度化。[65]

在談到合作理論時，霍夫曼和傑維斯都特別地提及，它是對現實主義權力論的修正。現實主義強調，爭奪權力是國際關係的基本內容，衝突是其主要形式。而合作理論則強調健全國際機制，協調衝突，使合作成為國際關係的主要形式，與現實主義的衝突理論迴然不同。「當國家對國際上無政府狀態普遍感到不滿的時候，學者們應該努力去探究其過程，這樣，不管無政府狀態的現實如何，國際合作的有效形式，也能夠得以推進和發展」。[66]合作理論流派的這一強烈呼籲，在學術界和決策層已經和正在引起積極的迴響。

四、阿克塞爾羅的「合作模式論」

密西根大學政治學教授羅伯特·阿克塞爾羅以研究國際合作及其規則著稱，在博弈論和合作論方面取得突破性成果。他於1984年出版的《合作的演變》是一部關於合作論的力作，被譯成八種文字。作者在前言中指出，該書的目的是研究「如何在沒有中央權威的情況下，在追逐私利的角色之間建立和進

行合作」。[67]作者運用博弈論中「囚犯的困境」手段，對個人行為者和國際關係單位之間的合作問題做了「策略性」的探討。當時，奧克塞爾羅德所得出的初步結論包括：

（一）在國際關係中，各個角色的利益並不總是完全對抗的，關鍵的問題是如何使不同的角色相信，他們能從合作中達到互利目的。

（二）友誼並不是發展合作之必須。在一定條件下，建立在互惠基礎上的合作，甚至在敵對者之間也是可能的。這稱為：「我活也讓別人活」（live and let live）模式。[68]

（三）使「我活也讓別人活」模式得以運作的基本博弈規則是：第一，對別人的成功不嫉妒；第二，不首先放棄合作機會；第三，對別人的合作或不合作均持對等態度；第四，不要自作聰明。[69]

（四）在進行合作時，採取對應政策是必須的，第一步稱試圖合作，第二步再根據對方的反應決定如何行動。對應政策成功的祕訣是學習（learning）、效仿（imitating）和抉擇（selection）。

（五）一般來說，合作應經過三個階段：第一，在對雙方共同利益的認定和追求的前提開始啟動合作；第二，在互惠基礎上制定相應的策略和措施；第三，鞏固在互惠基礎上的合作，防止任何一方不合作帶來的侵害。

（六）關於改進合作博弈模式的五點建議：第一，未來比現在更重要，相互合作有利於穩定將來的關係；第二，改變互動激勵機制，互動機制越持久，合作就越順利；第三，教育人們應相互關心；第四，強調互惠的重要性，互惠不僅幫助別人，事實上也幫助自己；第五，改進「互認」能力，在互動過程中逐漸認可對方所發揮的作用，「持久合作」正是依賴這一能力。[70]

　　1986年，奧克塞爾羅德兼任美國全國科學院研究員，負責一個國際安全合作研究專案，參加該專案的蘇聯合作者中就有戈巴契夫。為此，阿克塞爾羅曾多次訪問蘇聯和東歐。在1986年到1996年10年的研究成果基礎上，1997年他的另一部力作《合作的複合性——以作用者為基礎的競爭與合作模式》發表。該書蒐集了作者的7篇論文，可謂「十年磨一劍」。阿克塞爾羅在該書的前言裡寫道：「這10年是發生深刻變化的10年，我有機會先後考察了美國、蘇聯和前南斯拉夫衝突各方，參與了不少旨在推動合作的國際活動。這本書正是這10年觀察、思考的結果。[71]」

　　阿克塞爾羅自稱，《合作的複合性》一書是1984年《合作的演變》的續

篇。《合作的演變》是在冷戰時期寫成的，該書所運用的模式是博弈論中的
「兩人囚犯困境」模式，其主題是認爲，只要存在長期的互動，基於互惠的合
作就能維持和發展，目的是「說明兩極世界中美蘇雙方開展合作」。而《合作
的複合性》則是在世界進入冷戰後時期寫成的，作者認爲，冷戰時期的兩極
格局消失，對原來的「兩人囚犯困境」模式形成很大的衝擊。《合作的複合
性》這本書超越了「兩人囚犯困境」的基本模式，提出冷戰後的複合型合作模
式。作者認爲，複合型合作包涵四個要素：（一）完善強化合作行爲的準則；
（二）確定有關標準；（三）建立必要的合作組織；（四）構建相互影響的共
同文化。阿克塞爾羅指出，他在分析以上要素時所使用的方法，是「將社會影
響模式化，以幫助人們在互動的過程中實現互變」。[72]其目的是加強對複雜世
界的衝突與合作的瞭解和把握。

　　《合作的複合性》一書，反映了奧克塞爾羅德關於合作論研究的最新成
果。理論創新在於兩個方面：

　　第一，運用「複合理論」（complexity theory）在「兩人囚犯困境」的合
作模式基礎上，加入了「複合性」概念。他說：「我早就想超越『兩人囚犯困
境』模式，研究人們在群體中間而不是兩人之間時如何進行合作的問題。」[73]
「因而，我提出新的『多人博弈模式』……以新的遊戲準則和選擇來懲罰那些
不合作的人。」[74]

　　第二，提出研究合作問題的三種科學方法，即歸納（induction）、推理
（deduction）和作用者爲基礎的模式（agent–based modeling，下稱作用者模
式）。作用者模式與歸納不同之處在於，它強調資料應來自嚴格的特定的準則
和規則；作用者模式與推理的不同規則是，它不像推理那樣強調原理的論證，
作用者模式有利於獲取推斷的科學結果，有利於完備資料處理模式，因而是最
佳的選擇。[75]

　　然而，奧克塞爾羅德的合作模式儘管有些新意，但仍未能說明時代的變化
對國際合作的影響，未能揭示合作與利益、秩序、機制等關係，與世界現實嚴
重脫節。

五、海倫‧米爾納的「國家間合作理論」

　　1992年4月的《世界政治》發表了一篇頗有影響的書評，題爲〈國家間合
作的國際關係理論——優點與弱點〉，作者是海倫‧米爾納。這篇書評可以說

是對過去10年關於合作問題的一個理論性小結，因而受到學術界的重視。

米爾納指出，在過去10年裡，國家間合作已成為國際關係領域的一個研究重點，在體系分析層次和合作行為分析兩個方面取得進展。米爾納認為，合作論者「在合作的定義上現在已取得一致意見」，合作意指「行為者透過政策調整過程，調整自身行為以適應別人目前的和以後的需求」，這裡，政策調整的重點是各國調整政策，以減少對別國的消極後果。[76]

米爾納在書評中總結了六方面對國家間合作產生影響的「假設性因素」：[77]

（一）絕對收益、相對收益和互惠互動因素。基本觀點是：當國家採取互動互惠政策時，合作行動將更為可能，國家間進行合作是為了實現絕對收益，但在一定條件下，國家也追求相對收益。

（二）行為者的數目因素。奧伊認為，行為者越多，合作就越困難。米爾納據此提出，兩個行為者是合作的最佳數目，即雙邊合作最為可行。有的學者不同意「行為者越多，合作越困難」的觀點，認為在國家追求相對收益的條件下，行為者數目的增加會使合作的可能更大。

（三）博弈論中「囚犯困境」模式的運用因素。如行為者能把重點放在未來的期待上，合作就更有可能。

（四）國際機制因素。國際機制所強調的準則、原則和規則對合作的形成具有重要作用，國家間合作與國際機制密切有關。

（五）認知一致因素。要實現合作，合作者必須形成認知的一致，特別是共同的利益和價值取向，對問題和解決方法的一致認識。

（六）權力的非對稱因素。米爾納認為，權力的非對稱等級有利於合作的實現。米爾納的這一點與本章已提及的霸權穩定論並無二致，其主張在合作形式下推行強權政治的目的，不言自明。

在列舉影響國家間合作的方面因素的基礎上，米爾納還提出兩點值得注意的理論思考：

第一，關於代價的問題。米爾納認為，如果行為者發生衝突所付出的代價低，則合作的可能性就小；如果代價高，反而可能合作，甚至在無政府狀態下也是這樣。

第二，關於國內政治問題。米爾納強調，國內政治對國際合作十分重要，這是因為國內政治制度、利益集團和公共輿論對國家在國際上採取什麼戰略和政策產生決定性作用，只有國內一致，一國的國際合作協定才能得以批准和實

施。在涉及國內政治與國際合作的關係上，多元理論、精英政治理論、國家制度理論和馬克思主義政治學理論對國際合作研究更具有重要意義，是國際合作的四個核心理論。[78]

第五節　國際機制論

一、定義與沿革

機制（regime）一詞源於拉丁文「regimen」，意指「規則、指導、指揮、管轄」。法語中的「régime」是「合法的規則和原則體系」的意思。《牛津英語詞典》中「機制」一詞的釋義爲「方式、方法或規則、管理，或指具有影響力和權威性的體系或機構」。聯合國國際法庭在1980年曾宣布，「機制」是「具有自制力的外交法律規則」以及「法規和規則系統」。

目前，西方國際關係理論學者對國際機制[79]提出了多種定義，但最典型、被引用得最多的是以下三種：

（一）史蒂芬・克拉斯納認爲，國際機制是指「在某一特定問題領域裡組織和協調國際關係的原則、準則、規則和決策程式」。[80]

（二）唐納德・柏契拉和雷蒙・霍普金斯認爲，國際機制是一種國際行爲的特定模式，存在於國際關係中每一個帶實質性問題的領域，任何一種共同的國際行爲模式都伴隨著相應的「原則、準則和規則」。簡言之，國際機制就是「國際行爲的機制化」。[81]

（三）奧倫・揚等人則提出，國際機制是指國家間的多邊協議，旨在協調某一問題領域的國際行爲。

從這三種典型的定義，可歸納出國際機制的三個要素：共同的國際行爲模式，協調國際間關係的原則、準則、規則和決策程式，以及限制在某一特定的問題領域。其中的核心是「原則、準則、規則和決策程式」：原則是指「對事物的信念，因果關聯和忠誠的行爲」；準則是指「行爲的標準、權利與義務」；規則是指「行爲的具體的準繩」；決策程式是指「做出和貫徹集體決定的主導實踐」。

史蒂芬・克拉斯納曾對原則和準則、規則和決策程式兩組概念的區別做了分析：首先，原則和準則體現機制的基本特徵，同樣的原則和準則可能會有許

多與之相一致的規則和決策程式。規則和決策程式的變化，只是在機制內部的變化，不會帶來機制性質的改變；而原則和準則的變化卻是機制本身的變化，會導致該機制性質的改變。當舊的原則和準則消失時，一般會出現兩種情況：舊機制從某一特定領域消亡或者代之以一個新的機制。冷戰後，新的國際關係格局正在逐步代替舊的國際關係格局，就是這一規律的反映。其次，一旦出現關於國際問題的重大政治爭論，一般是更多地關係到機制的原則和準則，而較少涉及規則和決策程式。如第三世界國家要求改造國際經濟秩序，使之建立在真正平等互利的基礎上，他們希望的是國際經濟機制的原則和準則產生根本變化，而規則和決策程式的變化是次要的。第三，必須把機制的變化與機制內部或基於機制之間的變化區別開來。機制的變化是原則和準則的變化，機制內部的變化是規則和決策程式的變化，機制之間的變化表明原則和準則或者準則和決策的不一致，而如果某一機制削弱了，則說明這一機制與其實踐行為不相協調，就需要加以調整。

國際機制的概念於1970年始用於政治經濟分析。整個70年代西方國際關係理論領域的情況是，以國家為中心的研究方向受到了挑戰。首先是格雷厄姆‧艾利森的《決策的實質》問世，提出深入到政府決策層次來研究對外政策，他的「合理行為者，組織過程和政府政治」三模式，突破了以國家為中心的傳統模式。接著，在1975年，約翰‧魯傑率先將國際機制概念用於分析國際組織，並提出三種制度化層次的觀點：一種是觀點上的，被魯傑稱之為認知共同體；第二種是國際機制，指的是各國共同承認的一些規則和約束性制度，國家間的組織活動和財務投入都是依照國際機制進行的；第三種就是正式的國際組織。[82]魯傑與其他學者一起，把研究的注意力轉向國際體系中的跨國組織和政府間行為者，以國家為中心的研究方法，在國際關係理論領域所占據的支配地位開始動搖了。原先熱心於國家權力、國家利益、軍事衝突、國家安全等「高級政治」的學者也轉向「低級政治」，即國際合作和經濟發展，以適應國際形勢的變化：美蘇緩和、越戰結束、世界經濟惡化、第三世界要求建立國際經濟新秩序等，現實主義的「權力利益衝突」論已無力解釋現實，國際機制論正是在這種背景下與相互依存論等應運而生的。

自魯傑之後，國際機制的概念和思想在西方國際關係理論界地位不斷上升。1977年，約瑟夫‧奈伊和羅伯特‧基歐漢出版的《權力與相互依存》以較大的篇幅初步探討了國際機制的理論問題和案例分析。1983年，史丹佛大學國際經濟學教授史蒂芬‧克拉斯納主編出版的《國際機制》一書，全面系統地

反映了國際機制的主要內容、基本特點和不同流派的觀點，是集70年代至80年代初這方面研究成果之大成，其強調國際機制旨在：（一）改變國際利益的狹隘觀念，主張以合作互利的長遠利益代替爭奪權力的眼前利益；（二）國際機制並不意味主權的轉移或放棄，而只強調各國的共同責任和採取一致行動；（三）國際機制為國際關係角色同時提供機遇和限制。1988年，基歐漢發表題為〈研究國際制度的兩種方法〉一文，他概括的兩種方法，一是理性主義研究，依據制度經濟學基本原理進行分析；二是反思主義研究，強調價值、規範、慣例，因文化不同而反映出差異，從而影響制度安排的有效性。[83]

近30年來，國際機制的研究課題經歷了四次轉移：從最初國家對外目標的擴大到全球相互依存的發展；從非國家和國際組織的行為者的增多到國際合作形式的變化；從新自由主義發展為新自由制度主義，故又稱為「國際制度理論」；[84]其研究範圍也從區域性擴大到全球性，包括經濟、政治、國際組織、人權問題、環境保護和軍事安全等特定問題領域。有的學者指出，「國際機制應用於安全問題領域具有特殊的重要性。」[85]

二、基本特點

西方學者對國際機制的研究目前集中於兩個方面：一般理論的研究和具體實例的研究。前者主要圍繞兩個問題：其一是機制與其他因素的關聯；其二是機制的維持、變化的動力和規律。後者研究特定問題領域的國際機制，如核安全機制、國際人權機制、貿易機制、金融機制、能源機制、環境機制等。

根據西方學者的論述，大致可把國際機制的基本特點，歸納為以下幾個方面：

（一）戰後，隨著國際組織的發展，國際社會機制化（或叫國際組織化）日趨明顯。機制化要求國際社會成員國的行為，受制於被普遍接受的準則、規則和慣例。基歐漢認為，國際機制正是這一趨勢的產物。國際機制並不表示國家自始至終在一切領域高度地受制於國際組織化安排；也不意味著國家可以忽視自身行為對別國產生的影響，國際機制只是強調，國家行為應在很大程度上，取決於國際社會的主導原則和準則。除了國際政府間組織和跨國非政府組織的作用之外，國際機制還十分重視國際慣例的制約力量。國際慣例是「原則、準則、規則和決策程式」的重要補充，「機制」是明確的準則或組織化，「慣例」則是國家間約定俗成的

規矩，沒有規矩，不成方圓，「沒有慣例，國家之間的和平磋商和相互理解是困難的」[86]

（二）和羅伯特・基歐漢一樣，史丹利・霍夫曼也認為「國際機制反映了國際關係學領域的新自由主義思潮，是一種理想化的世界模式」。[87]霍夫曼稱：「新自由主義機制化」為「變革派的自由主義策略」，旨在「把國際體系發展為全球機制」。[88]其基本要素是：

——透明度。國際機制應為各個國家提供更多的溝通管道，使國際體系更加「公開化」，如聯合國的多功能作用就是實例。另外，擴大跨國接觸和國際交流也是增加國際機制透明的重要的途徑。

——可靠性。這一原則要求出現更多的能限制國際上非道義的侵權行為的國際機制安排，可靠性來源於合法性，如聯合國等組織應被賦予更大的執法權力。

——責任性。應建立強有力的集體機制，扶善抑惡。侵略者必受懲罰。國際機制應有利於國際社會採取集體行動反對侵略，打擊恐怖主義，制止種族滅絕政策。

——一致性。國際機制的形成和發展是基於各國如此的共識：無論各國在對外目標和國際義務上有多少差異，他們都應承擔超越國界的道義上的責任，在主持正義、消除貧窮、制止侵略、共同發展等方面，採取一致的行動。

——非武力。國際機制反對單純為了一國的利益而使用武力（大多數國家所同意的為了共同目標的合法使用除外）。在全球冷戰時代，使用武力的問題留下了令人擔憂的紀錄。如今，國際機制應把重點放在解決使用武力的問題上，特別是建立核軍備控制和核不擴散機制。

（三）國際機制的另一個重要問題是，國際機制不是自然地形成的，也不是自然地得到發展的，它的形成和發展必須具備一些特定的條件。霍夫曼認為，首先，必須有一個在國際社會占支配地位的大國，其機制的原則和準則也許不是最佳的選擇，但是由於其全球影響力，這些原則和準則往往自覺地或被迫地被大家所公認；其次，有關的國際關係實體（國家、國家集團或國際組織等）之間存在著一個共同的目標——安全和發展；第三，有關各方同意「得大於失」的談判和協商手段，是解決國際危機的最好途徑。

羅伯特‧基歐漢從新自由主義角度，提出了國際機制形成和發展的兩個
基本前提：一是，國際社會行為者必須具有某些相同的利益，說明雙方
均可從合作得到好處。沒有共同的利益，仍會有國際慣例，但不可能形
成國際機制，如國際安全機制，國際貿易機制；另一個前提是，國際社
會組織化程度的變化要對國際行為帶來實質性的影響。如果世界政治的
機構和機制是固定不變的，那麼，強調國際社會組織化的變化與國家行
為的變化就毫無意義。因此，變化是絕對的，靜止是相對的。國際機制
與上述兩個前提的關係圖示如下：[89]

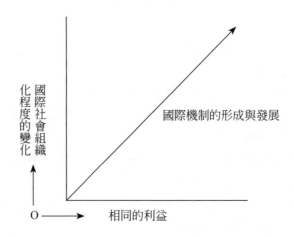

（四）國際機制的最大功能是「制約和調節國際社會角色的行為」，[90]包含世
界政治中不少調節性因素。其功能性特徵包括：首先，國際機制是一種
主觀現象，是主觀的產物，它反映了國際機制參與者對合法、合適、合
理的道義行為的理解、期望和信念。在既具地緣又具功能性質的國際組
織中，國際機制最易形成。

其次，任何一種國際機制都包括決策程序的有關準則。因此，在分析一
種國際機制時，不僅要把握其主要的原則和準則，還要瞭解其決定具體
政策和規則的一般準則。具體來說，就是不僅要知道誰參加該機制，什
麼利益占主導地位，而且還要瞭解進行決策、維護決策的細則和規定。

再者，任何一種國際機制還包括體現正統的思想和預測行為變化的主要
原則。因為，這些主要原則關係到國際機制參與者的等級安排、準則的
實施情況和機制的潛在變化。

然後，每種國際機制都擁有一批精英分子或集團，他們是機制內的實際

行為者。一般來說，各國政府是大多數國際機制的官方參與者，而政府代表又基本上都是各國的重要決策者，即精英，這些精英對國際機制的原則、準則、規則和決策程序的理解、共識，對形成和維繫國際機制產生不可替代的重要作用。

最後，國際機制存在於國際關係的每一個問題領域。哪裡有行為發生，哪裡就有機制；哪裡需要調節集團或國家行為，哪裡就有國際機制。經濟領域最易形成國際機制，但最重要的還是國際安全領域。

（五）就其不同的性質和功能，國際機制的類別可以分為三組六種：

第一組是，特定機制與一般機制。美國國際機制學者唐納德‧柏契拉和雷蒙‧霍普金斯認為，任何單一的國際機制都無法囊括全球問題，但各問題領域的相互滲透、相互影響與日俱增。因此，目前國際機制出現的一個趨勢是，「特定機制往往被包容在一般機制中」，如，美、蘇戰略核武器談判機制與大國合作機制的關係。特定機制的原則和準則等體現了國際社會的「基礎建築」，一般機制的原則和準則等反映了國際社會的「上層建築」。[91]

因此，第一組兩種機制的關係，實際上是處理國際機制的「基礎建築」與「上層建築」的關係。

第二組是，正式機制與非正式機制。一些國際機制是由國際組織或機構正式認可並監督實施的，它們就是正式機制，如歐洲貨幣體系和國際紅十字會。相反地，更多的國際機制是非正式機制，它們只是參與者之間的「君子協定」，為了各自的利益達成某些聯繫，如70年代美、蘇緩和，就是雙方為了控制衝突，避免核升級而建立的一種鬆散的機制，當然也伴隨著一些監督實施手段，如熱線電話和赫爾辛基協定。

第三組是，進化機制和變革機制。機制的變化主要有兩種形式：一是改變原則，但準則不變；二是推翻準則，以導致原則的改變。前者的變化，是在機制的程序準則之內發生，這種機制就叫做「進化機制」，這種進化現象並不帶來參與者權力分配方面的變化，不影響機制的權力結構和「博弈規則」。而「變革機制」是指機制的權力機構和利益分配起了變化，本來的原則和準則也隨著變化，機制內原處於劣勢的參與者上升為優勢者，重新確定有利於自身的新的準則和規則，這樣就開始了機制變化的新的週期。

（六）秩序是機制的結果，按照不同的秩序結果，機制又可分為自然秩序機

制、協調秩序機制和強加秩序機制。

自然秩序機制，顧名思義，是指自然形成的機制，它不需要機制參與者的有意識的合作和人為的契合，這種機制幾乎完全建築在自然秩序（不同於自然狀態）的基礎上，如自然形成的市場機制，以及在國際層次上形成的均勢格局。其特點是結構鬆散，變化迅速。

協商秩序機制具有與自然程序機制不同的特點，它以參與者有意識的贊同和支持，以及參與者經過協商均接受的原則和準則為前提。南極協定和中東和平方案均屬此例。協商秩序機制又可分為全面的協商秩序機制和部分協商秩序機制。前者（如海洋公約和核裁軍機制）需經過長期的、有序的、全面的談判才能形成；後者則在國際關係領域最為普遍，主要基於實例和先例，透過討價還價的談判即可部分形成和運轉。

強加秩序機制的根本特點是，是由占支配地位的參與者有意識、有目的地建立的，核心問題是權力，誰強誰就有資格這樣做，強者的意識強加於弱者。典型的實例是霸權機制，古代封建帝國，19世紀英國的海權機制和第二次世界大戰後美國的世界領導機制，均是具體的表現。

（七）討論國際機制的基本特點時，還不能不涉及國際關係的另外三個重要概念：國家利益、國家主權和國際限制。

霍夫曼關於這方面的論述應該是最典型、最權威的了。他認為，利益、主權、限制等問題是國際機制的重要因素，但用舊時政治現實主義的原理也無法解釋，需要用新的思路來加以研究。他說，對利益、主權和限制的新認識正反映了國際機制的「博弈原則」。[92]

第一，國際機制強調，國家行為所遵循的「原則、準則、規則和決策程序」必須符合總體上的國家利益，但它反對狹隘的國家利益觀念，主張以合作互利的長遠利益代替爭奪權力的眼前利益。

第二，國際機制並不意味著國家主權的轉移或放棄，而是主張國家主權的「國際匯合」；它並不要求國家單方面的責任和行為，而是強調各國應擔負共同責任和採取一致的行動。

第三，國際機制所包括的準則和規則為國際關係行為者同時提供機遇和限制，而且側重點是在「道義上的限制」。一方面，國際機制提供解決國際爭端、實現穩定與和平的有效手段；另一方面，它對國際機制參與者所提出的限制不應影響發展，而是要創造有利於各國發展的「良性國際環境」，所以，認為國際機制只有限制沒有發展的看法是片面的。

（八）國際機制的另一個重要特點是，國際機制是變數，不是常數。史蒂芬‧克拉斯納認為，影響機制變化的因素包括「利己利益、政治權力、準則與原則，習慣與慣例和資訊與知識」。[93]

──利己利益。利己利益指一方最大限度地追求自身利益，而不顧他方利益的強烈欲望。在目前國際社會裡，無政府狀態尚未改變，國家追求自身利益是「天經地義」的，而國際社會強調的是「合作互利的共同利益」，這就造成了國際機制的「共同利益困境」。能否克服這一困境，能否讓各方變「利己利益」為理性的「合作利益」，是直接影響機制的維持和發展的一個「決定因素」。

──政治權力。權力或實力是實現利益的保證。為實現個別利益的權力叫「特定權力」，為促進共同利益的權力叫「共同權力」。提高「共同權力」意識是國際機制發展的一個關鍵。美國學者以國際貿易機制為例，說明政治權力在實現「共同利益」中的作用；1.保護貿易體制的行為者不受武力的威脅；2.在處理進出口貿易關係的不利情況方面產生緩衝和調整作用；3.確定貿易產品的標準；4.確定貨幣兌換制度；5.幫助建立標準化的公共設施，如碼頭和國內交通運輸系統等。

──準則與原則。準則與原則體現了國際機制的最根本的特徵。這裡要特別指出的是，不僅與某一特定問題領域直接有關的準則和原則，而且那些間接對某一特定問題領域有影響的準則和原則，也同樣是機制形成、發展或者消亡的重要因素。史蒂芬‧克拉斯納認為，主權仍是目前國際機制的最基本原則，但在有不同的機制等級裡，主權的強調度有所不同，「如果主權原則有所變化，就很難想像任何國際機制會仍舊一成不變」。[94]

──習慣與慣例。前三個因素是影響機制變化的主要因素，習慣與慣例和資訊與知識則是影響機制變化的輔助因素。這裡的「習慣」是指基於現時實踐的行為常規模式，「慣例」則指基於長期實踐的行為模式。機制的變化當然取決於類似權力或利益這些原則考慮的變化，但習慣與慣例的變化也是不可忽視的因素。

──資訊與知識。作為輔助因素，資訊和知識也對機制的變化產生一定的作用。恩斯特‧哈斯把此定義為「作為公共政策指導的技術資訊的總和」。[95]它往往會被決策者廣泛採用或參考，以提供實踐合作

協定的基礎。羅伯特‧傑維斯提出一個重要觀點：如果沒有共識，資訊與知識就不會在一個由主權國家組成的世界裡對機制的發展有多大影響。因此，資訊與知識主要應促進機制參與者之間的共識。

（九）許多國際機制論學者提出，機制的核心是作為機制基礎的準則。機制準則的特徵是：1.準則決定機制的規則和決策程序及手段；2.機制準則隨時間的推移而發生變化，其變化當然與機制參與者（特別是最強有力的機制成員）的權力地位和對外目標的變化密切相關；3.機制準則不是孤立地存在的，許多機制的準則相輔相成，有的也相互矛盾。規則的確定和決策的形成往往是機制準則之間「辯證的鬥爭」的結果。在目前國際社會的發展階段，機制準則主要分為主權準則和相互依存準則，兩者有交叉，有鬥爭，有匯合，有滲透，形成機制變化和發展的動力。以關稅貿易總協定為例，其相互依存的趨勢，在1950年代至1960年代較弱，到70年代較強。

以上從九個方面簡述了國際機制的基本特點，這些基本特點大致可以概括為這樣幾句話：國際機制是國際社會機制化趨勢的產物，體現了新自由主義理想化的模式；國際機制的要素是具有共同的利益——安全與發展和透過機制對參與者實施道義限制；機制是變化發展的，變化規律的核心是機制基本準則的變化。

三、主要流派和理論取向

分析學派或流派常常是一個複雜而困難的事情，有的學派尚處雛形，有的只是分支學派，有的甚至只是流派觀點和研究方法的不同；有的學者同屬兩個學派，有的則變換學派或流派。觀察國際機制的流派，也會碰到類似的情況。

在西方國際關係理論領域，圍繞國際機制問題出現了三個主要流派：

第一個流派以雷蒙‧霍普金斯、唐納德‧柏契拉和奧倫‧揚為代表。他們基本上堅持了格老秀斯主義的傳統，故稱為格老秀斯派。首先，他們認為：國際機制無處不在，是國際體系發展的一個新現象。他們指出：「機制存在於國際關係的所有領域，甚至存在於那些傳統上被視為完全無政府狀態的領域，如大國爭奪。因為，政治家幾乎總是認為他們的行為是受到原則、準則和規則的限制的。」[96]正如相互依存不僅會導致合作，在一定條件下也可能導致衝突一樣，國際機制不僅存在於合作的特定問題領域，也存在於易產生衝突的領域。

國際行為一旦成為慣例，就會對外交實踐形成道義限制。「慣例的行為產生公認的準則」。[97]

其次，該派不同意認為由主權國家組成國際體系僅受均勢限制的觀點。他們指出，代表國家的領導集團才是國際關係的實際行為者。領導集團有著廣泛的國家和國際聯繫，他們在國際關係碩大的網絡中行事，必然受到超越國家的原則、準則和規則的制約。國家支配超越國界的行為和維持對國際體系各方面控制的能力是有限的。安全和國家生存並非是唯一的對外目標，武力在國際政治中並不產生單一的重要作用，日益發展的相互依存趨勢，是比均勢更重要的限制因素。

第三，該派展示了一種新的視野，認為國際機制是「一種理想主義的未來世界模式」，其起步是將理想主義與現實主義結合起來。國際機制雖不能馬上成為現實，但對今後世界秩序的建立、調整和加強將產生積極的作用。

第二個流派是以羅伯特·基歐漢和亞瑟·斯坦恩為代表的國際機制修正結構主義派。他們贊成「修正機制結構」的主張，因而得名。首先，他們認為，國際機制並不是無處不在的，強調在各主權國家都最大限度地追求權力和利益的世界裡，機制只能在某些利益可妥協的領域產生，「機制的作用是協調國家行為，以在特定的問題領域獲得預想的結果」。[98]

其次，該流派認為，可產生機制的特定問題領域是很有限的，而且形成的時間也較長。他們強調，如果國際社會真的出現了複合相互依存的情勢，國際機制賴以產生的特定領域才會增加。然而，這一過程是極其緩慢困難的。

再次，該流派還認為，國際機制的發展不會根本改變「國際體系的組織原則」，國際社會的無政府狀態和國家主權亦不會因此而廢止，但現存的無政府狀態和國家主權的內涵，將隨著國際機制的逐步建立和運轉而發生變化，為世界從無序到有序的過渡創造有利條件。

大多數西方國際關係學者，對國際機制持較為現實的修正派觀點，除了基歐漢和斯坦恩之外，史蒂芬·克拉斯納、恩斯特·哈斯、羅伯特·傑維斯等基本上也是支持這一觀點的。

第三個流派叫傳統結構主義。這一派以英國學者蘇珊·斯特蘭奇為代表，她對國際機制這一概念的價值抱極大的保留態度，認為「是一個引人誤入歧途的概念」，「國際機制對國家行為的影響極微」。[99]

這一派對國際機制分析，提出尖銳的批評：（一）國際機制概念是一種曇花一現的「學術時髦」，充滿著人的「主觀臆測」；（二）國際機制所用

的術語不精確，易混淆政治與經濟關係；（三）國際機制具有「價值觀念上的偏見」，強調最強有力的機制參與者的作用，實際上是以美國為中心，是一種「非領土擴張的帝國主義理論」；（四）過於強調靜態分析，忽視國際關係變化的動態分析。蘇珊‧斯特蘭奇指出，重要的不在於以一個新的國際關係術語或概念去代替舊的術語或概念，而在於國際關係本身的改造，目的是「實現秩序與穩定、正義與自由、發展與進步，以消除貧困與剝削、不公與壓抑、危機與戰爭」。[100]然而，如何實現這一切呢？蘇珊‧斯特蘭奇也顯得束手無策。

史蒂芬‧克拉斯納曾依據基本的因果變數與機制的關係，對上述三個流派的關聯和區別，做了圖解：[101]

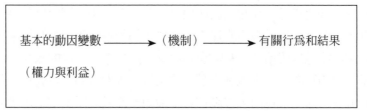

圖解一：傳統結構主義

機制作為仲介因素，作用不大。機制本身只是手段，不是目的。有的學者甚至認為，機制是無用的概念，動因與結果直接發生關係。

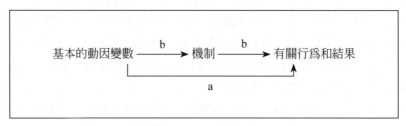

圖解二：修正結構主義

在大多數情況下，基本動因變數與有關行為和結果之間存在直接聯繫（a），僅在非衝突的條件下，機制才是有意義的。因此，這一流派強調，只是在有限制的條件下和範圍內機制才可以產生一些作用。

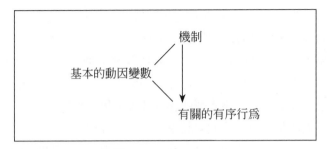

圖解三：格老秀斯派

　　這一派突出機制的重要性，認為機制是有序的國際相互關係（包括國際體系內的有序行為）的重要組成部分。此外，該派還強調機制與有序行為的互動關係，有序行為導致機制的形成，機制反過來促進有序行為。

　　在傳統結構主義、修正結構主義和格老秀斯派中，傳統結構主義是國際機制的反對派，修正結構主義和格老秀斯派是贊成派，只是贊成的態度、主張、立場在層次和程序上有所區別罷了。

　　持贊成態度的學者，研究國際機制的特點過程中，先後提出若干重要的理論取向。最具代表性的是恩斯特·哈斯和斯蒂芬·赫格德和貝茲·西門斯的觀點。

　　恩斯特·哈斯強調了六個國際機制理論取向：生態進化、生態變革、平等主義、自由主義、重商主義和「主流派」。

（一）生態進化理論取向。哈斯認為，生態不單是自然科學的一個概念，它也是反映國際社會發展的一項重要原則。生態進化主要涉及解決「人類的困境、人類的危機和人類的生存」等根本問題。生態進化與國際機制有關，它不僅涉及「社會代價」、「生存代價」等重要概念，而且在一定程度上反映了國際機制的變化結構，其特點是研究「進化合作的範式」。它並不重視國家利益、國際結盟，危機處置等問題，強調變化主要在如遺傳、物理、文化人類學等自然科學，而不是政治經濟領域，但是卻認為道德學和倫理學對國際政治影響甚大。

（二）生態變革理論取向。國際機制與生態變革密切相關。這一理論取向贊成「世界體系及其分體學」的觀點，不僅認為世界體系充斥著國際機制要解決的問題——危機、戰爭、饑荒、污染、第一世界對第三世界的剝削，而且強調這些問題的因果關係，尋找變革途徑。

生態變革理論取向贊同生態進化關於「社會代價與得益」和「集體利益」的觀點，但兩者的差異也十分明顯。一是，生態進化理論取向強調「人類困境」、「生存代價」，而生態變革則強調「世界體系」，主張用變革的方法解決世界體系存在的問題；二是，生態進化基本上屬於自然科學的範疇，而生態變革則屬於社會科學的範疇。

（三）平等主義理論取向。該取向最重要的價值標準是平等，即財富、權力、發展經濟和改善生活的平等。其認為，國際社會的問題應依靠「新的倫理道德」來解決。當然，生態進化的手段也不完全無用，但是重要的還是應發揮道義的力量。是政治，而不是生物、遺傳或經濟，被賦予實施倫理道義的權力，國際機制的政治任務是破壞或替代現存的不平等體系。因此，平等主義理論取向象徵著國際機制走向更高水準的倫理道德。

平等主義理論取向對現存國際體系持批評態度。它特別指出，目前富國正在把他們之間的矛盾轉移到窮國，從北到南，南方國家不願受到新的剝削和奴役，南北矛盾趨於激化。因此，平等主義主張的目的是為改善第三世界國家地位，提供「適當的政策工具」。

哈斯指出，平等主義是一美好的詞語，代表人類嚮往的道德理想。但是僅僅提出要平等是不夠的，是誰對誰平等？僅僅要求建立新的國際經濟秩序也是不夠的，如何打破不合理的等級體系？如何在國際機制參與者——已開發國家、新興工業國家、第三世界國家、第四世界的窮國中間取得關於平等的一致立場？可見，如何實現平等不是一件易事，平等主義理論取向並沒有提出具體的解決辦法。

（四）自由主義理論取向。這一理論取向也稱新古典經濟學取向，其認為亞當‧斯密的「無形的手」仍起作用，強調機制的「效應、穩定和等級制」。基本主張是，國際關係應該建立在勞動分工的基礎上，旨在有效地提高所有成員的福利；國際生活應該趨於穩定，第三世界對現存國際秩序不滿是與穩定相悖的；等級制是一客觀的現實，難以改變；因此，自由主義希望建立強有力的「國際機制」來組織和協調不同問題領域的穩定和等級的準則，布列敦森林制度瓦解後，要求建立這一機制的迫切性更突出了。

（五）重商主義理論取向。與自由主義一樣，重商主義也贊成國際關係應建立在國際勞動分工的基礎上。但兩者的差別在於，重商主義認為效應不

是、也不應是秩序的唯一決定因素；經濟不應視爲僅僅是爲了提高福利水準，而應視爲服務於國家的生存權力；在具體政策上，重商主義不把國際貿易和投資作爲「準則」來頂禮膜拜。此外，重商主義強調，利益均勢對機制是十分必要的，國家的生存利益與國際的穩定利益，同樣是機制形成和維持的重要因素。

（六）主流派理論取向。根據哈斯的分析，主流派理論取向是介於自由主義與重商主義之間，其吸收了兩者的有用之處，又糾正了兩者的偏頗之見。主流派強調機制參與者利益的「認同過程」，認爲此一認同會產生機制所需要的新的原則、準則、規則和程序。而提供「認同過程」的最好途徑是「複合相互依存」，即多管道的合作形式，武力作用居次要地位，全球問題被提上議事日程。

斯蒂芬・赫格德和貝茲・西門斯的觀點集中反映在他們合作撰寫的〈國際機制理論〉一文裡。[102]他倆從另外一個角度提出了關於機制發展和變化的四個理論取向：結構、博弈、功能和認識。

這四個理論取向並不相互排斥，而是相互關聯。結構、博弈和功能取向都是以國家爲中心，視國家爲統一的理性行爲者。結構理論取向包括霸權穩定理論，主要說明國家之間發生關係的結構環境和國際合作的必要條件；博弈取向分析國際機制的內外變數對機制發展的影響，強調行爲者主要是受限於國家之間的博弈規則；功能取向以各特定問題領域形成機制的不同特點和功能爲研究重點，它依據「效果」來衡量國家行爲或國際組織的作用，認爲機制的功能因問題領域不同而異；認識取向與前三種取向的區別在於，前三種取向強調國家利益或國際體系的決定因素，而認識取向則強調「意識形態對機制的制約作用」，內容包括「行爲者的價值標準，實現特定目標的信念和倫理道義」。有的學者，如約翰・拉吉甚至認爲，「機制不僅是權力的組合，而且是占主導地位的社會信念和倫理標準的組織」。斯蒂芬・赫格德和貝茲・西門斯指出，由於國際機制論過於拘泥於體系理論，在很大程度上忽視了國內政治過程的因素。爲了克服這一缺陷，兩位學者建議給予兩種研究方法以同樣的重視：一是，始於國內政治與經濟層次，爲國際合作創造有利條件；二是，研究跨國的國際聯繫，這一聯繫可以是區域性的，如歐洲共同體。他們認爲，應視國際合作不僅是國家間關係發展的產物，而且也是國內與國際機制相互影響的結果。

四、幾點評論

自1980年代以來，國際機制論發展得十分迅速，已經成爲西方國際關係理論領域的一個熱門話題。就像美國國際關係學界，40年代至50年代言必稱國家權力和國家利益；60年代至70年代言必稱國際體系和相互依存一樣；80年代言必稱國際機制。應該說，國際機制論關於國際社會秩序、穩定的觀點，關於加強第三世界國家的國際地位，緩解南北矛盾的看法，以及關於實施國際關係平等原則的主張，都有一定的積極意義。因此，問題不在於國際關係的概念上的變換，況且「國際機制」本身並不是一個壞字眼。問題的要害是國際機制如何建立，建立後爲誰服務。

唐納德·柏契拉和雷蒙·霍普金斯在對國際機制進行初步的研究後，曾得出了六點結論：[103]

（一）國際機制存在於國際關係的一切領域。

（二）國際機制是介於目標、利益、目標與行爲之間的聯繫機制，構成機制的原則、準則與規則，應符合國際道德或國際法的要求。

（三）國際機制的性質在一定程度上取決於機制管理體制的性質。

（四）國際機制有正式機制和非正式機制之分，非正式機制構成主體。

（五）機制的有效性取決於參與者是否一致接受並遵守機制準則的程度。

（六）機制的變化和兩個基本的政治概念——權力與利益密切相關。大多數國際機制的變化源於國際權力結構和各國利益關係的變化。反過來，機制不僅能改變不同行爲者擁有權力的程度，而且也能改變行爲者最大限度實現自身利益的認識和手段。

這兩位學者所得出的第二和最後一點結論，值得我們特別注意。

不少西方學者反復強調，一方面，以共有準則爲前提的國際機制與追求國家利益是一致的，它使國際關係行爲者「在集體的名義下更容易實現他們的利益」。

另一方面，機制內占支配地位的強國總是最有發言權，「國際機制的基本準則首先要與強國的價值標準、原則、目標、決策程序相一致」。一是利益相符，二是強國意志，這十分明顯地暴露了西方國際機制論的實質，即強調以美國爲中心，強調以符合美國及其盟國的利益爲原則和強調以西方價值標準爲準繩。這三個強調意味著什麼是不言自明的：其充分地說明，國際機制論也是爲「美國利益全球化」的戰略目標服務的。難怪美國政府領導人在不同場合多次

提及要使美、蘇的合作關係「機制化」，「以美國道德價值觀念為指導來改變世界」。[104]在很大程度上，國際機制論為美國的戰略決策提供了理論依據。

從方法論的角度來看，關於國際機制的研究可分為兩大類：一類是結構研究；另一類是過程研究。所謂結構研究，注重的是國際關係行為體的交往過程在權力（政治的、經濟的、軍事的、文化的）關係格局的影響下受到的外在限制，而過程研究注重的則是國際關係行為體交往過程本身對國際後果的影響。從這樣的區別出發來判斷，新自由制度主義的國際機制屬於典型的過程研究。但是，國際關係中的結構性因素對國際制度的外在限制，恰恰是不容忽視的，在很多情況下，唯有綜合結構分析和過程分析兩者，才能把握國際機制的全貌。在這裡，斯特蘭奇曾經向國際機制研究發出的警告，仍然不算過時。

此外，新自由制度主義的國際機制論，還明顯地存在重形式而輕內容、偏實證而輕規範的缺陷。連基歐漢也承認：反對機制論的論調「一直不絕於耳」，批評意見認為國際機制無實質性內容和意義，只有國家才是世界政治唯一真實的實體。[105]

在肯定國際機制論的作用和影響的同時，我們也不應該忽視它在理論上的這一缺陷。

第六節　集體安全論

一、概念與條件

集體安全是一個涉及國際關係中諸多理論和現實問題的概念，它關注當今，更重視未來，是把現實和未來相結合的一個理論問題。雖說嚴格意義上的集體安全並不存在，但是有許多國際現象說明，集體安全思想正在影響國家的對外政策和思維方式，一些多邊的、多方面的合作形式和合作思維，都可以從集體安全中找到源頭。

集體安全「必須包含集體的責任」，[106]是國際社會設想的以集體力量威懾或制止其內部可能出現的侵略者和侵略行為的辦法來保護每一個國家的國家安全的一種安全保障體系。「一國為大家，大家為一國」（One for all, and all for one）是集體安全的口號。集體安全的假想是，所有國家保證所有國家的安全，所有國家對付一個國家（all for all, all aganist one）。保護一國安全就是保

護大家的安全,即安全共用;當一個國家受到安全威脅或侵略時,其他所有國家應像保護自己一樣反對侵略者,形成「老鼠過街,人人喊打」的局面,即風險共擔。集體安全強調的是,安全和風險的普遍性。

在國際關係研究的文獻和政治家的言論中,把集體安全與結盟混為一談的情況很普遍。有些人僅僅從其有「集體」的性質和防禦性目的來界定集體安全,將其看成是兩個或兩個以上的國家之間的聯合,也有的軍事同盟自稱是集體安全性群組織。在北約建立之初,有人乾脆稱其為「集體安全聯盟」。1990年代,北約並沒有隨著冷戰的結束而解體,相反地,它在地區安全中的作用有所增強;《美日安全保障條約》也得到重新界定,有些人就此認為,這是集體安全的成功,歐洲和東亞地區的安全與穩定有賴於北約和美日同盟這樣的集體安全性群組織。很明顯,這是對集體安全概念的曲解。

屬於集體安全與否,要看是否具有三大要素:第一,集體安全性群組織的成員來源具有普遍性,不管這個組織是地區性的還是全球性的。歷史上公認的集體安全性群組織是國際聯盟和聯合國。雖然國際聯盟自1919年成立到1946年解散,從來沒有在同一時刻將世界上的所有國家包括進去,但它畢竟包括了世界上大多數國家,成員國來自四大洲,具有一定的廣泛性和普遍性。[107]聯合國是全球性的國際組織,迄今為止,共有來自四大洲185個國家加入了這個國際組織。但因特殊情況,也有個別國家不是其成員國,[108]但這並不能就此抹殺聯合國具有普遍性。

雖然這兩次集體安全的嘗試帶有一定的全球性,但不能在理論和實踐上否認地區性集體安全的存在。集體安全也不一定必須具有全球性,只要世界上大多數國家或一個地區的所有國家參加,也可以是集體安全性群組織。它強調的是,成員國參與集體安全行動的普遍性,達到全球性就可以實現普遍性,而普遍性既適用於全球範圍的國際組織,也適用於地區範圍的國際組織。成員國不具有普遍性的國際安全性群組織,就稱不上是集體安全性群組織。因此,理論上的地區性集體安全是存在的。

成員國參加集體行動的普遍性的另一個目標是加強集體的力量,參加集體制裁的國家越多,集體的力量就越壯大。「多打一」取代「單打一」,而且「多一定勝過一」。集體的絕對優勢力量使侵略者相信侵略不僅要付出巨大的代價,而且必定遭到失敗。集體安全客觀要求的非均勢局面,有利於世界秩序的維護。

第二,集體安全要求建立一套合法有效的防止侵略的安全機制,這是集體

安全是否成功的關鍵。集體安全性群組織有權力判斷戰爭的性質，並決定在什麼時候對什麼國家採取什麼樣的制裁手段，有權力在什麼程度上領導集體行動。集體安全體系的重要性在於，只有依靠這種權力才能毫無困難地發揮它的主要功能。

國際聯盟最終沒有防止世界大戰的爆發，沒有能力維持國際體系的現狀，其失敗原因之一，就是缺乏合法和有效的安全機制，缺少必要的「牙齒」。國際聯盟盟約對戰爭本身的性質沒有明確規定，其成員國要承擔在解決國際爭端時不訴諸武力的義務，但又不完全禁止訴諸戰爭，不從事戰爭只能是成員國自願的承諾，使侵略國家藉口「自衛」而逃避戰爭責任。《聯合國憲章》在這個問題上有明顯的進步，其廢棄了成員國發動戰爭的權利，並且廢棄了訴諸戰爭的權利。這種戰爭之正義與非正義的劃分讓聯合國行動披上了「合法」的外衣。[109]依據憲章規定只有下述兩種情況，使用武力才是合法的。一是，單獨或集體自衛；二是，安理會授權或採取的行動。在戰爭的性質明確以後，更重要的是集體安全性群組織有權力召集成員國對爭端之解決進行協商，對侵略國家採取什麼制裁措施，以期達到制裁的效果。

第三，集體安全的目的是為了防止內部成員國發生的侵略行為。不同於國家間結盟式的軍事組織，雖說都是為了應付國家間戰爭的發生，但集體安全是內向型的，目的是為了實現其內部和平，其對象是抽象的侵略者，可能是內部任何一個國家。它是一個地區性或全球性聯盟，而且假定這個聯盟的力量永遠大於侵略者的力量，這是集體安全發揮有效作用的一個必要條件。如果它顯然成為抵禦外部侵略的國際組織時，它也就失去了集體安全的性質，淪落為地區性軍事集團。

總之，集體安全性群組織必須具備上述三個基本條件，沒有第一個條件，集體安全可能成為個別國家謀取私利的工具；沒有第二個條件，集體安全就會淪為一種「擺設」，成為大國均勢的犧牲品和大國外交的「玩偶」；沒有第三個條件，集體安全無異於權力均勢，這三個基本條件缺一不可。至於，集體安全不能成功運作，那不是集體安全體系本身的問題，而是因為現存的國際體系仍在產生作用，影響集體安全效力的發揮。

在集體安全實踐中經常會出現這樣的困境：集體安全無力對大國實行有效的制裁措施，也無法對付有盟國或大國支持的國家，面對侵略國家和侵略行為，成員國就是否干預或怎樣干預不能達成一致意見等。那麼，一個成功有效的集體安全該是怎樣的？它應該具備什麼條件？

　　集體安全的前提條件，可以劃分主觀和客觀兩種。主觀條件指的是，成員國對集體安全的一般接受能力。如，絕大多數成員國積極爲世界和平做貢獻，反對使戰爭地區化的孤立主義思想；要求成員國認識到國家安全是相互依存的，對國際社會保持忠誠；即使國家利益受到暫時的損害，也要隨時隨地爲集體安全做出犧牲；成員國對戰爭的性質要有一致的看法，並明確宣布參與制止侵略行爲的集體行動，它並不限制成員國的自衛權利，但在使用強制手段的所有情況下應服從國際權威；成員國願意爲維持國際體系的現狀而戰，對參與者無歧視性。國家參與集體行動不僅具有普遍性，還具有自動性，即自動捲入集體強制行動。總的說來，集體安全要求所有國家自願把自己的命運交給集體安全，要絕對信任集體安全。

　　克勞德認爲，集體安全成功的客觀條件指的是，全球形勢應適合集體安全的運作。如，集體安全中的力量配置狀況應是分散的，大國的力量大致平衡對集體安全至關重要；同時，成員國的普遍性也可以在某種程度上防止出現大國控制集體安全的局面，因爲力量的均衡分布可能在集體安全內部造成一種非均衡的可能性，任何一個國家的力量都不會超過集體的力量。如，侵略國家往往把經濟制裁看作是進攻時面對的第一道防線，而且因代價高昂就可能不會輕舉妄動，而反侵略國家則可能不透過戰爭就使侵略者受到懲罰；集體安全還要求建立一個能夠表現其基本原則的合法機構，包括建立判定侵略行爲的法律體系，要求成員國在反侵略行動中竭誠合作，賦予國際組織決定何時、針對何國的制裁權力等。[110]

　　一個成功的集體安全體系，必須具備這些主、客觀條件。爲什麼國際聯盟和聯合國不能成爲有效的集體安全性群組織？原因就在於，其並不完全具備這些條件。要符合克勞德所列舉的每一個條件是很難的。

二、歷史實踐與歷史分析

　　集體安全並不是空穴來風，憑空設想出來的，其最初是基於對數百年歐洲國際關係的殘酷現實的失望和反思而產生的。

　　自17世紀中葉以來，權力政治這一現實主義理論一直主導著歐洲政治，這種理論曾經擁有維護歐洲和平近100年的光輝歷史。可是，無論是西伐利亞體系還是維也納體系都未能防止小規模的地區戰爭，更不用說歐洲大國戰爭乃至世界大戰。一批哲學家和政治思想家逐漸將戰爭與和平問題作爲他們關注和研

究的課題。不管他們的和平思想是以全球和平為目的，還是以歐洲地區和平為目標，他們都試圖擺脫權力政治的陰影，一勞永逸地實現「永久和平」。如17世紀的威廉・佩恩，18世紀的聖・皮埃爾、盧梭、康德、邊沁，19世紀的聖西門以及20世紀初的美國總統伍德羅・威爾遜等人都設計過不同的和平藍圖。儘管這些人中大部分被扣上了「理想主義者」或「烏托邦分子」等貶義的帽子，但他們的許多和平主張在20世紀的集體安全嘗試中，逐漸得到採納。

　　集體安全思想的第一次嘗試，是在第一次世界大戰結束後，以創建國際聯盟為象徵。這次嘗試意義深遠，不僅表明了集體安全思想的發展進入了新時期，而且更為重要的是，在國際政治發展史中，這是第一個為和平目的而設計的國際體系。

　　國際聯盟是根據1919年4月28日巴黎和會透過的《國聯盟約》而成立的。作為一個國際組織，國聯並不是一個超國家，也不是一個戰勝國組成的聯盟，而是一個對任何一個國家都開放的「合作的工具」，類似於邦聯的組織模式。[111]

　　國際聯盟雖然提出了一些實現集體安全體系的手段，但在強制執行集體安全措施的問題上，其與威爾遜的理想相反，它沒有「牙齒」強制和平，沒有明確成員國參與軍事制裁的義務。

　　均勢體系沒有防止第一次世界大戰，為什麼取而代之的集體安全體系也未能制止再一次發生國際戰爭呢？答案在於一戰後國際關係，尤其是大國關係的變化。一戰結束後，舊的均勢體系崩潰了，而新的國際秩序尚未建立起來，國際關係因各國實力的變化而不斷調整和重組。在1930年代，為擺脫經濟危機和重新劃分勢力範圍，德、義、日三國走上了對外擴張的道路，並建立起法西斯同盟。大國均勢體系重新恢復和發揮作用，雖然大國均勢體系形成了，但卻動搖不定，到了30年代末，這種均勢體系隨著戰爭的爆發又澈底崩潰了。

　　國際聯盟之所以由盛轉衰，是因為均勢體系由衰至盛。國際聯盟不能防止戰爭、面對大國的侵略過於軟弱的情況都是事實，然而戰爭的發生不是集體安全思想的錯誤，而是均勢體系再次解體的結果。人們建立國際聯盟的本意是為了找出處理國家之間關係的好方法，防止1914年戰爭災難重演。這是認識和評價國際聯盟的關鍵。實際上，人們找到了實現和平的「金鑰匙」，卻發現它要開啟的是一把「生鏽的舊鎖」。人們對集體安全期望值過高，往往忽視了均勢外交仍在起產生消極作用。如果將戰爭的罪責歸結到集體安全「頭上」，那只是找到了「替罪羊」。試問，如果第一次世界大戰後根本不存在國際聯盟，戰

爭原因又會歸結到誰的「頭上」？世界戰爭的發生說明了集體安全太軟弱，而權力均勢又過於強大。因此，第二次世界大戰後人們很快建立起一個比國際聯盟要強大的集體安全性群組織。

鑑於國際聯盟缺乏強制力而未能制止世界戰爭的教訓，聯合國的創立者格外強調新的集體安全性群組織的有效性。聯合國設立的六個主要機構中負責和平解決爭端的占了四個：大會、安全理事會、國際法院和秘書長，其中安理會的權力最大。

聯合國在冷戰期間的實踐表明，許多重大問題難以解決，如安理會中的大國一致原則所表現出的大國均勢問題、怎樣判斷侵略者的問題等。集體安全的挫折與停滯再次表明，它的產生和發展是與冷戰時期的大國均勢關係分不開的。美、蘇全球對抗是聯合國作為國際集體安全的保護者，顯得軟弱無力的主要原因。不管侵略行為對哪方有利，美、蘇在安理會都達不成共識，尤其在其中一個超級大國直接參與侵略時。在聯合國框架之外，北約和華約兩大軍事同盟對國際政治的操縱進一步導致了集體安全體系的失敗。

總之，集體安全的發展史就是一部興衰史。其不僅與國際局勢的穩定或動盪有關，而且與均勢體系有著此起彼伏的關係。第一次世界大戰結束前後，伴隨著人們對權力均勢前所未有的指責，集體安全思想倍受政治家的推崇，因此，才有了國際聯盟的誕生，這是集體安全的第一個高潮期。然而，隨著大國關係暫時穩定下來，權力均勢似乎在各國的外交政策中又占了上風；集體安全在1930年代的實踐中無「用武之地」，其信譽很快一落千丈，進入了低潮期。國際聯盟最終在第二次世界大戰的炮聲和人們的抱怨中解體。令人欣慰的是，戰爭給了集體安全思想帶來了第二個高潮期。國際社會在國際聯盟的基礎上再一次建立了集體安全性群組織——聯合國，可是，人們又一次失望了。在冷戰期間，兩極均勢體系在國際關係中發揮著至關重要的作用，而聯合國幾乎成了外交家們「舌戰」的場所，集體安全的又一個低潮期，貫穿了整個冷戰時期。

三、理論分析

當今國際政治格局主要由擁有獨立主權的現代民族國家行為體組成，集體安全作為確保國家安全的一種安全模式，其表現形式因國際政治關係的變化和國家實力的差異而有所不同。

第一，集體安全表現為一種國際安全體系，其是一種有組織的國際政治

關係，成員國之間建立的「相互保險制度」成爲國家間安全關係的「遊戲規則」。成員國不能期望從集體的「水池」中汲取的「水」，比自身和其他成員國注入的「水」更多，除非其全力支持集體的工作，否則就不要期望想得到的「紅利」。

集體安全體系的一個明顯特點是，整體上的穩定性和內部行爲體關係的不穩定性。如果集體安全體系運轉得當，就可以轉化爲直接作用於各個行爲體之間的體系，加強內聚力和穩定性，從而在很長一段時間內處於穩定狀態。另一方面，體系內部中國家實力的消長，必然帶來國家間不同形式的衝突，甚至引起世界大戰，使局部地區乃至整個體系處於不穩定狀態。集體安全體系整體上的穩定性和局部關係的混亂並存，兩種情況相輔相成，前者更依賴局部關係的穩定與和平，而後者應受到制約，需要加強整個體系維護和平的功能。

第二，集體安全表現爲一種安全保障機制。建立一種行之有效的集體安全體系的核心問題，是必須擁有一套強制性安全機制，這也是集體安全的要素之一。集體安全之所以能夠給成員國帶來安全感，主要是因爲其針對侵略行爲和侵略者所制定的強制手段及其具有的軍事威懾作用。集體安全是一種有共識或契約的機制，這種機制對建立集體安全性群組織的目的、國際關係的基本原則、解決國際爭端以及決策機制有一定的界定和安排。

第三，集體安全表現爲一種保護國家安全的手段。集體安全作爲國家安全的一種保護手段，是國際政治歷史發展的必然。一個國家無論採取「自助」手段還是「結盟」手段，都難以擺脫「安全困境」，其被迫尋找一種風險相對較小而較爲可靠的解決國家安全問題的第三條途徑，即集體安全保障形式。集體安全可以解決「安全困境」，在國家與國家之間、國家與聯盟之間、聯盟與聯盟之間建立信任和妥協的措施，架設合作安全的橋梁。

集體安全作爲保護國家安全的手段，必然具有一定的局限性，大致可以分爲以下幾種情況：一是，「出事地點」與一些成員國在地理上相距較遠，使這些國家產生安全上「事不關己，高高掛起」的想法。二是，在「城門失火」而不「殃及池魚」的情況下，一些國家也會在集體行動上顯得「害羞」。三是，個別國家爲了保護其國家利益或長遠利益，可能利用集體安全體系打擊「侵略國家」，甚至不顧國際法，損害「被懲罰國家」的權利。以上三種情況會大大削弱集體安全的有效性和正義性，也說明了權力政治在產生作用。

把集體安全作爲對外政策手段和目標的國家，只能是世界性的強國。一方面，其有足夠的實力保護自己的安全，需要集體安全來加強和鞏固自己的安全

程度，即達到絕對安全；另一方面，集體安全需要其他大國的協作，只有大國間的協調才能確保集體安全的效果。世界強國既可以減輕自己的軍事負擔，又能增加集體安全的凝聚力。冷戰後美國的聯合國政策是最好的注解，當集體安全有利於其國家安全，同時可以使其他國家分擔集體行動的代價時，它才會積極宣導集體安全，以免被指責為「單邊的干預」。一旦集體安全不符合其國家利益時，它照樣會將其置於腦後。對於絕大多數國家，尤其是弱小國家來說，依靠集體安全猶如「畫餅充饑」，是保證不了國家安全的。

四、困境與出路

集體安全體系是為了改變均勢體系下國際政治無政府狀態而設計出來的，無論是理論上還是實踐上都難以避免「過於理想化」。

第一，集體安全與國家安全的矛盾。前者作為後者的一種保護形式，與後者存在著密切的聯繫和本質上的區別。前者是一種手段，後者是目的，前者是為了後者而建立，前者是後者的集中與統一；後者是前者的重要組成部分。沒有後者，就沒有前者，沒有前者，國家安全困境就永遠得不到解決。**112**

國家安全具有三個明顯的特點。首先，國家安全具有相對性，進一步說，又具有暫時性。沒有絕對的國家安全，只有相對的國家安全。當一個國家認為自己安全時，那只是暫時的安全。其次，國家安全是雙向的，也是互動的。其三，國家安全具有競爭性和危險性。國家追求和希望得到絕對的國家安全，但事實上，其最終得到的是暫時和相對的國家安全，每個國家都是如此。結果，追求國家安全的行為，反而替國家安全帶來了競爭性和危險性。

與國家安全相比，集體安全就具有一些不同的特點。其一，在集體安全中，國家安全是絕對的，集體安全可以解決「安全困境」。國家安全不再是相對的和暫時的，而是絕對的、永久的。它擁有絕對優勢保護成員國的安全，並將保護任何一個國家的任務和責任轉嫁到了每一個國家的頭上。在集體安全中，國家關注的是別國的意圖，而不再用力量大小的標準來衡量國家安全的程度。這樣，透過集體安全，一國的安全即為別國的不安全的惡性循環就被打破，國家安全的相對性就轉變為絕對性。其二，在集體安全中，國家安全也是雙向的，你之安全即是我之安全，反之亦然。與權力均勢中的「你之安全即為我之威脅」的安全困境，形成了鮮明的對照。其三，在集體安全中，國家安全並不是競爭性的，而是合作性的。國家安全從相互孤立、赤裸裸的「你失即我

得，你得即我失」的「零和關係」，轉變爲相互依賴的「你得即我得，你失即我失」的「雙贏關係」。國家間不再爲彼此力量的均勢而展開軍備競賽，而是經由共同維持整個秩序的和平和穩定來實現自身的安全。衝突和威脅在集體安全中，可以透過國家安全的合作和集中得到制止。

實現集體安全面臨著強大的阻力，原因之一就在於，「國家安全困境」仍在產生作用。一方面，國家安全的相對性和集體安全所要求的絕對性之間存在矛盾。由於各國對集體安全的有效性存在疑慮，在支持集體安全的同時，時刻透過各種手段保護和加強自己的國家安全，這不免挖了集體安全的「牆角」，更加劇了集體安全的不可靠性。另一方面，國家安全的競爭性與集體安全所要求的合作性之間也存在矛盾。在國際政治現實生活中，美國與利比亞、伊朗、伊拉克等國的國家安全顯然具有競爭性，這與集體安全的要求是相背的。聯合國組織中各成員國之間的國家安全既具有競爭性，又具有合作性，從而爲聯合國的有效運作帶來了困難。

第二，國家主權與集體安全的矛盾。集體安全是一種具有普遍性的國際組織形態，由主權國家所組成。集體安全在實踐過程中不可避免地限制和約束成員國的主權，而國家主權同時賦予了國家支持或破壞集體安全的權力和實力，國家主權與集體安全之間存在著不可調和的內在矛盾。集體安全試圖集中保護成員國的國家安全，爲此，就不得不將保護國家安全的最高權威集中起來。與其說集中的是一國的對外權力，不如說集中的是國家主權；簡單來講，就是要各國將一部分主權交出，由集體安全性群組織「分享」，這必然與國家主權的本質發生衝突。

國際政治的發展存在著一種悖論：一方面，國家間相互依存不斷加強；另一方面，國家機構和決策系統日益集中化。國家權力的集中化與政治經濟行爲的國際化並行發展。

那麼，這種矛盾就沒有解決的辦法嗎？看來，唯一的辦法就是透過集體安全儘量減小這種矛盾，削弱兩者之間的衝突。集體安全就是想讓各國認識到，和平的代價可能是部分主權而不是整個主權，只要民族國家願意與集體安全性群組織「分割」主權，就可以減小戰爭的可能性，和平與國家主權兼得。然而，事實證明，沒有必要有意識地靠削弱國家的主權地位來建立新的國際秩序。只有首先承認國家在現代國際關係中的主導作用和地位，在尊重國家主權的前提下，才能更好地處理國家間的關係。

第三，國家安全與大國一致性原則之間的內在矛盾。一致性原則指的是，

國際機構中的投票程序，其要求任何決定必須經過各國同意，如果不經某個國家的同意，任何決定對其都不具有約束力。儘管一些組織的機構同意持不同意見的國家可以接受大多數國家的決定，也可以退出其所在的組織，但一致性原則一般都涉及「平等否決權」，即每一個國家只要投票反對一個提案，都可以使之無效。然而，一致性原則在當今國家政治中存在難以克服的內在矛盾。

　　一方面，國際組織中的一致性原則是，國家無論大小一律平等的具體體現，集體安全性群組織也不例外。另一方面，雖說一致性原則體現了一定的國際關係的平等性質，但其也削弱了集體安全性群組織的作用。國際聯盟由於普遍否決權而缺少採取強制措施的「牙齒」，而聯合國有了安理會這顆「牙齒」，又不得不因任何一個常任理事國的反對而「拔下」。不管是全體成員國一致原則還是大國一致原則，都會因國家自身利益的矛盾與衝突使集體安全性群組織不能正常運作，國際社會希望這種組織長有「牙齒」，但又希望這顆「牙齒」不會咬了自己。

　　不管集體安全的設計者的動機如何，一致性原則具有兩面性，一方面，它希望成員國尤其是大國擔負起維持國際和平與安全的責任，是必要和積極的；另一方面，卻破壞了成員國投票的平等關係，尤其使大國獲得了免受該組織制裁的特權，在一定程度上阻礙了集體安全性群組織的正常運作和其作用的有效發揮。進一步說，一致性原則既表明了成員國平等與成員國利益衝突之間的矛盾，又表明了大國的和平責任和義務與大國均勢關係之間的矛盾。

五、集體安全體系與權力均勢體系之異同

　　自20世紀初集體安全理念得到實踐以來，其與權力均勢在國際政治中的矛盾和衝突就一直存在，在國際格局發生大的轉換時期，更顯得突出。冷戰期間，大國權力均勢狀態與聯合國集體安全形式並存的現象和聯合國成為大國均勢鬥爭的場所的事實，說明均勢體系仍占據著國際關係的主導地位。冷戰的結束，為集體安全體系的復興帶來了曙光。然而，集體安全和權力均勢之間的衝突仍沒有結束，這場衝突將是一個長期的歷史過程。為了全面認識兩種體系之間的關係，判斷國際安全體系的發展趨勢，有必要弄清楚兩者之間有什麼共同點和不同點（見下表）。

權力均勢與集體安全比較

	權力均勢	集體安全
目的	保護國家安全或成員國安全	保護成員國安全
形成	自發的、自動的	人為的、有組織的
形成原因	不信任他國的力量，採取平衡力量的政策	不信任他國的政策和意圖，要改變他國的政策
性質	競爭性、對抗性	合作性、協調性
對象	防禦外來威脅（假想敵），是外向型的國家間聯盟	防止內部發生戰爭或衝突，屬內向型的國家間聯盟（無假想敵）
表現形式	國家或國家集團對抗另一個國家或國家集團，國家間結盟的現象很普遍	全球性聯盟對付個別國家，以整體的安全確保成員國的國家安全，反對國家間結盟
手段	軍事威懾甚至使用武力	軍事威懾甚至使用武力
國家地位	小國、弱國受制於大國、強國，國家安全關係是不平等的	小國、大國、弱國、強國是平等的，尤其是安全關係
背景	對國際政治無政府狀態無能為力	試圖改變國際政治無政府狀態

第一，維護國家安全是兩種體系存在的根源和目標。不論是兩極均勢還是多極均勢，國家安全是第一位的；集體安全同樣如此。在集體安全體系中，各國仍將國家安全考慮放在其聯合國政策的首位，維護國家安全是權力均勢和集體安全的共同點。

第二，自發的還是人為的？長期以來，現實主義者、新現實主義者，以及新自由主義者都一致認為，國際政治始終處於無政府狀態——即缺少中央集權制政治體制在國際關係中制定和實施法律的狀態，而出現了騷動和混亂，權力均勢和集體安全都擺脫不了這種殘酷的現實，所不同的是，前者只能被動的適應這種無政府狀態，而後者則試圖透過國家安全的合作，改變國家面對國際政治自助體系無能為力的被動局面。集體安全本來就是針對權力均勢的危險性及歷次殘酷的戰爭後果而設計出來的。人們設計和實踐集體安全的意義在於，其把弱小國家在權力均勢的危險境地中解放出來，是為了改變國際政治「適者生存」的情況，同一國政府要保護「老弱病殘孕」的政策一樣，保證弱小國家和強國享有同等的基本利益和權利，將他們的國家安全和大國的安全置於同等重要的地位。

　　第三，兩種體系中的集體問題及其對策。均勢和集體安全都存在著一個對某個國家的不信任問題。前者強調對國家實力的不信任，後者則強調對國家對外政策和意圖的不信任。權力均勢強調平衡政策，集體安全強調改變他國政策的政策，兩者的對策雖然不同，但目的是一樣的，可謂「殊途」而「同歸」。

　　第四，競爭型還是合作型？在均勢體系下，各國的安全利益是相互競爭和相互對抗的。集體安全體系則不同，其認為國家安全是相互依存的，一個國家應加入到任何別國的反侵略戰爭中，安全合作是第一位的。均勢認為，只有自己的安全面臨危險時，一國才加入反對侵略者的行列；集體安全認為，對於任何一個國家來說，任何地區的侵略都在威脅其安全。在均勢體系下，主權國家對於是否支持受害者應有選擇的自由；在集體安全體系下，各國應全盤反對戰爭，並應毫無保留地支援戰爭的受害者，集體安全是合作性的、協調性的，在本質上與均勢體系是不同的。

　　第五，結盟有沒有對象？在均勢體系下，由於國家安全的競爭性和對抗性，國際關係充滿了衝突與動盪。一個國家除了利用自助手段保護國家安全外，結盟的現象也很普遍，而且是多變的。在一個國家的安全威脅減小或消失時，它可能認為自己有足夠的實力自保；而在面臨更大的安全威脅時，它可能拋棄原來的聯盟而加入另一個聯盟中。聯盟所針對的對象是清楚的，有共同的危險和敵人是聯盟建立和存在的前提條件，沒有目標的結盟行為是不存在的，也是不能持久的。與權力均勢體系的結盟觀截然相反，集體安全體系認為，國家不能與他國結盟或結盟對抗另一國。均勢體系中有「許多」世界，而集體安全中只有「一個」世界，包括所有國家，「世界不是分成我們這個集團和他們這個集團」，威脅來自「我們這個集團中的一個」，需要「我們所有其他國家共同對付」。[113]

　　約瑟夫‧奈伊則簡練地概括出集體安全和均勢的三點區別：第一，在集體安全體系中，人們關注的是國家的侵略政策和侵略行為，而不是國家的能力和影響；在均勢體系中，情況正好相反。第二，在集體安全體系中，結盟不是預先建立的，均勢情況則相反。第三，集體安全體系具有普遍性，無中立國或免費搭車者；而均勢體系卻不同，其並不要求普遍性，常出現中立者或搭便車者。[114]

　　均勢體系和集體安全體系有一個共同的特點是，兩者都是透過使用軍事威懾和訴諸武力此一最後的手段達到目的的。在均勢體系下，使用軍事威懾手段是非常平常的事，具體表現為提高軍事裝備的品質，增強軍事人員的作戰能

力，最終表現為增強軍事實力，達到威懾目的。集體安全提高絕對優勢的集體力量達到威懾可能的侵略者的目的。所不同的是，集體安全的具體表現不是為增強各成員國的軍事實力，而是聚集更多的國家，成員國越多，集體力量就越強大，其假設所有國家的軍事力量之和大於其中任何一個國家。

六、集體安全的未來和冷戰後的世界秩序

在冷戰後時代，隨著國際關係的性質和內容、國家安全觀的變遷，許多國際性安全性群組織，也不得不面對新的情況和新的問題，制定出新的對策和發展計畫。令人感興趣的是，集體安全思想在冷戰結束初期一度重新興起，成為國際關係中的熱門話題，顯然是與聯合國在波斯灣戰爭和冷戰後的維和行動中作用的上升密切相關。

在一定程度上，冷戰結束是聯合國集體安全實踐的分水嶺。在第二次世界大戰以後的40多年間，聯合國因受制於兩極均勢體系而無所作為，尤其是安理會五個常任理事國之間形成的大國均勢，使集體安全體系中的大國一致原則成為一紙空文。隨著美、蘇關係的緩和與兩極體系的結束，大國之間的國際合作情勢有增無減。在後冷戰時代，新的均勢逐步形成並順利運作，在這種形勢下，集體安全能否發揮更大的作用關鍵要看大國關係如何演變。

第一，波斯灣戰爭以來的大國安全合作與美國的強權政治。波斯灣戰爭是集體安全體系中大國合作的一個典型範例。但是，這種大國合作也具有偶然性，蘇聯解體後，聯合國五個常任理事國中，俄羅斯的地位在下降。冷戰結束以來的安理會，實際上處於非均勢的大國關係中，西方國家仍極力要把聯合國變成推行自己的外交政策的工具。看來，大國合作很容易成為權力均勢的「副產品」，而不是集體安全的實際行動。

第二，冷戰後大國關係走向與世界新秩序。從近些年來國際關係的發展來看，新的國際秩序有以下幾個明顯的特點：（一）大國關係的調整是在總體國際形勢穩定與和平的情況下進行的；（二）在大國關係調整過程中，合作大於衝突，大國在國際安全問題上的利益共同點突出，20世紀末的大國關係從冷戰剛剛結束時的大幅波動和動盪式調整轉變為和緩、穩步、深化式調整；（三）大國關係調整仍在進行當中，並要經過很長一段時期才能完成，因為，國家間的實力對比興衰要經過很長時間才能穩定下來，只有大國關係框架形成和穩定下來後，新的國際格局才能建立。

　　總之，大國關係與世界秩序是密切相關的、相輔相成的。在很大程度上，大國關係的好與壞決定著世界秩序的和平與動盪；反過來講，世界秩序穩定了，大國關係也會好轉，如果世界秩序遭到破壞，大國關係也會因此出現波折。目前看來，冷戰後的大國之間雙邊和多邊關係進一步改善，安全合作趨勢進一步加強。這種國際形勢為國際安全性群組織的發展創造了條件。

　　第三，集體安全的下一個低潮期？自從集體安全思想得到嘗試以來，它在國際關係中的影響越來越大。各國之間的共識和合作的加強，是集體安全思想不斷受到支持和擴大的主觀條件。與此同時，國家間政治經濟相互依存程度的加深和全球化的發展，為集體安全思想的實踐提供了客觀歷史條件。

　　冷戰後集體安全思想的復興與以往有所不同，其是在無世界大戰發生的情況下興起的，而且復興持續時間長，實踐上也取得了一些成功，這主要是因為大國關係持續穩定和國際形勢持續緩和。不過，在未來的國際關係中，由於大國關係仍是決定因素，權力均勢的作用有可能增強，集體安全能否受到削弱，要看這種均勢的消極作用有多大。聯合國作用的上升取決於集體安全與權力均勢兩種形式的政策和手段能否持續協調，兩者之間的衝突是否會嚴重影響各國尤其是大國的國家安全。只要大國關係保持良好的發展情勢，合作就會大於衝突，協調多於摩擦，從而，為聯合國集體安全機制發揮有效作用創造了有利的國際環境。相反地，如果21世紀的大國關係的緩和情勢出現逆轉，大國之間的矛盾和衝突增多，那麼，聯合國的集體安全作用將會再次受挫。

註釋

1　K. J. Holsti, *International Politics—A Framework for Analysis,* Prentice Hall, 1984, p. 158.

2　Stanley Hoffmann, *Janus and Minerva,* p. 268.

3　Ibid., pp. 269-272.

4　Gerherd Mally, *Interdependence—the European–American Connection in the Global Context,* published for the Atlantic Conncil of the United States, 1976, p. 5.

5　Robert Lieber, No Common Power—*Understanding International Relations,* Harpa Collins College Publishers,1995, pp. 343-346.

6　James Rosenau, *Turbulence in World Politics,* Princeton University Press, 1990.

7　Robert Keohane and Joseph Nye, "Power and Interdependence Revisited",

International Organigation 41(4), 1987。這篇文章係該書於1987年重印時的序言。

8 王正毅：《國際政治經濟學通論》，北京大學出版社，2010年，第127-128頁。

9 Stanley Hoffmann, Primacy or World Order—*American Forign Policy Since the Cold War,* McGraw–Hill Book Company, 1978, pp. 321-322.

10 季辛吉在美國威斯康辛大學對外關係研究所的談話，見1975年7月23日美國國務院簡報，第844頁。

11 Stanley Hoffmann, *Janus and Minerva,* pp. 113-114.

12 《馬克思恩格斯全集》第4卷，第368頁。

13 《馬克思恩格斯選集》第1卷，第255頁。

14 李先念在埃及人民議會和協商會議聯席會議上的談話，《人民日報》1986年3月20日。

15 Roger Tooze, "IPE", in Store Smith (ed.), *International Relations—A Handbook of the Current Theory,* 1985, p. 108.

16 Iver Neumann and Ole Wæver (eds.), *The Future of International Relations—Masters in the Making,* Routledge, 1997, p. 121.

17 Joan Spero, *The Politics of International Economic Relations,* St. Martin's Press, 1985, Third Edition, Prepace.

18 Iver Neumann and Ole Wæver (eds.), *The Future of International Relations—Masters in the Making,* Routledge, 1997, p. 126.

19 《國際組織》被譽為IPE的催生婆，作為國際關係理論的分支學科，IPE與《國際組織》有著密切關係，這一密切關係已有30年的歷史。為此，《國際組織》於1998年秋季出了紀念專刊。

20 Robert Keohane, *After Hegemony,* p. 18, p. 21.

21 蘇珊·斯特蘭奇：《國家與市場》，楊宇光譯，上海人民出版社，2006年，第13頁。

22 Robert Lieber, *No Common Power—Understanding International Relations,* Harpa Collins College Publishers,1995, pp. 326-327.

23 Stephen Krasner, "The Accomplishments of IPE", in Steve Smith (ed.), *International Theory—Positivism and Beyond,* p. 108.

24 David Baldwin (ed.), *Key Concepts in IPE,* Vol.1, Edward Elgar Publishing

Company, 1993, p.ix.

25 羅伯特‧吉爾平：《國際關係政治經濟學》，楊宇光譯，上海人民出版社，1989年，第6-7頁。

26 Joan Spero, *The Politics of International Economic Relations,* St. Martin's Press, 1985, Third Edition, Prepace, pp. 1-19.

27 Dennis Pirages, *Global Ecopolitics—The New Context for International Relations,* Duxbury Press, 1978.

28 這部分內容可參閱：Jeffrey Frieden and David Lake, *IPE—Perspectives on Global Power and Wealth,* St. Martin's Press, 1987; Gearge Crane and Abla Amawi, *The Theoretical Evolution of IPE,* Oxford University Press, 1991; William Olson, *The Theory and Practice of International Relations,* Englewood Cliffs: Prentice Hall, 1994。

29 H. Milner, "IPE: After the Phase of Hegemonic Stability", *Foreign Policy*, Spring 1998.

30 恩格斯：《共產黨宣言》1883年德文版序言，《馬克思恩格斯選集》第1卷，第232頁。

31 Robert Keohane, *After Hegemony*, p. 32.

32 Immanuel Wallerstein, *The Politics of the World Economy: The States, the Movement and the Civilizations,* Combridge University Press,1984, p. 38.

33 Robert Gilpin, *War and Change in World Politics,* Combridge University Press, 1981, p. 144.

34 Ibid., p. 28, 29.

35 Stefano Guzzini, "Robert Keohane: The Realist Quest", in Iver Neumann and Ole Wæver (eds.) *The Future of International Relations—Masters in the Making,* p. 134.

36 Katzenstein, Keohane and Krasner, *Exploration and Contestation,* The MIT Press, 1999, p. 21.

37 Charles Kindleberger, "Dominance and Leadership in the International Economy: Exploitation, Public Goods and Free Rides", *International Studies Quarterly,* June 1981.

38 Robert Keohane, "The Theory of Hegemonic Stability and Changes in International Economic Regimes, 1967–1977", in Benjamin Cohen (ed.), *The International System and the International Political Economy,* Edward Elgar Publishing Company, 1993, p. 200.

39 Robert Keohane, "The Theory of Hegemonic Stability and Changes in International Economic Regimes, 1967–1977", in Benjamin Cohen (ed.), *The International System and the International Political Economy,* Edward Elgar Publishing Company, 1993, p. 205.

40 Stephen Krasner, "State Power and the Structure of International Trade", *World Politics,* April 1976.

41 Duncan Snidal, "The Limits of Hegemonic Stability Theory", *International Organigation,* Autumn 1985.

42 Ibid.

43 羅伯特‧基歐漢：《霸權之後──世界政治經濟中的合作與紛爭》中文版，2006年，第31-32頁。

44 Timothy Mckeown, "Hegemonic Stability Theory and the 19th Century Tariff Level in Europe", in Benjamin Cohen (ed.), *The International System and the International Polilical Economy,* p.86.

45 Charles Kegley and Gregory Raymond, *A Mulipolar Peace?,* St. Martin's Press, 1994, p. 25.

46 Duncan Snidal, "The Limits of Hegemonic Stability Theory", *International Organigation,* Autumn 1985.

47 除吉爾平和莫德爾斯基外，美國著名學者沃勒斯坦也提出了霸權週期論（cycle of hegemony），這種理論強調世界經濟在國際體系中的作用，認為世界經濟的持續膨脹、經濟增長點的擴大，以及地理上的擴展是國家建設、霸權興起和大國戰爭的主要推動力。沃勒斯坦依據一國在生產總量、商業和金融三方面所處的國際地位把霸權週期分為四個不同的階段：(1)霸權全勝期（victory）；(2)霸權成熟期（maturity）；(3)霸權衰落期（decline）；(4)霸權上升期（ascent）。他把霸權週期理論與國際衝突結合起來，認為在霸權的全勝期和成熟期，國際體系井然有序，大國間衝突最少，而在霸權的衰落期和上升期，由於新的挑戰國家不斷出現，國家間競爭激烈，大國間衝突最多和最強。由於經濟是決定霸權興衰的主要因素，因此沃勒斯坦認為，戰爭是霸權國家保持經濟優勢地位的最終手段。詳見Immanuel Wallerstein, Three Instances of Hegemony in the History of the World Economy, *International Journal of Comparative Sociology 24,*1983。

48 大衛斯和諾斯：《國際變革與美國的經濟增長》，劍橋大學出版社，1974年，第6頁。轉引自羅伯特‧吉爾平著：《世界政治中的戰爭與變革》（中譯

本），中國人民大學出版社，1994年，第50頁。

49 時殷弘：〈國際政治世紀性規律及其對中國的啓示〉，《戰略與管理》，1995
年第5期，第1-3頁。

50 Robert Keohane, *After Hegemony,* p. 10.

51 Ibid., p. 5.

52 Ibid., p. 10

53 Ibid.

54 Ibid., p. 49.

55 Ibid., p. 9.

56 Ibid., p. 6.

57 Ibid., pp. 25-26.

58 Ibid., pp. 49-50.

59 Ibid., p. 53.

60 Ibid., p. 51.

61 Ibid., pp. 53-54.

62 Kenneth Oye, *Cooperation Under Anarchy,* Princeton University Press, 1986, p. 239.

63 Ibid., pp. 227-228.

64 Ibid., p. 249.

65 Ibid., p. 250.

66 Ibid., p. 254.

67 Robert Axelrod, *The Evolution of Cooperation,* Basic Books, 1984, Preface.

68 Ibid., pp. 21-22.

69 Ibid., pp. 22-23.

70 Ibid., pp. 126-141.

71 Robert Axelrod, *The Complexity of Cooperation—Agent–based Models of
Competition and Cooperation,* Princeton University Press,1997.

72 Ibid., p. 145.

73 Ibid., p. 7.

74 Ibid., pp. 40-41.

75 Ibid., pp. 3-4.

76 Helen Milner, "International Relations of Cooperation Among Nations—Strengthes
and Weaknesses", *World Politics,* April 1992.

77 Ibid.

78 Ibid.

79 關於「international regimes」的譯法，目前學術界有不同意見，如有的學者把它譯成「國際制度」，有的譯成「國際體制」，有的譯成「國際機制」。筆者仍沿用原來的譯法「國際機制」。

80 Stephen Krasner (ed.), *International Regimes,* Cornell University Press, 1983. p. 1.

81 Stephen Haggard and Beth Simmons, "Theories of International Regimes", *International Organization*, Summer 1987.

82 John Ruggie, "International Response to Technology", *International Organization 28(3),* 1975.

83 轉引自王逸舟編：《全球政治與國際關係經典導讀》，北京大學出版社，2009年，第120頁。

84 Volker Rittberger (ed.), *Regime Theory and International Relations*, Clarendon Press, 1993, p. 398.

85 Stanley Hoffmann, *Janus and Minerva,* p. 144.

86 Robert Keohane, *International Institutions and State Power,* p. 2.

87 Stanley Hoffmann, *Janus and Minerva,* p. 144.

88 Ibid., p. 411.

89 Robert Keohane, *International Institutions and State Power,* p. 3.

90 Stephen Krasner (ed.), *International Regimes,* Cornell University Press, 1983, p. 62.

91 Ibid., p. 64.

92 Stanley Hoffmann, "The Rules of Games", in Ethics and International Affairs by Carnegie, 1987, pp. 41-42.

93 Stephen Krasner (ed.), *International Regimes,* Cornell University Press, 1983, pp. 11-20.

94 Ibid., p. 18.

95 Ernst Haas, "'Why Collaborate?'—Issue–Linkage and International Regimes", *World Politics,* April 1980.

96 Stephen Krasner (ed.), *International Regimes,* Cornell University Press, 1983, p. 8.

97 Ibid., p. 9.

98 Ibid., p. 7.

99 Ibid., p. 6.

100 Ibid., pp. 337-354.

101 Ibid., pp. 5, 8, 9.

102 "The Theory of International Regime", *International Organization,* Autumn 1987.

103 Stephen Krasner (ed.), *International Regimes,* Cornell University Press, 1983, pp. 86-91.

104 美國前國務卿貝克在華盛頓美國報紙主編協會發表的演講：「美國的對外政策：促進自由的力量」，1989年4月14日。

105 Robert Keohane, "International Institutions: Can Interdependence work?", *Foreign Policy,* Spring 1998.

106 約瑟夫‧奈伊：《理解國際衝突》，第104頁。

107 國際聯盟的成員國最高累計數字曾達到63個，但在同一時期內的成員國最多也只有1937年的58個。最初，國聯把蘇聯排斥在外，戰敗的德國未加入。1934年，在德、日兩國已通知國聯正式退出這一國際組織、發動世界大戰之際，蘇聯應邀參加了國聯，但在1937年又被國聯開除。雖然美國是國際聯盟的積極宣導者，並在一開始就被列為國聯創始國，但它沒有得到議會的批准，因此自始至終沒有加入國際聯盟。

108 其中瑞士從來沒有申請過聯合國成員國的資格，一些「迷你」小國、依附或託管國也不是成員國，一些有效實施政權控制並得到國際社會一定承認的政體如北賽普勒斯、西撒哈拉、巴勒斯坦也不是聯合國成員國。聯合國半個世紀的歷史中，也曾出現個別國家因國內原因而被暫時剝奪了成員國資格或長期派不出駐聯合國代表使其資格名存實亡的情況。

109 關於侵略的一般可接受的和可應用的定義一直沒有產生。蘇聯更為強調「直接」侵略，即在沒有得到邀請的情況下派遣軍隊到他國去打仗。美國則強調「間接」侵略，如煽動性宣傳、經濟戰、顛覆、支持外國游擊隊、派遣志願人員進行滲透等。1974年4月，「聯合國侵略定義問題特別委員會」一致透過相關定義：「武力侵犯另一個國家的主權、領土完整或政治獨立，或以與聯合國憲章不符的任何其他方式使用武力……。」這一定義似乎更為接近蘇聯所持的「直接」侵略，並且對該定義的多種解釋敞開了大門。

110 Inis Claude, *Swords into Plowshares: The Problems and Progress of International Organization,* Random House,1971, pp. 257-269.

111 Alfred Zimmern, *The League of Nations and the Rule of Law, 1918-1935,* Russell and Russell,1969, p.289.作者在該書中批評「The League of Nations」用詞不

當。「League」和「Nations」含義不明，令人費解。他指出，「League」由慈善和人道主義協會組成，指的是參與者反對其他人或團體的共同行動，有著特殊的原則和宗旨，有一定的排他性（exclusiveness）。但國際聯盟本身卻具有包容性（inclusiveness），指的是成員國資格的普遍性。同時「Nations」一詞也用錯了，「The League of Nations」這個標題誤解了其成員國的資格。成員國應是「states」而不是「nations」，成員國資格與「民族」和「民族地位」沒有關係，它僅僅與政治概念「國家資格」（statehood）有關。出現這種錯誤的原因在於，盟約起草委員會中的大多數人受民族自決論的影響，這些人認為每個「nation」都有獲得政治獨立的權利。參閱該書第3-4頁。

112 在國際政治處於無政府狀態下，A國總是設置「假想敵」以此作為增強軍事力量的「參照物」，當其感到國家安全得到保障時，其「假想敵」或非「假想敵」（尤其是鄰國）就會感到軍事上的壓力和國家的不安全感。這些國家的反應是使用同樣的、透過加強軍事力量的手段來保護國家安全，這反過來對A國的安全構成壓力和威脅。一種安全與不安全的惡性循環，形成了國際政治中難以克服的「安全困境」。

113 Inis Claude, *Power and International Relations,* p. 114.

114 約瑟夫・奈伊：《理解國際衝突》，第104頁。

第八章 冷戰後國際關係理論的新發展（I）

理論是灰色的，生命之樹常青。

——歌德：《浮士德》

科學的方法是批判的方法，批判是任何理智發展的主要動力。

——卡爾·波普：《猜想與反駁》

認識是人對自然界的反映，但是，這並不是簡單的、直接的、完全的反映，而是一系列的抽象過程，即概念、規律等的構成、形成過程。

——列寧：《黑格爾〈邏輯學〉一書摘要》

第一節 軟權力論

權力論一直是西方國際關係學的一個核心理論。冷戰結束後，國際關係發生的深刻變化，為權力論注入了新的內容。1990年代初出現的軟權力概念正是這一變化的反映。

一、「軟權力」概念的提出

1990年，約瑟夫·奈伊發表兩篇文章和一本專著：〈世界權力的變革〉、〈軟權力〉和《必定要領導 —— 正在變化著的美國權力的性質》，[1]最早在學術界較系統地提出和闡述了軟權力概念，其基本內容是：

（一）冷戰後各國面臨著更為複雜的世界，國際政治的變化主要表現在「世界權力的變革」和「權力性質的變化」。「過去，對一個大國的考驗是其在戰爭中的實力，而今天，實力的界定不再強調軍事力量和征服。技

術、教育和經濟增長等因素在國際權力中正變得日益重要」。[2]在冷戰時期，東西方對抗的軸心是硬權力（軍事機器、核威懾力等），特別是大國使用軍事力量來平衡國際體系的實力地位，現實主義強調的也是硬權力的作用。而現在，隨著兩個超級大國全球軍事對抗的消失，經濟、文化因素在國際關係中的作用越來越突出，在世界變革的情況下，「所有國家，包括美國，要學會透過新的權力源泉來實現其目標：操作全球相互依存、管理國際體系結構、共用人類文化價值」。[3]而這種新的權力源泉就叫作「軟權力」。「軟權力的新形式正在出現，特別是在文化、教育、大眾媒介等方面，軟權力的性質是無法用傳統的地緣政治學來解釋和評估的」。[4]

(二) 什麼是軟權力？軟權力一般被界定為包括三方面的要素：1.價值標準，尤其指西方的自由、民主和人權；2.市場經濟，特別是自由市場經濟體制及其運行體制；3.西方文明，指文化、宗教等影響。約瑟夫‧奈伊在「軟權力」一文中說：「國際政治性質的變化使那些無形的權力更顯重要。國家的凝聚力、世界性文化和國際機構的重要性進一步增強了。」他還指出：「另一種無形權力是相互依存。」[5]他從一個新的視角提出，軟權力的重點在社會的相互溝通和文化思想的交互作用，強調「社會聯繫、經濟相互依存和國際組織機制對國家的影響」。[6]

(三) 約瑟夫‧奈伊進一步指出：「今天的經濟和生態問題涉及許多互利成分，只能透過合作才能解決。」[7]因此，軟權力是一種「合作型」權力，而硬權力是一種「對抗型」權力。目前，「軟合作權力」（soft cooperative power）和「硬強制權力」（hard command power）並存，兩種權力同樣重要。[8]奈伊認為，軟權力的來源主要有二：文化和經濟。他站在維持美國利益的立場上強調說，一方面，美國的文化和「民主榜樣」為軟權力提供了低代價、高效益的源泉；另一方面，以跨國公司迅速發展為特徵的世界經濟也為軟權力傾注了無窮的源泉。奈伊認為：「美國比任何其他國家擁有更多傳統的硬權力資源，並擁有意識形態和制度上軟權力的資源，借此維持其在國家間相互依存新領域中的領導地位。」[9]

(四) 約瑟夫‧奈伊一再聲稱，從學派的角度來看，現實主義主張硬權力，自由主義傾向軟權力。但是，軟權力是硬權力的延伸和補充，不應過分強調兩者的分歧，「兩者可以互補」。他說：「互補性是軟權力和硬權力

最顯著的特徵，它們是一個問題的相輔相成的兩方面。」[10]這一軟、硬結合的權力觀，更有助於反映和考察冷戰後國際關係變化的現實。

二、「軟權力」概念的發展

1996年之後，在資訊革命浪潮的衝擊和全球化潮流的推動下，「軟權力」概念得到長足的發展。其研究重點轉爲資訊化和全球化時代的軟權力的性質和特徵。儘管在1990年奈伊曾提出過「權力已超越『資本密集』階段進入『資訊密集』階段」，[11]但當時他未能對這一變化做進一步研究。這一情況，在1996年以後有了明顯的改觀。

1996年，約瑟夫・奈伊和威廉・歐文斯在《外交季刊》上發表題爲〈美國的資訊優勢〉的文章，提出「資訊權力」的概念。之後，奈伊等人又陸續發表一些影響頗大的文章和專著，推動「軟權力」概念的擴散和發展。[12]其主要新觀點是：

（一）資訊革命和全球化克服了「傳統的成見」，「視資訊爲權力」的觀念迅速傳播開來，「權力逐步滲透到政治、經濟、文化、社會各個領域」，在權力分析上的傳統束縛正在被衝破。[13]到21世紀，資訊技術可能會成爲權力最重要的源泉。[14]

（二）奈伊認爲，在科學技術飛速發展的世界，由於經濟全球化的影響，資訊成爲國際關係的核心權力，資訊權力作爲軟權力的核心正日益影響國際事務的變革。[15]硬權力和軟權力將同時存在，但在全球化時代，軟權力的作用和影響會明顯增強。[16]全球化時代的軟權力更具普世性、特效性和持久性。

（三）權力就其來源來說可以分爲資源權力（resource power）和行爲權力（behavioral power），傳統的鑑別辦法是重資源權力，輕行爲權力，「資訊革命正影響著這一權力結構」。[17]資源權力中的「文化、價值和政策」因素影響行爲權力，甚至左右行爲權力，使他人或他國同意或接受我方的價值取向和制度安排，以產生我方希望的行爲，軟權力就成功了。[18]

（四）在資訊時代的條件下，軟權力強調的是吸引力（attraction），而不是強制力（coercion）。吸引力意指「文化和意識形態的無形力量」。[19]軟權力不等於影響力，因爲影響力還可以透過硬手段產生。軟權力來源於

一個國家的文明沉澱、政治理念和內外政策。「軟權力是一種吸引人的力量」。[20]軟權力追求的是「正和」（positive-sum）競爭，而不是「零和」（zero-sum）博弈。因此，從嚴格意義上說，軟權力應界定為「在資訊時代，一國透過自身的吸引力，而不是強制力在國際事務中實現預想目標的能力」。[21]

（五）奈伊等人斷言，誰擁有資訊權力的優勢，並引領全球化，誰的軟實力就強過別人，並在未來世界格局中據主導地位。他們自傲地說，這個國家就是美國。美國擁有強大的軍事力量和經濟實力，同時也占有軟實力的優勢，美國在軟實力上的優勢服務於四方面任務：1.幫助共產主義國家實現民主轉型；2.防止新的但較弱的民主國家出現解體；3.預防和解決地區衝突；4.對付國際恐怖、國際犯罪和環境污染，以及防止具有大規模毀滅力武器的擴散[22]。這些話說得比較坦率，道出美國關於軟權力概念和理論的性質、特點和真實意圖，對我們研究和認識軟權力不無裨益。

	行為	主要手段	政府策略
軍事實力	脅迫、阻礙、保護	威脅、武力	強制性外交、戰爭、結盟
經濟實力	引誘、脅迫	交易、制裁	援助、賄賂、制裁
軟實力	吸引、議程設置	價值觀、文化、政策、制度	公共外交、雙邊或多邊外交

資料來源：約瑟夫・奈伊：《軟實力》，原書2004年出版，馬娟娟譯，中信出版社，2013年，第41頁。

三、簡短的評論

（一）軟權力概念的產生是國際關係深刻變動的結果，也是權力性質與範圍隨著形勢變化，而不斷拓展深化的結果。1990年代初以來，人們在研究權力這一變化和拓展的過程中，逐步形成和完備關於軟權力的理論觀點。「軟權力」豐富了權力論的內涵，成為國際關係研究的一個新的生長點。作為一個新出現的國際關係分支理論，雖然尚不成熟，最常見的是「三段論」：硬權力和軟權力都很重要；在資訊化和全球化時代，軟權力顯得更加重要；現實和未來趨勢是，硬權力和軟權力的互補和結果，

即巧權力或巧實力的產生和運用。然而，軟權力研究代表了一種發展趨勢，有望在21世紀成為國際關係理論學的一個支柱理論。

（二）必須釐清或澄清幾個判斷：1.軟權力是不是一種戰略？軟權力當然重要，但是其難以成為國家戰略，因為國家不能完全控制由文化、價值和政策產生的軟權力，國家能影響但不能控制，所以軟權力要成為國家戰略是很困難的；2.硬權力不好，軟權力好嗎？這一說法不成立，有片面性。硬權力和軟權力之間，哪種好、哪種不好，要看效果，要看可信度（credibility），不能絕對化；3.軟權力是萬能的嗎？當然不是。軟權力也有局限性，受限於硬權力。軟權力無法解決所有問題，它要和硬權力結合起來互動運用，才能顯示其特別的功能；4.軟權力是政府政黨行為所致的嗎？當然也有關係，但軟權力更多來自公民社會，而不是政府和政黨。[23]

（三）在西方學者中，最青睞軟權力的是美國學者。他們直言坦承，美國主張軟權力的目的是：

1. 維護美國的領導地位。他們強調，美國面臨的問題不是權力衰落或另一個新的霸權替代美國，而是如何適應變化著的世界權力。奈伊認為：「美國必須對軟權力進行『投資』，發展軟權力。只有這樣，美國才能在進入新世紀時，實行必要的世界領導。」[24]
   軟權力果然像一些西方學者說的那樣，是一種「合作型」的權力嗎？奈伊曾說過，冷戰後美國面臨的重大問題是，現實地認識權力的變革及其如何擁有軟權力的「優勢」。可見，以合作為名，求優勢之實，才是本質所在。

2. 推動美國對外政策的調整，他們毫不掩飾地表示：軟權力旨在向世界展示美國的民主政治制度和自由市場經濟。他們提出，應透過增強全球開放意識，擴展美國的意識形態和價值標準。他們還強調：「美國必須調整防務、外交等政策，以反映美國在資訊資源方面的優勢。」他們相信，美國能利用以資訊資源為主體的軟權力，「接觸中國和俄羅斯，防止他們成為敵對國家」，[25]進而對他們產生影響。

3. 挽救軟實力的衰弱，加強美國的巧實力。美國自稱擁有世界上最強的硬實力和軟實力，但從波斯灣戰爭到伊拉克戰爭，從中東危機到朝鮮半島危機，美國都不能如願取勝，結果反而喪失了很多軟實

力。在歐洲，美國的軟實力影響度下降了30%；在亞太，美國軟實力的支持度從75%下跌到15%。根據英國和美國有關機構的軟實力指數報告，美國在全球軟實力2017年年度排名中，已從2011年的第1名降爲第3名，位居法、英之後。針對這一情況，美國意在重啓巧實力外交。2007年，美國前國務卿理查‧阿米塔吉和約瑟夫‧奈伊聯手以國際與戰略研究中心的名義，發表「巧實力委員會報告」，正式提出，「巧實力」是硬實力和軟實力的巧妙結合，在這一結合的基礎上，加強軍事力量和結盟關係，促進夥伴關係和機制建設，擴大文化和價值的影響。[26]然而，事實證明，這「巧實力」也並非那麼神奇，並非靈丹妙藥。

4. 我國學者早在1990年代初，就開始關注軟權力的研究。王滬甯教授在《復旦學報》1993年第三期發表的〈作爲國家實力的文化：軟權力〉是最早的介評軟權力的文章，之後的有龐中英的〈國際關係中的軟力量及其他〉（《戰略與管理》1997年第二期）和張驥、桑紅的〈文化：國際政治中的軟權力〉（《社會主義研究》1999年第三期）等。隨著國際社會進入資訊時代，人們越來越多地結合全球化和資訊權力對軟權力進行分析和研究。隨著中國改革開放的深入發展，中國的和平崛起舉世矚目，中國的軟實力也不斷得以提升和加強。

第二節　地緣經濟學

在世紀之交，世界上仍然存在著舊的衝突模式，因領土爭端所引發的戰爭，在某些地區時有發生。在這些地區衝突中，軍事實力因素仍舊非常重要，外交上也沿襲著傳統的方式，靠加強自我保護或與他國結盟，仍是軍事力量轉變爲權力和影響的有效保證。可是，一種新的情況出現了：經濟因素在國際關係領域裡的作用大大超過人們的估計，全球經濟相互依存的趨勢明顯加強，安全合作與經濟競爭在國際關係中成爲兩個並行不悖的特點，在這一背景下，地緣經濟現象悄悄地來到了我們面前。

一、從經濟／生態政治學談起

　　經濟／生態政治學的英文是eco-politics，"eco"正好取了economy（經濟）和ecology（生態）的前三個字母。數年前，筆者訪問麻省理工學院時，偶讀海沃德·奧爾克教授的論文〈全球經濟／生態政治學〉，並與作者進行了敘談，所得的印象是，經濟／生態政治學已成為冷戰後國際關係領域的一個新發展趨勢。

　　經濟／生態政治學正是根據冷戰後國際形勢的變化，依託國際政治經濟學（IPE）而產生的。

　　在重訪哈佛大學時，史丹利·霍夫曼教授向筆者力薦喬治·華盛頓大學亨利·諾教授的《美國衰退的神話》一書。他認為，這是近年來繼保羅·甘迺迪的《大國的興衰》之後，一部關於經濟政治學的力作。該書主要是剖析美國在世界經濟中的作用及其經濟政策，有幾個關於全球政治學的觀點特別引人注目：首先，亨利·諾自詡該書為20多年理論研究和政策實踐的結晶，其觀點不同於新現實主義和新自由主義，他強調「政治自由和競爭性市場的匯合」。其次，美國經濟實力雖有所減弱，但對世界政治經濟的影響力、競爭力和控制力仍最強，若以美國實力衰退為由，放棄全球政治、經濟、自由貿易的領導權，那將是災難性的錯誤。再次，美國應充分運用自身的經濟實力，推動世界經濟的發展，其成果不僅與西方國家，而且可與發展中國家，包括社會主義國家分享，但主動權應掌握在美國手裡。

　　經濟／生態政治學的基本觀點是：

（一）國際關係從地緣政治學轉向經濟／生態政治學，原有的冷戰機制已不適用，目前迫切的任務是改革國際經濟體制，調整國際經濟關係，以適應冷戰後經濟和生態政治因素增長的需要。

（二）冷戰後，軍事威脅減弱了，但威脅可能來自其他方面。戰爭不可取，實力不可無，經濟與生態將成為實力的主要構成部分。

（三）隨著蘇聯解體，原來意義上的東、西方意識形態對抗也相對削弱，今後的趨勢是影響大於對抗，控制取代遏制。經濟／生態政治學主張以影響促進變化，即以經濟和生態的優勢促使其他地區的演變。從某種程度上來說，誰掌握國際經濟和生態的優勢，誰就在國際事務中擁有最大的發言權。

（四）冷戰的結束帶來了「安全」概念內涵的擴大。經濟／生態政治學認為，

冷戰後時期使「發展」成為國際關係中突出和活躍的主題,與發展有密切關係的環境問題和經濟因素,自然地在更深層次上引起國際社會的普遍關注。影響國際安全的因素,不僅有政治的和軍事的,更包括經濟的和生態的。據預測,以維護全球生態安全、保護生態環境為核心的安全體制是20世紀末到21世紀國際新秩序的主要內容。在聯合國的宣導下,1992年6月在巴西里約熱內盧舉行的全球環境與發展大會,通過了《環境與發展宣言》(又稱「地球憲章」)正是體現經濟/生態政治學興起的歷史性重要文件。

經濟/生態經濟學為地緣經濟學的出現準備了條件,地緣經濟學是經濟/生態經濟學的發展。

二、什麼是地緣經濟學?

地緣經濟學(geo-economics)是在冷戰結束後出現的頗有新意的國際關係理論。這一理論的主要代表人物是,前美國華盛頓戰略和國際關係研究中心地緣經濟學項目主任愛德華・盧特沃克(Edward N. Luttwak)。[27]盧特沃克以研究美國戰略著稱,不僅在美國學術界享有盛名,並且在美國外交決策中產生一定的作用。他曾多次在美國國會聽證會上闡述他的思想,其第一次提出地緣經濟學的理論,是在波斯灣戰爭之前的一次美國國會聽證會上,這次聽證會由美國新聞媒體向全世界轉播,可見地緣經濟學在西方的影響已經有一段時間了。

筆者曾與盧特沃克教授有幾次接觸和長談,就地緣經濟學問題與他進行了有益的探討。盧特沃克教授認為,冷戰結束後,世界進入了地緣經濟時代,象徵著國際關係從地緣政治學向地緣經濟學發展,是「發展」,而不是「取代」;是拓展,不是斷層,故有人稱之為「後地緣政治學」。他強調,地緣經濟學是一種戰略,對軍事對抗起「緩衝作用」。其理論主張是:(一)意識形態的差異已不如以前那樣重要;(二)按地緣政治標準劃定的對手或敵手,在地緣經濟時代可能同時是交易夥伴;(三)傳統的地緣政治目標是占領和擴大領土,地緣經濟的目標是控制和保持一國在世界經濟中的地位和優勢;(四)對全球的最大威脅,已從核戰爭危險轉向經濟危機和生態破壞,國際關係中「低級政治」(經濟、社會、生態等問題)的緊迫性和重要性,第一次明顯地超過「高級政治」(軍事對抗和核威懾)。這一轉向「開拓了超越國界的、競爭與合作並存的新時代」。

　　關於地緣經濟學，盧特沃克還做過一個生動的敘述：根據地緣經濟學，由國家提供或引導的產業投資資本等同於傳統戰爭的要素，「軍火」；國家支援的產品開發等同於「武器」的變革；國家支持的市場干預取代了在國外軍事基地的「外交影響」。具體來說，私營企業每天都在為純粹的商業利益做一樣的事情，如投資、市場研究和產品開發、開拓市場。但是，當國家出面支持或指導這些相同的經濟行為時，其已經不再是純粹的經濟行為，而是地緣經濟學。[28]

　　由此看來，地緣經濟學是在全球化和經濟一體化不斷深化的國際背景下產生的，它的一個核心觀點，就是認為世界正在逐步發展成為三個相互競爭的經濟集團：（一）日本率領的環太平洋經濟區；（二）美國領導的西半球經濟區；（三）以德國為中心的歐洲經濟區。他還強調：「在未來的競賽中，三個經濟霸權中的每一個都傾向於超過其他兩個。無論哪一個實現了這種超越，都會位居領先，都會像英國主導19世紀，美國主導20世紀那樣，主導21世紀。」[29]

　　1999年，兩位初露鋒芒的學者喬治・鄧姆柯和威廉・沃特出版關於地緣政治的專著《重新布局世界——21世紀的地緣觀》，首次創新了一個概念「地緣政治經濟學」（Geopolinomics），他倆指出，在全球化的新形勢下，地緣政治正向國際經濟方向延續和發展，「地緣政治經濟」是世界政治與國際經濟互動的產兒。[30]「地緣政治經濟學」概念的出現，把該領域的探討和研究引向深入的層次。

　　地緣經濟學的內容主要是：

（一）冷戰結束後，國家間的競爭關係以一種新的方式出現了。對這種新的國際競爭方式進行研究，就是地緣經濟學的任務。正如盧特沃克所說：「這種國家競爭的新形式，我就稱之為地緣經濟學。」他還說：「所有官僚機構發現的地緣經濟作用的結果和由利益集團控制的地緣經濟的結果，在不同的國家和不同的案例中雖然各式各樣，但是，從根本上國家將按地緣經濟的方式行事。」[31]

（二）國家要想盡辦法維護本國的經濟利益，由此，自然會損害對方國的經濟發展。這種由國家和政府參與的、為了「我們」的國家利益而不顧「他們」的國家利益的經濟競爭行為，即是地緣經濟學家研究的目標。

（三）地緣經濟學家承認，地緣經濟學研究的範圍是經濟戰場，而不是軍事戰場。從近代以來，國家間早就存在著商業戰爭。但是，過去的商業

戰爭與冷戰後商業競爭的根本區別就在於：重商主義的商業戰爭，除了商業目的之外，還具有政治目的，即企圖透過經濟手段在政治上打敗對手。而今天在已開發國家之間出現的經濟較量，儘管競爭經常會激烈到極點，但其最終結果總是政治家出面，使各方最終達成妥協。即便在政治家不參與的情況下，經濟競爭只可能造成純經濟上的後果，但不會有政治上的後果。此外，重商主義的特點只是重視出口，反對進口，在這一點上與今天國家之間的經濟合作和競爭也完全不同。地緣經濟學家認為，在重商主義下，各國之間經濟競爭經常會引起戰爭，但是，如今的地緣經濟則成了一種遊戲。因此，在地緣經濟學家看來，地緣經濟既是冷戰後國家之間進行交往的一種狀態，同時，也可以是一種政策，在地緣經濟下，已開發國家之間可以進行激烈但又平等的經濟競爭。他們還特別指出，並不是所有國家都有能力實行這種政策，開發中國家就沒有條件、也沒有能力推行地緣經濟政策。

從以上的觀點可以推斷出地緣經濟學的以下特點：

第一，地緣經濟學吸引人的地方是在其「地緣」二字上，但是，如果認真研究此一理論，就會發現其與我們傳統意義上認識的地緣概念，並不完全吻合。最常規的地緣概念，出現在地緣政治裡面，地緣政治理論家研究的是一個國家的地理情況，包括人口、資源和氣候等情況對國際關係的影響。即便在華勒斯坦的世界體系論中，地緣經濟的概念也是從一個地區在整個世界中的地理位置來把握國家之間關係的。地緣經濟學與傳統的地緣理論完全不同，在這一理論裡，地緣的概念其實是指民族國家以國家領土作為地理含義上的競爭單位。地緣經濟學家研究的是，如何從地理的角度出發，在國際競爭中，保護國家的自身利益，其最本質的內容仍然是在冷戰後新的國際環境下，國家之間是怎樣的一種競爭關係。因此，是否可以說，地緣政治學家研究的是宏觀地理概念上的國際關係，而地緣經濟學家研究的是微觀地理概念上的國際關係。

第二，地緣經濟學表面上看起來與傳統現實主義理論有著很大的區別，因為，傳統現實主義在研究國際關係時，是以國家的政治、軍事和外交為主要內容的，其把對國家經濟關係的研究完全放在從屬於政治的位置上；而地緣經濟學則把研究的重點，放在國家之間的經濟競爭和較量上。但是，從本質上地緣經濟學與傳統現實主義有著諸多的相似之處：

（一）地緣經濟學和傳統現實主義一樣，仍然把主權國家作為研究冷戰後國際關係的主要對象。正是由於國家的地域經濟活動，才使得冷戰後的國際

關係有了新的內容。因此，在地緣經濟學家看來，今天國際關係中的主要行為體仍然應當是國家。

（二）地緣經濟學家和傳統現實主義者一樣，認為國家之間的關係在冷戰後仍然主要是競爭和對立的關係。只是，地緣經濟學家強調這種競爭和對立關係，主要是經濟上的競爭與對抗。

（三）地緣經濟學和傳統現實主義一樣，也強調權力。傳統現實主義強調的是，國家的政治權力和國家的軍事安全；地緣經濟學家強調的是，國家的經濟權力和國家的經濟安全。亨利·諾發明了一個詞「權力經濟學」（powernomics），其含義是指，為了本國的利益，國家要追求財富、權力、市場和工作機會。任何對美國國際經濟地位進行挑戰的國家，對美國的國家安全都是威脅，美國都應當對他們進行研究。這不禁讓人聯想到漢斯·摩根索的名著《國家間政治》一書，按照地緣經濟學的觀點，其書名豈不應改成《國家間經濟——尋求經濟權力與和平的鬥爭》。

（四）國家利益的概念，最早是由傳統現實主義理論家提出來的。地緣經濟學家完全繼承了傳統現實主義的觀點，認為國家所有的經濟較量都是由國家利益驅動的。傳統現實主義所重視的國家利益是政治上的國家利益；而地緣經濟學家的國家利益是經濟上的國家利益。在地緣經濟學家看來，國家利益的實現表現在就業人口擴大、市場的擴張和產品的創新上面。

因此，從一定意義上地緣經濟學是傳統現實主義在冷戰後的翻版。

（五）在冷戰後時期，地緣政治仍然有用，其重點在於大國衝突的外部環境研究，而地緣經濟則強調大國合作的外部環境。兩者不應相互排斥，應該互補。

第三，地緣經濟學主要研究的是已開發國家之間的經濟關係，而不是開發中國家之間或開發中國家與已開發國家之間的經濟關係。盧特沃克等人提出地緣經濟學的背景，是在美、蘇以意識形態為中心的政治較量結束後，美國擔心在世界經濟的較量中會處於被動的地位。因此，地緣經濟學家在他們的理論中考慮得更多的是，已開發國家的地緣經濟競爭。盧特沃克等人的頭腦中，不自覺地存在著一種優越感。這種優越感來自兩個方面：一方面，是受到「民主和平論」思想的影響，認為在已開發國家之間將不會再出現戰爭，因此，經濟問題在這些國家內已經取代了戰爭問題；另一方面，是相信在已開發國家之間才

會出現地緣經濟問題，或才會有能力實行地緣經濟的政策，因為經濟實力的較量是地緣經濟政策實現的基礎。這正好說明，地緣經濟學就其本質來說，是已開發國家的國際關係理論。

三、地緣經濟學的未來

在傳統的國際政治時代，商業或工業上的目標與戰爭和外交目標相比，通常是第二位的，國家安全與生存才是第一位的。貿易對手之間發生戰爭時，隨著雙方互惠貿易關係的中斷，經濟利益就完全處於從屬地位。如果安全上需要和其他貿易國家結盟來對付一個共同的敵人時，盟友之間經濟利益競爭，也就變成了次要的因素。相比之下，維護聯盟絕對是第一位的，因為聯盟的目的是生存，而不僅僅是經濟繁榮。

按照這種邏輯，就不難理解冷戰時期美國與西歐國家之間的商業糾紛（如冷凍雞肉、微鋅片、牛肉或其他問題），以及美國和日本之間自1960年代的紡織品至90年代的超級電腦的所有商業摩擦，為什麼得以壓制下來。

可是，冷戰結束以後，軍事威脅和軍事聯盟的重要性在逐漸削弱，地緣經濟的地位相對得到提高。過去20多年，地緣經濟因素的影響已大於地緣政治因素的影響。各國最擔心的是貿易爭執所引起的單純經濟後果，而不是政治和軍事後果。「如果國家之間內聚力必須要由單一的外來威脅來維持時，那麼這種威脅現在一定是經濟的，或者更確切地說是地緣經濟」。[32]

世界或者說一些已開發國家和新興工業國家是不是已經走向了一個新的「重商主義」時代？這個問題，是認識當今國際政治的關鍵之一。傳統的重商主義思想的目的，是獲取外匯儲備（黃金），有了黃金就可以用它支持戰爭，並獲得勝利；沒有它就可能會遭到失敗，黃金是重要的軍事力量之一。因此，重商主義的目的非常有害：如果只出口不進口，所有的貿易鏈最終都將遭到破壞而中斷，同時黃金也積聚在某些勢力手中。重商主義是一種經濟行為，但其目的卻是政治性的。傳統重商主義思想的最大弱點，就是它總是擺脫不了戰爭的陰影。

相反地，地緣經濟學的最終目的是，實現其本身的社會性和經濟性，比如如何擴大產業服務中就業的最大化。從國家內部而言，任何收益都不會加強統治者的力量，而是促進就業；從對外影響來說，追求地緣經濟並不靠進口限制或高關稅等政策。

在新重商主義時代，競爭的根源和手段在嚴格意義上都是經濟性的。如果商業爭執的確導致了政治衝突，它將表現為使用商業手段來解決問題，如或多或少地限制進口或暗中實行出口補貼、資助有競爭力的技術項目、提供競爭性的基礎設施等，並不是所有的國家都有能力或願意推行地緣經濟政策，一些私人企業通常需要尋求官僚機構、政治家、甚至公共輿論的支持。過去，他們可能要求政府進行關稅保護，避免市場損失或失業，而現在不管他們是航空、電訊或生物技術等產業方面的領先企業，也不管他們是否有經濟麻煩，它們都在使用地緣經濟手段達到目的，如提供國家研究基金、共同投資或信貸融資等，官僚機構和個別政治家可能操縱大的私人企業，實現他們自己的地緣經濟目標，甚至選擇一個特殊企業控制某個產業。

現在，大多數發達國家的政府與外國企業之間的衝突越來越突出。在地緣經濟比較活躍的國家，發展民族產業就必須反對國外私人企業，如美國政府必須反對空中巴士公司，以保護美國的飛機製造業。一個地緣經濟競爭激烈的時代必然是一個對私人企業，至少在高技術工業部門的企業帶來前所未有的風險的時代。當其投入大量研發資金，希望透過開發新產品實現主要產業突破時，卻突然發現被另一個國家的「技術專案」所擊敗。

許多人認為，未來的全球市場將更加開放，甚至沒有貿易壁壘，沒有競爭性貿易集團，諸如美歐、美日、歐盟與日本之間的貿易糾紛，可能導致集團間貿易壁壘的可能性似乎不大。實際上，除了農產品貿易糾紛外，歐盟和美、加、墨之間沒有難以調和的經濟矛盾，到目前為止，還不能在嚴格意義上講貿易集團，更不用說競爭性的貿易集團。

關貿總協定（GATT）在1948年1月1日成立時，要求成員國一步步削減或取消所有貿易壁壘，GATT在國際貿易中引入了「最惠國待遇原則」，即任何成員國之間達成的任何削減貿易壁壘的協定，都將自動適用於其他所有成員國。與此同時，違背GATT原則的單邊貿易措施，卻一直在成員國中擴散，甚至在許多國家中，非關稅貿易壁壘在日益增加，而不是在逐漸減少。當美國國會實施1974年貿易法案中的「301條款」時，其起草人還非常謹慎，以保證其語言和目的和GATT規則相一致。在301條款下，美國總統被授權對外國限制進口的壁壘採取行動。首先，美國貿易代表被授權調查受到懷疑的、不公正的外國貿易行為，如果事實存在，他們將受到美國政府的貿易制裁。在這點上，總統必須提醒外國政府，在某一天，美國將對其採取具體的報復措施，除非它取消壁壘，沒有公開的宣布或威脅，一切都是在平靜的外交中進行的。可是，當

美國國會在1988年透過「特殊301條款」的立法後，這種忍耐就沒有了。美國貿易代表必須每年公開有非正當貿易壁壘行爲的國家名單，並指出「主要的」貿易壁壘及主要國家；其爲這些國家設定補救辦法和固定的時間表，如果不取消壁壘就要採取報復手段。如此，總統不再是謹慎行事，而必須提出公開的貿易威脅，也不再是悄悄地收回成命。美國川普政府對中國進行「301條款」調查，正是一個實例。

這種情況在當今的國際貿易中並不少見，各國在國際經濟交往中的擔心正是來自對「地緣經濟」的考慮。日益加深的全球經濟一體化趨勢，使國家的經濟政策更具競爭性，特別是在發達的資本主義經濟之間。如何管理這些相互競爭的國內政策將不僅對國際經濟而且對國際安全和政治關係都具有深刻的意義。[33]

美國、歐洲和日本之間爭奪高技術產業領先地位的地緣經濟鬥爭，正在影響到他們之間的政治關係，也影響到他們與其他重要貿易國家之間的關係。在經濟全球化和相互依存強度不斷加深的情況下，要遏制貿易戰，最可靠的辦法是要各方關注自己的政治和經濟代價及其對世界經濟的影響。具體來說，各國政府是否服從「以經濟利益爲代價獲得相互收益和以政治力量爲代價尋求相對得益」的大勢，或者他們能否設計規則制度，用一種機構的適當力量來稀釋經濟衝突加劇的潛力，這是一個關鍵的問題。如果發動貿易戰的政治和經濟代價高於收益的話，貿易戰是不大可能發生的。但是，如果在經濟聯盟中缺少一個共同的敵人時，貿易戰也可能表現爲個別國家的地緣經濟行爲，到那時，懲罰者和被懲罰者都會付出很大的代價。

西方學者認爲，在冷戰後時代，隨著蘇聯威脅的消失，國際關係中的根本特徵由兩種不同制度間的衝突轉變爲工業化國家之間的經濟發展戰略分歧。這種「地緣經濟」威脅表現爲國家間的產業優勢競爭。在世紀之交和21世紀，面臨日益複雜的國內經濟問題和全球經濟一體化的趨勢，主要的經濟現代化國家如何管理他們之間的經濟關係，將對世界經濟產生巨大的影響。在進入政府間爭奪全球市場的「現實經濟」（realeconomic）中，面對未來的國內和國際挑戰，政府的經濟戰略應變能力如果不穩定，這種趨勢將威脅到國家間政治和經濟關係的融合，那時，地緣經濟也將進入了轉折、困難和複雜的發展時期。

四、由地緣經濟學引起的思考

雖然地緣經濟學把研究重點放在發達國家之間的經濟鬥爭上，它為本國經濟地位所表現出來的擔憂，並不是在發展中國家就不存在。儘管目前國際經濟鬥爭最激烈的地方是在發達國家之間，但是，其中的問題對我們也有一定的借鑒意義，並且還可以引起我們的一些思考：

第一，冷戰後的國際關係鬥爭將主要是經濟方面的鬥爭。雖然，這場鬥爭最直接的表現是跨國公司、企業和個人在國際經濟上的鬥爭，但是，其實質是國家和國家之間、政府和政府之間、政策水準和政策水準之間的較量，鬥爭主要表現為以進攻型為主、防守型為輔的形式。在進攻型鬥爭中，政府透過財政政策和貨幣政策對本國企業進行支持和幫助；在防守型鬥爭中，政府利用關稅等辦法把外國的商品擋在國門之外。在這種一出一進中，已開發發國家政府的干預作用絕不可低估。中國今天雖然正在從計劃經濟轉向市場經濟，並且鼓勵中國企業在國際市場中去摸爬滾打，但是，如果一味地忽視政府在國際經濟鬥爭中的作用，僅僅讓中國的企業自己去闖，去鍛煉，則會使中國企業的奮鬥進程相當困難。問題的關鍵不在於政府對企業是放手，還是捆住，而在於政府在參與企業經濟活動中對「度」的把握。冷戰結束後，國家之間政治鬥爭仍然存在，而國家之間的經濟鬥爭變得更加尖銳。國家之間經濟鬥爭的終極結果，往往不是一目了然的，鬥爭的形式也不是那樣的刀光劍影，這種鬥爭充分體現的是一國的經濟政策水準和政府維護國家利益的能力。

第二，冷戰後國際經濟鬥爭的目標再不是爭奪領土，而是搶奪在世界經濟中的主導地位，這種爭奪國際經濟主導地位成功的希望，則是在高科技領域。如果一個國家在新的世紀中在生物工程、電子電腦、電子通訊和新材料等領域中領先，它就會首先控制其產品的專利權。這種專利權將使其一定程度上能夠操縱和控制其他國家的經濟，而又不會受限於傳統工業產品經常為之苦惱的關稅壁壘。在這場爭奪主導權的鬥爭中，並不一定大國就必定勝利，具有很高國民素質的小國，如果能夠在新興工業中取得科技成功，也有可能主導世界經濟。因此，這裡最關鍵的因素是人的因素──發明高科技專利的科學家是屬於哪些國家的。

與此相關的問題是，今天用來衡量一個國家實力的克萊茵公式應當加以修改，改變的內容主要是在人和科技方面，新的公式應當是：

國家實力＝（領土＋工農業＋軍事＋政府品質）×人的素質×科技水準

　　第三，在以前的國際關係中，主要是主權國家在前臺扮演主角；在現在的國際關係中，企業和大公司承擔了過去主權國家前臺角色的相當部分。現在的國際關係，不再純粹表現爲國家和國家之間的關係，而經常表現爲跨國公司和跨國公司、企業和企業、跨國公司和企業、跨國公司和國家，甚至個人和國家之間的關係。這種國際關係交叉發展的結果，在地緣經濟的環境下，就使得企業在經濟競爭中的發展比以前任何時候都要困難得多。當一個國家在選擇某一生產領域作爲國家發展的主導領域時，其他國家相關領域的企業在沒有本國政府的支援下，就將面臨生死存亡的挑戰。一些企業會發現，在他們投入巨大資金開發高科技新產品時，他們的競爭對手是另一個國家的科技創新項目。然而，在這裡，卻讓我們有了新的思考。如果我國在21世紀中，在高科技產出的領域中，哪怕只在一個或幾個方面占有主導權，帶來的成果則可以用滾動發展的辦法，推動新一輪的科技創新，從而使中國經濟不僅逐步走向繁榮，而且達到世界領先。

　　第四，地緣經濟學家指出，經濟的發展，國際貿易的不斷增長，並不意味著國際合作自然會加強，國際市場將越來越開放。他們一方面認爲，在已開發國家之間將不會再有戰爭；但是，另一方面，他們又對當代國際關係理論界流行的世界經濟相互依存，戰爭將不可能打起來的觀點提出質疑。他們指出，今後世界將很難說不會因經濟問題引起戰爭。這裡我們暫且不談論他們的觀點是否互相矛盾，本書認爲最重要的是，在冷戰後時代，戰爭的概念恐怕應當重新定義。

　　從傳統意義上來說，國際戰爭最重要的內容是國家和國家之間進行的武裝鬥爭，它是政治的繼續。在人類以前的戰爭中，包括冷戰時期，國家之間進行戰爭的方式都是熱兵器的戰爭。但是，在今天的戰爭中，武裝鬥爭不再是進行戰爭的唯一方式。因此，我們認爲：戰爭的定義應當是，在國家之間進行的比一般競爭和衝突要激烈得多的鬥爭，其既包括武裝鬥爭，也包括非武裝鬥爭，過去人們經常說，戰爭是政治的繼續。政治鬥爭的根本內容是，競爭對其他人和事務的控制權。政治鬥爭之所以會出現，主要是因爲經濟利益的追求。因此，馬克思主義認爲，政治鬥爭是經濟鬥爭的集中表現。冷戰結束後，過去因經濟利益而引起的鬥爭，在高科技時代，已經不再完全需要透過政治鬥爭乃至戰爭的形式表現出來了。一國對另一國的控制，不再是對領土和政府機構的

控制，而可以用直接的經濟手段達到目的。因此，在經濟利益、政治鬥爭和戰爭三者的關係上，過去的公式是：經濟利益——政治鬥爭——戰爭（武裝鬥爭）；今天的公式可以在一定程度上描繪為：經濟利益——戰爭（非武裝鬥爭）。今天，雖然沒有政治上的軍備競賽，卻有經濟上的「軍備競賽」——高科技產品的發明。沒有戰場但有市場，沒有武裝士兵卻有高科技專家。人們應當記住的是，只要有戰爭就會有輸贏。以前在戰爭中失敗後，一國在經過3年到5年恢復期後，仍然可發展繁榮；今天在戰爭中失敗後，一國要重建繁榮就困難得多了。因此，我們應當高度重視如何避免這場「後冷戰的戰爭」。

第三節　兩枝世界政治論

冷戰的結束向西方國際關係理論提出了新的挑戰。國際關係將向怎樣的方向發展？冷戰後時代國際關係的基本特徵是什麼？國際關係學現有的理論範式有沒有過時？像這樣的問題還有很多。一部分西方國際關係學者以此為機遇，緊緊把握時代脈動，獨闢蹊徑地對冷戰後時代國際關係理論，進行新的探索，有的學者甚至系統地提出旨在替代目前國際關係研究主流範式的新世界觀。詹姆斯・羅斯諾就是其中的一位，他在1990年代初提出的兩枝世界政治論是西方國際關係理論探索中一個十分耀眼的成果。

兩枝世界政治論最早見諸羅斯諾教授1990年出版的《世界政治大變動：關於變化性和連續性的理論》，之後他又在卡內基倫理與國際事務委員會1992年專輯第六卷裡進一步闡述了他的兩枝世界政治觀。

一、「後國際政治」觀

對於許多新現實主義者來說，冷戰後時代仍然是「極」的世界、衝突的世界，它與冷戰時代所不同的僅僅是過去的兩極格局消失了，代之而起的是一極格局或多極格局。新現實主義認為，冷戰後時代是國家中心的時代，只是國家間衝突的背景和方式發生了重大變化而已。

與新現實主義式的思路不同，在新自由制度主義影響下的其他學者把冷戰後時代的世界譜寫成相互依賴和全球化趨勢日趨加強、國際關係穩步邁向合作、和平與開放的樂觀圖景。民主和平論、國際制度論和跨國開放論在冷戰後

時代贏得了更多的擁護和支持者，他們相信，冷戰結束之後的世界，也就是民主制度在全球得到普及、國際制度加速發展、跨國相互依賴日益穩固的「意識形態終結」了的世界。

著眼於世界經濟領域的學者卻有著另一番看法，他們側重的是經濟全球化浪潮對國際經濟的影響。在他們眼裡，冷戰後時代的世界經濟主要呈現出區域經濟集團和全球一體化的雙重趨勢，與此同時，傳統的經濟國界不斷萎縮。在經濟全球化浪潮急速發展的形勢下，一些從經濟學角度研究冷戰後時代國際關係的學者否認新現實主義和新自由制度主義者堅持的國家中心論，認為傳統的國際關係和國家的分別對於世界經濟的運作不再具有實質意義。

羅斯諾是不同於以上新現實主義、新自由制度主義和經濟全球化論者的第四種學者。他既不同意新現實主義和新自由制度主義的國家中心論，也不贊同經濟全球化論者忽視國際關係中政治要素的作法。羅斯諾以「後國際政治」（post–international politics）來表示冷戰後時代國際政治的本質特徵。[34]所謂「後國際政治」，主要表達三方面的意思。第一，其說明，隨著冷戰後時代中跨國家行為體和次國家行為體的興起，以往界限較為明確的國內事務和國外事務如今不再涇渭分明，而是日漸讓位於不斷擴張的「國內—國外邊界」（the domestic–foreign frontier）。因此，國際政治的時代正在被後國際政治的時代所取代。第二，後國際政治仍然強調政治在國際關係中的作用，並以探討新條件下世界政治權威結構的變動為己任。第三，後國際政治理論的核心，是強調三個基本政治範疇（個人、集體和全球事務的整體結構）正經歷重大變革。1999年2月10日，羅斯諾在會見筆者時說，現實主義與自由主義理論已不夠用了，形勢發生了深刻變化，應該尋求新的途徑，以新的理論思路去反映變革的時代。兩枝理論就是這樣一種新思路。他還告訴筆者，他已出版了近60本書，但他認為最好的是體現「兩枝世界政治」論的《世界政治大變動》。

二、「分合論」世界觀

從國際政治向後國際政治的轉變促使羅斯諾提出一套系統的新世界觀，以取代他認為不再合乎時宜的現實主義和自由主義舊世界觀。

羅斯諾稱這一新世界觀為分合論（fragmegration）。「分合論」是兩枝世界政治的重要理論依據，因此，在討論正題之前有必要對其做個簡介。

在羅斯諾看來，全球化衝擊下的後國際政治同時產生了分散化

（fragmentation）和一體化（integration）兩種矛盾而統一的趨勢。分散化主要
受次國家行為體的推動，而一體化則受跨國家行為體的推動。所謂「分合」，
其英語單詞即是把與分散化fragmentation中的前半部分"fragme–"和與一體化
integration中的後半部分"–gration"拼合而成的。

羅斯諾筆下的世界觀指的是，一套擁有自己的本體論（ontology）、範式
（paradigm）和理論（theory）的系統思維框架。羅斯諾依據本體論、範式和
理論三項指標，對屬於舊世界觀的現實主義、自由主義和自己創造的新世界觀
分合論進行了對比，如下列簡表所示：

現實主義、自由主義和分合論對照表[35]

世界觀	本體論		範 式	理 論
	主要行為體	行為體邊界		
現實主義	國家	堅固	衝突	均勢
自由主義	國家	堅固	合作	國際制度
分合論	多元	易滲	分合	動盪

從表中可以看出，作為占主流地位的兩種世界觀，現實主義和自由主義既
有共同點，也有分歧之處。就本體論而言，兩者都認為國家是國際政治的主要
行為體，而且國家間的邊界是堅固而不可滲透的。這一點，反映出現實主義和
自由主義的共同基礎——國家中心論。但在範式上，現實主義強調國家間關係
中衝突的一面，自由主義則強調國家間關係中合作的一面。於是，現實主義和
自由主義最終闡發的理論反映出了這種範式上的差別。現實主義關注國家間在
安全問題上的權力鬥爭，並進一步將其延伸到國際合作領域上的相對收益問題
上，因此孕育了均勢理論。自由主義則關注經濟領域上的國際合作可能產生的
絕對收益，因此揭示出國際制度合作的潛力，提出系統的國際制度理論。

羅斯諾的分合論首先從本體論上針鋒相對地駁斥現實主義和自由主義的國
家中心論和國家邊界不可滲透論，指出各式各樣的跨國家和次國家行為體的湧
現已經撼動了往日鐵板一塊的主權制度。進而，在範式上，分合論強調國際關
係中衝突與合作、分散化與一體化因素同時存在和不可分離，單單強調其中的
任何一個都是不夠的。最後，歸結到理論上，分合論系統闡述了動盪理論。

從分合論與現實主義和自由主義的對比關係上，我們發現，分合論的一大

特點是，具有極強的包容力和綜合性。其既在本體論上兼顧國家和非國家兩類行為體，又在範式上融合衝突與合作兩種趨勢。如果建立一個範式與本體論的2×2模式表，分合論的座標就可以被非常形象地反映出來（見下表）。

分合論座標[36]

範式　　　本體論	衝　突		合　作
國家行為體中心	單邊主義	分合論	多邊主義
非國家行為體中心	次團主義		跨國主義

　　在上面的模式圖中，現實主義的核心理論形態單邊主義處於國家行為體中心——衝突區，自由主義的核心理論形態多邊主義處於國家行為體中心——合作區，分合論則兼跨圖中的四個區位，與單邊主義、次團體主義、多邊主義和跨國主義都有交叉。

三、兩枝世界政治及其主要觀點

　　羅斯諾認為，冷戰的結束使世界進入一個充滿動盪和變革的時代，較突出的有三種基本矛盾和衝突：一體化與分散化，地區主義與全球主義，繼承與變革。其特點是下列國際現象同時存在「分散化的主義國家、處於危機的資本主義經濟、脆弱的國際政治關係和騷動不安的民眾」。據此，他提出冷戰後世界秩序的「三層面、三參數的分析」，即微觀層面上的個人行為分析、宏微觀（中觀）層面上的國家機構和國際組織的分析，以及宏觀層面上的國際體系分析，重點在第三層面。羅斯諾強調，冷戰後世界已出現從「民族國家」為基本單位的無政府體系向這一無政府體系與多中心國際體系相結合的「兩枝」世界政治過渡。

　　微觀參數是公民技能。羅斯諾指出，在全球化的條件下，資訊技術革命、跨國社會交往和相互依賴生活的複雜性，正在日益造就出一大批政治上更為敏感、情感上更為自主的公民。於是，民眾將更為熟練地對影響到他自身的公共政策、對他自身在世界上所處的位置、對他們的個人行為匯總為社會後果的過程等政治性的事務，進行理性的分析和評價，這些導致了一場公民技能的革命。羅斯諾主持了一項公民個人技能變化的研究，他透過對一些社會「精英」

（國會議員、國會聽證會證人和大報的撰稿人）關於三個公共政策領域（國際貿易、對外政策和人權）言論紀錄的分析，發現被分析者的政治技能在相隔較遠的一段時間內增長了9%到14%。他還對公民政治技能革命的意義做了總結：「人們將更易於參與集體行動，向公共制度和公共組織施壓，以滿足私人的要求。」[37]

冷戰後時代，公民技能革命的現實對人們的固有意識發起了挑戰。從此，學者們再也不能假定公民技能是一個常量，進而，許多社會理論（包括國際政治理論）都需要加以修正。但是，公民技能革命並不意味著不同的公民群體擁有的技能水準將實現均衡。實際上，「精英」和大眾在政治技能上的差距將繼續存在下去，社會「精英」將繼續比普通百姓擁有更強的政治分析能力。不過，在技能革命的影響下，「精英」和大眾政治技能水準的差距卻有可能縮小，因而儘管「精英」們將繼續控制社會資源、通訊手段和決策過程，但他們為得到政治技能不斷上升的公眾的支持，不得不接受他們的限制和監督。[38]

中觀參數指的是權威結構。羅斯諾指出，公民技能的革命對政治權威體系施加了比以往任何時期都更巨大、都更持久的政治壓力，乃至導致權威危機的出現。在過去，權威的合法性可以來自憲政制度，公民也傾向於與他們選出的政府合作，服從政府官員的指令。但公民技能革命的出現，改變這一切。政府和其他類型的社會權威，越來越需要滿足公民提出的要求；換言之，政府的合法性越來越需要建立在績效標準的基礎上。社會權威依然可以維持一定的公共秩序，但他們在挑剔的公眾面前解決實質性問題的能力的確是下降了，因為他們隨時都面臨失去公眾支持和合作的危險。

值得格外注意的是，公民的技能革命以及群眾向政府施加的績效合法性標準，並不意味著權威結構向著某一個特定的方向發展。實際上，權威結構既有可能向上重組，也有可能向下重組。所謂向上重組，指的是公民唯有透過建立在更廣闊地域範圍上的權威才能實現他們的績效要求；也就是說，公民覺得，原來較小的集體只有團結為更大的集體，才能滿足他們對經濟發展、環境保護等方面的要求。在現實中，歐盟是一個典型的例子。所謂向下重組，指的正好相反。其源於公民的解體性要求；也就是說，當公民覺得只有更小一些的共同體才能使他們得到更高一些的政府績效的話，權威結構將向分散化方向發展。蘇聯的解體、魁北克要求獨立，就是比較典型的例子。從權威危機的邏輯中可以很清楚地看出，近代以來發展成形的民族國家主權制度面臨著根本轉型的挑戰，這就是權威重組對於後冷戰時代國際關係的本質意義所在。

　　宏觀參數是指世界政治的兩枝結構（bifurcated structure of world politics）。由於全球化的衝擊，世界政治領域發生了公民技能革命和權威結構重組。兩者進而導致整個世界政治的根本結構向兩枝化方向發展。所謂兩枝化，指的是以國家為中心的世界（state–centric world）和多中心的世界（multi–centric world）逐漸從過去以國家為中心的單一世界中分化出來的過程，即從「兩超」到「兩枝」的演變（見下圖）。

⟶ 1945年 ⟶ 50年代 ⟶ 60年代和70年代 ⟶ 目前 ⟶ 未來

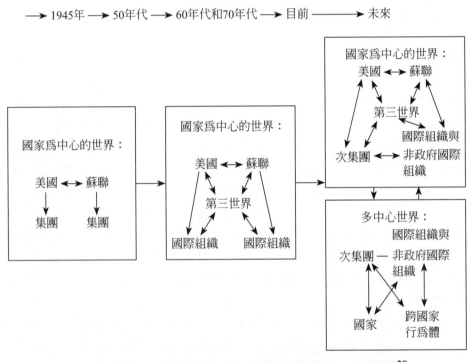

從「國家為中心的世界」到「兩枝世界政治」的格局[39]

　　1940年代後期至70年代期間，世界政治基本上是國家為中心，先是兩極對立，美、蘇及其北約和華約對抗，後中、蘇分裂，德、日崛起，世界政治呈現多元化趨勢，主要角色為美國及其盟國、蘇東、第三世界國家和國際組織等。80年代後，隨著國際關係格局的變化、國際相互依存的發展直至德國統一、蘇聯解體，世界政治多中心的格局逐步形成，與國家為中心格局並存，構築起冷戰後時期的兩枝世界政治。羅斯諾說：「國家為中心世界裡的行為者與多中心世界的對等行為者（各種各樣的跨國和次國家行為者）發生競爭、合作、互動

或共存的關係，我稱這兩種政治的世界為兩枝全球體系。」[40]

國家為中心的世界與多中心的世界是相輔相成的關係，兩者的區別可列表如下：[41]

	國家為中心的世界	多中心的世界
主要行為者的數目	200不到	成百上千
行為者的主要困境	安全	自治
行為者的首要目標	維護領土完整和國家安全	增加世界市場的比重、維護次體系的一體化
實現目標的最後手段	武力	終止合作和妥協
優先考慮	過程，特別是維護主權和法治	結果，特別是發展人權、正義和財富
合作模式	正式聯盟	暫時結盟
議程範圍	有限制	無限制
行為者之間權力的分配	根據權力大小形成的等級制	相對的平等
行為者之間互動模式	對稱型	非對稱型

羅斯諾認為，在後國際政治時代，種種跨國家行為體和次國家行為體組成的多中心世界正在削弱著國家中心的世界擁有的支配地位。羅斯諾為這些非國家行為體（包括跨國公司、次國家政府與官僚機構、職業社團、跨國組織、政黨等）起名「不受主權束縛的行為體」（sovereignty-free actors），而把國家命名為「受主權束縛的行為體」（sovereignty-bound actors），可見世界政治兩枝化趨勢對主權制度的直接影響。

羅斯諾指出，儘管世界政治兩枝化趨勢並沒有把主權國家推向世界政治舞臺的邊緣，但他們已不再是唯一的主要行為體了。在後國際政治時代裡，各國既要考慮如何對付與其同處在一個世界中的對手（即國家中心世界中的其他主權國家），還要考慮如何處理與另外一個世界中的行為體（即多中心世界中的非國家行為體）的關係。

羅斯諾動盪理論的微觀、中觀與宏觀三個參數之間的關係是平等互動的。從哲學的起源論角度看，似乎微觀參數決定著中觀參數，再進而決定宏觀參數。但對社會科學的經驗研究而言，三種參數一旦全部生成，它們之間的關係就很難再以誰決定誰的詞句來加以界定了。在全球化的現實中，情況也是一樣

的。三種參數相互作用，共同影響著後國際政治時代世界的轉型。

四、「國際治理觀」與「兩枝世界政治論」

羅斯諾指出，世界政治走向兩枝化，使國內事務與國外事務的關係發生了很大的變化。原來分屬各個主權國家獨自加以管轄的一些事務，如今在國內─國外邊界上不再十分明確，同時，國際治理（international governance）概念開始受到重視。

國內─國外邊界上的國際治理模式如果不是主權管轄的話，又會是什麼呢？羅斯諾創造了「權威領域」（spheres of authority）一詞，意在表明，原來可以劃歸不同領土進行管轄的事務，現在要在權威領域中進行處理了。權威領域不僅不具有領土性，甚至也不是跨國性質的，因為其不必考慮任何國家的因素。國家，如同其他非國家行為體一樣，都要在權威領域中爭得屬於自己的那一份權力和責任。

羅斯諾列舉了十種他認為已被國際關係文獻廣泛接受的權威領域：非政府間國際組織、非國家行為體、不受主體約束的行為體、問題網路、政策網路、社會運動、全球市民社會、跨國聯盟、跨國遊說集團和認知共同體。羅斯諾強調，許多國際治理的問題都需要我們實現從主權管轄到權威領域的觀念轉換，不同的行為體在不同的權威領域可能具有不等的權力，因此一種行為體在一種權威領域可以獲得其他行為體的服從，並不意味著在其他的權威領域上其依然享有至高無上的影響力。於是，當發現國家在某一權威領域中超乎其他行為體之上時，我們不能說這是國家的主權管轄職責在產生作用，我們只能認為這是該權威領域上的具體治理情況使然。[42]理想狀態的理論分析，可以把權威領域上的國際治理模式說得井井有條，但面臨全球化衝擊的人們，卻往往會在一體化與分散化的兩難處境中手足無措。尤其是，次國家主義或次團體主義為世界和平與人類團結協作帶來的負面效應，迫切需要人們正確地進行規範選擇。羅斯諾認為，有四點原因可以使我們對全球化衝擊下人類的規範選擇持樂觀態度。

首先，人類在很多方面仍然宣導整體性的價值觀。比如，人們對普遍人權標準的認同，對全球性問題如環境污染、愛滋病傳播、金融危機和恐怖主義的關注都說明全人類共處一體的價值觀並沒有過時。其次，世界的相互依賴趨勢其實也在把每個人的日常經歷聯繫在了一起，並且使個人事務、國家事務和世

界事務也緊密相連。於是，個人對其自身在影響宏觀結果的社會政治過程中的作用不斷加深認識，個人的社會責任感也在加強。再次，目前次團體主義氾濫的形勢，與許多領導人誤以為集體價值觀念不需要灌輸普通大眾就自然會認識到的想法和作法有關，當領導人充分注意到宣傳整體性價值觀的必要性時，分散化與一體化的趨勢會重現積極的平衡。最後，出於某種週期循環律，當人們發現次團體主義給他們帶來的很多實際惡果時，人們價值偏好的鐘擺自然又會重新傾向積極的整體性價值觀。

五、幾點評論

在《國內─國外邊界上》一書中，羅斯諾總結出了人們面對國際關係重大變化時的四種反應。第一，是視之為膚淺的表面現象而置之不理；第二，是承認這些變化，但不認為其重要到能使國際關係發生結構性轉變的程度；第三，是指出這些變化早已有之，只是人們至今才意識到了其存在而已；第四，是認可這些變化對塑造新的國際關聯式結構的重大意義。[43]羅斯諾選擇了第四種立場。從理論本身的邏輯看，羅斯諾棄之不顧的另外三種反應也都可以自圓其說。到底哪種態度更實事求是、貼近國際關係的現實，也只能等待實踐的檢驗了。

值得注意的是，羅斯諾關於後冷戰時代世界政治兩枝化趨勢的論述，很容易使人把羅斯諾所聲稱的後國際政治，即國際關係在當前的轉型，與近代國際關係體系出現之前的中世紀國際關係做一對照。對照的結果，恐怕是對「新中世紀主義」（neo-medievalism）的贊同。所謂「新中世紀主義」，指的是國際關係從近代發展到現在，在新的條件下重現中世紀時期西歐國際關係的基本景象：西歐中世紀的羅馬教會擁有跨越國界的影響力，而目前的跨國行為體履行的也是相似的功能；西歐中世紀的封建領主在一個國家內部從下而上地分割著君主的權力，這與當前的次國家行為體也有異曲同工之妙；而西歐的封建君主在羅馬教會和領主的削弱下，並不享有真正的主權，這似乎又與當前主權制度面臨全球化挑戰的情形有類似之處。「新中世紀主義」的說法到底是智慧的類比，還是誘人的陷阱？這同樣是一個發人深省的問題。

羅斯諾的兩枝世界政治論不乏犀利的洞見和系統的論證，其理論價值和現實意義也是眾所公認的。美中不足的是，善於發明新詞彙的羅斯諾有兩處關鍵的概念建構容易讓人產生迷惑。

　　第一處是「國家中心的世界」和「多中心的世界」。照羅斯諾的實際含義，「國家中心的世界」實際就是指國家，而「多中心的世界」則指代非國家行為體。羅斯諾特意發明兩個新概念去指代廣為人知的國際關係現象，不僅給人添麻煩，而且產生三點不妥。首先，同一個國際關係現實居然冒出兩個「世界」，邏輯上說不過去。其次，「以國家為中心的世界」裡其實只有國家，何必加一個「為中心」的字樣，「多中心的世界」也同理。第三，如果羅斯諾把「國家中心的世界」比作過去的情形，而用「多中心的世界」喻指目前的趨勢，即說明國際關係正處在由「國家中心的世界」向「多中心的世界」轉變的過程中，效果會很好，但羅斯諾並沒有明確說明這層意思。

　　第二處是「權威領域」。在列舉十大權威領域時，羅斯諾談到的都是些非國家行為體，而且在這十個例子當中，甚至還有意義基本相同的（如非國家行為體和不受主體束縛的行為體）。真不知道「權威領域」所指究竟為何物，是指俗稱的「問題領域」呢？還是僅僅充當「非國家行為體」的同義反復？

　　當然，評價一個理論的優劣，最終要看其傳達的基本思想。那麼，羅斯諾是怎麼闡述「兩枝世界政治」呢？他認為，該論在今後很長時期內將成為國際關係的基本格局。他強調，兩枝世界政治不是平衡的，全球政治為中心是其重要支點，重要性大於國家為中心。很明顯，羅斯諾想傳遞的含義是，多中心世界政治實際上是結合「美國第一」和「美國的世界領導責任」的全球為中心的政治模式。

第四節　文明衝突論

　　1993年夏，美國哈佛大學的山繆‧杭亭頓（Samuel Huntington）在《外交季刊》雜誌上發表了一篇題為〈文明的衝突〉的文章，首次闡發了他的文明衝突理論。在那篇文章中，他提出了文明之間的衝突是否決定世界政治前途的問題。3年後，杭亭頓又將這篇文章擴展成一本專著，取名《文明的衝突與世界秩序的重建》（以下簡稱《重建》），對其文明衝突理論做了更詳盡、更系統的闡述和論證。據筆者所知，〈文明的衝突〉一文最早是時任哈佛大學約翰‧奧林戰略研究所所長山繆‧杭亭頓（1927-2008）主持的「變化中的安全環境與美國國家利益」研究項目的直接成果。筆者第一次聽他闡述這觀點是1993年2月在盧森堡舉行的以「東西方格局結束後的世界體系」為主題的一次國際研

討會上。杭亭頓教授在會議的第二天上午進行了25分鐘的觀點發表，題目就是
「文明的衝突」。他認為，隨著冷戰的結束，國際關係進入新的發展階段，今
後世界上的衝突主要將不是政治的，甚至不是經濟的，而將是兩種文明之間的
衝突。他指出，文明的衝突是指文化、宗教、民族和種族的衝突，是一種廣義
的界定。他進而言之，冷戰後文明的衝突集中為西方與其他地區之間的矛盾，
西方（以美國為首）仍是世界文明的重心。杭亭頓的發言引起了熱烈的反響，
代表們爭先恐後地評論發問，提出不同的看法，將會議的氣氛推向了高潮。筆
者也爭取到了發言的機會，認為杭亭頓的文明衝突論為我們研究、認識冷戰後
國際關係的變化及特點提供了新的視角，強調文化因素有一定積極意義。但
是，對於杭亭頓提出的文明衝突的三種發展可能性（接受西方文明，融合於西
方文明之中，開始西方化過程；制衡西方文明，但不排斥西方文明，保存本民
族傳統；排斥西方文明，採取非西方化的國策，大多數尊孔或信奉佛教、伊斯
蘭教的國家（包括中國）就屬於這種情況），筆者提出異議並特別指出，這是
西方文明獨尊的表現，把中國列為排斥西方文明的國家也是完全錯誤的，是對
當代中國的誤解。在這個國際論壇上，筆者用12個字概括了對待西方文明的態
度和立場：「不排斥，不照搬，有分析，可借鑑。」

　　1993年7月8日，杭亭頓的〈文明的衝突〉在《外交》季刊1993年夏季號發
表，其縮寫文稿又在《紐約時報》和《先驅論壇報》上發表，一時間，一場關
於文明衝突的辯論，就在更廣的範圍內掀起。

　　由杭亭頓引發的這場關於文明衝突的世界性爭論，涉及的範圍之廣、影響
之深，堪與凱南的「遏制論」相提並論，稱得上是一場「世紀之辯」。

一、 文明的衝突將是未來世界衝突的主導形式

　　杭亭頓認為：「在冷戰後時代的新世界中，衝突的基本源泉首先將不再是
意識形態或經濟，而是文化……全球政治的主要衝突將發生於不同文化的國家
和集團之間。文明的衝突將主宰全球政治。」「下一次世界大戰，如果有的
話，必將是所有文明之間的戰爭。」[44]這樣，杭亭頓不僅把文化和文明看作是
國際關係中的關鍵變數和國際事務中國家行為的重要基礎，而且看作是國際衝
突的首要原因。這是杭亭頓文明衝突理論的核心和命脈所在。

　　為什麼文明差異引起衝突？為什麼不同文明的國家比同一文明的國家更容
易走向戰爭？杭亭頓在「文明的衝突？」中，曾提供六點理由。第一，文化之

間「真正的」和「基本的」差異將引發戰爭。幾個世紀以來,「文明之間的差異曾經引發過最漫長,最激烈的衝突」。第二,由於「世界變得越來越小」,並且文化之間的摩擦越來越深,由此,帶來的緊張局勢就會越來越嚴重。第三,現代化和社會變遷「正把人們從傳統的狹隘的個性中解脫出來」,結果導致「宗教的介入填補這一真空」。第四,對西方思想的價值觀日益劇烈的反對,將加劇文明的衝突。第五,「相對政治和經濟,文化的特性和差異更缺乏易變性,因此也就更不容易協商和解決。」第六,「正在增長的經濟地區主義」使「文明意識進一步增強」。[45]

在六點原因中,第一點或許並沒有像杭亭頓說的那樣真實;第五點只是一種觀察經驗,而不是理由。其他四點原因,從根本上來說,並非文化事項。它們不是由文化引發的,而是導源於現代化和全球主義,即現代科學、技術、自由市場體制,以及代議制民主在全球範圍的加速擴展。而且其實際上維護的是一個完全不同的假說——衝突的真正原因是社會經濟而不是文明;這些原因是暫時性的而不是永久性的;其所指向的是統一的全球主義,而不是狹隘的文化主義。

1996年,在《重建》中,杭亭頓進一步對他的文明衝突觀做了深入的闡發。杭亭頓首先指出,「文明是人類的終極部落」、「文明的衝突就是全球規模的部落衝突」。文明間衝突,在杭亭頓看來,一般有兩種形式。在地區或微觀層次上,不同文明的鄰國或一國內不同文明的集團之間的斷裂帶衝突;在全球或宏觀層次上,不同文明的主要國家之間的核心國衝突。其次,杭亭頓認為斷裂帶戰爭具有相對持久、時斷時續、暴力水準高、意識形態混亂、難以透過協商解決等特點,不僅如此,斷裂帶戰爭通常發生在信仰不同宗教、不同神明的人民之間。再次,杭亭頓從歷史學、人口學和政治學的角度分析了斷裂帶戰爭爆發的原因:歷史上的衝突遺產,恐懼不安和彼此仇恨的歷史記憶;人口比例的巨大變化,一方對另一方造成政治、經濟和社會壓力;政治上新興政治實體對民主化進程的強烈要求。最後,杭亭頓指出,由於斷裂帶戰爭是間斷性的、無休止的,因此,永久性地結束斷裂帶戰爭是不可取的,而只能暫時地休止斷裂帶衝突。這通常需要主要參與者的疲憊枯竭和非主要參與者的積極介入。「休止斷裂帶戰爭,阻止其升級為全球戰爭,主要依靠世界主要文明核心國的利益和行動。斷裂帶戰爭自下而上,斷裂帶和平卻只能自上而下」。[46]

在《重建》中,杭亭頓把文明衝突的根源,進一步歸結為與冷戰結束相伴隨的政治忠誠取向的深刻變換。對於杭亭頓來說,冷戰的結束是國家對抗的舊

世界與文明衝突的新世界之間最重大的歷史分界線。他認為，人們對國家的忠誠隨著冷戰的結束開始讓位於對文明的忠誠。他說：「在冷戰後世界，不同人民之間最根本的區別不在於意識形態、政治或經濟，而在於文化。」[47]對國家的認同和忠誠正在轉向對更大的文化實體，即「文明」的認同和忠誠，並且這種轉換正在產生一種截然不同的世界秩序。因此，在對民族主義思想提出的直接挑戰中，杭亭頓斷定：不論精英還是大眾都將越來越與那些與他們共用獨特文化的其他國家認同，認同方面的這種變換將極大地減少同一文明內部的衝突，同時加劇文明之間的「安全困境」。

杭亭頓認為，「冷戰結束以來，受現代化的驅使，全球政治正沿著文明界限進行重組，具有相似文明的人民和國家正在聚合，具有不同文化的人民和國家正在分離。由意識形態和超級大國關係界定的聯盟，正讓位於由文化和文明界定的聯盟……文化社會正在取代冷戰集團，文明之間的斷裂帶正在變成全球政治衝突的中心地帶」。

但是，至於為什麼冷戰的結束會使忠誠以他所描述的方式發生變換，杭亭頓卻沒有給予令人信服的解釋。他聲稱，全球化和不同文化之間日益增加的聯繫，使廣泛的文明認同變得更加強有力，但他沒有提供理論闡釋。為什麼對「文明」的忠誠，現在正在上升為主導力量？為什麼文化或種族關係不再關注國家，而是關注更廣泛的文明觀念？杭亭頓也沒有為這些問題提供答案。

儘管《重建》用了大約300多頁的篇幅，對世界政治做了文化分析，但杭亭頓卻未解釋為什麼文明之間的衝突發生的可能性，遠遠大於文明內部的衝突。他認為，文化價值觀難以妥協，「對於那些異己能夠對自己構成傷害的人，人們會自然而然地表示出不信任，並把他們看作是一種威脅」。[48]然而，這不能說明為什麼文明間衝突將會決定未來的世界秩序。

杭亭頓為了證明當代伊斯蘭國家的衝突本性，列了一個關於現代種族—政治衝突的圖表，但是該圖表卻相反地證明各文明內部衝突發生的頻率比文明之間的衝突高出50%（見下表）。

種族—政治衝突（1993-1994）[49]

	文明內部	文明之間	總計
伊斯蘭國家	11	15	26
其他國家	19	5	24
總計	30	20	50

　　這個結果是對杭亭頓核心觀點的直接駁斥，其突出的只是如下事實：文化差異在解釋後冷戰世界全球衝突的起源問題上，只居次要地位。

二、冷戰後的世界將是一個多極、多文明的世界

　　杭亭頓在《重建》中開宗明義地指出，「在冷戰後世界，人類歷史上第一次全球政治成了多極和多文明的政治」。[50]雖然，國家仍然是世界政治的主要行為者，但其越來越根據文明界定自身利益。結果，國家經常與那些具有相似或共同文化的國家進行合作或相互結盟，而與那些具有不同文化的國家發生衝突。由此，杭亭頓認為，在這個新世界上，大國之間的競爭正讓位於文明之間的衝突；地區政治是種族政治，全球政治則是文明政治。

　　杭亭頓將文明定義為「人的最高文化歸屬，人必不可少的文化認同的最大層面，人區別於其他物種的根本」[51]和「人們認同的最廣泛的文化實體」。這裡的「文化」意指「社會的整個生活方式」或「信仰、態度、取向、價值和哲學」等。[52]在湯恩比、斯賓格勒、布羅代爾等歷史學家的研究基礎上，杭亭頓確認了六種現代文明（印度教文明、伊斯蘭教文明、日本文明、東正教文明、儒家文明和西方文明）和兩種可能的候選文明（非洲文明和拉丁美洲文明）。[53]他認為，冷戰後的世界就是由這八種主要文明構成的，未來的世界新秩序則是這八種主要文明相互影響、合力作用的結果。

　　杭亭頓將文明互動的新紀元的起點確定為冷戰的結束。那麼，冷戰結束前世界政治的情形如何呢？從西元1500年到冷戰結束，杭亭頓將全球政治的發展劃分為兩個階段。第一階段：冷戰開始前的400多年，全球政治是單極的，即由西方主導，世界只分為西方與非西方兩部分；第二階段：冷戰期間的40多年，全球政治是兩極的，即由美、蘇兩個超級大國主導，世界分為三個部分：自由世界、共產主義集團和不結盟國家。顯然，杭亭頓的這一劃分遵循的仍是現實主義理論的一般原則。

　　但是，杭亭頓卻沒有進一步將這一原則用於分析冷戰後的世界秩序。同樣，他也沒有將範式應用於冷戰結束前的世界政治。但這並不表明，在冷戰結束前的世界上文明不是多元的。

　　根據杭亭頓，1990年前的大國衝突如果不是全部，也是大部分屬於文明內部的衝突。他說：「在400多年時間裡，西方的民族國家——英國、法國、西班牙、奧地利、普魯士、德國、美國，在西方文明內部構成了一個多極國家體

系，彼此間互動、競爭和開戰。」[54]然而，這個定性忽略了兩個非西方大國：日本和俄羅斯，在這400多年中，這兩國也在與西方（及其他地方）「互動、競爭和開戰」。

若加進日本和俄羅斯，那麼歷史記載能說明什麼呢？1800年以來，世界上主要發生了四次霸權主義衝突（拿破崙戰爭、一次大戰、二次大戰和冷戰），其中每一次都捲入了兩種文明以上的國家。另外，大多數其他有大國捲入的戰爭（包括其殖民戰爭）也是發生在不同文明之間的。因此，杭亭頓聲稱「在冷戰後世界裡，歷史上第一次全球政治成了多極和多文明的政治」，顯然與歷史相背。

另外，這個看法還令人對杭亭頓的以下論斷產生懷疑，即：冷戰的結束是國家對抗的舊世界與文明衝突的新世界之間最重大的歷史分界線。杭亭頓之所以把冷戰後的世界看作是多極和多文明的，就在於他認爲：（一）隨著冷戰的結束，人們的政治忠誠取向發生了從國家到文明的深刻變換；（二）冷戰後，文明之間的衝突大大多於文明內部的衝突。他說，冷戰後，「最普遍、最重要、最危險的衝突，將不再是社會階級之間、貧富之間或經濟集團之間的衝突，而是歸屬不同文化實體的人民之間的衝突」。[55]

據此，杭亭頓主張把冷戰後的世界看作是多文明的，並以此建立新的世界秩序。在未來時代，防止主要文明間戰爭需要各國遵守三個規則：（一）棄權規則，即核心國避免干涉其他文明的衝突，這是多文明和多極世界的和平的首要前提條件；（二）合作調節規則，即核心國相互協商和休止彼此文明間的斷裂帶戰爭；（三）求同規則，即所有文明的人民都應探尋並努力擴展與其他文明在價值觀、慣例和習俗方面的共性。總之，人類必須學會如何在複雜、多極和多文明的世界內共存。

在過去200年左右的時間裡，國家，特別是大國，一直是世界事務的核心行爲者。人們一般都承認這些國家屬於不同的文明，但卻很少有人認爲這些差別對於理解國際政治至關重要，並要求以文明爲單位建構世界秩序。杭亭頓的觀點可謂獨樹一幟。

然而，杭亭頓的「文明」不具備國家的功能，缺乏作爲國際關係行爲者的基本條件。文明不同於國家，「文明」不做決定，不能決策。它是一種抽象的文化範疇，而不是具體的政治機構。相反，國家則具有明確的邊界、選定的領袖、確定的決策程序和對政治資源的直接控制權。國家能夠動員其居民、收稅、施威、簽友和作戰。簡言之，國家能夠採取行動，而文明卻不能。杭亭頓

本人也認識到了這一點，他寫道：「由於文明是文化的而不是政治的統一體，因此文明本身不會維護秩序、建立司法制度、收稅、打仗、商定條約，或做任何其他該由政府做的事情。」[56]

於是，杭亭頓就用文明的「核心國家」對他的觀點進行修正；他說：「在當代全球政治中，主要文明的核心國家正在取代兩個冷戰超級大國，成為吸引或排斥其他國家的首要支柱……文明核心國既是文明內部又是文明之間秩序的源泉……是以文明為基礎的國際新秩序的核心要素。」[57]文明的核心國作為世界新秩序的基本單位似乎無可置疑，但是，在杭亭頓列舉的八大文明中，只有五種分別具有文明性質的重要的核心國家，它們分別是：印度教文明的印度、日本文明的日本、東正教文明的俄羅斯、儒家文明的中國和西方文明的美國，而另外三種，即非洲文明、伊斯蘭教文明和拉丁美洲文明卻沒有這樣的核心國家。杭亭頓本人也不得不承認：「當文明缺少核心國時，在文明內部建構秩序或在文明之間協調秩序就會變得極為困難。」[58]

文明的核心國與文明並不是完全對等的。文明的政治成分在不同的文明中是不同的，在同一文明內部也隨時間而變化。一種文明可能涵蓋一個或多個政治實體，一個國家也可能分享一種或多種文明。隨著文明的進化，作為其組成部分的政治實體的數量和性質往往要發生變革。在極端情況下，文明和政治實體可能正好重合。例如日本，其既是一個文明也是一個國家。但在當代世界，大多數文明都包含兩個以上的國家或政治實體。因此，文明的核心國家並不能完全代表文明行事。美國可以代表西方文明，但絕不能代表與其同屬西方文明的歐洲。

在文明與權力作為國際社會互動手段的關係問題上，杭亭頓的立場並不是一以貫之的。例如，他說：「文化受權力的制約。如果非西方社會重新受西方化的影響，這種情況的發生只能是西方權力得到擴張和施展的結果。」[59]「由世界主要文明核心國捲入的全球戰爭雖然爆發的可能性極小，但並不是不可能的……這種危險的根源在於文明及其核心國之間權力均勢的變換。」[60]杭亭頓對這種文明內部核心國的強調同樣重新肯定了以傳統現實主義術語界定的「大國」的關鍵作用。他承認：「核心國衝突中的問題全部是國際政治的經典問題。」[61]例如，相對影響力、經濟和軍事權力，以及對地域的控制權力。顯然，當杭亭頓開始討論大國問題時，文化就成了次要的因素，文明的概念在很大程度上也就淡出了他的分析視野。

三、未來世界新秩序的重建必須以文明為基礎

　　杭亭頓認為，人類的歷史乃是文明的歷史，以其他任何方式都無法思考人類的發展。文明之間的關係已經經歷了兩個發展階段，現在正處於第三個階段。第一階段：遭遇，是指西元1500年以前的文明關係；第二階段：衝擊，是指16世紀至19世紀，西方興起後，文明之間間歇、有限、多向度的遭遇，讓位於西方文明對其他所有文明持久、強烈、單向度的衝擊；第三階段：互動，是指到了20世紀，文明之間的關係已從一種文明對所有其他文明構成單向度衝擊的階段，發展到由全部文明相互之間激烈、持久、多向度互動占主導地位的階段。[62]因此，在杭亭頓看來，未來的世界秩序將是一個多級、多文明的體系，諸文明之間的相互影響和相互作用則是構築世界新秩序的重要機制。

　　依據杭亭頓所述，未來的世界秩序將由以下幾種強大的趨勢形成。第一，西方主導的時代正在終結，幾個非西方國家正在作為大國憑藉其自身的權力異軍突起；第二，這些新興大國越來越反對西方的價值觀念，偏愛其自身的文化規範，西方物質優越性的持續衰弱也將極大地瓦解其文化吸引力；第三，每種文明內部蘊含的主要文化價值觀念作為個人和政治認同的源泉將變得越來越重要。

　　杭亭頓把範式比喻為地圖。他認為，作為地圖的範式，對現實世界的描繪必須既準確又簡單。冷戰結束期間，人們提出的關於冷戰後世界政治的地圖或範式主要有以下四種：（一）一個世界：既快樂又和諧；（二）兩個世界：我們與他們；（三）大約184個國家構成的世界；（四）極端混亂的無政府世界。杭亭頓認為，這四種範式分別具有一定的現實性和簡單性，但又都同時具有一定的缺陷或不足。比較而言，範式（一）和範式（二）過於簡單化，而現實性不足；範式（三）和範式（四）則過於接近現實，而簡單性不夠。又由於這四種範式彼此之間互不相容，因此必須用一種新的範式，即文明範式取代它們。[63]

　　杭亭頓認為，文明範式不僅吸取了上述四種範式的長處，而且避免了其不足。他為人們認識世界、區分主次、展望未來和指導決策，提供了一個既明晰又簡單，既貼近現實又易於掌握的框架。在杭亭頓看來，冷戰結束以來，世界政治舞臺上的許多重大事件與文明範式的預言是完全吻合的。「西方」克羅埃西亞人、穆斯林和「東正教」塞爾維亞族人在波士尼亞相互敵對；穆斯林和印度教徒在為喀什米爾爭吵不休；「東正教」俄羅斯人和亞美尼亞人在向穆斯林

車臣人和亞塞拜然人開戰；伊斯蘭國家在對西方制裁伊拉克和利比亞進行抵制……乍看起來，這些事件似乎與杭亭頓的論斷驚人地一致。正因爲此，杭亭頓的文明範式才得到了國際社會相當的讚譽。例如，季辛吉就稱杭亭頓爲「理解下個世紀全球政治的現實提供了一個極具挑戰性的分析框架」。布里辛斯基讚譽《重建》一書「是一本理性的傑作，思想開闊，想像豐富，發人深省，它將使我國對國際事務的理解發生革命性的變革」。[64]格雷斯認爲，杭亭頓不是「只對武器、權力規則和戰略聯盟感興趣的冷戰之鷹」，而是「透過警戒普遍意識到的危險，爲人們提出了一個獨創性的、現實主義的後冷戰國際關係範式」。[65]格什曼強調：「杭亭頓爲證明自己無與倫比的恢宏視野，他將政治、經濟、歷史和文化分化結合爲冷戰後全球政治的綜合理論。不論人們是否同意他所說的一切，誰都不敢說不被他的智力勇氣和創造性打上深深的印記。」[66]阿米塔·阿查亞指出，文明範式的學術意義在兩方面：一是，傳統國際關係強調戰爭與和平、政治與經濟，忽視了文化和文明，文明的衝突理論改變了這一忽視的趨勢；二是，該範式突破了國家中心主義，提出了一種新的全球國際關係分析路徑。[67]

　　然而，檢驗一個範式的效用，最關鍵的是看由該範式匯出的預見在多大程度上變成了現實，亦即該範式的預見精確度。杭亭頓把文明範式看作只與冷戰後階段相關聯。但是，1990年以來國家行爲的歷史紀錄並沒有給杭亭頓的論點多少支持。

　　1991年的波斯灣戰爭是一個明證。杭亭頓的範式預言，文明之間的衝突將比文明內部的衝突更頻繁、更激烈。然而，在波斯灣戰爭中，伊拉克攻擊的國家與其同屬伊斯蘭文明，並且只有西方和伊斯蘭國家的聯盟才能夠挫敗它。杭亭頓試圖透過爭辯說大多數伊斯蘭人民事實上是支持伊拉克的來拯救其論點。然而，即使這是眞的，他所強調說明的也僅僅是這樣一個事實，即國家利益比感覺起來模糊和只有政治上才重要的對一種獨特文明實體的忠誠更要緊。簡而言之，在波斯灣戰爭中，文明認同似乎是毫不相干的因素。

　　波士尼亞的情況亦然。雖然波士尼亞悲劇的某些方面與杭亭頓的觀點一致，但其全貌卻和這種觀點不相符合。1996年美國把超過5萬人的部隊部署到波士尼亞，然而，他們在那裡並不是去保護西方文化（克羅埃西亞文化），相反地，他們的保護對象卻是穆斯林。雖然幾個伊斯蘭國家的確爲波士尼亞穆斯林提供過一定數量的援助，但事實上，西方國家對其援助比他們的伊斯蘭兄弟國家要多得多。而且，根據文明標準，甚至西方國家也不能結成統一陣線，英

國和法國更同情塞爾維亞人，德國人支持克羅埃西亞人，美國則把大部分援助提供給了穆斯林。

確實，杭亭頓遭到了不少國際學者的質疑和批評。奈伊指出：「杭亭頓認為，冷戰後一個主要的衝突根源是宗派主義以及與此相匹配的認同感。此話不假，但他卻只抓住了認同感衝撞的一個方面、一個角度。大文化內部的認同感衝撞要遠遠多於大文化之間的認同感衝撞，例如，兩伊戰爭是伊斯蘭世界內部的國家衝突。而且，杭亭頓把整個非洲稱為一種『文明』，但事實上，今日世界上大多數衝突都發生在非洲內部。」[68]福勒認為：「因權力、財富、影響分配不公以及大國不尊重小國引起的世界性衝突，大大超過基督教、儒教與伊斯蘭教之間的文明衝突。文化是表達衝突的載體而非原因。」[69]麥哲在分析了杭亭頓的觀點之後，得出結論：「衝突的真正原因是社會經濟，而不是文明。雖然文明差異確實助長、促成了許多討厭的衝突，但其與一些衝突並無必然的關聯，而只是作為諸多因素中的一個作用，或許在有些情況下，文明的差異甚至有助於避免戰爭。」[70]盧本斯特恩和克羅克認為，杭亭頓犯了兩個主要錯誤：「第一，他沒有認識到種族、民族將會像抵制殖民帝國一樣，抵制多民族文明集團對他們的兼併；第二，為了強調文化因素在國際政治中的重要性，他承襲自由主義的簡化論，把文化差異看作是國際衝突最根本的促動力，而不是諸多因素中的一種。」[71]

對民族主義的忽略，乃是文明範式的致命弱點之一。民族主義之所以是一種極其強大的力量，完全是因為其能夠將個人的文化親近力與實際上能夠有所作為的機構——國家緊密地結合在一起。將來，跟過去一樣，世界上的主要衝突仍將是國家之間的，而不是文明之間的衝突。其中，有些衝突的發生將要跨越文化的世界——類似杭亭頓強調的「斷裂帶」地區，但文化差異至多只是衝突的次要原因。

文化差異本身並不會引發戰爭，恰如文化相像不能保障和諧一樣。杭亭頓把未來世界衝突稱作文明的衝突，無異於替擁有不同文明背景的國家之間有時相互開戰的舊現象貼上了一個新標籤。這一點實際上也得到了杭亭頓本人的贊同，因為他寫道：「不同文明的國家或集團之間的衝突根源，在很大程度上是那些一直在集團之間引發衝突的因素：對人口、地域、財富和資源的控制，以及相對的權力。」[72]誠如盧本斯特恩和克羅克所說的，杭亭頓的文明範式，「用一個更大的對應物——文明，代替了傳統政治現實主義遊戲中的基本行為角色——民族國家。但在關鍵方面，遊戲本身動作依舊」。[73]正如魯斯伯姆所

說：「占主導地位的乃是經過新的高超詮釋的均勢理論。鼓舞人心的是亨利（季辛吉）不是山繆（杭亭頓），是梅特涅不是韋伯。」「杭亭頓關於文明衝突的預言只是反映了冷戰後外交範式的匱乏，而絕不是新的喬治‧凱南式的千年洞察。」[74]沃爾特則寫道：「在一定意義上，文明範式提供的是一個危險的、能夠自我實現的預言：我們越是相信它，把它作為行動的基礎，它就越可能變為現實。」[75]

1996年，杭亭頓出版了《文明的衝突與世界秩序的重建》一書，這是關於「文明衝突論」內容的充實，是認知的昇華和理論的深化。那年，筆者回哈佛進行學術訪問，杭亭頓教授主持了筆者的講座，期間杭亭頓教授拿出一本剛出版的《文明的衝突與世界秩序的重建》，說他剛收到幾本樣書，你來得巧，正好送你一本，他當場欣然在書的扉頁上寫下：「謹以此書贈送給倪世雄教授，請接受來自你的朋友的最好的祝願！山繆‧杭亭頓」。那天，他說，自1993年提出文明衝突論以來，他受到的批評似潮，但他頂住了。他歡迎批評甚至批判，因為他堅信，真理越辯越明，理論越爭越深。在交談中，杭亭頓的儒雅又增添了新的睿智和冷峻。他固執，但不偏執。他對所有的批評意見是認真聽取的，還能抱著修正和糾正的態度，如1996年的專著就修正了1993年論文中關於西方文明普世化、東西方文明衝突絕對化的判斷，提出西方文明不要求普世化，西方文明也有融合的一面；專著的最後一段「強調文明之間的衝突是世界和平的最大威脅，以文明為基礎重建世界秩序是防止戰爭的最佳安全保障」。[76]筆者十分敬重他這種堅持真理、修正錯誤的精神和態度。正因為如此，他才能達到很高的學術境界，他才能思想超前、思路大膽、思考深沉、思辨縝密，他才能成為100年來美國最具影響的學術巨匠和理論大師。筆者與杭亭頓有近30年的交往，他於2008年耶誕節前夕不幸病逝，筆者向他家屬，特別是他夫人南茜表示悼念之情，並在報上撰文回憶與他交往的二、三事，題為「斯人已逝，影響長存」。

美國著名學者羅伯特‧卡普蘭曾經介紹說，杭亭頓《文明的衝突與世界秩序的重建》書名本身「已經把一切都說透了」，杭亭頓的學生福山和法里德‧扎卡利亞（Fareed Zakaria）稱老師是「曠世奇才」。卡普蘭描述杭亭頓「幾10年飽受嘲笑和詆毀，但他對世界的展望是一個真正的觀察之道」。他「在長春藤大學學術自由的堡壘裡，孤獨而頑強地為他的思想而戰」。[77]

筆者還聽說過一個動人的故事：1993年，杭亭頓發表〈文明的衝突〉後，高傲自恃的學者烏阿德‧阿賈米帶頭對其進行抨擊。然而，15年後事實證明，

杭亭頓的理論經受了歷史的考驗，具有巨大的解釋力，阿賈米2008年1月在《紐約時報》當月書評撰文向杭亭頓認錯，表示後悔沒聽他的遠見卓識。同年耶誕節前夕，杭亭頓去世，阿賈米很悲痛，在《華爾街日報》發表悼念文章〈杭亭頓的警示〉，文章透露說，杭亭頓夫人南茜曾爲躺在病榻上的杭亭頓念阿賈米在《紐約時報》2008年1月書評上自我反省的文章，杭亭頓聽後甚感欣慰，叮囑南茜向阿賈米致意。

註釋

1　Joseph Nye, "The Transformation of World Power", *Dialogue,* No.4, 1990; "Soft Power", *Foreign Policy,* Fall 1990; *Bound to Lead: the Changing Nature of American Power,* Basic Books–Harper Collins Publishers, 1990, 2017年1月4日，約瑟夫‧奈伊應邀在清華大學蘇世民書院做「軟實力」的專題講座，他回憶道，1990年開始，他越來越感覺甘迺迪的《大國的興衰》強調美國實力衰敗有所偏頗，「總有些不對頭，有必要從新的角度作一回應」，於是他吸取了新現實主義觀點，用新自由制度主義的結構分析方法，提出「軟權力」的概念，試圖說明美國的權力削弱可以管控。筆者當時在場，以上內容引自課堂筆記。

2　Joseph Nye, "Soft Power".

3　Joseph Nye, "The Transformation of World Power".

4　Joseph Nye, "Soft Power".

5　Ibid.

6　Joseph Nye, "The Transformation of world Power". 關於文化與軟權力的關係，王滬寧教授曾做過精闢的分析。他強調：「文化不僅是一個國家政策的背景，而且是一種權力，或者一種實力，可以影響他國的行爲。」接著，他以「政治系統和政治領導」、「民族士氣和民族精神」、「社會的國際形象」、「國家的對外戰略」、「確定國際體制的能力」以及「科學技術的發展」等六個方面說明了構成國家實力的基礎。見王滬寧：〈作爲國家實力的文化：軟權力〉，《復旦學報》（社科版），1993年第3期。

7　Joseph Nye, "Soft Power".

8　Joseph Nye, Bound to Lead, p. 32.

9　Joseph Nye, "Soft Power"; *Bound to Lead,* p.xi.

10　Joseph Nye, "The Transformation of World Power".

11　Ibid.

12 1996年以後關於「軟權力」的主要文章有：Joseph Nye and William Owens, "America's Information Edge"(1996); Robert Keohane and Joseph Nye, "Power and Interdependence in the Information Age"(1998); Joseph Nye, "The National Interest in the Information Age"(1999); Joseph Nye, "Hard Power, Soft Power"(1999)。主要專著有：Joseph Nye, *The Paradox of American Power:Why the World's Only Superpower Can't Go It Alone?* (2002); ——, *The Power Game: A Washington Novel* (2004); ——, *Power in the Global Information Age:From Realism to Globalization* (2004); ——, *The Power to Lead* (2008); ——, *The Future of Power* (2011); ——, *Is the American Century Over?* (2015)。此外，奈伊還在國際上許多報刊上發表其他大量關於軟權力的文章和訪談。

13 Nye and Owens, "America's Information Edge", *Foreign Affairs,* March–April 1996.

14 Keohane and Nye, "Power and Interdependence in the Information Age", *Foreign Affairs,* September–October 1998.

15 Nye and Owens, "America's Information Edge", *Foreign Affairs,* March–April 1996.

16 Nye, "The National Interest in the Information Age", *Foreign Affairs,* July–August 1999.

17 Keohane and Nye, "Power and Interdependence in the Information Age", *Foreign Affairs,* September–October 1998.

18 Ibid.

19 Nye, "Hard Power and Soft Power", *The Boston Globe,* August 6, 1999.

20 約瑟夫‧奈伊：《軟實力》，原書2004年出版，馬娟娟譯，中信出版社，2013年，第10頁。

21 Nye and Owens, "America's Information Edge", *Foreign Affairs,* March–April 1996.

22 Ibid.

23 約瑟夫‧奈伊2006年4月26日在復旦大學美國研究中心進行關於軟權力的講座，以上內容引自筆者當時的筆記。

24 Nye, "The Transformation of World Power", *Dialogue,* No.4.1990.

25 Nye and Owens, "America's Information Edge", *Foreign Affairs,* March–April 1996

26 Richard Armitage and Joseph Nye, *CSIS Commission on Smart Power,* 2007, preface.

27 愛德華‧盧特沃克是美國著名國際問題專家，生於1942年，畢業於倫敦經濟學院，在約翰‧霍普金斯大學獲得政治學博士學位。曾任教於喬治城大學、約翰‧霍普金斯大學、耶魯大學和加州大學柏克萊分校。他的著作包括：《現代

戰爭辭典》（1971）、《羅馬帝國的大戰略》（1976）、《蘇聯的大戰略》（1983）、《戰略：戰爭與和平的邏輯》（1987）、《面臨危險的美國之夢》（1993）和《加速資本主義》（1997）等。他曾經是美國國家安全委員會、國務院、國防部以及財政和金融機構的顧問，同時任美國和歐洲一些大公司的顧問，日本大藏省的財政和金融政策顧問。近年來，筆者曾與盧特沃克見過幾次面，他如今仍活躍在商務諮詢、戰略研究和學術交流等活動中。

28 Edward Luttwak, "The Theory and Practice of Geo–Economics", in Armand Clesse, et al (ed.), *The International System after the Collapse of the East–West Order,* Martine Nijhoff Publishers, 1994.

29 Lester Thurow, Head to Head：*The Coming Economic Battle Among Japan, Europe and America,* Morrow Publishers, 1992, p. 246.

30 George Demko and William Wood, *Reordering the World — Geographical Perspectives on the 21st Century,* 1999, p.14.

31 Edward Luttwak, *The Endangered American Dream, Simon & Schuster,* 1993, p.35, p.314.

32 Edward Luttwak, "The Theory and Practice of Geo–Economics", in Armand Clesse, et al (ed.), The International System after the Collapse of the East–West Order, Martine Nijhoff Publishers, 1994.

33 Erik Peterson, "Looming Collision of Capitalisms", in Brad Roberts (ed.), *Order and Disorder after the Cold War,* The MIT Press,1995, p. 227.

34 James Rosenau, *Turbulence in World Politics: A Theory of Change and Continuity,* Princeton University Press, 1990, p. 3.

35 James Rosenau, *Along the Domestic–Foreign Frontier,* Cambridge University Press, 1997, pp. 25-44.

36 James Rosenau, *Along the Domestic–Foreign Frontier*, pp. 47-52; James Rosenau, "Imposing Global Orders", in Stephen Gill and James Mittelman (ed.), *Innovation and Transformation in International Studies,* Cambridge University Press, 1997, pp. 220-235.

37 James Rosenau and Michael Fagen, "A New Dynamism in World Politics", *International Studies Quarterly,* 41(1), 1997.

38 James Rosenau, "Normative Challenges in a Turbulent World", *Ethics and International Affairs,* Vol.6, 1992.

39 James Rosenau, *Global Changes and Theoretical Challenges: Toward a Post–international Politics for 1990,* Lexington Books, 1989.

40 James Rosenau, "The Relocation of Authority in a Shrinking World", *Comparative Politics,* April 1992.

41 James Rosenau, *Turbulence in World Politics: A Theory of Change and Continuity,* Princeton University Press, 1990, p. 250.

42 James Rosenau, *Along the Domestic–Foreign Frontier,* Cambridge University Press, 1997, pp. 39-41.

43 Ibid., pp. 3-5.

44 Samuel Huntington, "The Clash of Civilizations", *Foreign Affairs,* Summer 1993.

45 Ibid.

46 Ibid., p. 298.

47 Ibid., p. 21.

48 Ibid., p. 130.

49 Ibid., p. 257.

50 Ibid., p. 21.

51 Ibid., p. 43.

52 Samuel Huntington's Keynote address at a symposium celebrating the 125th Anniversary of Colorado College: "Cultures in the 21st Century: Conflicts and Convergences", Feb.4, 1999.

53 Samuel Huntington, *The Clash of Civilizations and the Remaking of World Order,* Simon and Schuster, 1996, p. 45.

54 Ibid., p. 21.

55 Ibid., p. 28.

56 Ibid., p. 44.

57 Ibid., pp. 155-157.

58 Ibid., p. 156.

59 Samuel Huntington, "The West Unique, Not Universal", *Foreign Affairs,* Nov.– Dec.1996.

60 Ibid., p. 312.

61 Ibid., p. 208.

62 Ibid., pp. 48-55.

63 Ibid., pp. 31-36.

64 Ibid.，封底。

65 David Gress, "The Subtext of Huntington's 'Clash'", *Orbis,* Spring 1997.

66 C. Gersman, "Clash Within Civilizations", *Journal of Democracy,* October 1997.

67 美利堅大學阿查亞教授2016年12月26日在清華大學蘇世民書院講授「文明衝突論」，引自筆者當時作的筆記。

68 Joseph Nye, "Conflicts After the Cold War", *The Washington Quarterly,* Winter 1996.

69 Graham Fuller, "The Next Ideology", *Foreign Policy,* Spring 1995.

70 Michael Magarr, "Culture and International Relations: A Review Essay", *The Washington Quarterly,* Spring 1996.

71 Richard Rubenstein and Jarle Crocher, "Challenging Huntington", *Foreign Policy,* Fall 1994.

72 Samuel Huntington, *The Clash of Civilizations and the Remaking of World Order,* Simon and Schuster, 1996, p. 129.

73 Richard Rubenstein and Jarle Crocher, "Challenging Huntington", *Foreign Policy,* Fall 1994.

74 John Ikenberty, *et al,* "The West Precious, Not Unique", *Foreign Affairs,* March–April 1997.

75 Stephen Walt, "Building up New Bogeymen", *Foreign Policy,* Spring 1997.

76 Samuel Huntington, *The Clash of Civilizations and the Remaking of World Order,* Simon and Schuster, 1996, p. 321.

77 Robert Kaplan, "Looking at the World in the Eve", *The Atlantic Mouthly,* December 2001.

第九章 冷戰後國際關係理論的新發展（Ⅱ）

如果只拋棄舊範式，不建立新範式，就等於拋棄科學。科學革命是破壞與建設的統一。

—— 湯瑪斯·庫恩：《科學革命的結構》

國際關係理論與經驗事實結合得並不緊密。因此，國際關係研究尚未找到一套大家共同接受的理論假設和經驗技巧。

—— 巴里·艾辰格林：《經濟學眼中的國際關係學》

即使是最簡單的概括，即使是概念（判斷、推理等）的最初的和最簡單的形式，就已經意味著人們對於世界的客觀聯繫的認識是日益深刻的。

—— 列寧：《黑格爾〈邏輯學〉一書摘要》

第一節 國際安全新論

如何處理國際衝突、危機，維持國際社會的安全、穩定，歷來都是國際關係研究的重要課題。冷戰的結束並沒有使這項任務變得輕鬆，面對國際關係的新形勢和新特點，國際安全研究領域呈現出一種新的活躍局面。

一、定義與演變

國際安全研究（ISS）並不是一個獨立的學科，而是國際關係研究領域的一個分支學科。在國家安全、集體安全和國際安全中，國際安全為最高階段和最高形式，其研究目標是國際社會生存、穩定，和平與發展的安全環境、條件和保障機制。

阿諾德‧沃弗斯很早就提出，安全「是一種價值」，是國際政治研究的「起點」和「落點」，但安全的概念較模糊，很難清楚其確切的含義。[1]

英國學者巴里‧布贊將安全定義爲「對免於威脅的追求」，顯示「國家和領土完整，反對敵對勢力的能力」，「安全的底線是生存」。[2]

據此，學術界把安全概念分成消極安全與積極安全，前者強調免於危險和威脅，以求生存；後者則強調穩定。大衛‧鮑德溫指出，一提及安全，「腦子裡就想起威脅」，因此，「追求安全常常是要付出代價的」。這些代價包括7方面的要素：（一）行爲者，其價值標準需要維護；（二）有關的標準價值；（三）安全的程度；（四）威脅的情況；（五）對付威脅的手段；（六）這樣做的具體代價；（七）所需的相應的時間段。[3]生存和穩定是安全的兩個重要目標。

約瑟夫‧奈伊提出，國際安全意指處於「安全困境」中的國家之間的相互依賴。這裡有三個條件：（一）至少有兩個以上行爲者才會產生「安全困境」；（二）國際政治處於無政府狀態，缺乏超越主權國家以上的權威機構；（三）安全依靠各國政策的互動。奈伊和約翰‧加尼特等學者認爲，國際安全與國家安全是兩個不同的概念，處於國家和國際體系兩個不同的分析層面，兩者既有聯繫，又有區別。國際安全是關於國際社會的安全，其「代表克服國家安全對安全問題狹隘的、以人種爲中心的認識的一種努力」。[4]

一般認爲，作爲國際關係的一個分支學科國際安全研究，出現於第二次世界大戰後。自1945年以來，國際安全研究隨國際政治氣候的變化，有起有伏，經歷了三個演變階段：

（一）形成期（1950年代至60年代）。國際安全研究所依託的背景是冷戰時代的兩極政治關係和安全關係，研究重點是軍事戰略和理論問題。這時期形成了國際安全研究的四個傳統理論：威懾理論、裁軍理論、軍備控制理論和有限戰爭理論。威懾、裁軍、軍備控制和有限戰爭是確保和平與安全的重要條件。四個傳統理論的形成，推動了地區安全和國際安全的研究。[5]

（二）發展期（70年代至80年代）。1973年的石油危機帶動了國際安全的研究：國際安全與經濟相互依存趨於結合；圍繞危機的控制與管理，博弈論、秩序論、理性選擇論等滲入國際安全研究。大三角戰略關係與安全環境、核軍備控制與核裁軍、經濟相互依存與安全機制等成爲國際安全研究的熱門課題。同時，由於美國對越戰的反思，使國內問題對安全

形勢的影響成為國際安全研究的一個重要內容。另一方面，國際安全研究的隊伍在這一階段得到擴大，不僅歷史學家、戰略理論家，而且政治學家、經濟學家和其他社會科學學者也加入其中，而此一趨勢繼續在發展。

（三）變化期（90年代以後）。冷戰的結束無論是在內容上還是在理論上都給國際安全研究帶來了歷史性的變化。研究課題出現了進一步「綜合化」趨勢，大衛・鮑德溫稱之為「國際安全的多層面研究」（multi-dimensionality）。[6]其特點是政治安全、經濟安全、軍事安全、環境安全、社會安全等組成一種多層面、多方面的綜合安全研究框架；經濟安全突顯出來，強調安全問題不再是單邊的，而是「相互依存的」；諸多全球問題，如環境、人口、移民、債務、毒品走私、國際恐怖活動等，為國際安全研究注入了新的內容。國際格局的變化、國際合作與國際安全的互動，以及用多視角處理國際衝突，成了國際安全研究的新的生長點。「出現了一個國際安全研究的熱潮，對安全問題進行重新思考」。[7]這一重新思考的結果，最明顯地反映在對非傳統安全研究的重視和加強。非傳統安全研究「起源於對非軍事問題的關注」，1983年美國普林斯頓大學國際關係學教授理查・烏爾曼在《國際安全》雜誌發表題為〈重新定義安全〉的論文，第一次把非傳統安全的概念引入國際安全研究領域。30多年來，非傳統安全的研究以其時代性、動態性、複合性的特點，成為國際安全研究領域的新亮點和新熱點。[8]美國學者喬治・費達斯認為，非傳統安全研究「沒有威脅者的威脅」。當前，非傳統安全問題涉及越來越多的全球問題，主要有：恐怖主義、氣候變化、金融危機、網路安全、糧食危機、能源安全、海洋權益、太空競爭、極地問題等。

巴里・布贊在冷戰結束之際，曾提出一個有趣的但有爭議的問題：他認為，國際安全是「一個不發達的概念」，在80年代之前缺乏完整的概念和理論框架，[9]其原因是：（一）概念確定本身存在困難；（二）與權力概念重疊；（三）不同流派對此無多大興趣；（四）決策者發現，安全概念模糊對他們有好處。在冷戰時期，只是與軍事有關的才算安全問題，其餘問題均屬「低級政治」，被忽視了。「安全成了一面飄起的旗幟，一個被使用的標籤，而不是一個有用的概念」。[10]這一情況在冷戰結束後開始有了轉變。為了使國際安全成為一個有用的概念，布贊竭力為國際安全正名，努力探索進取，採用一種社

會建構主義的分析框架，研究國際問題安全化（securitization），提出了「地區安全複合體理論」（security complex theory），[11]對布贊這一成果應給予點贊。

二、國際安全的理論探索

長期以來，在西方學術界存在關於探索國際安全理論的三點基本看法：

（一）從摩根索到羅伯特·傑維斯，從沃爾茲到喬治·奎斯特，在國際關係領域有著關於安全研究的理論分析傳統。

（二）可以肯定的是，安全理論問題不會消失，其重要性將與日俱增。

（三）從長遠來看，安全政策必須建立在理論分析基礎上。

國際安全研究的理論分析較突出的成果，是80年代羅伯特·傑維斯在原有的威懾論基礎上提出的「理性威懾理論」（RDT）。傑維斯認為，原威懾論強調軍事威懾手段，而RDT則把「格局、策略、心理因素和理論選擇」結合起來，為國際安全研究設計了「一種新的理論分析框架」，將其升格到「一個新的理論分析層面」。[12]傑維斯強調，國際體系或結構主義的分析已無法解釋戰爭的根源，應重視認知方面的問題，即誤解伴隨戰爭，誤解常常成為導致戰爭的一個重要根源。他還認為，現實主義與博弈規則是互補的，具有結構性、戰略性和理性的特點，有利於合作與衝突、政治與經濟的結合。

這期間，另一位學者約翰·米爾斯海默也透過大量歷史事例對威懾問題進行比較研究，他的「常規威懾」理論對美國構築對蘇非核威懾戰略產生了不可忽視的作用。

現實主義與自由主義是研究國際安全的兩種基本思想流派。

長期以來，現實主義在國際關係研究方面占主導地位，但其不代表國際安全研究的全部。影響國際安全行為的決定因素有四：（一）追求安全利益；（二）考慮非安全利益；（三）透過國際合作改變安全困境的程度；（四）改善國內環境。真正屬現實主義的只有第一個，其餘的與新現實主義有關。鮑德溫就指出，「在國際政治理論中，最重視安全研究的是新現實主義，其認為安全是國家首要動機和目標。」[13]如果在安全層面上，將現實主義與新現實主義加以比較的話，我們可以看出，現實主義認為人性本惡是分析基點，權力是目的，均勢和結盟是安全的關鍵；而新現實主義則認為無政府狀態是分析基點，安全是目的，兩極和核武器是安全的支柱。

除了與現實主義的比較之外，新現實主義在國際安全研究上與新自由主義也存在較大的差異：新現實主義強調國際安全與世界無政府狀態有關，國家追求利益、爭奪權力必然導致不安全；安全困境表現為控制盟國、領土和資源的爭鬥，引發權力轉移和均衡失控；只有當均勢對主要大國有利時，強有力的國際安全體制才存在。，因此，「安全體制在不需要時才有效，而在需要時反而無效」。新自由主義則不同，它其強調影響安全的因素包括：國內外政治結構、文化與價值觀，重視民主對安全的影響；發展經貿關係具有重要性，可避免國家之間發生戰爭，增加安全度；健全國際安全體制可以防止或制止國際衝突，維持和平。

現實主義、新現實主義和新自由主義學派均從不同角度對國際安全進行了理論探索，應該說它們產生了互補作用。事實證明，僅一種學派的觀點是不足以說明和認識國際安全的複雜性的。

三、冷戰後國際衝突的新課題

整個1990年代是國際形勢發生激烈變化的10年，世界經歷了1990年至1991年蘇聯解體和冷戰後第一次國際安全重大危機（波斯灣戰爭），1998年至1999年國際政治、國際經濟雙動盪，1999年冷戰後第二次國際安全重大危機（科索沃戰爭）。客觀形勢要求用新的視角對冷戰後國際衝突進行分析研究。

1996年，奈伊在《理解國際衝突》（1993）一書的基礎上，發表了一篇頗有影響的論文〈冷戰後的衝突〉。差不多同時，鮑德溫也發表了一篇題為〈安全研究與冷戰的結束〉的重要文章，兩人的文章初步勾勒出了「新國際衝突論」的基本框架。

首先，從國際安全角度來看，奈伊認為，冷戰結束後，世界已經進入一個不確定的過渡時期。奈伊指出：「1500年以來，每一次大國戰爭之後都伴隨著一個不確定時期。此時，政治家們都要試圖改變國際體系或對其進行調整，以防止大國戰爭再次爆發。目前我們正處於這個不確定階段，一次勢均力敵的超級大國『戰爭』──冷戰剛剛結束。」[14]但奈伊認為，目前的不確定階段在許多方面不同於以往，原因有三：第一，在某種意義上，它是最不具確定性的轉型期。因為沒有一個單一的、決定性的軍事對抗或戰後協商；第二，大國的興衰和技術、經濟、文化的變化速度都大大加快；第三，未來衝突的根源也許完全不同於最近結束的冷戰。冷戰部分植根於意識形態上的緊張狀態，但這種

緊張狀態不可能再現。未來衝突也許將被大規模殺傷性武器的出現所限制或改變。

接著，奈伊把冷戰後的國際衝突分爲三大類：「大國戰爭、地區戰爭和內部戰爭。」[15]

◎大國衝突（或戰爭）

由於冷戰結束後合作重於遏制、對話代替對抗的趨勢發展，大國衝突發生的可能性減少，但還不能說已完全消除，大國之間的誤解、分歧和安全困境等衝突的導因，仍然存在。

自修昔底德以來，歷史學家和政治觀察家就已注意到，權力的迅速轉移是全球大國衝突的主要原因之一。近百年來，幾次大國戰爭的一個深層的結構原因，就是權力的迅速轉移。[16]因爲權力轉移能夠導致衰弱的大國出其不意地襲擊正在崛起的對手，或者使那些自認爲國際地位與其軍事實力不符的新興大國侵略他國。

然而，冷戰結束造成的權力轉移並沒有引起新的破壞全球均勢的大國衝突，更不用說世界大戰了。之所以如此，奈伊認爲，雖然蘇聯的解體使世界的權力分配發生了變遷，但全球均勢的實質卻未因此實現根本性的變革。儘管美國是世界上唯一眞正的超級大國，在各個權力層次上都占據主導地位，但這並不意味著一個單極世界已經取代了冷戰時的兩極世界，仍然有許多重要的安全、經濟和政治目標，僅靠美國的實力是無法達到的。[17]當然世界也絕非多極，因爲其他大國缺乏一個或一個以上的權力資源。確切地說，世界權力在不同層次上被不同國家或地區所瓜分。其中，軍事權力在很大程度上是單極的，美國擁有洲際核武器，並有一支強大到能在世界範圍內作戰的海陸空部隊。雖然俄羅斯仍是世界第二大軍事強國，但其常規力量遠遠小於原蘇聯，且核能力也大大地減弱了。經濟權力則是多極的，美國、歐洲和日本生產出世界三分之二的產品。中國的經濟增長長期保持著良好的情勢，其崛起速度超出了多數人的想像，但中國的經濟權力還不足以成爲第四極。另外，在政府控制範圍之外的超國家關係層面，權力更是被廣泛地瓜分。例如，像銀行家和恐怖主義分子等各式各樣的角色，都可能對全球均勢產生不可輕視的影響。

權力，作爲現實主義理論的核心概念，其構成性質在冷戰結束後的確發生了顯著的變化。在漢斯‧摩根索那裡，權力是指「支配他人的意志和行動的力量」。因此，政治家和外交家通常將權力界定爲對人口、地域、自然資源、經

濟規模、軍事力量和政治穩定的擁有。傳統意義上，大國的標準主要在於其戰爭的能力。然而今天，權力的構成和性質已經不再以軍事力量和對外征服為重點。在國際權力的構成中，技術、教育和經濟增長等因素的重要性正日益突顯；地理、人口和原材料的重要性卻在相對減弱，甚至一些自由主義者認為，經濟權力已經取代軍事權力成為國際政治的中心。雖然，這有些言過其實，因為，經濟手段畢竟不能與軍事手段的壓制力和威懾力相提並論。例如，經濟制裁並沒能迫使伊拉克從科威特撤軍，相反軍事打擊卻很快實現了此一目標。但相對於軍事手段，經濟的重要性日益突顯，這個趨勢是不可逆轉的。

此外，隨著經濟重要性的日益突顯，各國之間的相互依存程度不斷加深。這種日益廣泛、深入發展的相互依存關係已成為全球衝突的重要制約因素。[18]像世界貿易組織、國際貨幣基金組織、北美自由貿易區、亞太經濟合作組織、歐盟、東盟之類的國際組織和經濟聯合體的出現，正在使全球經濟日益走向一體化。的確，跨國經濟紐帶已使一些公司的歸屬成為難題。如果一個公司的總部在某個國家，生產線在另外幾個國家，而原材料進口、分配系統和出口市場又在另外一些國家，此公司能算是哪國的呢？因此，奈伊指出，「現代社會通向威望、權力和經濟成功的道路，只能在於高技術生產和人力資本。」[19]

大量的實例顯示，在國內和國際事務中，軍事力量的作用變得越來越小，花費卻越來越大。特別是核武器的出現，已大大提高了衝突的潛在費用，以致大國表示他們將努力防止相互之間的任何直接軍事衝突，包括能升級為核戰爭的常規衝突。1996年全面核禁試條約的簽訂進一步降低了爆發全球衝突的概率。現在，最有可能發生的危險是權力均衡的不確定性和軍備競賽，但核武器的威懾力以及衛星技術能迅速通報新興大國的軍事能力，又使這種危險發生的可能性變小。這一切都有助於說明為什麼美、蘇在40年的緊張對峙中，從未發生大規模的和直接的軍事衝突，為什麼蘇聯的衰落、解體帶來的巨大權力轉移並未引發任何形式的大戰危機，而在歷史上這種情況大多都會伴隨著戰爭。

「總之，權力的性質以及與此相關的均勢的性質的變化表明，最危險的全球衝突——美、俄、中、歐、日五個權力中心之間的任何兩者或多者的直接衝突——極不可能，歷史上權力轉移引發衝突的任何一個途徑都不可能再現。」[20]但由於潛在誤解、安全困境和大國內不穩定因素仍然存在，因此，全球衝突尚不能完全排除。大國之間發生直接衝突的可能性變小，但並不意味著在他們之間將完全不會發生緊張。例如，各國在處理地區衝突的問題上，在防止大規模殺傷性武器擴散的問題上，在維護國際安全、保護自然環境的問題

上，在解決國際貿易爭端、加強經濟聯繫的問題上等仍然存在著分歧，只是這種分歧和爭執不太可能升級為軍事衝突而已。

◎地區衝突（或戰爭）

冷戰結束後的巨大權力轉移，雖然沒有引發任何形式的全球衝突，卻出人意料地引發了異常激烈的地區均勢衝突，並使這種衝突形式一躍成為冷戰後世界衝突的主導形式。

奈伊認為，比大國衝突更為可能、更為現實的威脅，是新崛起的地區大國獲得大規模殺傷性武器並確立地區霸權，像波斯灣戰爭這類地區性大國均勢衝突發生的可能性要比世界大戰大得多。這類戰爭會有廣泛、持續的地區或全球影響，雖然與過去相比，其導致大國間直接軍事衝突的可能性要小得多。

任何衝突都是對現狀的一種破壞。全球衝突是對全球均勢狀況的破壞，一般表現為大國戰爭或世界戰爭；地區衝突則是對地區均勢狀況的破壞，常常表現為地區戰爭或國內戰爭。冷戰的結束使世界上衝突的構成模式發生了一個顯著的變化。冷戰前，世界上衝突以全球衝突為主，地區衝突只是其中的一個組成部分。據統計，自1500年以來的近500年間，世界上60%的歷史處於大國交戰狀態，其中有9次是大的甚至「世界性」的戰爭，幾乎捲入了所有大國。[21]然而，在冷戰結束後的世界衝突中，全球衝突的主導地位卻被地區衝突取而代之。全球衝突發生的機率越來越小，歷史上循環往復爭奪霸權的世界大戰，也許不會再出現了。[22]與此相反，地區衝突爆發的頻率卻明顯加快，爆發的地點也不斷增多，幾乎遍布了世界各主要戰略地域。這是冷戰結束以來，世界衝突呈現出的一個重要特徵。

首先，地區衝突發生的頻率明顯加快。據有關資料顯示，在1955年至1989年的45年中，世界各地發生的武裝衝突和局部戰爭約有190起。其中，60年代是爆發地區衝突最頻繁的高潮期，達70多起，平均每年7起（主要原因在於世界範圍的民族獨立運動的興起）；80年代發生了28起，平均每年不到3起。從中可以看出，在冷戰結束前，地區衝突的數量和頻率已大幅度下降。但進入90年代後，世界各地的武裝衝突和局部戰爭卻逐年增多。據不完全統計，在1990年1月至1995年6月的5年半的時間裡，世界上新舊武裝衝突和局部戰爭高達83起（不重複計算），遠遠超過60年代高峰期的總數。其中，除了80年代遺留下來的24起外，其餘59起都是90年代新爆發的，占總數的70%。這種態勢有可能會繼續維持相當一段時間。

　　其次，地區衝突發生的地域不斷擴大。冷戰時期，地區衝突主要集中在中東以及亞洲的一些國家和地區，但冷戰後，爆發武裝衝突的地域卻不斷擴大，幾乎遍布了世界各主要戰略地域。在1990年代以來，發生的59起衝突和戰爭中，按地區分布，蘇聯、東歐地區有28起，占總數的37.5%；非洲20起，占34%；亞洲8起，占13.5%；中東7起，占12%；拉美2起，占3.5%。顯然，蘇聯、東歐地區和非洲乃是冷戰後爆發地區均勢衝突的兩個主要地區。另外，據有關專家估計，目前世界各地尚存在著180多個潛在的衝突熱點。其中，80個分布在蘇聯、東歐地區，20個分布在非洲，其他則散見於中東、亞洲和拉美地區。[23]這些熱點如果處理不當或失去控制，就會由潛能變為現實，由熱點轉化為直接破壞地區均勢的軍事衝突。冷戰的結束不僅沒有為世界帶來和平，反而使世界上更多的地區趨於動盪。在未來幾年、10幾年乃至幾10年內，這些地區性衝突仍將以此伏彼起的形式持續下去，作為影響地區安全和世界和平、阻礙社會發展和歷史進步的重要因素繼續存在下去。

　　地區衝突作為冷戰後發生可能性最大、頻率最高的衝突，其深刻的歷史根源在於，冷戰的結束使那些被兩極格局深深掩蓋著的各種矛盾紛紛暴露出來，並激化為軍事對抗。第二次世界大戰是以大國重新瓜分世界殖民地作為結束的，並且這種殖民主義是以破壞殖民地種族、宗教和國家的完整性為特徵。今天，世界上多民族國家和多國家民族（即跨國民族，指同一民族分布在許多不同國家）的情況普遍存在。在170多個國家中，只有不到10%是單一民族國家，一個民族占總人口75%的國家也只有一半，40%的國家是由5個民族構成的。例如，南斯拉夫境內就有5個民族、4種語言、3種宗教和2種文字。這種情況，在非洲表現得尤為明顯，1,000多個民族和語言群體包容在50幾個國家裡。[24]由於，許多國家的邊界是由20世紀的殖民國確立的，而這些殖民國根本不考慮傳統的種族界限，致使邊界線人為地將同一民族分開，往往使同一種族的人必須生存在不同的甚至敵對的國度裡。例如，索馬利人除了主要居住在索馬利亞共和國外，還有很大部分居住在衣索比亞的歐加登地區、肯亞的北部地方以及吉布地共和國。[25]這無疑為今天遍及全球的種族仇殺、宗教糾紛、民族對立、領土爭端埋下了禍根。冷戰時代，由於一切都必須服從、服務於美、蘇兩極對抗的需要，這些禍根一直作為次要矛盾居從屬地位，而未能獲得發作的機會。一俟冷戰結束，美、蘇對抗的主要矛盾不復存在，這些殖民主義的遺產就一躍而成為後冷戰世界的主要矛盾，致使各種地區衝突變得一發不可收拾。在上述的冷戰後地區衝突中，因殖民統治、冷戰格局遺留下來的歷史積怨造成

的衝突占絕大多數，其中，因民族矛盾、種族仇恨引發的約占40%；因宗教糾紛引發的約占15%；因領土糾紛引發的約占20%。

　　當然，冷戰後地區衝突的迭起，也有其錯綜複雜的現實原因。這需要對具體情況進行具體分析。大體上，有的地區衝突導源于資源紛爭，例如厄瓜多爾與秘魯兩國的邊境衝突就是因爭奪爭議地區的石油資源而引發的；有的地區衝突導源於對國內政權的爭奪，例如安哥拉、賴比瑞亞、獅子山共和國、阿富汗等國的內戰，均是因國內各黨派爭相控制國家權力而引發的；有的地區衝突則導源於大國勢力的介入，例如前南斯拉夫境內的波黑衝突。在冷戰時期，很多地區衝突或局部戰爭都是以美蘇對抗爲背景的。冷戰後雖然公開的代理人戰爭已經消亡，但在一些地區衝突的背後，仍有某些大國的影子。尤其是在某些大國利益交匯的地區衝突中，他們或是直接插手進行干涉，或是提供援助予以支援，使這些地區衝突仍有轉化爲全球衝突的危險。

◎國內衝突（戰爭）

　　與全球衝突和地區衝突相比，奈伊認爲，遍布全球的宗派衝突和種族衝突有可能成爲冷戰後世界上衝突的普遍形式，而且這類衝突常常發生於國內。從冷戰結束到1996年，發生了30多次重大衝突，幾乎都是屬於這一類型。最可能爆發這類衝突的地區是非洲和原蘇聯的邊緣地區。雖然，這類衝突多數不會立即危及他們的各自邊界，但在地理上卻具有擴散性，導致人道主義干涉，並逐步對國際安全構成持久性甚至全域性威脅。因此，從全球或地區均勢角度來看，大國衝突的可能性雖然小得多，但大國仍將面臨如後之困難抉擇：如何避免宗派衝突的爆發、升級、擴散和爲數增多。

　　如果運用比較和歸納的研究方法，對當代世界衝突特別是地區衝突的根源做進一步的剖析和挖掘，我們不難發現，冷戰後的世界衝突不同於冷戰時代的一獨特之處就在於，冷戰期間的世界衝突多屬於意識形態衝突，而冷戰後的世界衝突則多屬於種族和宗教衝突，亦即奈伊所指稱的「宗派衝突」。

　　冷戰在很大程度上植根於美、蘇兩大集團之間的意識形態緊張，甚至在一定意義上可以說，冷戰就是意識形態之戰。冷戰時代幾乎所有的地區衝突都與美、蘇對抗有關。這些衝突或者由美、蘇其中一方直接介入，而另一方藏在舞臺的背後，像越南戰爭；或者衝突雙方分別由美、蘇在臺下爲其撐腰，像以阿中東之戰。在一定意義上，他們都不可避免地帶有意識形態衝突的外觀。蘇聯與東歐各國之間的衝突，則是爲了鞏固共產主義陣營，更好地與美國抗衡，其

意識形態色彩更為強烈。隨著冷戰的結束，蘇聯的倒臺，共產主義體制的瓦解，原來的意識形態緊張已不復存在了。儘管，目前東西方之間在民主、自由、平等、人權等許多價值觀念上，仍然存在著巨大的差異，但這已不足以成為新的意識形態緊張的根據。以意識形態為核心的地區衝突，將逐漸地成為歷史。

　　正如前文所述，冷戰後的世界衝突植根於作為殖民主義遺產的民族矛盾、種族衝突和宗教糾紛。種族、宗教衝突與意識形態衝突的區別，主要表現在認同感問題上，意識形態的認同感最差，因為其僅僅是個體政治信仰或政治行為的反應，不僅不具有牢固的穩定性，而且難以評估和確認；宗教的認同感較為固定，宗教信仰的改變往往是非常困難的；但最為固定的則要屬種族的認同感，這種認同感建立在語言、文化和宗教的基礎之上，就像人無法改變其出身一樣難以變更。[26]因此，冷戰一結束，意識形態認同感就讓位於種族或宗教認同感，為意識形態而戰就讓位於為種族或宗教而戰了，種族和宗教衝突主要發生在發展中的第三世界。

　　由於這些國家和地區本身不具有像法國和挪威那般相對的種族同一性，加上廣泛存在著經濟發展與國家管理等問題，致使國民對國家及其意識形態的忠誠很容易被對種族、語言和宗教集團的忠誠取而代之。於是，衝突便不可避免地表現為赤裸裸的種族或宗教衝突。例如，在印度錫克教徒與印度教徒之間的衝突；在斯里蘭卡泰米爾人與僧加羅族之間的衝突；在盧安達胡圖人與圖西人之間的衝突；在肯亞吉庫尤族與卡倫金族之間的衝突；在土耳其土耳其人與庫德人之間的衝突；在喀什米爾穆斯林與印度人之間的衝突；在黎巴嫩基督教徒與穆斯林之間的衝突；在東南亞越南人與柬埔寨人之間的衝突等，不勝枚舉。但這種衝突又不僅僅局限於發展中國家，例如在前南斯拉夫境內的種族衝突；在北愛爾蘭天主教與新教之間的衝突；在比利時說法語的人與說德語的人之間的衝突；在西班牙巴斯克人與加泰隆尼亞人之間的分裂；在蘇聯境內亞塞拜然人與亞美尼亞人之間的衝突等，不一而足。據統計，這類衝突在已發生的冷戰後世界衝突中約占60%，而且從存在於世界各地的180多個潛在熱點的形勢來看，種族和宗教衝突的比例，還會不斷上升。

　　種族和宗教衝突並不是冷戰後世界的新生事物，但其之所以能在冷戰後時代氾濫成災，既有間接的長期原因，也有直接的短期原因。從長期因素來看，主要包括支撐個別國家的民族主義的狹隘性質；自治觀念在種族或宗教集團內的廣泛傳播以及建立具有政治合法性有效政府的無效基礎。民族主義往往是現

代民族國家的主要政治支柱，民族主義的狹隘性質無疑是導致種族和宗教衝突的首要因素。早期形態的民族主義，是建立在一系列公民責任的抽象原則和基礎之上的，是一種包容性的民族主義：在理論上其願意接納所有的符合公民義務要求的人作為成員，例如美國就是這種民族主義的典範。民族主義的第二種形態則是以種族認同感，有時也以宗教認同感作為基礎的，是一種狹隘的特殊神寵論：其要求公民只能完全忠於一種種族或一種宗教，人們若沒有適合的種族或宗教特徵，就不可能被接納為其中的成員。一旦具有不同的核心認同感的種族或宗教集團被接納進來，結果通常導致國家採用歧視政策將他們至少貶低為二等公民。第二次世界大戰後以及最近興起的大多數民族國家都屬於多種族或多宗教社會，盛行的就是第二種形態的民族主義。由於在這些國家裡，只具有多種族、多宗教的政治體制，卻缺乏共同的認同感，共同的市民文化，共同的機構和組織，以及民族同一的共同意識。因此，隨著冷戰的結束，這種狹隘的種族或宗教民族主義在國內政治合法性面臨挑戰的情況下復活並升級，從而導致種族和宗教的分裂。

奈伊認為，政府的腐敗無能和經濟的衰退瓦解，乃是冷戰後時代國內宗派衝突日益增多的重要原因之一。他寫道：「正如國內的政治和價值觀取向能夠影響大國衝突的可能性一樣，它們對國家內部和國家之間的宗派衝突也有極大的影響。同時，其還會影響到其他地區或大國捲入這些衝突的傾向性。宗派衝突通常發生在面臨合法性危機的國家，其原動力有兩個：第一，在缺乏合法性的國家，調解衝突的機制已經癱瘓。正如南斯拉夫的共產主義崩潰後，輪職的總統制也隨之垮臺。第二，那些妄圖攫取權力的野心家，利用神族等認同感作為要求重建國家合法性的手段。」[27]因此，國內衝突通常發生在那些政府面臨合法性危機的國家。在當今地區性衝突的所有多發地區的國家內部，幾乎都存在著一個缺乏權威的政府和一個破碎不堪的經濟。由於政府本身的合法性、政府的統治方式和管理能力受到懷疑，以及與此相關的經濟的持續衰退和人民生活水準的低下，進一步加劇了原本已經開始突顯的根源於冷戰前殖民時代的民族矛盾、種族衝突和宗教糾紛，從而使這些國家像盧安達、索馬利亞、阿富汗、安哥拉、柬埔寨等走到了崩潰的邊緣。國內的政治、經濟問題為這些國家的內戰提供了藉口，此外，自治、獨立等觀念在種族、宗族集團中的向心力和凝聚力，以及政府本身的歧視政策、腐化無能，同樣也是不可忽視的重要因素。

從短期因素來看，主要包括五個方面：（一）兩極國際體制的瓦解和地區

權力眞空的出現。一些第三世界國家，在冷戰中是靠超級大國的軍事援助，以及其他多種形式的國際援助得以維持其統治的。一旦沒有了這種外部援助，這些多種族國家就會很快土崩瓦解；（二）蘇聯的解體和種族民族主義在其廢墟上的興起，事實上，一旦國家瓦解，人們往往會格外地傾向於以種族、宗教或家庭爲紐帶的集團。同樣的情況，也出現在東歐前社會主義國家。但這一解體對宗教衝突的影響似乎並沒有像對種族衝突的影響那麼明顯，只有在塔吉克可以看到明顯的宗教衝突的成分；（三）世界大部分地區對民主化改革的自治的要求。在1977年至1990年的10多年間，有30多個國家實現了由非民主到民主政治體制的轉換，[28]這對許多多種族國家內的種族集團產生了示範作用；（四）國際上對人權的日益關注，對那些試圖對國家權威提出挑戰的種族或宗教集團是一種鼓舞；（五）全球通訊體系的發展，常常被種族或宗教集團當作擴大國際影響，引起國際關注，並尋求國際支持的有效手段。正是這些因素，促使種族和宗教運動對許多國家的合法性和完整性，提出了嚴峻的挑戰；也正是這些因素的存在，決定了種族和宗教衝突不可能在不遠的將來自行消亡。

奈伊指出，宗族之間有關身分認同、領土要求和政治機構的衝突，當然並不是在現代社會才產生的。所不同的是，當代迅速、深遠的社會、技術和經濟變化帶來了錯綜複雜的超國家、國家和亞國家層次的認同。這種有效力的溫和狀態，由於瞬間資訊的作用，能使潛在的緊張關係引發爲突然的衝突。

大國的迅速興衰、蘇聯的解體和技術、資訊革命所導致的並非如有些人認爲的那樣是歷史的終結，而是歷史的回歸。回歸的形式表現爲個人間、群體間和民族間的認同碰撞。這種碰撞會在三個層面上發生——超國家認同，諸如伊斯蘭教；國家認同，諸如俄羅斯；基於宗教、種族或語言差異的亞國家認同，諸如非洲和前南斯拉夫。所有這些都向各級衝突管理機構——超國家的、國家的、亞國家的——提出了挑戰。

因此奈伊認爲，與全球或地區大國衝突相比，宗派衝突對美國利益的威脅要小得多。但冷戰後發生可能性最大、頻率最高的衝突就是宗派衝突。雖然，大多數宗派衝突本身並不會威脅到地區以外的安全，但有些卻進一步升級，並擴散到該地區的其他國家。宗派衝突，尤其是以脫離國家爲宗旨的衝突，很難透過聯合國和其他已設機構的呼籲來解決。聯合國、地區組織、聯盟和個別國家都無法解決這樣一個悖論——自決原則與已定邊界不可侵犯原則的矛盾。尤其是當前，許多國家都面臨著潛在的宗派衝突。目前認同危機存在於許多層面：民族的、種族的、語言的或宗教的，究竟在哪個層面上能夠確立主權尚無

定論。同樣，當黷武者及其目標分別處於不同的國際組織、國家集團或亞國家聯盟時，使用武力威懾、逼迫或確保安全措施會變得更困難。

從上述分析來看，奈伊等學者想表明的是，面臨此一變化，美國的領導作用至關重要，其作為世界首要的經濟、民主大國，欲以其強大的軍事力量為後盾成為限制大國、地區和宗派衝突的頻繁性、毀滅性的關鍵因素。但冷戰後，美國的世界地位卻面臨著兩難境地：一方面，美國的硬體（經濟和軍事力量）和軟體（政治和文化體系的影響力）都是世界最強的，自稱有責任防止或減少大國衝突、地區衝突和內部衝突；但另一方面，僅憑自身的力量，美國又無法解決任何國際問題。美國缺乏解決所有衝突的國際和國內先決條件。

奈伊還根據前美國國防部長佩里對國家利益的劃分，具體地分析了美國解決冷戰後衝突的戰略原則。佩里把美國的國家利益分為三個層次：致命的、重要的和人道主義的。藉此，奈伊認為，當致命利益受到威脅，只能用武力才能解決時，美國將不惜代價地單方面採取行動；當重要但非致命利益受到威脅時，美國必須權衡利弊，慎重考慮是否能夠招募一支多國聯軍，而不是單槍匹馬地採取行動；涉及人道主義問題時，當人道主義災難威脅到救濟機構的運行，並且特別需要美國的軍方做出反應，而此時美國軍隊所冒的風險又很小時，非戰鬥性地運用美軍力量是合適的。

在這三種情況下，美國能否參戰還取決於一個重要因素，即能否贏得公眾和國會支持，尤其是當不危及美國致命利益的時候。奈伊認為，與常人想法相反，當致命利益受到威脅時，即使將付出慘重代價，美國公眾也絕不會低頭。例如，沙漠風暴行動就得到了廣泛支持，儘管事先估計將有幾千人傷亡。當其他國家的維和士兵也能出色完成任務的時候，除非危及到美國的致命或重要利益，美國不應派兵，否則，派出美國地面部隊只會產生反作用，只會使美軍成為象徵性的政治攻擊的靶子。美國在多次維和行動中的相對優勢常常在於空軍和海軍，以及後勤、運輸和智力資源。因此，美國成功地分擔國際責任的一個有效方法，在於保證非美國人占聯合國維和人員的絕大多數。

最後，奈伊指出，關於冷戰後衝突的壞消息是：對於當前最普遍的衝突形式──宗派衝突，整個世界幾乎毫無準備；好消息是：美國領導的聯盟和海外駐軍正在建造一個堅實的結構基礎，以避免最具災難性的地區戰爭和大國戰爭。雖然，美國不能單槍匹馬地解決許多宗派衝突，但其能夠促使國際機構更好地解決這些衝突。總之，國際安全新論對美國而言，其實質是：在冷戰結束後，美國繼續維持在國際安全事務方面的領導地位，繼續運用國際結盟或夥伴

關係以最大的限度追求自己的安全戰略利益。不難看出，美國對「國際安全新論」的政策解析，便是「領導地位＋結盟夥伴」。

第二節　民主和平新論

民主和平論作爲一種新的當代國際關係理論，出現於1980年代初，自80年代末和90年代初開始在國際關係理論領域受到關注，是冷戰結束以來新自由主義學派中較爲流行的一種理論。尤爲重要的是，其作爲一種理論依據，對冷戰後的美國外交決策產生了重要的作用。同時，隨著美國「民主」外交的挫折和失敗，對民主和平論的批評也接連不斷。

一、產生與發展

民主和平論有著久遠的歷史淵源。早在18世紀末，隨著西歐主權國家的不斷出現，西方哲學家尤其是伊曼努爾‧康德在批評絕對主義權力政治和繼承天賦人權、自由平等、人民主權等思想的同時，就提出了由自由國家聯合起來建立「永久和平」的設想。在〈論永久和平〉一文中，他把道德法則和人權思想運用到國與國之間的關係上，認爲要建立國家之間的正常關係，就必須堅持國際法的原則，主要是主權獨立、維護和平和遵守道義。憲制共和國內部的監督和平衡作用可以防止統治者冒險地對外發動戰爭，同時每個共和國政府是否遵守國際法也可以暴露其戰爭動機。由於，共和制國家比其他政體更樂意接受一個和平的、有約束力的國際法，因此他們更爲和平，並強化「建立在自由國家聯盟之上的國際法則」。在這個和平聯盟內部，戰爭是非法的。康德的「永久和平」方案雖然是一種空想，但是他以抽象的道德法則作爲政治思想的基礎，由此所產生的理性國家觀、共和主義、和平主義，對後來國際關係理論中理想主義學派有著重要的影響。

在18世紀末到19世紀末的百年時間裡，西方資產階級思想仍沒有擺脫古典哲學和政治思想的窠臼，在民權與主權的概念裡徘徊，直到第一次世界大戰前後，西方才眞正把早期西方哲學家和政治家的道德規範和理性原則的政治思想運用於國際關係，並形成了風行一時的社會科學思潮——烏托邦主義。以此爲基礎，國際關係理論中的理想主義學派應運而生。康德雖然提出了以法則創造

「永久和平」，但關於政府的行為如何規範，他卻束手無策。理想主義以「道德要求」和「民主原則」為核心，把一國的外交政策與其國內政體結合起來，認為政府體制決定了一國是否好戰。具體來說，獨裁體制要比民主體制更具有侵略性，原因是獨裁者可以不經民選立法機構的同意，按照他們自己的意願採取軍事行動。民主包含對多數人的統治和對少數人的權力的嚴格約束，尊重法律而不是權力的價值體系，無論在國內還是國際上都是秩序和穩定的最可靠保證，國家道德標準是維護世界和平的基礎。理想主義者主張恢復規範，健全對各國具有約束力的國際法準則，建立國際性機構和組織，以國際集體安全防止戰爭的發生。理想主義又稱之為「威爾遜主義」，其主要代表人物、美國第28屆總統威爾遜的理想主義核心就是「使國家和世界民主化」。根據他的見解，用道義力量控制國際關係，用理性壓倒公眾輿論中的無知和狂熱，才會向一個有秩序的國際社會邁進。「十四點計畫」是他在美國登上國際舞臺後為世界和平設計的藍圖，是美國外交史上要求干預全球事務的首次表態。雖然，威爾遜主義過於理想化，但其畢竟第一次把美國民主與世界和平結合起來，為以後的美國外交定下了基調。用陳樂民先生的話說：「重要的是威爾遜主義先於現實提出了美國外交的走向，其影響不在當時，甚至不在2、30年之內，而在於長遠。」[29]

　　民主和平論不僅繼承和發揮了盧梭、康德以及威爾遜的自由、人權、民主政治思想，而且直接繼承理想主義之衣鉢，得出自由民主國家之間不會打仗的結論。這種理論的始作俑者是約翰‧霍普金斯大學政治學教授邁可‧多伊爾。1983年他在〈康德、自由主義遺產和外交事務〉一文中，提出自由民主國家相互間從來沒有發生過戰爭的論點。多伊爾把康德的思想稱作是「遠見、政策和希望的源泉」，並以康德的政治思想為依據解釋說，民主政府相互間不願打仗原因之一是他們必須向其國內的人民做出交代，如果戰爭的代價過高，其在選舉中就會失敗。同時，在民主國家中，關於戰爭的外交決策是透明的，公眾和決策者都對戰爭代價非常敏感，因此可以公開辯論。另外，他認為，民主國家相互間有用和平方法指導政治競爭和解決糾紛的共同願望，這種「共識」要求雙方「協調」相互間的關係，透過彼此尊重和合作，擴大接觸，這種共同願望最終導致利益共同體的產生。隨著民主國家走向一體化，他們拋棄了在相互交往中，使用甚至威脅使用武力的選擇。

　　自從1983年多伊爾提出自由民主國家相互間從不打仗的觀點後，這種民主和平觀倍受西方社會的青睞，被認為是最接近於國際關係的經驗法則。80年代

末和90年代初，蘇聯、東歐發生巨變，以和平方式走上了所謂「民主化」的道路，西方國家把冷戰的「勝利」歸功於他們對社會主義國家推行民主的政策。山繆‧杭亭頓宣稱，「第三次民主化浪潮」已經到來，甚至也有人認為，至少從17世紀以來，現實主義原則（無序、國家安全困境）一直排斥自由主義或理想主義原則產生主導作用，現在民主和平在某種程度上部分地取代現實主義原則是可能的。

二、民主和平論的內容

　　民主和平論的中心論點是民主國家很少（或從不）相互打仗。為證明這一論點的正確性，該理論列舉了大量歷史事實，並提出了兩個基本觀點：第一，在民主國家之間如同其他政體之間一樣存在著許多利益衝突，但是，毫無疑問，民主國家認為，戰爭不是解決他們之間糾紛的合適方法；第二，儘管自由民主國家很少（或從不）相互打仗，但他們可能和非民主國家打仗。

　　民主和平論提出了三個主要概念：民主和平、民主政治和國際政治系統，認為單位層次上的民主政治結構（引數）與民主和平（因變數）之間有一種因果關係。民主和平論把這種因果邏輯，歸結為民主國家存在著政體上的兩個根本限制因素：一是，把民主國家間無戰事歸因於機制上的限制，即公共輿論或國內政治機構的監督與平衡對政府決策的制約作用；二是，民主標準和文化因素，即民主國家之間有著相互尊重、合作與妥協的共同特點。這種「精神氣質」表明民主國家之間不會以戰爭或戰爭威脅手段解決彼此之間的糾紛；相反地，民主與非民主國家之間卻缺少這些標準和限制因素。布魯斯‧魯塞特則把上述兩種制約因素按照特點的不同劃分為兩種「模式」：文化或規範模式（cultural or normative model）和結構或體制模式（structural or institutional model）。就第一種模式來說，由於受到國內限制，決策者盡力遵守解決衝突的準則（妥協和非暴力），同時他們希望其他國家的決策者也會這樣做，民主國家中民主文化的約束力證明了民主和平論上述的第一個基本觀點是正確的。唯一的可能性是民主國家出現政治不穩定，但這種情況很少發生。這種模式還決定了上述第二個基本觀點的正確性。由於非民主國家的決策者使用暴力或強制手段對付民主國家，結果導致民主國家（肯定）對非民主國家的行為表示懷疑，並採取「非民主」措施，即使用武力對付非民主國家。

　　相比之下，結構或體制模式認為，民主國家之間的暴力衝突不常發生是由

於受制於民主政治體系和相關的監督平衡作用，而決策者採取大規模軍事行動必須得到絕大多數公眾的支持。但是，非民主國家之間或民主與非民主國家之間的暴力衝突不斷發生，原因在於非民主國家並沒有這種結構上的限制。

以上兩種模式或兩種限制因素是，民主和平論與主張權力政治的現實主義理論的根本區別。歸納起來，主要是對國內政治結構和國際政治系統的關係認識不同。民主和平論認為，基於國內政治機構對於一國對外行為的重要性，要達到國際政治的和平狀態，就要先從國家的「民主化」著手。現實主義則認為，即使一個國家內部發生變化，國際政治體系的無序狀態也是不會改變的，系統結構是決定國際政治結果的主要因素。新現實主義理論的代表肯尼思・沃爾茲說，國家之間面臨著安全上的困境，在這樣一個國際政治的「自助體系」中，競爭的壓力要比意識形態傾向或國內政治的壓力更為重要。

三、民主和平論對冷戰後美國外交的影響

隨著冷戰的結束，民主和平的呼聲甚囂塵上，西方國家普遍認為冷戰的勝利是自由民主制度的勝利。民主和平論與美國的對外政策開始相結合，成為美國對外戰略的重要理論支柱，這也是民主和平論倍受西方政治家青睞的原因之一。

早在1983年多伊爾提出建立民主「和平區」的設想時，並沒有受到多大的注意和支持。但是，不到10年，他的民主和平觀得到了美國國際關係學界的廣泛重視和讚許，一些評論家迫不及待地提出，向外輸出和促進自由民主思想應當成為冷戰後美國對外政策的核心。法蘭西斯・福山大呼「歷史的終結」，認為在過去幾年裡，全世界都認識到自由民主制度作為一種政治制度的合法性，其不僅戰勝了世襲的君主制、法西斯主義，而且在最近還戰勝了敵對的共產主義意識形態。在世界格局發生澈底轉變的情況下，美國的學術界和政界似乎達成了一種共識，那就是在冷戰後沒有任何一種「敵對的意識形態」敢於向「自由民主制度」提出挑戰，民主國家之間不會發生戰爭，自由民主制度是民主和平的前提和可靠保證，因此，在世界範圍內傳播和推行自由民主制度將意味著世界「永久和平」的到來。美國柯林頓政府的對外「擴展戰略」正是基於「民主國家間無戰事」和「市場經濟可以推動民主化」兩種觀點而制定的。民主和平理論是其制定對外戰略的重要理論依據。

柯林頓在入主白宮前，就宣稱「民主國家並不互相進行戰爭」是「顛撲不

破的眞理」，「民主國家在貿易和外交上結成更好的夥伴；民主國家儘管有內在的問題，但爲保護人權提供了最好的保證」。[30]1993年9月，柯林頓政府國家安全顧問安東尼‧雷克進一步使美國的「民主和平」外交具體化。他認爲，美國的安全決定於外國政體的性質如何，並提出用擴展戰略代替冷戰時期的遏制戰略，即「擴展全世界由實行市場經濟的民主國家組成的自由社會」。他的擴展民主論主要包括四個組成部分：第一，加強主要的市場民主國家；第二，鞏固新生的民主和市場經濟；第三，反擊侵略、支持與民主和自由市場敵對的國家的自由化進程；第四，透過在人道主義問題最嚴重的地區推行民主和自由市場，繼續奉行人道主義的政策。[31]美國政府在推行民主外交的時候，越來越強調美國安全應與其他國家的政體，尤其是非民主國家的體制聯繫起來。

民主和平論在冷戰後的美國對外戰略的調整過程中得到運用有兩方面的原因：一是，美國被冷戰的「勝利」沖昏了頭腦，把90年代看成是擴大「民主陣營」的最好時機；二是，在冷戰後的世界上，美國的領導和霸權地位正在動搖。以推行民主和平爲幌子，可以爲他們所認爲的人類共同追求的理想和價值觀，即美國的民主和價值觀披上合法的外衣，以掩蓋其干涉他國內政的本質。具體說來，冷戰後的美國「民主外交」有如下幾個特點。

第一，透過自由和民主思想擴展美國的政治制度和價值觀，把民主外交作爲美國實力的重要組成部分。一方面，美國政府重申美國的價值觀，諸如個人自由、寬容是民主制度的具體表現，強調國家的安全必須以擴大市場民主國家組成的社會、威懾和遏制對美國及其盟國的利益的威脅爲基礎，保護和加強美國的價值觀是其安全戰略的最終目的。因爲，「民主和政治經濟自由化越能主導世界，我們的國家就越安全，我們的人民就越興旺發達」。[32]另一方面，美國政府認爲，美國必須發揮領導世界走向自由與民主的作用，據此把民主外交視爲領導世界的一個重要手段。「因爲我們的最大實力是我們的思想的力量，在世界各地，我們的思想正在被接受」。[33]向外傳播美國的民主制度和價值觀，既是美國對外戰略的最終目的，也是美國試圖領導世界的新策略。

第二，美國的民主外交從一開始就帶有干涉他國內政的特點。在索馬利亞的聯合國維和行動中，念念不忘傳播美國民主和價值觀的美國軍隊，曾因干涉他國內政而最終撤出；爲在歐洲建立「民主和平區」，美國大力推行支持東歐「新生的民主國家」的北約東擴戰略，但此舉遭到俄羅斯等國的強烈反對；在東亞地區，美國不顧自身人權狀況的缺陷，大肆指責一些東亞國家的所謂「人權問題」；美國不允許其「後院」出現與其政經體制不一致的國家，以聯合國

名義在海地不惜使用武力「護送」民選總統回國執政；美國和北約盟國干涉南斯拉夫聯盟共和國的科索沃問題，也是以「人權高於主權」的自由進行的；之後的烏克蘭危機，也屬此例。民主外交打著「自由民主是人類共同追求的目標」的招牌，使干涉他國內政具有隱蔽性。

第三，美國的民主外交仍然具有強烈的意識形態色彩。總體說來，冷戰後國際關係中意識形態的鬥爭雖然有所淡化，但並不意味著西方外交也因而擺脫了意識形態因素的影響，只不過有了新的側重。現在的意識形態鬥爭，不僅是共產主義和資本主義兩種制度的鬥爭，而且還是不同「文明」之間的鬥爭。在蘇、東社會主義體系解體後，西方大國在意識形態的攻勢更盛。他們的最終目的是迫使所有不實行西方民主制度的國家發生「轉變」，究其實質，這種意識形態中的某些準則，常常被用作實現某種政治目的和施加政治影響的手段。

四、對民主和平論的批評與冷戰後美國外交

對民主和平論的批評是隨著其在美國外交中的運用而出現的。冷戰後的世界形勢變化多端，一方面，美國仍然是唯一的超級大國，另一方面，眾多大國的興起對美國的領導地位形成挑戰。美國的民主外交遭到世界各國尤其是發展中國家的反對和抵制，有時美國也因推行這一政策而碰得頭破血流。這使人們對民主和平論的論點和應用的目的產生懷疑。

1995年《歐洲》雜誌社曾專門就「民主和平論」組織了討論會，與會的專家和學者就民主和平論的內涵、民主與和平之間的關係及其實質進行了全面的分析。[34]此後，也有學者透過民主與暴力的歷史回顧，對民主和平論進行了批駁，認為在評析民主與和平的聯繫時，不能忽視民主發展的歷史過程與暴力、戰爭的關係，民主和平並不能從以往的歷史經驗中得到有效的驗證。我國學術界對民主和平論的分析和批評有了深入的發展。

國內外學者對民主和平論的批評各有重點、各有所指。探究起來，不外乎以下幾個方面：

第一，對民主和平論的基本出發點的批評，這也是理想主義和現實主義的根本區別。民主和平論堅持認為，國家內部政治因素有著決定性作用；而現實主義則認為，國際體系機構更為重要，民主和平論顛倒了國際體系限制和國內政治機制之間的因果關係。由於國家安全困境的因素，一個國家在沒有外來威脅或外來威脅很小的情況下，更趨向於自由民主制度；而一個在高度威脅的外

部環境中的國家，則更可能選擇集權或其他非民主形式，國際體系結構不僅是國家對外行為的主要決定因素，而且也是形成國內政治體系的重要因素。

第二，對歷史經驗事實的批評。民主和平論認為自19世紀初以來，除個別情況例外，民主國家間從不（或很少）發生戰爭。然而，統計數字表示，在1816年至1980年的100多年間，戰爭與民主之間沒有明顯的聯繫，然而，恰恰與民主和平論的看法相反，民主國家間經常發生以戰爭相威脅的情況。克里斯托夫·萊恩就四個具體的「個案分析」證明，在戰爭危機中，民主國家為了戰略利益和榮譽，至少有一方準備打仗，戰爭並不是因為「你生存也要讓別人生存」（live and let live）這個民主和平論的精髓而避免，而是因為一方實力不夠強大做出讓步的結果。看來，現實主義理論更具有說服力。同時，民主和平論也不能解釋民主國家發生內戰的情況，如1861年至1865年的美國內戰。

第三，對民主和平論的兩個基本觀點的批評。民主國家由於機制和民主標準與文化等方面的限制，相互間傾向於用和平手段解決彼此間的糾紛和衝突，但事實往往出現「反常」情況，即民主國家和非民主國家一樣好戰（這裡暫且不論非民主國家是否真的好戰和內部缺乏穩定性），民主國家（如美國）在1898年的美、西戰爭中，就曾出現民眾熱衷對外開戰的情況。可見，民主和平論中的這一因果邏輯並非無懈可擊。再者，民主和平論把民主與非民主國家之間的戰爭歸因於後者，缺少民主文化和機制上的制約因素；但是反過來講，如果人民真的不願打仗，不願承擔戰爭的巨大代價的話，那麼民主國家就不會進行任何戰爭，包括與非民主國家的戰爭，民主制度的制約作用應具有普遍性。由此可見，民主和平理論的第二個基本觀點，在邏輯上也是錯誤的。

另外，關於民主概念的界定問題也是批評者的依據之一。一個國家達到什麼樣的標準才算是「民主」的呢？正如美國明尼蘇達大學政治學教授歐倫所分析的那樣，美國劃分民主與非民主的標準受到價值觀的影響，並不客觀，美國把自己的朋友看作是民主的，而把自己的敵人卻看成是不民主的，這使民主和平論難以具有說服力。

值得注意的是，最近在歷史經驗難具說服力的情況下，西方學者又提出了一種新的論調，他們以俄羅斯和其他前蘇東國家為例，透過大量數位試圖證明，在現實政治中，許多非民主國家正在「民主化」。在向民主過渡的過程中，這些國家對民主國家更具侵略性和好戰性，而專制國家更具穩定性。「事實上，民主參與不斷增加的集權國家比穩定的民主國家和專制國家更可能對外發動戰爭」，「那些跳躍性最大的國家在進行民主化後的10年內對外發動戰爭

的可能性是那些專制國家的兩倍」。因此，長遠看來，推動民主的傳播是可能帶來世界和平，但短期來看，這種做法有導致戰爭的危險。這種新論調從經驗事實方面既批評了民主和平論中非民主國家好戰的觀點，又為其進行了辯護，把戰爭歸因於正在「民主化」的非民主國家身上。很顯然，這是為柯林頓政府陷入困境的民主外交出謀獻策。美國不是不要「民主化」，而是不要急於推動「民主化」。就目前情況來說，這種論調對冷戰後的美國民主外交更具現實性，有可能成為美國政府制定外交政策的一個理論依據。

在冷戰後的美國對外戰略中，以自由民主思想為內容的理想主義成分非常濃厚，民主外交是理想主義思潮的具體表現。從索馬利亞、盧安達到波赫、海地，美國政府不失時機地推銷其民主制度和價值觀。這種「干預主義」不乏成功的例子；但是，另一方面，其也越來越脫離冷戰後的國際政治的現實。北約東擴目的是把剛剛走上「民主道路」的東歐國家拉入西方社會，以保護他們脆弱的民主制度。然而，俄羅斯反對北約東擴的事實證明了權力政治仍在發生著很大的作用。在中、美關係中，美國不顧自身的國家利益挑起「人權」問題之爭，也使美國的民主外交遭到強烈的抵制和挫折。

從理論上講，自從20世紀初以來，美國的對外政策始終是理想主義民主價值觀和現實主義權力政治的混合物。在美國外交中，推行民主制度和追求國家利益之間的矛盾與衝突一直存在，只不過在冷戰後前者的色彩更濃一些，並且在遭到後者的挑戰後，又傾向於優先選擇國家利益的特點。從柯林頓政府經小布希政府到歐巴馬政府，美國在調整其對外戰略的重心，尤其在亞太地區，注重安全和經濟利益的趨向越來越突出。但是，美國對外政策一直在理想主義和現實政治之間尋找一個平衡點，而這個平衡點只能在注重民主價值觀和注重國家利益兩種政策之間左右徘徊，至於在某一時期裡孰輕孰重，則根據具體的國內外形勢而定。冷戰結束20多年來，美國等西方國家依靠其絕對實力和地位，並沒輕易放棄推行西方民主和價值觀的政策，民主和平論仍有很大的市場。值得注意的是，在冷戰後的世界上，民主和平論對美國制定外交戰略仍將產生一定的作用。

第三節　世界秩序新論

1990年代以來，隨著冷戰的結束、蘇聯的解體，存在了40多年的戰後兩極

秩序逐漸走向了瓦解。在世界進入新的千年之際，人類應該有一個什麼樣的世界新秩序？這個新秩序得以建立的基礎是什麼？它的基本原則又是什麼？這些問題不僅引起了政治家和決策者們的極大興趣，而且進一步激發了他們對世界秩序問題的苦思冥想和激烈爭論。

一、什麼是世界秩序

「秩序」意指「法律和次序」，是嚴格實施治理規則的意思。「社會秩序」則指「滿足社會集團根本需要的準則、實踐和過程」。[35]

什麼是世界秩序？1965年，西方一些國際關係學者在義大利開會討論世界秩序問題。會議主持人是法國著名國際政治學權威雷蒙·阿隆，他提出五個有關「秩序」可選擇的定義：

（一）現實的任何有規則的安排。

（二）各組成部分的有序關係。

（三）生存的最低條件。

（四）共存的最低條件。

（五）美好生活的必要條件。

與會學者經過熱烈的討論，多數傾向於第四個定義，認為世界秩序就是生活在國際社會的成員國相互共存的最低條件。

差不多同時，英國著名國際關係學者赫德萊·希爾也正從事一個有關世界秩序的研究項目。希爾認為，世界秩序是對人類活動和國家行為所做的旨在維護世界穩定、和平、合作的一種合理安排。他強調，在個人與國家關係上，應確定國家的支配地位；在國家與國家體系關係上，應偏重國家體系的支配作用。要建立世界秩序，主要應依靠國家體系的支配作用，基本的途徑是「核均勢」。

阿隆和希爾的觀點在當時產生了較大的影響，在西方國際關係學界贏得了「阿隆—希爾世界秩序觀」之稱。

史丹利·霍夫曼在總結他的老師雷蒙·阿隆的理論的基礎上，從新的角度提出了世界秩序的定義。這位哈佛大學的名教授認為世界秩序有三個不可分割的定義要素：

（一）世界秩序是國家間關係處於和睦狀態的一種理想化的模式。

（二）世界秩序是國家間友好共處的重要條件和有規章的程式，它能提供制止

暴力、防止動亂的有效手段。

（三）世界秩序是指合理解決爭端和衝突，開展國際合作以求共同發展的一種有序的狀態。[36]

霍夫曼強調，世界秩序不同於聯合國體制，它還不是現實，其有一個逐步形成的過程，需要眾多國際關係角色的長期努力；世界秩序也不同於世界政府，應是通向世界政府的過渡狀態。霍夫曼認為，尤其重要的是既不要視世界秩序為維持世界現狀，也不要把它與世界革命等同起來，世界秩序是「世界政治深刻的、漸進的、但是有限度的變革過程」。[37]

1980年，霍夫曼的《支配地位，還是世界秩序》一書出版，他在該書裡分析了世界秩序的含義，並提出了世界秩序論的四個要點。

（一）霍夫曼認為，在全球層次上存在著三種秩序結構：第一種是兩個超級大國之間的一種博弈規則，雙方努力防止彼此的爭鬥導致世界戰爭，規則之一就是不使用核武器對付對方及其盟國，而只是利用核威懾維持核均勢；第二種秩序結構是健全防止武裝力量之間直接軍事衝突的機制，國際社會應對危機的謹慎處理給予更多的注意，危機寧可導致失敗，也不應導致戰爭；第三種秩序結構是有限戰爭—核軍備控制，有限戰爭和核軍備控制應是世界秩序採取的最初措施。

（二）霍夫曼提出，世界秩序政策的目的在於促進國際社會的積極變化，主要表現在：

——國際關係行為者的變化。在舊秩序下少數國家支配一切，新秩序應擴大行為者的範圍和功能，特別要注意到非國家行為者在處理國際事務和建立世界秩序中的重要作用。

——對外目標的變化。在舊秩序下，一國對外目標是追求國家利益，形成「占有目標」——控制領土、資源、市場，以加強自身的地緣政治地位。在新秩序下，「占有目標」將逐步被「環境目標」所替代，環境目標是指創造一個「和平地、安全地」進行國際合作的國際環境，一國的所有只能取決於環境規則的許可。

——權力性質的變化。舊時的權力首先指軍事力量，在對外關係上常常與控制聯繫在一起。在新秩序下，權力性質起了變化，其特徵是：分散化，權力不再集中於一、兩家手裡；多樣化，軍事力量不再是唯一重要的，經濟實力乃至綜合實力的重要性越來越顯露出來；出現新的制約因素，特別是相互依存趨勢的發展。

——國際等級制的變化。舊秩序下的國際等級制是「地緣軍事等級制」，表現爲擁有最強大的軍事力量的國家控制世界上具有地緣戰略意義的地區和給予地位在其下的軍事盟國以有力的經濟支持。新秩序將結束基於地緣軍事之上的等級制，代之而起的是不同功能的國際組織，發展趨勢將是多極的國際社會體系。

——國際體系的變化。以前國際體系的基本結構是軍事結盟，國際背景基本上是武裝衝突，國際組織常常被不同的對手或盟友所利用。在新秩序條件下，國際組織將在促進國際合作、解決全球問題方面產生重要作用。另一方面，世界秩序在很大程度上將隨國際體系的變化而變化。現實的和可能的趨勢有：第一，維繫國際體系，發展多國合作；第二，弱化國際體系，如雷根主義那樣，對外強硬的「推回政策」幾乎造成了「世界秩序」危機；第三，強化國際體系，以建立「一個和平、公正、人道的世界」；第四，改造國際體系，逐步減弱主權國家的作用，實現全球一體化。前三種是現實的選擇，國家仍是主體。第四種是理想化的選擇，國家作用弱化，國際體系作用逐步取代國家的職能，國際社會的主體將不再是國家，而是國際體系。這在目前和不遠的將來，是難以實現的。

（三）如何才能有效地推行「世界秩序政策」呢？霍夫曼在《支配地位，還是世界秩序》一書中，從傳統理論和歷史經驗的角度，專門討論了這個問題，他爲此歸納了若干條具體建議和措施：

第一，改造「舊正義戰爭理論」。「舊正義戰爭」把使用武力或武力威脅視爲在道義上是中性的，甚至是主權的合法權利，這樣就使戰爭與和平問題在理論和實踐上變得混淆不清。霍夫曼認爲，只要存在武裝衝突的可能，就必須確定合法性的標準，以及限制使用武力的規則。這正是核時代的「正義戰爭理論」任務，新正義戰爭理論應強調核威懾的防禦性，使之成爲核和平時代避免戰爭的有力手段。

第二，以和平理論爲對外政策的基礎。和平應是國家的道義職責。消除戰爭、實現世界和平的先決條件有二：一是，改革國內社會秩序。有人說，只要在國際上成立一個「國家聯盟」便可制止戰爭，霍夫曼認爲，「這是一個夢想」。[38]因爲，大國仍可用實力控制別人，關鍵是國內的變革；二是，全球的經濟相互依存地發展。由於勞動分工深入，各國利益更趨互補互惠，戰爭對大家都不利，「和爲貴」的思想將被大多數國

家所接受。

第三,穩定「核均勢」。核均勢不同於實現世界國家的烏托邦設想,其較爲符合目前世界政治的現實,是維護世界秩序的重要保證。「核均勢」的必要條件是:首先,必須有若干個實力相近或相等的主要的行爲者,一般來說是五、六個。目前,美國是世界性大國,中國仍是區域性大國(但是潛在的世界性大國),日本和西歐正不斷崛起,但在軍事上依附於美國,他們是「在美國的核保護傘下意欲發揮世界作用」。[39]因此,目前的核均勢是以美、蘇爲均勢雙方,中、日、西歐爲主要平衡手。其次,必須有一個中心平衡機制。該機制的目的是防止核衝突,「核武器並沒有消除戰爭,核武器只是代替了戰爭」。[40]在主要核國家中有能力形成中心平衡機制的仍是美、蘇兩國,因此美、蘇的核安全合作比任何時候都顯得更加重要。再次,必須在主要核國家中間尋求共同的溝通語言和確定共同的行爲準則。主要核國家應有道義的自我約束力,但這還不夠,核大國之間應透過高層次的溝通管道(如首腦會談),尋求共同的行爲準則,形成對核大國的外部制約力。

第四,實施新功能主義。有些人不完全贊同核均勢的觀點,他們主張利用相互依存的發展情勢,推動一體化的進程,在特定的領域建立新的區域性或全球性的跨國機構。新功能主義意在透過說服各國「放棄局部的主權」來換取「世界秩序的機會」。[41]目前,新功能主義的試驗區局限在西歐,在世界別處要搞一體化目前仍很困難。但是其仍不失爲一條通往未來世界秩序的途徑。

霍夫曼最後形象地說,在不同於壓邪扶正的理想社會的現實世界裡,以上述方式消除不正義,不啻刮起一場「龍捲風」。但是,它是歷史的必然。

(四) 霍夫曼在書中強調並指出,對美國來說,世界秩序最關鍵的是謀求「沒有霸權的領導地位」。「沒有霸權的領導地位」應是美國對外政策的「座右銘」和「計謀韜略」,美國應學會當領導,而不是當霸主。[42]戰後美國以世界領導自居,然而,如今世人都認爲美國霸權正是源於這一世界領導。美國政府應反省自己的對外政策,重新樹立「當領導,不當霸主」的形象。一國政府怎麼能要求自己的國民爲了世界秩序去擴充核軍備,去加緊控制別國呢?這是違背最起碼的國際倫理準則的。霍夫曼

特別提醒美國政府注意兩點：一是，以實力支配控制別國的行動往往會導致動亂；二是，單單美國一國是無力建立世界秩序的。如今，以武力稱霸的日子已成過去，美國要維護其戰後確定的世界領導地位，就必須看到這形勢的根本變化。

二、世界新秩序的不同模式

冷戰結束後，隨著舊的世界秩序的瓦解，越來越多的學者，像基辛格、奈伊、杭亭頓、哈克維和斯勞特等，從事於探索和研究如何建立新的世界秩序，並提出各種有關世界新秩序的不同模式。

季辛吉指出，「世界秩序的內容、作用和目標的變化從來沒有像今天這樣迅猛和深刻，這樣具有全球影響」。[43]由於，目前世界秩序的發展正處於新舊結構的轉換時期，世界秩序系統本身經歷著一種無序失衡的狀態，加上決定未來世界秩序基本結構的眾多因素的不確定性，關於21世紀世界新秩序的各種「理論」和「模式」可謂眾說紛紜，莫衷一是。不過，概括地講，主要有以下幾種「假說」較具代表性：」「地球村」模式、世界政府模式、」「和平區」與」「動亂區」模式、「三大經濟區」模式、「單極霸權」或「單極主導下的多極合作」模式、兩極均勢模式、多極均勢模式、複合世界的多元秩序、網路化的世界秩序等。

◎「地球村」模式

1990年代以來，全球化的新浪潮再一次喚起了人類「地球村」的夢想。巴尼特和卡瓦納夫就是兩個主要的織夢人。他們認為，高新技術的日新月異，傳真機、國際互聯網、資訊公路、電子信箱和通訊衛星等資訊傳播技術的飛速發展，把全世界各地區、各國家緊緊地連在了一起，使地球變得越來越小。國際貿易、經濟投資的相互依賴，文化、政治的相互交流、相互滲透，使國家與國家之間、人民與人民之間的接觸與瞭解日益加深。全球性問題的出現，如人口爆炸、環境污染、水源短缺、溫室效應、難民流動，以及包括核武器在內的大規模殺傷性武器的擴散等，需要全世界各國共同努力才能解決。所有這些全球化的特徵都在加速地球村的形成。他們指出，「在新世紀的最初幾10年，政治的根本衝突將不是國家之間，甚至不是貿易集團之間的衝突，而是全球化的促動者與地方化的維護者之間的衝突」。[44]

　　里斯頓也表達了同樣的觀點，他說：「全球化正在使我們走進一個全球社區，不管我們是否有此準備。」「人類歷史上第一次，窮人和富人、北方和南方、東方和西方、城市和鄉村，於同一時間在全球電子網路中共同分享同樣的資訊，彼此緊密相連。」[45]

　　公允地說：「地球村」模式在指出資訊革命、經貿交往和生態環境給全球帶來的變化，亦即，使世界變得越來越小這一點上是相當有道理的。世界上的許多問題，確實需要世界各國的齊心協力才有可能得到解決。但是，僅僅根據資訊技術革命和跨國公司的世界網路組織，就斷言國家統治將宣告結束或國家主權將不再重要是缺少事實根據的。實際上，各個國家在制定其外交政策時，很少按照「地球村」模式行事。即使跨入了21世紀，國家利益也仍舊是各國制定外交政策的主要考量因素。如果說，經濟和資訊的全球化，在某種程度上正在使全球逐步走向村莊化，那麼這個村莊也只是在時間和空間的層面上具有意義，而在世界秩序的層面上，其只不過是一個村民之間繼續你爭我奪，彼此並不十分和睦的所在。

　　因此，對「地球村」模式持反對態度的大有人在。例如，莫伊雷就將「地球村」斥為「烏托邦」。他說，國際互聯網以及資訊全球化儘管給人類生活帶來了極大的方便，但絕不是「地球村」夢想變成現實的象徵，「資訊地球村依然只是個神話」。[46]

◎世界政府模式

　　美國哈佛大學斯勞特教授從全球化的角度，對世界新秩序進行了獨特的分析。他認為，在全球化的背景下，國家是無法替代的。「國家並不是正在消失，而是正在分裂成各自獨立、功能不同的部分。這些部分——法院、管理機構、行政部門，甚至立法機關——正在與國外的相應部分結成網路，創建密集的關係網，從而構成一個新的跨政府秩序」。斯勞特指出，「跨政府主義作為一種世界秩序理念，比其他現存任何一種世界秩序理念都更有效和更具潛在的說服力」。[47]在新世界中，網路化機構將發揮世界政府的功能——立法、施政和判決，而不帶有世界政府的形式。政府網路超越了高級政治和低級政治的傳統分歧。因而，政府網路是資訊時代的政府，其將為世界提供建構21世紀國際大廈的宏偉藍圖。

　　斯勞特的設想是極其美好的，但在很大程度上卻陷入了與「地球村」模式同樣的困境。因此，與斯勞特的「跨政府主義」不同，大多數世界政府模式的

宣導者，還是主張透過改組聯合國和修改完善國際法建立世界新秩序。應該說，在世界政府模式設想的所有方案中，只有這個方案似乎是最為可取和可能的一種。然而，即便如此，這仍然是不切實際的。

　　聯合國本質上可以說是一個超級國際組織，其對國際政治、經濟、文化等諸多方面事務產生了協調、聯絡、校正等作用，是第二次世界大戰以來，對世界社會生活各領域產生影響廣度和深度最大的一個組織。但聯合國仍不是一個集權的政治實體，無法真正履行其統治世界和管理世界的職責。相反地，在許多情況下，其受制於某個或某些國家集團，成了有辱其使命的傀儡。例如，最近美國兩度在未經聯合國安理會授權的情況下領頭分別發動了對伊拉克和南斯拉夫聯盟的軍事進攻。這對於聯合國的前途來說，或許是一個致命的危險信號。聯合國不是世界政府，安理會不是世界和平的保障。即使聯合國的存在能夠維持到下個世紀或者更長時間，但無論如何，它都不會成為世界新秩序賴以維繫的基礎。

　　至於國際法，不論多麼完善，其真實價值都只有在主權國家之間，才能得以充分體現。而且，國際法只提供了一種規範體系，它的運行必須依賴於其背後的權力支撐，它的強制力和約束力只能來自：（一）世界政府的集權；（二）各國之間的權力均勢。但集權在世界政府成為現實之前是不可能的，而權力均勢的狀況並不構成世界政府，相反地，卻只是國際政治多元化的一種標誌。可見，靠國際法也不可能促成和維持一個世界政府，以及由此而來的世界新秩序。

◎「和平區」與「動亂區」模式

　　「和平區」與「動亂區」模式是由麥克斯‧辛格和阿隆‧韋達夫斯基在他們合著的《真正的世界秩序》一書中提出來的。該模式不贊同傳統現實主義和新現實主義的國際關係範式，認為其均勢理論在冷戰後時代已經失去了有效性。為此，他們提出，當今世界的主要矛盾是北方工業國家與南方發展中國家之間的分歧，而不再是世界強國之間的爭奪。

　　辛格和韋達夫斯基認為，現實的世界由兩部分組成：一部分是「和平、富裕、民主區域」，包括西歐、美國、加拿大、日本和大洋洲，占世界人口的15%；另一部分是「動亂、戰爭、發展區域」，包括前蘇聯、亞洲、非洲和拉丁美洲的多數國家。[48]「和平區」內的國家，由於彼此之間政治上的觀念一致，經濟上的相互依賴，國際關係將不受相對軍事力量的影響，即使出現摩擦

和矛盾，也會透過談判和協商解決，而不會訴諸武力或戰爭。相反地，「動亂區」內的國家，由於政局不穩、經濟落後、人口過多，國際關係將處於一種動盪、不安、混亂，甚至戰爭的狀態，恰如卡普蘭在「即將來臨的無政府狀態」[49]中所描述的那樣。

　　「和平區」與「動亂區」模式，目前在美國學術界享有很高的聲譽。就「和平區」而言，第二次世界大戰以來，人們很難找到一個可以反駁它的例子，因為部分已開發國家未曾訴諸武力解決他們之間的爭端。就「動亂區」而言，北非戰亂、中東地區衝突、東南歐種族糾紛，以及南亞印、巴矛盾，似乎都驗證了這一模式的可信性。然而，「和平區一動亂區」模式並非無懈可擊。例如，美、日因貿易摩擦、市場開放和全球範圍內的經濟競爭等問題，已使兩國關係趨於緊張。北約在解決科索沃危機等問題上，也存在著巨大的內部分歧。這說明，「和平區」內的和平，並不意味著永久和平，甚至能否維持到21世紀仍是個未知數。此外，「和平區一動亂區」模式很少提及代表「和平區」的北方與代表「動亂區」的南方之間的矛盾與衝突，應該說，隨著兩個地區在政治上、經濟上、軍事上的差距日益擴大，南北對峙在所難免。以美國為首的北約，試圖透過軍事進攻使南斯拉夫聯盟屈服，從而解決科索沃危機，就是實證。

◎「三大經濟區」模式

　　「三大經濟區」模式的宣導者，主要是冷戰後適應國際關係的深刻變化而迅速發展起來的「地緣經濟學」理論。地緣經濟理論的要義是：冷戰結束後世界政治力量出現了重新組合，原先的地緣政治被地緣經濟所取代，原先的軍事集團競爭讓位於經濟集團競爭，當今國際關係的焦點是三大區域經濟集團之間的實力競賽，而不是兩大陣營（如冷戰時期）之間的軍事對抗。

　　「地緣經濟學」的一個核心觀點，就是認為世界正在逐步發展成為三個相互競爭的經濟集團：日本率領的環太平洋經濟區，包括韓國、東南亞；美國領導的西半球經濟區，基礎是北美自由貿易協定，今後將包括拉丁美洲在內；以德國為中心的歐洲經濟區，將逐漸覆蓋前蘇聯和東歐，也許還包括北部非洲。該模式的宣導者有盧特沃克、曼德、加登和塞羅等。[50]塞羅強調：「在未來的競賽中，三個經濟霸權中的每一個都傾向於超過其他兩個。無論哪一個實現了這種超越，都會位居領先，像英國主導19世紀，美國主導20世紀那樣，主導21世紀。」[51]他們認為，三大經濟集團誰能獲得較大優勢，主要取決於各個集團

的規模、地理位置、人口、文化、政治手腕等因素。根據這些因素，曼德和塞羅確信，美國領導的集團到頭來可能是最弱小的，最強大的則是歐洲集團，日本領導的東北亞集團居中。

「三大經濟區」模式的優點在於，其內含不少有趣的分析。譬如，它指出，在當今以經濟力量為主導的競爭世界中，哪一個地區經濟強盛，哪個地區就將主宰21世紀。為此，區域經濟集團化模式對三大經濟集團的優勢和劣勢進行了比較分析。

但是，「三大經濟區」模式的缺陷在於，它忽視了當今世界經濟正日益走向一體化和全球化的大趨勢，忽視了當今世界國與國之間、地區與地區之間在經濟發展上相互依賴和廣泛交流的現實。正如哈克維指出的，「它過於以國家為中心，過於把貿易看作是國家之間的，而不是全球複合背景下公司之間的行為」，地緣經濟學家們還低估了所謂地區集團中國家間的「政治斷裂帶」。[52]

再者，「三大經濟區」模式過於輕視國家安全在當今世界中的作用。因為，無論歐洲地區的德國，還是環太平洋地區的日本，他們在與美國進行經濟競爭的同時，仍有求於美國的軍事保護傘。因此，奈伊在批判「三大經濟區」模式時指出，「三大經濟區」模式與全球的技術發展趨勢南轅北轍；地區經濟集團與少數國家需要透過全球體系保護自己免遭鄰國蹂躪的國家利益相背離；地緣經濟學沒有考慮到安全因素，如日本和德國仍然需要美國的「安全保護傘」。[53]毋庸置疑，21世紀的世界新秩序，將不大可能以地緣經濟學的「三大經濟區」之間的競爭為基本結構。

◎「單極霸權」模式和「單極主導下的多極合作」模式

最引人注目的關於未來世界新秩序的構想，大概要首推查理斯·克勞瑟默的「單極霸權」模式[54]，以及約瑟夫·奈伊的「單極主導下的多極合作」模式。[55]克勞瑟默認為，冷戰後時代最顯著的特點是美國成了世界上唯一的超級大國。多極世界可能在未來的某一時刻到來，但在最近的數10年內，世界格局將是一個超級大國與幾個二流世界強國並存的局面。這裡的超級大國說的是美國，二流強國指的是德國、日本、法國、英國、俄羅斯及中國等國家。

然而，冷戰結束後，儘管美國是世界上唯一真正的超級大國，但這並不意味著一個單極世界，已經取代了冷戰時的兩極世界，仍然有許多重要的安全、經濟和政治目標，僅僅靠美國自身的實力是無法達到的。即使在美國實力表現最為突出的軍事領域，也是如此。它對伊拉克和南斯拉夫聯盟的動武，根本離

不開其盟國的直接和間接支持。

正因爲如此，奈伊認爲，未來的世界新秩序將不以美國的一極獨霸爲特徵，而是以單極指導下的多極合作爲內容。在總結前人研究成果的基礎上，約瑟夫・奈伊明確提出了自己的「世界秩序新論」。他認爲，世界秩序是國際關聯式結構變革的複雜過程，是大國之間權力穩定分配的結果。決定冷戰後世界秩序走向的主要因素是民族主義和全球主義的交互作用，由此，可能導致的世界秩序模式有：（一）回復到兩極世界（美國—俄羅斯）；（二）多極世界（美國、日本、西歐、俄羅斯、中國）；（三）三大經濟集團（北美、西歐、東北亞）；（四）單極霸權（美國）；（五）單極指導下的多層次相互依存。奈伊認爲，只有第五種才是最現實、最可行的世界秩序模式。[56]

1998年1月3日《經濟學家》的文章〈未來的權力均衡——21世紀誰主沉浮？〉也表達了近似的看法。文章根據「遠土作戰能力」、「有效的外交決策機制」、「各國對強大外交的支持度」和「海外的實際利益」等方面對未來世界的地緣政治進行了一次總體檢驗，認爲中國是除美國和歐洲之外得分最高者，因而必然是未來世界的一極，相比之下，伊斯蘭力量雖然得分也不少，但卻肯定不會成爲世界政治地圖中的一極，日本和俄羅斯則介於兩種情況之間，既可能是，也可能不是世界的一極，這主要取決於其今後的發展。文章非常肯定地指出，美國和歐洲將是未來世界的主宰，但是，只有美國和歐洲之間實現結盟才能成爲21世紀的締造者。如果他們分道揚鑣，就會淪落到與其他幾個競爭者不相上下，一起進入新一輪的全球均勢競賽。

實際上，世界經濟的全球化和世界政治的多極化趨勢，使美國維持其世界領袖地位的能力變得越來越有限，其稱霸世界的野心和舉措必將遭到世界上所有其他國家包括其盟友的反對和抵制。因此，歷史發展的邏輯可能是極具諷刺意味的：一方面，美國無法放棄藉助蘇聯解體的歷史契機圖謀世界霸權的野心；另一方面，美國越是想稱霸，越是無法實現稱霸的夢想。美國稱霸的結果，只會加速其與其他世界強國實現世界權力均勢的進程。

◎兩極均勢模式

權力均勢模式歷來是國際關係理論界的熱門話題，其基本要義是：世界秩序的穩定，主要依賴於強國集團之間的力量均衡。一旦這種均衡被打破，既定秩序便難以爲繼，新的世界秩序必將取而代之。主張權力均勢模式的現實主義者，常常喜歡引用人類歷史上反復出現的秩序—戰爭—再建秩序的例子，證明

權力均勢模式的合理性。

現實主義的權力均勢理論的一種變體，就是兩極均勢模式。賓夕法尼亞州立大學政治系教授羅伯特‧哈克維，就是兩極均勢模式的支持者之一。他在分析未來世界秩序的可能模式時指出，雖然大多數國際關係學者認為，未來的世界秩序必將是多極的，但是他認為，未來的世界回歸兩極模式的可能性絕對不能排除。世界新秩序的模式既可能是美、俄對壘，也可能是美、日或美、中對抗，恰如杭亭頓、伯恩斯坦和芒羅等人所預言的。但是，他認為最可能出現的形式是中俄集團對美歐聯盟，或者全體亞洲國家集團對美歐俄聯盟。哈克維把這稱作是「新的兩極模式」。[57]

至於哈克維的「新的兩極均勢模式」，則似乎沒有太大的市場。他所預言的中俄集團對美歐聯盟，或全亞洲國家集團對美歐俄聯盟，更不具有現實的可能性。因此，21世紀的世界秩序，將不大可能回復到類似冷戰時代的兩極均勢。

◎**多極均勢模式**

亨利‧季辛吉是多極均勢模式的主要代表。他認為，世界上只有兩條道路通向穩定：一是霸權；二是均勢。與霸權相比，均勢則更為可靠，因為霸權對於包括美國在內的大多數國家來說，是可望而不可即的。季辛吉強調，「沒有均勢就沒有穩定」，「從歷史上看，穩定總是和使實際統治難以實現的某種均勢相一致的」。季辛吉所追求的均勢，就是世界各地區、各力量中心之間的權力平衡。在他看來，構成世界秩序的權力均勢應該是多極的。冷戰期間，季辛吉提出以美—蘇—中為核心建立世界「五大力量中心」（加上日本和西歐）之間的權力均衡，他認為這樣的多極均勢是世界有序的根本保障。冷戰結束後，季辛吉又認為，未來的世界秩序將以六大強權之間的實力均衡為主要特徵，這六大強權就是：美國、歐洲、中國、日本、俄羅斯，再加上印度。[58]

季辛吉本人對世界新秩序問題一直十分關注，並進行過深刻的理論思考。他認為，「世界新秩序……必須對下述三個問題提出答案：國際秩序的基本單位是什麼？它們互動的方式是什麼？它們互動，以什麼為目標？」[59]正是由此出發，在展望世界的未來時，季辛吉指出，「21世紀的國際秩序會出現一個似乎自相矛盾的特點：一方面越來越分散；一方面又越來越全球化。在國與國之間的關係上，這個新秩序會更接近18、19世紀的歐洲民族國家體系，而不像冷戰時期嚴格劃分的兩大陣營。彼時至少會有六大強權：美國、歐洲、中國、日

本、俄羅斯，可能再加上印度，另有許許多多中小型國家；與此同時，國際關係已首次眞正地全球化了。」[60]他強調，在這樣的世界體系中，秩序仍然只能像過去幾個世紀那樣建立在協調和平衡相互衝突的國家利益的基礎之上。

2014年，季辛吉出版了一部關於世界秩序的力作：《世界秩序》。季辛吉在序言裡開門見山，他總結概括了對世界秩序問題的思考：（一）從歷史上看，從來不存在一個眞正全球性的世界秩序；（二）在所有秩序概念中，唯有1618年至1648年在歐洲30年戰爭後形成的西伐利亞原則被普遍認爲是「世界秩序的基礎」，成了國際關係史的一個轉捩點。「西伐利亞體系」這一基於國家之上的國際秩序框架現在已延至全世界，涵蓋了不同的文明和地區；（三）由於國際形勢的巨大變化，西伐利亞原則現在也受到各種挑戰，這表明任何一種世界秩序體系若要持久，必須是正義的，得到各國的認同且接受；（四）一種國際秩序的生命力在於其在合法性和權力之間建立起平衡，但這種平衡的建立又極其複雜；（五）在當今世界上，需要有一個全球的世界秩序。只有尋求人類命運相連的共同價值觀，才能帶來秩序，而不是衝突。[61]

季辛吉在書中對1950年代中國和印度等國宣導的和平共處五項原則給予高度評價，認爲是超越西伐利亞模式的「更高尚的多極秩序」的原則。季辛吉用整整一章的篇幅闡述中國與亞洲秩序和世界秩序，他指出，「在亞洲所有關於世界秩序的觀念中，中國所持的觀念最爲長久、最爲清晰。……中國走過的路將對人類產生深遠的影響。」[62]

在季辛吉心目中，世界秩序成功的最終目標是「世界和平和全球和諧」。季辛吉非常重視塑造世界秩序的時代因素。他認爲，每個時代都有其主旋律。在中世紀，主旋律是宗教；在啓蒙時期，是理性主義；在19世紀至20世紀，是民族主義和歷史觀；在當代，主旋律則是科學和技術。在科學和技術進步的過程中，人類共同建立「核時代的世界秩序」。[63]而要實現這目標，人類需要「智慧和遠見」；需要有「均勢加夥伴」的程式設計；需要調整教育政策；需要「一種全球性、結構性和法理化的文化」。這樣看來，塑造世界秩序的任務不只是一個技術問題，在通向眞正全球世界秩序的道路上，人類在取得偉大技術成就的同時，必須發揚人道主義精神，拋棄偏見，提高道德判斷力。[64]

◎複合世界的多元秩序

複合世界的多元秩序這一觀點是印度裔加拿大籍學者阿米塔・阿查亞[65]提出來的，2014年他出版《美國世紀秩序的終結》，爲世界秩序新論的研究提供

了一個重要新視角，他也由此聲譽鵲起。2017年1月上海人民出版社出版了該書的中譯本，阿查亞為中譯本寫了序言。《世界經濟與政治》雜誌2017年第6期刊登了一系列專題文章，秦亞青、時殷弘等著名學者撰文對阿查亞複合世界的多元秩序的觀點，給予了積極的肯定。

　　阿查亞在該書中譯本的序言中稱，他並不贊成季辛吉建立在維也納會議基礎上的新世界秩序的觀點。他認為，美國治下的單極秩序已經結束，取而代之的是複合世界（multiplex world），阿查亞明確地指出，該書討論的不是美國的衰落，而是美國秩序的衰落。美國秩序的終結，不只是單極時刻的終結，還是美國霸權更長時期物質和規範力量的終結。[66]在該書中，阿查亞系統地提出取代美國領導下自由主義霸權秩序的複合世界多元秩序，[67]這種新秩序是以多元行為者為主體、以多邊制度為基礎、以國際規範為機制、以多層次治理為領域、以全球相互依存為紐帶的新世界秩序。

◎網路化的世界秩序

　　2004年，美國普林斯頓大學安妮瑪麗斯勞特教授出版專著《世界新秩序》，該書系統地提出了網路化的世界秩序。斯勞特自稱她是從1994年開始就跨政府網路這一新主題研究的，而且受了基歐漢和奈伊兩位教授有關論文和著作的啟發。[68]斯勞特認為，在資訊時代，政府網路分為資訊網路、執行網路和協調網路，遂形成一個跨政府的世界秩序。這將是一個分解的世界秩序、一個有效的世界秩序和一個公正的世界秩序。[69]在一個分解的世界秩序中，主要行為者不再是統一的國家，而是國家政府機構，這是一個縱橫相間密集的網路化秩序。在一個有效的世界秩序中，秩序狀態並不一定令人稱心如意，但會有效地幫助處理國內問題衍生形成的全球問題。在一個公正的世界秩序中，世界新秩序難免帶有烏托邦色彩，但其盡可能發揮包容、寬容、尊敬和分權的作用。[70]

　　在《世界新秩序》的結尾，斯勞特以她的熱忱和執著寫道：「世界新秩序將是這樣一種世界秩序：在這裡，人類的希望和絕望、犯罪和慈善、思想和理想都透過人和組織的網路傳遍全球。他也將享有政府代表和管理其人民的權力。利用和增強這一權力，是一種世界新秩序的最佳希望。」[71]

　　綜上所述，世界新秩序的不同模式，雖然錯綜複雜、千變萬化，但同時又是彼此聯繫、密切相關的。有的模式之間存在著重疊成分，有的模式之間互相存在著一定的補充成分，也有的模式之間相互排斥、互不相容。然而，他們各以其獨特的視角，試圖勾勒出後冷戰時代世界新秩序的「地圖」。

　　明天的世界將根據今天的模式來塑造。誠然，今天的模式和實踐將影響明天的世界及其發展，但關鍵是什麼樣的「今天的模式」。記得恩格斯當年批評謝林的唯心主義世界模式時指出：「他是在籠子裡談哲學，就是說，是在黑格爾的範疇模式論的籠子裡談哲學。」[72]西方秩序模式設計者們不正是在資本主義政治和經濟體制的「籠子裡」談論世界秩序嗎？

三、世界秩序與全球治理

　　與世界秩序論相伴而生的是全球治理論。在世界秩序論廣受重視的同時，「全球治理成了一個意涵廣泛的概念，它提供規範、規則，確立機制，規制國家行為。推動全球治理需要真正的國際化精神，促進國際社會相互依存和共同發展」。[73]全球治理的目的是建立完善的國際機制，制定有效的國際秩序，實現公正的國際社會。

　　治理的拉丁文詞意是「掌舵」，意指控制引導操縱行動的方式。1955年的《牛津英語字典》認定，治理是指「統治的行為和方式，以及被管理的狀態」。據稱，「全球治理」的概念，最早出現於1990年代初。1990年1月，德國前總理威利‧布蘭特與瑞典前首相英瓦爾‧卡爾松等30多位知名人士聚會，討論冷戰行將結束時國際體系發生的巨大變化，提出國際體系走向全球體系的新理念：全球治理。[74]1992年，聯合國成立的全球治理委員會發表一份文件《天涯若比鄰——全球治理委員會報告》，報告指出：「治理是各種公共的或私人的、個人和機構管理共同事務的諸多方式的總和」，是從國家為中心到多元中心的世界體系。同年，詹姆斯‧羅斯諾從學理層面提出全球治理的新視角，他指出，世界上出現了一體化和碎片化的趨勢，以國家為主體的政府治理正在向多層次治理變化，全球治理實際上是一種「沒有政府的治理」，這是「一個國際合作實踐的新途徑」。[75]1995年，全球治理委員會發表的《我們的全球之家》報告比較全面地提出了關於全球治理的早期概念和框架。報告寫道：全球治理是處理世界共同事務的方式之總和，不僅是指政府之間的關係，而且也包括非政府機構、跨國公司、各國公民之間的關係。其原則是遵守國際規則、規範、標準、協定和程式，其目標是建立和平、穩定、安全、發展的世界秩序。全球治理的評估體系，包括國際規則的透明度、完善性、適應性、政府能力、權力分配、相互依存和知識基礎等要素。[76]

　　關於全球治理的定義，保羅‧赫斯特統計有120多種，但主要可分為五

類：（一）從經濟學角度看，全球治理是現代經濟增長的必要元素。（二）從國際組織角度看，它是國際社會和跨國組織的協調；（三）從企業管理角度看，它是關於跨國公司的治理；（四）從公共行政角度看，它是公共管理的新學術概念和實踐；（五）從網路安全角度看，它又是關於網路合作與協調的新領域。[77]

在此，再列舉一些有代表性的定義，錄以備考：

- 全球治理是一種處理全球事務的協調和合作，是應對全球性挑戰的新型國際合作機制。
- 全球治理是一種建立世界秩序的新組織模式和制度框架。
- 全球治理是關於一系列國際活動領域的管理機制，雖然沒有得到正式授權，但是能發揮有效作用和功能，實現沒有政府的治理。[78]
- 全球治理是關於國家、國際機構和非國家行為體極大地影響跨國問題的正式的或非正式的管理。[79]
- 從三重理論體系的視角看，現實主義注重主權國家仍是全球治理的主體，主張大國治理世界事務；自由主義注重世界體系下的治理規則，強調超越國家主權，改變傳統的治理主體、目標和方式；建構主義則主張基於身分、文化、觀念和價值的全球治理。[80]

詹姆士‧羅斯諾認為，全球治理是國際關係理論與實踐的核心概念之一，他為此提出六種主要的治理類型：自上而下型、自下而上型、市場治理型、網路安全型、政府組織與非政府組織並行型和結合政府、精英、社團的「默比烏斯」結構型。羅斯諾稱這六種治理形態的分類法是「通向理論的一條有效途徑」。[81]

近20年來，全球治理已經成為當代國際關係學的一個熱門話題和關切的焦點，其概念從理論到實踐趨於成熟。據不完全統計，關於全球治理的研究，1980年在世界主要國際關係雜誌發表的文章僅30多篇，1990年只增加到40多篇，但2003年劇增至1,100篇，從1990年到2013年共計發表3,563篇。[82]這方面研究的趨勢方興未艾。

全球治理不是對全球化的取代，而是全球化的新階段；它不是全球化的結束，而是全球化的新形式。全球治理研究是全球化時代最令人矚目的領域，特別是世界進入21世紀後，它越來越受到各國學界和政府的重視。

第四節　全球化新論

　　一個多世紀以來，國際關係發生了從區域化到一體化到全球化的演變。全球化是其中最重要的變革性階段。雖然，全球化的苗頭早已出現，但發展成為當今世界的一種強勁趨勢和潮流，還是最近幾10年的事。

一、背景與定義

　　1980年代至90年代世界範圍內湧起了兩波大潮：一個是世界市場發展的大潮；另一個是資訊革命的大潮。這兩波大潮孕育了全球化，特別是經濟全球化的形成。「全球化」或「經濟全球化」一詞，始於80年代在西方報刊和著作中出現，其雛形逐漸顯露。冷戰的結束給予全球化的發展趨勢極大的推動。閻學通教授認為，資訊化和冷戰結束導致全球化進程的加快，資訊化是全球化的加速器，資本主義市場和社會主義市場合二為一是全球化的推進器。[83]90年代起，全球化便頻繁地被引用和應用。聯合國秘書長加利先生曾宣布：「世界進入了全球化時代。」

　　全球化，特別是經濟全球化，是現代生產力發展的必然，是世界經濟發展推進的結果，「是當今世界發展的客觀進程，是在現代高科技的條件下經濟社會化和國際化的歷史新階段」。[84]國際分工、世界市場的擴大和深化為全球化提供了體制上的保障，全球資訊網路化的發展為全球化提供了技術上的保證，兩者構成了全球化的基本動因。尤其值得一提的是，這當中全球跨國公司對全球化趨勢所產生的重要作用。據聯合國1997年的投資報告和國際企業顧問公司報告，全球跨國公司如今有母公司4萬4,000家，子公司28萬家，其控制全球生產的比例為三分之一，控制全球貿易的比例為三分之二，掌握對外直接投資的70%，掌握專利和技術轉讓的70%，跨國收購、合併涉及的資金達3,420億美元。

　　關於全球化的定義，人們從不同的角度做出不同的表述。但最集中的是經濟全球化，其最簡練的界定是各國經濟的一體化，具體的說明則摘錄以下幾種：
（一）經濟全球化系指世界各國在生產、分配、消費等方面的經濟活動的一體化趨勢。[85]
（二）全球化主要表現在貿易、生產、投資、金融等領域全球性的自由流動。[86]

（三）經濟全球化是指生產、貿易、投資、金融等經濟行為在全球範圍的大規
　　　模活動，是生產要素的全球配置與重組，是世界各國經濟高度相互依賴
　　　和融合的表現。[87]它是經濟一體化基礎上的全球相互聯繫。

（四）經濟全球化是指商品、服務、生產要素與資訊的跨國界流動的規模與形
　　　式不斷增加，透過國際分工，在世界市場範圍內提高資源配置的效率，
　　　從而使各國間經濟相互依賴程度日益加深的趨勢。[88]

（五）史丹利・霍夫曼把全球化分類為三種形態：經濟全球化，指的是科技、
　　　資訊、貿易、投資、商務的跨國流通；文化全球化，是指文化產品的國
　　　際流動，強調多樣化；政治全球化，則是前兩種形態的產物，強調美國
　　　創造、美國優勢和美國實力。[89]

（六）巴里・布贊對全球化作了生動的描述：人口快速增長，交通和通訊技術
　　　高速發展，各種國際組織廣泛出現，為人們之間的各種交流互動提供極
　　　大的便利條件，使世界在時間和空間上變得越來越小了。[90]

　　然而，全球化不僅是經濟全球化，而且也涉及政治、文化、社會、經濟方
面的全球化趨勢。有關的定義包括：

（一）全球化是民族國家的世界體系的最後形成，是世界新格局的戰略體現。

（二）全球化意指不同文化的相互滲透與融合，是不同文明的全球整合，是知
　　　識體系的全球傳播。而從其進程來看，「經濟互動常常是文化互動的載
　　　體」。[91]

（三）全球化是生產力和社會關係在時間與空間維度上的全球擴散。在這一
　　　過程中，「當代社會生活所有方面的全球聯繫得以擴展、深化和加
　　　速」。[92]

（四）全球化是人類利用高科技成果，克服自然界造成的客觀限制而進行的全
　　　球資訊傳遞和交流，是各種全球網路的構建和交織。因此，全球化是
　　　「世界範圍內的相互依存的網路」。[93]

二、性質與特點

　　全球化是帶有全域性的國際現象和趨勢，其涉及的面向相當廣泛。何方曾
列舉了有關經濟全球化的十個問題：[94]

（一）全球化與一體化。經濟全球化就是全球經濟一體化。

（二）全球化與區域化。這是矛盾的統一。

（三）全球化與民族化。這涉及全球化與國家主權的關係。隨著全球化發展，帶來兩個趨勢：主權行使受到限制和主權屬性受到削弱；全球化發展和民族化加強同時出現。

（四）全球化與市場化。市場化是全球化的基礎。

（五）全球化與資訊化。兩者猶如「風助火勢，火趁風威」，互相促進，相得益彰。

（六）全球化與均衡化。全球化加劇不平衡—均衡的互動發展。

（七）全球化與貧窮化。在促進世界經濟和增加社會財富的同時，全球化也導致了貧富差距的擴大。

（八）全球化與發展中國家。全球化對發展中國家提出了嚴峻的挑戰。

（九）全球化與國際經濟秩序。全球化對反對舊秩序、建立新秩序產生影響。

（十）全球化與時代特徵。全球化是和平與發展的重要支柱和推動力量，和平與發展是全球化的根本前提。

　　以上十個問題，為我們研究西方學者的全球化理論提供了一個完整的框架。在剖析全球化的性質和特點時，我們特別應該注意以下四點：

（一）全球化是一個複雜的動態過程。它是時間與空間互動的多維度過程，是參與者不平衡發展的過程，是一體化與多樣性、合作與衝突共存的過程，是概念更新、範式轉換的過程。

（二）全球化以政治秩序、經濟秩序、安全秩序和社會秩序為依託，全球化應是有序的演變，而不是無序的推進。

（三）全球化以要求其參與者做出一定的主權讓步，特別是經濟主權的讓步。但其不等於不要政府，不要主權國家。

（四）全球化是一把雙面刃。其並非一首田園牧歌，而是利弊兼有。既加快世界經濟的發展和科技的普及，又包含風險和挑戰，使世界發展不平衡加劇，貧富懸殊拉大，南北差距拉大。有關資料顯示，世界上有13億人（占世界人口四分之一）每天平均收入只有1美元。1960年，全球化之前，世界上20%的富人收入是20%的窮人的30倍，而到1997年，全球化處於高潮時，這一比例增至74倍。國外輿論也承認，「在進入新世紀的時候，全球化是一把雙面刃，它是加快經濟增長速度，傳播新技術和提高富國與窮國生活水準的有效途徑；但也是侵犯國家主權、侵蝕當地文化和傳統、威脅經濟和社會穩定的，具有很大爭議的一個過程。」[95]肯尼思‧沃爾茲認為，「還不能說全球化是真正的全球性的，但其過程是

不可避免的」。[96]亨利・季辛吉指出，「全球化對美國是好事，對其他國家是壞事，因爲它加深了貧富之間的鴻溝」。[97]史丹利・霍夫曼也認爲，全球化的局限性是明顯的，因爲它「排斥窮國和不同發展道路的國家」。[98]這就是爲什麼在全球化進程中，會如影隨形地出現反全球化運動和逆全球化思潮的主要原因吧！沃倫・貝羅2011年出版的《逆全球化》也正是在這背景下，才有了一定的市場。

2006年，艾力克斯・麥克吉利弗萊就全球化提出五個值得思考的問題：
（一）在什麼程度上全球化歷史區別於世界歷史？
（二）全球化眞的是一種分析和引領世界的新視角，還是單純關於帝國主義、殖民主義、現代主義和資本主義的新詞句？
（三）全球化的背後是誰在操縱？其果眞是一種美國現象嗎？
（四）全球化的進程如何？會達到一個臨界點嗎？什麼時候會達到？
（五）全球化是好事還是壞事？誰是贏家？誰是輸家？[99]

三、主要觀點

90年代中期，全球化成了西方國際關係理論的一個熱門話題（a buzz word），成爲國際問題研究的一個核心概念，同時也變成一個爭論焦點。一些有影響的學者提出了以下幾種主要觀點：

（一）詹姆斯・羅斯諾的「全球化動力說」。1996年，羅斯諾發表一篇重要論文，題爲〈全球化的動力〉。[100]文中，他列舉了幾種全球化的同義表述：世界社會、國際化、普遍性、全球主義（globalism）、全球性（globality）。但全球化最顯動態，體現一種強勁的動力。羅斯諾認爲，全球化的動力來自「條件、利益和市場」的擴散；這些跨國擴散的內容包括六個方面：1.人們的活動；2.商品與服務；3.觀念與資訊；4.資本與金融；5.機構的運作；6.行爲的模式與實踐。他還認爲，全球化是對地域化（localization）的超越。地域化是國界的限制，全球化則是國界的擴展；地域化意指分權、分散和分解，而全球化意指集權、一致性和一體化。此外，羅斯諾概括出推動全球化的四種基本途徑：1.透過雙向的對話和溝通機制；2.透過大眾媒介的變革性影響；3.透過榜樣的力量和效仿的過程；4.透過機構和制度的同質化。而同質化往往又是溝通、媒介、榜樣的互動的結果。羅斯諾強調，從長遠來看，全球化的

動力必然會持續下去，要做到這一點，關鍵是逐步形成全球化運作的規範。

（二）賽約姆・布朗的「世界政體論」。1996年，賽約姆・布朗的《變化中全球體系的國際關係》一書經修改後出了第三版。布朗認為，世界政體論（theory of world polity）不同於國際政治理論，它是人們擺脫國際關係中主要困境的需要。世界政體可界定為「處理和解決衝突、制定和實施規則的全球的結構和過程模式」或「關於強制性的社會關係體系的世界結構」。[101]如果說，全球化是對地域化的超越，那麼，世界政體就是對民族國家體系的超越。世界政體是全球化的重要體現，其所涉及的全球問題包括：從無政府狀態到世界有序的治理、國際合作、戰爭與合作、財富與貧困、生態以及人權。

（三）湯瑪斯・佛里曼的「全球化體系論」。1999年，在西方學術界發生了一場關於全球化問題的頗有意思的爭論。爭論是由美國《紐約時報》外交事務專欄作家湯瑪斯・佛里曼的一本書引起的。佛里曼生於1953年，畢業於美國布蘭代斯大學和英國牛津大學。此書的書名叫《凌志車與橄欖樹——理解全球化》，凌志車是日本豐田汽車製造公司生產的一種高級轎車品牌，代表全球化體系，而橄欖樹則意指古老的文化、地理、傳統和社會的力量。凌志車與橄欖樹表述的就是兩者之間緊張的矛盾關係。佛里曼指出，當今世界已經進入了全球化時代，從這個意義說，「世界剛剛滿10歲」。他認為，全球化並非一種選擇，而是一種現實。全球化不僅僅是一個現象、一個潮流，更重要的是，它代表了取代冷戰體系的一種新的國際體系。佛里曼將全球化界定為「超越國界的資本、技術和資訊的整合」。它正在創造一個單一的全球市場，從而在某種程度上，也在構建一個地球村。全球化也涉及「市場、技術和國家的一體化」，它「使個人、公司和國家能更進一步、更快、更深入、更有效地接近世界」。[102]在佛里曼的眼裡，全球化就是自由化、市場化和資本主義化。

該書有趣的部分是冷戰與全球化的比較。佛里曼認為：1.如果冷戰是一種競技，那麼它可能就是一場柔道比賽；如果全球化是一種競技，那麼它可能是一場百米賽跑；2.冷戰的最大憂患是擔心被你非常瞭解的敵人所消滅；而全球化的最大憂患是擔心你看不見、摸不著的「敵人」飛速的變化——你的生活隨時都可能被經濟和技術力量所改變；3.冷戰體系

的文本是條約；全球化的文本是交易；4.冷戰的標誌是一道牆，將人們分隔開來；全球化的標誌是世界網頁，將人們聯繫起來；5.冷戰期間，人們依靠白宮和克里姆林宮之間的熱線聯繫，因為儘管當時世界被分裂為兩大陣營，但至少兩個超級大國在負責任；在全球化時代，人們依託網際網路，每個人都彼此聯繫著，沒有人專門在負責任；6.在冷戰時，提出最多的問題是「你的導彈有多大？」；而全球化時代提出最多的問題是「你的電腦數據機速度有多快？」

同年，《外交政策》的秋季號以〈全球化的雙重性：湯瑪斯・佛里曼和伊格納西奧・拉蒙內特之間的辯論〉為題，分別發表了兩人的爭論文章。[103]佛里曼在〈重新定義後冷戰時代：全球化辨析〉一文中進一步闡明了他關於全球化的觀點。他認為：「後冷戰世界已經終結……一種新的國際體系現已明確地取代了冷戰體系，這就是全球化……全球化不只是一種經濟趨向，也不只是一種時尚。和所有舊的國際體系一樣，它直接或間接地改變著差不多所有國家的國內政治、經濟政策與外交政策。」他指出，全球化體系是建立在三個相互重疊、相互影響的平衡基礎上的：民族國家間的傳統平衡；民族國家與全球市場間的關鍵平衡；個人與民族國家間的協調平衡。佛里曼指出，世界應該學會與全球化「平衡共存」。他的結論是：「我視全球化為現實，意思是首先理解全球化，然後研究如何從全球化中獲得好處，並興利避害。這就是我的政治學。」

爭論的另一面是法國《世界外交》雜誌的編輯伊格納西奧・拉蒙內特。他認為，佛里曼關於冷戰體系與全球化的二分法是一種「令人厭煩的簡化式」，冷戰與全球化成為時代的主導，並不能說明它們是兩種體系。他還提出，佛里曼未能觀察到全球化反而強化了世界上兩個相互矛盾的動力源：融和與分裂。此外，佛里曼也未能看到全球化會導致社會不公正現象的增加，貧富的懸殊和公共事務狀況的惡化。他說：「如果我們估算當今世界的全球化進程的話，情況將會如何？貧困、文盲、暴力與疾病與日俱增。最富有的五分之一的世界人口僅擁有0.5%的資源。在59億世界人口中，有5億人生活舒適，而卻有45億人一貧如洗。即使在歐盟國家，有1,600萬人失業，5,000萬人生活在貧困之中。全球358位富豪（擁有10億美元以上）的總財富占全球45%或等於26億最貧窮人口的年收入總和。這就是危險的經濟全球化世界。」

拉蒙內特反對佛里曼提出的「全球化即是美國化的擴展」觀點，對佛里
曼的「政治是經濟的結果，經濟是金融，金融即是市場」的觀點提出異
議。他認為，佛里曼為代表的全球化支持者將「一切權力居於市場」變
為一種教條式的主張，因此，佛里曼的全球化說教「便成了一種新的極
權主義」，這點出了他的文章題目的本意。

2005年，湯瑪斯·佛里曼發表另一部題為《世界是平的：21世紀簡史》
的著作，進一步闡述了他的全球化觀點，他提出了新三段論：關於國家
主體融合的「全球化1.0」，關於公司主體融合的「全球化2.0」和關於
個人主體融合的「全球化3.0」。有些學者包括反全球化的學者也發聲
了，看來，這場爭論還在繼續下去。

（四）肯尼思·沃爾茲的「全球化治理論」。以結構現實主義蜚聲於世的肯尼
思·沃爾茲這幾年也開始關注全球化問題。他在1999年12月的《政治科
學與政治》雜誌上發表了題為〈全球化與治理〉的文章，該文是他在
「詹姆斯·麥迪森講座」基礎上整理而成的。沃爾茲關於全球化的基本
觀點是：[104]

1. 全球化是90年代湧動的趨勢，它淵源於美國，「自由市場、透明度
　和創新性成了主要口號」。

2. 全球化不是一種選擇，它是一種現實。

3. 全球化是由市場，而不是由政府造成。

4. 全球化意指同質化，即價格、產品、工資、財富、利潤趨於接近或
　一致。

5. 全球化也意指跨國發展條件的相近或一致。

6. 全球化不僅僅是一種現實的反映，而且也是一種未來的預測。

7. 全球化實際上並不是完全「全球的」，它主要是指地球南北關係中
　的北方，可悲的是，南方與北方的差異依然很大。

8. 20世紀是民族國家的世紀，21世紀也是。這是全球化條件下治理的
　出發點。

9. 過去的時代裡，是「強者消滅弱者」，弱肉強食；現在的經濟全球
　化時代裡，「快者為王，慢者為敗」，敗者遭殃。

10. 在全球化條件下進行治理，相互依存再次與和平聯繫在一起，而和
　平又日益與民主聯繫在一起。

（五）羅伯特·基歐漢和約瑟夫·奈伊的「全球化比較觀」。1977年，基歐漢

和奈伊合著出版《權力與相互依存》一書，成為政治現實主義與新自由主義承上啓下的一本重要專著，10年後再版，加了〈再論權力與相互依存〉的序，產生很大的影響。這些情況在第四章裡已有介紹。2000年，該書的第三版又由朗文出版社出版。兩位作者對原書做了修改，特別引人注目的是加了全球化的內容。《外交政策》2000年春季號刊登了第三版的部分章節，題爲〈全球化：什麼是新的？什麼不是新的？〉，[105]對全球化與相互依存做了精彩的比較。

基歐漢和奈伊認爲，全球化在1990年代成爲熱門話題，正如相互依存在70年代成爲熱門話題一樣。但全球化所涉及的現象，已完全不同。那麼，相互依存和全球化是不是描述同一事物的兩個概念呢？有沒有新的內容呢？

1. 他倆指出，這兩個詞不是同一概念。相互依存意指一種條件，一種狀態，它可以增強，也可減弱。而全球化僅指事物的增長和增強。因此，在討論定義時常常從「全球主義」（globalism）開始，而不是從「全球化」（globalization）開始，因爲全球主義可指增強或減弱，而全球化只說明全球主義的增強。全球化是全球主義的一種特殊形態。

2. 相互依存適用以不同國家之間互動爲特徵的種種情況；全球主義則是一種反映全球相互依存網路的世界狀態，因此它實質上是一種相互依存。

3. 相互依存和全球主義均體現多方位的現象，與相互依存一樣，全球主義或全球化呈現爲以下同等重要的形式：經濟全球主義、軍事全球主義、環境全球主義、社會與文化全球主義。

4. 用全球化或全球主義的話來說，複合相互依存即是：經濟、環境和社會全球化或全球主義的水準提高了，軍事全球化或全球主義的水準降低了。

5. 參與複合相互依存「並不意味著政治的結束」，相反地，權力依然重要。在全球化的條件下，政治反映了經濟、社會、環境的非對稱發展，這一情況不僅發生在國家之間，而且也發生在非國家行爲者之間，複合相互依存「不是對世界的描述，而是一種從現實抽象出來的理想式的概念」。

（六）詹姆斯・密特曼的「全球化綜合觀」。美利堅大學國際事務學院教

授詹姆斯‧密特曼自1996年以來先後出版了7本關於全球化的專著或編著：《全球化：批判的反思》（1996）、《全球化、和平與衝突》（1997）、《全球化的未來》（1999）、《全球化綜合觀——變革與阻擋》（2000）、《抓住全球化》（2001）、《全球化向何處去？——知識和思想的旋渦》（2004）和《爭議全球秩序》（2011）。像這樣幾乎每年寫1本關於全球化的書的學者，實屬少見，反映了密特曼教授對全球化問題，孜孜不倦的探索精神。2000年6月，復旦大學美國研究中心邀請他來講學，他的這種精神再次給我們留下了深刻的印象。

密特曼認為，如今，我們生活在全球化加速發展的時代，全球化已成為了一個熱門話題。這首先反映在各種不同的對全球化定義的綜合表述上。典型的表述有：

其一，全球化代表一個歷史階段，它不斷地排除人們及其觀念自由流動的障礙，把許多不同的社會融入一個體系。[106]

其二，全球化實際上即是全球政治經濟一體化的商品化形式的深化，一種「市場烏托邦」。

其三，全球化是不同的跨國過程和國內結構的結合，導致一國的經濟、政治、文化和思想向別國滲透。全球化是「一種市場導向、政策取向的過程」。[107]

其四，全球化是減少國家間隔閡，增加經濟、政治、社會互動的過程，反映為相互聯繫、相互依存的不斷加強。[108]

其五，全球化強調時間和空間的壓縮，時間和空間的舊模型開始改變，直接推動世界範圍內社會關係的強化。

最後，密特曼強調，他的全球化核心觀點是認為，「全球化不是單一的統合現象，而是過程和活動的綜合化」。「綜合觀」這個詞意指，全球化的多層面分析——經濟、政治、社會和文化的綜合分析，全球化是在全球政治經濟框架內人類活動環境特徵的最高模式。[109]密特曼的獨到之處，是他關於「全球化本體論」（the ontology of globalization）的分析。他認為，從根本上來說，全球化是「世界範圍內的互動體系」。[110]就其本質即是，全球政治經濟一體化的趨勢。全球化涉及宏觀區域、次區域、微觀區域，市民社會對這一趨勢的積極的或消極的反應，同樣地，它也反映了其對上述區域和社會的正面的或反面的影響。密特曼還提示人們要注意全球化的「霸權思想意識」（the hegemonic ideology of globalization），[111]這應是有見地的看法。

　　密特曼稱，爲了寫作《全球化綜合觀》一書，他曾訪問了許多亞洲國家，進行了100多次獨家探訪。他指出，迄今爲止，大部分關於全球化的著作是基於西方國家的經驗，而他的探究結果主要來自非西方國家。這確實是難能可貴的。他強調，全球化是一個歷史過程。人類已經初創了全球化，隨著客觀形勢的變化，人類也必然會再創全球化。

　　以上介紹了近幾年來西方關於全球化問題的六種主要論點與看法。從中可見，全球化是世界歷史發展到一定階段的一種趨勢，全球化新論則是對這一趨勢的最新的理論分析。毋庸置疑的是，大部分西方全球化新論均帶有明顯的「西方中心論」或「美國中心論」。一個突出的例子是湯瑪斯‧佛里曼在《淩志車與橄欖樹——理解全球化》一書提出的五個「加油站」比喻：日本的、美國的、西歐的、發展中國家的、共產黨國家的。其中美國的「加油站」最好，油價低、自助式。全球的車輛到後來都到美國「加油站」加油了，因此全球化就是美國「加油站」遍布全世界。在作者眼裡，全球化即是美國化。對此，連美國的學者也看得很清楚。就有學者尖銳地指出，全球化「不僅增加財富，還擴展民主」，「美國政府戰略的核心是全球化概念」，全球化已經成爲美國世界領導作用的「同義詞」。[112]

註釋

1　Arnold Wolfers, "National Security as an Ambiguous Symbol", *Political Science Quarterly,* 67/1952.

2　Barry Buzan, "New Patterns of Global Security in the 21st Century", in William Olson (ed.), *The Theory and Practice of International Relations,* 1994 edition, p. 207.

3　David Baldwin, "The Concept of Security", *Review of International Security,* No.1, 1997.

4　John Garnett (ed.), *Theories of Peace and Security: A Reader in Contemporary Strategic Thought,* St. Martin's Press,1970, pp. 33-34.

5　Ibid., p. 35.

6　David Baldwin, "The Concept of Security", *Review of International Security,* No.1, 1997.

7　Ibid., 1997.鮑德溫在文中指出，multi-dimensionality並不是新的發現，但它將各種安全概念加以綜合深化，進行重新思考，適應了形勢變化的需要。

8　參見餘瀟楓：《重塑安全文明：非傳統安全研究》（訪談），《國際政治研究》，2016年第6期。

9　Barry Buzan, People, States and Fear: An Agenda for International Security Study in the Post–Cold War Era, Boulder CO, 1991, pp. 3-4.

10　Ibid., p. 111.

11　巴里・布贊、奧利・維夫和迪・懷爾德：《國際安全結構》，原著於1997年出版，朱寧譯，浙江人民出版社，2003年，第38頁。

12　Robert Jervis, "War and Misperception", *Journal of Interdisciplinary History,* Spring 1988; "Rational Deterrence Theory: Theory and Evidence", World Politics, January 1989.

13　David Baldwin, "The Concept of Security", *Review of International Security,* No.1, 1997.

14　Joseph Nye, "Conflicts After the Cold War", *The Washington Quarterly,* Winter 1996.

15　Ibid.

16　Woosang Kim, "Power Transitions and Great Power War from Westphalia to Waterloo", *World Politics,* January 1989.

17　Joseph Nye, "Conflicts After the Cold War", *The Washington Quarterly,* Winter 1996.

18　Dale Copeland, "Economic Interdependence and War", *International Security,* Spring 1996.

19　Joseph Nye, "Conflicts After the Cold War", *The Washington Quarterly,* Winter 1996.

20　Ibid.

21　Jack Levy, *War in the Modern Great Power System*: 1495－1975, University Press of Kentucky, 1983.

22　約瑟夫・奈伊，〈關於「衰落」的錯誤類比〉（原載《大西洋月刊》1990年第3期），《冷戰後美國與世界》，時事出版社，1991年。

23　張昌泰：〈90年代以來地區性衝突的特點及發展趨勢〉，《國際戰略研究》，1995年第2期。

24　Joseph Nye, "Conflicts After the Cold War", *The Washington Quarterly,* Winter 1996.

25　Richard Shultz, "State Disintegration and Ethnic Conflict: A Framework for Analysis", *The Annals of the American Academy,* September 1995.

26　Chain Kaufmann, "Possible and Impossible Solutions to Ethnic Civil Wars", *International Security,* Spring 1996.

27 Joseph Nye, "Conflicts After the Cold War", *The Washington Quarterly,* Winter 1996.

28 Samuel Huntigton, *The Third Wave: Democratization in the Late Twentieth Century,* University of Oklahoma Press, 1991.

29 陳樂民：《西方外交思想史》，中國社會科學出版社，1995年，第188頁。

30 柯林頓在喬治城大學發表的對外政策演說，1993年1月18日。

31 安東尼·雷克在霍普金斯大學高級國際研究學院的演講，1993年9月21日。

32 1995年2月美國《國家安全戰略：擴展和接觸》報告，正文第2頁。

33 柯林頓就職演說，1993年1月20日。

34 李少軍的〈評「民主和平論」和關於「民主和平論」問題討論發言摘要〉，載《歐洲》，1995年第4期。

35 Stanley Hoffmann, *Janus and Minerva,* p. 85.

36 Stanley Hoffmann, *Primacy or World Order,* p. 109, 188.

37 Ibid., p. 189.

38 Ibid., p. 109, 165.

39 Ibid., p. 169.

40 Ibid., p. 172.

41 Ibid., p. 178.

42 Ibid., p. 208.

43 Henry Kissinger, "How to Achieve the New World Order", *Time,* March 14th 1994.

44 Richard Barnet and John Cavanagh, *Global Dreams,* Simon and Schuster, 1994.

45 Daniel Burton, "The Brave New Wired World", *Foreign Policy,* Spring 1997.

46 Claude Moiry, "Myths of the Global Information Village", *Foreign Policy,* Summer 1997.

47 Anne–Marie Slaughter, "The Real New World Order", *Foreign Affairs,* September/ October 1997.

48 Max Singer and Aaron Wildavsky, *The Real World Order: Zones of Peace, Zones of Turmoil,* Chatham, NJ: Chatham House Publishers, 1993, p. 3.

49 Robert Kaplan, "The Coming Anarchy", *The Atlantic Monthly,* February 1994.

50 Edward Luttwak, *The Endangered American Dream,* Simon and Schuster, 1993; Walter Mead, On the Road to Ruin, Harper's, March 1990; Jeffrey Garten, *A Cold Peace,* Times Books, 1992; Lester Thurow, *Head to Head: The Coming Economic Battle among Japan, Europe and America,* Morrow, 1992.

51 Lester Thurow, *Head to Head: The Coming Economic Battle among Japan, Europe and America,* Morrow, 1992, p. 246.

52 Robert E. Harkavy, "Images of the Coming International System", *Orbis,* Fall 1997.

53 Joseph Nye, "What New World Order?" *Foreign Affairs,* Spring 1992.

54 Charles Krauthammer, "The Unipolar Moment", *Foreign Affairs,* Vol.70, No.1, 1990-1991.

55 Joseph Nye, *Understanding International Conflicts: An Introduction to Theory and History,* Harper Collins Collage Publishers, 1993.

56 Ibid., pp. 190-192.

57 Robert E. Harkavy, "Images of the Coming International System", *Orbis,* Fall 1997.

58 季辛吉：《大外交》，海南出版社，1997年譯本，第7頁。

59 同上書，第747頁。

60 同上書，第7頁。

61 Henry Kissinger, *World Order,* Penguin Press, 2014, Introduction, pp. 1-10.

62 Ibid., p.205, 213.

63 Ibid., pp. 330-331.

64 Ibid., p. 373, 360.

65 現爲美國美利堅大學國際事務學院教授，中文名字叫安明博，曾擔任2014年至2015年度國際研究協會主席。筆者有幸和他三度合作，應邀在清華大學蘇世民書院講授核心課程「重大國際關係議題分析」。

66 阿米塔‧阿查亞：《美國世紀秩序的終結》，袁正清、肖瑩瑩譯，上海人民出版社，2017年，第3和7頁。

67 同上書，第13-15頁。

68 安妮瑪麗斯勞特：《世界新秩序》，任曉等譯，復旦大學出版社2010年，中文版序言。

69 同上書，第165頁，第131、164、212頁。

70 同上書，第164、166、212、213頁。

71 同上書，第261頁。

72 《馬克思恩格斯選集》第3卷，第85頁。

73 阿米塔‧阿查亞：〈國際化思維推動全球治理〉，《環球時報》2017年6月1日。

74 1991年瑞典斯德哥爾摩全球體系和全球治理研究所報告：《關於全球安全和治

理的斯德哥爾摩倡議》。

75 James Rosenau, "Governance, Order and Change in World Politics", in James Rosenau and Emst–Otto Czempiel (ed.), Governance Without Government, Cambridge University Press, 1992, pp. 1-29.

76 參見吳志成：〈西方治理理論述評〉，《教學與研究》，2004年第6期。

77 Paul Hirst, "Debating Governance", *Democracy and Governance,* 2000, pp. 13-35.

78 James Rosenau, "Governance, Order and Change in World Politics".

79 引自筆者有關阿米塔・阿查亞在清華大學蘇世民書院的授課筆記，2016年12月9日。

80 參閱朱傑進、何曜：〈全球治理與三重體系的理論探述〉，《國際關係研究》，2013年第1期。

81 轉引自詹姆士・羅斯諾：《全球新秩序中的治理》，收錄王逸舟《全球政治與國際關係經典導讀》，北京大學出版社，2009年，第160和152頁。

82 臧雷根：〈西方學界全球治理研究進展及其缺失〉，《國際關係研究》，2013年第5期。

83 閻學通：《國際關係分析》，第266頁。

84 汪道涵：「經濟全球化與中國經濟增長的前景展望」，在達沃斯世界經濟論壇上的演講，1999年1月30日。

85 閻學通：《國際關係分析》，第266頁。

86 David Held and Anthony McGrew, *Global Transformation Reader—An Introduction to the Globalization Debate,* 2000, p. 3.

87 王鶴：〈經濟全球化與地區一體化〉，《世界知識》，2000年第1期。

88 吳欣：〈融入經濟全球化潮流〉，《人民日報》，2000年1月31日。

89 Stanley Hoffmann, "Clash of Globalizations", *Foreign Affairs,* July-August 2002.

90 巴里・布贊：〈全球化與認同：世界社會是否可能？〉，《浙江大學學報》（人文社會科學版），2010年第5期。

91 同上。

92 David Held and Anthony McGrew, *Global Transformation,* 1999, p. 2.

93 約瑟夫・奈伊：《理解國際衝突》，第229頁。

94 何方：〈有關經濟全球化的十個問題〉，《太平洋學報》，1998年第3期。當筆者校改書稿至此，傳來何方先生於2017年10月3日去世的消息，謹以此段文字表達對何方先生的哀思和懷念。

95 〈全球化的利弊〉，見《國際先驅論壇報》，2000年1月4日。

96 Kenneth Waltz, "Globalization and American Power", *National Interest,* Spring 2000.

97 亨利‧季辛吉：〈全球化和美國霸權〉，《新德意志報》，2000年7月22日。

98 Stanley Hoffmann, "Clash of Globalizations".

99 Alex MacGillivray, *A Brief History of Globalization,* Caroll Graf Publishers, NY, 2006, p. 3.

100 James Rosenau, "Dynamics of Globalization: Toward an Operational Formulation", *Security Dialogue,* Sptember 1996.

101 Seyom Brown, *International Relations in a Changing Global System,* Westview Press, 1996, p. 5, 7.

102 Thomas Friedman, *The Lexus and the Olive Tree–Understanding Globalization,* Farrar Straus Giroux, 1999, pp. 7-8.

103 Thomas Friedman, "Dueling Globalizations—A Debate Between Thomas Friedman and Ignacio Romonet", *Foreign Policy,* Fall 1999.

104 Kenneth Waltz, "Globalization and Governance", *Political Science and Politics,* December 1999.

105 Robert Keohane, and Joseph Joseph Nye, "Globalization: What's New? What's Not?", *Foreign Policy*, Spring 2000.

106 James Mittelman, *Globalization:Critical Reflections,* Lynne Rienner Publishers, 1996, p. 230.

107 Ibid., p. 3.

108 James Mittelman, *The Globalization Syndrome: Transformation and Resistance,* Princeton University Press, 2000, p. 5.

109 Ibid., p. 4.

110 Ibid., p. 9.

111 Ibid., p. 29.

112 Andrew Bacevich, "Policing Utopia—the Military Imperatives of Globalization", *The National Interest,* Summer 1999.

第十章　國際關係理論研究在中國

政治學、法學、社會學，以及世界政治的研究，我們過去多年忽視了，現在也需要趕快補課。

—— 鄧小平：《堅持四項基本原則》

當思維從具體的東西上升到抽象的東西時，它不是離開——如果它是正確的——真理，而是接近真理。

—— 列寧：《黑格爾〈邏輯學〉一書摘要》

在理論方面還有很多工作需要做……只有清晰的理論分析才能在錯綜複雜的事實中指明正確的道路。

—— 恩格斯：《致康·施米特》

理論在一個國家的實現程度，決定於理論滿足這個國家的需要程度。

—— 馬克思：《〈黑格爾法哲學批判〉導言》

第一節　簡要的歷史回顧

在中國，國際關係理論研究作為一門獨立學科，開始形成於1980年代初。鄧小平曾說過：「政治學、法學、社會學，以及世界政治的研究，我們過去多年忽視了，現在也需要趕快補課。」[1]他還特別提出，要加強「世界政治研究」。[2]在學科起步晚，研究水準落後於他人的情況下，中國學者奮起直追、努力探索。在過去30多年的時間裡，中國學者補了不少課，成績斐然。不僅有許多文章、專著、譯著問世，而且在大學和研究機構開設了這方面的課程，開展有關的研究，召開國際和國內學術討論會。當代國際關係研究已經成為中國社會科學一個十分活躍、大有作為的領域。

自1980年代初以來，中國國際關係理論研究大致經歷了三個階段：

一、恢復期（1978-1987）。1980年代以前，中國國際關係理論研究幾乎是一片空白。以十一屆三中全會爲象徵的新形勢，爲國際關係研究的建立和發展創造了條件。從此，中國國際關係理論研究悄然興起，1980年，在中國國際關係史研究會成立大會上，金應忠發表了〈試論國際關係學的研究任務、物件和範圍〉論文，發出了中國國際關係理論研究的先聲。其他主要表現有：

（一）開始介紹西方國際關係理論。最早介紹西方國際關係理論的文章是陳樂民的〈當代西方國際關係理論簡介〉；[3]最早介紹西方國際關係理論的著作是陳漢民的《在國際舞臺上》；接著，倪世雄和金應忠推出了《當代美國國際關係流派文選》。最先翻譯的兩本國際關係理論專著分別是詹姆斯‧多爾蒂和羅伯特‧普法茲格拉夫的《爭論中的國際關係理論》和威廉‧奧爾森等人的《國際關係理論與實踐》，重點介紹西方國際關係理論，成爲這一階段中國國際關係理論研究的顯著特點。

（二）自1984年，一批復刊或增設的學術雜誌開闢專欄，爲國際關係理論研究提供論壇。具有代表性的是《國外社會科學》、《國外政治學》、《國際問題研究》、《現代國際關係》、《世界經濟與政治》、《政治學研究》、《美國研究》、《歐洲》、《國際展望》、《國際觀察》、《社會科學》、《社會科學和社會科學文摘》、《戰略與管理》、《太平洋學報》等。一些大學學報也刊登國際關係理論研究文章。據粗略統計，在此階段，中國國內雜誌上發表的國際關係理論論文和譯文共60多篇。[4]

（三）80年代以後，國際關係理論進入中國的大學課堂，如：北京大學、復旦大學、南京大學、人民大學、外交學院、南開大學及幾所軍隊和地方的外語學院等。所設課程與國外的國際關係理論課程逐漸接軌，一些重點大學的國際關係理論專業，開始培養研究生。

二、初創期（1987-2000）。在此階段，介紹西方國際關係理論與創立中國國際關係理論相結合的最初努力，使國際關係理論研究在中國又取得了可喜的進展：

（一）1987年8月在上海召開了第一次國際關係理論討論會，由汪道涵致詞，宦鄉作主題報告。宦鄉提出了有關國際關係理論研究的七個重要問題：國際關係理論已成爲一門跨學科的交叉性綜合學科；它應

重視對人的作用的研究；還應重視資訊作用的研究；它要為實際服務，指導今後的行為；它要從蘇聯和西方國家的國際關係學中吸取中國所需的營養；它需研究中國外交的歷史經驗，以及還需要研究國際關係的目標、框架和任務。[5]這次會議總結了80年代初至1987年中國引進、介紹西方國際關係理論的成果，就重大國際問題舉行了深入討論，並提出了創建中國國際關係理論的任務。這次會議對中國國際問題研究的發展產生了積極的影響。以後，1993年8月在山東煙臺召開了「國際問題務虛會」，這是又一次重要的研討國際關係理論的會議。務虛會以鄧小平南巡講話為指導，遵循理論與實踐相結合的原則，更高層地探討了冷戰後國際關係的變化及建設具有中國特色的國際關係理論的初步框架。

此外，在發展國際交流與合作過程中，還成功地舉辦了兩次有關的國際學術討論會。一次是1991年6月在北京舉辦的「跨世紀的挑戰——中國國際關係學科的發展」國際討論會，會議著重圍繞三個問題開展了熱烈的討論：當前時代的特徵，國際關係的基本概念與新問題，中國國際關係理論發展的問題。另一次是1994年11月在北京召開的「面向21世紀的中國與世界」國際學術討論會，來自中國各地的與會者和各國學者一起就冷戰後國際關係的格局、特徵以及國際關係理論建設問題廣泛交換了意見。這兩次國際會議對擴大中國國際關係學在世界上的影響，促進中國國際關係理論界的對外交流合作，產生了積極的作用。

（二）中國學者推出了一批新的國際關係理論學術著作、文章和譯著。如張季良的《國際關係學概論》、倪世雄、馮紹雷和金應忠的《世紀風雲的產兒：當代國際關係理論》和倪世雄的《衝突與合作——現代西方國際關係理論評介》、李義虎的《均勢演變與核時代》、潘光的《當代國際危機研究》、金應忠和倪世雄的《國際關係理論比較研究》、杜枚的《轉變中的世界格局》、白希的《現代國際關係學導論》、楊公素的《外交理論與實踐》、梁守德的《國際政治論集》、袁明的《中國國際關係學科的發展》、蔡拓的《當代全球問題》、陳忠經的《國際戰略問題》、王逸舟的《當代國際政治析論》和《西方國際政治學：歷史與理論》、資中筠的《國際政治理論探索在中國》和《冷眼向洋——百年風雲啟示錄》、秦亞青的

《霸權體系和國際衝突》、王正毅的《邊緣地帶發展戰略》、劉靖華的《霸權的興衰》、閻學通的《中國國家利益分析》、俞正樑的《當代國際關係學導論》、顏聲毅的《當代國際關係》、宋新甯、陳嶽的《國際政治經濟學概論》等。

1986年初，以王建偉、林至敏、趙玉梁的〈努力創建我國自己的國際關係理論體系〉一文為開端，關於這方面的一系列文章相繼發表，形成一股強勁的趨勢，進一步探索建設中國的國際關係理論體系。[6]王建偉等人的文章提出十個問題：對國際社會基本性質的認識問題，國際關係發展的動力問題，國際衝突的根源和性質問題，國際關係中力量對比問題，內政與外交相互關係問題，國家對外政策目標問題，外交政策的決策問題，外交藝術的理論化問題，民族主義與國際主義問題，對戰後發達國家對外政策的評價問題。這十個問題構成一個較為完整的國際關係理論的研究框架，在學術界產生積極的影響。

（三）繼續介紹西方國際關係理論。在已翻譯出版的有關西方國際關係理論的學術專著中，有相當一部分是在此階段出版的，如史丹利‧霍夫曼的《當代國際關係理論》、肯尼思‧沃爾茲的《人、國家與戰爭》、漢斯‧摩根索的《國家間政治》、莫頓‧卡普蘭的《國際政治的系統和過程》、羅伯特‧基歐漢和約瑟夫‧奈伊的《權力與相互依賴》及卡爾‧杜意奇的《國際關係分析》等。

三、發展期（2000年至今）。在這個階段，中國的改革開放深入發展。與此同時，國際關係理論研究的重點開始轉向探索建立中國的國際關係理論，研究核心內容為冷戰後國際關係的變化和研究21世紀面臨的挑戰。當然，追蹤研究冷戰後西方國際關係理論，仍然是一項重要任務。

（一）在學術探索和交流中產生了豐碩的成果。這一時期，中國國際關係理論領域出現了繁榮活躍的局面。王逸舟主編的《中國國際關係研究（1995-2005）》第一次全景式地呈現出中國國際關係學科在當代發展的主體影像。[7]

據上海人民出版社、浙江人民出版社、北京大學出版社、世界知識出版社和中國人民公安大學出版社5家出版社統計，1978年至1990年，僅中國人民公安大學出版社出版了2部國際關係研究的專著，1991年至2000年各社出版了10部，而2001年至2007年驟增至74部，

其中上海人民出版社和北京大學出版社分別出版了25部和28部。之後，又有一批力作問世。具有代表性的著作有：王緝思的《國際的理性思考》、閻學通的《國際關係分析》和閻學通與孫學峰的《國際關係研究實用方法》、秦亞青的《權力·制度·文化：國際關係理論與方法研究文集》和《國際關係理論：反思與重構》、王逸舟的《中國國際關係研究（1995-2005）》、王正毅的《世界體系與國家興衰》和《國際政治經濟學通論》、蔡拓的《國際關係學》和《全球學導論》、趙可金與倪世雄的《中國國際關係理論》、許嘉的《美國國際關係理論研究》和《「英國學派」國際關係理論研究》、李少軍的《國際政治學概論》、楚樹龍的《國際關係基本理論》、周敏凱的《國際政治學新論》、高尚濤的《國際關係理論基礎》、戴德錚的《國際政治學要論》、任曉的《國際關係理論新視野》、張小明的《國際關係英國學派——歷史、理論與中國觀》、陳家剛的《全球治理：概念與理論》等。這時期，《世界經濟與政治》、《歐洲研究》、《外交評論》《國際觀察》和《現代國際關係》5家學術雜誌共發表論文713篇，平均每年101.9篇，而從1978年到1990年僅發表80篇，平均一年約6篇。[8]

在這一時期，國際關係理論研討會的舉辦越來越頻繁，越來越活躍；研討會的水準越來越高，影響也越來越大。以下主要以上海的會議爲例：2004年4月15日至17日，中國國際關係學會與青島大學法學院舉辦「中國國際關係理論建設研討會」，會後彙集了21篇論文，出版了《中國國際關係理論研究》論文集。與會者指出，「中國國際關係理論是發展型和開放型的」，它的「內涵非常豐富，任務極其艱巨」。[9]同年12月10日至11日，上海交通大學國際與公共事務學院舉辦「構建中國理論創建中國學派」研討會，會後由天津人民出版社出版文集《國際關係：呼喚中國理論》。2008年12月13日，上海市國際關係學會和上海交通大學國際與公共事務學院聯合舉辦「改革開放30年中國國際關係理論發展」學術討論會，圍繞三個主題進行深入的討論：馬克思主義與中國國際關係理論的發展，西方國際關係理論的借鑑和反思，中國國際關係理論的發展前景。2009年6月，復旦大學國際關係與公共事務學院舉辦「國際關係研究的創新與發展」研討會，探索國際關係新理論、新領域、新方

法，探求國際關係研究的中國主體性和理論自覺性。2011年12月16日，復旦大學國際關係與公共事務學院召開「中國國際關係的理論自覺與中國學派」學術討論會，秦亞青、楊潔勉和時殷弘做主旨演講，筆者也在會上做了題為「國際關係理論研究的中國化之路」的發言。2012年7月18日至19日，上海市國際關係學會召開了迎接中國共產黨的十八大的學術討論會：「構建中國國際關係理論體系研討會」，會議邀請梁守德做主題演講，由楊潔勉做總結發言。次年，上海人民出版社出版了會議文集《構建中國國際關係理論體系——紀念「上海1987年國際關係理論討論會」25周年論文集》。論文集裡提出了國際關係理論中的中國元素和中國特色國際關係理論體系轉入建設階段的兩個重要判斷。楊潔勉還賦詩一首：「入世應對挑戰，出世建構理論；個人各務本業，群體同建體系；克服浮躁情緒，提倡鑽研精神；超越專案束縛，增強課題意識。」2013年6月23日，上海市國際關係學會和上海外國語大學國際關係與外交事務研究院共同舉辦「中國國際關係理論前沿思考」研討會，會議的議程既前沿又有創意：國際關係中的利益觀和價值觀重構，國際關係理論的原生性問題，中國參與全球治理理論的構建。2017年6月24日至25日，由中國國際關係學會、上海市國際關係學會、復旦大學國際問題研究院、上海外國語大學主辦了上海國際關係理論研討會30週年紀念會——「中國國際關係理論創新與中國特色大國外交」研討會，會議秉承西學東漸、中西結合、自主創新三原則，努力做到三創新：創新國際關係基本理論、創新新興國家與守成國家相互關係理論、創新全球治理理論。在會議上，秦亞青說：「30年來，中國學者在國際關係理論領域走出了一條博學廣納、借鑑批判、融會貫通、理論創新的發展道路。」楊潔勉說：「展望未來，更是任重道遠。中國特色國際關係理論建設，不僅是篳路藍縷，而且更是一項長期的系統工程。」他倆的話語道出了中國學者共同的心聲。

（二）在廣泛研究中逐漸形成一些亮點。今天中國國際關係理論研究的視角之廣，是以往任何歷史時期所不能相比的。研究涉及的專題有：時代特徵、當代主要矛盾、國際格局、國際戰略、國際秩序、國際體系、全球環境、全球治理、戰爭與和平、國家利益、國家安全、

集體安全、南北關係、科技與國際關係、意識形態與國際關係、人權理論、主權問題、霸權研究、危機管理、國際衝突、文化與外交、國家實力、跨國公司與國際關係、民族主義、外交決策、相互依存、國際經濟與政治關係、地緣政治研究等，不僅研究著述的數量多且品質高。並且，已經開始在個別研究專題方面，如人權理論、全球治理、和平發展、和諧世界、世界格局、國際戰略和國家利益分析上顯示了較強的實力。以全球治理研究爲例，全球治理是全球化發展和世界秩序推進的必然。中國學者在進入新世紀之初就開始對全球治理問題給予關注，俞正樑、陳玉剛、吳志成較早在《教學與研究》2004年第6期發表介紹性文章〈西方治理理論述評〉。接著，俞正樑、陳玉剛在《世界經濟與政治》2005年第2期發表研究性文章〈全球共治理念初探〉，白雲眞在《教學與研究》2007年第4期發表概述性文章〈全球治理問題研究的回顧與前瞻〉。2012年和2013年，全球治理研究在中國國際關係學術界形成了一個小高潮。[10]2014年後，全球治理研究在中國厚積薄發，勢不可擋，出現了一個大高潮。除了華東政法大學和復旦大學分別發表《國家參與全球治理指數》和《全球治理體系的改進和升級》的年度報告之外，還問世了一批重要論文和專著，如：陳志敏發表在《中國社會科學》2016年第6期的論文：〈國家治理、全球治理與世界秩序建構〉；蔡拓的《全球學導讀》（2015），蔡拓、楊雪冬和吳志成的《全球治理概況》（2016），陳家剛的《全球治理：概念與理論》（2017）。近10年來，國內大學國際關係院系、社會科學院及有關國際問題研究單位和協同研究基地先後舉辦了許多場關於全球治理的研討會，有的還成立了相應的研究機構。2009年12月22日，上海社會科學院世界經濟研究所舉辦「全球治理與中國責任」學術討論會，提出全球治理的必然性、重要性、戰略性、創新性和時代性。2010年上海大學成立全球學中心，2012年6月舉辦第四屆國際全球學合作團隊年會暨首屆中國全球學論壇。2012年3月16日至17日，北京大學國際關係學院舉行全球治理研究中心成立儀式暨「全球治理：理論與實踐」研討會，筆者不僅與會，而且還和王緝思、曲星、閻學通、朱雲漢、魏建國、於鴻君等被聘爲該中心的顧問。會議也開得生動深入，從五個方面探討了全球治理的

邏輯、全球治理與國際安全、全球治理與經濟發展、全球治理與全球問題、全球治理與中國選擇。2015年11月12日，上海市國際關係學會和華東政法大學政治學研究院聯合召開「一帶一路倡議與全球治理」研討會，認爲「一帶一路」爲全球治理理論提出了新視角，爲全球治理實踐提供了新平臺。2015年12月12日至13日，華中科技大學國家治理研究院和中國世界和平基金會合辦「全球治理與國家責任」國際研討會，《中國社會科學報》2016年1月5日做了專題報導。2016年10月23日，北京大學國際戰略研究院和國際關係學院舉辦了第三屆「北閣對話」，專題討論「全球治理理論的不同視角」。2017年7月2日，上海國際問題研究院與上海財經大學成立「上海國際組織與全球治理研究院」，將重點研究各國在世界秩序和國際體系中的制度性安排，地位和作用，以及全球治理的規則和方向。2017年7月8日，吉林大學主辦「第五屆全球學和全球治理論壇」，來自全國各地的40多位代表參加，主題爲「全球化困境下的國家治理和全球治理」，蔡拓和楊雪冬做了主旨發言。可見，近10年來，全球治理研究在中國已成爲一個熱點問題，研究高潮迭起，成果豐碩。但是最値得點讚的是，以習近平爲核心的中國共產黨中央對全球治理的高度重視。中共中央政治局在2015年和2016年安排了兩次關於全球治理的集體學習，這在中國共產黨中央高層的學習安排中是少見的。2015年10月12日，中共中央政治局就全球治理格局和全球治理體制主題進行第27次集體學習。習近平指出，國際社會普遍認爲，全球治理體制變革處在歷史轉捩點上。加強全球治理，推進全球治理體制變革已是大勢所趨。他特別強調，要加強對全球治理的理論研究，高度重視全球治理方面的人才培養。[11]2016年9月27日，中共中央政治局就20國集團領導人北京峰會和全球治理體系變革進行第35次集體學習。習近平指出，我們首次全面闡釋中國的全球經濟治理觀。他強調，中國要積極參與全球治理，主動承擔國際責任。[12]在2017年10月18日中共十九大開幕式上，習近平在〈決勝全面建成小康社會奪取新時代中國特色社會主義偉大勝利〉報告中，再次強調要秉持共商共建共用的全球治理觀。

（三）在理論構建過程中逐漸呈現出中國國際關係理論體系的基本框架。
　　儘管在中國國際關係理論是否要有中國特色以及在中國特色的內容

界定上，學術界意見並不一致，但是，中國學者循著三條途徑進行著的研究和探索，其趨向卻殊途同歸，輻輳地聚向於中國的國際關係理論體系：第一，重點研究中國領導人的外交思想。關於毛澤東外交理論研究主要集中在獨立自主、統一戰線和三個世界方面；關於周恩來外交理論研究主要集中在外交辯證法、和平共處五項原則和國家平等理論研究方面；關於鄧小平外交理論研究，包括鄧小平國際戰略思想、外交思想、國際新秩序思想、和平與發展時代觀、第三世界戰略、國家利益和國家實力等方面。第二，注重挖掘和研究中國文化傳統中的外交理論。至今已涉及的內容有：孫子政治軍事思想、外交實踐與文化傳統思想、中國傳統文化與當代中國外交、諸葛亮外交思想、李鴻章外交思想和曾國藩外交思想等。第三，在研究西方國際關係理論的基礎上提出自己的觀點。在這一時期，中國學者開始更系統地對西方國際關係理論進行評析。筆者在紀念首屆上海國際關係理論討論會30週年的會議上提出「三個如何」的看法：如何從時代大背景的變遷全面地把握西方國際關係理論百年的發展？如何從中國的視角客觀地介評西方國際關係理論的優劣？如何從借鑑西方理論的角度創新地加快中國國際關係理論的建設。其核心是以我為主，創新為本。

從上述簡單的回顧中，我們不難引出幾點初步的看法：

一、改革開放為國際關係學發展注入了活力和生機，中國國際關係理論研究在過去30多年裡雖有突破性進展，但仍落後於人，目前正迎頭趕上。

二、透過國際交流與合作，中國學者在一定程度上參與了西方國際關係理論的第三次論戰的討論。他們不僅熟悉第三次論戰中出現的新問題、新方法、新內容、新熱點和新學派，而且就不少理論問題開始提出獨到的見解。研究的專案包括民族國家與國際組織、戰爭與和平、和平與發展、國際政治經濟學（IPE）、國際安全研究（ISS）、區域政治、國際文化、聯合國與全球問題等，這一縱深發展已引起國際學術界的注目。

三、在國際形勢日趨複雜的情況下，中國學者努力擺脫「背景＋過程＋展望＝國際問題研究」的公式，探索用新的理論方法，科學地研究、預測國際新形勢。在建立中國國際關係理論體系的過程中，正確處理馬列主義理論與國際關係理論之間的關係，堅持馬列主義的思想方法是中國國際關係理論的指導，同時注意吸收西方國際關係理論研究中合理的成分和科學的方法。

第二節　建立中國國際關係理論的若干問題

自1978年12月中國共產黨的十一屆三中全會以來，中國社會科學領域有了很大的變化，國際關係理論的研究也不例外：對西方國際關係理論進行了初步的評介；若干國際關係的研究課題取得了可喜的成果；大學開始設立國際關係理論課程；關於建立中國國際關係理論體系的呼聲漸高，並開始了有步驟的研究和探索。這些情況表明，中國國際關係理論研究已進入了一個新的開創階段。然而，建立中國國際關係理論體系是一項光榮而艱巨的任務，在創建過程中，必須正確地處理好若干重要問題，特別是以馬列主義為指導的問題，中國特色問題、中國學派問題和對西方國際關係理論的評介問題。

第一，關於以馬列主義為指導思想的問題。

馬列主義、毛澤東思想、鄧小平理論給中國留下了寶貴的理論遺產，其中關於國際關係的精闢論斷仍是中國研究工作的指南。失去馬列主義為指導思想，就會失去理論研究的正確方向，就根本談不上建立中國國際關係理論體系。

縱觀西方國際關係學的發展歷史，可以發現，不少學者也介紹馬列主義關於國際關係的論述，但他們是把馬列主義作為一般的學派來加以評介，往往以主觀主義或唯心主義態度抽象肯定，具體否定，而且有不少解釋是片面的、武斷的或錯誤的。因此，要建立中國國際關係理論，首先要確立馬列主義的指導地位，全面正確地闡述馬列主義關於國際關係的基本觀點。

馬列主義不僅是一個學派的理論，而且是中國創建國際關係理論體系的根本指導思想。歷史經驗充分證明，只有馬列主義世界觀才能正確地提示社會政治經濟的發展規律，反映無產階級的利益、觀點和文化。列寧說：「馬克思主義這一革命無產階級的思想體系贏得了世界歷史性的意義，是因為它並沒有拋棄資產階級時代最寶貴的成就，相反地卻吸收和改造了兩千多年來人類思想和文化發展中一切有價值的東西。」[13]「馬克思的歷史唯物主義是科學思想中的最大成果。」[14]儘管由於某些歷史條件的限制，馬克思、恩格斯和列寧來不及創建關於社會主義對外政策和無產階級國際關係的完整理論體系，但是我們不同意有些西方學者說的馬列主義中沒有國際關係理論的看法。實際上在馬克思、恩格斯、列寧、史達林和毛澤東的著作中，關於國際關係的論述是很多的。《共產黨宣言》提出了國際關係的基本準則和無產階級的歷史使命，這部劃時代的文獻比西方國際關係理論形成的時間還要早半個多世紀！馬克思的

《十八世紀外交史內幕》和《論普法戰爭的兩篇宣言》、恩格斯的〈俄國沙皇政府的外交政策〉和〈反杜林論〉的有關章節、馬恩的部分通信、列寧的〈帝國主義是資本主義的最高階段〉和〈論民族殖民地問題的三篇文章〉等以及史達林、毛澤東的有關著作，都對國際關係和世界政治的一些重大現實問題和理論問題做了精闢的闡述。這些著作是爲中國留下的有待進一步認識和開發的理論寶庫。筆者認爲特別要在以下幾方面下功夫，進行重新認識和深入研究：（一）時代問題以及有關國際政治經濟問題；（二）帝國主義和霸權主義問題，戰爭與和平問題；（三）無產階級愛國主義和無產階級國際主義問題；（四）民族殖民地學說和民族解放運動問題；（五）對外政策原則和策略問題；（六）歷史唯物主義和辯證唯物主義的哲學思想和研究方法。國際關係理論作爲一門獨立的社會科學學科，應該包括歷史分析、基礎理論、現實應用和科學預測。只有在馬列主義的指導下，才能做到這一點。

第二，關於中國特色問題。

中國國際關係理論要不要、有沒有中國特色？自90年代以來，國際關係學術界一直對這個問題給予極大的關注。早在1991年，就有學者提出，中國的國際關係理論研究，並非一張白紙。中國的傳統文化、第三世界理論、革命戰爭理論都是形成中國特色的促因。[15]社會科學總會打上階級烙印，國際關係理論作爲一門社會科學不但有鮮明的階級性，而且必然同中國的文化傳統和實際相結合，具有自己鮮明的特徵。[16]

1987年，宦鄉在上海舉行的首次國際關係理論討論會上做主旨報告時說：「對過去歷史上的經驗教訓，加以借鑑，加以利用，可以作爲我們建立中國特色國際關係理論的營養。」[17]1994年5月，中國國際關係史研究會和北京大學國際政治學系曾舉行了一次關於建設中國特色國際關係理論學術討論會。與會大多數代表對「有中國特色」持肯定態度。樑柱認爲，國際關係理論有中國特色是建設中國特色社會主義的重要方面。魯毅就中國特色國際關係理論學科提出四點意見，即加深對馬克思主義關於國際關係理論的貢獻的認識；重視鄧小平對國際關係的論述和老一輩革命家的理論貢獻；在研究目標和範圍上求得共識；擬定一個國際關係理論的整體框架。梁守德強調「有中國特色」的「四個必須」：必須以中國特色社會主義理論爲指導；必須爲正確確立中國在國際社會的地位，處理中國的國家利益服務；必須爲中國的國家利益服務；必須繼承、發揚中國的優良傳統文化。會上，也有一些代表提出不同的觀點。徐昕認爲中國特色社會主義是治國方策，是一種政治思想，而國際關係理論是學術活

動，兩者有區別。張錫鎮則擔心過分強調中國特色會產生副作用，給外界一種錯覺，即這種理論是爲中國人服務的。[18]

國內最早主張建立中國特色國際政治學理論的一位學者是梁守德。他於1990年率先在《國際政治概論》的導言中比較系統地論述了中國特色的問題，他分別於1991年和1997年發表的〈論國際政治學的「中國特色」〉和〈國際政治學在中國——再談國際政治學理論的「中國特色」〉兩篇論文，進一步地探討了中國特色的問題。梁守德認爲，任何一種理論本身內在規定其必然要有特色，因爲凡理論都是相對的，沒有個性、特性就沒有普遍性和共性。「特色越鮮明，理論越科學」。[19]梁守德對不同意中國特色的觀點並不是採取排斥的態度，而是採取商榷的態度。他歸納了持不同觀點的學者的五種意見：（一）國際關係理論是普遍使用的科學，要「力圖克服民族主義的障礙」，提中國特色本身就不科學；（二）中國特色是一個意識形態概念，學術研究不能照搬；（三）突顯強調中國特色會陷入理論實用性、片面性，削弱理論的學術性，有可能造成理論的停滯性和僵化；（四）特色形成不能預先設計，而有賴於理論自身的發展和成熟；（五）中國學者的理論研究本身就帶有中國特色，不需特別「突出」。然而，他指出，這些看法雖然能夠理解，但是站不住腳。他堅持，不管承認不承認，國際政治學理論不僅有各國特色，還有學派特色和個人特色。中國特色就是中國化，最根本的是要符合世情和國情的實際，關鍵在於認準世情和國情的最佳匯合點。爲此，他提出三個命題：理論都是相對的，理論都有個性，理論都需要更新與發展。同時，他還提出，國際政治學的中國特色至少應包括三方面的內容：（一）以國家權力爲核心，超越社會制度和意識形態，突顯主權利益同強權利益的關係；（二）把生產力標準引進國際政治領域，確立經濟優先觀點，注重政治同經濟的相互滲透；（三）以改革促發展，維護世界和平，正確處理穩定與進步的關係，建立公平合理的國際經濟政治新秩序。[20]

2005年，《中共中央關於進一步繁榮發展哲學社會科學的意見》發表。《意見》號召我們「既立足當代又繼承傳統，既立足本國又學習外國，大力推進學術觀點創新、學術體系創新、科研方法創新，努力建設具有中國特色、中國風格、中國氣派的哲學社會科學體系」。至此，《意見》對關於中國特色的討論做了重要的小結，把大家的認識提到一個新高度，把中國特色國際關係理論的建設推向一個新水準。2016年5月17日，習近平在哲學社會科學工作座談會上做了重要講話，再次強調建設中國特色、中國風格、中國氣派哲學社會科

學體系的必要性和緊迫性。筆者認爲，構建中國特色國際關係理論是中國特色哲學社會科學體系的重要組成部分。中國特色要求實現主體性和原創性，以人民爲中心，在繼承中求發展，在創新中求突破；中國風格要求包容互鑑，具有寬廣視角，做大學問、眞學問，培養嚴謹治學、求眞務實的好學風；中國氣派則要求高瞻遠矚，樹立文化自信，立足中國但有世界胸懷，大膽探索，開拓進取，創造出反映新時代的新理論。

　　目前，關於「中國特色」的討論和探索仍在繼續。這場討論和這一探索是健康的、有益的，它必然對中國國際關係理論的創建和發展產生積極的推動作用。

　　第三，關於中國學派問題。

　　最近10多年來，關於中國學派的議論已成爲國際關係研究領域的熱門話題。這是改革開放以來中國國際關係理論發展使其然，有種「水到渠成」的感覺。學者們普遍認爲，從中國特色到中國學派是必然的路徑，[21]象徵著這個領域的研究進入了構建中國特色、中國風格、中國氣派國際關係理論體系的新階段。

　　20世紀末，上海學者黃仁偉、金應忠、俞正樑、蘇長和、任曉呼籲在中國特色的基礎上培育中國學派的問題。不久，南北呼應，北京學者秦亞青、王逸舟、蔡拓、王正毅等也先後發聲，主張國際關係理論中國化，倡議產生中國學派。[22]2016年2月15日，《人民日報》發表秦亞青的文章：〈構建國際關係理論的中國學派〉。文章提出，構建中國學派就是在「非西方語境下進行理論創新，構建一個眞正站得住的理論體系」，這更是表明，中國學派問題已明顯置於中國國際關係理論研究的重要議題上了。筆者認爲，經歷了與西方國際關係理論的對話、比較國際關係理論的發展，實現對西方國際關係理論的超越和構建中國國際關係理論的努力，只有到中國學術界非得以自己的話語和方式表達中國的意志和觀點之時，國際關係理論的中國學派才能應運而生，得以確定。

一、國際關係理論的中國學派能建成、被認可，是國際關係理論的中國化過程。從中國意識到中國理論到中國學派，是一個「遞進向前的邏輯」，[23]任重而道遠。要達到這個目標，必須做到：（一）堅持以我爲主、創新爲本的原則，堅持中國特色、中國風格、中國氣派國際關係理論發展的方向和實踐；（二）建立一批國內外堪稱一流，與國內發展同步、與國際發展接軌的國際關係協同創新研究機構；（三）形成代表中國水準、躋身國際先進的老中青結合的國際關係理論研究隊伍；（四）產生一批現實與歷史

　　結合、理論與實踐結合的象徵性的國際關係理論研究著作；（五）創造國際關係理論領域的中國話語，打破西方話語獨霸的局面。有的學者提出，要達到上述基本目標，不是一件易事，需要時間磨煉，需要幾代人努力，因此不要急於建立，不要急於求成，應該逐步前行，一步一個腳印，腳踏實地去創造條件。

二、創建國際關係理論中國學派與古典理論和傳統文化密切相關。大部分學者認爲，中國學派的產生不僅是可能的，而且是必然的。但也有少數學者持不同看法，認爲科學理論具普遍性，傾向於以古代傳統文化來加以定位。如在研究古代先秦思想基礎上的「清華路徑」和在海流文化基礎上形成的「海納百川、包容共生」的「上海流派」，客觀上就自然形成了既有共性又有區別的南北路徑和流派。

三、從總體上看，目前中國國際關係理論領域不同學派的雛形正在形成。2016年1月8日，秦亞青在上海市國際關係學會和上海人民出版社主辦的「國際政治理論與中國特色大國外交」研討會上說：「中國學派一定是複數的，不是單數，有很多內容，有很多理論流派，有很多概念創新。」

　　目前已出現的具有不同重點和特點的學派及其觀點主要是：

（一）秦亞青及其過程建構主義。秦亞青現任外交學院院長，過程建構主義的代表作是他的論文〈關係本位與過程建構：將中國理念植入國際關係理論〉（2009）和專著《關係與過程──中國國際關係理論的文化建構》（2012）。秦亞青認爲：西方國際關係理論中現實主義、自由主義和建構主義的明顯不足，是忽視對國際體系過程和國際社會複雜關係的研究。他提出要在借鑑建構主義的基礎上，將「過程和關係」的中國社會文化理念植入國際關係理論，形成一種新的體系層次的進化理論。他指出，這一「過程建構主義」理論模式的核心概念是「關係性過程」，強調「過程包含關係，關係建構過程」，「過程是運動中的關係，關係的運動形成過程」。這就是過程建構主義的基本內容。[24]在秦亞青看來，過程和關係是中國社會文化的重要元素，是中國國際關係理論的核心概念。他的過程建構主義理論強調動態實踐，而不是靜態事實；強調生成過程，而不是存在實體；強調複雜的社會關係，而不是線性的因果關係。他的新理論範式是「以關係爲本位，以過程爲本體，以元關係爲認識核心，以中庸和諧爲方法基礎」。[25]2015年，秦亞青發表論文〈國際

政治的關係理論〉，將「過程建構主義」更名爲「關係理論」。2018年，英國劍橋大學出版社出版他的英文專著：《世界政治關係理論》（*A Relational Theory of World Politics*），此書圍繞關係世界觀、關係本位和元關係三個基本假設，全面系統地闡釋了他的國際政治關係理論，打開了國際關係理論中國化的新局面，必將產生極大的國際影響。

（二）閻學通及其道義現實主義。閻學通現任清華大學當代國際關係研究院院長，國際關係理論「清華路徑」的創始者和領軍人。道義現實主義的代表作是其論文〈道義現實主義的國際關係理論〉（2014）、專著《世界權力的轉移》（2015）和編著《道義現實主義與中國崛起戰略》（2018）。道義的現實主義概念最早在2012年出現在西方國際關係理論中，強調政治領導力決定大國實力對比轉變和國際體系變革，屬於新古典現實主義理論範疇。閻學通把中國的傳統道義觀與西方國際關係現實主義權力觀很好地結合起來。在現實主義有關權力、實力、國家利益的基礎上，從個人層面再現道義在大國關係中的作用。研究核心問題是，崛起國如何取代世界上現存的主導國，如何以新型國際體系取代霸權政治。他認爲，從國家及其實力來看，可分成主導國、崛起國、地區大國和小國；從政治領導來看，可分爲無爲、守成、進取和爭鬥。爲此，道義現實主義主張國家應該道義優先，重視國際關係中的道義，推行公平正義文明的價值觀，樹立德威並重的戰略信譽，維護國際規範和世界秩序。[26]閻學通的道義現實主義如今影響漸隆，國內學術界給予其很高的評價，稱其論證了道義現實主義的科學性，是國際關係理論中國化的新路徑、新典範，「爲現實主義理論研究開闢了新方向」。[27]

（三）蔡拓及其全球學理論。蔡拓現任中國政法大學全球化與全球問題研究所所長。20多年來，他專心致力於全球化和全球問題的研究，探索創建中國特色的全球學路徑，取得豐碩的成果。他發表論文近百篇，出版學術論著10多部，其全球學的代表作是《全球學導論》。在書的前言裡，蔡拓動情地說：「這本著作凝聚了我20多年的學術追求和旨趣，實現了我20多年來建立全球學學科的宿願。」他還回顧了20多年學術探索的歷程：「我的研究從全球問題學走向全球化學、全球治理學，始於1990年代末期。《中國社會科學》上發表

的〈全球主義和國家主義〉（2000）、〈全球治理的中國視角與實踐〉（2004）兩篇文章是這一轉向的代表作。……伴隨國內學術界對全球化與全球治理的關注與研究，我的研究內容和重點，也更側重於全球化與全球治理。」[28]《全球學導論》是至今國內學術界第一本全球學理論力作，其在全球化和全球治理的本體論、方法論和價值觀方面實現了理論創新：在本體論方面，它強調全球化帶來的全球遠景這一理論本體，對全球學知識體系的建構具有基礎和核心意義；在方法論方面，它強調要突破民族國家視野的局限，以全球主義方法論重構人類對政治、經濟、文化、環境和社會等領域全球化的認知體系；在價值觀方面，它強調以全球意識、全球思維和全球價值來改變單純國家主義和狹隘民族主義的偏見和不足。

（四）金應忠及其國際共生理論。金應忠曾長期擔任上海市國際關係學會秘書長，勤勤懇懇工作，踏踏實實研究，幾十年如一日，從未放棄過對學理的探求和原創的追求。他具有扎實的專業知識和深厚的理論底蘊，在原來國際關係比較理論研究的基礎上，近年來，他開拓並沉涵於一個新的研究領域：國際共生理論。其代表作是發表在《社會科學》2011年第10期上的〈國際社會共生論：和平發展時代的國際關係理論〉一文。金應忠的研究緊緊扣住時代的變遷：和平發展合作共贏成為時代主要潮流，大發展大變革大調整成為國際局勢的基本特點。在上海市國際關係學會會長楊潔勉的支援下，金應忠和其他幾位上海學者俞正樑、胡守鈞、任曉、蘇長和等活躍在該領域的研究和探討中，召開各種研討會，進行各種形式的對話，發表研究文章，初步提出了關於國際社會共生理論的基本概念和理論框架：第一，任何事物都有陰陽兩體，一物兩體即同生，其基本形態是和而不同。第二，人與人、國與國共生交匯連接，形成同生關係和相互關聯的共活關係。人與人、國與國之間存在差異性，其差異性不是排他性，彼此影響，求同存異。第三，國際關係也由不同主體共生性建構起來，雖然不同主體之間有矛盾，但共生是主趨勢，外交的本質性任務是優化共生關係。第四，要重視共生關係的諸多因素：主體性、變化性、關聯性和束縛性，特別是經濟關係中的共生因素，因為它們是孕育、形成、強化國際社會共生網路的巨大動力。第五，在無政府狀態的國際社會裡，各個國家追逐權力和

利益，但它們之間存在共生的關聯性。衝突與合作、挑戰與機遇相伴而生，應摒棄零和博弈，促共生、求共贏、達共治。第六，共生是國際社會自存、自保、自延的基本選擇，各國獨立存在，又共存共生，實現普遍安全的人類命運共同體是歷史演變的必然邏輯。

（五）唐世平及其社會演化理論。唐世平是復旦大學國際關係與公共事務學院教授，他博學多才、著作等身，學貫古今、蜚聲中外。他被稱爲是「半個神人」、「一個奇才」。他的研究領域跨不同學科，如國際政治、社會進化理論、社會心理學、廣義制度變遷理論、制度經濟學等。他通常用英文創作，發表了大量英文論文，出版了數量不少的英文著作。他的《國際政治的社會演化》英文專著被評爲國際研究協會2015年年度最佳著作，他是獲得這一殊榮的首位亞洲學者。他在比較國際政治、政治學理論、國際關係社會學理論、社會科學哲學、制度經濟學等方面已達到了國際公認的水準，社會演化理論是他研究的代表性成果，其主要觀點體現在他的專著《國際政治的社會演化》中，他把生物學進化論的「突變—選擇—遺傳」機制引入國際問題研究，得出一種解讀國際政治系統性變遷的社會演化範式。爲此，唐世平提出新的國際關係歸因說，他認爲，最能影響社會演化的是四個內部維度（能力、意圖、利益、決心）和一個外部維度（合作與衝突的國家對外行爲），這些維度對理解他人行爲和國家行爲都是必不可少的。[29]

唐世平的研究成果向結構主義正統理論提出了質疑，他運用跨學科的知識手段和方法進行大膽嘗試，爲中國國際關係理論增添了新的研究思路和範式，是跨學科互補互鑑的一個成功實例，是國際關係理論中國化的一個突破。

第四，關於對西方國際關係理論的評介問題。

要建立中國國際關係理論體系，還要正確地處理好對西方理論的批評和借鑑的問題。要根據馬列主義關於對客觀情況進行歷史的具體的分析的基本原則，一方面應看到西方國際關係理論的發展和理論貢獻，研究哪些可以借鑑，洋爲中用；另一方面應看到其局限和缺陷，進行必要的分析批判。兩者不可偏廢。西方國際關係理論屬資產階級意識形態，不批判、只借鑑，甚至全盤接受，就會迷失方向，喪失立場。堅持批判的態度，才能正確地借鑑。但是，西方國際關係理論又是在特定的領域體現了人類文化發展的成果，不加以研究，

不借鑑，不吸取其中有益的東西也是片面的。毛澤東說得對：「我們的方針是，一切民族、一切國家的長處都要學，政治、經濟、科學、技術、文學、藝術的一切真正好的東西都要學。但是，必須有分析有批判地學，不能盲目地學，不能一切照抄，機械搬運，他們的短處、缺點，當然不要學。」[30]

筆者認為，在這一前提下，很重要的一點是要把握變化與實質的關係。應該看到，西方國際關係理論從1940年代的摩根索現實主義發展到今天的新現實主義，變化是很大的，從原先鼓吹強權政治、武力干涉、國際衝突和霸權思想到強調國際政治經濟、霸權後合作、國際機制和南北關係，從1950年代馬列著作被列為禁書到如今開禁並列入大學國際關係專業參考書，而且還出現了一批國際關係研究的「新馬克思主義者」，這說明隨著國際形勢變化，東西方關係緩和，在國際關係領域西方的理論融入了許多新的內容。

然而，這並不意味西方國際關係理論的實質起了根本變化。對這一點，我們必須保持清醒的頭腦。前幾篇文章已提及，80年代西方國際關係理論重新強調其實踐性，它與政府決策關係更趨密切。美國國際關係理論仍以「美國利益全球化」為信條，堅持為美國對外戰略服務。例如，新現實主義一方面強調國際合作，另一方面仍堅持強權政治，稱「為美國對外戰略提供一種新的思維方法」；國際政治經濟學強調國際政治與國際經濟結合，是理論上的一個發展，但它實質上是以美國經濟利益為中心的一種「新遏制經濟學」；國際機制論和世界秩序論突出國際關係原則、準則、規則和程式的重要性，但是骨子裡美國仍是「老大自居」，要別人按美國的政治原則和價值標準行事，美國政府近年來很推崇「國際關係機制化、制度化」，西方國際關係理論與政府決策之密切可見一斑。在研究西方國際關係理論時，必須看清其實質。

從理論發展的角度來看，也是如此。一方面，應該看到，在西方國際關係理論形成至今的6、70年內，美國幾代國際關係研究學者在該領域勤奮耕耘，使國際關係學從幼年時期進入成熟時期，使其演變成一門具有特色的十分活躍的綜合性的跨學科的社會科學理論。美國學者從宏觀與微觀角度築造起的國際關係理論構架（包括研究目標、基本內容、核心問題和研究方法）可供我們參考，特別是在研究方法上，更不乏可取之處，其中的歷史哲學分析、層次分析、體系分析、決策分析、模式分析、博弈分析和比較研究等都含有不少合理的成分和獨到的見解，具有較強的邏輯性和實用性，均值得我們加以借鑑。

另一方面，必須指出，西方國際關係理論與其他西方社會科學學科一樣，也有著明顯的缺陷。列寧曾提及舊理論的兩個缺陷：一是，沒有摸到社會關係

發展的客觀規律性和本質特徵；二是，沒能說明人民群眾的活動和歷史作用。
這一分析也適用於西方國際關係理論。

　　美國國際關係理論本質上是以西方大國關係爲主，在大多數美國學者看
來，世界政治就是大國政治，而大國政治的核心是美國，故西方國際關係理
論就是以美國爲中心的大國國際關係理論。[31]有一位美國學者直言不諱地說：
「美國的國際關係研究不可避免地是以美國在世界上的作用爲條件的。」[32]經
過二次大戰後的「重心轉移」和冷戰後的「地位加強」，美國爲中心的西方國
際關係理論占據了「該學科的支配地位」。[33]

　　在美國國際關係理論中找不到小國、弱國、窮國的應有地位，聽不到廣大
第三世界國家的正義聲音，強權政治不消說，就是體系理論、互相依存理論和
國際政治經濟學也暴露出這一根本問題。有的學者即使提到南北關係，也往往
歪曲第三世界國家的要求和立場，對它們的「觀點和看法聽而不聞、視而不
見」。對於「美國爲中心」這一點，不僅英國學者表示不滿，認爲是「損害了
包括國際關係和政治學在內的社會科學」，而且連美國學者也承認，這種「美
國國際關係研究的超級大國地位」和他們「超級大國學者」已成爲「批評的目
標」。[34]因此，在世界範疇內發展國際關係理論研究的民主化和多樣性，反對
國際關係理論領域的任何霸權支配地位，使國際關係理論充分地反映各國人
民，特別是第三世界國家和人民的利益、要求和呼聲，是我國國際關係理論工
作者的重要任務之一。

第三節　幾點思考

　　綜上所述，我們在研究過程中得出幾點初步的結論。首先，中國國際關係
理論的發展過程與改革開放同步，與國際發展接軌，大致上經歷了三個階段：
引進西方國際關係理論；引進和探討西方國際關係理論和探索中國國際關係理
論並行；創建中國特色國際關係理論體系。縱觀中國國際關係理論的發展過程
可以看出，從閉關鎖國走向改革開放之時，正是國際關係理論研究在中國悄然
興起之際；逐年擴大改革開放之時，也是國際關係理論研究在中國取得長足發
展之際。改革開放是時代的必然趨勢，是國家民族走向富強昌盛的必經之路。
因此，有理由相信，隨著改革開放的不斷深入，國際關係理論研究在中國必將
大有作爲。但是，也必須看到，作爲一門新學科，它的發展過程中還存在著許

多困難。中國國際關係理論的發展，仍然任重而道遠。

其次，國際關係理論的建設，既需要專題研究，也需要理論研究自身的構建。如果忽視一些最基本的理論構建，一味地陷入具體專題研究之中，就研究目標而言，則可能鶩之越切而偏離越遠。國際關係學包括理論、歷史和現狀三個部分，國際關係理論研究是國際關係學的一個重要分支，在論述中國國際關係理論研究框架時，李石生教授概括爲三個主要方面：基本概念、基本規律和基本原則。[35]梁守德教授提出基本概念、完整體系和鮮明特色。[36]陳樂民教授認爲，冷戰結束後，國際政治學在中國似乎越加成爲一門顯學，其連著文史哲政經，它若要走出時事描述性和闡釋性的層次，上升到理論思辨的層次，是非得走向跨學科的道路不可。[37]這些說法涵蓋面廣且深，較爲充分地體現出國際關係理論研究的特點，已受到學術界的重視。

再次，關於中國國際關係理論要不要有中國特色的問題，回答是肯定的。一方面，強調中國特色並不就是狹隘的民族主義和強調意識形態概念，任何政治理論研究都有立場和視角問題，中國學者研究國際關係理論應從本國實際情況出發，站在中國的立場爲自己國家利益服務，這就決定了中國國際關係理論研究要有中國特色；另一方面，強調中國特色也並非與研究全球共同的國際關係規律相牴觸。就理論而言，從俯視的角度看世界各國間的關係，國際關係研究是有共同規律可循的。但是，具體到一國與他國間的關係時，就不難看出各國的國際關係理論都具有本國特色。沒有自己的理論，就容易跟在西方理論後面亂轉。爲了建立中國的國際關係理論體系，應正確對待西方的理論，既不盲從，也不拒絕；應揚長避短，西爲中用。經過比較分析和批判借鑑，奮起直追。

最後，從中國國際關係理論研究的三個發展階段看，雖然在國際關係理論研究領域取得了明顯進展，但與建立中國國際關係理論體系的目標還相距甚遠。爲此，筆者認爲應該在以下幾方面繼續做出努力：

一、具有理論探索勇氣

國際關係理論反映變化著的世界，變化著的世界需要國際關係理論。國際形勢風雲變幻，國際關係曲折發展，新問題和新現象不斷出現，要求國際關係學者進行認眞研究，做出科學分析。這就必須要在馬列主義、毛澤東思想和鄧小平理論指導下，鼓起理論勇氣，敢於探索，勇於創新，提出新見解和新

觀點。要體現中國國際關係理論的主體性，要以自己的研究成果在世界的學術舞臺上爭得一席重地。要「立足中國，借鑑國外，挖掘歷史，把握當代，關懷人類，面向未來，充分體現繼承性、民族性、原創性、時代性、系統性、專業性，創新發展中國特色、中國風格、中國氣派的哲學社會科學，爲實現兩個百年奮鬥目標，實現中國夢提供強大的思想理論支撐」。[38]

二、注意國際關係理論和實踐的結合

密切聯繫實際，使國際關係理論研究更富有現實性和時代感，更好地爲執行中國外交政策、發展中國對外關係服務。筆者越來越感到，要使中國更瞭解世界，讓世界更瞭解中國，就必須加強國際關係及其理論的研究，而以下五個問題顯得特別迫切和重要：第一，世紀之交國際關係格局變化的理論問題，尤其需要從國家利益和全球安全戰略角度進行深入探討；第二，和平與發展問題，包括國際衝突、國際危機、核戰略、第三世界等問題的研究；第三，國際政治與經濟體系，特別是國際政治經濟學、相互依存、國際合作等理論問題；第四，國際人權問題，這不應是西方國家的專利，中國應該從理論高度和實踐深度闡明人權問題的基本觀點和立場；第五，建立世界新秩序和加強全球治理的理論和實踐問題，如今西方學者也在大談特談世界新秩序和全球治理，兩者的區別何在？世界政治與經濟新秩序的特點、內容、性質、條件、機制、方法是什麼？全球化與全球治理有什麼關係？這些問題都需要進一步從理論上加以探討和總結。

三、加強國際關係理論研究的團隊建立

要建立中國國際關係理論體系，就必須有一支掌握馬列主義基本觀點，具備深厚的歷史知識功底，熟練運用外語工具，並具有良好的治學態度以及現代科學研究方法和手段的研究團隊。而目前中國國際關係理論研究隊伍在總體素質上與其他社會科學（如經濟學、哲學、歷史學等）相較仍顯薄弱。儘管目前還不宜集中太多的人到這一領域來，但根據對外開放形勢的發展和國際問題研究深入的需要，適當擴大團隊，提高素質，是一個亟待解決的問題。毛澤東說過：「我們現在有許多做理論工作的幹部，但還沒有組成理論隊伍，尤其是還沒有強大的理論隊伍。」[39]這段話讀來還是那樣具有現實感和現實意義。

　　馬克思說過：「理論在一個國家的實現程度，決定於理論滿足這個國家的需要程度。」[40]改革開放需要國際關係理論，正在邁向21世紀的中國需要國際關係理論，時代的發展呼喚中國國際關係理論走向世界。大家應加倍努力，堅韌不拔，奮起直追，使中國國際關係理論研究也能立足於世界學派之林，無愧於改革開放的中國，無愧於和平與發展的時代。

註釋

1　《鄧小平文選》第2卷，人民出版社，1994年，第167頁。

2　同上書，第180-181頁。

3　陳樂民：〈當代西方國際關係理論簡介〉，《國際問題研究》，1981年第2期。

4　《全國報刊索引》，1980-1987年，哲社版，上海圖書館。

5　上海市國際關係學會編：《國際關係理論初探》，上海教育出版社，1991年，第2-7頁。

6　王建偉、林至敏、趙玉梁：〈努力創建我國自己的國際關係理論體系〉，《世界經濟與政治內參》，1986年第9期；林至敏：〈論國際關係理論研究的兩個優先課題〉，《世界經濟與政治內參》，1988年第8期；石林：〈關於創建國際關係理論體系的幾點看法〉，《世界經濟與政治內參》，1989年第5期；薛龍根：〈國際政治的概念、研究物件和特點〉，《世界經濟與政治內參》，1989年第11期；李石生：〈馬列主義對國際關係理論的貢獻與發展〉，《外交學院學報》，1992年第1期。李石生：〈關於創建國際關係理論體系的基本構想〉、袁明：〈西方國際關係研究在中國：回顧與思考〉、章亞航：〈如何建立我國的國際政治學〉，均見《國際政治論集》，梁守德主編，北京出版社，1992年。

7　段霞主編：《新中國60年‧學界回眸——國際關係學發展卷》，北京出版社，2011年，第158頁。

8　秦文：〈中國國際關係理論研究的進步與問題〉，《世界經濟與政治》，2008年第11期。

9　傅耀祖、顧關福（主編）：《中國國際關係理論研究》，時事出版社，2015年，前言第2頁。

10這兩年發表的若干全球治理的文章主要有：《國際觀察》，2012年第1期刊出

專欄，發表了4篇主題文章，包括劉貞燁：〈全球治理變革與全球學學科建設〉和陳玉剛：〈全球關係與全球研究〉；徐進、劉暢：〈中國學者關於全球治理的研究〉，《國際政治科學》，2013年第1期；朱傑進、何曜：〈全球治理與三重體系的理論探述〉，《國際問題研究》，2013年第1期；湯偉：〈全球治理的新變化：從國際體系向全球體系的過渡〉，《國際問題研究》，2013年第4期；臧雷根：〈西方學界全球治理研究的進展及其缺失〉，《國際問題研究》，2013年第5期；蔡拓：〈全球學：概念、範疇、方法與科學定位〉，《國際政治研究》，2013年第3期等。

11 新華社北京2015年10月13日電。

12 新華社北京2016年9月28日電。

13 列寧：〈論無產階級文化〉，《列寧選集》第4卷，第362頁。

14 列寧：〈馬克思主義的三個來源和三個組成部分〉，《列寧選集》第2卷，第443頁。

15 袁明（主編）：《跨世界的挑戰——中國國際關係學科的發展》，重慶出版社，1992年。

16 同上。

17 宦鄉：〈關於建立國際關係學的幾個問題〉，《國際關係理論初探》，上海外語教育出版社，1991年，第7頁。

18 王聯：〈建設有中國特色的國際關係理論學術討論會綜述〉，《國際政治研究》，1994年第3期。

19 梁守德：〈國際政治學在中國——再談國際政治理論的「中國特色」〉，《國際政治》，1997年第1期。

20 梁守德關於中國特色問題的論文有：〈關於國際政治學的中國特色和研究物件的探討〉，《國際政治研究》，1991年第4期；〈關於中國外交學的中國特色的探討〉，《外交學院學報》，1993年第4期；〈試論國際政治學的中國特色〉，《國際政治研究》，1994年第1期；〈國際政治學在中國：再談國際政治學理論的中國特色〉，《國際政治研究》，1997年第1期；〈中國國際政治學理論建設的探索〉，《世界經濟與政治》，2005年第2期。

21 參見門洪華：〈從中國特色到中國學派——關於中國國際關係理論建構的思考〉，《國際觀察》，2016年第2期。

22 參見秦亞青：〈國際關係理論的核心問題與中國學派的生成〉，《中國社會科學》，2005年第3期；秦亞青：〈國際關係理論中中國學派生成的可能和必

然〉，《世界經濟與政治》，2006年第3期；朱鋒：〈中國特色的國際關係與外交理論創新研究：新議程、新框架、新挑戰〉，《國際政治研究》，2009年第2期。

23 郭樹勇：〈中國國際關係理論建設中的中國意識成長及中國學派前途〉，《國際觀察》，2017年第1期。

24 秦亞青：〈關係本位與過程建構：將中國理念植入國際關係理論〉，《中國社會科學》，2009年第3期。

25 秦亞青：《關係與過程——中國國際關係理論的文化建構》，上海人民出版社，2012年，序言第17頁。

26 閻學通：〈道義現實主義的國際關係理論〉，《國際問題研究》，2014年第5期。

27 參見呂耀東、謝若初：〈中國的國際關係與國際政治研究新趨勢〉，《和平與發展》，2016年第5期。

28 蔡拓等著：《全球學導論》，北京大學出版社，2015年，前言第5-6頁。

29 唐世平：〈一個新的國際關係歸因理論——不確定性的維度及其認識挑戰〉，《國際安全研究》，2014年第2期。

30 〈論十大關係〉（1956年4月），《毛澤東選集》第五卷，人民出版社，1977年，第285頁。

31 William Wallace, "Truth,Power,Monks and Technocrats", *Review of International studies,*1996 (22-1).

32 傑奧弗裡‧戈得溫（主編）：《大學的國際關係教學》，牛津大學出版社（英文版），1995年，第94頁。

33 Hugh Dyer and Leon Mangasarian, *The Study of International Relations,* St. Martin's Press, 1989, p. 3.

34 James Rosenau, *Global Voices: Dialogue in International Relations,* Westview Press, 1993.本書以五場劇本形式展示關於國際關係理論的對話。羅斯諾教授扮演劇中的SAR（Senior American Researcher美國高級學者）角色，爲主角。第一場題爲「超級大國學者」，第三場取名爲「霸權實力、霸權學科、美國國際關係研究的超級大國地位」。

35 李石生：〈關於國際關係學建設的幾個問題〉，《外交學院學報》，1996年第3期。

36 梁守德：〈國際政治學在中國——再談國際政治理論的「中國特色」〉，《國

際政治》，1997年第1期。

37 陳樂民：〈拓寬國際政治研究的領域〉，《太平洋學報》，1997年第2期。

38 《中共中央關於加強構建中國特色哲學社會科學的意見》，2017年5月16日。

39 〈《在中共全國代表大會上的講話》〉（1955年3月31日），《毛澤東文集》
第六卷，人民出版社，1999年，第395頁。

40 馬克思：《〈黑格爾法哲學批判〉導言》，《馬克思恩格斯選集》第1卷，第
10頁。

附錄
主要參考書目

Ｉ、英文

1. Allison, Graham, *Essence of Decision: Explaining the Cuban Missile Crisis,* Little, Brown, 1971.

2. Allison, Graham and Philip Zelikow, *Essence of Decision: Explaining the Cuban Missile Crisis,* Longman, 1999.

3. Aron, Raymond, *Peace and War: A Theory of International Relations,* Translated by Richard Howard and Annette Baker Fox, Doubleday, 1966.

4. Axelrod, Robert, *The Evolution of Cooperation,* Basic Books. 1984.

5. _____, The Complexity of Cooperation: *Agent–Based Models of Competition and Collaboration,* Princeton University Press, 1997.

6. Baldwin, David, *Economic Statecraft,* Princeton University Press, 1985.

7. _____ (ed.), *Neorealizm and Neoliberalism: The Contemporary Debate,* Columbia University Press, 1993.

8. Booth Ken and Steve Swith (eds.), *International Relations Theory Today,* Cambridge State Press, 1995.

9. Brown, Seyom, *International Relations in a Changing Global System: Toward a Theory of World Polity,* Westview Press, 2nd ed., 1992.

10. Bull, Hedley, *The Anarchical Society: A Study of Order in World Politics,* MacMillan, 1995.

11. Carr, Edward Hallett, *The Twenty Years' Crisis 1919—1939: An Introduction to the Study of International Relations,* Harper and Row, 1939; 2nd ed., 1946.

12. Claude, Inis, *Power and International Relations,* Random Press, 1962.

13. Cooper, Richard, *The Economics of Interdependence: Economic Policy in the Atlantic Community,* McGraw Hill, 1968.

14. Deutsch, Karl, *The Analysis of International Relations,* Prentice Hall, Inc.,

1968.

15. Dougherty, James and Robert Pfaltzgraff, Jr, *Contending Theories of International Relations: A Comprehensive Survey,* Longman, fourth ed., 1997.

16. Freeman, Chas, *Arts of Power — Statecraft and Diplomacy,* United States Institute of Peace Press, 1997.

17. Friden, Jeffry and David Lake (eds.), IPE: *Perspectives on Global Power and Wealth,* St. Martin's Press, 1987.

18. Friedman, Thomas, *The Lexus and the Oliver Tree: Understanding Globalization,* Farrar Straus Giroux, 1999.

19. Fukuyama, Francis, *The End of History and the Last Man,* Free Press, 1992.

20. Gilpin, Robert, *War and Change in World Politics,* Cambridge University Press, 1981.

21. ＿＿＿＿, *The Political Economy of International Relations,* Princeton University Press, 1987.

22. ＿＿＿＿, *Global Political Economy: Understanding the International Economic Order,* Princeton University Press, 2001.

23. Halliday, Fred, *Rethinking International Relations,* MacMillan, 1994.

24. Held, David and Anthony McGrew (ed.), *Global Transformation Reader: An Introduction to the Globalization Debate,* Polity Press, 2000.

25. Hoffmann, Stanley (ed.), *Contemporary Theory in International Relations,* Prentice–Hall, Inc., 1960.

26. ＿＿＿＿, *Janus and Minerva: Essays in the Theory and Practice of International Politics,* Westview Press, 1987.

27. Huntington, Samuel, *The Clash of Civilizations and the Remaking of the World Order,* Simon and Schuster, 1997.

28. Jervis, *Robert, Perception and Misperception in International Politics,* Princeton University Press,1976.

29. Kaplan, Morton, *System and Process in International Politics,* John Wiley and Sons, Inc., 1957.

30. Katzeastein, Peter, Robert Keohane and Stephen Krasner, *Exploration and Contestation in the Study of World Politics,* The MIT Press, 1999.

31. Keohane, Robert, *After Hegemony: Cooperation and Discord in the World*

Political Economy, Princeton University Press, 1987.

32. _____ (ed.), *International Institutions and State Power: Essays in International Relations Theory,* Westview Press, 1977.

33. _____ (ed.), *Neorealism and It's Critics,* Columbia University Press, 1986.

34. Keohane, Robert and Joseph Nye, *Power and Interdependence: World Politics in Transition,* Little, Brown, 1987 (2nd) and 2000 (3rd).

35. Kissinger, Henry, *World Order,* Penguin Press, 2014.

36. Krasner, Stephen (ed.), *International Regimes,* Cornell University Press, 1983.

37. Lieber, Keir (ed.), *Realism in International Relations: The Review of Politics School,* University of Notre Dame Press, 2009.

38. Lieber, Robert, *Theory and World Politics,* Winthrop Publishers, 1972.

39. _____, No Common Power — *Understanding International Relations, the fourth edition,* Prentice Hall, 2001.

40. Lobell, Steven/Norrin Ripsman and Jeffrey Taliaferro (ed.), *Neoclassical Realism, the State and Foreign Policy,* Cambridge University Press, 2009.

41. MacClelland, Charles, *Theory and the International System,* MacMillan,1996.

42. Mittelman, James (ed.), *Globalization: Critical Reflections,* Lynne Rienner Publishers, 1996.

43. _____, *The Globalization Syndrome: Transformation and Resistance,* Princeton University Press, 2000.

44. Modelski, George, *Long Cycles in World Politics,* University of Washington Press, 1987.

45. Morgenthau, Hans, *Politics Among Nations: The Struggle for Power and Peace,* 5th ed., Knopf, 1978.

46. Neumann, Iver and Ole Wæver (ed.), *The Future of International Relations: Masters in the Making,* Routledge, 1997.

47. Nye, Joseph, *Bound to Lead: The Changing Nature of American Power,* Basic Book, 1990.

48. _____, *Understanding International Conflicts: An Introduction to Theory and History,* Harper Collins College Publishers, 1993.

49. _____, *The Paradox of American Power,* Oxford University Press, 2002.

50. _____, *The Power Game,* Public Affairs Press, 2004.

51. _____, *Soft Power—The Means to Success in World Politics*, Public Affairs Press, 2004.

52. _____, *The Future of Power*, Public Affairs Press, 2011.

53. _____, *Is the American Century Over?*, Polity Press, 2015.

54. Olson, William (ed.), *The Theory and Practice of International Relations*, Prentice Hall, Inc., 1987 and 1997.

55. Oye, Kenneth, *Cooperation Under Anarchy*, Princeton University Press, 1986.

56. Rosenau, James, *Turbulence in World Politics: A Theory of Change and Continuity*, Princeton University Press, 1990.

57. Smith, Steve (ed.), *International Relations: British and American Perspectives*, Basil Blackwell, 1985.

58. Spero, Joan and Jeffrey Hart, *The Politics of International Economic Relations*, St. Martin's Press, 1997.

59. Thompson, Kenneth, *Masters of International Thought: Major Twentieth Century Theorists and the World Crisis*, Louisiana State University Press, 1980.

60. _____, *Fathers of International Thought: The Legacy of Political Theory*, Louisiana State University Press, 1994.

61. Walt, Stephen, *Taming American Power: The Global Response to US Primacy*, WW Norton and Company, 2005.

62. Waltz, Kenneth. *Man, the State, and War*, Columbia University Press, 1979.

63. _____, *Theory of International Politics*, Addison–Wesley, 1979.

64. Wendt, Alexander, *Social Theory of International Politics*, Cambridge University Press, 1999.

65. Wolfers, Arnold, *Discord and Collaboration: Essays on International Politics*, *Johns* Hopkins University Press, 1962.

II、中文

1. 陳漢文：《在國際舞臺上——西方現代國際關係學淺說》，四川人民出版社，1985年。

2. 倪世雄、金應忠（主編）：《當代美國國際關係理論流派文選》，學林出版社，1987年。

3. 倪世雄、馮紹雷、金應忠：《世紀風雲的產兒——當代國際關係理論》，

浙江人民出版社，1989年。

4. 張季良：《國際關係學概論》，世界知識出版社，1989年。

5. 金應忠、倪世雄：《國際關係理論比較研究》，中國社會科學出版社，1989年。

6. 上海市國際關係學會（編）：《國際關係理論初探》，上海外語教育出版社，1991年。

7. 袁明（主編）：《跨世紀的挑戰──中國國際關係學科的發展》，重慶出版社，1992年。

8. 梁守德（主編）：《國際政治論集》，北京出版社，1992年。

9. 倪世雄：《戰爭與道義：核倫理學的興起》，湖南出版社，1992年。

10. 王逸舟：《當代國際政治析論》，上海人民出版社，1995年。

11. 王輯思（主編）：《文明與國際政治》，上海人民出版社，1995年。

12. 閻學通：《中國國家利益分析》，天津人民出版社，1996年。

13. 顏聲毅（主編）：《當代國際關係》，復旦大學出版社，1996年。

14. 俞正樑：《當代國際關係學導論》，復旦大學出版社，1996年。

15. 劉靖華：《霸權的興衰》，中國經濟出版社，1997年。

16. 王逸舟：《西方國際政治學：歷史與理論》，上海人民出版社，1998年。

17. 資中筠（主編）：《國際政治理論探索在中國》，上海人民出版社，1999年。

18. 魯毅等（主編）：《新時期中國國際關係理論研究》，時事出版社，1999年。

19. 星野昭吉、劉小林（主編）：《冷戰後國際關係理論的變化與發展》，北京師範大學出版社，1999年。

20. 宋新甯、陳嶽：《國際政治經濟學概論》，中國人民大學出版社，1999年。

21. 秦亞青：《霸權體系與國際衝突》，上海人民出版社，1999年。

22. 資中筠：《冷眼向洋──百年風雲啟示錄》，三聯書店，2000年。

23. 蘇長和：《全球公共問題與國際合作》，上海人民出版社，2000年。

24. 陳玉剛：《國家與超國家》，上海人民出版社，2001年。

25. 任曉：《國際關係理論新視野》，長征出版社，2001年。

26. 許嘉：《權力與國際政治》，長征出版社，2001年。

27. 郭樹勇：《建構主義與國際政治》，長征出版社，2001年。

28. 閻學通、孫學鋒：《國際關係研究實用方法》，人民出版社，2001年。
29. 李少軍：《國際政治學概論》，上海人民出版社，2002年。
30. 楚樹龍：《國際關係基本理論》，清華大學出版社，2003年。
31. 李景治（主編）：《當代世界經濟與政治》，中國人民大學出版社，2003年。
32. 周敏凱：《國際政治學新論》，復旦大學出版社，2004年。
33. 濡忠岐：《世界秩序：結構、機制與模式》，上海人民出版社，2004年。
34. 秦亞青：《權力・制度・文化──國際關係理論與方法研究文集》，北京大學出版社，2005年。
35. 傅耀祖（主編）：《中國國際關係理論研究》，時事出版社，2005年。
36. 郭樹勇（主編）：《國際關係：呼喚中國理論》，天津人民出版社，2005年。
37. 蔡拓：《國際關係學》，南開大學出版社，2005年。
38. 王逸舟（主編）：《中國國際關係研究（1995 2005）》，北京大學出版社，2006年。
39. 王緝思：《國際政治的理性思考》，北京大學出版社，2006年。
40. 王正毅：《世界體系與國家興衰》，北京大學出版社，2006年。
41. 徐長春：《國際政治的邏輯》，世界知識出版社，2007年。
42. 蔡拓：《全球化與政治的轉型》，北京大學出版社，2007年。
43. 趙可金、倪世雄：《中國國際關係理論研究》，復旦大學出版社，2007年。
44. 閻學通：《國際關係分析》，北京大學出版社，2008年。
45. 許嘉：《美國國際關係理論研究》，時事出版社，2008年。
46. 許嘉：《「英國學派」國際關係理論研究》，時事出版社，2008年。
47. 李少軍：《國際關係學研究方法》，中國社會科學出版社，2008年。
48. 王逸舟（主編）：《全球政治與國際關係經典導讀》，北京大學出版社，2009年。
49. 秦亞青（主編）：《西方國際關係理論經典導讀》，北京大學出版社，2009年。
50. 高尚濤：《國際關係理論基礎》，時事出版社，2009年。
51. 楊潔勉等著：《對外關係與國際問題研究六十年》，上海人民出版社，2009年。

52. 戴德錚：《國際政治學要論——國際政治態勢與戰略應對》，時事出版社，2010年。

53. 王正毅：《國際政治經濟學通論》，北京大學出版社，2010年。

54. 張小明：《國際關係英國學派——歷史、理論與中國觀》，人民出版社，2010年。

55. 段霞（主編）：《新中國60年——國際關係學發展卷》，北京出版社，2011年。

56. 秦亞青：《國際關係理論：反思與重構》，北京大學出版社，2012年。

57. 閻學通：《世界權力的轉移》，北京大學出版社，2015年。

58. 蔡拓：《全球學導論》，北京大學出版社，2015年。

59. 蔡拓、楊雪冬、吳志成（主編）：《全球治理概論》，北京大學出版社，2016年。

60. 陳家剛（主編）：《全球治理：概念和理論》，中央編譯出版社，2017年。

第二版　後記

　　《當代西方國際關係理論》一書自2001年7月出版以來，已經歷了17個春秋。這期間國際形勢在世紀之交繼續呈現大發展、大變革、大調整的趨勢，中國進入近代以來最好的發展時期，世界處於前所未有的大變局，兩者相伴而生，相互激盪，對中國國際關係學研究提出新課題和新要求。在建設中國特色社會主義的新時代，中國國際關係學擔負著新的歷史責任。

　　時代是思想之父，實踐是理論之源。這些年來，我一直想把我17年前的這本書做較大的修改和補充，出版修訂版，以反映時代的新變化和學科的新發展。後來經過反復考慮，我決定這本書修改的定位是：不做大改，也不小改，而作中改；重點在調整部分結構，補充近20年來西方國際關係理論新的發展成果。同時，也對中國國際關係理論的新發展做些必要的梳理和介評。在許多同事和朋友的熱情關心和積極推動下，經過2年多的努力，我終於完成了這本書的修訂任務。

　　在這本書的第二版出版之際，我內心充滿無限的感激。我首先感謝多年來以書信方式向我提出修改意見的老師和學生，他們是曾鑫、陳建榮、丁凱、馬建英、李淑俊、張翠英和楊國慶等。我特別感謝這本書的原相關課題組成員，我們20年前的合作為這本書的出版打下了堅實的基礎。我尤其要感謝復旦大學國際關係與公共事務學院陳志敏教授和蘇長和教授對這本書的修訂工作所給予的幫助和支援。上海外國語大學中東研究所副教授潛旭明曾是我的博士學生，在這本書的修訂過程中，他的參與和幫助是不可缺少和令人難忘的。我帶過的另一位博士生、同濟大學邱美榮副教授協助查找資料等也功不可沒。最後，我的感謝要送給長期以來關心、幫助和鼓勵我從事國際關係研究的復旦大學出版社的有關領導和本書責任編輯鄔紅偉老師。

　　我回顧這本書的修訂工作，三個要求中調整結構和補充內容基本做了，但創新觀點做得不夠。囿於我的理論功底、歷史基礎和分析能力，目前也就只能到這水準了。然而，「求知不覺倦，求學不言老」是我晚年的座右銘，我將以

這本書新版問世作爲契機，繼續走完一生求學路，爲新時代中國社會科學的繁榮添磚加瓦。

倪世雄

2018年6月28日

寫於上海世雄國際關係研究中心

（復旦科技園創新中心2017室）

第一版　後記

　　《當代西方國際關係理論》是我主持的國家「九五」社會科學重點研究項目《當代西方國際關係理論評介》的最後成果。從1996年8月起，課題組經過3年的努力，於1999年下半年完成初稿，後又花了大半年時間對初稿進行細緻的修改、刪減、補充、調整，至今書稿已經完成，計50多萬字。

　　從一開始，我們就注意在「新」字上下工夫，對20世紀的西方國際關係理論做新的研究探索，挖掘新的材料，增添新的內容，提出新的觀點，進行新的比較。

　　這本書有三個明顯的特點：

1. **系統性**。西方國際關係理論自1919年作爲一門獨立的社會科學學科問世以來已有80年的歷史，經歷了三次大的論戰，出現近十個主要學派和幾十種有影響的理論。隨著改革開放的深入，中國學術界開始注意對西方國際關係理論的介評工作。10多年來，已出版了一些編著的譯本，但系統性方面仍感不夠。我們課題組在這方面做了努力，試圖更全面、系統性地對西方國際關係理論做全方位、縱橫交替的介評，時間跨越80年，內容涵蓋不同學派、理論和論戰。

2. **準確性**。10多年來，中國學者在介評西方國際關係理論方面做了不少工作，出了不少成果，這是首先應該肯定的。然而，在介紹和評敘紛繁複雜多變的西方學派、理論和研究方法時，常有不精確和不準確的情況發生，有的是誤譯產生的，有的是誤解導致的。我們課題組在這本書的寫作過程中，把準確性作爲項目能否順利完成的一個重要標準。

3. **客觀性**。毋庸置疑，西方國際關係理論本質上是資產階級意識形態的反映，是爲西方大國戰略實踐服務的。但作爲一門學科，它也有自己的知識規律和方法特點，對人類文化發展也產生過一定的積極作用。在介評西方國際關係理論時應防止兩個極端：或全盤接受或全面否定。我們課題組把客觀性作爲另一個要求，在介評不同學派、理論和方法時，力求客觀而實事求是地進行分析，做出介評。

　　在研究這個課題過程中,我們還注意三個結合:

1. **敘述與評論結合**。我們不僅注意對每次論戰的來龍去脈、每個學派的特點趨勢、每個理論的內容方法做儘量詳細的敘述,而且都有一定的篇幅對不同學派、理論和論戰進行評價,不是一說了事,而是有敘有評。在肯定西方理論的某些積極面的同時,著重剖析其局限性。

2. **重點與全面結合**。考慮到1980年代國內一些論著和文章曾對第一、二次論戰(前60年的國際關係理論的沿革和發展)做了較多的介紹,因此,在寫作這本書時,我們注意既全面評價,又重點突顯。對前60年西方國際關係理論的介紹不能完全停留在原來的水準,除了增加新的內容之外,還做了一些概括性的分析。重點則放在1979年以後,用兩章的篇幅介評冷戰結束前後20年的西方國際關係理論的最新發展和探索。

3. **理論與實踐結合**。理論與實踐的關係是密切的,西方國際關係理論也是這樣,它既反映又影響西方外交決策和實踐。在寫作過程中,我們對學派、論戰和理論的產生和實踐含義都做了介評。

　　要對西方國際關係理論做一個系統的、準確的、客觀的介評,確實不是一件易事,它涉及面很廣,理論性很強,學派交叉,論戰繁雜。儘管我們做了努力,但在評述、分析方面還有不少欠缺之處。原以為3年多時間夠了,但越到後來,越感到時間太緊,為了趕進度,也留下了不少遺憾之處,只待在今後的研究和教學中加以彌補了。不管怎樣,我們希望這本書對中國國際關係理論研究的發展能有幫助。

　　本課題組成員是:倪世雄、劉永濤、彭召昌、郭學堂、許嘉、潘忠歧、劉巍中、陳劍峰。除我的同事劉永濤博士之外,其他成員都是我的博士生。我們課題組是一個通力合作、團結奮進的集體,我特別高興地看到,經過這次課題的探索、創作和鍛煉,我的學生在國際關係理論領域有了新的提高。

　　在本書付梓之時,我心裡充滿了感激。我首先感謝全國哲學社會科學規劃辦公室將此書列入「九五」國家社會科學基金重點專案。我特別感謝劉同舜教授和金應忠研究員為本書作序。劉同舜教授在國際關係理論研究方面給我的指導是我永生難忘的;金應忠研究員是我的好友,他在過去幾年裡給了我很多幫助和鼓勵。我要感謝陳志敏副教授和周志成副教授對該專案的申報和組織工作所做的特別貢獻。我還要感謝孫建杭博士,他參加了本書前期的討論和設計。

復旦大學出版社對本書的出版自始至終給予熱情的關心和有力的支持，我代表
課題組向復旦大學出版社有關領導和責任編輯鄔紅偉先生表示衷心的感謝。

倪世雄

2000年12月10日

於復旦大學國際關係與公共事務學院

國家圖書館出版品預行編目(CIP)資料

當代國際關係理論／倪世雄著. --三版. --臺北
市：五南圖書出版股份有限公司, 2023.06
面；　公分

ISBN 978-626-366-197-4(平裝)

1.CST: 國際關係

578.1　　　　　　　　　　112009055

1PH6

當代國際關係理論

作　　　者 ― 倪世雄

校 訂 者 ― 包宗和

發 行 人 ― 楊榮川

總 經 理 ― 楊士清

總 編 輯 ― 楊秀麗

副總編輯 ― 劉靜芬

責任編輯 ― 林佳瑩、許珍珍

封面設計 ― 姚孝慈

出 版 者 ― 五南圖書出版股份有限公司

地　　　址：106台北市大安區和平東路二段339號4樓

電　　　話：(02)2705-5066　　傳　　　真：(02)2706-6100

網　　　址：https://www.wunan.com.tw

電子郵件：wunan@wunan.com.tw

劃撥帳號：01068953

戶　　　名：五南圖書出版股份有限公司

法律顧問　林勝安律師

出版日期　2003年3月初版一刷
　　　　　2010年6月二版一刷
　　　　　2023年6月三版一刷

定　　　價　新臺幣620元

本書為復旦大學出版社授權五南圖書出版股份有限公司在臺灣
出版發行繁體字版本

經典永恆・名著常在

五十週年的獻禮——經典名著文庫

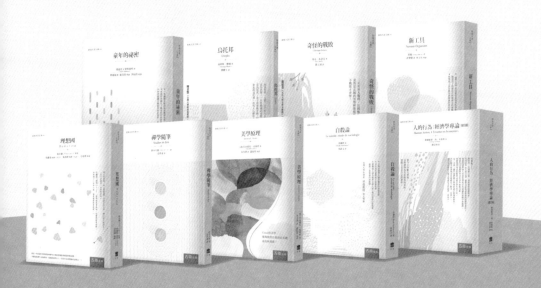

五南，五十年了，半個世紀，人生旅程的一大半，走過來了。

思索著，邁向百年的未來歷程，能為知識界、文化學術界作些什麼？

在速食文化的生態下，有什麼值得讓人雋永品味的？

歷代經典・當今名著，經過時間的洗禮，千錘百鍊，流傳至今，光芒耀人；

不僅使我們能領悟前人的智慧，同時也增深加廣我們思考的深度與視野。

我們決心投入巨資，有計畫的系統梳選，成立「經典名著文庫」，

希望收入古今中外思想性的、充滿睿智與獨見的經典、名著。

這是一項理想性的、永續性的巨大出版工程。

不在意讀者的眾寡，只考慮它的學術價值，力求完整展現先哲思想的軌跡；

為知識界開啟一片智慧之窗，營造一座百花綻放的世界文明公園，

任君遨遊、取菁吸蜜、嘉惠學子！